오직 스터디 카페 멤버에게만
주어지는 특별 혜택!

이기적 스터디 카페

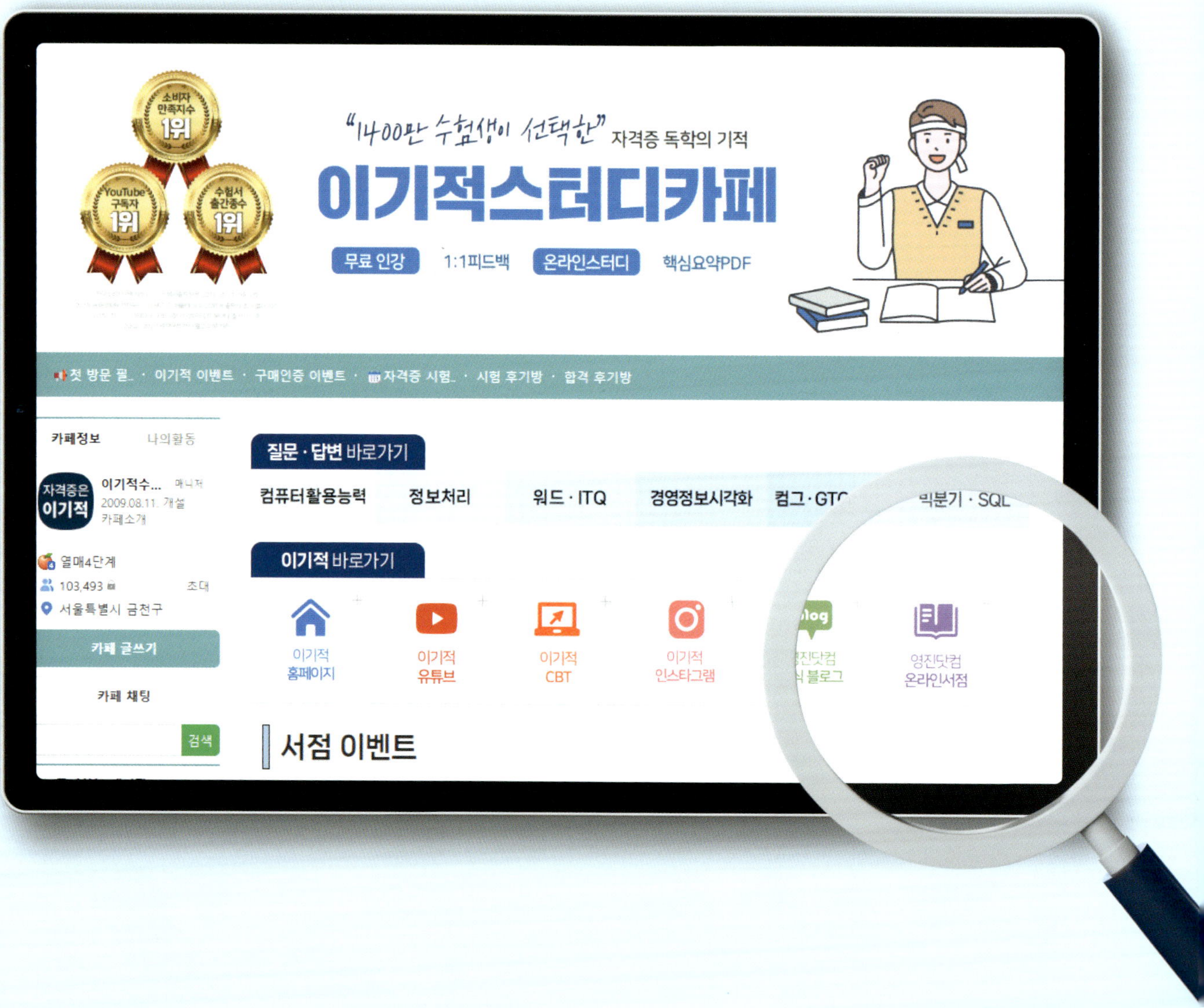

이기적 스터디 카페

합격을 위한 기적 같은 선물
또기적 합격자료집

혼자 공부하기 외롭다면?
온라인 스터디 참여

모든 궁금증 바로 해결!
전문가와 1:1 질문답변

1년 내내 진행되는
이기적 365 이벤트

도서 증정 & 상품까지!
우수 서평단 도전

간편하게 한눈에
시험 일정 확인

합격까지 모든 순간 이기적과 함께!

이기적 365 EVENT

QR코드를 찍어 이벤트에 참여하고 푸짐한 선물 받아가세요!

1. 기출문제 복원하기

이기적 책으로 공부하고 시험을 봤다면 7일 내로 문제를 제보해 주세요!

2. 합격 후기 작성하기

당신만의 특별한 합격 스토리와 노하우를 전해 주세요!

3. 온라인 서점 리뷰 남기기

온라인 서점에서 책을 구매하고 평점과 리뷰를 남겨 주세요!

4. 정오표 이벤트 참여하기

더 완벽한 이기적이 될 수 있게 수험서의 오류를 제보해 주세요!

※ 이벤트별 혜택은 변경될 수 있으므로 자세한 내용은 해당 QR을 참고해 주세요.

기적의 적중률, 여러분의 참여로 완성됩니다
기출 복원 EVENT

기출 복원하기 ▶

전원 지급

영진닷컴 쇼핑몰 30,000원

네이버페이 포인트 쿠폰 / N Pay / 최대 20,000원

1. 이기적 수험서로 공부하고 시험에 응시했다면 누구나 참여 가능

2. 응시일로부터 7일 이내 복원 문제만 인정(수험표 첨부 필수!)

3. 중복, 누락, 허위 문제는 당첨 대상에서 제외

※ 이벤트별 혜택은 변경될 수 있으므로 자세한 내용은 해당 QR을 참고해 주세요.

도서 인증하면 고퀄리티 강의가 따라온다!
100% 무료 강의

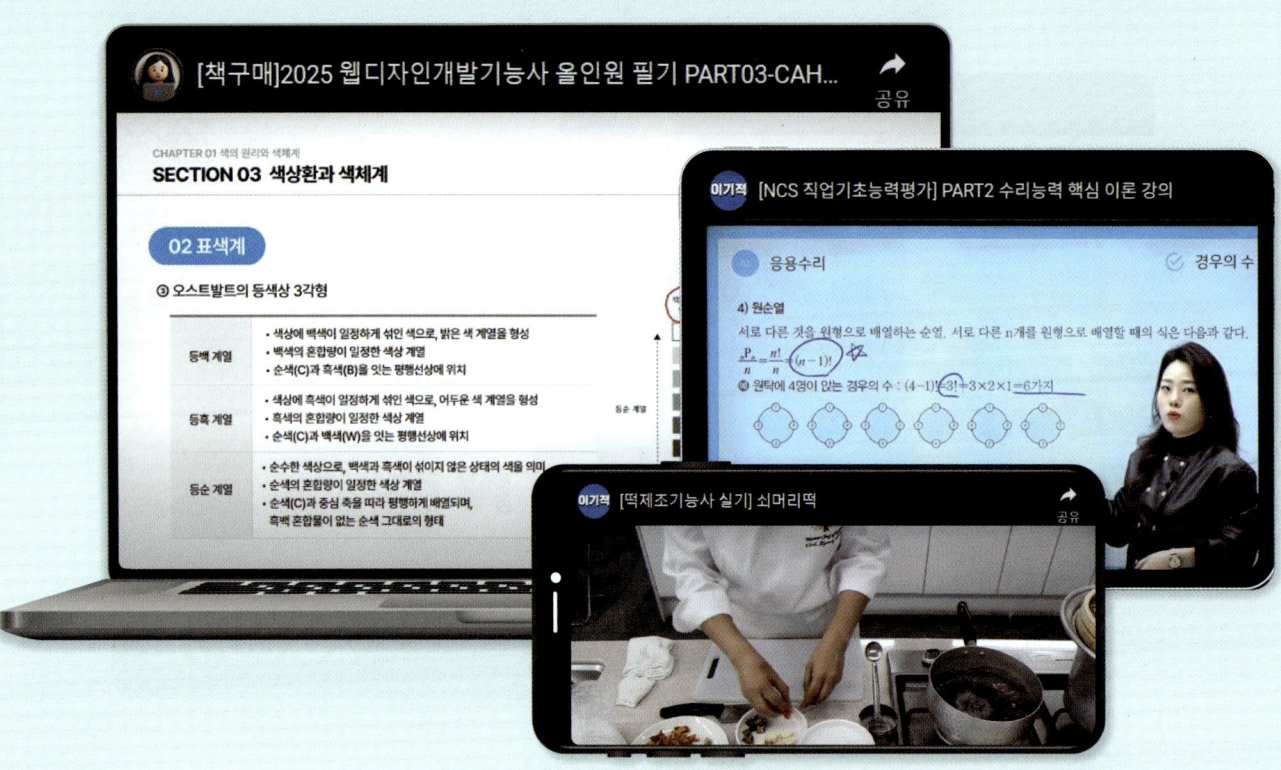

이용방법

STEP 1	STEP 2	STEP 3	STEP 4
		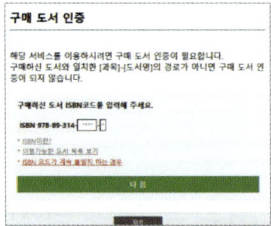	
이기적 홈페이지 (https://license.youngjin.com/) 접속	무료 동영상 게시판에서 도서와 동일한 메뉴 선택	책 바코드 아래의 ISBN 코드와 도서 인증 정답 입력	이기적 수험서와 동영상 강의로 학습 효율 UP!

※ 도서별 동영상 제공 범위는 상이하며, 도서 내 차례에서 확인할 수 있습니다.

◀ 이기적 홈페이지 바로가기

영진닷컴 이기적

합격을 위해 모두 드려요.
이기적 합격 솔루션!
이기적이 여러분을 위해 준비했어요

저자가 직접 알려주는, 무료 동영상 강의
자격증 독학 어렵지 않아요. 혼자 공부하지 마세요.
어려운 문제 풀이는 선생님과 함께 해요.

무엇이든 물어보세요, 1:1 질문답변
공부하다 궁금한 게 생기셨나요? 무엇이든 물어보세요.
금방 답해 드릴게요.

마지막까지 이기적과 함께, 핵심이론 PDF
시험장에서 많이 떨리실 거예요.
마지막으로 가장 많이 출제되었던 핵심 개념을 정리해 보세요.

더 많은 문제를 원한다면, 시험대비 모의고사
더 많은 문제를 풀고 싶으신가요?
이기적이 준비한 모의고사로 연습하고 최종 합격까지!

※ 〈2026 이기적 컴퓨터활용능력 1급 실기 기출문제집〉을 구매하고 인증한 회원에게만 드리는 자료입니다.

◀ 모든 혜택 한 번에 보기

정오표 바로가기 ▶

또, 드릴게요! 이기적이 준비한 선물
또기적 합격자료집

1	**시험에 관한 A to Z 합격 비법서** 책에 다 담지 못한 혜택은 또기적 합격자료집에서 확인
2	**편리하고 똑똑한 디지털 자료** PC · 태블릿 · 스마트폰으로 언제든 열람하고 필요한 부분만 출력 가능
3	**초보자, 독학러 필수 신청** 혼자서도 충분한 학습 플랜과 수험생 맞춤 구성으로 한 번에 합격

※ 도서 구매 시 추가로 증정되는 PDF용 자료이며 실제 도서가 아닙니다.

◀ 또기적 합격자료집 받으러 가기

이렇게 기막힌 적중률

컴퓨터활용능력
1급 실기 기출문제집

"이" 한 권으로 합격의 "기적"을 경험하세요!

차례

▶ 표시된 부분은 동영상 강의가 제공됩니다. 이기적 수험서 사이트(license.youngjin.com)에 접속하여 시청하세요.
▶ 본 도서에서 제공하는 동영상은 1판 1쇄 기준 2년간 유효합니다. 단, 출제기준안에 따라 동영상 내용은 변경될 수 있습니다.

시험의 모든 것	8
이 책의 구성	10
실습 파일 사용 방법	11
자동 채점 서비스	12
회별 숨은 기능 찾기	14
Q&A	17

스프레드시트 기출문제 따라하기

스프레드시트 기출 문제 따라하기	20

스프레드시트 실전 모의고사

스프레드시트 실전 모의고사 01회	40
스프레드시트 실전 모의고사 02회	53
스프레드시트 실전 모의고사 03회	69
스프레드시트 실전 모의고사 04회	82
스프레드시트 실전 모의고사 05회	95
스프레드시트 실전 모의고사 06회	108
스프레드시트 실전 모의고사 07회	121
스프레드시트 실전 모의고사 08회	135
스프레드시트 실전 모의고사 09회	149
스프레드시트 실전 모의고사 10회	161
스프레드시트 실전 모의고사 11회	174
스프레드시트 실전 모의고사 12회	189
스프레드시트 실전 모의고사 13회	203
스프레드시트 실전 모의고사 14회	217
스프레드시트 실전 모의고사 15회	231

데이터베이스 기출문제 따라하기 ▶

데이터베이스 기출 문제 따라하기	246

데이터베이스 실전 모의고사 ▶

데이터베이스 실전 모의고사 01회	262
데이터베이스 실전 모의고사 02회	275
데이터베이스 실전 모의고사 03회	289
데이터베이스 실전 모의고사 04회	303
데이터베이스 실전 모의고사 05회	320
데이터베이스 실전 모의고사 06회	335
데이터베이스 실전 모의고사 07회	351
데이터베이스 실전 모의고사 08회	367
데이터베이스 실전 모의고사 09회	383
데이터베이스 실전 모의고사 10회	399
데이터베이스 실전 모의고사 11회	415
데이터베이스 실전 모의고사 12회	428
데이터베이스 실전 모의고사 13회	440
데이터베이스 실전 모의고사 14회	454
데이터베이스 실전 모의고사 15회	469

또기적 합격자료집

시험대비 모의고사 01~02회	PDF
계산작업 문제 01~06회	PDF
핵심 이론	PDF

참여 방법
'이기적 스터디 카페' 검색 → 이기적 스터디 카페(cafe.naver.com/yjbooks) 접속
→ '구매 인증 PDF 증정' 게시판 → 구매 인증 → 메일로 자료 받기

시험의 모든 것

▶ 컴퓨터활용능력 자격검정

- 사무자동화의 필수 프로그램인 스프레드시트(SpreadSheet), 데이터베이스(Database) 활용능력을 평가하는 국가기술자격 시험
- 시험에 사용되는 MS 오피스 프로그램 버전은 1급 시험 준비 시 MS 오피스 LTSC Professional plus 2021 버전이 필요하지만, 스프레드시트 과목만 있는 2급만 준비할 경우에는 MS 오피스 LTSC Standard 2021 버전을 구매하여도 문제 없음

▶ 응시 절차 안내

STEP 01 응시 자격 조건

- 필기 시험 : 제한 없음
- 실기 시험 : 필기 합격자(단, 필기 시험 합격 후 2년 이내 있는 실기 시험 응시 가능)

STEP 02 필기 원서 접수하기

- 원서 접수 : 대한상공회의소 자격평가사업단(license.korcham.net)에서 접수
- 상시 검정 : 매주 시행, 시험장 조회 후 원하는 날짜와 시간에 응시(21년부터 상시 검정만 시행)
- 검정 수수료 : 20,500원(인터넷 접수 시 수수료 1,200원이 가산되며, 계좌 이체 및 신용카드 결제 가능)

STEP 03 필기 시험 응시하기

- 준비물 : 신분증과 수험표
- 시험 시간 : 1급 60분, 2급 40분
- 시험 방식 : 컴퓨터로만 진행되는 CBT(Computer Based Test) 형식
- 합격 기준 : 각 과목 100점 만점에 과목당 40점 이상, 전체 평균 60점 이상

STEP 04 필기 합격 확인하기

- 대한상공회의소 자격평가사업단(license.korcham.net)에서 발표
- 시험일 다음날 오전 10시 발표

STEP 05 실기 원서 접수하기

- 원서 접수 : 대한상공회의소 자격평가사업단(license.korcham.net)에서 접수
- 상시 검정 : 매주 시행, 시험장 조회 후 원하는 날짜와 시간에 응시(21년부터 상시 검정만 시행)
- 검정 수수료 : 25,000원(인터넷 접수 시 수수료 1,200원이 가산되며, 계좌 이체 및 신용카드 결제 가능)

STEP 06 실기 시험 응시하기

- 준비물 : 신분증과 수험표
- 시험 시간 : 실기 1급 90분, 2급 40분
- 시험 방식 : 컴퓨터 작업형
- 합격 기준 : 100점 만점에 70점 이상(1급은 두 과목 모두 70점 이상)

STEP 07 실기 합격 확인하기

- 대한상공회의소 자격평가사업단(license.korcham.net)에서 발표
- 응시한 주를 제외하고 2주 뒤 금요일 오전 10시 발표

STEP 08 자격증 신청하기

- 휴대할 수 있는 카드 형태의 자격증 발급
- 취득(합격)확인서를 필요로 하는 경우 취득(합격)확인서 발급

형태	• 휴대하기 편한 카드 형태의 자격증 • 신청자에 한해 자격증 발급
신청 절차	인터넷(license.korcham.net)을 통해서만 자격증 발급 신청 가능
수수료	• 인터넷 접수 수수료 : 3,100원 • 우편 발송 요금 : 3,300원
수령 방법	방문 수령은 진행하지 않으며, 우편 등기배송으로만 수령할 수 있음
신청 접수 기간	자격증 신청 기간은 따로 없으며 신청 후 10~15일 후 수령 가능

※ 시험에 관한 내용은 시행처 사정에 따라 변경될 수 있으니 자세한 사항은 대한상공회의소 홈페이지(license.korcham.net)에서 확인하시기 바랍니다.

이 책의 구성

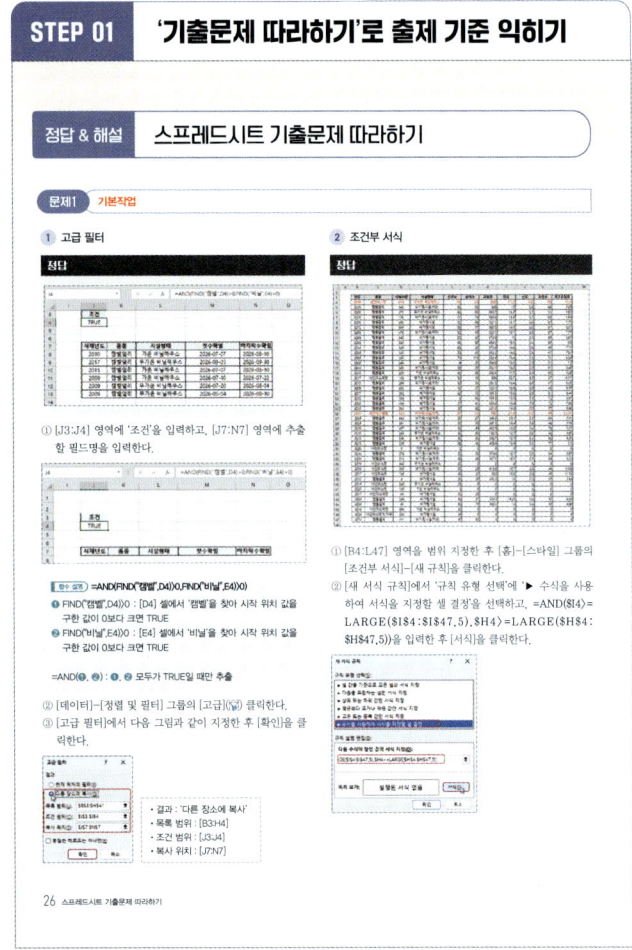

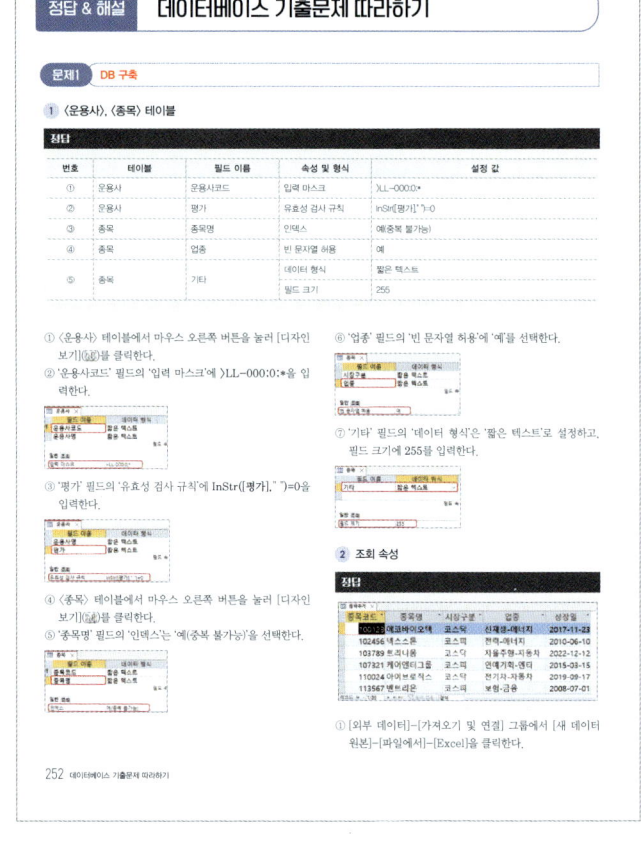

❶ 출제 기준을 반영
❷ QR 코드로 동영상 강의 바로 접속 가능
❸ 작업 과정을 따라하며 출제 유형 파악
❹ 보충 학습을 위한 기적의 TIP 제시

❺ 다양한 유형의 문제 제공
❻ 자동 채점 서비스로 틀린 부분 확인
❼ 문제를 따라하며 실력 점검

또기적 합격자료집

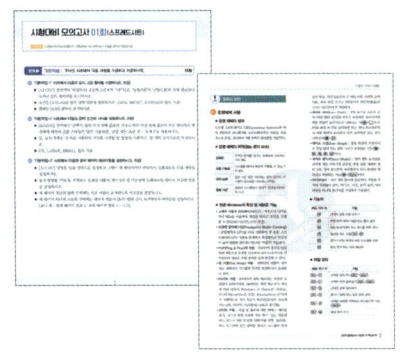

PDF 파일 시험대비 모의고사 01~02회

문제를 더 풀고 싶으신가요?
이기적이 준비한 모의고사로 연습하고 최종 합격하세요.

PDF 파일 핵심 이론

시험장에서 많이 떨리실 거예요.
마지막으로 가장 많이 출제되었던 핵심 개념을 정리해 보세요.

[참여 방법] '이기적 스터디 카페' 검색 → 이기적 스터디 카페(cafe.naver.com/yjbooks) 접속 → '구매 인증 PDF 증정' 게시판 → 구매 인증 → 메일로 자료 받기

실습 파일 사용 방법

01 실습 파일 다운로드하기

1. 이기적 영진닷컴 홈페이지(license.youngjin.com)에 접속하세요.
2. [자료실]-[컴퓨터활용능력] 게시판으로 들어가세요.

3. '[8010] 2026년 컴퓨터활용능력 1급 실기 기출문제집_부록 자료' 게시글을 클릭하여 첨부파일을 다운로드하세요.

02 실습 파일 사용하기

1. 다운로드받은 '8010' 압축 파일에서 마우스 오른쪽 버튼을 눌러 '8010'에 압축풀기를 눌러 압축을 풀어주세요.
2. 압축이 완전히 풀린 후에 '8010' 폴더를 더블 클릭하세요.
3. 압축이 제대로 풀렸는지 확인하세요. 아래의 그림대로 파일이 들어있어야 합니다. 그림의 파일과 다르다면 압축 프로그램이 제대로 설치되어 있는지 확인해 주세요.

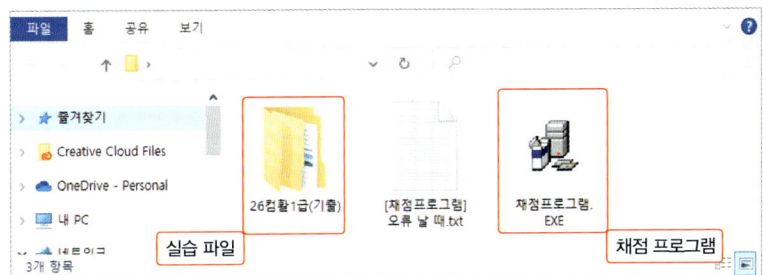

자동 채점 서비스

01 설치 용

1. 다운로드받은 '채점프로그램.exe' 파일에서 마우스 오른쪽 버튼을 클릭한 후 [관리자 권한으로 실행]을 선택합니다.

2. 설치 대화상자에서 [다음], [설치시작]을 클릭하여 설치를 완료합니다.

3. [시작]-[모든 프로그램]-[영진닷컴]-[26컴활1급(기출) 채점프로그램]을 선택합니다.

4. '정답파일선택'에서 회차를 선택, '작성파일선택'에서 [찾기]를 클릭하여 사용자가 작성한 파일을 가져옵니다. [채점시작]을 클릭하여 채점합니다.

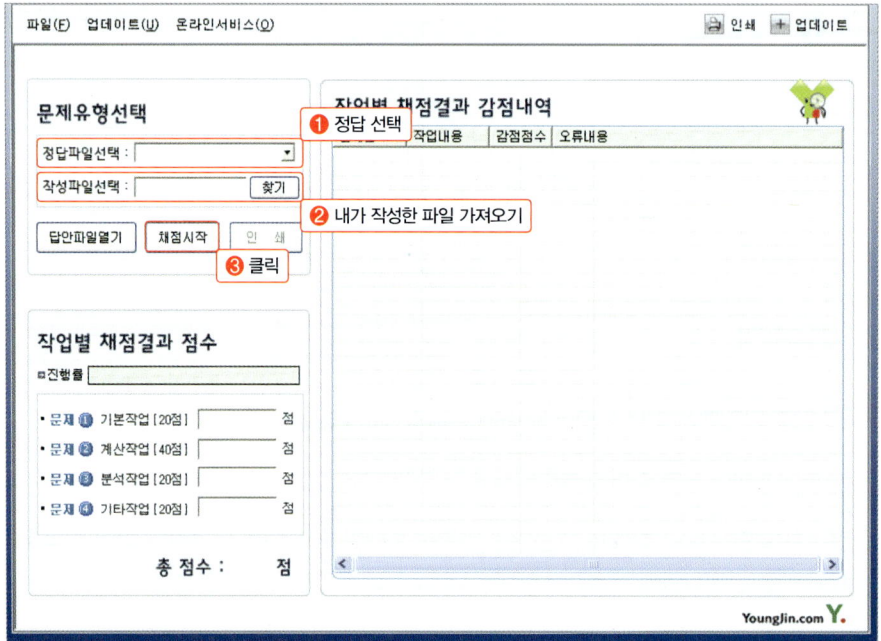

※ PC 버전 채점 프로그램 주의사항
- 채점 프로그램은 일부 결과가 정확하지 않을 수 있으니 참고용으로 사용해주세요. 이럴 땐 정답 파일을 열어 비교해보시기 바랍니다.
- 컴퓨터 환경에 따라 채점 프로그램 아이콘을 더블클릭했을 때 설치 및 실행이 안 될 수도 있습니다. 이런 경우 채점 프로그램 아이콘에서 마우스 오른쪽 버튼을 눌러 [관리자 권한으로 실행]을 클릭하세요.
- 자동 채점 프로그램을 사용하려면 Windows 프로그램 및 MS Office 정품이 설치되어 있어야 합니다. 정품이 아닐 경우 설치 및 실행 시 에러가 발생할 수 있습니다.
- 업데이트가 있을 경우, 인터넷이 연결되어 있지 않은 컴퓨터는 채점 프로그램이 업데이트되지 않습니다.

02 웹용

1. 인터넷 검색 창에 http://www.comlicense.co.kr/ 또는 이기적컴활.com을 입력하여 사이트에 접속합니다.

2. '년도선택: 2026', '교재선택: 이기적 컴퓨터활용능력 1급 기출문제집'을 선택한 후 [교재 선택 완료] 버튼을 클릭합니다.

3. '회차선택'에서 정답 파일을 선택, '작성파일선택'에서 [찾아보기] 버튼을 클릭하여 수험자가 작성한 파일을 가져온 후, [채점시작]을 버튼을 클릭합니다.

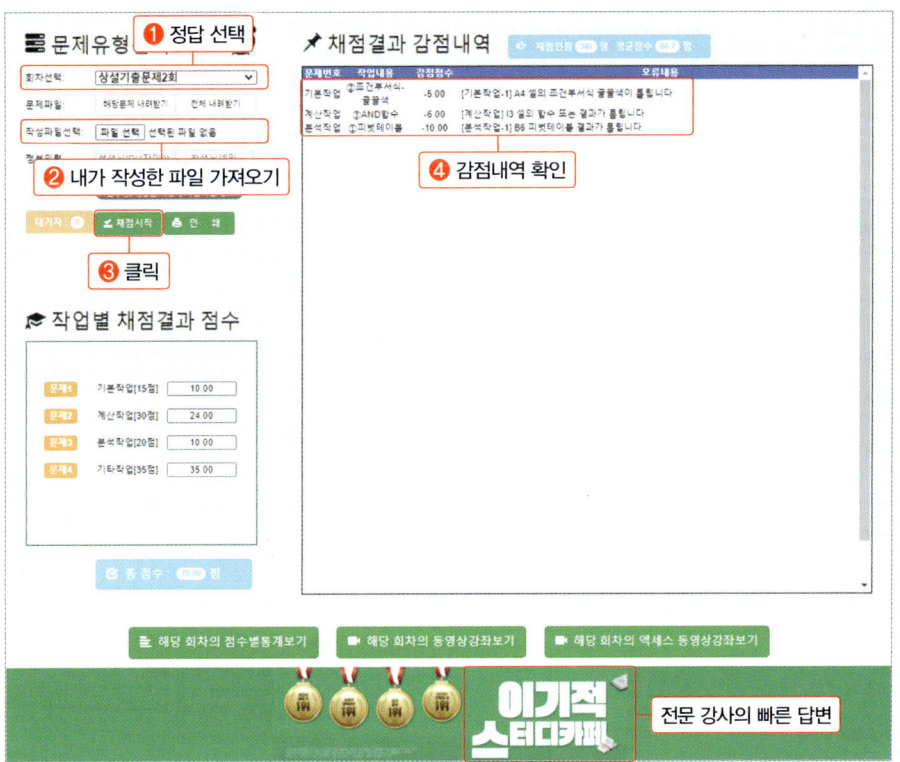

※ 웹 사이트 채점 프로그램 주의사항
- 채점 프로그램은 일부 결과가 정확하지 않을 수 있으니 참고용으로 사용해주세요. 이럴 땐 정답 파일을 열어 비교해보시기 바랍니다.
- 인터넷이 연결되어 있지 않은 컴퓨터는 웹 사이트 채점을 이용할 수 없습니다.
- 개인 인터넷 속도, 수험생의 접속자 수에 따라 채점 속도가 다를 수 있습니다.
- 본 도서에서 제공하는 웹 채점 서비스는 1판 1쇄 기준 2년간 유효합니다.

회별 숨은 기능 찾기

▶ 스프레드시트 기출문제 따라하기

※ (배) → 배열수식

	기본작업	계산작업	분석작업	기타작업
기출문제따라하기	1번: 고급 필터(AND, FIND) 2번: 조건부 서식(AND, LARGE) 3번 : 페이지 레이아웃	1번: TEXT/SUM(배) 2번: QUOTIENT/DAYS/MOD/DATE 3번: IF/ROUNDDOWN/TEXT/PV 4번: INDEX/MATCH/MAX(배) 5번: 사용자	1번: 피벗 테이블(accdb, 값 필드 설정, 빈 줄 삽입) 2번: 데이터 도구(중복 데이터 제거, 부분합)	1번: 매크로(사용자 지정 서식, 서식 해제) 2번: 차트(차트제목, 차트종류, 그림영역, 색 구성) 3번: VBA(폼 보이기/폼 초기화, 등록, 종료)

▶ 스프레드시트 실전 모의고사

	기본작업	계산작업	분석작업	기타작업
1회	1번: 고급 필터(AND, AVERAGE, LEFT) 2번: 조건부 서식(AND, FIND, SMALL) 3번: 페이지 레이아웃	1번: CONCAT/SUM/IF 2번: VLOOKUP/MATCH/RIGHT/LEN/FIND 3번: AVERAGE/IFERROR/XLOOKUP(배) 4번: REPLACE/IF/COUNTIF/& 5번: 사용자(IF문)	1번: 피벗 테이블(accdb, 부분합, 값 필드 설정, 피벗 테이블 스타일) 2번: 데이터 도구(데이터 유효성, 데이터 정렬)	1번: 매크로(사용자 지정 서식, 백분율) 2번: 차트(차트 종류, 차트 제목, 눈금선, 축 서식, 차트 영역 서식) 3번: VBA(폼 보이기/폼 초기화, 등록, 종료)
2회	1번: 고급 필터(AND, EDATE) 2번: 조건부 서식(AND, AVERAGE) 3번: 페이지 레이아웃	1번: HLOOKUP/MATCH/MIN 2번: IF/AVERAGE/TEXT(배) 3번: COUNT/IF/&(배) 4번: INDEX/MAX/MATCH(배) 5번: 사용자(IF문)	1번: 피벗 테이블(csv, 그룹, 값 필드 설정, 옵션) 2번: 데이터 도구(데이터 유효성, 데이터 정렬)	1번: 차트(차트 종류, 차트 제목, 눈금선, 데이터 레이블, 차트 영역 서식) 2번: 매크로(사용자 지정 서식, 조건부 서식) 3번: VBA(폼 보이기/폼 초기화, 등록, 종료)
3회	1번: 고급 필터(AND, MID) 2번: 조건부 서식(AND, MONTH, OR) 3번: 시트 보호	1번: 사용자(IF문) 2번: SWITCH/LEFT/HLOOKUP/VALUE/RIGHT/& 3번: INDEX/MATCH 4번: COUNT/IF/LEFT(배) 5번: MAX/IF/LEFT(배)	1번: 피벗 테이블(accdb, 그룹, 값 필드 설정) 2번: 데이터 도구(데이터 유효성, 데이터 표)	1번: 차트(데이터 범위, 차트 제목, 범례, 축 서식, 데이터 레이블) 2번: 매크로(목표값 찾기) 3번: VBA(폼 보이기/폼 초기화, 등록, 종료)
4회	1번: 고급 필터(AND, FIND, LEFT) 2번: 조건부 서식(AND, SEARCH) 3번: 시트 보호	1번: IF/VLOOKUP/LEFT 2번: IFERROR/REPLACE/FIND/LEN/& 3번: SUM/LEFT/COUNTA(배) 4번: SUM/IF/ISERR/FIND/RIGHT(배) 5번: 사용자(SELECT CASE)	1번: 피벗 테이블(accdb, 그룹, 값 필드 설정, 피벗 테이블 스타일) 2번: 데이터 도구(통합, 목표값 찾기)	1번: 차트(차트 종류 변경, 차트 제목, 축 서식, 차트 영역 서식) 2번: 매크로(사용자 지정 서식, 조건부 서식) 3번: VBA(폼 보이기/폼 초기화, 등록, 종료)
5회	1번: 고급 필터(AND, OR, LEFT, AVERAGE) 2번: 조건부 서식(OR, LARGE, SMALL) 3번: 시트 보호	1번: EDATE/TEXT/& 2번: HLOOKUP/MATCH 3번: 사용자 4번: SUM/LEFT(배) 5번: MAX/INDEX/MATCH(배)	1번: 피벗 테이블(accdb, 그룹, 계산 필드, 값 필드 설정, 피벗 테이블 스타일) 2번: 데이터 도구(데이터 유효성, 자동 필터)	1번: 차트(차트 종류 변경, 차트 제목, 범례, 차트 영역 서식) 2번: 매크로(사용자 지정 서식, 조건부 서식) 3번: VBA(폼 보이기/폼 초기화, 등록, 종료)
6회	1번: 고급 필터(LEFT, AVERAGE) 2번: 조건부 서식(AND, FIND, SMALL) 3번: 페이지 레이아웃	1번: IF/VLOOKUP/& 2번: INDEX/MATCH/MAX(배) 3번: SUMIF/SUM/TEXT, 4번: 사용자 5번: IF/AVERAGE/LEN(배)	1번: 피벗 테이블(accdb, 부분합, 계산 필드, 값 필드 설정, 피벗 테이블 스타일) 2번: 데이터 도구(중복 데이터 제거, 조건부 서식, 필터 도구)	1번: 차트(차트 종류 변경, 차트 제목, 범례, 눈금선, 차트 영역 서식) 2번: 매크로(서식, 단추) 3번: VBA(폼 보이기/폼 초기화, 조회, 종료)
7회	1번: 고급 필터(AND, DAYS) 2번: 조건부 서식(AND, MID) 3번: 페이지 레이아웃	1번: IF/TEXT/YEAR/& 2번: IFERROR/VLOOKUP/MATCH 3번: 사용자 4번: REPT/COUNT/IF(배) 5번: SUM/IF/MONTH(배)	1번: 피벗 테이블(accdb, 계산 필드, 값 필드 설정, 그룹) 2번: 데이터 도구(중복 데이터 제거, 조건부 서식, 자동 필터)	1번: 차트(차트 종류 변경/보조 축, 차트 제목, 축 서식, 범례, 차트 영역 서식) 2번: 매크로(서식, 단추) 3번: VBA(폼 보이기, 등록, 종료)
8회	1번: 고급 필터(AND, LARGE, YEAR) 2번: 조건부 서식(AND, AVERAGE), 3번: 페이지 레이아웃	1번: CONCAT/MID/SUBSTITUTE 2번: IF/VLOOKUP/RIGHT 3번: 사용자 4번: TEXT/SUM(배) 5번: IF/AVERAGE/PERCENTILE.INC(배)	1번: 피벗 테이블(csv, 그룹, 필드 표시 형식, 피벗 스타일) 2번: 데이터 도구(중복 데이터 제거, 조건부 서식, 자동 필터)	1번: 차트(차트 종류 변경/보조 축, 차트 제목, 데이터 레이블, 보조 세로 축, 차트 영역 서식) 2번: 매크로(서식, 단추) 3번: VBA(폼 보이기, 폼 초기화, 입력)
9회	1번: 고급필터(AND, OR, RANK.EQ) 2번: 조건부서식(OR, MAX, MIN) 3번: 시트 보호	1번: TEXT/SUM(배) 2번: QUOTIENT/DAYS/DATE/MOD/& 3번: CONCAT/FIXED/PMT 4번: COUNTIFS/EOMONTH/MIN/& 5번: 사용자	1번: 피벗 테이블(xlsx, 계산 필드, 셀 서식, 시트 추출) 2번: 데이터 도구(텍스트 나누기, 통합)	1번: 차트(내용 추가, 도형 스타일, 데이터 표) 2번: 매크로(서식, 단추) 3번: VBA(폼 보이기, 폼 초기화, 등록, 종료)

회				
10회	1번: 고급필터(OR, LEFT, LEN) 2번: 조건부서식(AND, AVERAGE) 3번: 시트 보호	1번: CONCAT/ROW/VLOOKUP 2번: INDEX/MATCH 3번: REPT/IF/AVERAGE(배) 4번: FREQUENCY/COUNT(배) 5번: 사용자	1번: 피벗 테이블(accdb, 정렬) 2번: 데이터 도구(중복 데이터 제거, 조건부 서식, 자동 필터)	1번: 차트(차트 종류 변경, 차트 제목, 축 제목, 범례, 차트 영역 서식) 2번: 매크로(데이터 표, 단추) 3번: VBA(폼 보이기/폼 초기화, 등록, 종료)
11회	1번: 고급 필터(IFERROR, FIND, AND, OR, AVERAGE) 2번: 조건부 서식(AND, YEAR, TODAY) 3번: 시트 보호	1번: HLOOKUP/SUMPRODUCT/OFFSET/MATCH 2번: AVERAGE/LARGE(배) 3번: 사용자 4번: REPT/INT/SUMPRODUCT/TRANSPSE(배) 5번: MAX/IFERROR/FIND/DAY(배)	1번: 피벗 테이블(accdb, 그룹, 셀 서식) 2번: 데이터 도구(데이터 유효성 - 텍스트 길이, 자동 필터)	1번: 차트(텍스트 회전, 차트 효과, 데이터 설명선 레이블) 2번: 매크로(서식, 조건부 서식, 단추) 3번: VBA(폼 보이기, 폼 초기화, 등록)
12회	1번: 고급 필터(AND, PERCENTILE.INC) 2번: 조건부 서식(VALUE, MID, YEAR, &) 3번: 페이지 레이아웃	1번: REPLACE/RIGHT/YEAR/& 2번: HLOOKUP/MATCH 3번: REPT/TEXT/IFERROR/& 4번: 사용자 5번: INDEX/MATCH/LARGE(배)	1번: 피벗 테이블(accdb, 그룹, 그룹, 값 필드 설정) 2번: 데이터 도구(중복 데이터 제거, 부분합)	1번: 차트(레이아웃, 도형 스타일, 클립아트) 2번: 매크로(서식, 단추) 3번: VBA(폼 보이기, 폼 초기화, 등록, 종료)
13회	1번: 고급 필터(AND, RIGHT, AVERAGE) 2번: 조건부 서식(OR, LARGE, SMALL) 3번: 페이지 레이아웃	1번: CONCAT/WEEKNUM 2번: INDEX/MATCH/WEEKDAY 3번: SUM/IF(배) 4번: FREQUENCY/COUNT/TEXT(배) 5번: 사용자	1번: 피벗 테이블(xlsx, 그룹, 값 필드 설정) 2번: 데이터 도구(데이터 유효성 검사, 자동 필터)	1번: 차트(차트 종류 변경/보조 축, 데이터 레이블, 눈금선, 범례) 2번: 매크로(서식, 단추) 3번: VBA(폼 보이기, 폼 초기화, 등록, 종료)
14회	1번: 고급필터(NOT, ISNUMBER) 2번: 조건부서식(RIGHT, ISODD) 3번: 페이지 레이아웃	1번: EDATE/TEXT 2번: INDEX/XMATCH/XLOOKUP 3번: 사용자 4번: SUM/IF/&(배) 5번: REPT/FREQUENCY/MONTH(배)	1번: 피벗 테이블(txt,그룹, 값 필드 설정, 시트 추출) 2번: 데이터 도구(텍스트 나누기, 통합)	1번: 차트(계열 순서, 표식 크기, 축 서식) 2번: 매크로(서식, 단추) 3번: VBA(폼 보이기, 폼 초기화, 등록)
15회	1번: 고급필터(ISEVEN, AND, RIGHT) 2번: 조건부서식(OR, RANK.EQ) 3번: 페이지 레이아웃	1번: HLOOKUP/MID/IFERROR 2번: RIGHT/MAX/ISNUMBER(배) 3번: AVERAGEIF/QUOTIENT/REPT 4번: COUNT/IF(배) 5번: 사용자	1번: 피벗 테이블(xlsx, 계산 필드, 피벗 테이블 스타일) 2번: 데이터 도구(시나리오)	1번: 차트(계열 삭제, 범례 서식, 데이터 테이블, 차트 밑면) 2번: 매크로(조건부 서식, 단추) 3번: VBA(폼 보이기/폼 초기화, 등록, 종료)

▶ 데이터베이스 기출문제 따라하기

	DB 구축	입력 및 수정 기능 구현	조회 및 출력 기능 구현	처리 기능 구현
기출 문제 따라 하기	1번: 테이블 완성 2번: 외부 데이터 가져오기 3번: 관계 설정	1번: 폼 완성 2번: 조건부 서식 3번: 매크로	1번: 보고서 완성 2번: 이벤트 프로시저	1번: 쿼리(하위 쿼리) 2번: 매개 변수 쿼리 3번: 크로스탭 쿼리 4번: 테이블 생성 쿼리 5번: 업데이트 쿼리

▶ 데이터베이스 실전 모의고사

	DB 구축	입력 및 수정 기능 구현	조회 및 출력 기능 구현	처리 기능 구현
1회	1번: 테이블 완성 2번: 조회 속성 3번: 관계 설정	1번: 폼 완성 2번: 컨트롤 원본 3번: 매크로	1번: 보고서 완성 2번: 이벤트 프로시저	1번: 쿼리(String, Count) 2번: 쿼리(하위 쿼리) 3번: 크로스탭 쿼리 4번: 업데이트 쿼리 5번: 테이블 생성 쿼리
2회	1번: 테이블 완성 2번: 조회 속성 3번: 관계 설정	1번: 폼 완성 2번: 이벤트 프로시저 3번: 매크로	1번: 보고서 완성 2번: 이벤트 프로시저	1번: 쿼리 2번: 쿼리 3번: 크로스탭 쿼리 4번: 매개 변수 쿼리 5번: 업데이트 쿼리
3회	1번: 테이블 완성 2번: 조회 속성 3번: 관계 설정	1번: 폼 완성 2번: 이벤트 프로시저 3번: 조건부 서식	1번: 보고서 완성 2번: 매크로	1번: 매개 변수 쿼리 2번: 쿼리 3번: 쿼리 4번: 크로스탭 쿼리 5번: 쿼리(String, Count)

회				
4회	1번: 테이블 완성 2번: 추가 쿼리(Not In) 3번: 조회 속성	1번: 폼 완성 2번: 이벤트 프로시저 3번: 하위 폼	1번: 보고서 완성 2번: 이벤트 프로시저(OpenForm)	1번: 쿼리(IIf, Right) 2번: 쿼리(Is Not Null) 3번: 매개 변수 쿼리 4번: 테이블 생성 쿼리 5번: 크로스탭 쿼리
5회	1번: 테이블 완성 2번: 관계 설정 3번: 외부 데이터 가져오기	1번: 폼 완성 2번: 콤보 상자 변환 3번: 하위 폼	1번: 보고서 완성 2번: 이벤트 프로시저(OpenReport)	1번: 쿼리(하위 쿼리) 2번: 크로스탭 쿼리 3번: 쿼리(Weekday) 4번: 테이블 생성 쿼리 5번: 업데이트 쿼리
6회	1번: 테이블 완성 2번: 관계 설정 3번: 조회 속성	1번: 폼 완성 2번: 컨트롤 원본 3번: 하위 폼	1번: 보고서 완성 2번: 이벤트 프로시저(OpenReport, Month)	1번: 크로스탭 쿼리 2번: 쿼리(매개변수) 3번: 쿼리 4번: 쿼리(요약) 5번: 테이블 생성 쿼리
7회	1번: 테이블 완성 2번: 관계 설정 3번: 조회 속성	1번: 폼 완성 2번: 조건부 서식 3번: 매크로(GoToRecord)	1번: 보고서 완성 2번: 이벤트 프로시저(OpenReport)	1번: 업데이트 쿼리 2번: 쿼리(Is Null) 3번: 크로스탭 쿼리 4번: 테이블 생성 쿼리 5번: 업데이트 쿼리
8회	1번: 테이블 완성 2번: 조회 속성 3번: 관계 설정	1번: 폼 완성 2번: Dlookup 3번: 매크로(OpenForm)	1번: 보고서 완성 2번: 이벤트 프로시저(RecordSource)	1번: 쿼리(매개변수) 2번: 크로스탭 쿼리 3번: 쿼리 4번: 쿼리(요약) 5번: 업데이트 쿼리
9회	1번: 테이블 완성 2번: 조회 속성 3번: 관계 설정	1번: 폼 완성 2번: 이벤트 프로시저(RunSQL) 3번: 이벤트 프로시저	1번: 보고서 완성 2번: 이벤트 프로시저(OpenReport)	1번: 쿼리 2번: 쿼리(Not In,) 3번: 매개변수 쿼리(And) 4번: 매개변수 쿼리(Like) 5번: 크로스탭 쿼리
10회	1번: 테이블 완성 2번: 조회 속성 3번: 관계 설정	1번: 폼 완성 2번: 이벤트 프로시저 3번: 이벤트 프로시저	1번: 보고서 완성 2번: 이벤트 프로시저(ApplyFilter)	1번: 쿼리 2번: 쿼리(Like) 3번: 쿼리(DateAdd) 4번: 크로스탭 쿼리 5번: 업데이트 쿼리
11회	1번: 테이블 완성 2번: 관계 설정 3번: 외부 데이터 가져오기	1번: 폼 완성 2번: 조회 속성 3번: 명령 단추	1번: 보고서 완성 2번: 매크로(OpenReport)	1번: 매개변수 쿼리 2번: 업데이트 쿼리 3번: 테이블 생성 쿼리 4번: 크로스탭 쿼리 5번: 하위 쿼리
12회	1번: 테이블 완성 2번: 관계 설정 3번: 조회 속성	1번: 폼 완성 2번: 조건부 서식 3번: 이벤트 프로시저(Filter, FilterOn)	1번: 보고서 완성 2번: 이벤트 프로시저	1번: 쿼리(요약) 2번: 쿼리 3번: 매개변수 쿼리 4번: 크로스탭 쿼리 5번: 업데이트 쿼리
13회	1번: 테이블 완성 2번: 조회 속성 3번: 관계 설정	1번: 폼 완성 2번: 조건부 서식 3번: 매크로	1번: 폼 완성 2번: 이벤트 프로시저(Filter, Filter On)	1번: 쿼리(고유 값) 2번: 크로스탭 쿼리 3번: 매개변수 쿼리 4번: 쿼리 5번: 업데이트 쿼리
14회	1번: 테이블 완성 2번: 외부 데이터 가져오기 3번: 관계 설정	1번: 폼 완성 2번: 조건부 서식 3번: 매크로	1번: 폼 완성 2번: 이벤트 프로시저(RecordSet-Clone, Bookmark, FindFirst)	1번: 테이블 생성 쿼리 2번: 쿼리 3번: 쿼리(String, Count) 4번: 크로스탭 쿼리 5번: 업데이트 쿼리
15회	1번: 테이블 완성 2번: 조회 속성 3번: 관계 설정	1번: 폼 완성 2번: 조건부 서식 3번: 매크로	1번: 폼 완성 2번: 이벤트 프로시저(Filter, Filter On)	1번: 쿼리 2번: 크로스탭 쿼리 3번: 쿼리(month, day) 4번: 쿼리(Like) 5번: 업데이트 쿼리

Q&A

Q MS Office 업데이트로 인해 [데이터] 탭의 [데이터 가져오기]–[기타 원본에서]–[Microsoft Query에서] 메뉴가 보이지 않을 때 어떻게 해야 하나요?

A ① [파일]–[옵션]을 클릭하여 [데이터]의 'Microsoft Query에서(레거시)'를 체크하고 [확인]을 클릭합니다.

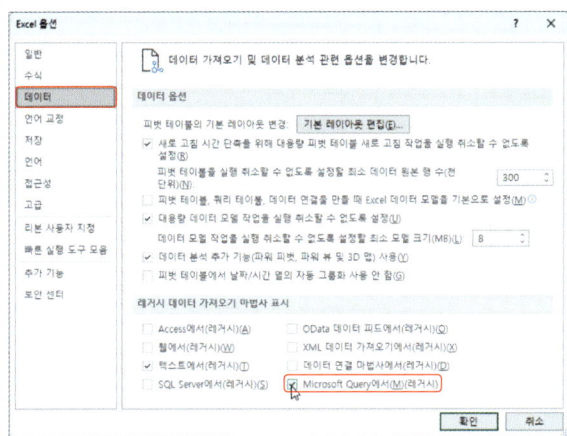

② [데이터]–[데이터 가져오기 및 변환] 그룹에서 [데이터 가져오기]–[레거시 마법사]–[Microsoft Query에서(레거시)] 메뉴를 이용하세요.

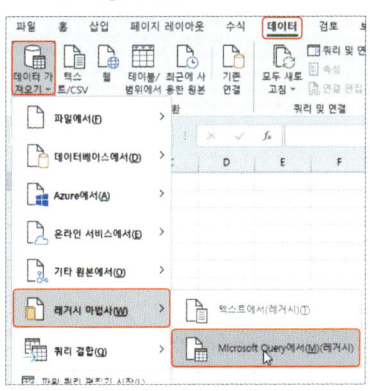

※ [데이터 가져오기]–[레거시 마법사]–[Microsoft Query에서(레거시)]와 [데이터 가져오기]–[기타 원본에서]–[Microsoft Query에서]의 기능이 동일합니다. 실제 시험장에서는 교재처럼 작성하면 되므로, 따로 '레거시' 메뉴를 설정하지 않도록 주의하여 주세요.

Q 색상이나 차트 등에 마우스를 올렸을 때 이름이나 설명이 표시되지 않는 경우는 어떻게 해야 하나요?

A [Excel 옵션]-[일반] 탭에서 '실시간 미리보기 사용'에 체크, 화면 설명 스타일을 '화면 설명에 기능 설명 표시'를 선택하세요.

Q 매크로가 실행되지 않는데 어떻게 해야 하나요?

A [파일] 탭의 [옵션]을 선택합니다. [Excel 옵션]에서 [보안센터]-[보안센터 설정]을 클릭하여 '매크로 설정'에서 'VBA 매크로 사용(권장 안 함, 위험한 코드가 시행될 수 있음)'에 체크해주세요.

Q 함수 입력 시 도움을 주는 스크린 팁이 보이게 하려면 어떻게 하나요?

A [파일]-[옵션]-[고급]-[표시]에 '함수 화면 설명 표시'에 체크해주세요

Q 컴퓨터활용능력 실기시험의 과목과 합격하기 위해 필요한 점수는 몇 점인가요?

A 컴퓨터활용능력 2급 실기 시험의 경우에는 '스프레드시트 실무' 한 과목이며 70점 이상 득점하면 합격입니다. 1급 실기 시험은 '스프레드시트 실무'와 '데이터베이스 실무'의 두 과목으로 구성되어 있으며 각 과목당 70점 이상 득점해야 합격할 수 있습니다.

Q 셀에 서식을 지정하거나 함수를 입력하고 나니 값이 '####'으로 되었습니다. 어떻게 하나요?

A 문제에서 별도의 지시사항이 없으면 그대로 두거나, 해당 열의 너비를 조정하여 데이터가 보이게 해도 됩니다.

Q 컴퓨터활용능력 실기시험에서 사용하는 프로그램의 버전은 어떻게 되나요?

A 2024년 1월부터 시행되는 시험은 Microsoft Office LTSC Professional Plus 2021으로 응시할 수 있습니다.

스프레드시트
기출문제 따라하기

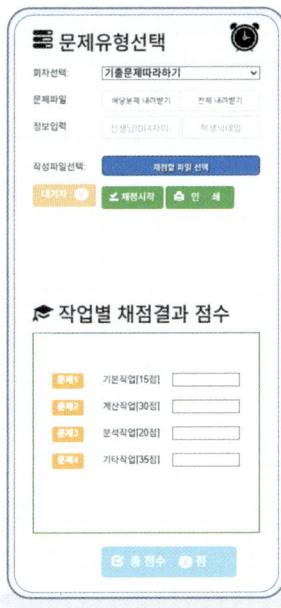

자동 채점 서비스(웹 용)

① comlicense.co.kr 접속
② '도서' 확인 후, [채점하기] 클릭
③ '회차'와 '채점할 파일' 선택
④ [채점시작] 클릭

스프레드시트 기출문제 따라하기

작업파일 : '26컴활1급(기출)₩스프레드시트₩기출문제따라하기'에서 '기출문제따라하기' 파일을 열어 작업하세요.

프로그램명	제한시간	풀이시간
EXCEL 2021	45분	분

수험번호 :

성   명 :

유의사항

- 인적 사항 누락 및 잘못 작성으로 인한 불이익은 수험자 책임으로 합니다.

- 화면에 암호 입력창이 나타나면 아래의 암호를 입력하여야 합니다.
  ○ 암호: 6845%3

- 작성된 답안은 주어진 경로 및 파일명을 변경하지 마시고 그대로 저장해야 합니다. 이를 준수하지 않으면 실격 처리됩니다.
  ○ 답안 파일명의 예: C:₩OA₩수험번호8자리.xlsm

- 외부데이터 위치: C:₩OA₩파일명

- 별도의 지시사항이 없는 경우, 다음과 같이 처리 시 실격 처리됩니다.
  ○ 제시된 시트 및 개체의 순서나 이름을 임의로 변경한 경우
  ○ 제시된 시트 및 개체를 임의로 추가 또는 삭제한 경우
  ○ 외부데이터를 시험 시작 전에 열어본 경우

- 답안은 반드시 문제에서 지시 또는 요구한 셀에 입력하여야 하며 다음과 같이 처리 시 채점 대상에서 제외됩니다.
  ○ 제시된 함수가 있을 경우 제시된 함수만을 사용하여야 하며 그 외 함수사용시 채점대상에서 제외
  ○ 수험자가 임의로 지시하지 않은 셀의 이동, 수정, 삭제, 변경 등으로 인해 셀의 위치 및 내용이 변경된 경우 해당 작업에 영향을 미치는 관련문제 모두 채점 대상에서 제외
  ○ 도형 및 차트의 개체가 중첩되어 있거나 동일한 계산결과 시트가 복수로 존재할 경우 해당 개체나 시트는 채점 대상에서 제외

- 수식 작성 시 제시된 문제 파일의 데이터는 변경 가능한(가변적) 데이터임을 감안하여 문제 풀이를 하시오.

- 별도의 지시사항이 없는 경우, 주어진 각 시트 및 개체의 설정값 또는 기본 설정값 (Default)으로 처리하시오.

- 저장 시간은 별도로 주어지지 않으므로 제한된 시간 내에 저장을 완료해야 하며, 제한 시간 내에 저장이 되지 않은 경우에는 실격 처리됩니다.

- 출제된 문제의 용어는 MS Office LTSC Professional Plus 2021 기준으로 작성되어 있습니다.

대 한 상 공 회 의 소

문제1 기본작업(15점) 주어진 시트에서 다음 과정을 수행하고 저장하시오.

1 '기본작업-1' 시트에서 다음과 같이 고급 필터를 수행하시오. (5점)
- ▶ [B3:H41] 영역에서 품종에 '캠벨'이 포함되면서 시설형태에 '비닐'이 포함된 경우, 해당 행의 '식재년도', '품종', '시설형태', '첫수확일', '마지막수확일' 값을 순서대로 표시하시오.
- ▶ 조건은 [J3:J4] 영역에 입력하시오. (AND, FIND 함수 사용)
- ▶ 결과는 [J7] 셀부터 표시하시오.

2 '기본작업-2' 시트에서 다음과 같이 조건부 서식을 설정하시오. (5점)
- ▶ [B4:L47] 영역에서 당도와 과방중의 값이 각각 해당 항목의 5번째로 큰 값 이상인 경우 해당 행 전체에 대해 글꼴 색을 '표준 색 – 빨강', 글꼴 스타일은 '굵게' 설정하시오
- ▶ 단, 규칙 유형은 '수식을 사용하여 서식을 지정할 셀 결정'을 사용하고, 한 개의 규칙으로만 작성하시오.
- ▶ AND, LARGE 함수 사용

3 '기본작업-3' 시트에서 다음과 같이 페이지 레이아웃을 설정하시오. (5점)
- ▶ [B3:J53] 범위를 인쇄 영역으로 설정하고, 3행이 모든 페이지에서 반복되도록 '인쇄 제목'을 설정하고, 배율 100%로 설정하시오.
- ▶ [B32] 셀 위치에 '페이지 나누기'를 삽입하고, 인쇄 방향은 '가로'로, 페이지 가운데 맞춤은 '가로'로 인쇄되도록 설정하시오.
- ▶ 머리글의 오른쪽에 현재 날짜를 표시하고, 글꼴은 '궁서'로 나타내도록 설정하고, 바닥글의 왼쪽에는 '현재 페이지/전체 페이지' 번호가 나타나도록 설정하시오.
  [머리글 표시 예 : 출력일 : 2026-04-30], [바닥글 표시 예 : 1/2]

문제2 계산작업(30점) '계산작업' 시트에서 다음 과정을 수행하고 저장하시오.

1 [표1]의 '입주일', '면적(㎡)'을 이용하여 [A3:A32] 영역에 순번을 계산하여 표시하시오. (6점)

- ▶ '입주일'을 기준으로 오름차순으로, 입주일이 같은 경우 '면적'이 작은 순서대로 순번을 매기시오
- ▶ 순번은 세자리 형식으로 표시하시오. [표시 예: 001, 002, 003..]
- ▶ TEXT, SUM 함수를 이용한 배열 수식

2 [표1]의 '입주일'을 이용하여 [C3:C32] 영역에 개월수를 표시하시오. (6점)

- ▶ [표1]의 '입주일'과 기준날짜(2026-12-27)의 차이를 일 단위로 계산한 후, 이를 30일로 나눈 몫은 '개월', 나머지는 '일'로 표시하시오.
- ▶ [표시 예 : 60개월 20일]
- ▶ QUOTIENT, DAYS, MOD, DATE 함수 사용

3 [표1]의 '월세'를 이용하여 [H3:H32] 영역에 현재가치를 계산하여 표시하시오. (6점)

- ▶ '월세'를 기준으로 연 3%로 3년 투자했을 때 현재가치를 계산하시오.
- ▶ 현재가치는 내림하여 천 단위로 표시하시오.
- ▶ 단, 현재 가치가 2억 원 이상인 경우에는 금액 앞에 "★"기호를 붙여 표시하시오.
  [표시 예 : 225,512,921 → ★ ₩225,512,000, 4,345,890 → 4,345,000]
- ▶ IF, ROUNDDOWN, TEXT, PV 함수 사용

4 [표1]의 '지역', '점포명', '면적(m²)'을 이용하여 [표2]의 [M4:M10] 영역에 각 지역별로 면적이 가장 큰 점포명을 표시하시오. (6점)

- ▶ [L4:L10]의 지역명을 기준으로, 해당 지역에서 면적이 가장 큰 점포명을 구하시오
- ▶ INDEX, MATCH, MAX 함수를 이용한 배열 수식

5 사용자 정의 함수 'fn적정'을 작성하여 [표1]의 [J3:J32] 영역에 적정 여부를 표시하시오. (6점)

- ▶ fn적정 함수는 '월세'와 '면적'을 인수로 받아 조건에 따라 적정 여부를 표시하시오.
- ▶ '월세/면적'이 30000 이하이면 "우수", 50000 이하이면 "보통", 그 외의 경우에는 빈 문자열("")을 반환하도록 하시오.
- ▶ IF ~ ELSEIF ~ END IF 사용

```
Public Function fn적정(월세, 면적)
End Function
```

문제3 분석작업(20점) 주어진 시트에서 다음 과정을 수행하고 저장하시오.

1. '분석작업-1' 시트에서 아래 지시사항에 따라 피벗 테이블 보고서를 작성하시오. (10점)

- '데이터 가져오기' 기능을 사용하여 〈스마트팜.accdb〉 파일의 〈포도생육조사〉 테이블에서 '품종', '식재년도', '송이수', '과방중', '당도', '산도', '과립수' 필드를 이용하여 식재년도가 2022년 이후의 데이터를 가져와 활용하시오.
- 피벗 테이블 보고서의 레이아웃과 위치는 제공된 〈그림〉을 참조하여 작성하고, 보고서 레이아웃은 '개요 형식으로 표시'로 설정하시오.
- 값 필드에는 '과립수', '과방중', '당도', '산도', '송이수'를 각각 평균으로 요약하고 표시 형식은 '숫자' 범주로 설정하고, 천단위 구분기호 및 소수 첫째 자리까지 표시되도록 하시오.
- 총합계는 행의 총합계만 표시되도록 설정하고, 각 항목 다음에 빈 줄을 삽입하시오.
- '레이블이 있는 셀 병합 및 가운데 맞춤'으로 설정하시오.
- 피벗 테이블 스타일은 '연한 주황, 피벗 스타일 보통 3'을 적용하시오.

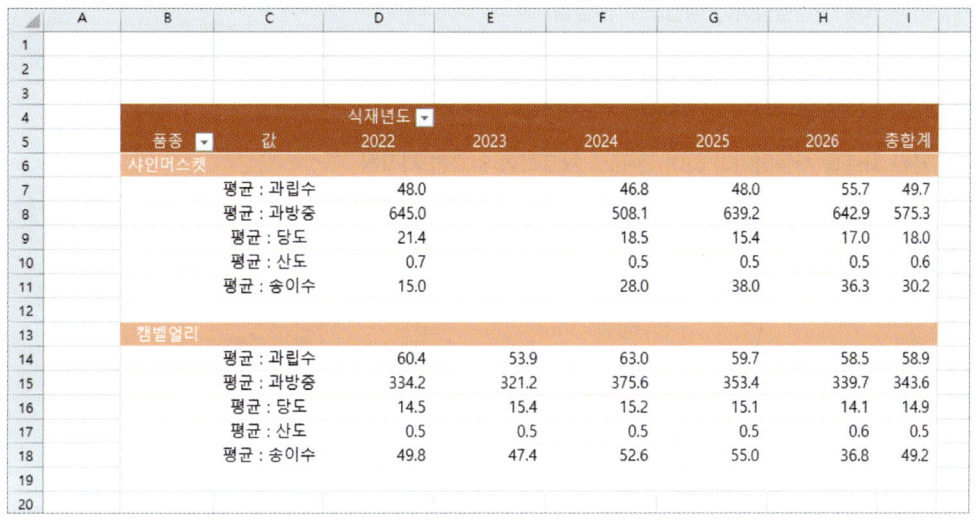

※ 작업 완성된 그림이며 부분점수 없음

2. '분석작업-2' 시트에 대하여 다음의 지시사항을 처리하시오. (10점)

- 데이터 도구를 이용하여 [표1]에서 '구분', '차종' 열을 기준으로 중복된 값이 있는 행 전체를 삭제하시오.
- [부분합] 기능을 이용하여 [표1]에서 '구분'을 기준으로 2022년부터 2026년까지의 평균을 계산한 후, 표준편차도 함께 계산하시오.
  - 구분을 기준으로 오름차순으로 정렬하고, 구분이 동일한 경우 차종을 기준으로 '소형차', '중형차', '대형차' 순서로 정렬하시오.
  - 구분과 차종은 위에 명시된 순서대로 처리하시오.
  - 개요 지우개를 처리하시오.

문제4 기타작업(35점) 주어진 시트에서 다음 과정을 수행하고 저장하시오.

1. '기타작업-1' 시트에서 다음과 같은 기능을 수행하는 매크로를 현재 통합문서에 작성하시오. (각 5점)

① [F4:H33] 영역에 대하여 사용자 지정 표시 형식을 설정하는 '서식적용' 매크로를 생성하시오.
   ▶ 양수이면 소수이하 한 자리 숫자 뒤에 "%" 표시, 음수이면 음수 기호와 소수이하 한 자리에 글꼴 색상은 '파랑', 숫자 뒤에 "℃" 표시, 0일 경우 글꼴 색상은 '녹색'이며 '◉' 표시되도록 설정하시오.
   [표시 예 : 79.4 → 79.4%, -3.6 → -3.6℃, 0 → ◉]
   ▶ [개발 도구]-[삽입]-[양식 컨트롤]의 '단추(▭)'를 동일 시트의 [J3:K4] 영역에 생성한 후 텍스트를 '서식적용'으로 입력하고, 단추를 클릭하면 '서식적용' 매크로가 실행되도록 설정하시오.

② [F4:H33] 영역에 대하여 표시 형식을 '일반'으로 적용하는 '서식해제' 매크로를 생성하시오.
   ▶ [개발 도구]-[삽입]-[양식 컨트롤]의 '단추(▭)'를 동일 시트의 [J6:K7] 영역에 생성한 후 텍스트를 '서식해제'로 입력하고, 단추를 클릭하면 '서식해제' 매크로가 실행되도록 설정하시오.

※ 셀 포인터의 위치에 관계없이 매크로가 실행되어야 정답으로 인정됨

2. '기타작업-2' 시트에서 다음의 지시사항에 따라 차트를 수정하시오. (각 2점)

※ 차트는 반드시 문제에서 제공한 차트를 사용하여야 하며, 신규로 차트작성 시 0점 처리됨

① 차트 제목을 [B2] 셀과 연동하고 크기는 16pt 로 설정하고, 차트의 데이터 범위는 〈그림〉을 참고하여 경부선을 제외한 데이터 원본으로 수정하시오.
② 차트 종류는 '누적 세로 막대형' 차트로 변경하고, 가로(항목) 축의 텍스트 방향은 '세로'로 설정하고, 기본 세로 축은 표시되지 않게 설정하시오.
③ 그림 영역의 채우기는 제공된 그림으로 설정하고, 투명도는 '80%', 차트의 눈금선은 제거하시오.
④ 색 구성은 '다양한 색상표 4'로 변경하고, 범례는 차트 위쪽에 표시되도록 설정하시오.
⑤ 차트 영역은 '둥근 모서리'로 표시되도록 설정하고, '오프셋: 오른쪽 아래' 그림자를 표시하시오.

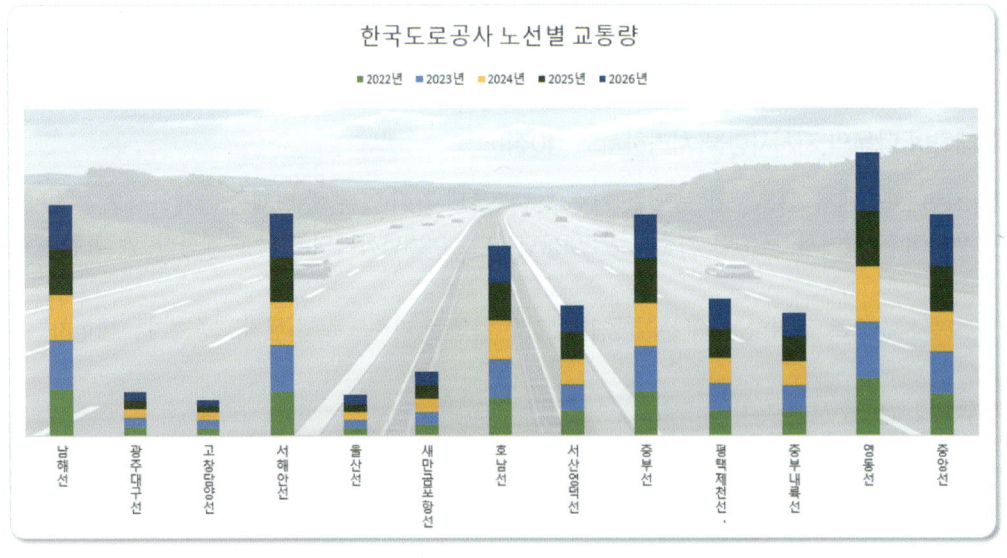

3 '기타작업-3' 시트에서 다음과 같은 작업을 수행하도록 프로시저를 작성하시오. (각 5점)

① '포도생육조사등록' 단추를 클릭하면 〈생육조사폼〉 폼이 나타나도록 설정하고, 폼이 초기화(Initialize) 되면 품종(cmb품종) 목록에는 [L5:L6] 영역의 값이 표시되고, 시설형태(cmb시설형태) 목록에는 [M5:M8] 영역의 값을 표시되고, 날짜(txt날짜)에는 현재 날짜가 표시되고, 'txt날짜' 텍스트 상자에 커서가 위치하도록 작성하시오.

② 〈생육조사폼〉 폼의 '등록'(cmd등록) 단추를 클릭하면 폼에 입력된 데이터가 [표1]에 입력되어 있는 마지막 행 다음에 연속하여 추가되도록 프로시저를 작성하시오.

▶ 작성자가 입력되지 않은 경우, 다음과 같은 메시지 창을 출력하고 작성자(txt작성자)에 커서가 위치하도록 작성하고, 작성자가 입력되면 [표1]에 번호는 자동 순번, 품종은 'cmb품종', 시설형태는 'cmb시설형태'에서 선택한 값, 날짜는 오늘 날짜, 송이수, 당도, 산도, 과립수, 작성자를 등록하시오.

③ 종료(cmd종료) 단추를 클릭하면 [J3] 셀에는 오늘 날짜를 표시하고, 글꼴 스타일은 기울임꼴로 표시하고 종료하는 프로시저를 작성하시오.

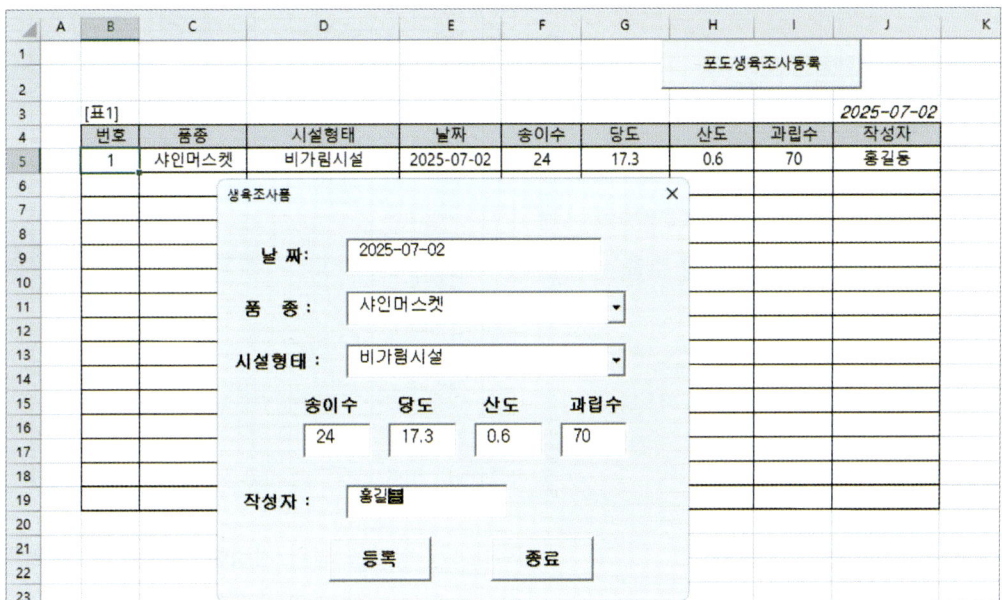
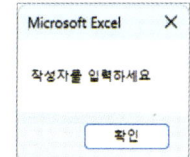

정답 & 해설 — 스프레드시트 기출문제 따라하기

문제1 기본작업

1 고급 필터

정답

① [J3:J4] 영역에 '조건'을 입력하고, [J7:N7] 영역에 추출할 필드명을 입력한다.

함수 설명 =AND(FIND("캠벨",D4)>0,FIND("비닐",E4)>0)

❶ FIND("캠벨",D4)>0 : [D4] 셀에서 '캠벨'을 찾아 시작 위치 값을 구한 값이 0보다 크면 TRUE
❷ FIND("비닐",E4)>0 : [E4] 셀에서 '비닐'을 찾아 시작 위치 값을 구한 값이 0보다 크면 TRUE

=AND(❶, ❷) : ❶, ❷ 모두가 TRUE일 때만 추출

② [데이터]-[정렬 및 필터] 그룹의 [고급]( ) 클릭한다.
③ [고급 필터]에서 다음 그림과 같이 지정한 후 [확인]을 클릭한다.

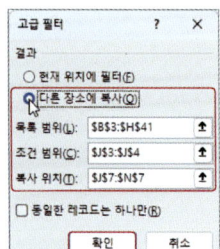

- 결과 : '다른 장소에 복사'
- 목록 범위 : [B3:H41]
- 조건 범위 : [J3:J4]
- 복사 위치 : [J7:N7]

2 조건부 서식

정답

① [B4:L47] 영역을 범위 지정한 후 [홈]-[스타일] 그룹의 [조건부 서식]-[새 규칙]을 클릭한다.
② [새 서식 규칙]에서 '규칙 유형 선택'에 '▶ 수식을 사용하여 서식을 지정할 셀 결정'을 선택하고, =AND($I4>=LARGE($I$4:$I$47,5),$H4>=LARGE($H$4:$H$47,5))을 입력한 후 [서식]을 클릭한다.

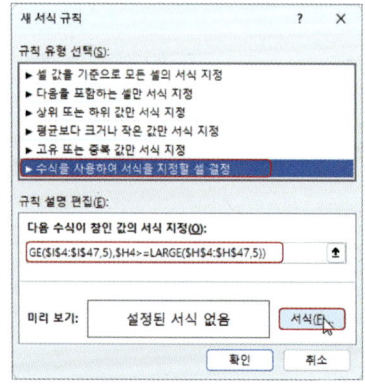

함수 설명 =AND($I4>=LARGE($I$4:$I$47,5),$H4>=LARGE($H$4:$H$47,5))

❶ LARGE($I$4:$I$47,5) : [I4:I47] 영역에서 5번째 큰 값을 구함
❷ LARGE($H$4:$H$47,5) : [H4:H47] 영역에서 5번째 큰 값을 구함

=AND($I4>=❶,$H4>=❷) : [I4] 셀의 값이 ❶ 이상이고, [H4] 셀의 값이 ❷ 이상이면 TRUE 값을 반환

③ [셀 서식]의 [글꼴] 탭에서 글꼴 스타일은 '굵게', 글꼴 색은 '표준 색 – 빨강'을 선택하고 [확인]을 클릭한다.

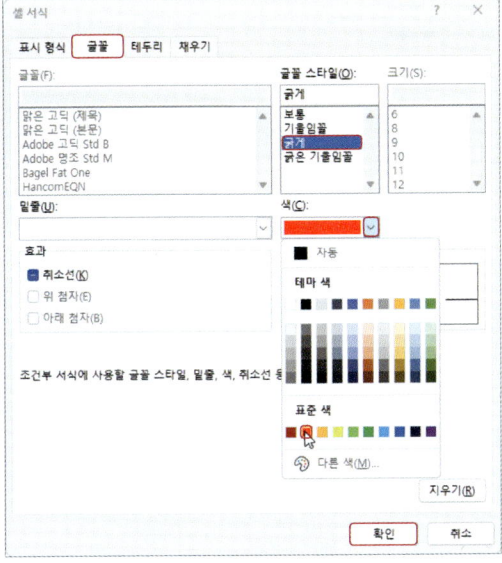

④ [새 서식 규칙]에서 다시 [확인]을 클릭한다.

3 페이지 레이아웃

정답

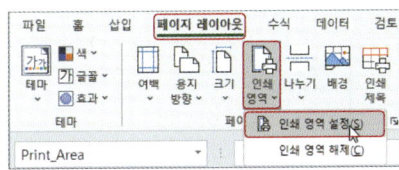

① [B3:J53] 영역을 범위 지정한 후 [페이지 레이아웃]-[페이지 설정] 그룹에서 [인쇄 영역]-[인쇄 영역 설정]을 클릭한다.

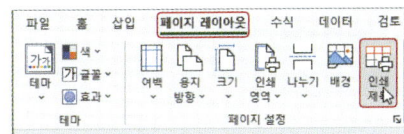

② [페이지 레이아웃]-[페이지 설정] 그룹에서 [인쇄 제목](📄)을 클릭한다.

③ [페이지 설정]의 [시트] 탭에서 반복할 행 '3행'을 지정한다.

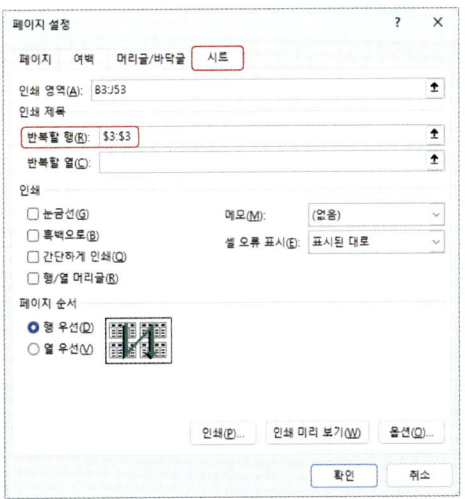

④ [페이지] 탭에서 용지 방향 '가로'를 선택하고, 배율 100%로 설정한다.

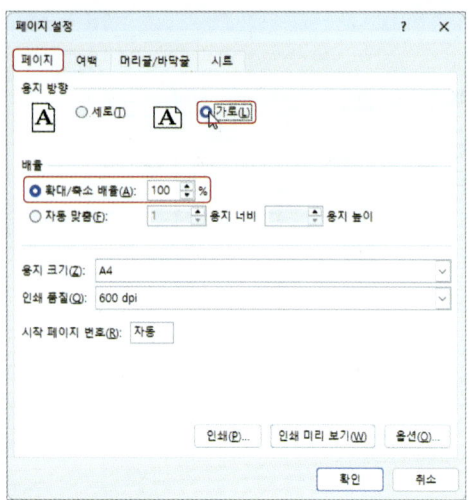

⑤ [여백] 탭에서 페이지 가운데 맞춤은 '가로'를 체크한다.

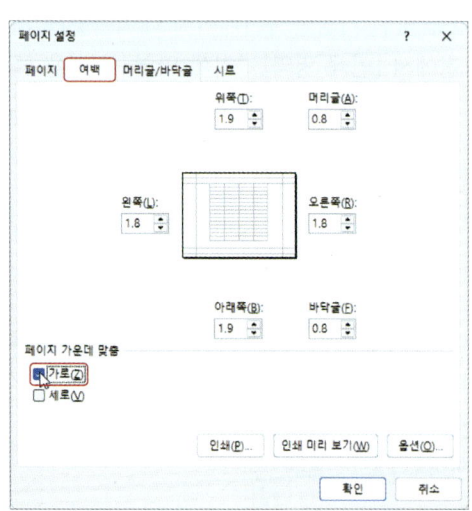

⑥ [머리글/바닥글] 탭에서 [머리글 편집]을 클릭한 후 '오른쪽 구역'을 클릭한 후 **출력일 :**을 입력하고, [날짜 삽입](📅)을 클릭한 후 출력일 : &[날짜]를 범위 지정한 후 [텍스트 서식](가)을 클릭하고 [확인]을 클릭한다.

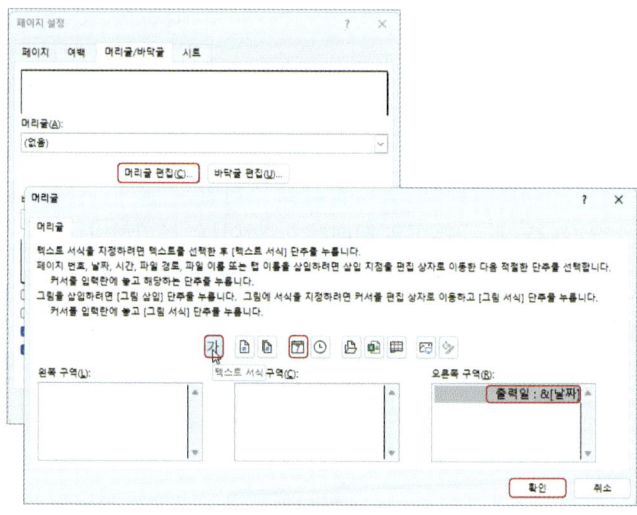

⑦ [글꼴] 탭에서 글꼴은 '궁서'를 선택하고 [확인]을 클릭하고 [머리글]에서 [확인]을 클릭한다.

⑧ [바닥글 편집]을 클릭한 후 왼쪽 구역에 커서를 두고 [페이지 번호 삽입](📄)를 클릭하여 /를 입력하고 [전체 페이지 수 삽입](📄)을 클릭한 후 [확인]을 클릭한다.

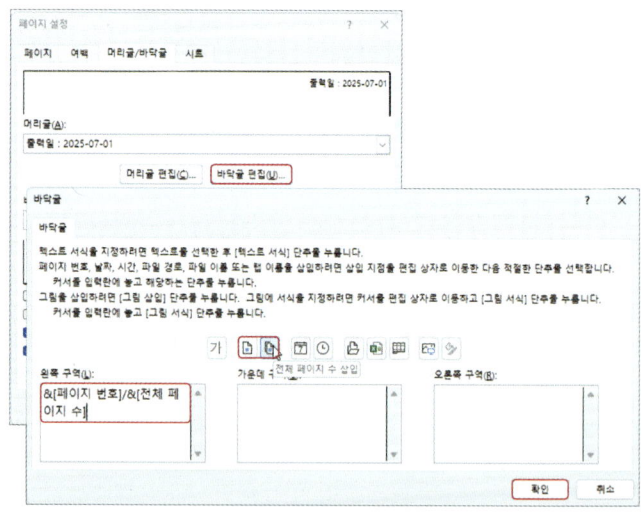

⑨ [페이지 설정]에서 [확인]을 클릭한다.

⑩ [B32] 셀을 클릭한 후 [페이지 레이아웃]-[페이지 설정] 그룹의 [나누기]-[페이지 나누기 삽입]을 클릭한다.

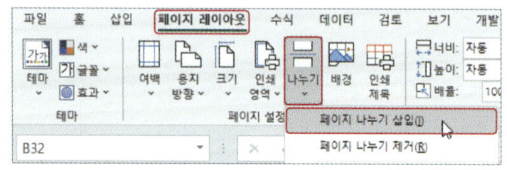

문제2 계산작업

정답

	A	B	C	D	E	F	G	H	I	J	K	L	M
1	[표1]											[표2]	
2	순번	입주일	개월수	지역	점포명	면적(m²)	월세	현재가치	분류	적정 여부		지역	점포명
3	003	2020-09-02	76개월 27일	대구	그린문고	250	4,500,000	₩154,739,000	문구	우수		대구	그린문고
4	015	2022-06-15	55개월 6일	수원	맛나분식	109	3,583,089	₩123,209,000	분식	보통		수원	그린문고
5	014	2022-04-13	57개월 9일	부산	맛나분식	71	3,649,884	₩125,506,000	분식			부산	스타카페
6	006	2021-02-20	71개월 6일	인천	온누리약국	64	3,687,725	₩126,807,000	약국			인천	태진갈비네
7	011	2021-06-27	66개월 29일	대전	햇살마트	67	2,942,079	₩101,167,000	편의점	보통		대전	문구나라
8	020	2023-01-18	47개월 29일	서울	게임존PC	550	8,000,000	★₩275,091,000	PC방	우수		서울	게임존PC
9	010	2021-05-18	68개월 9일	대구	뷰티살롱	57	3,980,630	₩136,879,000	미용			광주	스타벅스
10	030	2025-04-11	20개월 25일	대전	문구나라	210	6,500,000	★₩223,512,000	문구	보통			
11	012	2021-10-17	63개월 7일	대구	맛나분식	114	3,465,653	₩119,171,000	분식	보통			
12	008	2021-05-01	68개월 26일	광주	그린문고	65	2,710,148	₩93,192,000	문구	보통			
13	013	2022-01-11	60개월 11일	대전	핫치킨버거	142	3,187,385	₩109,602,000	패스트푸드	우수			
14	017	2022-08-07	53개월 13일	광주	스피드PC방	66	4,330,735	₩148,918,000	PC방				
15	024	2024-04-23	32개월 18일	서울	뷰티살롱	59	2,563,420	₩88,146,000	미용	보통			
16	001	2020-05-21	80개월 11일	인천	태진갈비네	116	3,211,742	₩110,440,000	커피	우수			
17	027	2024-10-13	26개월 25일	부산	한솔분식	96	2,695,524	₩92,689,000	분식	우수			
18	018	2023-01-18	47개월 29일	광주	스타벅스	124	3,954,667	₩135,987,000	커피	우수			
19	002	2020-09-02	76개월 27일	부산	스타카페	121	4,359,349	₩149,902,000	커피	보통			
20	016	2022-07-16	54개월 5일	인천	편한마트	103	3,397,210	₩116,818,000	편의점	보통			
21	023	2023-10-21	38개월 23일	광주	그린문고	31	3,033,059	₩104,296,000	문구				
22	019	2023-01-18	47개월 29일	서울	커피에반하다	240	6,000,000	★₩206,318,000	커피	우수			
23	029	2025-01-23	23개월 13일	대구	스마트세탁	40	3,917,037	₩134,693,000	세탁				
24	009	2021-05-01	68개월 26일	수원	그린문고	138	4,317,536	₩148,464,000	문구	보통			
25	021	2023-10-03	39개월 11일	부산	맛나분식	83	4,408,941	₩151,607,000	분식				
26	025	2024-07-02	30개월 8일	대전	카페베네	85	3,510,458	₩120,712,000	커피	보통			
27	022	2023-10-06	39개월 8일	대전	건강약국	92	3,451,879	₩118,697,000	약국	보통			
28	004	2020-11-29	73개월 29일	광주	편한마트	77	3,885,877	₩133,621,000	편의점				
29	007	2021-04-26	69개월 1일	대구	카페베네	45	4,401,121	₩151,338,000	커피				
30	028	2024-11-15	25개월 22일	부산	우리동네부동산	42	4,247,049	₩146,041,000	부동산				
31	026	2024-07-04	30개월 6일	수원	스타카페	94	3,912,710	₩134,544,000	커피	보통			
32	005	2020-12-25	73개월 3일	수원	건강약국	21	2,860,278	₩98,354,000	약국				

1 순번[A3:A32]

[A3] 셀에 =TEXT(SUM(($B$3:$B$32<B3)+($B$3:$B$32=B3)*($F$3:$F$32<=F3)),"000")를 입력하고 Ctrl + Shift + Enter 을 누른 후에 [A32] 셀까지 수식을 복사한다.

함수 설명

❶ ($B$3:$B$32<B3) : [B3:B32] 영역의 값이 [B3] 셀보다 작으면 TRUE 값(1)을 반환

❷ ($B$3:$B$32=B3) : [B3:B32] 영역의 값이 [B3] 셀과 같으면 TRUE 값(1)을 반환

❸ ($F$3:$F$32<=F3) : [F3:F32] 영역의 값이 [F3] 셀보다 작거나 같으면 TRUE 값(1)을 반환

❹ (❶+❷*❸) : ❶이 TRUE 이거나 ❷*❸가 TRUE이면 1 의 값이 반환되고 반환된 값의 합계를 구함

=TEXT(❹,"000") : ❹의 값을 숫자 3자리(000) 형식으로 표시

2 개월수[C3:C32]

[C3] 셀에 =QUOTIENT(DAYS(DATE(2026,12,27),B3),30)&"개월 " & MOD(DAYS(DATE(2026,12,27),B3),30) & "일"를 입력하고 [C32] 셀까지 수식을 복사한다.

함수 설명

❶ DATE(2026,12,27) : 2026-12-27

❷ DAYS(❶,B3) : [B3] 셀에서 ❶의 날짜까지 차이 일수를 구함

❸ QUOTIENT(❷, 30) : ❷의 값을 30으로 나눈 몫을 구함

❹ MOD(❷,30) : ❷의 값을 30으로 나눈 나머지를 구함

=❸&"개월 " & ❹ & "일" : ❸개월 ❹일 형식으로 표시

3 현재가치[H3:H32]

[H3] 셀에 =IF(ROUNDDOWN(PV(3%/12,3*12,-G3),-3))>=200000000,TEXT(ROUNDDOWN(PV(3%/12,3*12,-G3),-3),"★ ₩#,##0"),ROUNDDOWN(PV(3%/12,3*12,-G3),-3))를 입력하고 [H32] 셀까지 수식을 복사한다.

> **함수 설명**
> ❶ PV(3%/12,3*12,-G3) : 연 3%, 3년(36개월), 월세[G3]을 투자 했을 때 현재 가치를 구함
> ❷ ROUNDDOWN(❶,-3) : ❶의 값을 백의 자리에서 내림하여 천 단위로 표시
> ❸ TEXT(ROUNDDOWN(PV(3%/12,36,-G3),-3),"★ ₩#,##0") : ❷ 의 값을 ★ ₩#,##0 형식으로 표시
>
> =IF(❷)=200000000,❸,❷) : ❷의 값이 2억원 이상이면 ❸의 값 을 표시하고, 그 외는 ❷의 값을 표시

4 점포명[M4:M10]

[M4] 셀에 =INDEX($E$3:$E$32,MATCH(MAX(($D$3:$D$32=L4)*$F$3:$F$32),($D$3:$D$32=L4)*$F$3:$F$32,0))를 입력하고 Ctrl+Shift+Enter를 누른 후에 [M10] 셀까지 수식을 복사한다.

5 적정 여부[J3:J32]

① [개발 도구]-[코드] 그룹의 [Visual Basic](📷)을 클릭한 다.
② [삽입]-[모듈]을 클릭한다.
③ Module 창에 다음과 같이 입력한다.

```
Public Function fn적정(월세, 면적)
    If 월세 / 면적 <= 30000 Then
        fn적정 = "우수"
    ElseIf 월세 / 면적 <= 50000 Then
        fn적정 = "보통"
    Else
        fn적정 = ""
    End If
End Function
```

④ [파일]-[닫고 Microsoft Excel(으)로 돌아가기]를 클릭 하여 [Visual Basic Editor]를 닫는다.
⑤ [J3] 셀을 클릭한 후 [함수 삽입](𝑓ₓ)을 클릭한다.
⑥ [함수 마법사]에서 범주 선택은 '사용자 정의', 함수 선택 은 'fn적정'을 선택한 후 [확인]을 클릭한다.

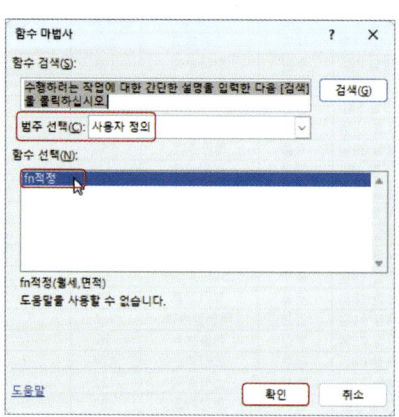

⑦ [함수 인수]에서 '월세'는 [G3], '면적'은 [F3]을 지정하고 [확인]을 클릭한다.

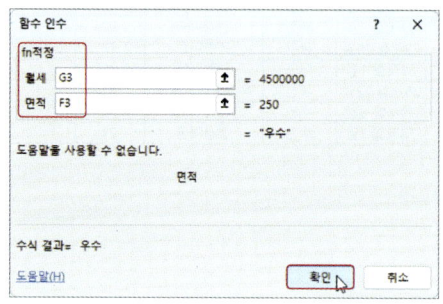

⑧ [J3] 셀을 선택한 후 [J32] 셀까지 수식을 복사한다.

문제3 분석작업

1 피벗 테이블

정답

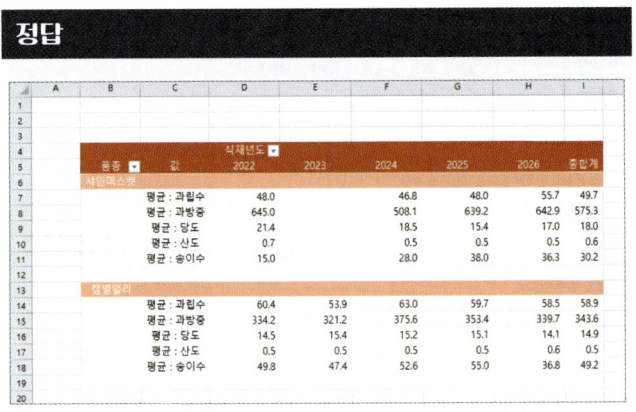

① [B4] 셀을 선택한 후 [데이터]-[데이터 가져오기 및 변환] 그룹에서 [데이터 가져오기]-[기타 원본에서]-[Microsoft Query에서]를 클릭한다.

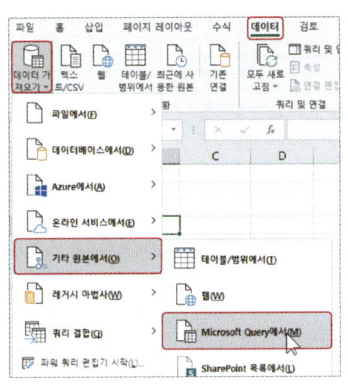

② [데이터 원본 선택]의 [데이터베이스] 탭에서 'MS Access Database *'를 선택하고 [확인]을 클릭한다.
③ '스마트팜.accdb'를 선택하고 [확인]을 클릭한다.
④ [열 선택]에서 〈포도생육조사〉 테이블을 더블클릭하여 '품종', '식재년도', '송이수', '과방중', '당도', '산도', '과립수'를 선택하고 [다음]을 클릭한다.

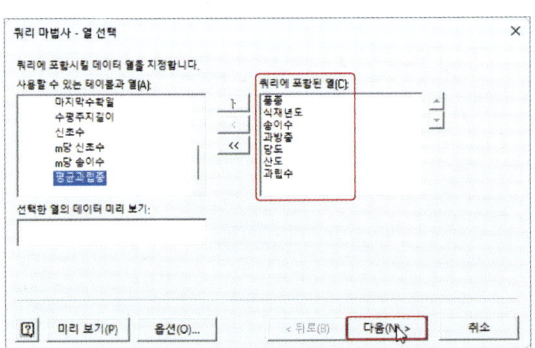

⑤ [데이터 필터]에서 '식재년도'를 선택하고, '>='를 선택한 후, 2022를 입력하고 [다음]을 클릭한다.

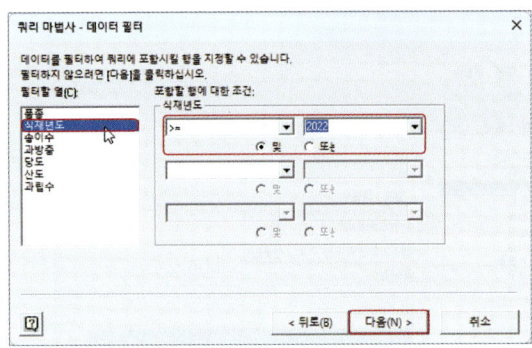

⑥ [정렬 순서]에서 [다음]을 클릭하고, [마침]을 클릭한다.
⑦ [데이터 가져오기]에서 '피벗 테이블 보고서'를 선택하고, '기존 워크시트'에 [B4] 셀로 지정하고 [확인]을 클릭한다.

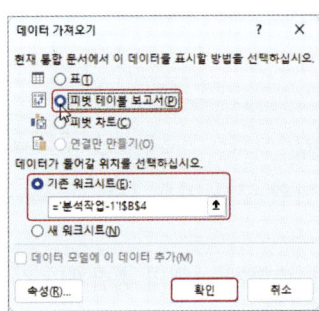

⑧ 다음과 같이 보고서 레이아웃을 지정하고 Σ 값을 행으로 드래그한다.

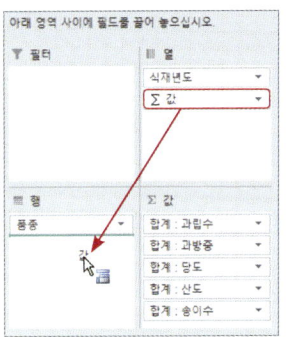

⑨ [디자인]-[레이아웃] 그룹의 [보고서 레이아웃]-[개요 형식으로 표시]를 클릭한다.

⑩ [C7] 셀 '합계 : 과립수'에서 더블클릭하여 [값 필드 설정]에서 '평균'을 선택하고, [표시 형식]을 클릭하여 '숫자' 범주의 '1000 단위 구분 기호(,) 사용'을 체크하고, 소수 자릿수는 1로 지정하고 [확인]을 클릭한다.

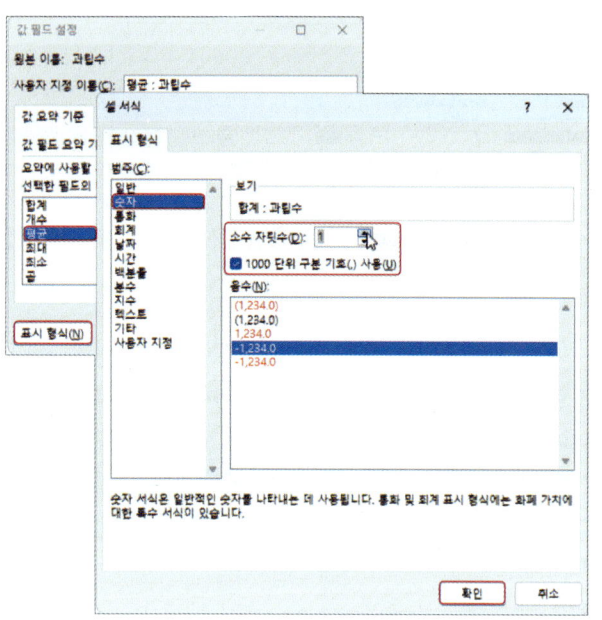

⑪ 같은 방법으로 '과방중', '당도', '산도', '송이수'도 함수를 '평균', 숫자 범주의 '1000 단위 구분 기호 사용'과 소수 자릿수는 1로 지정한다.

⑫ [디자인]-[레이아웃] 그룹의 [총합계]-[행의 총합계만 설정]을 클릭한다.

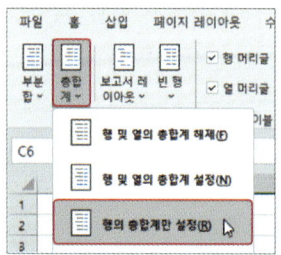

⑬ [디자인]-[레이아웃] 그룹의 [빈 행]-[각 항목 다음에 빈 줄 삽입]을 클릭한다.

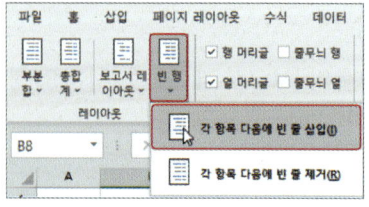

⑭ 피벗 테이블 안에서 마우스 오른쪽 버튼을 눌러 [피벗 테이블 옵션]을 클릭한 후 '레이블이 있는 셀 병합 및 가운데 맞춤'을 체크하고 [확인]을 클릭한다.

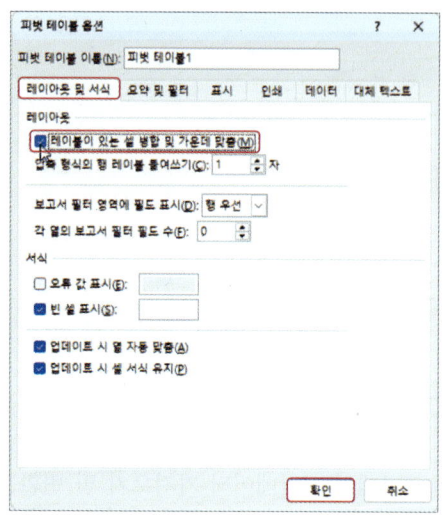

⑮ [디자인]-[피벗 테이블 스타일] 그룹에서 '연한 주황, 피벗 스타일 보통 3'을 선택한다.

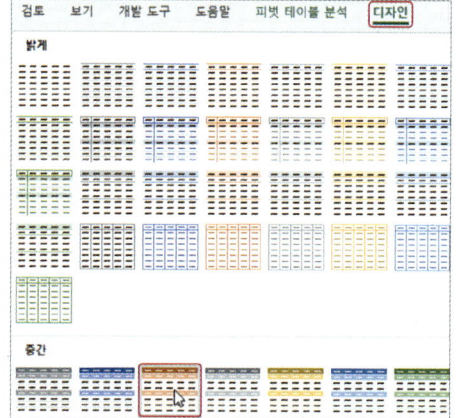

2 데이터 도구

정답

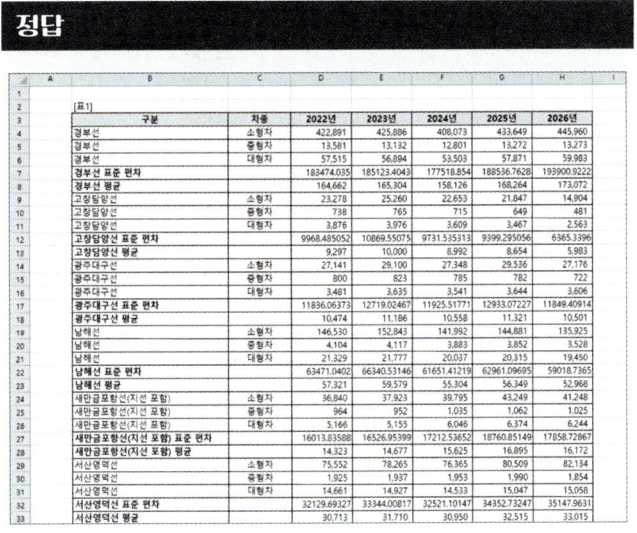

① [B3] 셀을 클릭한 후 [데이터]-[데이터 도구] 그룹의 [중복된 항목 제거]를 클릭한다.
② [모두 선택 취소]를 클릭한 후 '구분', '차종'을 체크하고 [확인]을 클릭한다.

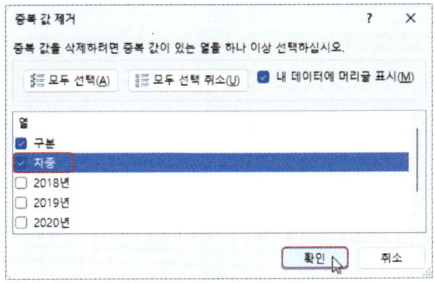

③ 메시지가 표시되면 [확인]을 클릭한다.

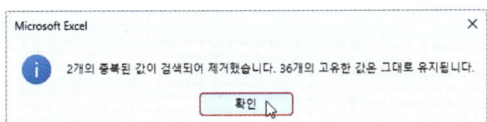

④ [데이터]-[정렬 및 필터] 그룹에서 [정렬](📊)을 클릭한다.
⑤ 정렬 기준은 '구분'을 선택하고 '오름차순'을 선택한다.
⑥ [기준 추가]를 클릭한 후 '차종'을 선택하고 '사용자 지정 목록'을 선택한다.

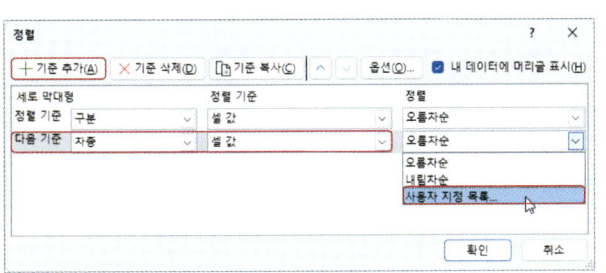

⑦ '사용자 지정 목록'을 선택하고, **소형차, 중형차, 대형차**를 입력하고 [추가]를 클릭하고 [확인]을 클릭한다.

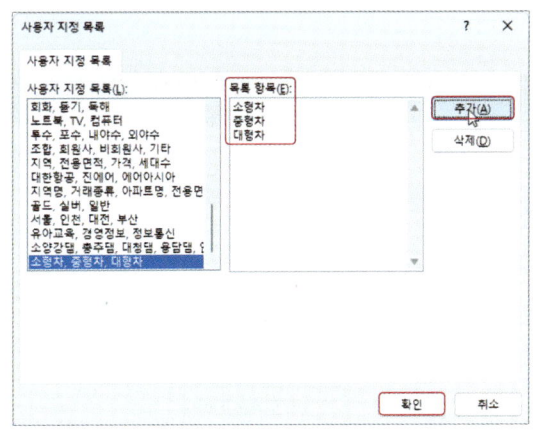

⑧ [데이터]-[개요] 그룹에서 [부분합](📊)을 클릭하여 다음과 같이 지정하고 [확인]을 클릭한다.

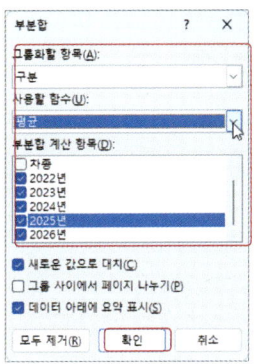

- 그룹화할 항목 : 구분
- 사용할 함수 : 평균
- 부분합 계산 항목 : 2002년, 2023년, 2024년, 2025년, 2026년

⑨ [데이터]-[개요] 그룹에서 [부분합](📊)을 클릭하여 다음과 같이 지정하고 [확인]을 클릭한다.

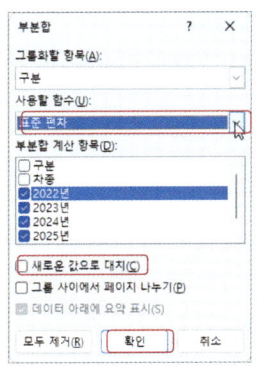

- 그룹화할 항목 : 구분
- 사용할 함수 : 표준 편차
- 부분합 계산 항목 : 2002년, 2023년, 2024년, 2025년, 2026년
- '새로운 값으로 대치'를 체크 해제

⑩ [데이터]-[개요] 그룹에서 [그룹 해제]-[개요 지우기]를 클릭한다.

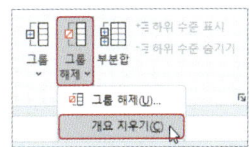

문제4 기타작업

1 매크로

정답

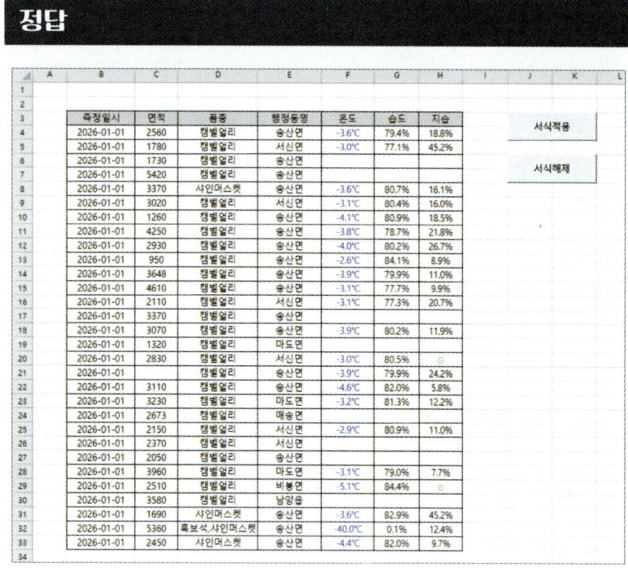

① [개발 도구]-[컨트롤] 그룹의 [삽입]-[단추(양식 컨트롤)] (□)을 클릭한다.

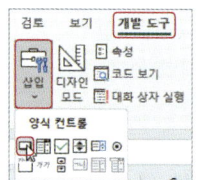

② 마우스 포인터가 '+'로 바뀌면 [J3:K4] 영역에 드래그한다.

③ [매크로 지정]의 '매크로 이름'에 **서식적용**을 입력하고 [기록]을 클릭한다.

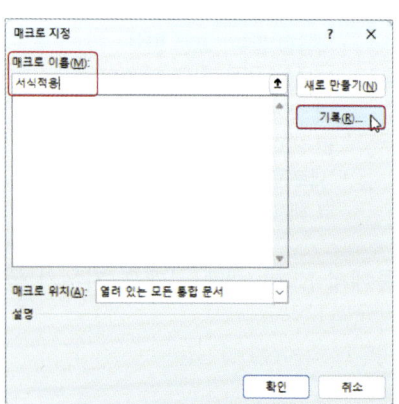

④ [매크로 기록]에 자동으로 '서식적용'으로 매크로 이름이 표시되면 [확인]을 클릭한다.

⑤ [F4:H33] 영역을 범위 지정한 후 Ctrl+1을 눌러 [표시 형식] 탭의 '사용자 지정'에 0.0"%";[파랑]-0.0"℃";[녹색]"⊙"을 입력하고 [확인]을 클릭한다.

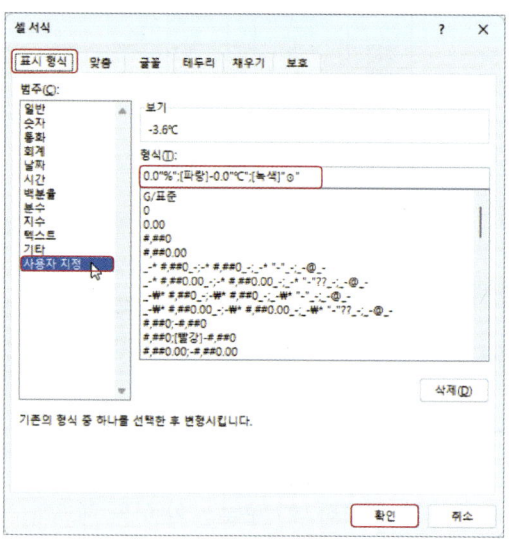

🏁 기적의 TIP

℃는 한글 자음 'ㄹ'을 입력한 후 한자를 눌러 목록에서 선택하여 입력합니다.

⑥ 임의의 셀을 클릭한 후 매크로 기록을 종료하기 위해 [개발 도구]-[코드] 그룹의 [기록 중지](□)를 클릭한다.

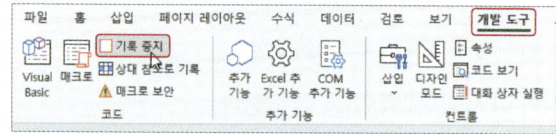

⑦ 단추에 텍스트를 수정하기 위해서 단추에서 마우스 오른쪽 버튼을 눌러 [텍스트 편집]을 클릭한다.

⑧ 단추에 입력된 '단추 1'을 지우고 **서식적용**을 입력한다.

⑨ [개발 도구]-[컨트롤] 그룹의 [삽입]-[단추(양식 컨트롤)] (□)을 클릭한다.

⑩ 마우스 포인터가 '+'로 바뀌면 [J6:K7] 영역에 드래그한다.

⑪ [매크로 지정]의 '매크로 이름'에 **서식해제**를 입력하고 [기록]을 클릭한다.

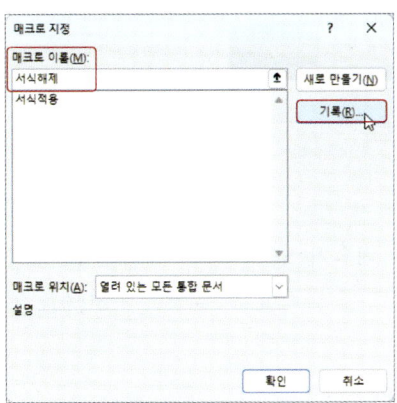

⑫ [매크로 기록]에 자동으로 '서식해제'로 매크로 이름이 표시되면 [확인]을 클릭한다.

⑬ [F4:H33] 영역을 범위 지정한 후 Ctrl+1을 눌러 [표시 형식] 탭의 '일반'을 선택하고 [확인]을 클릭한다.

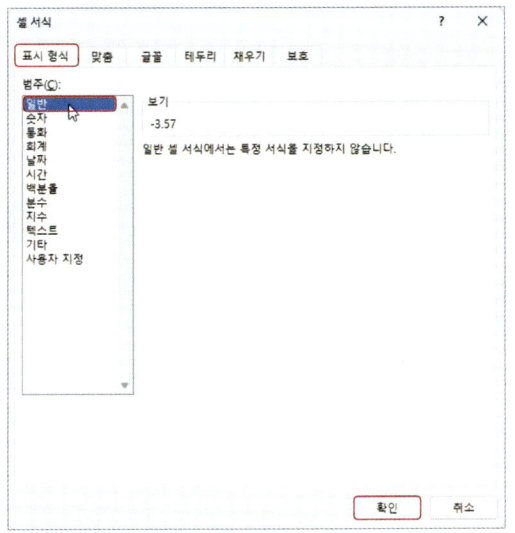

⑭ 임의의 셀을 클릭한 후 매크로 기록을 종료하기 위해 [개발 도구]-[코드] 그룹의 [기록 중지](□)를 클릭한다.

⑮ 단추에 텍스트를 수정하기 위해서 단추에서 마우스 오른쪽 버튼을 눌러 [텍스트 편집]을 클릭한다.

⑯ 단추에 입력된 '단추 2'를 지우고 **서식해제**를 입력한다.

2 차트

정답

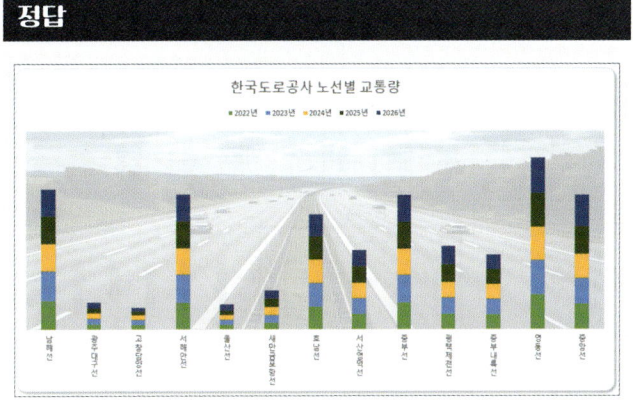

① 차트를 선택한 후 [차트 요소](⊞)-[차트 제목]을 클릭한다.

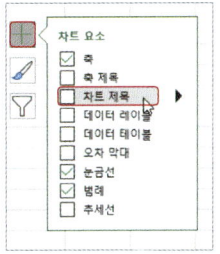

② 차트 제목을 선택한 후 수식 입력줄에 =를 입력하고 [B2] 셀을 클릭하고 Enter를 누른다.

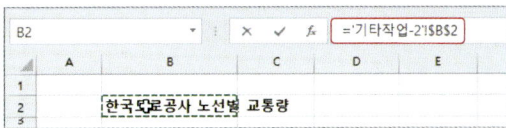

③ 차트 제목을 선택한 후 [홈]-[글꼴] 그룹에서 글꼴 크기는 '16'을 선택한다.

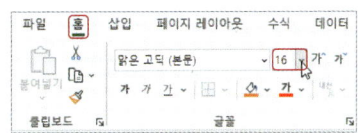

④ 차트를 선택한 후 마우스 오른쪽 버튼을 눌러 [데이터 선택]을 클릭한 후 [B4:G4], [B6:G18] 영역으로 수정하고 [확인]을 클릭한다.

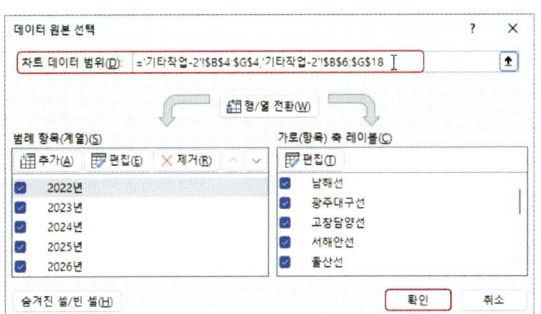

⑤ 차트에서 마우스 오른쪽 버튼을 눌러 [차트 종류 변경]을 클릭한 후 [차트 종류 변경]에서 '세로 막대형'의 '누적 세로 막대형'을 선택한다.

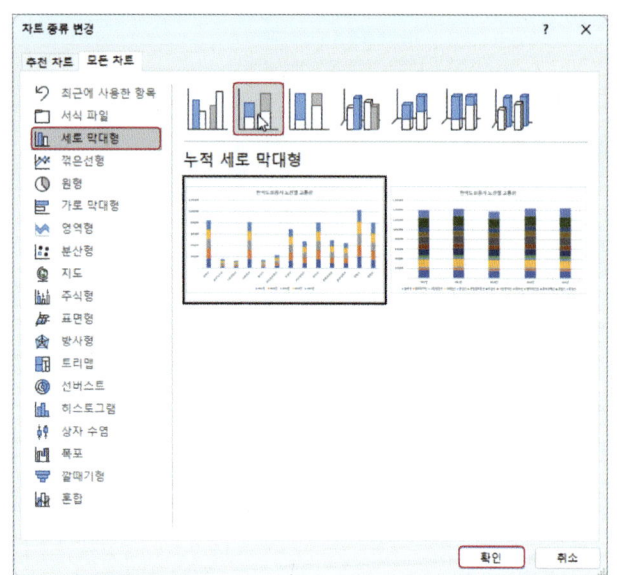

⑥ '가로(항목) 축'을 선택한 후 마우스 오른쪽 버튼을 눌러 [축 서식]을 클릭한 후 '크기 및 속성'의 텍스트 방향은 '세로'를 선택한다.

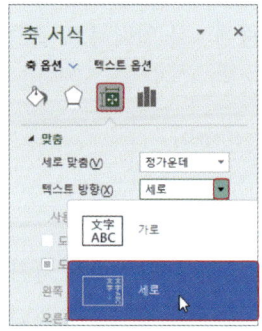

⑦ [차트 디자인]-[차트 레이아웃] 그룹의 [차트 요소 추가]-[축]-[기본 세로]를 클릭하여 표시되지 않게 설정한다.

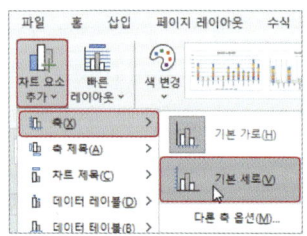

⑧ 그림에서 마우스 오른쪽 버튼을 눌러 [복사]를 클릭한다.

⑨ [그림 영역 서식]의 [채우기 및 선]에서 '그림 또는 질감 채우기'에서 [클립보드]를 클릭한 후 투명도에 80%를 입력한다.

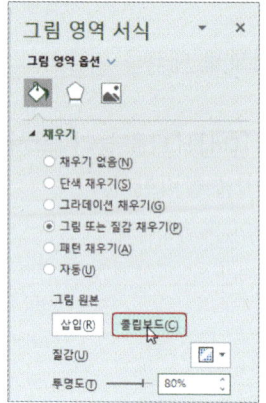

⑩ 차트를 선택한 후 [차트 요소](⊞)-[눈금선]의 체크를 해제한다.

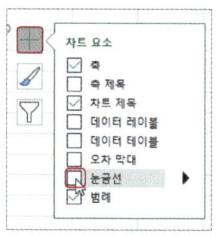

⑪ [차트 디자인]-[차트 스타일] 그룹의 [색 변경]을 클릭하여 '다양한 색상표 4'를 선택한다.

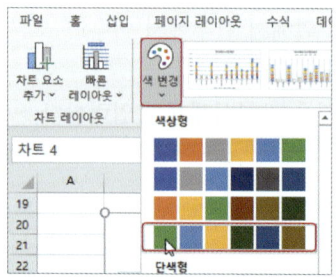

⑫ 차트를 선택한 후 [차트 요소](⊞)-[범례]-[위쪽]을 클릭한다.

⑬ 차트 영역을 선택한 후 [차트 영역 서식]의 [채우기 및 선]에서 '테두리'의 '둥근 모서리'를 체크한다.

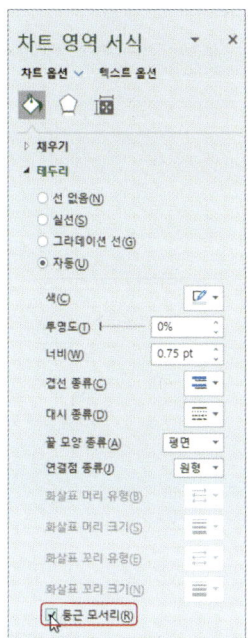

⑭ [효과]의 그림자에서 '미리 설정'을 클릭하여 '오프셋: 오른쪽 아래'를 선택한다.

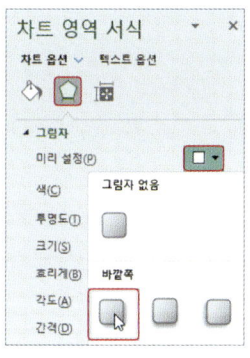

3 VBA 프로그래밍

(1) 폼 보이기

① [개발 도구]-[컨트롤] 그룹의 [디자인 모드](■)를 클릭하여 〈포도생육조사등록〉 버튼을 편집 상태로 만든다.
② 〈포도생육조사등록〉 버튼을 더블클릭한 후 코드 창에 다음과 같이 입력한다.

```
Private Sub 포도생육조사_Click()
    생육조사폼.Show
End Sub
```

(2) 폼 초기화

① [프로젝트-VBAProject] 탐색기에서 '폼'을 더블 클릭하고 〈생육조사폼〉을 선택한다.
② [프로젝트-VBAProject] 탐색기의 [코드 보기](■)를 클릭한다.
③ '개체 목록'은 'UserForm', '프로시저 목록'은 'Initialize'를 선택한다.
④ 코드 창에 다음과 같이 입력한다.

```
Private Sub UserForm_Initialize()
    cmb품종.RowSource = "L5:L6"
    cmb시설형태.RowSource = "M5:M8"
    txt날짜 = Date
    txt날짜.SetFocus
End Sub
```

(3) 등록 프로시저

① '개체 목록'에서 'cmd등록', '프로시저 목록'은 'Click'을 선택한다.
② 코드 창에 다음과 같이 입력한다.

```
Private Sub cmd등록_Click()

i = Range("b4").CurrentRegion.Rows.Count + 3

    If txt작성자 = "" Then
        MsgBox "작성자를 입력하세요"
        txt작성자.SetFocus
    Else
        Cells(i, 2) = i - 4
        Cells(i, 3) = cmb품종
        Cells(i, 4) = cmb시설형태
        Cells(i, 5) = txt날짜.Value
        Cells(i, 6) = txt송이수.Value
        Cells(i, 7) = txt당도.Value
        Cells(i, 8) = txt산도.Value
        Cells(i, 9) = txt과립수.Value
        Cells(i, 10) = txt작성자.Value
    End If

End Sub
```

(4) 종료 프로시저

① '개체 목록'에서 'cmd종료', '프로시저 목록'은 'Click'을 선택한다.
② 코드 창에 다음과 같이 입력한다.

```
Private Sub cmd종료_Click()
    [J3] = Date
    [J3].Font.Italic = True
    Unload Me
End Sub
```

스프레드시트
실전 모의고사

CONTENTS

- 실전 모의고사 01회
- 실전 모의고사 02회
- 실전 모의고사 03회
- 실전 모의고사 04회
- 실전 모의고사 05회
- 실전 모의고사 06회
- 실전 모의고사 07회
- 실전 모의고사 08회
- 실전 모의고사 09회
- 실전 모의고사 10회
- 실전 모의고사 11회
- 실전 모의고사 12회
- 실전 모의고사 13회
- 실전 모의고사 14회
- 실전 모의고사 15회

스프레드시트 실전 모의고사 01회

작업파일 : '26컴활1급(기출)₩스프레드시트₩실전모의고사'에서 '실전모의고사1회' 파일을 열어 작업하세요.

문제1 기본작업(15점) 주어진 시트에서 다음 과정을 수행하고 저장하시오.

1 '기본작업' 시트에서 다음과 같이 고급 필터를 수행하시오. (5점)

- [A2:L46] 영역에서 '세대수'가 짝수이면서, '동'의 3번째에 숫자가 있는 데이터의 '구', '동', '세대수', '내국인 합계' 필드만 순서대로 표시하시오.
- 조건은 [N2:N3] 영역 내에 알맞게 입력하시오. (AND, ISEVEN, TYPE, VALUE, MID 함수 사용)
- 결과는 [N5] 셀부터 표시하시오.

2 '기본작업' 시트에서 다음과 같이 조건부 서식을 설정하시오. (5점)

- [A3:L46] 영역에서 동에 '매'가 포함되면서, 총합계가 하위 10위 이하인 행 전체에 대하여 글꼴 색은 '흰색, 배경1', 채우기 색은 '표준 색 – 자주'로 적용하시오.
- 단, 규칙 유형은 '수식을 사용하여 서식을 지정할 셀 결정'을 사용하고, 한 개의 규칙으로만 작성하시오.
- AND, FIND, SMALL 함수 사용

3 '기본작업' 시트에서 다음과 같이 페이지 레이아웃을 설정하시오. (5점)

- [A2:L46] 영역을 인쇄 영역으로 설정하고, 2행은 반복해서 인쇄될 수 있도록 설정하시오.
- '행/열 머리글'이 인쇄될 수 있도록 설정하고, 페이지 여백은 '좁게'로 설정하고, 한 페이지에 모든 열을 맞추어 설정하시오.
- 모든 페이지에 머리글을 작성하되 첫 페이지의 머리글에는 '수원시' 제목을 가운데에 표시하고, 다음 페이지부터는 오른쪽에 전체 페이지 / 현재 페이지가 표시되도록 머리글을 설정하시오.

문제2 계산작업(30점) '계산작업' 시트에서 다음 과정을 수행하고 저장하시오.

1 [표1]의 A조, B조의 세트별 경기를 비교하여 스코어를 [F4:F13] 영역에 표시하시오. (6점)

- 세트승은 2점, 무승부 1점씩, 세트 패는 0점으로 계산하여 표시 [표시 예: 5:1]
- CONCAT, SUM, IF 함수 사용

2 [표3]의 순위표를 이용하여 [표2]의 [C17:E25] 영역에 순위별 추가 포인트, 추가 점수, 추가 포상금을 표시하시오. (6점)

- 찾는 열의 위치는 '추가 포인트', '추가 점수', '추가 포상금'의 공백 다음 필드명을 이용
- RIGHT 함수의 추출하는 글자수는 [표2]의 [C16:E16] 영역의 전체 글자수에서 공백까지의 글자 수를 뺀 값을 이용
- VLOOKUP, MATCH, RIGHT, LEN, FIND 함수 사용

3 [표1]의 선수별 세트 점수를 이용하여 [표2]의 평균[F17:F25] 영역에 계산하여 표시하시오. (6점)

- ▶ [표2]의 선수명을 [표1]에서 찾아 1세트, 2세트, 3세트 점수의 평균을 구함
- ▶ 선수명이 A조에 없으면 B조 세트를 참조함
- ▶ AVERAGE, IFERROR, XLOOKUP 함수를 이용한 배열 수식

4 [표1]를 참조하여 [표2]의 선수명과 순위를 이용하여 [표시 예]와 같이 조별등수[G17:G25] 영역에 표시하시오. (6점)

- ▶ 선수명의 두 번째 글자는 '★'로 바꾸어 표시
- ▶ 선수명을 이용하여 [표1]의 A조 선수명이 존재하면 A조, 그 외는 B조로 표시
- ▶ 순위는 합계에 '등'을 붙여서 표시 [표시 예 : 선수명(배윤서), 합계(1) → 배★서(A조-1등)]
- ▶ REPLACE, IF, COUNTIF 함수와 & 연산자 사용

5 [표1]의 선수명, 합계를 이용하여 진출[L4:L13] 영역에 합계가 더 높은 선수명을 [표시 예]와 같이 표시하시오. (6점)

- ▶ 'fn진출'은 각 선수명과 합계를 인수로 받아 값을 되돌려 줌 [표시 예 : A조(김영수)]
- ▶ IF문과 & 연산자 사용

```
Public Function fn진출(A선수명, A합계, B선수명, B합계)

End Function
```

문제3 분석작업(20점) 주어진 시트에서 다음 과정을 수행하고 저장하시오.

1 '분석작업-1' 시트에서 다음의 지시사항에 따라 피벗 테이블 보고서를 작성하시오. (10점)

- ▶ 외부 데이터 가져오기 기능을 이용하여 〈사고통계.accdb〉에서 〈청소년사고〉 테이블의 '학교급', '연도', '머리', '구강', '팔', '다리' 열을 사용하고 연도는 2020년도 이후의 데이터를 이용하시오.
- ▶ 피벗 테이블 보고서의 레이아웃과 위치는 〈그림〉을 참조하여 설정하고, 보고서 레이아웃을 개요 형식으로 표시하시오.
- ▶ 그룹 하단에 학교급별로 각 필드의 평균과 최대값의 부분합을 설정하시오.
- ▶ '학교급' 순서는 〈그림〉을 참조하여 설정하고, 각 필드의 표시 형식을 값 필드 설정의 셀 서식에서 '숫자' 범주를 이용하여 1000 단위 구분 기호와 소수 자릿수를 0으로 설정하시오.
- ▶ '중', '고', '특수'의 하위 데이터만 표시하시오.

▶ 피벗 테이블 스타일은 '연한 녹색, 피벗 스타일 보통 14', 피벗 테이블 스타일 옵션은 '행 머리글', '열 머리글', '줄무늬 열'을 설정하시오.

	A	B	C	D	E	F	G
2		학교급	연도	합계 : 머리	합계 : 구강	합계 : 팔	합계 : 다리
3		⊞ 유		9,631	2,567	1,886	583
4		⊞ 초		16,032	4,163	5,929	6,119
5		⊟ 중					
6			2020	1,104	251	840	1,401
7			2021	3,352	426	1,837	2,803
8			2022	6,718	910	2,976	5,014
9		중 평균		3,725	529	1,884	3,073
10		중 최대		6,718	910	2,976	5,014
11		⊟ 고					
12			2020	1,020	216	631	1,526
13			2021	1,709	321	903	2,121
14			2022	2,820	410	1,416	3,438
15		고 평균		1,850	316	983	2,362
16		고 최대		2,820	410	1,416	3,438
17		⊟ 특수					
18			2020	60	24	13	23
19			2021	78	25	35	28
20			2022	97	39	28	36
21		특수 평균		78	29	25	29
22		특수 최대		97	39	35	36
23		⊞ 기타		106	17	56	111
24		총합계		42,727	9,369	16,550	23,203

※ 작업 완성된 그림이며 부분점수 없음

2 '분석작업-2' 시트에 대하여 다음의 지시사항을 처리하시오. (10점)

▶ [I4:J14] 영역에는 데이터 유효성 검사 도구를 이용하여 남자, 여자의 합이 100%가 입력되도록 제한 대상을 설정하시오. (SUM 함수 이용)

▶ [I4:J14] 영역의 셀을 클릭한 경우 〈그림〉과 같은 설명 메시지(제목 : 남녀의 합, 설명 메시지 : 남자와 여자의 합이 100% 되어야 합니다.)를 표시하고, 유효하지 않은 데이터를 입력한 경우 〈그림〉과 같은 오류 메시지가 표시되도록 설정하시오.

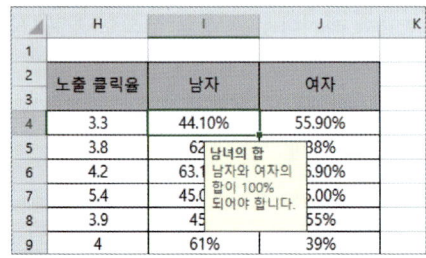
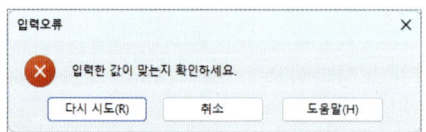

▶ [B4:J14] 영역에 대해서 '조회수' 필드의 셀 색이 노란색:RGB(255,255,0)를 위에 표시하고, 동일한 색일 경우 '구독자(누적)' 수가 많은 것부터 데이터 정렬을 하시오.

문제4 기타작업(35점) 주어진 시트에서 다음 과정을 수행하고 저장하시오.

1 '기타작업-1' 시트에서 다음과 같은 기능을 수행하는 매크로를 현재 통합문서에 작성하시오. (각 5점)

① [F6:F31] 영역에 사용자 지정 표시 형식을 설정하는 '서식적용' 매크로를 생성하시오.
- ▶ '전월대비 증감률'의 숫자는 소수 이하 2자리 백분율로 표시하고, 양수이면 빨강색으로 왼쪽에 '▲'를 붙여서 표시하고, 오른쪽에 숫자를 표시하고, '음수'이면 파랑색으로 왼쪽에 '▼'를 붙여서 표시하고, 오른쪽에 숫자를 표시하고, '0'이면 '-'으로 [표시 예]와 같이 표시하시오.
  [표시 예 : '양수' 이면 5.73%일 경우 → ▲ 5.73%, '음수' 이면 → ▼ 5.73%, '0' 이면 → -]
- ▶ [개발 도구]-[삽입]-[양식 컨트롤]의 '단추(□)'를 동일 시트의 [C2:D3] 영역에 생성한 후 텍스트를 "서식적용"으로 입력하고, 단추를 클릭하면 "서식적용" 매크로가 실행되도록 설정하시오.

② [F6:F31] 영역에 표시 형식을 '백분율', 소수 이하 2자리로 표시하는 '서식해제' 매크로를 생성하시오.
- ▶ [개발 도구]-[삽입]-[양식 컨트롤]의 '단추(□)'를 동일 시트의 [E2:F3] 영역에 생성한 후 텍스트를 "서식해제"로 입력하고, 단추를 클릭하면 "서식해제" 매크로가 실행되도록 설정하시오.
  [표시 예 : '양수' 이면 5.73%일 경우 → 5.73%, '음수' 이면 → -5.73%, '0' 이면 → 0.00%]

※ 셀 포인터의 위치에 관계없이 매크로가 실행되어야 정답으로 인정됨

2 '기타작업-2' 시트에서 다음의 지시사항에 따라 차트를 수정하시오. (각 2점)

※ 차트는 반드시 문제에서 제공한 차트를 사용하여야 하며, 신규로 차트작성 시 0점 처리됨

① '당연퇴직'은 차트에 표시되지 않도록 하고, '사망'과 '기타'는 표시되도록 원본 데이터를 수정하고, 차트 종류를 '표식이 있는 방사형'으로 변경하시오.
② 차트 제목은 [B2] 셀과 연동하여 표시되도록 설정하고, 범례를 오른쪽으로 표시하시오.
③ 기본 보조 가로 눈금선을 추가하고, 기본 주 가로 눈금선 색은 '진한 파랑'으로 표시하시오.
④ 방사형(값) 축은 표시 형식은 숫자의 '1000 단위 구분 기호 사용'로 표시하고, 축의 최대값을 7000으로 표시하시오.
⑤ 차트 영역은 모서리를 둥글게 표시하고, '오프셋: 오른쪽 아래' 그림자를 표시하시오.

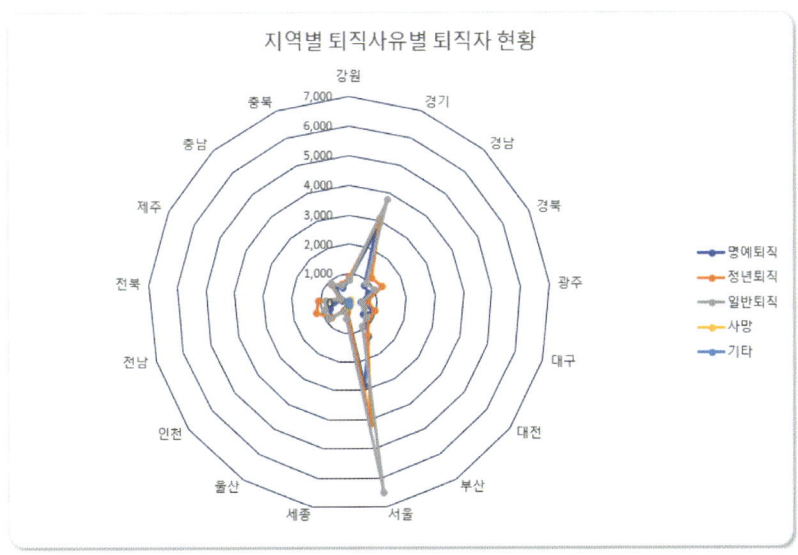

3 '기타작업-3' 시트에서 다음과 같은 작업을 수행하도록 프로시저를 작성하시오. (각 5점)

① '프로그램 등록' 단추를 클릭하면 〈프로그램등록화면〉 폼이 나타나고, 폼이 초기화(Initialize)되면 '프로그램명(cmb프로그램명)' 목록에는 [I7:J9] 영역이 표시하고, 접수일(cmb접수일)에 현재 시스템의 날짜를 포함하여 7일전 날짜까지 표시하고, 포커스가 '이름(txt이름)'에 위치하고, 남(opt남)이 선택되도록 프로시저를 작성하시오.

② 〈프로그램등록화면〉 폼의 '등록(cmd등록)' 단추를 클릭하면 폼에 입력된 데이터가 [표1]에 입력되어 있는 마지막 행 다음에 연속하여 추가되도록 프로시저를 작성하시오.

▶ 프로그램명과 금액은 List, ListIndex 이용
▶ 남(opt남)을 선택하면 '남', 여(opt여)를 선택하면 '여' 로 표시
▶ 워크샵(chk워크샵)이 체크되면 'Y', 체크 해제시 'N'으로 표시
▶ 폼의 (txt금액) 텍스트 상자는 워크샵(chk워크샵)에 체크 시 '프로그램 금액' + 15000', 체크가 해제된 상태는 '프로그램 금액'을 1000 단위 구분기호와 함께 표시(Format 사용)
▶ txt금액에 표시된 값을 엑셀 시트 금액 필드에 입력
▶ If문 사용

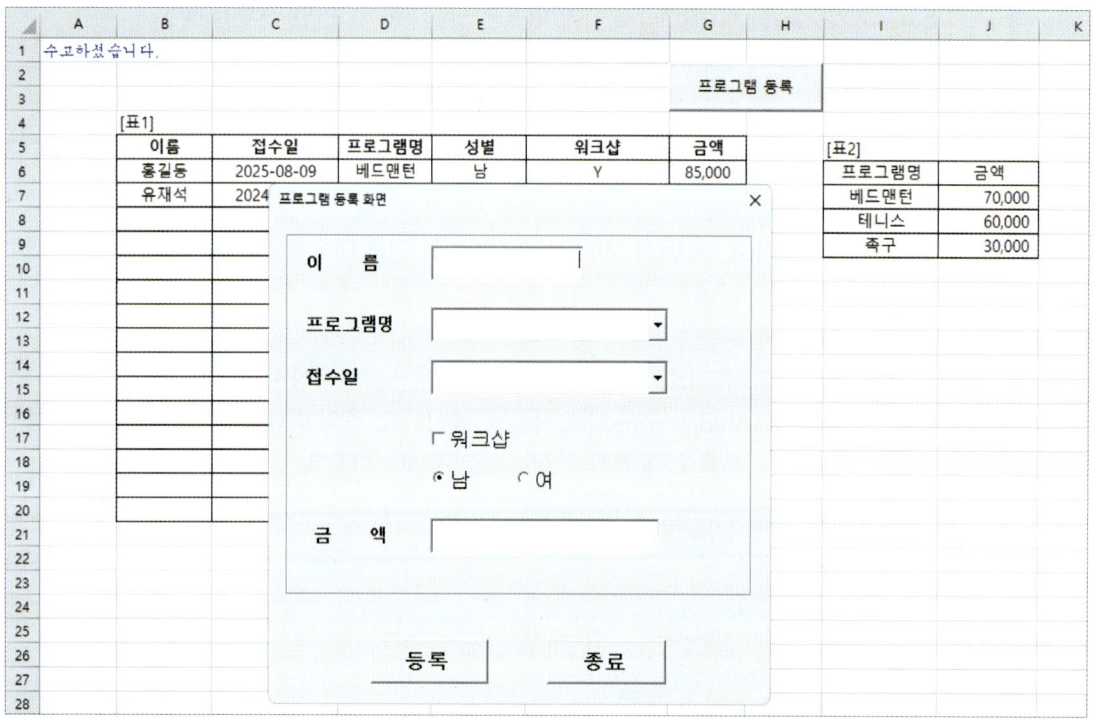

③ 〈종료〉 단추를 클릭하면 현재 시각을 〈그림〉과 같은 메시지 박스를 표시하고, [A1]셀에 "수고하셨습니다."를 입력한 후 글꼴은 '궁서', 글꼴 색은 RGB(0,0,255)로 표시하고, 현재 입력된 개수를 표시한 후 폼을 종료하는 프로시저를 작성하시오.

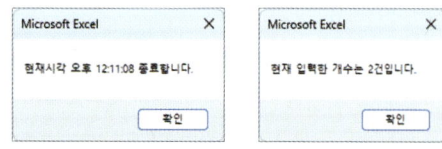

정답 & 해설 — 스프레드시트 실전 모의고사 01회

문제1 기본작업

1 고급 필터

정답

① [N2:N3] 영역에 '조건'을 입력하고, [N5:Q5] 영역에 추출할 필드명을 작성한다.

[N3] : =AND(ISEVEN(C3),TYPE(VALUE(MID(B3,3,1)))=1)

함수 설명

❶ ISEVEN(C3) : [C3] 셀이 짝수이면 TRUE, 짝수이면 FALSE
❷ MID(B3,3,1) : [B3] 셀에서 3번째 시작하여 1글자를 추출함
❸ VALUE(❷) : ❷의 값을 숫자로 변환
❹ TYPE(❸)=1 : ❸의 값이 1이면 TRUE(숫자 - 1, 텍스트 - 2, 논리값 - 4, 오류 값 - 16, 배열 - 64)

=AND(❶,❹) : ❶과 ❹가 모두 TRUE이면 TRUE 값을 반환

② [데이터]-[정렬 및 필터] 그룹의 [고급]을 클릭한다.
③ [고급 필터]에서 그림과 같이 지정한 후 [확인]을 클릭한다.

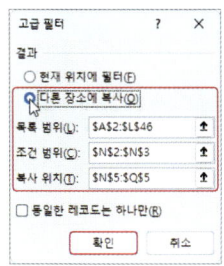

- 결과 : '다른 장소에 복사'
- 목록 범위 : [A2:L46]
- 조건 범위 : [N2:N3]
- 복사 위치 : [N5:Q5]

2 조건부 서식

정답

① [A3:L46] 영역을 범위 지정한 후 [홈]-[스타일] 그룹의 [조건부 서식]-[새 규칙]을 클릭한다.
② [새 서식 규칙]에서 '규칙 유형 선택'에 '▶ 수식을 사용하여 서식을 지정할 셀 결정'을 선택하고, =AND(FIND("매",$B3)>0,$D3<=SMALL($D$3:$D$46,10))를 입력한 후 [서식]을 클릭한다.
③ [셀 서식]의 [글꼴] 탭에서 글꼴 색은 '흰색, 배경1', [채우기] 탭에서 '표준 색 – 자주'를 선택한 후 [확인]을 클릭한다.
④ [새 서식 규칙]에서 다시 [확인]을 클릭한다.

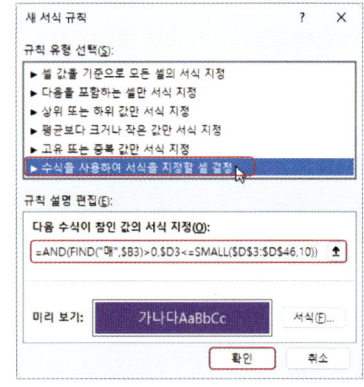

3 페이지 레이아웃

정답

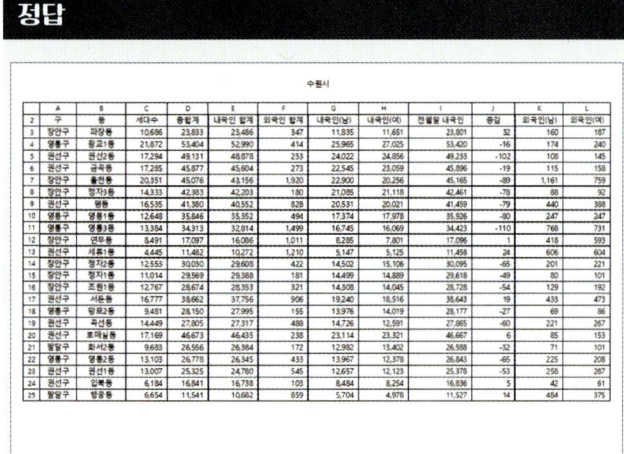

① [A2:L46] 영역을 범위 지정한 후 [페이지 레이아웃]-[페이지 설정] 그룹에서 [인쇄 영역]-[인쇄 영역 설정](📄)을 클릭한다.

② [페이지 레이아웃]-[페이지 설정] 그룹에서 [여백]-[좁게]를 클릭한다.

③ [페이지 레이아웃]-[페이지 설정] 그룹에서 [인쇄 제목]을 클릭한다.

④ [시트] 탭에서 반복할 행을 '2행'으로 지정하고, '행/열 머리글'을 체크한다.

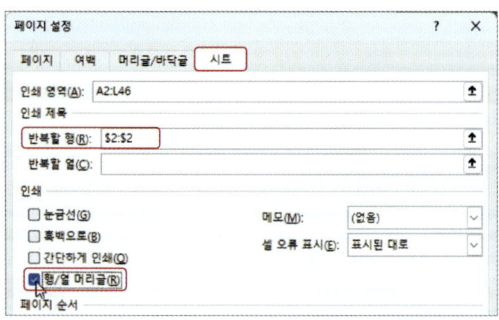

⑤ [페이지] 탭에서 '자동 맞춤'를 용지 너비 1을 입력한다.

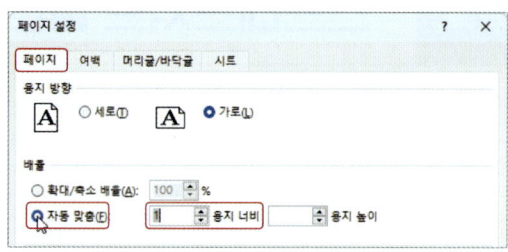

⑥ [머리글/바닥글] 탭에서 '첫 페이지에 다르게 지정'을 체크하고 [머리글 편집]을 클릭한다.

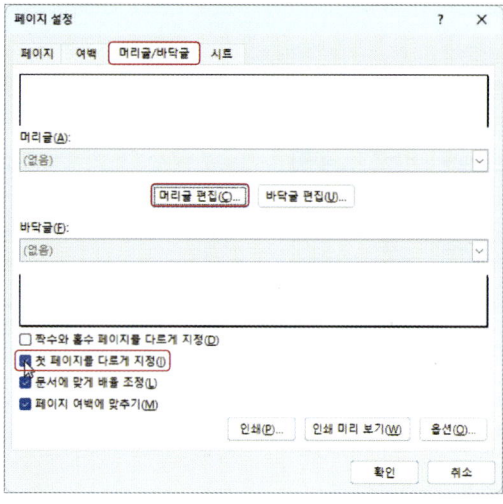

⑦ [첫 페이지 머리글] 탭에서 '가운데 구역'에 **수원시**를 입력한다.

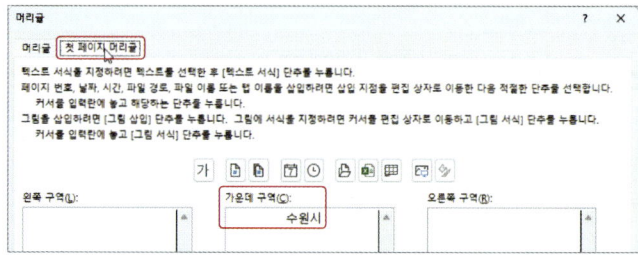

⑧ [머리글] 탭의 오른쪽 구역에 커서를 두고 [전체 페이지 수 삽입](📄)과 [페이지 번호 삽입](📄)을 클릭하여 다음과 같이 [확인]을 클릭한다.

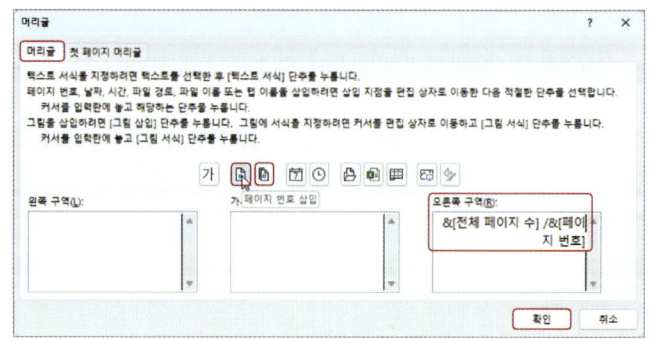

⑨ [페이지 설정]에서 [확인]을 클릭한다.

문제2 계산작업

정답

	A	B	C	D	E	F	G	H	I	J	K	L	M
1	[표1]												
2			A조(70m)						B조(70m)				
3	선수명	1세트	2세트	3세트	합계	스코어	선수명	1세트	2세트	3세트	합계	진출	
4	김영수	10	9	10	29	5:1	홍길동	9	8	10	27	A조(김영수)	
5	최성민	7	9	7	23	2:4	김철수	8	9	7	24	B조(김철수)	
6	이준호	8	9	7	24	4:2	이민수	7	10	6	23	A조(이준호)	
7	김태민	10	10	7	27	3:3	정태일	10	6	9	25	A조(김태민)	
8	박승현	7	9	10	26	4:2	박주영	8	7	9	24	A조(박승현)	
9	이영호	10	7	6	23	2:4	김민호	9	10	9	28	B조(김민호)	
10	김성민	7	7	8	22	2:4	박수남	8	6	10	24	B조(박수남)	
11	이지훈	7	8	10	25	4:2	임온서	7	8	6	21	A조(이지훈)	
12	정민우	9	8	9	26	5:1	김하철	8	7	9	24	A조(정민우)	
13	배윤서	10	10	10	30	5:1	이서군	9	7	10	26	A조(배윤서)	
14													
15	[표2]								[표3]				
16	선수명	순위	추가 포인트	추가 점수	추가 포상금	평균	조별등수		순위	포인트	점수	포상금	
17	배윤서	1	20	10	2,000,000	10.00	배★서(A조-1등)		1	20	10	2,000,000	
18	김영수	2	15	9	1,500,000	9.67	김★수(A조-2등)		2	15	9	1,500,000	
19	김민호	1	20	10	2,000,000	9.33	김★호(B조-1등)		3	10	8	1,000,000	
20	김태민	3	10	8	1,000,000	9.00	김★민(A조-3등)		4	5	7	500,000	
21	홍길동	2	15	9	1,500,000	9.00	홍★동(B조-2등)		5~	3	2	-	
22	박승현	4	5	7	500,000	8.67	박★현(A조-4등)						
23	정민우	4	5	7	500,000	8.67	정★우(A조-4등)						
24	이서군	3	10	8	1,000,000	8.67	이★군(B조-3등)						
25	이지훈	7	3	2	-	8.33	이★훈(A조-7등)						
26													

1 스코어[F4:F13]

[F4] 셀에 =CONCAT(SUM(IF(B4:D4〉H4:J4,2,IF(B4:D4 =H4:J4,1,0))),":",SUM(IF(B4:D4〈H4:J4,2,IF(B4:D4= H4:J4,1,0))))를 입력하고 [F13] 셀까지 수식을 복사한다.

2 추가 포인트, 점수, 포상금[C17:E25]

[C17] 셀에 =VLOOKUP($B17,$I$17:$L$21,MATCH (RIGHT(C$16,LEN(C$16)−FIND(" ",C$16)),$J$16:$L $16,0)+1)를 입력하고 [E25] 셀까지 수식을 복사한다.

3 평균[F17:F25]

[F17] 셀에 =AVERAGE(IFERROR(XLOOKUP(A17,$A $4:$A$13,$B$4:$D$13),XLOOKUP(A17,$G$4:$G$13, $H$4:$J$13)))를 입력하고 [F25] 셀까지 수식을 복사한다.

4 조별등수[G17:G25]

[G17] 셀에 =REPLACE(A17,2,1,"★")&IF(COUNTIF($A $4:$A$13,A17)〉=1,"(A조-","(B조-")&B17&"등)"를 입력하고 [G25] 셀까지 수식을 복사한다.

5 진출[L4:L13]

① [개발 도구]-[코드] 그룹의 [Visual Basic]()을 클릭한다.
② [삽입]-[모듈]을 클릭한다.

③ Module 창에 다음과 같이 입력한다.

```
Public Function fn진출(A선수명, A합계, B선수명, B합계)
    If A합계 〉 B합계 Then
        fn진출 = "A조(" & A선수명 & ")"
    Else
        fn진출 = "B조(" & B선수명 & ")"
    End If
End Function
```

④ [파일]-[닫고 Microsoft Excel(으)로 돌아가기]를 클릭하여 [Visual Basic Editor]를 닫는다.
⑤ [L4] 셀을 클릭한 후 [함수 삽입]()을 클릭한다.
⑥ [함수 마법사]에서 범주 선택은 '사용자 정의', 함수 선택은 'fn진출'을 선택한 후 [확인]을 클릭한다.
⑦ 그림과 같이 셀을 지정한 후 [확인]을 클릭한다.

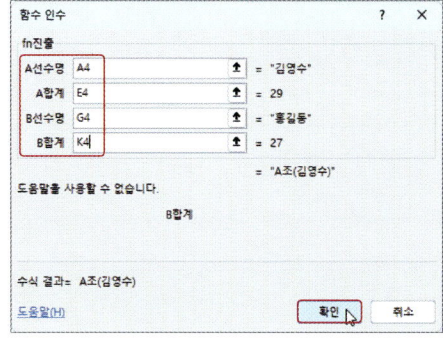

⑧ [L4] 셀을 선택한 후 [L13] 셀까지 수식을 복사한다.

문제3 분석작업

1 피벗 테이블

정답

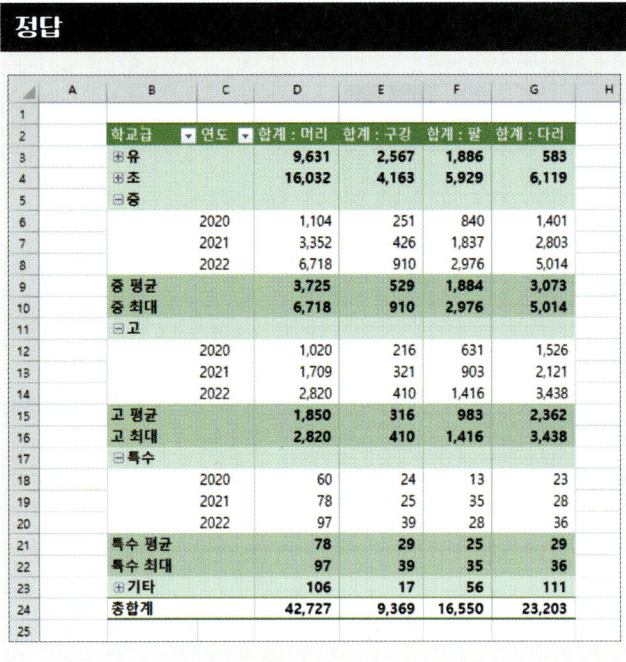

① [B2] 셀을 선택한 후 [데이터]-[데이터 가져오기 및 변환] 그룹의 [데이터 가져오기]-[기타 원본에서]-[Microsoft Query에서]를 클릭한다.
② [데이터베이스] 탭에서 'MS Access Database *'를 선택하고 [확인]을 클릭한다.
③ '사고통계.accdb'를 선택하고 [확인]을 클릭한다.
④ [열 선택]에서 〈청소년사고〉 테이블을 더블클릭하여 '학교급', '연도', '머리', '구강', '팔', '다리'를 선택하고 [다음]을 클릭한다.

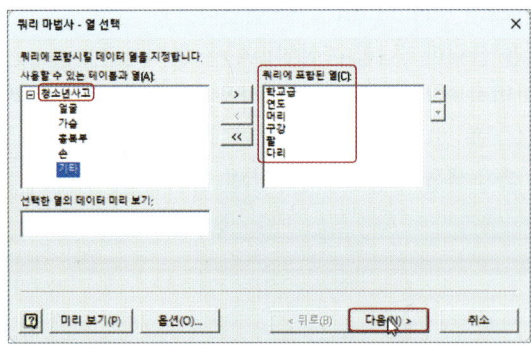

⑤ [데이터 필터]에서 '연도'를 선택하고, '>='를 선택한 후, 2020을 입력하고 [다음]을 클릭한다.

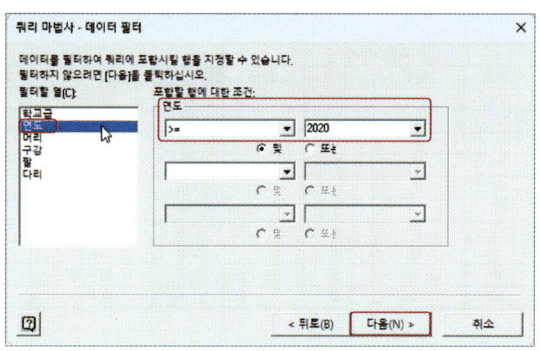

⑥ [정렬 순서]에서는 설정 없이 [다음]을 클릭한다.
⑦ [마침]에서 'Microsoft Excel(으)로 데이터 되돌리기'를 선택하고 [마침]을 클릭한다.
⑧ [데이터 가져오기]에서 '피벗 테이블 보고서'를 선택하고, '기존 워크시트'는 [B2] 셀을 지정하고 [확인]을 클릭한다.
⑨ 다음과 같이 보고서 레이아웃을 지정한다.

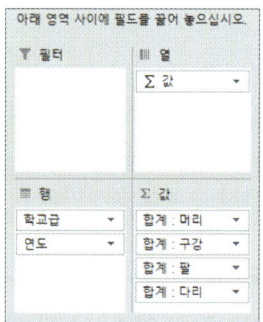

⑩ [피벗 테이블 도구]-[디자인] 그룹에서 [레이아웃]-[보고서 레이아웃]-[개요 형식으로 표시]를 클릭한다.
⑪ [B2] 셀에서 마우스 오른쪽 버튼을 눌러 [필드 설정]을 클릭한 후 사용자 지정에 '평균', '최대'를 선택하고 [확인]을 클릭한다.

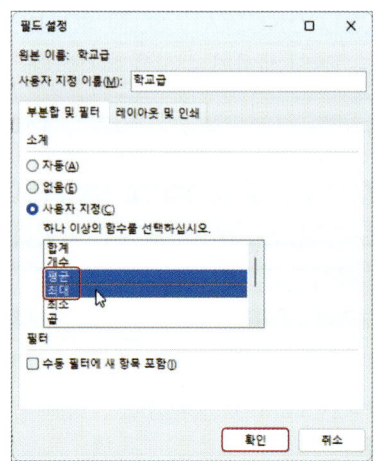

⑫ '기타'[B3] 셀을 클릭한 후 경계라인에서 드래그하여 가장 밑으로 이동하고, '초', '중' 셀을 클릭하여 순서대로 배치한다.

⑬ '합계 : 머리'[D2] 셀을 더블클릭한 후 [값 필드 설정]에서 [표시 형식]을 클릭한 후 '숫자', '1000 단위 구분 기호 사용', 소수 자릿수는 0으로 선택하고 [확인]을 클릭한다.

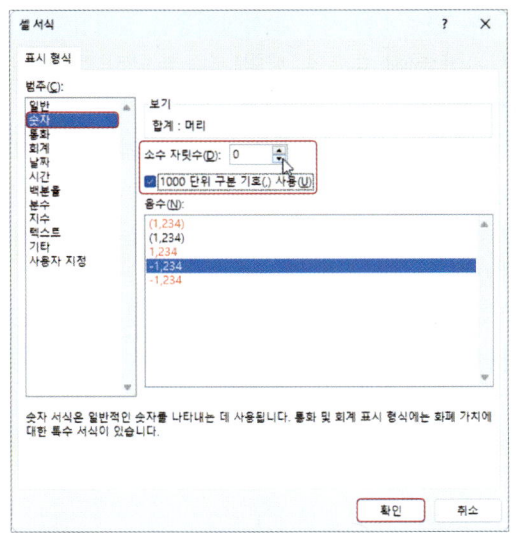

⑭ 같은 방법으로 '합계 : 구강', '합계 : 팔', '합계 : 다리'도 표시 형식을 설정한다.

⑮ '유', '초', '기타'는 [− 단추](■)를 클릭하여 숨기기한다.

⑯ [디자인] 탭의 [피벗 테이블 스타일] 그룹에서 '연한 녹색, 피벗 스타일 보통 14'를 선택하고, '줄무늬 열'을 체크한다.

2 데이터 도구

정답

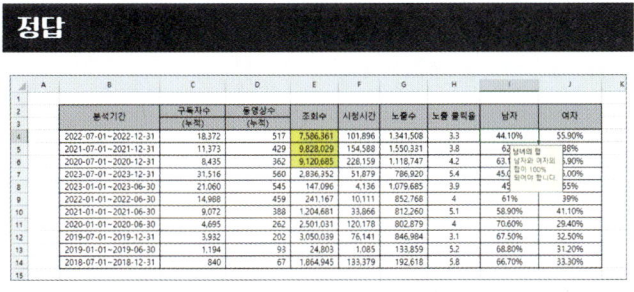

① [I4:J14] 영역을 범위 지정한 후 [데이터]−[데이터 도구] 그룹의 [데이터 유효성 검사]를 클릭하여 [설정] 탭의 '사용자 지정'을 선택하고, 수식에 =SUM($I4:$J4)=100% 를 입력한다.

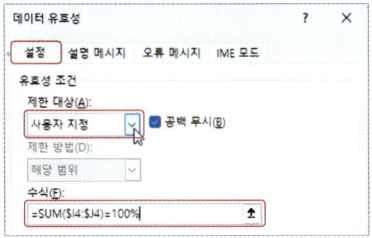

② [설명 메시지] 탭을 선택하고 제목은 **남녀의 합**, 설명 메시지는 **남자와 여자의 합이 100% 되어야 합니다.**를 입력한다.

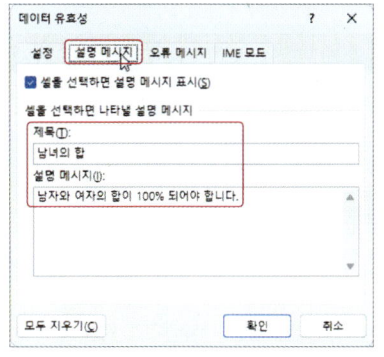

③ [오류 메시지] 탭에서 '중지'를 선택하고, 제목은 **입력오류**, 오류 메시지는 **입력한 값이 맞는지 확인하세요.**를 입력하고 [확인]을 클릭한다.

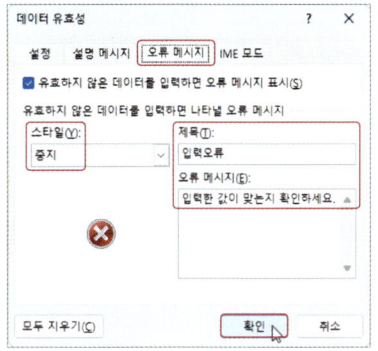

④ [B4:J14] 영역을 범위 지정한 후 [데이터]−[정렬 및 필터] 그룹의 [정렬](■)을 클릭한다.

⑤ '내 데이터에 머리글 표시' 체크를 해제하고 정렬 기준은 '열 E', '셀 색', '노란색', '위에 표시'를 선택한다.

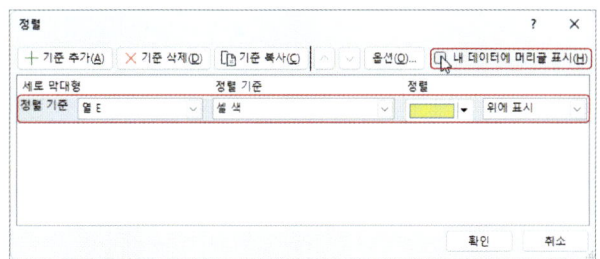

⑥ [기준 추가]를 클릭하여 '열 C', '셀 값', '내림차순'을 선택하고 [확인]을 클릭한다.

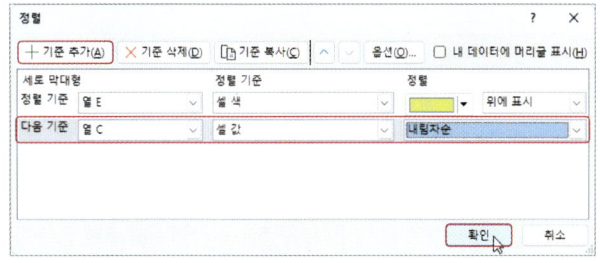

문제4 기타작업

1 매크로

정답

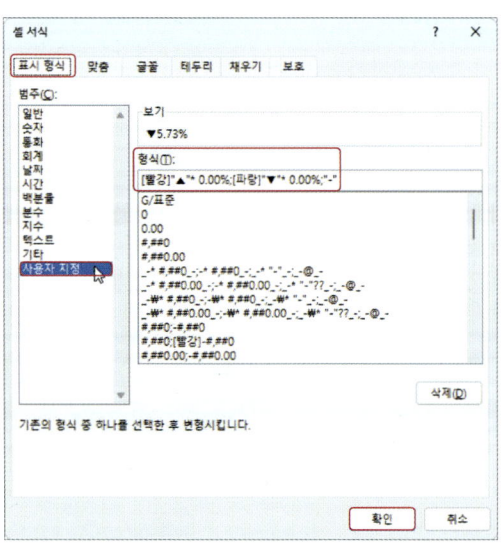

① [개발 도구]-[컨트롤] 그룹의 [삽입]-[단추(양식 컨트롤)] (□)을 클릭한다.
② 마우스 포인터가 '+'로 바뀌면 [C2:D3] 영역에 드래그한다.
③ [매크로 지정]의 '매크로 이름'에 **서식적용**을 입력하고 [기록]을 클릭한다.
④ [매크로 기록]에 자동으로 '서식적용'으로 매크로 이름이 표시되면 [확인]을 클릭한다.
⑤ [F6:F31] 영역을 범위 지정한 후 Ctrl+1을 눌러 [표시 형식] 탭의 '사용자 지정'에 [**빨강**]"▲"* 0.00%;[**파랑**]"▼"* 0.00%;"-"를 입력하고 [확인]을 클릭한다.

⑥ 임의의 셀을 클릭한 후 매크로 기록을 종료하기 위해 [개발 도구]-[코드] 탭의 [기록 중지](□)를 클릭한다.
⑦ 단추에 텍스트를 수정하기 위해서 단추에서 마우스 오른쪽 버튼을 눌러 [텍스트 편집]을 선택한다.
⑧ 단추에 입력된 '단추 1'을 지우고 **서식적용**을 입력한다.
⑨ [개발 도구]-[컨트롤] 그룹의 [삽입]-[단추(양식 컨트롤)] (□)을 클릭한다.
⑩ 마우스 포인터가 '+'로 바뀌면 [E2:F3] 영역에 드래그한다.
⑪ [매크로 지정]의 '매크로 이름'에 **서식해제**를 입력하고 [기록]을 클릭한다.
⑫ [매크로 기록]에 자동으로 '서식해제'로 매크로 이름이 표시되면 [확인]을 클릭한다.
⑬ [F6:F31] 영역을 범위 지정한 후 Ctrl+1을 눌러 [표시 형식] 탭의 '백분율', 소수 자릿수는 '2'를 선택하고 [확인]을 클릭한다.

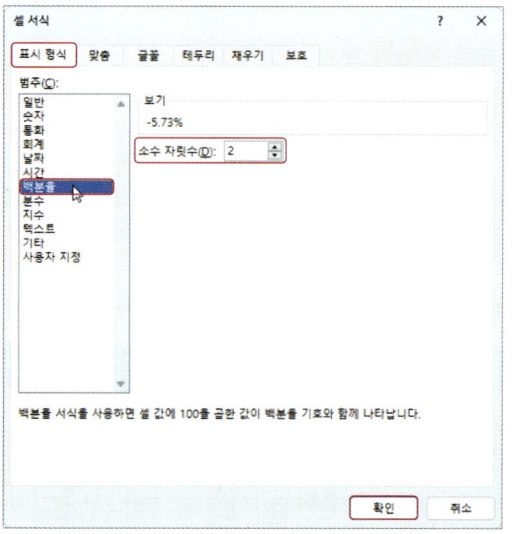

⑭ 임의의 셀을 클릭한 후 매크로 기록을 종료하기 위해 [개발 도구]-[코드] 탭의 [기록 중지](□)를 클릭한다.
⑮ 단추에 텍스트를 수정하기 위해서 단추에서 마우스 오른쪽 버튼을 눌러 [텍스트 편집]을 선택한다.
⑯ 단추에 입력된 '단추 2'를 지우고 **서식해제**를 입력한다.

2 차트

정답

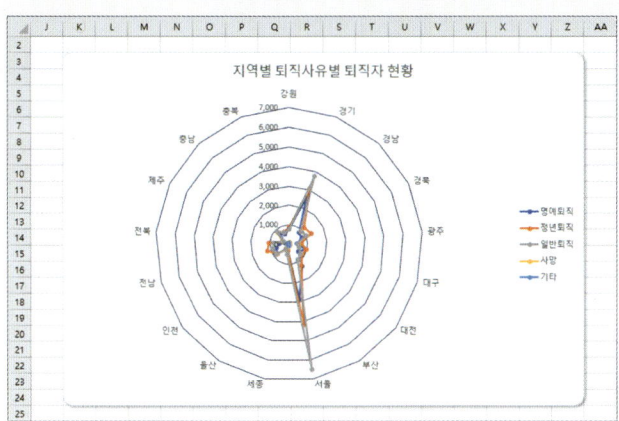

① 차트 안에서 마우스 오른쪽 버튼을 눌러 [데이터 선택]을 클릭한다.
② '차트 데이터 범위'는 기존 범위를 지우고 [B4:E21], [H4:I21] 영역으로 수정하고 [확인]을 클릭한다.

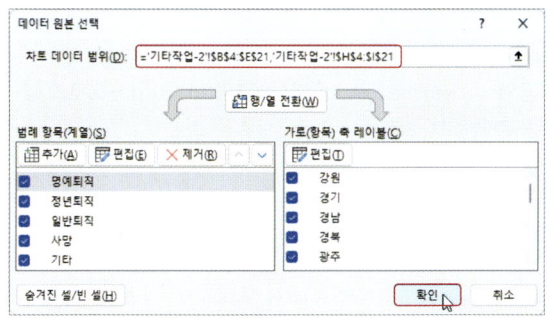

③ 차트를 선택한 후 마우스 오른쪽 버튼을 눌러 [차트 종류 변경] 메뉴를 클릭하여 '방사형'의 '표식이 있는 방사형'을 선택하고 [확인]을 클릭한다.

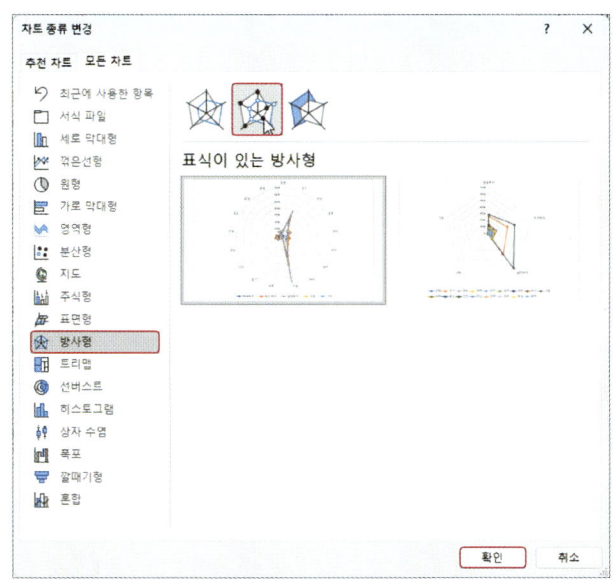

④ 차트를 선택한 후 [차트 요소](⊞)-[차트 제목]을 클릭한 후 '차트 제목'을 선택한 후 수식 입력줄에 =를 입력하고 [B2] 셀을 클릭하고 Enter 를 누른다.
⑤ [차트 디자인]-[차트 레이아웃] 그룹의 [차트 요소 추가]-[범례]-[오른쪽]을 클릭한다.
⑥ [차트 디자인]-[차트 레이아웃] 그룹의 [차트 요소 추가]-[눈금선]-[기본 보조 가로]를 클릭한다.

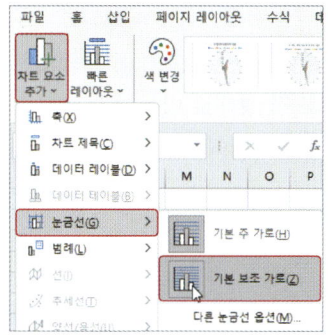

⑦ 차트의 눈금선을 선택하고 마우스 오른쪽 버튼을 눌러 [눈금선 서식]을 선택한 후 주 눈금선 서식의 색을 '진한 파랑'을 선택한다.

⑧ 방사형 (값) 축을 선택한 후 [축 서식]에서 '축 옵션'의 표시 형식에서 '숫자', '1000단위 구분 기호 사용'을 체크한다.

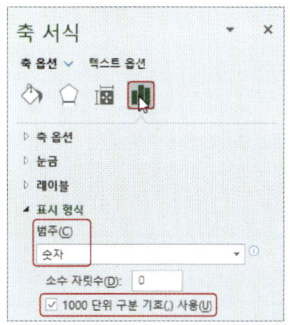

⑨ 방사형 (값) 축을 선택한 후 [축 서식]에서 '축 옵션'의 최대값은 7000을 입력한다.
⑩ 차트 영역을 선택한 후 [채우기 및 선]에서 '둥근 모서리', [효과]에서 '그림자' 미리 설정에서 '오프셋: 오른쪽 아래'를 선택한다.

3 VBA 프로그래밍

(1) 폼 보이기

① [개발 도구]-[컨트롤] 그룹의 [디자인 모드](N)를 클릭하여 〈프로그램 등록〉 버튼을 편집 상태로 만든다.
② 〈프로그램 등록〉 버튼을 더블클릭한 후 코드 창에 다음과 같이 입력한다.

```
Private Sub 프로그램폼_Click()
    프로그램등록화면.Show
End Sub
```

(2) 폼 초기화

① Alt+F11을 눌러 [프로젝트-VBAProject] 탐색기에서 '폼'을 더블 클릭하고 〈프로그램등록화면〉을 선택한다.
② [프로젝트-VBAProject] 탐색기의 [코드 보기](≡)를 클릭한다.
③ '개체 목록'은 'UserForm', '프로시저 목록'은 'Initialize'를 선택한다.
④ 코드 창에 다음과 같이 입력한다.

```
Private Sub UserForm_Initialize()
    cmb프로그램명.RowSource = "I7:J9"

    For k = 0 To 7
        cmb접수일.AddItem Date - k
    Next k

    txt이름.SetFocus
    opt남.Value = True
End Sub
```

(3) 등록 프로시저

① '개체 목록'에서 'cmd등록', '프로시저 목록'은 'Click'을 선택한다.
② 코드 창에 다음과 같이 입력한다.

```
Private Sub cmd등록_Click()
    i = Range("B5").CurrentRegion.Rows.Count + 4

    Cells(i, 2) = txt이름
    Cells(i, 3) = cmb접수일
    Cells(i, 4) = cmb프로그램명.List(cmb프로그램명.ListIndex, 0)
    If opt남.Value = True Then
        Cells(i, 5) = "남"
    Else
        Cells(i, 5) = "여"
    End If

    If chk워크샵.Value = True Then
        Cells(i, 6) = "Y"
        txt금액 = Format(cmb프로그램명.List(cmb프로그램명.ListIndex, 1) + 15000, "#,##0")
        Cells(i, 7) = txt금액.Value
    Else
        Cells(i, 6) = "N"
        txt금액 = Format(cmb프로그램명.List(cmb프로그램명.ListIndex, 1), "#,##0")
        Cells(i, 7) = txt금액.Value
    End If
End Sub
```

(4) 종료 프로시저

① '개체 목록'에서 'cmd종료', '프로시저 목록'은 'Click'을 선택한다.
② 코드 창에 다음과 같이 입력한다.

```
Private Sub cmd종료_Click()
    MsgBox "현재시각 " & Time & " 종료합니다."
    [A1] = "수고하셨습니다."
    [A1].Font.Name = "궁서"
    [A1].Font.Color = RGB(0, 0, 255)
    MsgBox "현재 입력한 개수는 " & Range("B5").CurrentRegion.Rows.Count - 2 & "건입니다."
    Unload Me
End Sub
```

스프레드시트 실전 모의고사 02회

작업파일 : '26컴활1급(기출)₩스프레드시트₩실전모의고사'에서 '실전모의고사2회' 파일을 열어 작업하세요.

문제1 기본작업(15점) 주어진 시트에서 다음 과정을 수행하고 저장하시오.

1 '기본작업-1' 시트에서 다음과 같이 고급 필터를 수행하시오. (5점)

- ▶ [A2:K32] 영역에서 '전용면적'이 100 이상이고, '입주일'의 10년 후 날짜가 '작성일(K1)'보다 크거나 같은 데이터의 '지역명', '아파트명', '거래가', '전용면적', '입주일' 필드만 순서대로 표시하시오.
- ▶ 조건은 [A34:A35] 영역 내에 알맞게 입력하시오. (AND, EDATE 함수 사용)
- ▶ 결과는 [A37] 열부터 표시하시오.

2 '기본작업-1' 시트에서 다음과 같이 조건부 서식을 설정하시오. (5점)

- ▶ [A3:K32] 영역에 대해서 '층수'가 홀수 층이면서, '아파트명'에 '-'이 들어간 행 전체에 대하여 글꼴 스타일은 '굵게', 글꼴 색은 '표준 색 – 파랑'으로 적용하시오.
- ▶ 단, 규칙 유형은 '수식을 사용하여 서식을 지정할 셀 결정'을 사용하고, 한 개의 규칙으로만 작성하시오.
- ▶ AND, ISODD, NOT, ISBLANK, TYPE, FIND 함수 사용 중 4개 함수를 이용하여 작성하시오.

3 '기본작업-2' 시트에서 다음과 같이 페이지 레이아웃을 설정하시오. (5점)

- ▶ 인쇄 용지가 가로로 인쇄되도록 용지 방향을 설정하고, 페이지가 가로 방향의 가운데에 출력되도록 페이지 가운데 맞춤을 지정하시오.
- ▶ 매 페이지 하단의 가운데 구역에는 페이지 번호가 [표시 예]와 같이 표시되도록 바닥글을 설정하시오.
  [표시 예 : 현재 페이지 번호가 1인 경우 → 1페이지]
- ▶ [A1:K32] 영역을 인쇄 영역으로 설정하고, [1:2] 행이 매 페이지마다 표시되도록 설정하시오.

문제2 계산작업(30점) '계산작업' 시트에서 다음 과정을 수행하고 저장하시오.

01 [표1]의 거래종류, 거래가와 [표4]를 이용하여 [J3:J32] 영역에 거래수수료를 계산하여 표시하시오. (6점)

- ▶ 거래수수료는 거래종류에 따른 '거래가 × 수수료율'과 최고수수료 중 작은 금액으로 표시
- ▶ 수수료율과 최고수수료는 [표4]를 참조
- ▶ HLOOKUP, MATCH, MIN 함수 사용

02 [표1]의 지역명, 거래종류, 거래가를 이용하여 [표2]의 [B36:C41] 영역에 지역명별 거래종류별 거래가 평균을 계산하여 표시하시오. (6점)

- ▶ 평균은 백만 단위로 표시
- ▶ [표시 예 : 100,000,000 → 100]
- ▶ IF, AVERAGE, TEXT 함수를 사용한 배열 수식

03 [표1]의 전용면적을 이용하여 [표3]의 [C45:C48] 영역에 전용면적별 거래건수를 계산하여 표시하시오. (6점)

- ▶ [표시 예 : 5건]
- ▶ COUNT, IF 함수와 & 연산자를 사용한 배열 수식

04 [표1]의 아파트명, 거래종류, 거래가를 이용하여 [F46:F47] 영역에 거래종류별 최고가의 아파트명을 표시하시오. (6점)

- ▶ INDEX, MAX, MATCH 함수를 사용한 배열 수식

05 사용자 정의 함수 'fn규모'를 작성하여 [K3:K32] 영역에 규모를 계산하여 표시하시오. (6점)

- ▶ 'fn규모'는 전용면적을 인수로 받아 값을 되돌려줌
- ▶ 전용면적이 62 미만이면 "소형", 96 미만이면 "중형", 96 이상이면 "대형"으로 표시
- ▶ IF ~ ELSE문 사용

```
Public Function fn규모(전용면적)

End Function
```

문제3 분석작업(20점) 주어진 시트에서 다음 과정을 수행하고 저장하시오.

1 '분석작업-1' 시트에서 다음의 지시사항에 따라 피벗 테이블 보고서를 작성하시오. (10점)

- ▶ 외부 데이터 원본으로 〈아파트거래현황.csv〉의 데이터를 사용하시오.
  - 원본 데이터는 구분 기호 쉼표(,)로 분리되어 있으며, 내 데이터에 머리글을 표시하시오.
  - '아파트명', '거래종류', '거래가', '입주일', '거래수수료' 열만 가져와 데이터 모델에 이 데이터를 추가하시오.
- ▶ 피벗 테이블 보고서의 레이아웃과 위치는 〈그림〉을 참조하여 설정하고, 보고서 레이아웃을 개요 형식으로 표시하시오.
- ▶ '입주일'은 '연' 단위로 그룹을 지정하고, '거래가' 합계가 상위 3개 항목의 아파트명을 표시하시오.
- ▶ '거래가', '거래수수료' 필드는 표시 형식을 값 필드 설정의 표시 형식에서 '회계' 범주를 이용하여 지정하시오.
- ▶ 빈 셀은 '*'로 표시하고, 레이블이 있는 셀은 병합하고 가운데 맞춤, 열의 총합계만 표시되도록 설정하시오.

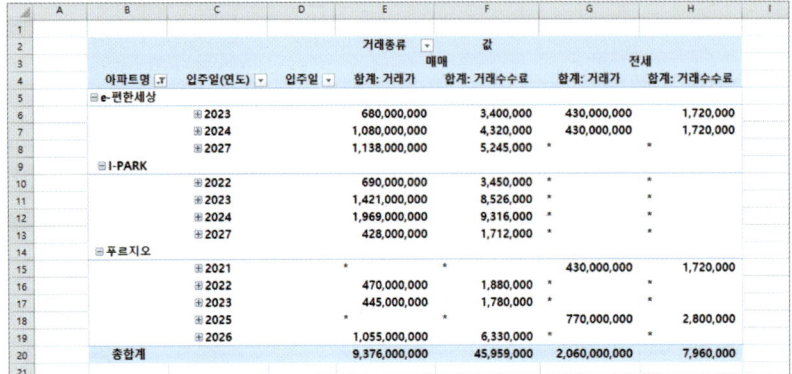

※ 작업 완성된 그림이며 부분점수 없음

② '분석작업-2' 시트에 대하여 다음의 지시사항을 처리하시오. (10점)

▶ [데이터 유효성 검사] 기능을 이용하여 [E3:E18] 영역에 3.3으로 나누었을 때 몫이 38 이하 값만 입력되도록 제한 대상을 설정하시오. (QUOTIENT 함수 이용)
  – [E3:E18] 영역의 셀을 클릭한 경우 〈그림〉과 같은 설명 메시지를 표시하고, 유효하지 않은 데이터를 입력한 경우 〈그림〉과 같은 오류 메시지가 표시되도록 설정하시오.

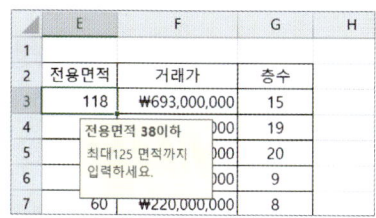
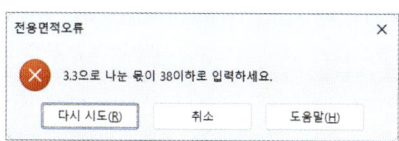

▶ [B2:G18] 영역에 대해 왼쪽에서 오른쪽으로 데이터 정렬을 하시오.
  – 정렬 순서는 지역명-거래종류-아파트명-전용면적-층수-거래가 순으로 정렬하시오.

문제4 기타작업(35점) 주어진 시트에서 다음 과정을 수행하고 저장하시오.

① '기타작업-1' 시트에서 다음의 지시사항에 따라 차트를 수정하시오. (각 2점)

※ 차트는 반드시 문제에서 제공한 차트를 사용하여야 하며, 신규로 차트작성 시 0점 처리됨
① '수입액' 계열을 추가한 후 차트 종류를 '표식이 있는 꺾은선형'으로 변경하시오.
② 차트 제목은 '차트 위', 세로(값) 축 제목은 '세로 제목'으로 〈그림〉과 같이 입력하고 차트 제목의 글꼴 크기를 14로 지정하시오.
③ 기본 단위와 주 눈금선을 〈그림〉과 같이 표시하시오.
④ '수입액' 계열의 '2월' 요소에만 〈그림〉과 같이 데이터 레이블을 표시하고, 그림 영역의 '대시 종류'는 긴 파선, 너비는 1pt로 지정하시오.
⑤ 차트 영역의 테두리 스타일은 '둥근 모서리', 그림 영역의 도형 스타일은 '미세 효과 – 파랑, 강조1'로 지정하시오.

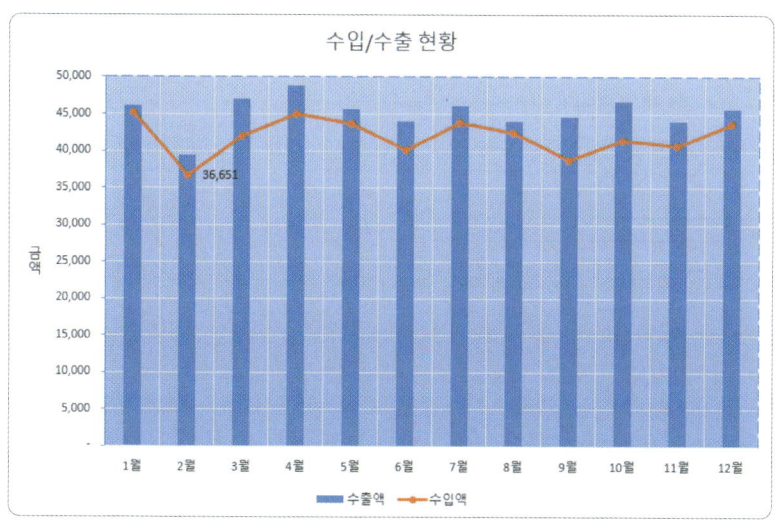

2 '기타작업-2' 시트에서 다음과 같은 기능을 수행하는 매크로를 현재 통합문서에 작성하시오. (각 5점)

① [E6:L33] 영역에 대하여 사용자 지정 표시 형식을 설정하는 '서식적용' 매크로를 생성하시오.
  ▶ 셀 값이 1과 같은 경우 영문자 대문자 "O"로 표시, 셀 값이 0과 같은 경우 영문자 대문자 "X"로 표시
  ▶ [삽입]-[도형]의 '별 및 현수막'에서 '리본: 위로 기울어짐'(🎀)을 동일 시트의 [B2:D3] 영역에 생성한 후 텍스트를 '서식적용'으로 입력하고, 도형을 클릭하면 '서식적용' 매크로가 실행되도록 설정하시오.

② [M6:M33] 영역에 대하여 조건부 서식을 적용하는 '아이콘보기' 매크로를 생성하시오.
  ▶ 규칙 유형은 '셀 값을 기준으로 모든 셀의 서식 지정'으로 선택하고, 서식 스타일 '아이콘 집합', 아이콘 스타일은 '5가지 원(흑백)', '검정색 원'은 90이상 백분율, '원(1/4흰색)'은 90미만 70이상 백분율, 나머지는 그대로 설정하시오.
  ▶ [삽입]-[도형]의 '별 및 현수막'에서 '리본: 아래로 기울어짐'(🎀)을 동일 시트의 [F2:H3] 영역에 생성한 후 텍스트를 '아이콘보기'로 입력하고, 도형을 클릭하면 '아이콘보기' 매크로가 실행되도록 설정하시오.
  ※ 셀 포인터의 위치에 관계없이 매크로가 실행되어야 정답으로 인정됨

3 '기타작업-3' 시트에서 다음과 같은 작업을 수행하도록 프로시저를 작성하시오. (각 5점)

① 〈대출등록〉 단추를 클릭하면 '대출등록' 폼이 나타나도록 설정하고, 폼이 초기화(Initialize)되면 고객등급(cmb고객등급) 목록으로 [H4:H7] 영역이, 대출종류(cmb대출종류) 목록으로 [I4:I7] 영역이 표시되도록 프로시저를 작성하시오.

② '대출등록' 폼의 〈등록(cmd등록)〉 단추를 클릭하면 폼에 입력된 데이터가 [표1]에 입력되어 있는 마지막행 다음에 연속하여 추가되도록 프로시저를 작성하시오.
  ▶ '대출일자'는 날짜 형식, '대출기간(월)'은 숫자 형식으로 입력하시오. (CDATE, VAL 함수 사용)
  ▶ '대출금액'은 [표시 예]와 같이 입력하시오. (FORMAT 함수 사용)
    [표시 예 : 5,000,000원]

③ '대출등록' 폼의 〈종료(cmd종료)〉 단추를 클릭하면 입력한 전체 데이터의 개수를 표시한 〈그림〉과 같은 메시지 박스를 표시한 후 폼을 종료하는 프로시저를 작성하시오.

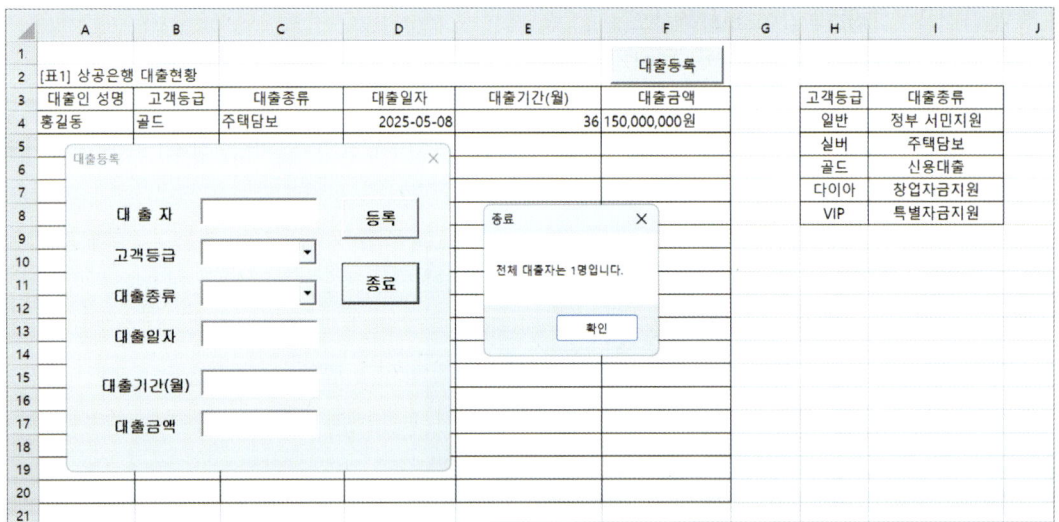

정답 & 해설 : 스프레드시트 실전 모의고사 02회

문제1 기본작업

1 고급 필터

정답

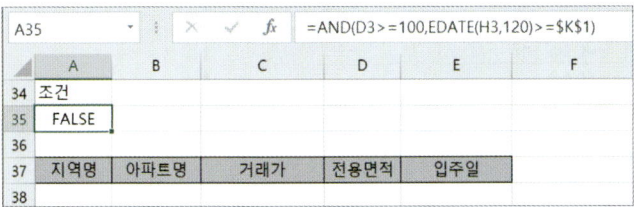

① [A34:A35] 영역에 조건을 입력하고 [A37:E37] 영역에 추출할 필드명을 작성한다.

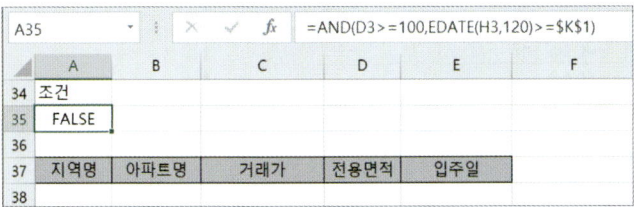

[A35] : =AND(D3>=100,EDATE(H3,120))=$K$1)

② [데이터]-[정렬 및 필터] 그룹에서 [고급](📊)을 클릭한다.

③ [고급 필터]에서 다음과 같이 지정한 후 [확인]을 클릭한다.

- 결과 : '다른 장소에 복사'
- 목록 범위 : [A2:K32]
- 조건 범위 : [A34:A35]
- 복사 위치 : [A37:E37]

2 조건부 서식

정답

① [A3:K32] 영역을 범위 지정한 후 [홈]-[스타일] 그룹의 [조건부 서식]-[새 규칙]을 클릭한다.

② [새 서식 규칙]에서 '규칙 유형 선택'에 '▶ 수식을 사용하여 서식을 지정할 셀 결정'을 선택하고, =AND(ISODD($G3),TYPE(FIND("-",$B3))=1)를 입력한 후 [서식]을 클릭한다.

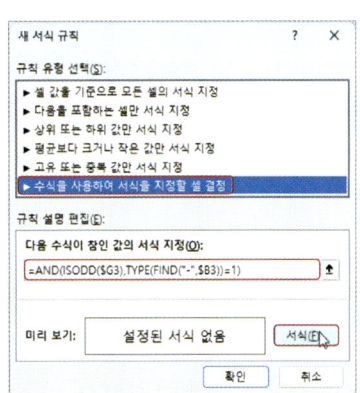

함수 설명

❶ ISODD($G3) : [G3] 셀이 홀수이면 TRUE, 짝수이면 FALSE
❷ FIND("-",$B3) : [B3] 셀에서 '-'를 찾아 시작 위치를 구함
❸ TYPE(❷)=1 : ❷의 값이 1이면 TRUE(숫자 - 1, 텍스트 - 2, 논리값 - 4, 오류 값 - 16, 배열 - 64)

=AND(❶, ❸) : ❶과 ❸이 모두 TRUE일 때 서식 지정

> **기적의 TIP**
>
> =TYPE(value) : value가 숫자이면 1, 텍스트이면 2, 논리값이면 4, 오류값이면 16, 배열이면 64, 복합 데이터이면 128로 값이 반환됨

③ [셀 서식]의 [글꼴] 탭에서 글꼴 스타일은 '굵게', 색은 '표준 색 - 파랑'을 선택한 후 [확인]을 클릭한다.

④ [새 서식 규칙]에서 다시 [확인]을 클릭한다.

3 페이지 레이아웃

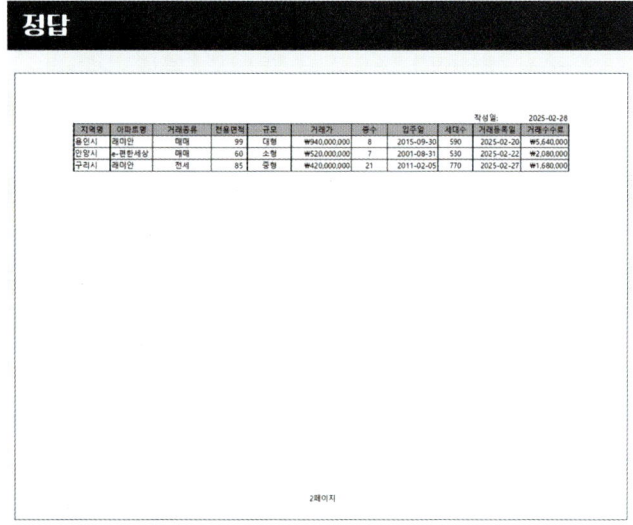

① [페이지 레이아웃]-[페이지 설정] 그룹의 [인쇄 제목]을 클릭한다.

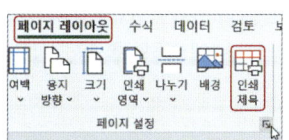

② [페이지] 탭에서 '용지 방향'에 '가로'를 선택한다.
③ [여백] 탭에서 '페이지 가운데 맞춤'에 '가로'를 선택한다.

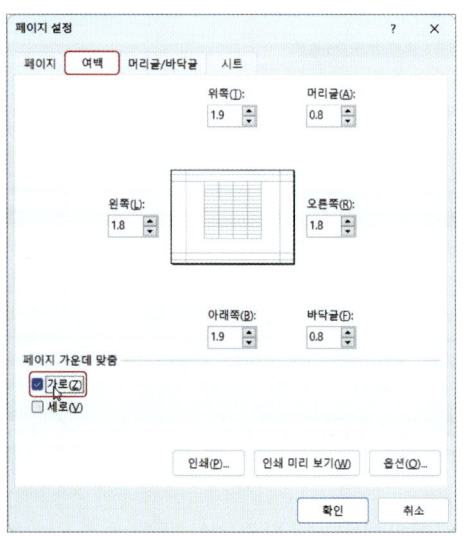

④ [머리글/바닥글] 탭을 클릭하여 [바닥글 편집]을 클릭한다.
⑤ 가운데 구역에 커서를 두고 [페이지 번호 삽입] 도구를 클릭한 후 **페이지**를 입력하고 [확인]을 클릭한다.

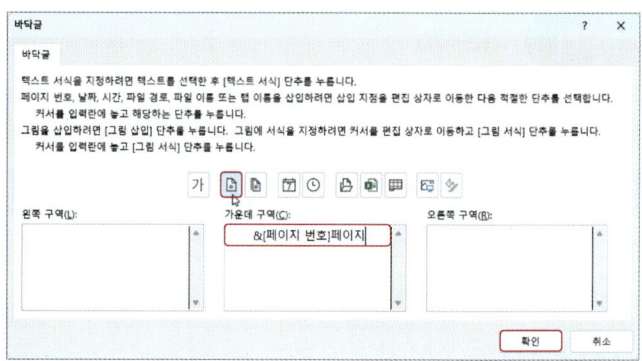

⑥ [시트] 탭에서 '인쇄 영역'을 클릭한 후 [A1:K32] 영역을 드래그하고, '반복할 행'을 클릭한 후 1행부터 2행까지 드래그하고 [확인]을 클릭한다.

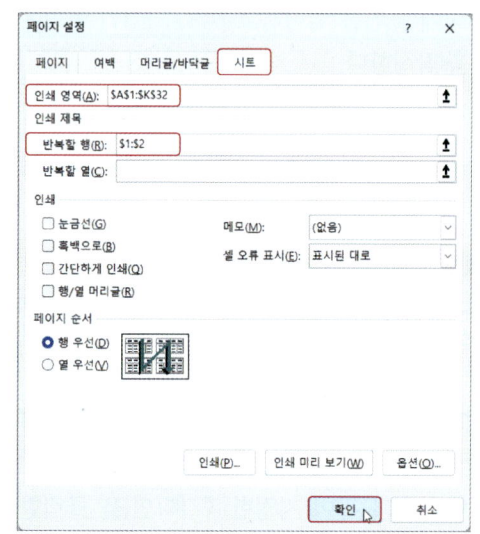

문제2 계산작업

정답

[표1]

	A	B	C	D	E	F	G	H	I	J	K
2	지역명	아파트명	거래종류	전용면적	거래가	층수	입주일	세대수	거래등록일	거래수수료	규모
3	군포시	e-편한세상	매매	118	₩693,000,000	15	2007-10-29	730	2025-01-07	3,465,000	대형
4	수원시	I-PARK	매매	60	₩730,000,000	19	2018-06-20	580	2025-01-08	3,650,000	소형
5	남양주시	푸르지오	매매	76	₩470,000,000	20	2015-03-02	450	2025-01-09	2,350,000	중형
6	구리시	e-편한세상	매매	59	₩560,000,000	9	2006-09-12	380	2025-01-13	2,800,000	소형
7	안양시	주공	전세	60	₩220,000,000	8	1995-03-21	640	2025-01-14	660,000	소형
8	성남시	I-PARK	매매	84	₩529,000,000	8	1992-11-10	1200	2025-01-15	2,645,000	중형
9	안양시	래미안	매매	112	₩610,000,000	10	2000-11-20	480	2025-01-16	3,050,000	대형
10	구리시	I-PARK	매매	85	₩710,000,000	26	2018-02-21	255	2025-01-17	3,550,000	중형
11	용인시	푸르지오	전세	60	₩490,000,000	29	2019-05-21	610	2025-01-17	1,960,000	소형
12	군포시	래미안	매매	112	₩990,000,000	3	2010-05-02	650	2025-01-21	4,500,000	대형
13	수원시	레미안	전세	85	₩540,000,000	26	2018-03-03	420	2025-01-21	2,160,000	중형
14	성남시	I-PARK	매매	170	₩1,421,000,000	16	2003-03-05	180	2025-01-29	4,500,000	대형
15	남양주시	I-PARK	매매	85	₩690,000,000	17	2015-04-21	410	2025-01-30	3,450,000	중형
16	군포시	푸르지오	전세	85	₩280,000,000	21	2004-04-18	280	2025-02-03	800,000	중형
17	성남시	e-편한세상	전세	60	₩430,000,000	4	2003-07-03	980	2025-02-03	1,720,000	소형
18	남양주시	e-편한세상	매매	75	₩680,000,000	15	2017-05-06	620	2025-02-04	3,400,000	중형
19	남양주시	캐슬	전세	85	₩310,000,000	18	2017-12-03	570	2025-02-05	1,240,000	중형
20	성남시	푸르지오	매매	114	₩1,055,000,000	24	2009-09-10	690	2025-02-05	4,500,000	대형
21	성남시	푸르지오	전세	85	₩430,000,000	15	2012-12-21	520	2025-02-06	1,720,000	중형
22	수원시	e-편한세상	매매	85	₩445,000,000	21	2007-02-01	475	2025-02-08	2,225,000	중형
23	군포시	I-PARK	매매	84	₩428,000,000	19	2007-04-01	560	2025-02-10	2,140,000	중형
24	구리시	푸르지오	매매	61	₩445,000,000	7	1994-10-13	840	2025-02-11	2,225,000	소형
25	용인시	비발디	매매	85	₩340,000,000	2	2002-01-05	470	2025-02-13	1,700,000	중형
26	수원시	힐스테이트	매매	60	₩450,000,000	13	2006-05-02	920	2025-02-14	2,250,000	소형
27	안양시	힐스테이트	매매	114	₩648,000,000	28	2015-02-21	365	2025-02-17	3,240,000	대형
28	용인시	e-편한세상	전세	85	₩430,000,000	10	2006-01-23	390	2025-02-18	1,720,000	중형
29	수원시	자이	매매	126	₩1,400,000,000	23	2012-01-21	490	2025-02-20	4,500,000	대형
30	용인시	래미안	매매	99	₩940,000,000	8	2015-09-30	590	2025-02-20	4,500,000	대형
31	안양시	e-편한세상	매매	60	₩520,000,000	7	2001-08-31	530	2025-02-22	2,600,000	소형
32	구리시	래미안	전세	85	₩420,000,000	21	2011-02-05	770	2025-02-27	1,680,000	중형

[표2] 거래가 평균   단위 : 백만원

지역명	매매	전세
구리시	572	420
군포시	704	280
남양주시	613	310
수원시	756	540
안양시	593	220
용인시	640	460

[표3] 전용면적별 거래건수

전용면적		거래건수
40	59	1건
60	79	9건
80	99	13건
100	150	6건

[표4] 거래종류별 수수료

		0~ 49,999,999	50,000,000~ 99,999,999	100,000,000~ 299,999,999	300,000,000~
전세	거래가				
	수수료율	0.5%	0.4%	0.3%	0.4%
	최고수수료	200,000	300,000	800,000	2,400,000
매매	거래가	0~ 49,999,999	50,000,000~ 99,999,999	100,000,000~ 299,999,999	300,000,000~
	수수료율	0.6%	0.5%	0.4%	0.5%
	최고수수료	250,000	800,000	2,400,000	4,500,000

[표5] 거래종류별 최고가 아파트명

거래종류	아파트명
매매	I-PARK
전세	레미안

1 거래수수료[J3:J32]

[J3] 셀에 =MIN(E3*HLOOKUP(E3,$G$35:$J$42, MATCH(C3,$E$35:$E$42,0)+2),HLOOKUP(E3,$G $35:$J$42,MATCH(C3,$E$35:$E$42,0)+3))를 입력하고 [J32] 셀까지 수식을 복사한다.

> **함수 설명** =MIN(E3*HLOOKUP(E3,$G$35:$J$42,MATCH(C3,$E $35:$E$42,0)+2),HLOOKUP(E3,$G$35:$J$42,MATCH(C3,$E$3 5:$E$42,0)+3))
>
> ❶ MATCH(C3,$E$35:$E$42,0) : 거래종류[C3] 셀과 정확하게 일치하는 값을 [E35:E42] 영역에서 찾아 행의 위치 값을 반환 (전세 : 1, 매매 : 5의 값이 반환됨)
> ❷ HLOOKUP(E3,$G$35:$J$42,❶+2) : 거래가[E3] 셀의 값을 [G35:J42] 영역의 첫 번째 행에서 찾아 같은 열에서 ❶+2의 행의 위치에 있는 수수료율을 찾아옴
> ❸ HLOOKUP(E3,$G$35:$J$42,❶+3) : 거래가[E3] 셀의 값을 [G35:J42] 영역의 첫 번째 행에서 값을 찾아 같은 열에서 ❶+3의 행의 위치에 있는 최고수수료를 찾아옴
>
> =MIN(E3*❷,❸) : 거래가*수수료율과 최고수수료 중에서 가장 작은 값을 구함

2 거래가 평균[B36:C41]

[B36] 셀에 =TEXT(AVERAGE(IF(($A$3:$A$32=$A36)* ($C$3:$C$32=B35),$E$3:$E$32)),"#,,")를 입력하고 Ctrl + Shift + Enter 를 누른 후에 [C41] 셀까지 수식을 복사한다.

> **함수 설명** =TEXT(AVERAGE(IF(($A$3:$A$32=$A36)*($C$3:$C $32=B35),$E$3:$E$32)),"#,,")
>
> ❶ ($A$3:$A$32=$A36) : 지역명[A3:A32] 셀의 값이 [A36] 셀과 같은지 비교
> ❷ ($C$3:$C$32=B35) : 거래종류[C3:C32] 셀의 값이 [B35] 셀과 같은지 비교
> ❸ IF(❶*❷,$E$3:$E$32) : ❶과 ❷ 조건 모두 만족할 경우 거래가 [E3:E32] 영역에서 같은 행의 값을 반환
> ❹ AVERAGE(❸) : ❸의 평균을 구함
>
> =TEXT(❹,"#,,") : ❹의 값 000000을 생략하여 표시

3 거래건수[C45:C48]

[C45] 셀에 =COUNT(IF(($D$3:$D$32>=A45)*($D$3:$D $32<=B45),1))&"건"를 입력하고 Ctrl + Shift + Enter 를 누른 후에 [C48] 셀까지 수식을 복사한다.

> **함수 설명** =COUNT(IF(($D$3:$D$32>=A45)*($D$3:$D$32< =B45),1))&"건"
>
> ❶ ($D$3:$D$32>=A45) : 전용면적[D3:D32] 셀의 값이 [A45] 셀보다 크거나 같은지 비교
> ❷ ($D$3:$D$32<=B45) : 전용면적[D3:D32] 셀의 값이 [B45] 셀보다 작거나 같은지 비교
> ❸ IF(❶*❷,1) : ❶과 ❷ 조건 모두 만족할 경우 1의 값을 반환
>
> =COUNT(❸)&"건" : ❸의 값의 개수를 구한 후에 '건'을 붙여서 표시

4 최고가 아파트명[F46:F47]

[F46] 셀에 =INDEX($B$3:$B$32,MATCH(MAX(($C$3: $C$32=E46)*$E$3:$E$32),($C$3:$C$32=E46)*$E$3: $E$32,0))를 입력하고 Ctrl + Shift + Enter 를 누른 후에 [F47] 셀까지 수식을 복사한다.

> **함수 설명** =INDEX($B$3:$B$32,MATCH(MAX(($C$3:$C$32=E46)* $E$3:$E$32),($C$3:$C$32=E46)*$E$3:$E$32,0))
>
> ❶ ($C$3:$C$32=E46) : [C3:C32] 영역에서 [E46] 셀과 같은지 비교. 같으면 1, 같지 않으면 0을 반환
> ❷ (❶*$E$3:$E$32) : ❶의 값과 [E3:E32] 영역의 같은 행에 값을 곱함
> ❸ MAX(❷) : ❷의 값에서 가장 큰 값을 구함
> ❹ MATCH(❸,❷,0) : ❸의 값을 ❷에서 찾아 일치하는 행의 위치 값을 반환
>
> =INDEX($B$3:$B$32,❹) : [B3:B32] 영역에서 ❹의 위치 값을 반환

5 사용자 정의 함수(fn규모)

① [개발 도구]-[코드] 그룹의 [Visual Basic]()을 클릭한다.
② [삽입]-[모듈]을 클릭한다.
③ Module 창에 다음과 같이 입력한다.

```
Public Function fn규모(전용면적)
    If 전용면적 < 62 Then
        fn규모 = "소형"
    ElseIf 전용면적 < 96 Then
        fn규모 = "중형"
    Else
        fn규모 = "대형"
    End If
End Function
```

④ [파일]-[닫고 Microsoft Excel(으)로 돌아가기]를 클릭하여 [Visual Basic Editor]를 닫는다.
⑤ [K3] 셀을 클릭한 후 [함수 삽입]()을 클릭한다.
⑥ [함수 마법사]에서 범주 선택은 '사용자 정의', 함수 선택은 'fn규모'를 선택한 후 [확인]을 클릭한다.

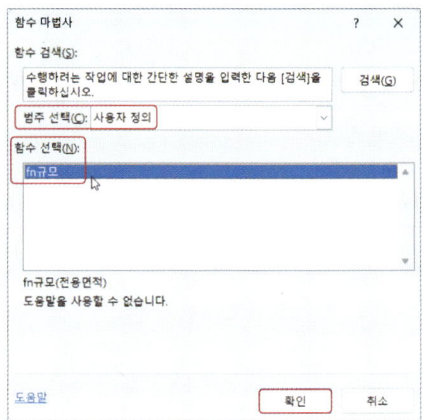

⑦ [함수 인수]에서 '전용면적'은 [D3]을 지정한 후 [확인]을 클릭한다.

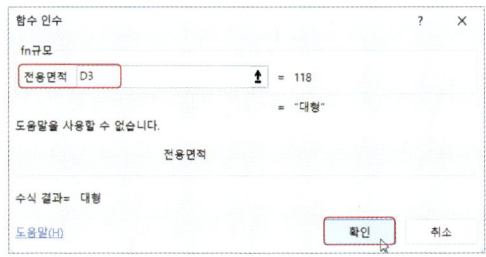

⑧ [K3] 셀을 선택한 후 [K32] 셀까지 수식을 복사한다.

문제3 분석작업

1 피벗 테이블

정답

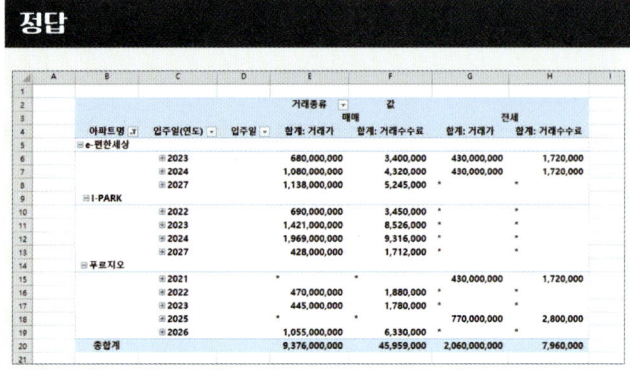

① [B2] 셀을 선택한 후 [삽입]-[표] 그룹의 [피벗 테이블](🗔)을 클릭한다.
② [피벗 테이블 만들기]에서 '데이터 모델에 이 데이터 추가'를 체크하고, '외부 데이터 원본 사용'에서 [연결 선택]을 클릭한다.

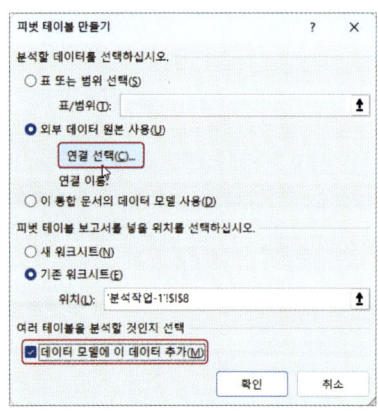

③ [기존 연결]에서 [더 찾아보기]를 클릭하여 '아파트거래현황.csv'를 선택하고 [열기]를 클릭한다.
④ [1단계]에서 '내 데이터에 머리글 표시'를 체크하고, '구분 기호로 분리됨'을 선택하고 [다음]을 클릭한다.
⑤ [2단계]에서 구분 기호 '쉼표'만 체크하고 [다음]을 클릭한다.

⑥ [3단계]에서 '아파트명', '거래종류', '거래가', '입주일', '거래수수료' 필드를 제외한 나머지 필드는 각각 클릭하여 '열 가져오지 않음(건너뜀)'을 선택하고 [마침]을 클릭한다.

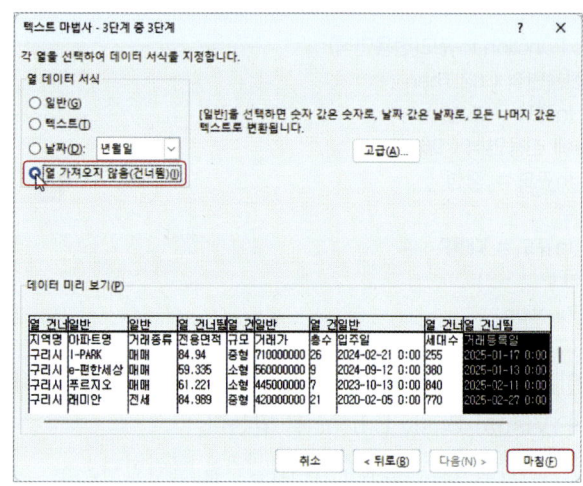

⑦ [피벗 테이블 만들기]에서 [확인]을 클릭한다.
⑧ [피벗 테이블 필드]에서 다음과 같이 드래그한다.

⑨ [디자인]-[레이아웃] 그룹의 [보고서 레이아웃]-[개요 형식으로 표시]를 클릭한다.
⑩ [C6] 셀에서 마우스 오른쪽 버튼을 눌러 [그룹]을 클릭한다.
⑪ [그룹화]에서 '월', '분기'의 선택을 해제하고 '연'만 선택된 상태에서 [확인]을 클릭한다.

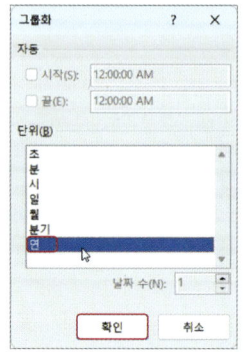

⑫ 아파트명 [B4] 셀의 목록 단추를 클릭하여 [값 필터]-[상위 10위]를 클릭한다.

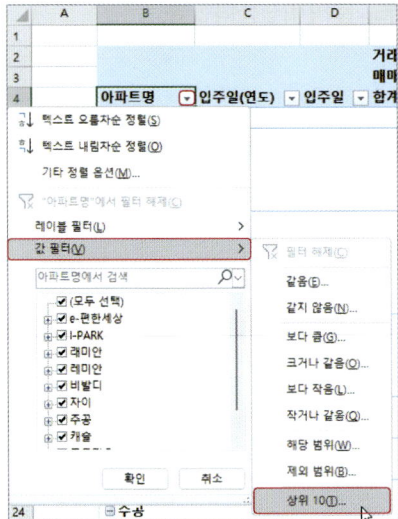

⑬ [상위 10필터(아파트명)]에서 '상위', 3, 기준은 '합계: 거래가'를 선택하고 [확인]을 클릭한다.

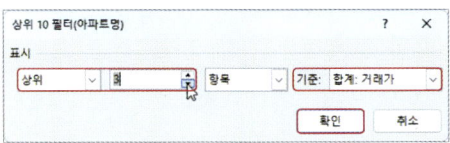

⑭ '합계: 거래가'[E4] 셀에서 더블클릭하여 [값 필드 설정]의 [표시 형식]을 클릭한다.

⑮ '회계'를 선택하고 기호 '없음'을 선택하고 [확인]을 클릭하고 [값 필드 설정]에서 [확인]을 클릭한다.

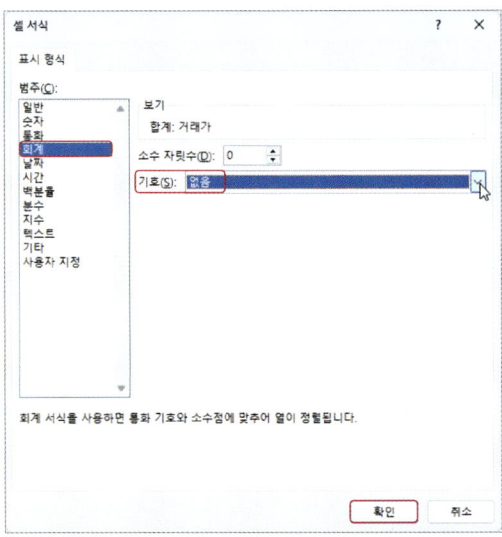

⑯ '합계: 거래수수료'[F4] 셀에서 더블클릭하여 [표시 형식]을 클릭하여 '회계'의 기호 '없음'을 적용한다.

⑰ [피벗 테이블 분석]-[피벗 테이블] 그룹을 클릭하여 [옵션]을 클릭한다.

⑱ [레이아웃 및 서식] 탭에서 '레이블이 있는 셀 병합 및 가운데 맞춤'을 체크하고, '빈 셀 표시'에 *를 입력하고, [요약 및 필터]에서 '행의 총합계 표시' 체크를 해제하고 [확인]을 클릭한다.

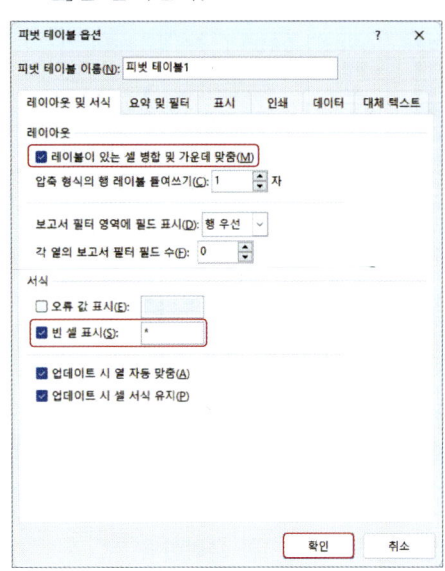

2 데이터 도구

정답

	A	B	C	D	E	F	G	H
1								
2		지역명	거래종류	아파트명	전용면적	층수	거래가	
3		군포시	매매	e-편한세상	118	15	₩693,000,000	
4		수원시	매매	I-PARK	전용면적 38이하		₩730,000,000	
5		남양주시	매매	푸르지오	최대125 면적까지		₩470,000,000	
6		구리시	매매	e-편한세상	입력하세요.		₩560,000,000	
7		안양시	전세	주공	60	8	₩220,000,000	
8		성남시	매매	I-PARK	84	8	₩529,000,000	
9		안양시	매매	래미안	112	10	₩610,000,000	
10		구리시	매매	I-PARK	85	26	₩710,000,000	
11		용인시	전세	푸르지오	60	29	₩490,000,000	
12		군포시	매매	래미안	112	3	₩990,000,000	
13		수원시	전세	래미안	85	26	₩540,000,000	
14		성남시	매매	I-PARK	101	16	₩421,000,000	
15		남양주시	매매	I-PARK	85	17	₩690,000,000	
16		군포시	전세	푸르지오	85	21	₩280,000,000	
17		성남시	전세	e-편한세상	60	4	₩430,000,000	
18		남양주시	매매	e-편한세상	75	15	₩680,000,000	
19								

① [E3:E18] 영역을 범위 지정한 후 [데이터]-[데이터 도구] 그룹의 [데이터 유효성 검사](🗒)를 클릭한다.

② [데이터 유효성]의 [설정] 탭에서 제한 대상은 '사용자 지정', 수식은 =QUOTIENT(E3,3,3)<=38을 작성한다.

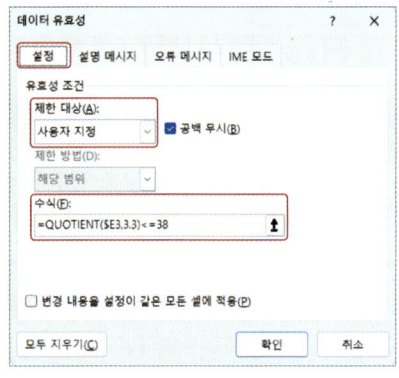

③ [설명 메시지] 탭에서 제목은 **전용면적 38이하**, 설명 메시지는 **최대125 면적까지 입력하세요.**를 입력한다.

④ [오류 메시지] 탭에서 스타일은 '중지', 제목은 **전용면적오류**, 오류 메시지는 **3.3으로 나눈 몫이 38이하로 입력하세요.**를 입력하고 [확인]을 클릭한다.

⑤ [B2:G18] 영역을 범위 지정한 후 [데이터]-[정렬 및 필터] 그룹의 [정렬](📊)을 클릭한다.

⑥ [옵션]을 클릭하여 '방향'을 '왼쪽에서 오른쪽'으로 선택하고 [확인]을 클릭한다.

⑦ 정렬에서 '사용자 지정 목록'을 선택한 후 '지역명-거래종류-아파트명-전용면적-층수-거래가'를 순서대로 입력하고 [추가]를 클릭하고 [확인]을 클릭한다.

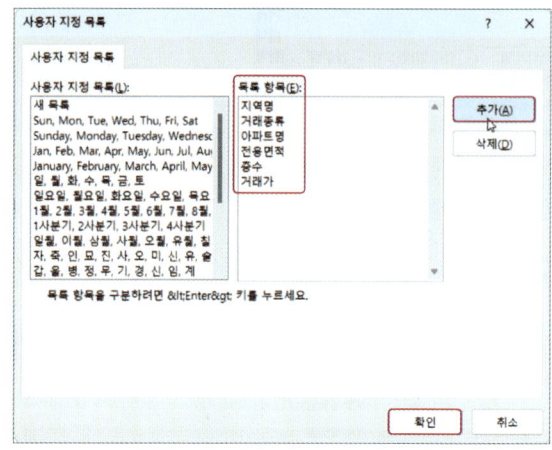

⑧ 정렬 기준은 '행 2'를 선택하고 [확인]을 클릭한다.

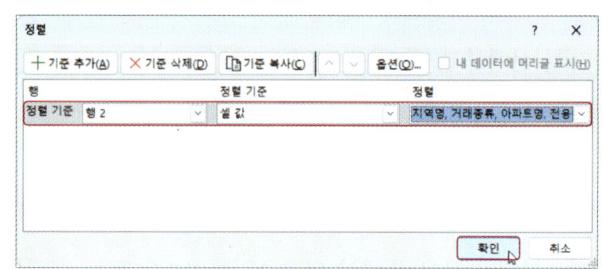

문제4 기타작업

1 차트

정답

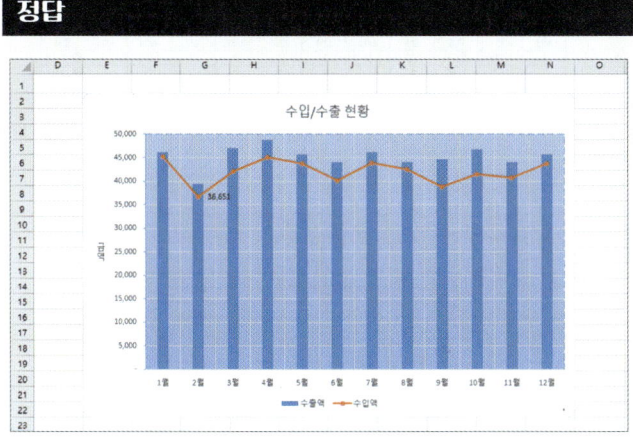

① [C2:C14] 영역을 범위 지정한 후 Ctrl+C를 눌러 복사한다.
② 차트를 선택한 후 Ctrl+V를 눌러 붙여넣기를 한다.

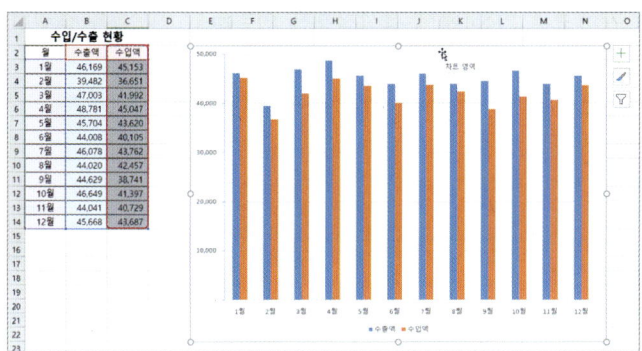

③ '수입액' 계열을 선택한 후 마우스 오른쪽 버튼을 눌러 [계열 차트 종류 변경]을 클릭한다.

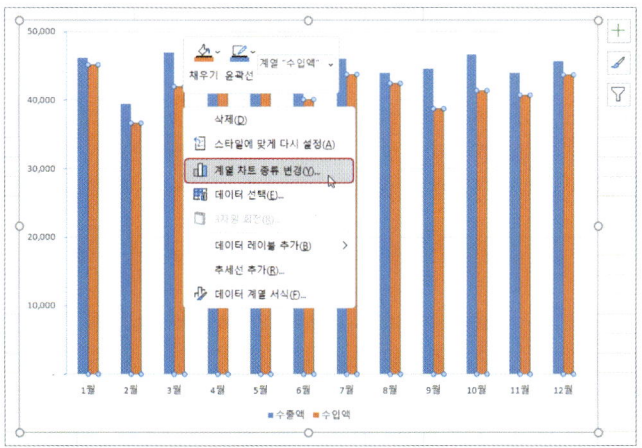

④ [차트 종류 변경]에서 '혼합'을 선택하고 '수입액' 계열의 차트 종류를 '표식이 있는 꺾은선형'을 선택하고 [확인]을 클릭한다.
⑤ 차트를 선택한 후 [차트 요소](⊞)-[차트 제목]을 클릭한 후 **수입/수출 현황**을 입력한다.
⑥ [차트 요소](⊞)-[축 제목]-[기본 세로]를 클릭한 후 **금액**을 입력한다.

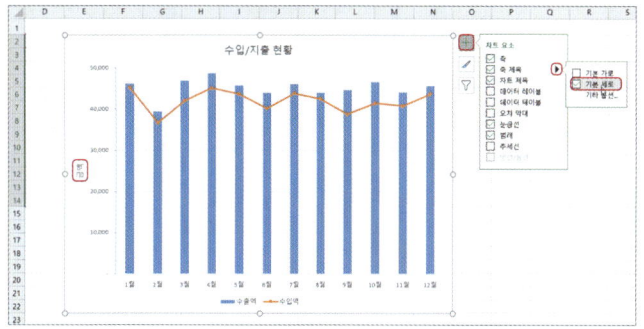

⑦ '금액' 축 제목을 선택한 후 마우스 오른쪽 버튼을 눌러 [축 제목 서식]을 클릭한다.
⑧ [축 제목 서식]의 [크기 및 속성]에서 '텍스트 방향'을 '세로'를 선택한다.
⑨ '차트 제목'을 선택한 후 [홈]-[글꼴] 탭에서 글꼴 크기는 '14'로 지정한다.
⑩ '세로(값) 축'을 클릭하고 [축 서식]의 축 옵션에서 단위 '기본'에 5000을 입력한다.

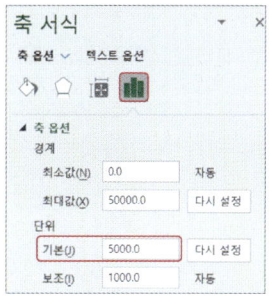

⑪ 주 눈금선을 표시하기 위해서 [차트 요소](⊞)-[눈금선]-[기본 주 세로]를 체크한다.

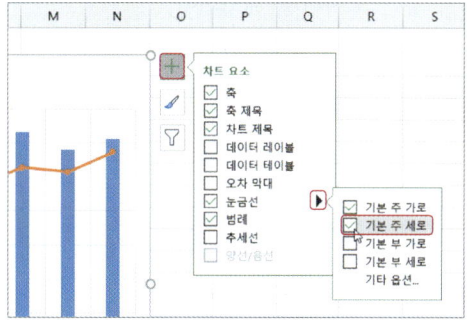

⑫ '2월 수입액' 계열을 천천히 2번 클릭하여 하나의 요소만을 선택한 후 마우스 오른쪽 버튼을 눌러 [데이터 레이블 추가]를 클릭한다.

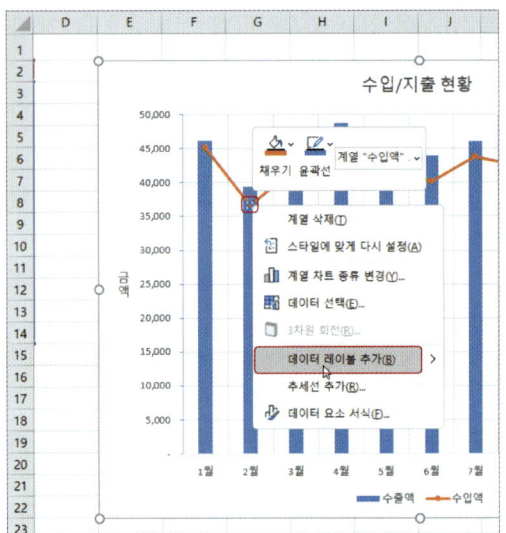

⑬ 그림 영역을 선택한 후 [그림 영역 서식]-[채우기 및 선]에서 [테두리]의 '대시 종류'는 '긴 파선'을 선택하고 너비는 1pt로 지정한다.

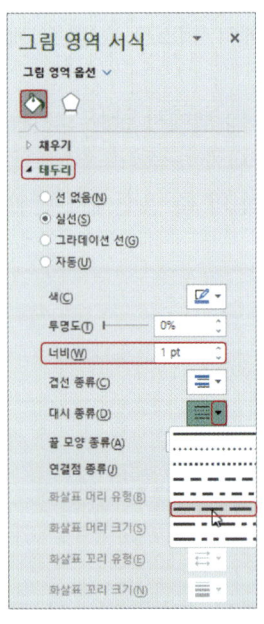

⑭ 차트 영역을 선택한 후 [차트 영역 서식]-[채우기 및 선]에서 [테두리]의 '둥근 모서리'를 체크한다.

⑮ 그림 영역을 선택한 후 [서식] 탭의 '도형 스타일'에서 '미세 효과 – 파랑, 강조1'을 선택한다.

2 매크로

정답

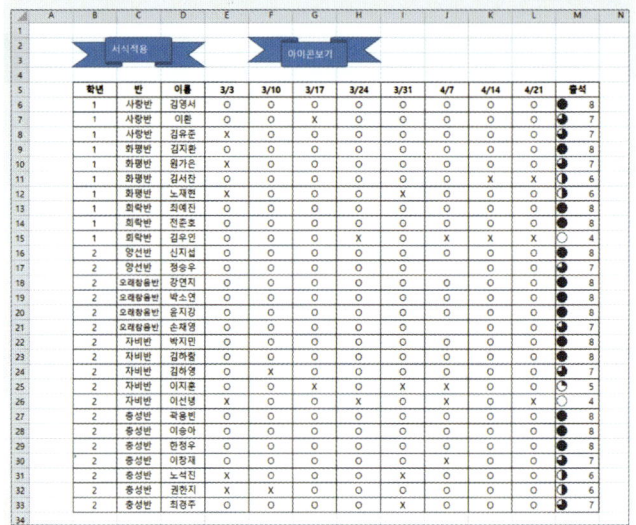

① 비어 있는 셀을 클릭한 후 [개발 도구]-[코드] 그룹의 [매크로 기록]을 클릭한다.

② [매크로 기록]에서 **서식적용**을 입력하고 [확인]을 클릭한다.

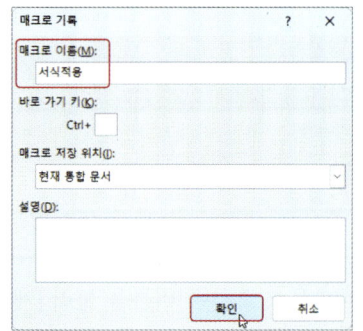

③ [E6:L33] 영역을 범위 지정한 후 Ctrl+1을 눌러 [표시 형식] 탭의 '사용자 지정'을 선택한 후 [=1]"O";[=0]"X"를 입력하고 [확인]을 클릭한다.

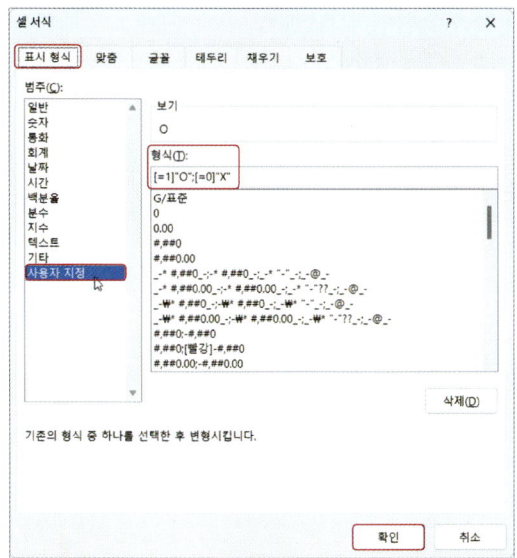

④ [개발 도구]-[코드] 그룹의 [기록 중지](□)를 클릭한다.
⑤ [삽입]-[일러스트레이션] 그룹의 [도형]-[별 및 현수막]의 '리본: 위로 기울어짐'(⛛)을 클릭한 후 Alt 를 누른 채 [B2:D3] 영역에 드래그한다.
⑥ 도형에 **서식적용**을 입력한 후 마우스 오른쪽 버튼을 클릭한 후 [매크로 지정]을 클릭하여 '서식적용'을 선택한다.

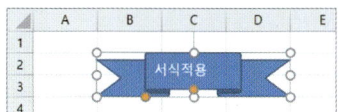

⑦ 비어 있는 셀을 클릭한 후 [개발 도구]-[코드] 그룹의 [매크로 기록](🔴)을 클릭한다.
⑧ [매크로 기록]에서 **아이콘보기**를 입력하고 [확인]을 클릭한다.
⑨ [M6:M33] 영역을 범위 지정한 후 [홈]-[스타일] 그룹의 [조건부 서식]-[새 규칙]을 클릭한다.

⑩ [새 서식 규칙]에서 다음과 같이 지정하고 [확인]을 클릭한 후, [개발 도구]-[코드] 그룹의 [기록 중지](□)를 클릭한다.

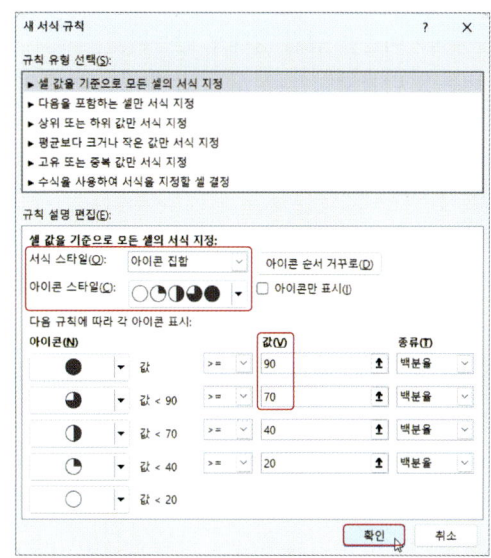

- 서식 스타일 : 아이콘 집합
- 아이콘 스타일 : 5가지 원(흑백)
- 첫 번째 아이콘 : 90, 백분율
- 두 번째 아이콘 : 70, 백분율

⑪ [삽입]-[일러스트레이션] 그룹의 [도형]-[별 및 현수막]의 '리본: 아래로 기울어짐'(⛛)을 클릭한 후 Alt 를 누른 채 [F2:H3] 영역에 드래그한다.
⑫ 도형에 **아이콘보기**를 입력한 후 마우스 오른쪽 버튼을 클릭한 후 [매크로 지정]을 클릭하여 '아이콘보기'를 선택한다.

3 VBA 프로그래밍

(1) 폼 보이기

① [개발 도구]-[컨트롤] 그룹에서 [디자인 모드](📐)를 클릭하여 〈대출등록〉 버튼을 편집 상태로 만든다.
② 〈대출등록〉 버튼을 더블클릭한 후 코드 창에 다음과 같이 입력한다.

```
Private Sub cmd대출등록_Click()
    대출등록.Show
End Sub
```

(2) 폼 초기화

① [프로젝트-VBAProject] 탐색기에서 '폼'을 더블 클릭하고 〈대출등록〉을 선택한다.
② [프로젝트-VBAProject] 탐색기의 [코드 보기(📄)] 도구를 클릭한다.
③ '개체 목록'은 'UserForm', '프로시저 목록'은 'Initialize'를 선택한다.
④ 코드 창에 다음과 같이 입력한다.

```
Private Sub UserForm_Initialize()
    cmb고객등급.RowSource = "H4:H7"
    cmb대출종류.RowSource = "I4:I7"
End Sub
```

(3) 등록 프로시저

① '개체 목록'에서 'cmd등록', '프로시저 목록'은 'Click'을 선택한다.
② 코드 창에 다음과 같이 입력한다.

```
Private Sub cmd등록_Click()
    i = Range("A3").CurrentRegion.Rows.Count + 2
    Cells(i, 1) = txt대출자
    Cells(i, 2) = cmb고객등급
    Cells(i, 3) = cmb대출종류
    Cells(i, 4) = CDate(txt대출일자)
    Cells(i, 5) = Val(txt대출기간)
    Cells(i, 6) = Format(txt대출금액, "#,##0원")
End Sub
```

> **기적의 TIP**
>
> i라는 변수 대신에 '입력행'을 사용해서 작성할 수 있다.

(4) 종료 프로시저

① '개체 목록'에서 'cmd종료', '프로시저 목록'은 'Click'을 선택한다.
② 코드 창에 다음과 같이 입력한다.

```
Private Sub cmd종료_Click()
    MsgBox "전체 대출자는 " & Range("A3").CurrentRegion.Rows.Count - 2 & "명입니다.", , "종료"
    Unload Me
End Sub
```

스프레드시트 실전 모의고사 03회

작업파일 : '26컴활1급(기출)\스프레드시트\실전모의고사'에서 '실전모의고사3회' 파일을 열어 작업하세요.

문제1 기본작업(15점) 주어진 시트에서 다음 과정을 수행하고 저장하시오.

1 '기본작업-1' 시트에서 다음과 같이 고급 필터를 수행하시오. (5점)

- ▶ [A2:J32] 영역에서 '주차구역'에 'A'가 들어가고, '입차시간'이 9시부터 12시가 포함한 행만을 대상으로 '차량번호', '차량종류', '입차시간', '출차시간', '차량소유자유형', '주차구역' 필드만 순서대로 표시하시오.
- ▶ 조건은 [L2:L3] 영역 내에 알맞게 입력하시오. (AND, IFERROR, FIND, HOUR 함수 사용)
- ▶ 결과는 [L5] 셀부터 표시하시오.

2 '기본작업-1' 시트에서 다음과 같이 조건부 서식을 작성하시오. (5점)

- ▶ [A3:J32] 영역에서 '주차시간'이 4시간 이상이고, '차량종류'에 '트럭'이라는 단어가 포함된 행 전체에 대해 글꼴 스타일은 '굵은 기울임꼴', 글꼴 색 '표준 색 – 녹색'으로 적용하시오.
- ▶ 주차시간은 출차시간-입차시간으로 계산하시오.
- ▶ 단, 규칙 유형은 '수식을 사용하여 서식을 지정할 셀 결정'을 사용하고, 한 개의 규칙으로만 작성하시오.
- ▶ AND, TIME, ISNUMBER, SEARCH 함수 사용

3 '기본작업-2' 시트에서 다음과 같이 시트 보호를 설정하시오. (5점)

- ▶ [G3:G10] 영역에 수식 숨기기를 적용하고 차트는 편집할 수 없도록 잠금을 적용한 후 잠긴 셀의 내용과 워크시트를 보호하시오.
- ▶ 잠긴 셀의 선택과 잠기지 않은 셀의 선택, 정렬은 허용하시오.
- ▶ 시트 보호 암호는 지정하지 마시오.

문제2 계산작업(30점) '계산작업' 시트에서 다음 과정을 수행하고 저장하시오.

1 사용자 정의 함수 'fn총점'을 작성하여 [H3:H23] 영역에 총점을 계산하여 표시하시오. (6점)

- ▶ 'fn총점'은 과제, 출석, 중간, 기말을 인수로 받아 값을 되돌려줌
- ▶ 총점 = 과제 + 출석 + 중간 + 기말 + 추가점수
- ▶ 추가점수는 중간과 기말 점수가 모두 20점 이상이면 3, 그 외는 0으로 계산
- ▶ IF ~ ELSE문 사용

```
Public Function fn총점(과제, 출석, 중간, 기말)
End Function
```

② [표1]의 과목ID와 [표2]를 이용하여 [I3:I23] 영역에 전공여부를 표시하시오. (6점)

▶ 전공여부는 과목ID의 첫 번째 글자(강의코드)가 R이면 '교양', S이면 '전공선택', P이면 '전공필수'를 표시
▶ 과목ID의 맨 마지막 글자(강의진행)를 이용하여 [표2]에서 과목을 추출하시오.
▶ 표시 예 : 과목ID가 R001인 경우 → 교양(영어)
▶ SWITCH, LEFT, HLOOKUP, VALUE, RIGHT 함수와 & 연산자 사용

③ [표1]의 중간과 기말 점수를 이용하여 [J3:J23] 영역에 등급을 표시하시오. (6점)

▶ (중간 + 기말) 점수와 [표4]를 이용하여 등급을 표시할 것
▶ INDEX, MATCH 함수 사용

④ [표1]의 과목ID와 학과를 이용하여 [표3]의 [B31:C33] 영역에 강의코드와 학과별 인원수를 계산하시오. (6점)

▶ 강의코드는 과목ID의 첫 번째 글자임
▶ COUNT, IF, LEFT 함수를 사용한 배열 수식

⑤ [표1]의 과목ID와 과제, 출석, 중간, 기말을 이용하여 [D31:G33] 영역에 강의코드별 최대 점수를 계산하여 표시하시오. (6점)

▶ 강의코드는 과목ID의 첫 번째 글자임
▶ MAX, IF, LEFT 함수를 사용한 배열 수식

문제3 분석작업(20점) 주어진 시트에서 다음 과정을 수행하고 저장하시오.

① '분석작업-1' 시트에서 다음의 지시사항에 따라 피벗 테이블 보고서를 작성하시오. (10점)

▶ 외부 데이터 가져오기 기능을 사용하여 〈판매실적.accdb〉의 〈녹차판매〉 테이블의 '대분류명', '중분류명', '소분류명', '수량', '판매단가', '매출액' 열을 사용하고 '대분류명'에서 '식품'만 가져오시오.
▶ 피벗 테이블 보고서의 레이아웃과 위치는 〈그림〉을 참조하여 설정하고, 보고서 레이아웃을 개요 형식으로 표시하시오.
▶ 〈그림〉을 참조하여 그룹을 설정하고, 그룹명은 '전통차', '혼합/가공 차', '기타'로 설정, '소분류명2'를 기준으로 내림차순 정렬로 설정하시오.
▶ '매출액' 필드는 값 필드 설정의 셀 서식에서 '숫자' 범주를 이용하여 1000 단위 구분 기호(,)로 설정하시오.
▶ 각 항목 다음에 빈 줄을 삽입하고, 열의 총합계만 표시하고, 레이블이 있는 셀 병합 및 가운데 맞춤 표시하시오.
▶ 피벗 테이블 스타일은 '연한 녹색, 피벗 스타일 보통 7', 피벗 테이블 스타일 옵션은 '행 머리글', '열 머리글', '줄무늬 열'을 설정하시오.

소분류명2	소분류명	중분류명 음료&티백 합계:수량	합계:매출액	조미식품 합계:수량	합계:매출액
혼합/가공 차		16	168,800		30,000
	가루			3	30,000
	꽃차	2	20,000		
	블랜딩티	4	32,000		
	식물 뿌리+잎차	10	116,800		
전통차		31	760,000		
	녹차	29	701,200		
	발효차	2	58,800		
기타		4	40,000		
	기타	4	40,000		
총합계		51	968,800	3	30,000

※ 작업 완성된 그림이며 부분점수 없음

2 '분석작업-2' 시트에 대하여 다음의 지시사항을 처리하시오. (10점)

▶ [C14:C19] 영역에는 데이터 유효성 검사 도구를 이용하여 1000의 배수 관계의 숫자만 입력할 수 있도록 제한 대상을 설정하시오. (MOD 함수 이용)
▶ [C14:C19] 영역의 셀을 클릭한 경우 〈그림〉과 같은 설명 메시지를 표시하고, 유효하지 않은 데이터를 입력한 경우 〈그림〉과 같은 오류 메시지가 표시되도록 설정하시오.

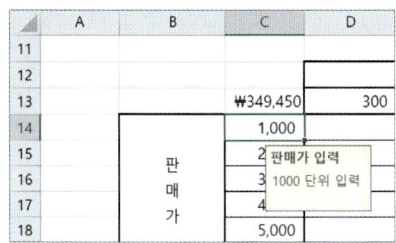 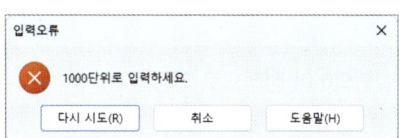

▶ [데이터 표] 기능을 이용하여 판매가와 판매량 변동에 따른 순이익금을 [D14:H19]에 계산하여 표시하시오.
▶ 순이익금 = (판매가−제조원가) × 판매량−초기투자비용−홍보비용

문제4 기타작업(35점) 주어진 시트에서 다음 과정을 수행하고 저장하시오.

1 '기타작업-1' 시트에서 다음의 지시사항에 따라 차트를 수정하시오. (각 2점)

※ 차트는 반드시 문제에서 제공한 차트를 사용하여야 하며, 신규로 차트작성 시 0점 처리됨
① 〈그림〉과 같이 표시되도록 데이터 범위를 변경하시오.
② 차트 제목과 기본 가로 축 제목, 기본 세로 축 제목이 〈그림〉과 표시되도록 설정하시오.
③ 범례의 위치를 아래쪽으로 변경하고 도형 스타일을 '강한 효과 – 파랑, 강조1'로 설정하시오.
④ 〈그림〉과 같이 최대값과 기본 단위를 지정하고 값이 거꾸로 표시되도록 설정하시오.
⑤ '판매금액' 계열에 〈그림〉과 같이 데이터 레이블을 표시하시오.

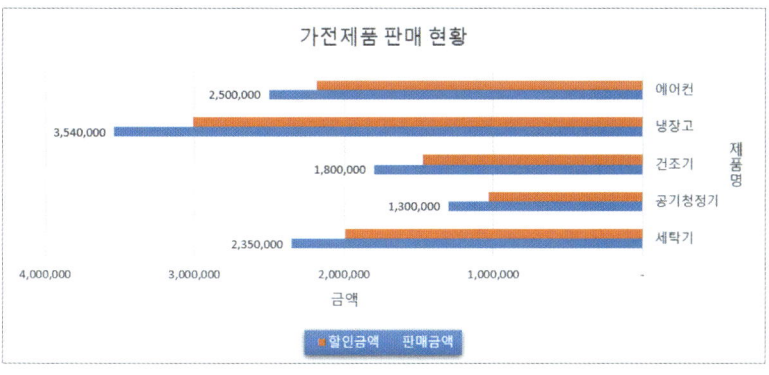

② '기타작업-2' 시트에서 다음과 같은 기능을 수행하는 매크로를 현재 통합문서에 작성하시오. (각 5점)

① 목표값 찾기 기능을 이용하여 평점[C11]이 4가 되려면 기말[C9] 점수가 얼마가 되어야 하는지 계산하는 '평점4' 매크로를 생성하시오.
▶ [도형]-[기본 도형]의 '사각형: 빗면'(□)을 동일 시트의 [E6:E7] 영역에 생성한 후 텍스트를 '평점4'로 입력하고, 단추를 클릭하면 '평점4' 매크로가 실행되도록 설정하시오.

② 목표값 찾기 기능을 이용하여 평점[C11]이 3.7이 되려면 기말[C9] 점수가 얼마가 되어야 하는지 계산하는 '평점3_7' 매크로를 생성하시오.
▶ [도형]-[기본 도형]의 '사각형: 빗면'(□)을 동일 시트의 [E9:E10] 영역에 생성한 후 텍스트를 '평점3.7'로 입력하고, 단추를 클릭하면 '평점3_7' 매크로가 실행되도록 설정하시오.

※ 셀 포인터의 위치에 관계없이 매크로가 실행되어야 정답으로 인정됨

③ '기타작업-3' 시트에서 다음과 같은 작업을 수행하도록 프로시저를 작성하시오. (각 5점)

① '판매내역입력' 단추를 클릭하면 〈판매내역입력〉 폼이 나타나도록 설정하고, 폼이 초기화(Initialize)되면 제품명(cmb제품명) 목록으로 "세탁기", "공기청정기", "건조기", "냉장고", "에어컨"이 표시되도록 프로시저를 작성하시오.

② 〈판매내역입력〉 폼의 '입력(cmd입력)' 단추를 클릭하면 폼에 입력된 데이터가 [표]에 입력되어 있는 마지막 행 다음에 연속하여 추가되고, 폼의 모든 텍스트 컨트롤의 값이 삭제되도록 프로시저를 작성하시오.
▶ 금액은 FORMAT 함수를 이용하여 워크시트에 입력된 기존 데이터와 같은 형식으로 입력하시오. [표시 예 : 250000일 경우 → 250,000원, 0일 경우 → 0원]
▶ 입력되는 데이터는 워크시트에 입력된 기존 데이터와 같은 형식의 데이터로 입력하시오.

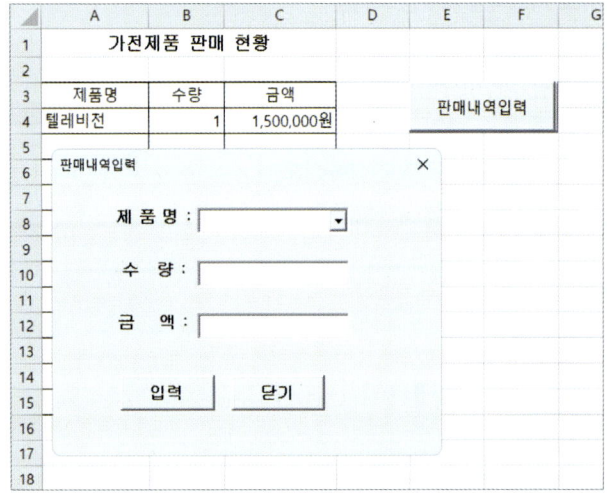

③ '닫기(cmd닫기)' 단추를 클릭하면 폼을 종료하고 [A1] 셀의 글꼴을 '굴림체'로 변경하는 프로시저를 작성하시오.

정답 & 해설 스프레드시트 실전 모의고사 03회

문제1 기본작업

1 고급 필터

정답

① [L2:L3] 영역에 조건을 입력하고, [L5:Q5] 영역에 추출할 필드명을 작성한다.

[L3] : =AND(IFERROR(FIND("A",E3),FALSE),HOUR(C3)>=9,HOUR(C3)<=12)

[함수 설명]

❶ FIND("A",E3) : [E3] 셀에서 'A'의 시작 위치값을 구함
❷ IFERROR(❶,FALSE) : ❶의 값에 오류가 있다면 FALSE를 반환
❸ HOUR(C3) : [C3] 셀의 시간을 구함

=AND(❷,❸>=9,❸<=12) : ❷의 값이 TRUE이고 ❸의 값이 9이상 12이하이면 TRUE 값을 반환

② [데이터]-[정렬 및 필터] 그룹에서 [고급](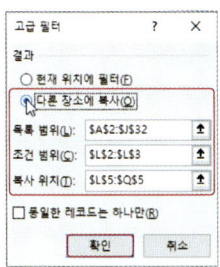)을 클릭한다.
③ [고급 필터]에서 다음과 같이 지정한 후 [확인]을 클릭한다.

- 결과 : '다른 장소에 복사'
- 목록 범위 : [A2:J32]
- 조건 범위 : [L2:L3]
- 복사 위치 : [L5:Q5]

2 조건부 서식

정답

① [A3:J32] 영역을 범위 지정한 후 [홈]-[스타일] 그룹의 [조건부 서식]-[새 규칙]을 클릭한다.
② [새 서식 규칙]에서 '규칙 유형 선택'에 '▶ 수식을 사용하여 서식을 지정할 셀 결정'을 선택하고, =AND(($D3-$C3)>=TIME(4,0,0), ISNUMBER(SEARCH("트럭", $B3)))를 입력한 후 [서식]을 클릭한다.

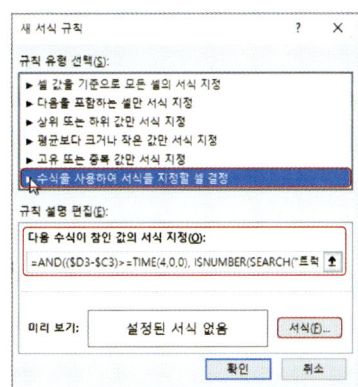

> 함수 설명

❶ ($D3-$C3) : [D3]-[C3] 계산 결과 값을 구함
❷ TIME(4,0,0) : 시분초에서 시에만 4가 있다면 4:00:00로 4시
❸ SEARCH("트럭",$B3) : [B3] 셀에서 '트럭'을 찾아 시작 위치를 구함
❹ ISNUMBER(❸) : ❸의 값이 숫자이면 TRUE 값을 반환

=AND(❶>=❷,❹) : ❶의 값이 ❷ 이상이고, ❹가 TRUE일 때 서식 적용❸

③ [셀 서식]의 [글꼴] 탭에서 글꼴 스타일은 '굵은 기울임꼴', 색은 '표준 색 – 녹색'을 선택한 후 [확인]을 클릭한다.

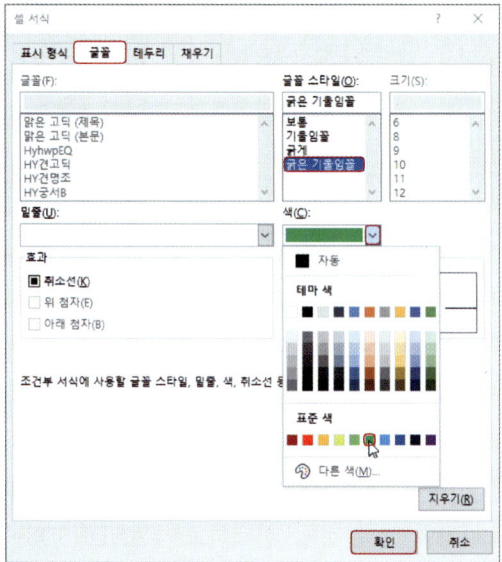

④ [새 서식 규칙]에서 다시 [확인]을 클릭한다.

3 시트 보호

정답

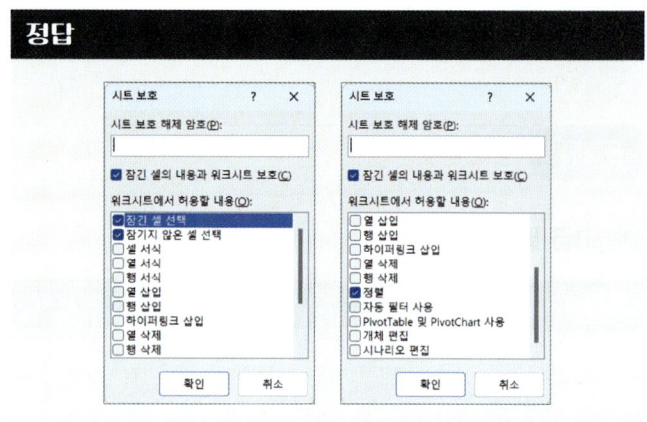

① [G3:G10] 영역을 범위 지정한 후 마우스 오른쪽 버튼을 눌러 [셀 서식]을 클릭한다.
② [보호] 탭에서 '숨김'을 체크하고 [확인]을 클릭한다.
③ 차트에서 마우스 오른쪽 버튼을 눌러 [차트 영역 서식]을 클릭한다.
④ [차트 영역 서식]-[크기 및 속성]의 '속성'에서 '잠금'이 체크가 되어 있는지 확인하고 [닫기]를 클릭한다.

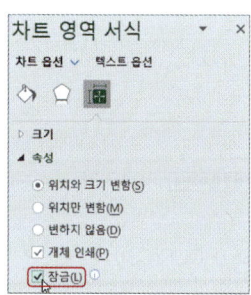

⑤ [검토]-[보호] 그룹에서 [시트 보호]를 클릭한다.
⑥ [시트 보호]에서 '잠긴 셀의 내용과 워크시트 보호'가 체크가 되어 있는지 확인하고, '잠긴 셀 선택', '잠기지 않는 셀 선택', '정렬'을 체크하고 [확인]을 클릭한다.

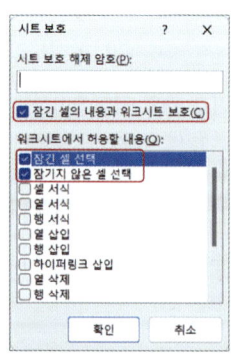 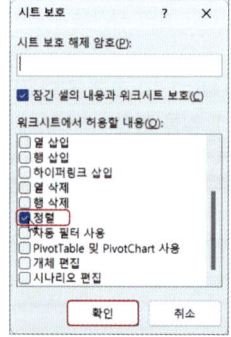

문제2 계산작업

정답

	A	B	C	D	E	F	G	H	I	J	K
1	[표1]										
2	과목ID	이름	학과	과제	출석	중간	기말	총점	전공여부	등급	
3	R003	이현정	컴퓨터공학과	13	11	23	30	80	교양(한국어)	A	
4	S002	송수정	컴퓨터공학과	19	10	16	26	71	전공선택(영어)	B	
5	R004	문병용	컴퓨터공학과	14	11	15	25	65	교양(한국어)	C	
6	R007	김혜영	컴퓨터공학과	20	15	21	15	71	교양(기타)	C	
7	R008	이문성	전자공학과	10	15	22	27	77	교양(기타)	B	
8	P005	우용표	전자공학과	14	12	27	28	84	전공필수(한국어)	A	
9	S003	김후영	컴퓨터공학과	16	19	15	23	73	전공선택(한국어)	B	
10	P002	김민국	컴퓨터공학과	18	13	16	23	70	전공필수(영어)	C	
11	S004	최신국	컴퓨터공학과	18	20	17	15	70	전공선택(한국어)	C	
12	P006	박억남	전자공학과	17	18	19	30	84	전공필수(한국어)	B	
13	P008	조민정	전자공학과	15	12	17	24	68	전공필수(기타)	B	
14	R007	이재건	전자공학과	20	15	25	27	90	교양(기타)	A	
15	S003	서승범	전자공학과	12	15	26	15	68	전공선택(한국어)	B	
16	R003	박인성	컴퓨터공학과	11	10	28	21	73	교양(한국어)	B	
17	S005	김주우	컴퓨터공학과	14	10	22	29	78	전공선택(한국어)	A	
18	R001	이건홍	전자공학과	20	10	29	18	77	교양(영어)	B	
19	S002	이용현	컴퓨터공학과	17	16	24	22	82	전공선택(영어)	B	
20	P007	나웅선	전자공학과	11	16	24	16	67	전공필수(기타)	C	
21	R004	김보미	컴퓨터공학과	18	10	23	30	84	교양(한국어)	A	
22	R002	성도식	전자공학과	10	12	28	18	68	교양(영어)	B	
23	P007	유성진	전자공학과	13	13	28	29	86	전공필수(기타)	A	
24											

	A	B	C	D	E	F	G	H
29	[표3]							
30	강의코드	컴퓨터공학과	전자공학과	과제	출석	중간	기말	
31	R	5	4	20	15	29	30	
32	S	5	1	19	20	26	29	
33	P	1	5	18	18	28	30	
34								

1 fn총점[H3:H23]

① [개발 도구]-[코드] 그룹의 [Visual Basic]( )을 클릭한다.
② [삽입]-[모듈]을 클릭한다.
③ Module 창에 다음과 같이 입력한다.

```
Public Function fn총점(과제, 출석, 중간, 기말)
    If 중간 >= 20 And 기말 >= 20 Then
        fn총점 = 과제 + 출석 + 중간 + 기말 + 3
    Else
        fn총점 = 과제 + 출석 + 중간 + 기말
    End If
End Function
```

④ [파일]-[닫고 Microsoft Excel(으)로 돌아가기]를 클릭하여 [Visual Basic Editor]를 닫는다.
⑤ [H3] 셀을 클릭한 후 [함수 삽입]( )을 클릭한다.
⑥ [함수 마법사]에서 범주 선택은 '사용자 정의', 함수 선택은 'fn총점'을 선택한 후 [확인]을 클릭한다.

⑦ [함수 인수]에서 과제는 [D3], 출석은 [E3], 중간은 [F3], 기말은 [G3]을 지정한 후 [확인]을 클릭한다.

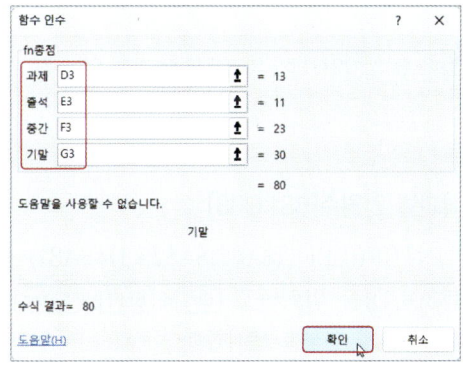

⑧ [H3] 셀을 선택한 후 [H23] 셀까지 수식을 복사한다.

2 전공여부[I3:I23]

[I3] 셀에 =SWITCH(LEFT(A3,1),"R","교양","S","전공선택","P","전공필수")&"("&HLOOKUP(VALUE(RIGHT(A3,1)),$F$26:$H$27,2)&")"를 입력하고 [I23] 셀까지 수식을 복사한다.

> **함수 설명** =SWITCH(LEFT(A3,1),"R","교양","S","전공선택","P","전공필수")&"("&HLOOKUP(VALUE(RIGHT(A3,1)),$F$26:$H$27,2)&")"
>
> ❶ LEFT(A3,1) : 과목ID[A3] 셀의 왼쪽에 한 글자를 추출함
> ❷ =SWITCH(❶,"R","교양","S","전공선택","P","전공필수") : ❶의 값이 'R'이면 '교양' 'S'이면 '전공선택', 'P'이면 '전공필수' 값이 반환
> ❸ VALUE(RIGHT(A3,1)) : 과목ID[A3] 셀의 오른쪽에 한 글자를 추출한 후 숫자로 변환
> ❹ HLOOKUP(❸,$F$26:$H$27,2) : ❸의 값을 [F26:H27] 영역의 첫 번째 행에서 값을 찾아 2번째 행의 정확하게 일치하는 값을 반환
>
> =❷&"("&❹&")" : 전공(과목) 형식으로 표시

3 등급[J3:J23]

[J3] 셀에 =INDEX($C$37:$C$42,MATCH(F3+G3,$B$37:$B$42,-1))를 입력하고 [J23] 셀까지 수식을 복사한다.

> **함수 설명** =INDEX($C$37:$C$42,MATCH(F3+G3,$B$37:$B$42,-1))
>
> ❶ MATCH(F3+G3,$B$37:$B$42,-1) : 중간+기말의 값을 [B37:B42] 영역에서 상대적 위치 값을 구함(참조하는 영역이 내림차순으로 정렬되어 있어 -1을 넣음)
>
> =INDEX($C$37:$C$42,❶) : [C37:C42] 영역에서 ❶ 행에 있는 값을 찾아옴

4 강의코드와 학과별 인원수[B31:C33]

[B31] 셀에 =COUNT(IF((LEFT($A$3:$A$23,1)=$A31)*($C$3:$C$23=B$30),1))를 입력하고 Ctrl+Shift+Enter를 누른 후에 [C33] 셀까지 수식을 복사한다.

5 강의코드별 최대 점수[D31:G33]

[D31] 셀에 =MAX(IF(LEFT($A$3:$A$23,1)=$A31,D$3:D$23))를 입력하고 Ctrl+Shift+Enter를 누른 후에 [G33] 셀까지 수식을 복사한다.

문제3 분석작업

1 피벗 테이블

정답

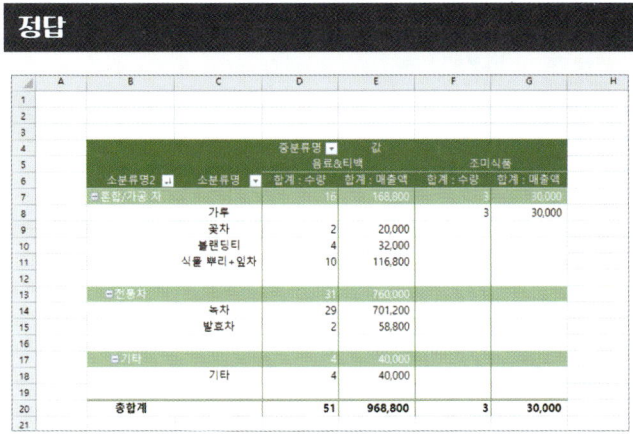

① [B4] 셀을 선택한 후 [데이터]-[데이터 가져오기 및 변환] 그룹의 [데이터 가져오기]-[기타 원본에서]-[MicrosoftQuery에서]를 클릭한다.
② [데이터 원본 선택]의 [데이터베이스] 탭에서 'MS Access Database *'를 선택하고 [확인]을 클릭한다.
③ '26컴활1급(기출)₩스프레드시트₩실전모의고사' 폴더에서 '판매실적.accdb'를 선택하고 [확인]을 클릭한다.
④ [열 선택]에서 〈녹차판매〉 테이블을 더블클릭하여 '대분류명', '중분류명', '소분류명', '수량', '판매단가', '매출액'을 선택하고 [다음]을 클릭한다.

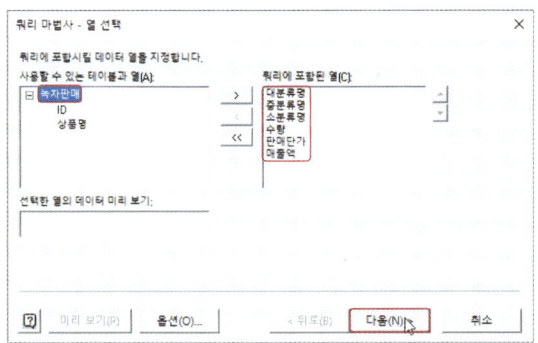

⑤ [데이터 필터]에서 '대분류명'을 선택하고 =, 식품을 선택하고 [다음]을 클릭한다.

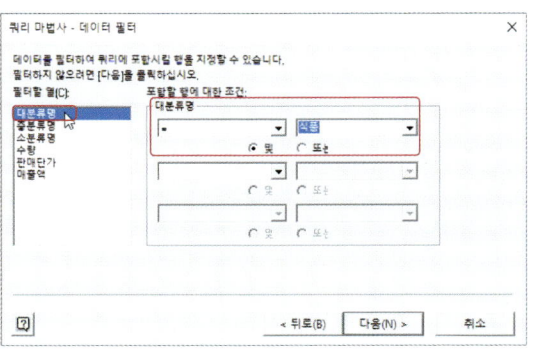

⑥ [정렬 순서]에서는 설정 없이 [다음]을 클릭하고, [마침]에서 'Microsoft Excel(으)로 데이터 되돌리기'를 선택하고 [마침]을 클릭한다.
⑦ [데이터 가져오기]에서 '피벗 테이블 보고서'를 선택한 다음, '기존 워크시트'는 [B4] 셀을 지정하고 [확인]을 클릭한다.

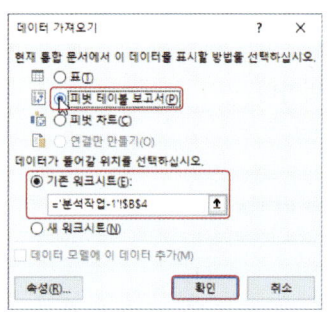

⑧ [피벗 테이블 필드]에서 다음과 같이 지정한다.

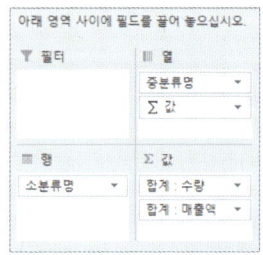

⑨ [디자인]-[레이아웃] 그룹의 [보고서 레이아웃]-[개요 형식으로 표시]를 클릭한다.
⑩ 가루, 꽃차, 블랜딩티, 식물 뿌리+잎차 셀을 선택한 후 마우스 오른쪽 버튼을 클릭하여 [그룹]을 클릭한다.
⑪ 같은 방법으로 '녹차', '발효차'를 선택한 후 [그룹]을 지정한 후 소분류명2를 혼합/가공 차, 전통차로 수정한다.
⑫ 소분류명2[B6] 셀에서 목록 단추를 클릭하여 [텍스트 내림차순 정렬]을 클릭한다.

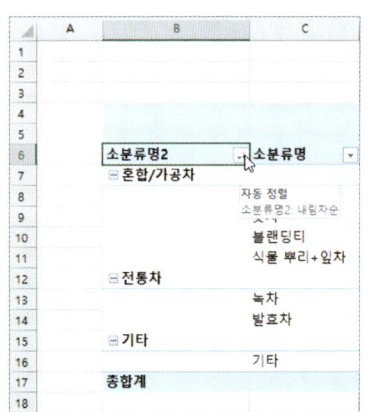

⑬ 합계 : 매출액[E6]에서 더블클릭한 후 [값 필드 설정]의 [표시 형식]을 클릭하여 '숫자', 1000 단위 구분 기호 사용을 체크하고 [확인]을 클릭하고 [값 필드 설정]에서 [확인]을 클릭한다.

⑭ [디자인]-[레이아웃] 그룹에서 [빈 행]-[각 항목 다음에 빈 줄 삽입]을 클릭한다.

⑮ [디자인]-[레이아웃] 그룹에서 [총합계]-[열의 총합계만 설정]을 클릭한다.

⑯ [피벗 테이블 분석]-[피벗 테이블] 그룹에서 [옵션] (옵션)을 클릭하여 '레이블이 있는 셀 병합 및 가운데 맞춤'을 체크하고 [확인]을 클릭한다.

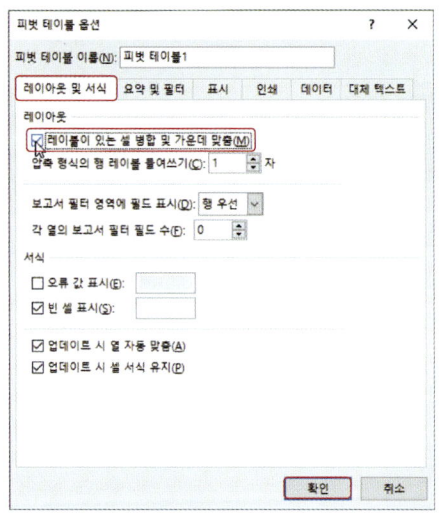

⑰ [디자인]-[피벗 테이블 스타일] 그룹에서 '연한 녹색, 피벗 스타일 보통 7'를 선택하고, '줄무늬 열'을 체크한다.

2 데이터 도구

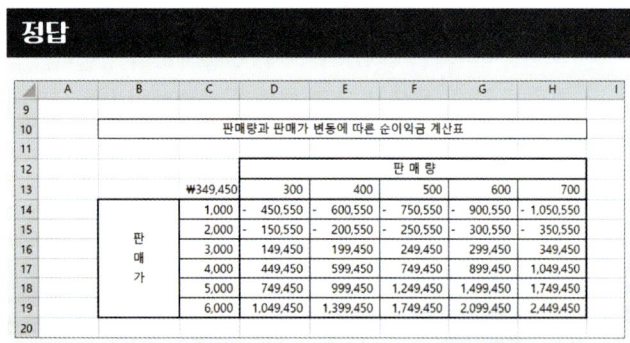

① [C14:C19] 영역을 범위 지정한 후 [데이터]-[데이터 도구] 그룹의 [데이터 유효성 검사]를 클릭한다.

② [데이터 유효성]의 [설정] 탭에서 제한 대상은 '사용자 지정', 수식에 =MOD(C14,1000)=0을 입력한다.

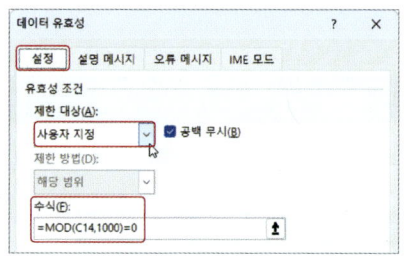

③ [설명 메시지] 탭에서 제목은 **판매가 입력**, 설명 메시지는 **1000 단위 입력**을 입력한다.

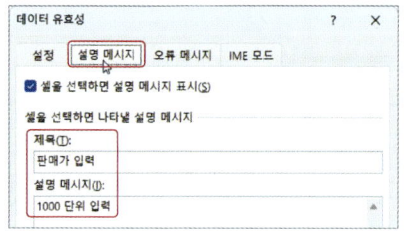

④ [오류 메시지] 탭에서 스타일은 '중지', 제목은 **입력오류**, 오류 메시지는 **1000단위로 입력하세요.**를 입력하고 [확인]을 클릭한다.

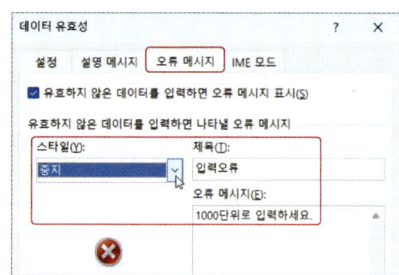

⑤ [C13] 셀에 =(C4-C3)*C7-C5-C6을 입력한 후 [C13:H19] 영역을 범위 지정한 후 [데이터]-[예측] 그룹의 [가상 분석]-[데이터 표]를 클릭한다.

⑥ [데이터 테이블]에서 '행 입력 셀'은 [C7], '열 입력 셀'은 [C4] 셀을 지정하고 [확인]을 클릭한다.

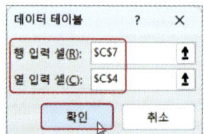

문제4 기타작업

1 차트

정답

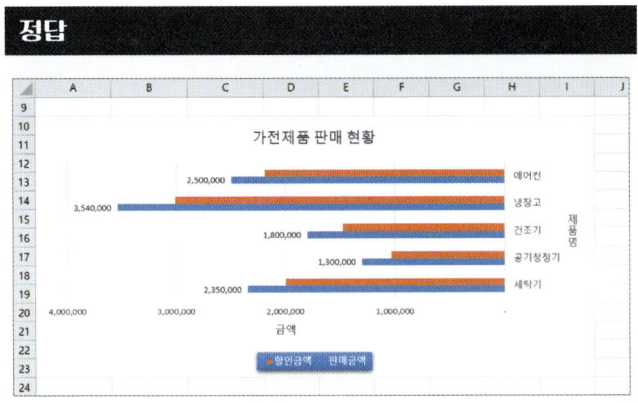

① 차트 안에서 마우스 오른쪽 버튼을 눌러 [데이터 선택]을 클릭한다.
② 기존 데이터 범위를 삭제하고 [A3:C8] 영역을 드래그 한 후 [확인]을 클릭한다.

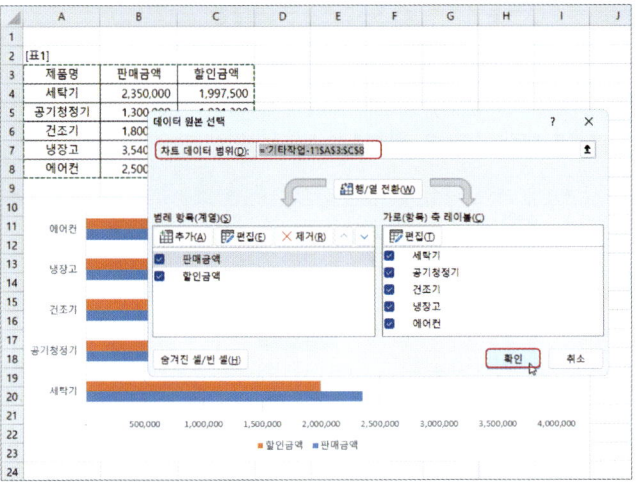

③ 차트를 선택한 후 [차트 요소](田)-[차트 제목]을 클릭한 후 **가전제품 판매 현황**을 입력한다.

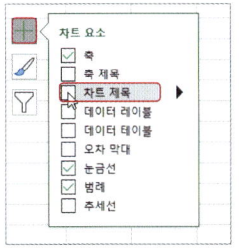

④ 차트를 선택한 후 [차트 요소](田)-[축 제목]-[기본 가로]를 선택한 후 **금액**을 입력한다.
⑤ 차트를 선택한 후 [차트 요소](田)-[축 제목]-[기본 세로]를 선택한 후 **제품명**을 입력한다.

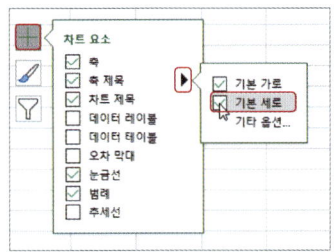

⑥ '세로 항목(축) 제목'에서 마우스 오른쪽 단추를 클릭하여 [축 제목 서식]을 클릭한 후 [크기 및 속성]의 '맞춤'에서 텍스트 방향 '세로'를 선택한다.

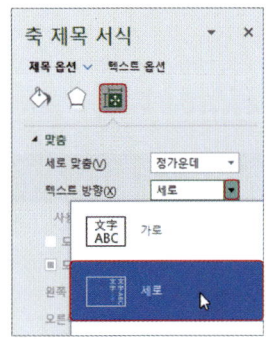

⑦ 차트를 선택한 후 [차트 요소](田)-[범례]-[아래쪽]을 클릭한다.
⑧ 범례를 선택한 후 [서식]-[도형 스타일] 그룹에서 [강한 효과 - 파랑, 강조1]을 선택한다.

⑨ 가로(값) 축을 선택한 후, [축 서식]의 '축 옵션'에서 최대 값은 4000000, 주 단위는 1000000을 입력하고, '값을 거꾸로'를 선택하고 [닫기]를 클릭한다.

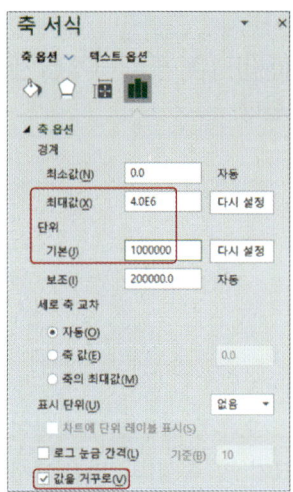

⑩ '판매금액' 계열을 선택한 후 [차트 요소](田)-[데이터 레이블]-[바깥쪽 끝에]를 클릭한다.

2 매크로

정답

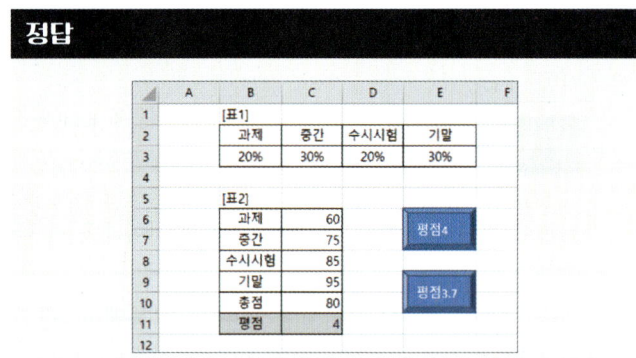

① 비어 있는 셀을 클릭한 후 [개발 도구]-[코드] 그룹의 [매크로 기록](⬚)을 클릭한다.
② [매크로 기록]에서 **평점4**를 입력하고 [확인]을 클릭한다.
③ [데이터]-[예측] 그룹의 [가상 분석]-[목표값 찾기]를 클릭한 후, [목표값 찾기]에서 '수식 셀'은 [C11], '찾는 값'은 4를 입력, '값을 바꿀 셀'은 [C9] 셀을 지정하고 [확인]을 클릭한다.

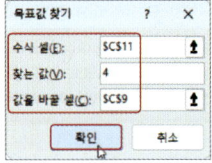

④ [목표값 찾기 상태] 대화상자가 표시되면 [확인]을 클릭한다.

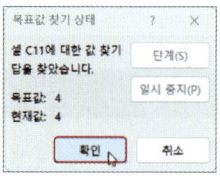

⑤ [개발 도구]-[코드] 그룹의 [기록 중지](⬚)를 클릭한다.
⑥ [삽입]-[일러스트레이션] 그룹의 [도형]-[기본 도형]의 '사각형: 빗면'(⬚)을 클릭한다.

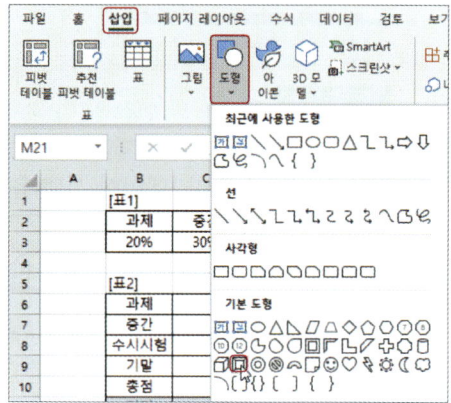

⑦ 마우스 포인터가 '+'로 바뀌면 [E6:E7] 영역에 Alt 를 누르며 드래그한 후 **평점4**를 입력한다.

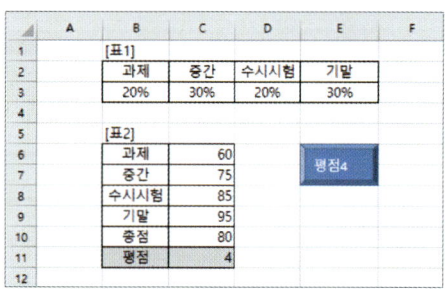

⑧ 빗면에서 마우스 오른쪽 버튼을 눌러 [매크로 지정]을 클릭한다.
⑨ [매크로 지정]에 **평점4**를 선택하고 [확인]을 클릭한다.

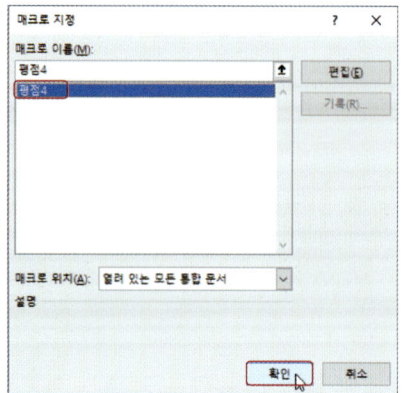

⑩ 비어 있는 셀을 클릭한 후 [개발 도구]-[코드] 그룹의 [매크로 기록](◉)을 클릭한다.

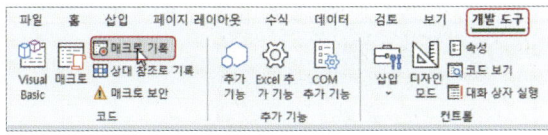

⑪ [매크로 기록]에서 **평점3_7**을 입력하고 [확인]을 클릭한다.
⑫ [데이터]-[예측] 그룹의 [가상 분석]-[목표값 찾기]를 클릭한 후, [목표값 찾기]에서 '수식 셀'은 [C11], '찾는 값'은 3.7을 입력, '값을 바꿀 셀'은 [C9] 셀을 지정하고 [확인]을 클릭한다.

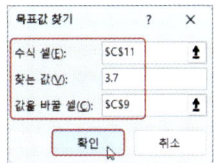

⑬ [목표값 찾기 상태] 대화상자가 표시되면 [확인]을 클릭한다.
⑭ [개발 도구]-[코드] 그룹의 [기록 중지](□)를 클릭한다.
⑮ [삽입]-[일러스트레이션] 그룹의 [도형]-[기본 도형]의 '사각형: 빗면'(□)을 클릭한다.
⑯ 마우스 포인터가 '+'로 바뀌면 [E9:E10] 영역에 Alt를 누른 후 드래그한 후 **평점3.7**을 입력한다.
⑰ 빗면에서 마우스 오른쪽 버튼을 눌러 [매크로 지정]을 클릭한다.
⑱ [매크로 지정]에 **평점3_7**을 선택하고 [확인]을 클릭한다.

3 VBA 프로그래밍

(1) 폼 보이기

① [개발 도구]-[컨트롤] 그룹에서 [디자인 모드](N)를 클릭하여 〈판매내역입력〉 버튼을 편집 상태로 만든다.
② 〈판매내역입력〉 버튼을 더블클릭한 후 코드 창에 다음과 같이 입력한다.

```
Private Sub cmb판매내역_Click()
    판매내역입력.Show
End Sub
```

(2) 폼 초기화

① [프로젝트-VBAProject] 탐색기에서 '폼'을 더블 클릭하고 〈판매내역입력〉을 선택한다.
② [프로젝트-VBAProject] 탐색기의 [코드 보기](□)를 클릭한다.
③ '개체 목록'은 'UserForm', '프로시저 목록'은 'Initialize'를 선택한다.
④ 코드 창에 다음과 같이 입력한다.

```
Private Sub UserForm_Initialize()
    cmb제품명.AddItem "세탁기"
    cmb제품명.AddItem "공기청정기"
    cmb제품명.AddItem "건조기"
    cmb제품명.AddItem "냉장고"
    cmb제품명.AddItem "에어컨"
End Sub
```

(3) 등록 프로시저

① '개체 목록'에서 'cmd입력', '프로시저 목록'은 'Click'을 선택한다.
② 코드 창에 다음과 같이 입력한다.

```
Private Sub cmd입력_Click()
    i = Range("A3").CurrentRegion.Rows.Count + 3
    Cells(i, 1) = cmb제품명
    Cells(i, 2) = Val(txt수량)
    Cells(i, 3) = Format(txt금액, "#,##0원")
    cmb제품명 = ""
    txt수량 = ""
    txt금액 = ""
End Sub
```

(4) 종료 프로시저

① '개체 목록'에서 'cmd닫기', '프로시저 목록'은 'Click'을 선택한다.
② 코드 창에 다음과 같이 입력한다.

```
Private Sub cmd닫기_Click()
    Unload Me
    [A1].Font.Name = "굴림체"
End Sub
```

스프레드시트 실전 모의고사 04회

작업파일 : '26컴활1급(기출)₩스프레드시트₩실전모의고사'에서 '실전모의고사4회' 파일을 열어 작업하세요.

문제1 　기본작업(15점)　주어진 시트에서 다음 과정을 수행하고 저장하시오.

① '기본작업-1' 시트에서 다음과 같이 고급 필터를 수행하시오. (5점)
  ▶ [A2:I16] 영역에서 제품모델명에 'E'가 포함되어 있고, 제품사가 '캐'로 시작하는 데이터의 제품모델명, 제품사, 출시년도, 가격, 판매량을 표시하시오.
  ▶ 조건은 [A18:A19] 영역 내에 알맞게 입력하시오. (AND, FIND, LEFT 함수 사용)
  ▶ 결과는 [A22] 셀부터 표시하시오.

② '기본작업-1' 시트의 [A3:I16] 영역에 대해 다음과 같이 조건부 서식을 설정하시오. (5점)
  ▶ 제품모델명에 'E'가 포함되어 있고, 출시년도가 2023이 아닌 데이터의 행 전체에 대해서 글꼴 스타일은 '굵게', 글꼴 색은 '표준 색 – 빨강'으로 적용하는 조건부 서식을 작성하시오.
  ▶ 단, 규칙 유형은 '수식을 사용하여 서식을 지정할 셀 결정'을 사용하고, 한 개의 규칙으로만 작성하시오.
  ▶ AND, SEARCH 함수 사용

③ '기본작업-2' 시트에서 다음과 같이 페이지 레이아웃을 설정하시오. (5점)
  ▶ [A2:G46] 영역을 인쇄 영역으로 설정하고, 2행은 반복해서 인쇄될 수 있도록 설정하시오.
  ▶ 용지 방향을 '가로'로 설정하고, 가로 페이지 가운데에 출력되도록 설정하고, 배율은 110%로 설정하시오.
  ▶ '행/열 머리글'이 인쇄될 수 있도록 설정하고, [A24] 셀에 페이지 나누기를 삽입하시오.
  ▶ 매 페이지 하단의 가운데 구역에는 페이지 번호가 [표시 예]와 같이 표시하고, 글꼴은 '궁서', 크기는 '12'로 바닥글을 설정하시오. [표시 예 : 현재 페이지 번호가 1인 경우 → 1페이지]

문제2 　계산작업(30점)　'계산작업' 시트에서 다음 과정을 수행하고 저장하시오.

① [표1]의 회원코드, 개강, 환불신청일, 개강일과 [표2]를 참조하여 환불금액[F4:F19]을 표시하시오. (6점)
  ▶ 코드번호는 회원코드의 왼쪽의 3글자를 의미
  ▶ 개강이 '전'이면 환불금액은 0으로 표시하고, '후'이면 환불금액은 계산
  ▶ 환불금액 = 금액 – (금액/30 × (환불신청일 – 개강일))
  ▶ IF, VLOOKUP, LEFT 함수 이용

② [표1]의 회원코드, 환불유형, 환불코드를 이용하여 환불상황을 [H4:H19] 영역에 표시하시오. (6점)

- ▶ 회원코드에서 환불코드와 일치하는 값이 있으면 환불코드를 환불유형으로 변경하고, 일치하는 값이 없으면 공백으로 변경하시오. (단, 환불유형의 양 옆에 공백을 추가) [표시 예 : SWACA008 → SWA 보류 008]
- ▶ IFERROR, REPLACE, FIND, LEN 함수와 & 연산자 사용

③ [표1]의 회원코드를 이용하여 코드번호별 취소율을 [표2]의 [L4:L6] 영역에 표시하시오. (6점)

- ▶ 코드번호는 회원코드 왼쪽의 3글자를 의미
- ▶ 취소율 = 코드번호별 건수/전체 건수
- ▶ SUM, LEFT, COUNTA 함수를 이용한 배열 수식

④ [표1]의 회원코드와 개강을 이용하여 코드번호별 개강전과 개강후의 개수를 구하여 [표3]의 [K10:L12] 영역에 표시하시오. (6점)

- ▶ 코드번호는 회원코드의 왼쪽의 3글자를 의미
- ▶ SUM, IF, ISERR, FIND, RIGHT 함수를 이용한 배열 수식

⑤ 사용자 정의 함수 'fn비고'를 작성하여 [표1]의 비고[B4:B19]를 표시하시오. (6점)

- ▶ fn비고는 회원코드를 인수로 받아 값을 되돌려줌
- ▶ 회원코드가 SSW로 시작하면 '수영', SSA로 시작하면 '바둑', SWA로 시작하면 '탁구'로 표시
- ▶ SELECT CASE문 사용

```
Public Function fn비고(회원코드)
End Function
```

문제3 분석작업(20점) 주어진 시트에서 다음 과정을 수행하고 저장하시오.

① '분석작업-1' 시트에서 다음과 같은 피벗 테이블을 작성하시오. (10점)

- ▶ 외부 데이터 가져오기 기능을 사용하여 〈판매현황.accdb〉의 〈카메라〉 테이블을 이용하시오.
- ▶ 피벗 테이블 보고서의 레이아웃과 위치는 〈그림〉을 참조하여 설정하고, 보고서 레이아웃을 개요 형식으로 표시하시오.
- ▶ 〈그림〉과 같이 '제품사'를 기준으로 정렬하시오.
- ▶ '가격' 필드는 표시 형식을 값 필드 설정의 셀 서식에서 '사용자 지정'을 이용하여 〈그림〉과 같이 지정하시오.
- ▶ 피벗 테이블 옵션을 이용하여 '레이블이 있는 셀 병합 및 가운데 맞춤'으로 지정하고, 피벗 테이블 스타일은 '연한 노랑, 피벗 스타일 보통 12'로 설정하시오.

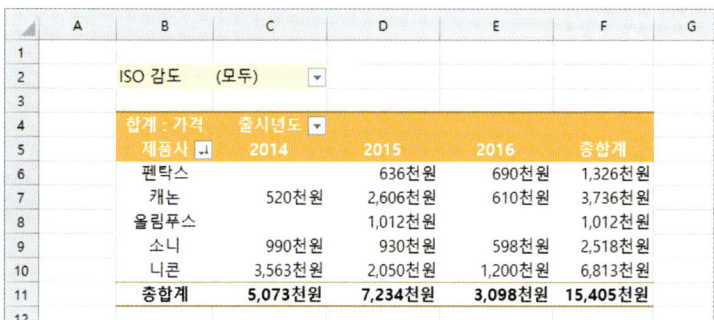

※ 작업 완성된 그림이며 부분점수 없음

2 '분석작업-2' 시트에 대하여 다음의 지시사항을 처리하시오. (10점)

▶ 제품사가 3글자이고, 탁스로 끝나는 제품사의 판매량과 가격의 평균 통합을 [표5]에 계산하시오.
▶ [표4] 4분기의 합계[I21]가 15,000,000이 되기 위해서 캐논 EOS-6D 모델명의 판매량[H14]을 구하는 목표값 찾기를 설정하시오.

문제4 기타작업(35점) 주어진 시트에서 다음 과정을 수행하고 저장하시오.

1 '기타작업-1' 시트에서 다음의 지시사항에 따라 차트를 수정하시오. (각 2점)

※ 차트는 반드시 문제에서 제공한 차트를 사용하여야 하며, 신규로 차트 작성시 0점 처리됨
① '판매금액' 데이터 계열의 차트 종류를 '묶은 세로 막대형'으로 변경한 후 보조 축으로 지정하시오.
② 차트 제목을 '제품모델별 판매현황'으로 지정하고, 도형 스타일을 '보통 효과 – 황금색, 강조 4'로 지정하시오.
③ 보조 축의 표시 단위를 10000으로 지정하고, 단위 레이블을 표시하시오.
④ 차트 영역에 '안쪽 : 가운데' 그림자를 지정하시오.
⑤ '가격' 데이터 계열의 가장 큰 값에 〈그림〉과 같이 레이블을 지정하시오.

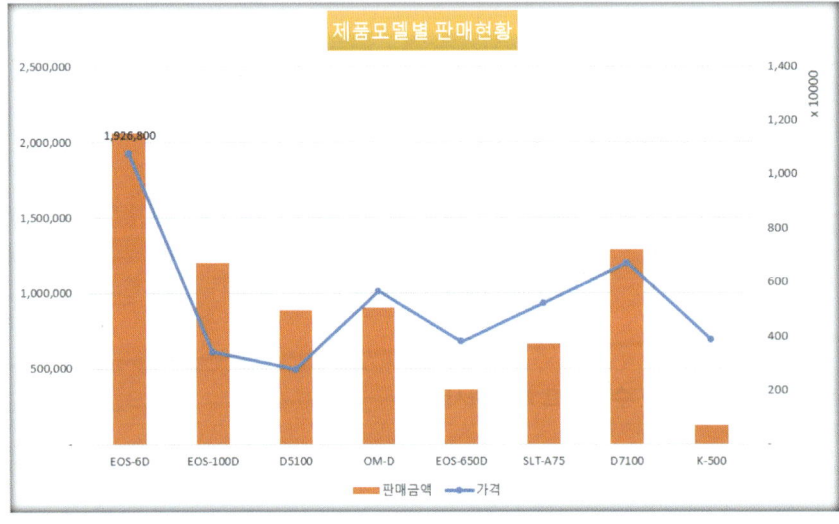

2. '기타작업-2' 시트에서 다음과 같은 기능을 수행하는 매크로를 현재 통합문서에 작성하시오. (각 5점)

① [I5:I18] 영역에 대하여 사용자 지정 표시 형식을 설정하는 '서식' 매크로를 생성하시오.
▶ 무게가 600 이상이면 빨강색으로 숫자 서식, 무게가 500 이하이면 파랑색으로 숫자 서식, 나머지는 검정색으로 숫자 서식으로 표시
▶ [개발 도구]-[삽입]-[양식 컨트롤]의 '단추'(□)를 동일 시트의 [B1:D2] 영역에 생성한 후 텍스트를 '서식'으로 입력하고, 단추를 클릭하면 '서식' 매크로가 실행되도록 설정하시오.

② [G5:G18] 영역에 대하여 조건부 서식을 적용하는 '그래프' 매크로를 생성하시오.
▶ 규칙 유형은 '셀 값을 기준으로 모든 셀의 서식 지정'으로 선택하고, 서식 스타일 '데이터 막대', 최소값은 백분위수 20, 최대값은 백분위수 80으로 설정하시오.
▶ 막대 모양은 채우기를 '그라데이션 채우기', 색을 '표준 색-파랑'으로 설정하시오.
▶ [개발 도구]-[삽입]-[양식 컨트롤]의 '단추'(□)를 동일 시트의 [F1:H2] 영역에 생성한 후 텍스트를 '그래프'로 입력하고, 단추를 클릭하면 '그래프' 매크로가 실행되도록 설정하시오.
※ 셀 포인터의 위치에 관계없이 매크로가 실행되어야 정답으로 인정됨

3. '기타작업-3' 시트에서 다음과 같은 작업을 수행하고 저장하시오. (각 5점)

① 〈제품검색〉 버튼을 클릭하면 〈제품검색 폼〉이 나타나고, 폼이 초기화 되면 '제품모델명(cmb제품모델)' 콤보 상자의 목록에 [B5:B18] 영역의 값이 설정되도록 프로시저를 작성하시오.
② 〈제품검색폼〉의 '제품모델명(cmb제품모델)' 콤보 상자에서 조회할 '제품모델명'을 선택하고 〈검색(cmd검색)〉 버튼을 클릭하면 워크시트의 [표1]에서 해당 데이터를 찾아 폼에 표시하는 프로시저를 작성하시오.
▶ ListIndex 속성 사용
▶ 가격은 Format 함수를 사용하여 〈그림〉과 같이 표시되도록 설정하시오.

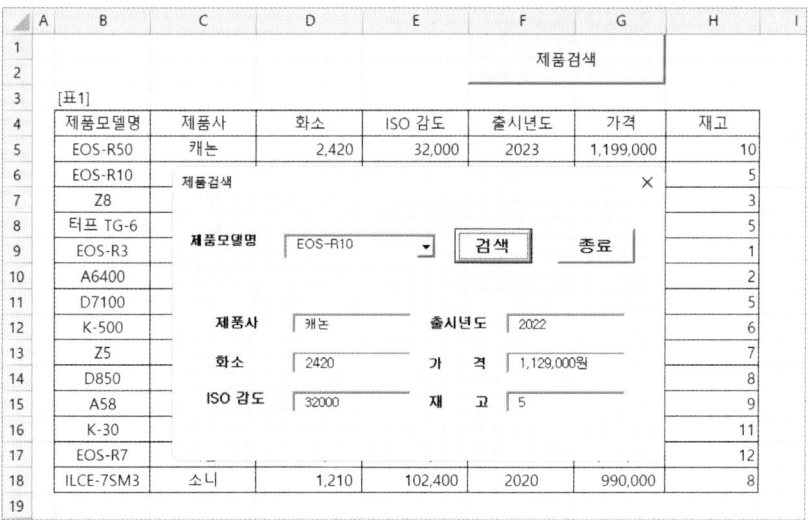

③ 〈종료(cmd종료)〉 버튼을 클릭하면 〈그림〉과 같은 메시지 박스를 표시한 후 폼을 종료하는 프로시저를 작성하시오.
▶ 현재 날짜와 시간 표시

정답 & 해설 스프레드시트 실전 모의고사 04회

문제1 기본작업

1 고급 필터

정답

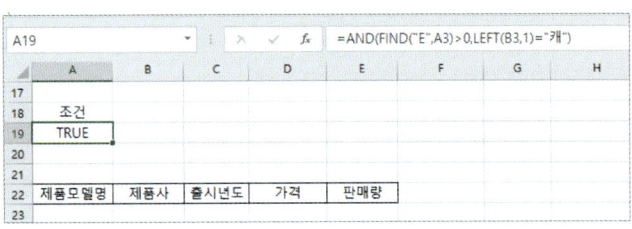

① [A18:A19] 영역에 '조건'을 입력하고, [A22:E22] 영역에 추출할 필드명을 입력한다.

[A19] : =AND(FIND("E",A3)>0,LEFT(B3,1)="캐")

함수 설명 =AND(FIND("E",A3)>0,LEFT(B3,1)="캐")

❶ FIND("E",A3)>0 : [A3] 셀에 "E"(대문자)의 시작 위치 값이 0보다 크면 TRUE 값을 반환
❷ LEFT(B3,1)="캐" : [B3] 셀에서 왼쪽 한 글자를 추출한 값이 '캐'이면 TRUE 값을 반환

=AND(❶,❷) : ❶과 ❷ 모두 TRUE일 때 추출

② [데이터]-[정렬 및 필터] 탭의 [고급]()을 클릭한다.
③ [고급 필터]에서 다음과 같이 지정한 후 [확인]을 클릭한다.

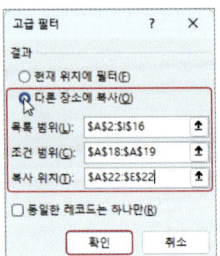

- 결과 : '다른 장소에 복사'
- 목록 범위 : [A2:I16]
- 조건 범위 : [A18:A19]
- 복사 위치 : [A22:E22]

2 조건부 서식

정답

① [A3:I16] 영역을 범위 지정한 후 [홈]-[스타일] 그룹의 [조건부 서식]-[새 규칙]을 클릭한다.
② [새 서식 규칙]에서 '규칙 유형 선택'에 '▶ 수식을 사용하여 서식을 지정할 셀 결정'을 선택하고, =AND(SEARCH("E",$A3)>0,$E3<>2023)를 입력한 후 [서식]을 클릭한다.

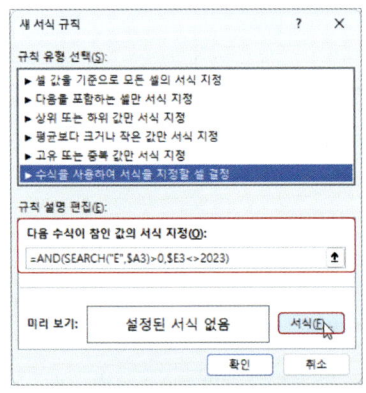

함수 설명 =AND(SEARCH("E",$A3)>0,$E3<>2023)

❶ SEARCH("E",$A3)>0 : [A3] 셀에 "E" 또는 "e"의 시작 위치 값이 0보다 크면 TRUE 값을 반환
❷ $E3<>2023 : [E3] 셀의 값이 2023과 같지 않으면 TRUE 값을 반환

=AND(❶,❷) : ❶과 ❷ 모두 TRUE일 때 서식을 지정

③ [셀 서식]의 [글꼴] 탭에서 글꼴 스타일은 '굵게'를 선택하고, 색은 '표준 색 - 빨강'을 선택한 후 [확인]을 클릭한다.
④ [새 서식 규칙]에서 다시 [확인]을 클릭한다.

3 페이지 레이아웃

정답

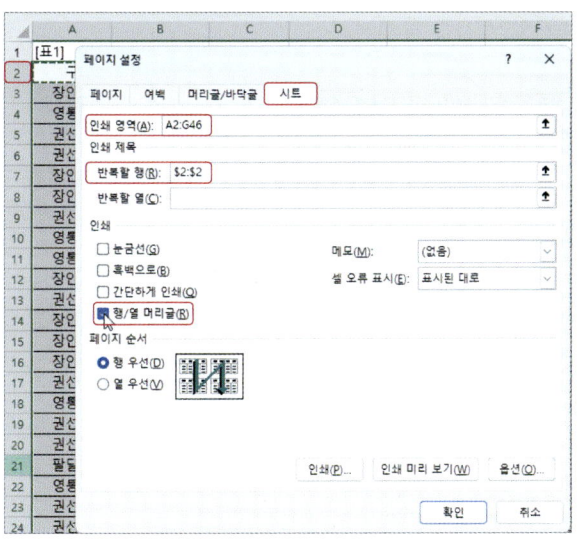

① [A2:G46] 영역을 범위 지정한 후 [페이지 레이아웃]-[페이지 설정] 그룹의 [인쇄 영역]-[인쇄 영역 설정]을 클릭한다.

② [페이지 레이아웃]-[페이지 설정] 그룹의 [인쇄 제목]을 클릭한 후 '반복할 행'에 행 머리글 2를 클릭하고, '행/열 머리글'을 체크한다.

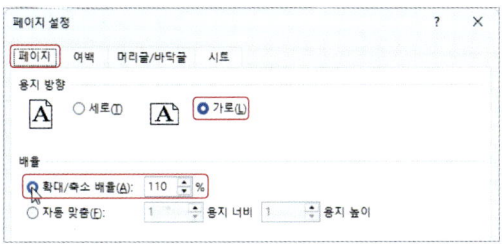

③ [페이지] 탭에서 '용지 방향'에 '가로'를 선택하고, 배율에 '확대/축소 배율'을 110을 입력한다.

④ [여백] 탭에서 '페이지 가운데 맞춤'에 '가로'를 선택한다.

⑤ [머리글/바닥글] 탭을 클릭하여 [바닥글 편집]을 클릭한 후 가운데 구역에 [페이지 번호 삽입]( )을 클릭한 후 **페이지**를 입력하고, '&[페이지 번호]페이지'를 범위 지정한 후 [텍스트 서식]( )을 클릭한다.

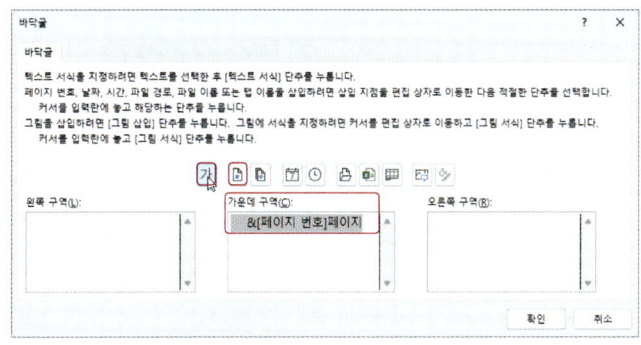

⑥ [글꼴] 탭에서 글꼴은 '궁서', 크기는 '12'로 지정하고 [확인]을 클릭한 후, [바닥글]에서 [확인]을 클릭한다.

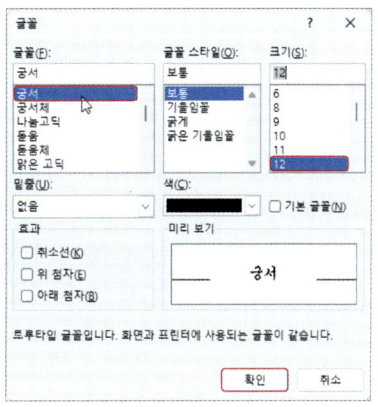

⑦ [페이지 설정]에서 [확인]을 클릭한다.

⑧ [A24] 셀을 클릭한 후 [페이지 레이아웃]-[페이지 설정] 그룹의 [나누기]-[페이지 나누기 삽입]을 클릭한다.

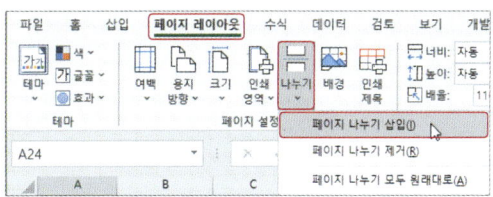

문제2 계산작업

정답

	A	B	C	D	E	F	G	H	I	J	K	L	M
1	[표1]												
2					개강일	2024-10-01	환불코드	CA		[표2]			
3	회원코드	비고	취소사유	개강	환불신청일	환불금액	환율유형	환불상황		코드번호	금액	취소율	
4	SSWCN001	수영	질병	전	09월 30일	-	보류			SSW	150,000	38%	
5	SSACA002	바둑	이사	후	10월 10일	84,000	취소	SSA 취소 002		SSA	120,000	31%	
6	SWACA003	탁구	이직	전	09월 25일	-	환불	SWA 환불 003		SWA	90,000	31%	
7	SSWCA002	수영	질병	전	09월 20일	-	보류	SSW 보류 002					
8	SSWCA004	수영	이사	후	10월 20일	55,000	환불	SSW 환불 004		[표3]			
9	SSACA005	바둑	이직	후	10월 15일	64,000	환불	SSA 환불 005		코드번호	개강전	개강후	
10	SWACN008	탁구	질병	전	09월 28일	-	보류			SSW	3	3	
11	SSWCA009	수영	이사	전	09월 24일	-	환불	SSW 환불 009		SSA	1	4	
12	SSACA010	바둑	질병	전	09월 26일	-	보류	SSA 보류 010		SWA	4	1	
13	SWACA011	탁구	이직	후	10월 02일	87,000	환불	SWA 환불 011					
14	SSWCA012	수영	이사	후	10월 03일	140,000	환불	SSW 환불 012					
15	SSACN013	바둑	질병	후	10월 09일	88,000	보류						
16	SWACA015	탁구	이사	전	09월 29일	-	환불	SWA 환불 015					
17	SSWCA014	수영	질병	후	10월 12일	95,000	보류	SSW 보류 014					
18	SSACA016	바둑	이사	후	10월 14일	68,000	환불	SSA 환불 016					
19	SWACA017	탁구	이직	전	09월 27일	-	보류	SWA 보류 017					
20													

1 환불금액[F4:F19]

[F4] 셀에 =IF(D4="전",0,VLOOKUP(LEFT(A4,3),$J$3:$K$6,2,0)-(VLOOKUP(LEFT(A4,3),$J$3:$K$6,2,0)/30*(E4-$F$2)))를 입력하고 [F19] 셀까지 수식을 복사한다.

2 환불상황[H4:H19]

[H4] 셀에 =IFERROR(REPLACE(A4,FIND($H$2,A4),LEN($H$2)," " & G4 & " "),"")를 입력하고 [H19] 셀까지 수식을 복사한다.

> **함수 설명** =IFERROR(REPLACE(A4,FIND($H$2,A4),LEN($H$2)," "& G4 & " "),"")

❶ FIND($H$2,A4) : [H2] 셀의 값에 있는 텍스트를 [A4] 셀에 찾아 시작 위치를 구함
❷ LEN($H$2) : [H2] 셀의 글자를 구함
❸ " "& G4 & " " : [G4] 셀의 앞 뒤에 한 칸의 스페이스를 표시
❹ REPLACE(A4,❶,❷,❸) : [A4] 셀에 있는 텍스트에서 ❶의 위치에서 시작하여 ❷의 글자 수의 위치 만큼에 ❸의 텍스트를 넣어서 표시

=IFERROR(❹,"") : ❹의 값에 오류가 있다면 공백으로 표시

3 취소율[L4:L6]

[L4] 셀에 =SUM((LEFT($A$4:$A$19,3)=$J4)*1)/COUNTA($A$4:$A$19)를 입력하고 Ctrl+Shift+Enter를 누른 후 [L6] 셀까지 수식을 복사한다.

> **함수 설명** =SUM((LEFT($A$4:$A$19,3)=$J4)*1)/COUNTA($A$4:$A$19)

❶ LEFT($A$4:$A$19,3) : [A4:A19] 영역에서 왼쪽의 3글자를 추출함
❷ COUNTA($A$4:$A$19) : [A4:A19] 영역의 개수를 구함

=SUM((❶=$J4)*1)/❷ : ❶의 값이 [J4] 셀과 같은 데이터의 1의 합계를 ❷의 값을 나눈 값을 표시

4 개강전/후[K10:L12]

[K10] 셀에 =SUM(IF(ISERR(FIND($J10,$A$4:$A$19)),0,1)*(RIGHT(K$9,1)=$D$4:$D$19))를 입력하고 Ctrl + Shift + Enter 를 누른 후 [L12] 셀까지 수식을 복사한다.

> **함수 설명** =SUM(IF(ISERR(FIND($J10,$A$4:$A$19)),0,1)*(RIGHT(K$9,1)=$D$4:$D$19))
>
> ❶ FIND($J10,$A$4:$A$19) : [J10] 셀의 텍스트를 [A4:A19] 영역에서 찾아 시작 위치를 구함
> ❷ ISERR(❶) : ❶의 값에 에러(일치하는 데이터가 없을 때)가 있으면 TRUE 값을 반환
> ❸ IF(❷,0,1) : ❷의 값이 TRUE이면 0, 그 외는 1로 반환
> ❹ RIGHT(K$9,1)=$D$4:$D$19) : [K9] 셀에서 오른쪽 1글자를 추출한 값이 [D4:D19]와 일치하면 TRUE 값을 반환
>
> =SUM(❸*❹) : ❸과 ❹ 모두 TRUE에 해당하면 1의 값이 계산되고, 반환된 1의 합계를 구함

5 사용자 정의 함수(fn비고)[B4:B19]

① [개발 도구]-[코드] 그룹의 [Visual Basic](아이콘)을 클릭한다.
② [삽입]-[모듈]을 클릭한다.
③ Module 창에 다음과 같이 입력한다.

```
Public Function fn비고(회원코드)
    Select Case Left(회원코드, 3)
        Case "SSW"
            fn비고 = "수영"
        Case "SSA"
            fn비고 = "바둑"
        Case "SWA"
            fn비고 = "탁구"
    End Select
End Function
```

④ [파일]-[닫고 Microsoft Excel(으)로 돌아가기]를 클릭하여 [Visual Basic Editor]를 닫는다.
⑤ [B4] 셀을 클릭한 후 [함수 삽입](fx)을 클릭한다.

⑥ [함수 마법사]에서 범주 선택은 '사용자 정의', 함수 선택은 'fn비고'를 선택한 후 [확인]을 클릭한다.

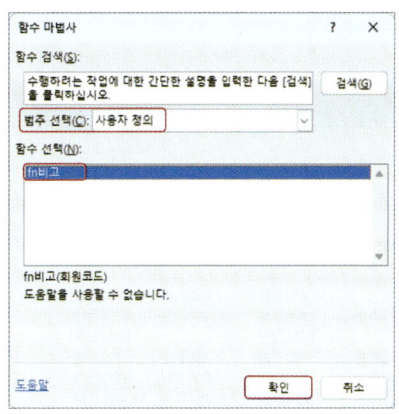

⑦ [함수 인수]에서 회원코드는 [A4]를 지정하고 [확인]을 클릭한다.

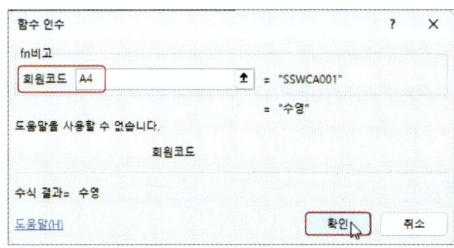

⑧ [B4] 셀을 선택한 후 [B19] 셀까지 수식을 복사한다.

문제3 분석작업

1 피벗 테이블

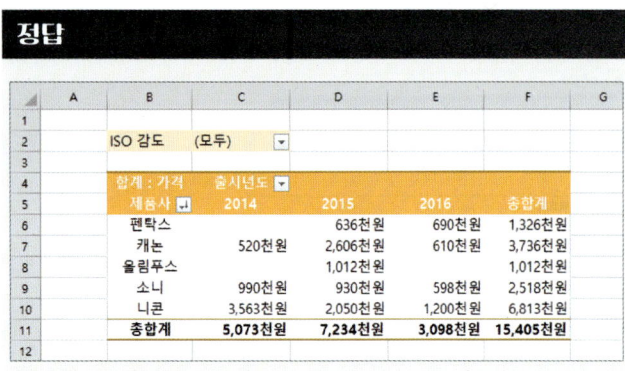

① [B4] 셀을 선택한 후 [데이터]-[데이터 가져오기 및 변환] 그룹의 [데이터 가져오기]-[기타 원본에서]-[Microsoft Query에서]를 클릭한다.

② [데이터 원본 선택]의 [데이터베이스] 탭에서 'MS Access Database *'를 선택하고 [확인]을 클릭한다.

③ '26컴활1급(기출)₩스프레드시트₩실전모의고사' 폴더에서 '판매현황.accdb'를 선택하고 [확인]을 클릭한다.

④ [열 선택]에서 〈카메라〉 테이블을 더블클릭하여 'ISO 감도', '제품사', '출시년도', '가격'을 선택하고 [다음]을 클릭한다.

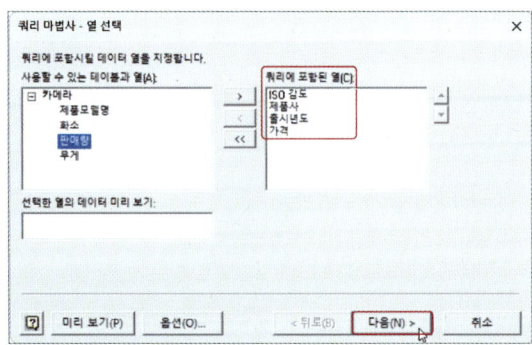

⑤ [데이터 필터]와 [정렬 순서]에서는 설정 없이 [다음]을 클릭한다.

⑥ [마침]에서 'Microsoft Excel(으)로 데이터 되돌리기'를 선택하고 [마침]을 클릭한다.

⑦ [데이터 가져오기]에서 '피벗 테이블 보고서'를 선택한 다음, '기존 워크시트'는 [B4] 셀을 지정하고 [확인]을 클릭한다.

⑧ [피벗 테이블 필드]에서 다음과 같이 지정한다.

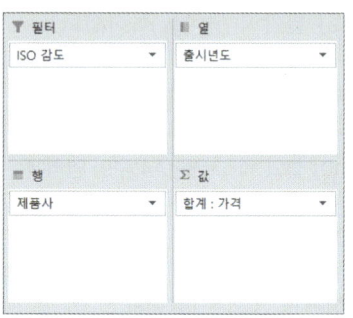

⑨ [디자인]-[레이아웃] 그룹의 [보고서 레이아웃]-[개요 형식으로 표시]를 클릭한다.

⑩ 제품사[B5] 셀에서 목록 단추를 클릭하여 [텍스트 내림차순 정렬]을 클릭한다.

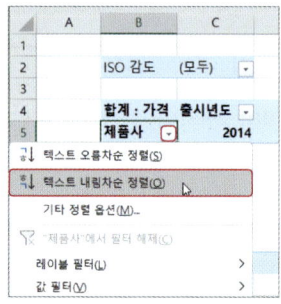

⑪ 합계 : 가격[B4]에서 마우스 오른쪽 버튼을 눌러 [값 필드 설정]을 클릭한 후 [표시 형식]을 클릭한다.

⑫ '사용자 지정'에 **#,###,"천원"**를 입력하고 [확인]을 클릭한다.

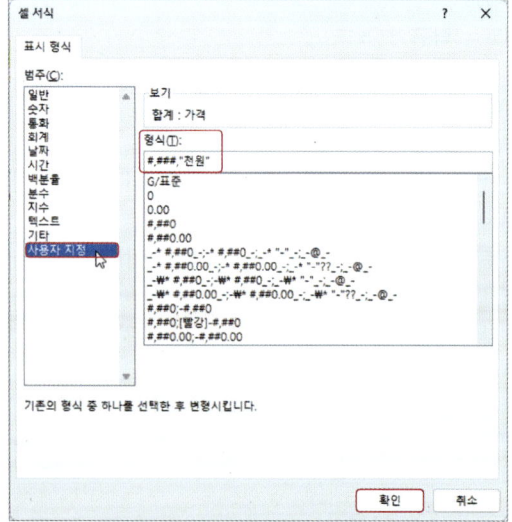

⑬ [피벗 테이블 분석]–[피벗 테이블] 그룹에서 [옵션](옵션)을 클릭하여 '레이블이 있는 셀 병합 및 가운데 맞춤'을 체크하고 [확인]을 클릭한다.

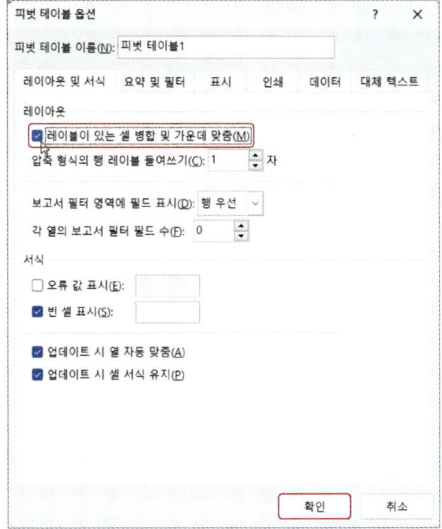

⑭ [디자인]–[피벗 테이블 스타일] 그룹에서 '연한 노랑, 피벗 스타일 보통 12'를 선택한다.

2 데이터 도구

정답

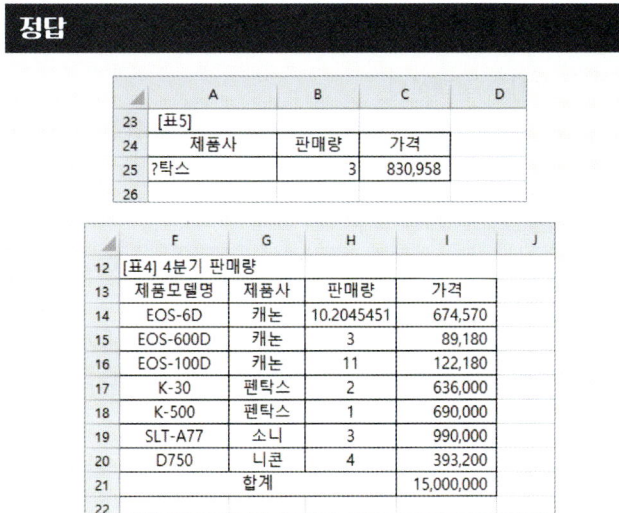

① [A24:C24] 영역에 [B2:D2] 영역에 있는 필드명을 복사하여 붙여넣기를 한 후 [A25] 셀에 **?탁스**를 입력한다.

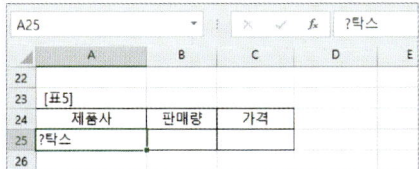

② [A24:C25] 영역을 범위 지정한 후 [데이터]–[데이터 도구] 그룹에서 [통합](통합)을 클릭한다.

③ [통합]에서 함수는 '평균', 모든 참조 영역에 [B2:D9], [G2:I9], [B13:D20], [G13:I20] 영역을 추가하고 '첫 행', '왼쪽 열'을 체크하고 [확인]을 클릭한다.

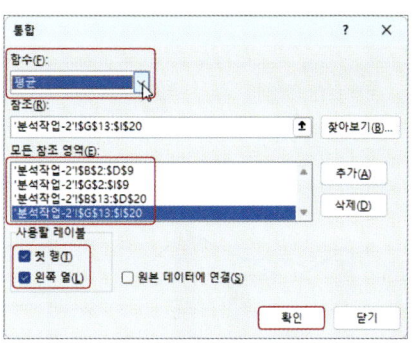

④ [I21] 셀을 선택하고 [데이터]–[예측] 그룹의 [가상 분석]–[목표값 찾기]를 클릭한다.

⑤ [목표값 찾기]에서 '수식 셀'은 [I21], '찾는 값'은 15000000을 입력, '값을 바꿀 셀'은 [H14] 셀을 지정하고 [확인]을 클릭한다.

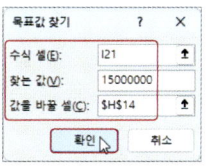

문제4 기타작업

1 차트

정답

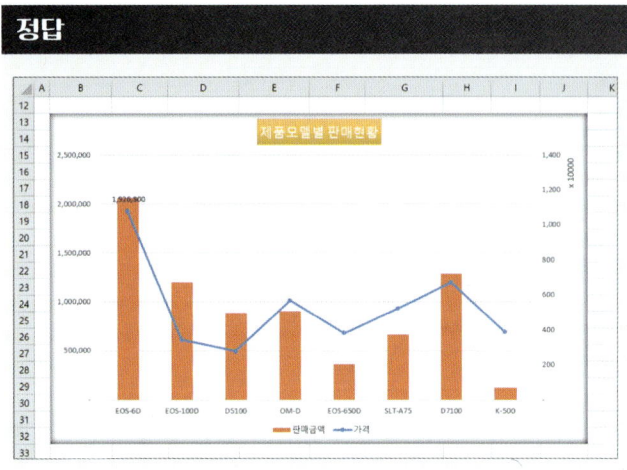

① '판매금액' 계열에서 마우스 오른쪽 버튼을 눌러 [계열 차트 종류 변경]을 클릭한다.

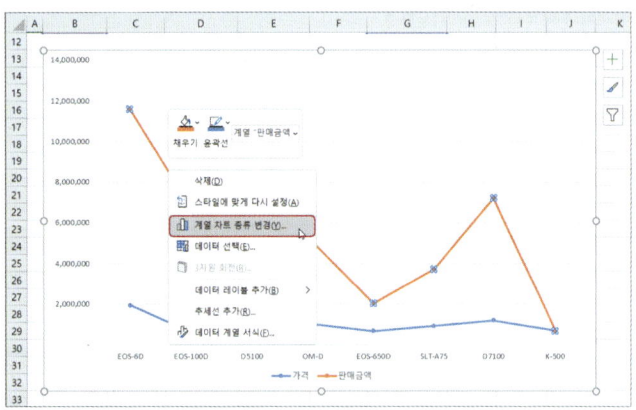

② [차트 종류 변경]에서 '혼합'을 선택한 후 '판매금액' 계열은 '묶은 세로 막대형'을 선택하고 '보조 축'을 체크하고 [확인]을 클릭한다.

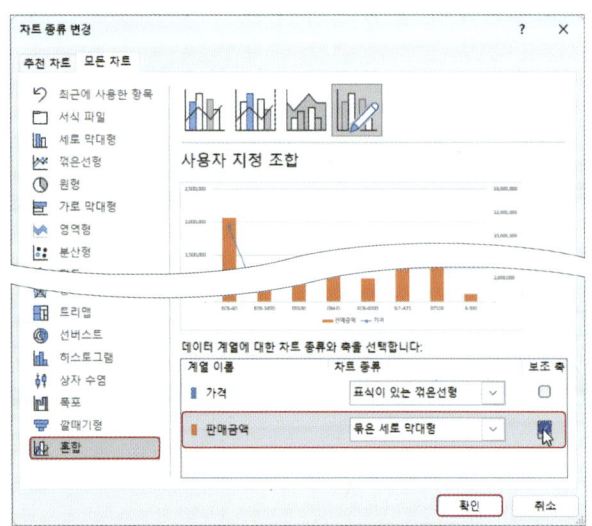

③ 차트를 선택한 후 [차트 요소](⊞)-[차트 제목]을 클릭한 후 **제품모델별 판매현황**을 입력한다.

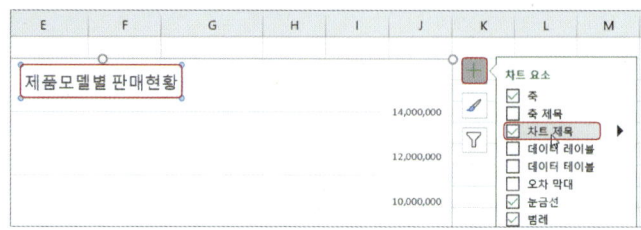

④ 차트 제목을 선택한 후 [서식]-[도형 스타일]에서 '보통 효과 - 황금색, 강조 4'를 선택한다.

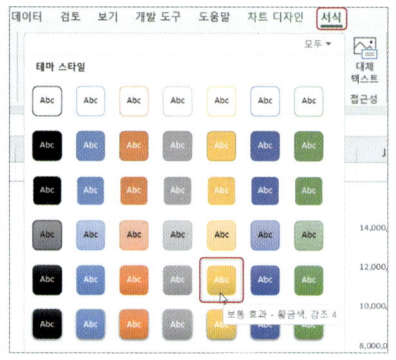

⑤ 보조 세로(값) 축을 선택한 후 마우스 오른쪽 버튼을 눌러 [축 서식]을 선택한다.
⑥ [축 서식]의 '축 옵션'을 선택한 후 '표시 단위'는 '10000'을 선택하고, '차트에 단위 레이블 표시'를 체크한다.
⑦ 차트 영역을 선택한 후 [차트 영역 서식]의 [효과]에서 '그림자'에서 '미리 설정'을 클릭하여 '안쪽'의 '안쪽 : 가운데'를 선택한다.
⑧ '가격' 계열의 'EOS-6D'를 천천히 두 번을 선택한 후 [차트 요소](⊞)-[데이터 레이블]-[위쪽]을 클릭한다.

2 매크로

정답

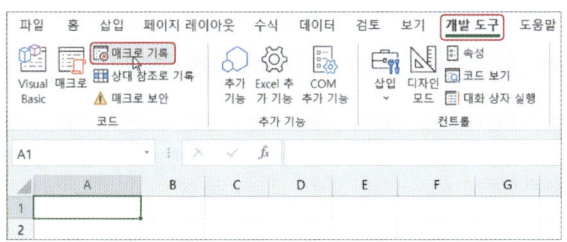

① 비어 있는 셀을 클릭한 후 [개발 도구]-[코드] 그룹의 [매크로 기록](🔘)을 클릭한다.

② [매크로 기록]에 **서식**을 입력하고 [확인]을 클릭한다.

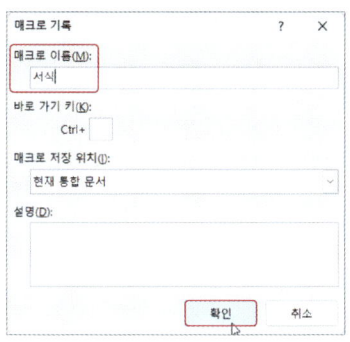

③ [I5:I18] 영역을 범위 지정한 후 Ctrl+1을 눌러 [표시 형식] 탭의 '사용자 지정'을 선택한 후 **[빨강][>=600]#;[파랑][<=500]#;#**을 입력하고 [확인]을 클릭한다.

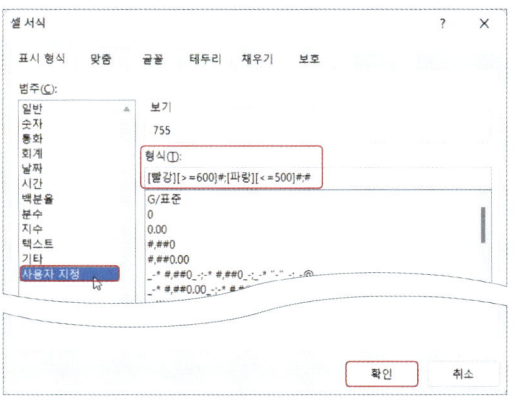

④ [개발 도구]-[코드] 그룹의 [기록 중지](🔘)를 클릭한다.
⑤ [개발 도구]-[컨트롤] 그룹의 [삽입]-[단추(양식 컨트롤)](🔘)을 클릭한다.
⑥ 마우스 포인터가 '+'로 바뀌면 [B1:D2] 영역에 Alt 를 누른 상태에서 드래그하면 [매크로 지정] 대화상자가 나타난다.
⑦ [매크로 지정]에 '서식'을 선택하고 [확인]을 클릭한다.
⑧ 단추에 입력된 '단추 1'을 지우고 **서식**을 입력한다.
⑨ 비어 있는 셀을 클릭한 후 [개발 도구]-[코드] 그룹의 [매크로 기록](🔘)을 클릭한다.
⑩ [매크로 기록]에 **그래프**를 입력하고 [확인]을 클릭한다.
⑪ [G5:G18] 영역을 범위 지정한 후 [홈]-[스타일] 그룹의 [조건부 서식]-[새 규칙]을 클릭한다.
⑫ [새 서식 규칙]에서 다음과 같이 지정하고 [확인]을 클릭한 후 [개발 도구]-[코드] 그룹의 [기록 중지](🔘)를 클릭한다.

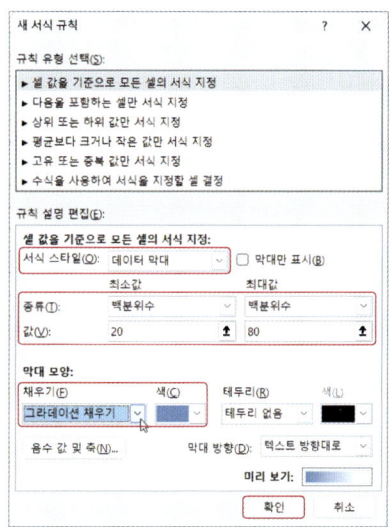

- 서식 스타일 : 데이터 막대
- 최소값 : 백분위수(20)
- 최대값 : 백분위수(80)
- 채우기 : 그라데이션 채우기
- 색 : 표준색 - 파랑

⑬ [개발 도구]-[컨트롤] 그룹의 [삽입]-[단추(양식 컨트롤)](🔘)을 클릭한다.
⑭ 마우스 포인터가 '+'로 바뀌면 [F1:H2] 영역에 Alt 를 누른 상태에서 드래그하면 [매크로 지정] 대화상자가 나타난다.
⑮ [매크로 지정]에 '그래프'를 선택하고 [확인]을 클릭한다.
⑯ 단추에 입력된 '단추 2'를 지우고 **그래프**를 입력한다.

3 VBA 프로그래밍

(1) 폼 보이기

① [개발 도구]-[컨트롤]-[디자인 모드](🔲)를 클릭하여 〈제품검색〉 버튼을 편집 상태로 만든다.
② 〈제품검색〉 버튼을 더블클릭한 후 코드 창에 다음과 같이 입력한다.

```
Private Sub cmd제품검색_Click()
    제품검색폼.Show
End Sub
```

(2) 폼 초기화

① [프로젝트-VBAProject] 탐색기에서 '폼'을 더블 클릭하고 〈제품검색폼〉을 선택한다.
② [프로젝트-VBAProject] 탐색기의 [코드 보기](📄) 도구를 클릭한다.
③ '개체 목록'은 'UserForm', '프로시저 목록'은 'Initialize'를 선택한다.
④ 코드 창에 다음과 같이 입력한다.

```
Private Sub UserForm_Initialize()
    cmb제품모델.RowSource = "B5:B18"
End Sub
```

(3) 조회 프로시저

① '개체 목록'에서 'cmd검색', '프로시저 목록'은 'Click'을 선택한다.
② 코드 창에 다음과 같이 입력한다.

```
Private Sub cmd검색_Click()
    iRow = cmb제품모델.ListIndex + 5
    txt제품사 = Cells(iRow, 3)
    txt화소 = Cells(iRow, 4)
    txt감도 = Cells(iRow, 5)
    txt출시년도 = Cells(iRow, 6)
    txt가격 = Format(Cells(iRow, 7), "#,##0원")
    txt재고 = Cells(iRow, 8)
End Sub
```

(4) 종료 프로시저

① '개체 목록'에서 'cmd종료', '프로시저 목록'은 'Click'을 선택한다.
② 코드 창에 다음과 같이 입력한다.

```
Private Sub cmd종료_Click()
    MsgBox Now(), , "제품검색을 마칩니다"
    Unload Me
End Sub
```

스프레드시트 실전 모의고사 05회

작업파일 : '26컴활1급(기출)₩스프레드시트₩실전모의고사'에서 '실전모의고사5회' 파일을 열어 작업하세요.

문제1 기본작업(15점) 주어진 시트에서 다음 과정을 수행하고 저장하시오.

1. '기본작업-1' 시트에서 다음과 같이 고급 필터를 수행하시오. (5점)

▶ [A2:J21] 영역에서 고객번호 앞의 4자리가 '3001'이거나 사용량과 전월사용량의 평균이 150 이상 250 미만인 행만을 표시하시오(LEFT, AVERAGE, AND, OR 함수 이용).
▶ 조건은 [A24:A25] 영역 내에 알맞게 입력하시오.
▶ 결과는 [A27] 셀부터 표시하시오.

2. '기본작업-1' 시트의 [A3:J21] 영역에 대해 다음과 같이 조건부 서식을 설정하시오. (5점)

▶ '사용량'의 상위 네 번째까지와 하위 네 번째까지인 행 전체에 대해서 글꼴 스타일은 '굵게', 글꼴 색은 '표준 색 - 파랑'으로 적용하는 조건부 서식을 작성하시오.
▶ 단, 규칙 유형은 '수식을 사용하여 서식을 지정할 셀 결정'을 사용하고, 한 개의 규칙으로만 작성하시오.
▶ OR, LARGE, SMALL 함수 사용

3. '기본작업-2' 시트에서 다음과 같이 시트 보호와 통합 문서 보기를 설정하시오. (5점)

▶ [E22], [G22:H22] 영역에 셀 잠금과 수식 숨기기를 적용한 후 잠긴 셀의 내용과 워크시트를 보호하시오.
▶ 잠긴 셀의 선택과 잠기지 않은 셀의 선택은 허용하고, 시트 보호 해제 암호는 지정하지 마시오.
▶ '기본작업-2' 시트를 페이지 나누기 보기로 표시하고, [B2:K22] 영역만 1페이지로 인쇄되도록 페이지 나누기 구분선을 조정하시오.

문제2 계산작업(30점) '계산작업' 시트에서 다음 과정을 수행하고 저장하시오.

1. [표1]의 검침일을 이용하여 [F3:F21] 영역에 사용기간을 계산하여 표시하시오. (6점)

▶ 사용기간은 검침일의 한 달전 다음 날에서 검침일까지로 계산
 [표시 예 : 검침일이 03-05이면 사용기간은 02/06~03/05로 표시]
▶ EDATE, TEXT 함수와 & 연산자 이용

2. [표1]의 업종과 사용량, [표3]의 단가표를 이용하여 [H3:H21] 영역에 사용금액을 계산하여 표시하시오. (6점)

▶ 사용금액은 사용량 × 단가로 계산
▶ 단가는 [표3]을 참조하여 계산
▶ HLOOKUP, MATCH 함수 이용

③ 사용자 정의 함수 'fn비고'를 작성하여 [K3:K21] 영역에 비고를 계산하여 표시하시오. (6점)

▶ 'fn비고'는 청구방법을 인수로 받아 비고를 계산하는 함수이다.
▶ 비고는 청구방법이 'E-mail'이면 "4% 할인", '핸드폰'이면 "2% 할인", 그 외는 빈칸을 표시하시오.

```
Public Function fn비고(청구방법)
End Function
```

④ [표1]의 업종, 관할사업소, 전월사용금액을 이용하여 [표2]의 [B25:D27] 영역에 업종별 관할사업소별 전월사용금액의 합계를 계산하여 표시하시오. (6점)

▶ SUM, LEFT 함수를 이용한 배열 수식 사용

⑤ [표1]의 검침일, 사용량, 고객번호를 이용하여 [표4]의 [B31:B34] 영역에 검침일별 사용량이 가장 많은 고객의 고객번호를 계산하여 표시하시오. (6점)

▶ MAX, INDEX, MATCH 함수를 이용한 배열 수식 사용

문제3 분석작업(20점) 주어진 시트에서 다음 과정을 수행하고 저장하시오.

① '분석작업-1' 시트에서 다음과 같은 피벗 테이블을 작성하시오. (10점)

▶ 외부 데이터 가져오기 기능을 사용하여 〈도시가스.accdb〉의 〈5월도시가스요금〉 테이블을 이용하시오.
▶ 피벗 테이블 보고서의 레이아웃과 위치는 〈그림〉을 참조하여 설정하고, 보고서 레이아웃을 개요 형식으로 표시하시오.
▶ '사용금액'의 '열 합계 비율'을 표시하는 계산 필드를 추가한 후 필드명을 〈그림〉과 같이 변경하시오.
▶ '사용량', '사용금액' 필드는 표시 형식을 값 필드 설정의 셀 서식에서 '숫자' 범주를 이용하여 〈그림〉과 같이 지정하시오.
▶ 피벗 테이블 스타일은 '연한 주황, 피벗 스타일 보통 10'으로 설정하시오.

업종	관할사업소	합계 : 사용량	합계 : 사용금액	사용금액비율
⊟ 가정용		1,168	1,898,015	34.45%
	서해도시가스	173	236,740	4.30%
	인천도시가스	241	512,800	9.31%
	해양도시가스	754	1,148,475	20.85%
⊟ 공업용		1,119	2,067,685	37.53%
	서해도시가스	240	467,850	8.49%
	인천도시가스	366	726,800	13.19%
	해양도시가스	513	873,035	15.85%
⊟ 상업용		1,332	1,543,700	28.02%
	서해도시가스	444	819,200	14.87%
	인천도시가스	314	135,250	2.45%
	해양도시가스	574	589,250	10.70%
총합계		3,619	5,509,400	100.00%

(검침일: (모두))

※ 작업 완성된 그림이며 부분점수 없음

2 '분석작업-2' 시트에 대하여 다음의 지시사항을 처리하시오. (10점)

▶ [J4:J22] 영역에는 데이터 유효성 검사 도구를 이용하여 E-mail, 우편물, 핸드폰만 입력되도록 제한 대상을 설정하시오.

▶ [J4:J22] 영역의 셀을 클릭한 경우 〈그림〉과 같은 설명 메시지를 표시하고, 유효하지 않은 데이터를 입력한 경우 〈그림〉과 같은 오류 메시지가 표시되도록 설정하시오.

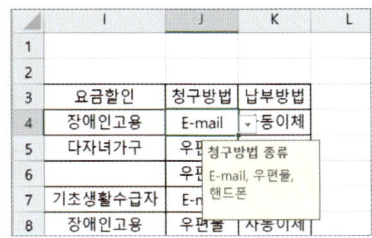 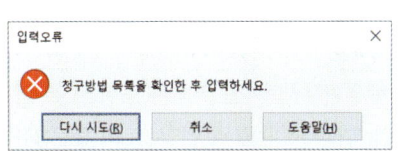

▶ 자동 필터를 이용하여 '사용금액'이 600,000 이상이거나 100,000 이하인 데이터 행만 표시되도록 필터를 설정하시오.

문제4 기타작업(35점) 주어진 시트에서 다음 과정을 수행하고 저장하시오.

1 '기타작업-1' 시트에서 다음의 지시사항에 따라 차트를 수정하시오. (각 2점)

※ 차트는 반드시 문제에서 제공한 차트를 사용하여야 하며, 신규로 차트 작성시 0점 처리됨

① '비율' 데이터 계열의 차트 종류를 '표식이 있는 꺾은선형'으로 변경한 후 보조 축으로 지정하시오.
② 차트 제목과 축 제목을 〈그림〉과 같이 지정하시오.
③ 세로 축과 보조 세로 축의 최대값과 기본 단위를 〈그림〉과 같이 지정하시오.
④ 범례 영역에 '색 윤곽선 – 주황, 강조 2' 도형 스타일을 지정하시오.
⑤ 차트 영역에 '둥근 모서리'와 '안쪽 : 가운데' 그림자를 지정하시오.

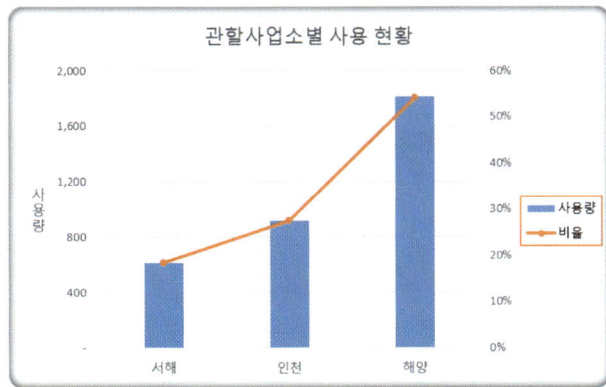

2 '기타작업-2' 시트에서 다음과 같은 기능을 수행하는 매크로를 현재 통합문서에 작성하시오. (각 5점)

① [E6:E24] 영역에 대하여 사용자 지정 표시 형식을 설정하는 '서식적용' 매크로를 생성하시오.
  ▶ 사용량이 200 이상이면 빨강색으로 숫자 서식, 사용량이 100 이하이면 파랑색으로 숫자 서식, 나머지는 검정색으로 숫자 서식으로 표시
  ▶ [개발 도구]-[삽입]-[양식 컨트롤]의 '단추'(□)를 동일 시트의 [B2:D3] 영역에 생성한 후 텍스트를 '서식적용'으로 입력하고, 단추를 클릭하면 '서식적용' 매크로가 실행되도록 설정하시오.

② [H6:H24] 영역에 대하여 조건부 서식을 적용하는 '그래프보기' 매크로를 생성하시오.
  ▶ 규칙 유형은 '셀 값을 기준으로 모든 셀의 서식 지정'으로 선택하고, 서식 스타일 '데이터 막대', 최소값은 백분위수 20, 최대값은 백분위수 80로 설정하시오.
  ▶ 막대 모양은 채우기를 '그라데이션 채우기', 색을 '표준 색-노랑'으로 설정하시오.
  ▶ [개발 도구]-[삽입]-[양식 컨트롤]의 '단추'(□)를 동일 시트의 [F2:H3] 영역에 생성한 후 텍스트를 '그래프보기'로 입력하고, 단추를 클릭하면 '그래프보기' 매크로가 실행되도록 설정하시오.
  ※ 셀 포인터의 위치에 관계없이 매크로가 실행되어야 정답으로 인정됨

3 '기타작업-3' 시트에서 다음과 같은 작업을 수행하고 저장하시오. (각 5점)

① 〈등록〉 버튼을 클릭하면 '가스누출' 폼이 나타나고, 폼이 초기화 되면 '제조회사(cmb제조회사)' 콤보상자의 목록에 [H7:H12] 영역의 값이 설정되고, '구분(cmb구분)' 콤보 상자의 목록에 'LPG-20A', 'LNG-20A', 'LPG-25A', 'LNG-25A'가 표시되도록 프로시저를 작성하시오.

② '가스누출' 폼의 〈입력〉 버튼(cmd입력)을 클릭하면 폼에 입력된 데이터가 [표1]에 입력되어 있는 마지막 행 다음에 연속하여 추가 입력되도록 프로시저를 작성하시오.

③ 〈종료〉 버튼(cmd종료)을 클릭하면 폼을 종료하는 프로시저를 작성하시오.

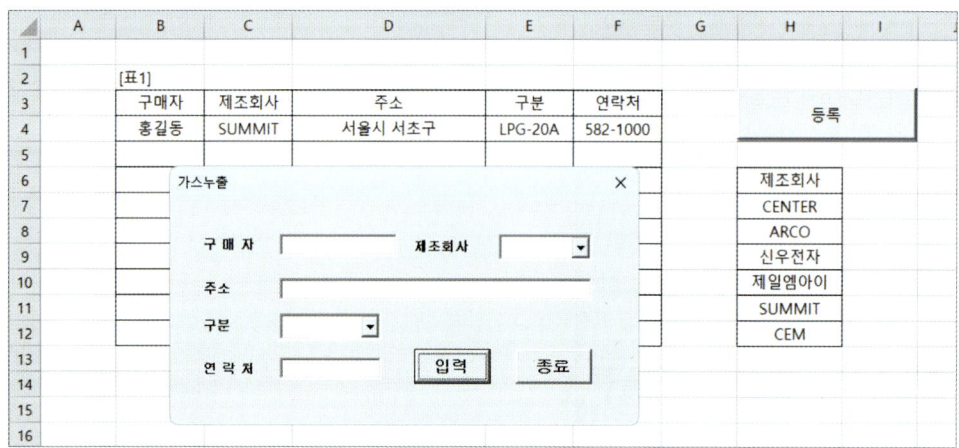

정답 & 해설 스프레드시트 실전 모의고사 05회

문제1 기본작업

1 고급 필터

정답

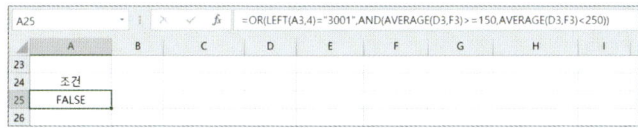

① [A24:A25] 영역에 '조건'을 입력한다.

[A25] : =OR(LEFT(A3,4)="3001",AND(AVERAGE(D3,F3)>=150,AVERAGE(D3,F3)<250))

② [데이터]-[정렬 및 필터] 그룹의 [고급]을 클릭한다.
③ [고급 필터]에서 다음과 같이 지정한 후 [확인]을 클릭한다.

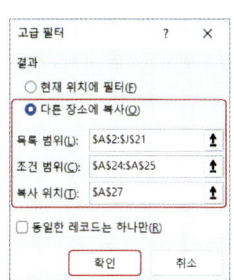

- 결과 : '다른 장소에 복사'
- 목록 범위 : [A2:J21]
- 조건 범위 : [A24:A25]
- 복사 위치 : [A27]

2 조건부 서식

정답

① [A3:J21] 영역을 범위 지정한 후 [홈]-[스타일] 그룹의 [조건부 서식]-[새 규칙]을 클릭한다.
② [새 서식 규칙]에서 '규칙 유형 선택'에 '▶ 수식을 사용하여 서식을 지정할 셀 결정'을 선택하고, =OR(LARGE($D$3:$D$21,4)<=$D3,SMALL($D$3:$D$21,4)>=$D3)를 입력한 후 [서식]을 클릭한다.

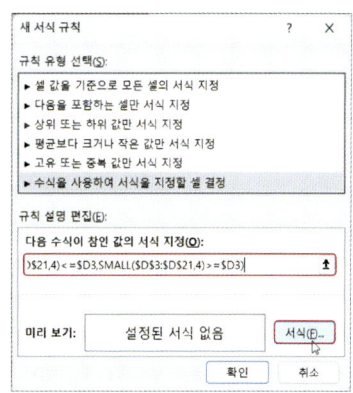

함수 설명 =OR(LARGE($D$3:$D$21,4)<=$D3,SMALL($D$3:$D$21,4)>=$D3)

❶ LARGE($D$3:$D$21,4) : [D3:D21] 영역에서 4번째로 큰 값을 구함

❷ SMALL($D$3:$D$21,4) : [D3:D21] 영역에서 4번째로 작은 값을 구함

=OR(❶<=$D3,❷>=$D3) : ❶의 값이 [D3] 셀보다 작거나 같거나 ❷의 값이 [D3] 셀보다 크거나 같으면 서식을 지정

③ [셀 서식]의 [글꼴] 탭에서 글꼴 스타일은 '굵게'를 선택하고, 색은 '표준 색 – 파랑'을 선택한 후 [확인]을 클릭한다.

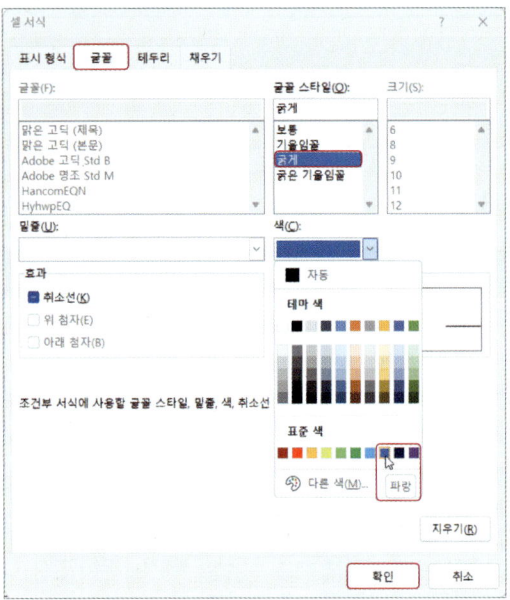

④ [새 서식 규칙]에서 다시 [확인]을 클릭한다.

3 시트 보호와 통합 문서 보기

정답

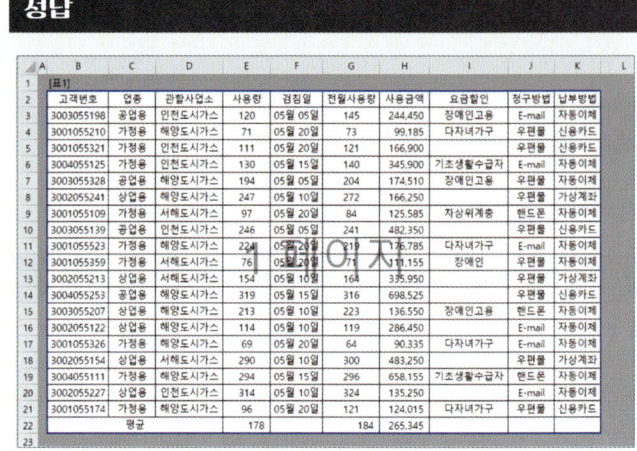

① [E22], [G22:H22] 영역을 범위 지정한 후 마우스 오른쪽 버튼을 눌러 [셀 서식]을 클릭한다.
② [보호] 탭에서 '잠금', '숨김'을 체크한 후 [확인]을 클릭한다.
③ [검토]-[보호] 그룹에서 [시트 보호]를 클릭하여 '잠긴 셀 선택'과 '잠기지 않은 셀 선택'을 체크한 후 [확인]을 클릭한다.

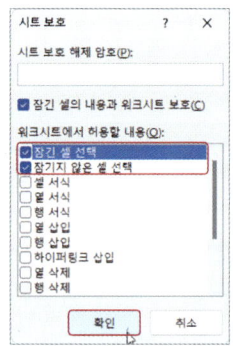

④ [B2:K22] 영역을 범위 지정한 후 [보기]-[통합 문서 보기] 그룹에서 [페이지 나누기 미리 보기]를 클릭한 후 [확대/축소] 그룹에서 [100%]( )를 클릭한다.
⑤ 페이지 나누기 경계선을 드래그하여 2행, B열로 이동한다.
⑥ H와 I열 사이의 페이지 경계라인을 드래그하여 K열 뒤로 드래그한다.

문제2 계산작업

정답

	A	B	C	D	E	F	G	H	I	J	K	L
1	[표1]											
2	고객번호	업종	관할사업소	사용량	검침일	사용기간	전월사용금액	사용금액	청구방법	납부방법	비고	
3	3003055198	공업용	인천도시가스	120	05월 05일	04/06~05/05	289,000	144,000	E-mail	자동이체	4% 할인	
4	3001055210	가정용	해양도시가스	71	05월 20일	04/21~05/20	15,700	78,100	우편물	신용카드		
5	3001055321	가정용	인천도시가스	111	05월 20일	04/21~05/20	192,000	166,500	우편물	신용카드		
6	3004055125	가정용	인천도시가스	130	05월 15일	04/16~05/15	198,000	195,000	E-mail	자동이체	4% 할인	
7	3003055328	공업용	해양도시가스	194	05월 05일	04/06~05/05	175,200	232,800	우편물	자동이체		
8	3002055241	상업용	해양도시가스	247	05월 10일	04/11~05/10	165,000	345,800	우편물	가상계좌		
9	3001055109	가정용	해양도시가스	97	05월 20일	04/21~05/20	159,700	106,700	핸드폰	자동이체	2% 할인	
10	3003055139	공업용	인천도시가스	246	05월 05일	04/06~05/05	365,000	319,800	우편물	신용카드		
11	3001055523	가정용	해양도시가스	224	05월 20일	04/21~05/20	25,700	425,600	E-mail	자동이체	4% 할인	
12	3001055359	가정용	서해도시가스	76	05월 20일	04/21~05/20	135,100	83,600	우편물	자동이체		
13	3002055213	상업용	서해도시가스	154	05월 10일	04/11~05/10	359,000	200,200	우편물	가상계좌		
14	3004055253	공업용	해양도시가스	319	05월 15일	04/16~05/15	498,500	446,600	우편물	신용카드		
15	3003055207	상업용	해양도시가스	213	05월 10일	04/11~05/10	251,000	298,200	핸드폰	자동이체	2% 할인	
16	3002055122	상업용	해양도시가스	114	05월 10일	04/11~05/10	329,000	148,200	E-mail	자동이체	4% 할인	
17	3001055326	가정용	해양도시가스	69	05월 20일	04/21~05/20	102,700	75,900	E-mail	자동이체	4% 할인	
18	3002055154	상업용	서해도시가스	290	05월 10일	04/11~05/10	365,000	406,000	우편물	가상계좌		
19	3004055111	가정용	해양도시가스	294	05월 15일	04/16~05/15	523,100	558,600	핸드폰	자동이체	2% 할인	
20	3002055227	상업용	인천도시가스	314	05월 10일	04/11~05/10	205,000	471,000	E-mail	자동이체	4% 할인	
21	3001055174	가정용	해양도시가스	96	05월 20일	04/21~05/20	152,300	105,600	우편물	신용카드		

	A	B	C	D
23	[표2] 전월사용금액의 합계			
24	업종	인천	해양	서해
25	가정용	390,000	819,500	294,800
26	상업용	205,000	745,000	724,000
27	공업용	654,000	673,700	-
28				
29	[표4] 사용량이 가장 많은 고객			
30	검침일	고객번호		
31	05-05	3003055139		
32	05-10	3002055227		
33	05-15	3004055253		
34	05-20	3001055523		

1 사용기간[F3:F21]

[F3] 셀에 =TEXT(EDATE(E3,-1)+1,"mm/dd")&"~"& TEXT(E3,"mm/dd")를 입력하고 [F21] 셀까지 수식을 복사한다.

2 사용금액[H3:H21]

[H3] 셀에 =D3*HLOOKUP(D3,$I$24:$L$28,MATCH(B3,$H$26:$H$28,0)+2)를 입력하고 [H21] 셀까지 수식을 복사한다.

3 사용자 정의 함수(fn비고)[K3:K21]

① [개발 도구]-[코드] 그룹의 [Visual Basic]( )을 클릭한다.
② [삽입]-[모듈]을 클릭한다.
③ Module 창에 다음과 같이 입력한다.

```
Public Function fn비고(청구방법)
    If 청구방법 = "E-mail" Then
        fn비고 = "4% 할인"
    ElseIf 청구방법 = "핸드폰" Then
        fn비고 = "2% 할인"
    Else
        fn비고 = ""
    End If
End Function
```

④ [파일]-[닫고 Microsoft Excel(으)로 돌아가기]를 클릭하여 [Visual Basic Editor]를 닫는다.
⑤ [K3] 셀을 클릭한 후 [함수 삽입]( )을 클릭한다.
⑥ [함수 마법사]에서 범주 선택은 '사용자 정의', 함수 선택은 'fn비고'를 선택한 후 [확인]을 클릭한다.

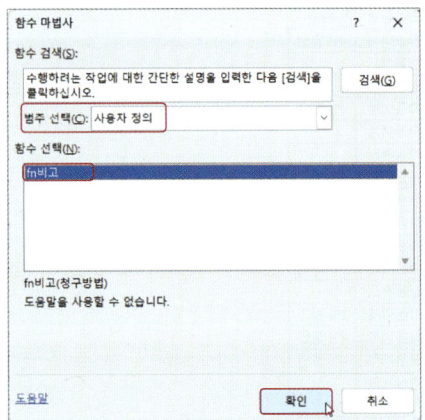

⑦ [함수 인수]에서 청구방법은 [I3]을 지정하고 [확인]을 클릭한다.

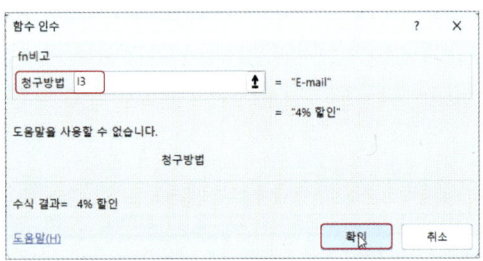

⑧ [K3] 셀을 선택한 후 [K21] 셀까지 수식을 복사한다.

4 합계[B25:D27]

[B25] 셀에 =SUM(($B$3:$B$21=$A25)*(LEFT($C$3:$C$21,2)=B$24)*$G$3:$G$21)를 입력하고 Ctrl+Shift+Enter를 누른 후 [D27] 셀까지 수식을 복사한다.

5 고객번호[B31:B34]

[B31] 셀에 =INDEX($A$3:$A$21,MATCH(MAX(($D$3:$D$21)*($E$3:$E$21=A31)),($D$3:$D$21)*($E$3:$E$21=A31),0))를 입력하고 Ctrl+Shift+Enter를 누른 후 [B34] 셀까지 수식을 복사한다.

문제3 분석작업

1 피벗 테이블

정답

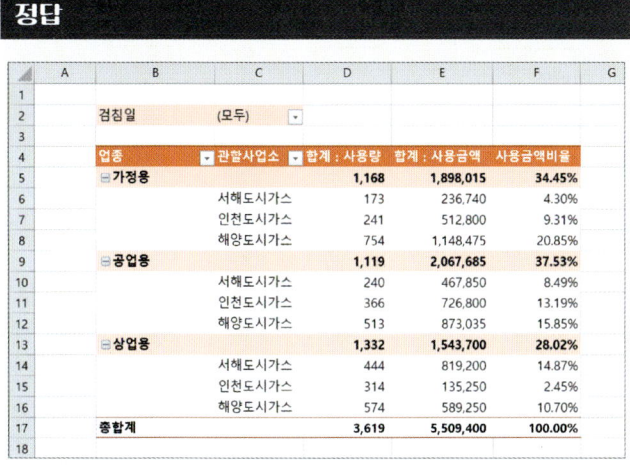

① [B4] 셀을 선택한 후 [데이터]-[데이터 가져오기 및 변환] 그룹의 [데이터 가져오기]-[기타 원본에서]-[Microsoft Query에서]를 클릭한다.
② [데이터 원본 선택]의 [데이터베이스] 탭에서 'MS Access Database *'를 선택하고 [확인]을 클릭한다.
③ '26컴활1급(기출)₩스프레드시트₩실전모의고사' 폴더에서 '도시가스.accdb'를 선택하고 [확인]을 클릭한다.
④ [열 선택]에서 〈5월도시가스요금〉 테이블을 더블클릭하여 '검침일', '업종', '관할사업소', '사용량', '사용금액'을 선택하고 [다음]을 클릭한다.

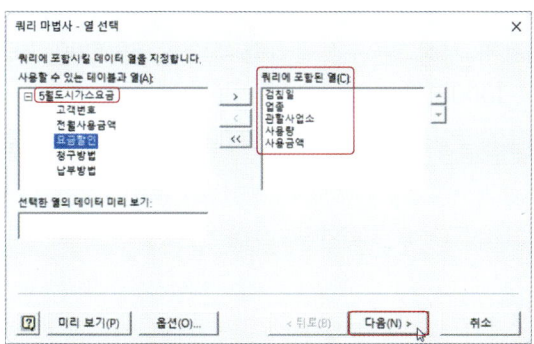

⑤ [데이터 필터]와 [정렬 순서]에서는 설정 없이 [다음]을 클릭한다.
⑥ [마침]에서 'Microsoft Office Excel(으)로 데이터 되돌리기'를 선택하고 [마침]을 클릭한다.

⑦ [데이터 가져오기]에서 '피벗 테이블 보고서'를 선택한 다음, '기존 워크시트'는 [B4] 셀을 지정하고 [확인]을 클릭한다.

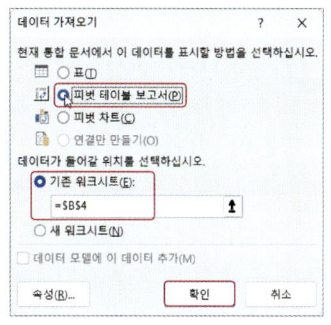

⑧ [피벗 테이블 필드]에서 다음과 같이 지정한다.

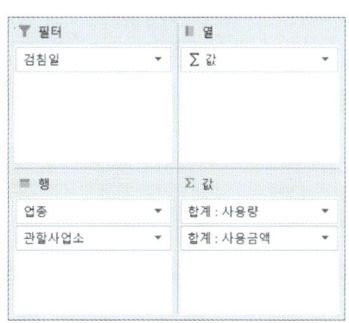

⑨ [디자인]-[레이아웃] 그룹의 [보고서 레이아웃]-[개요 형식으로 표시]를 클릭한다.
⑩ [피벗 테이블 필드 목록]에 '사용금액' 필드를 드래그하여 추가한다.

⑪ [F4] 셀에서 마우스 오른쪽 버튼을 눌러 [값 필드 설정]을 클릭한다.

⑫ '사용자 지정 이름'에 **사용금액비율**을 입력하고, '열 합계 비율'을 선택하고 [확인]을 클릭한다.

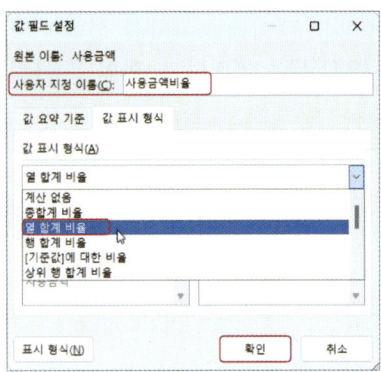

⑬ 합계 : 사용량[D4]에서 마우스 오른쪽 버튼을 눌러 [값 필드 설정]을 클릭한 후, [표시 형식]을 클릭한 후 '숫자'를 선택하고 '1000 단위 구분 기호 사용'을 체크하고 [확인]을 클릭한다.

⑭ 합계 : 사용금액[E4]에서 마우스 오른쪽 버튼을 눌러 [값 필드 설정]을 클릭한 후 [표시 형식]을 클릭한 후 '숫자'를 선택하고 '1000 단위 구분 기호 사용'을 체크하고 [확인]을 클릭한다.

⑮ [디자인]-[피벗 테이블 스타일] 그룹에서 '연한 주황, 피벗 스타일 보통 10'을 선택한다.

2 데이터 도구

정답

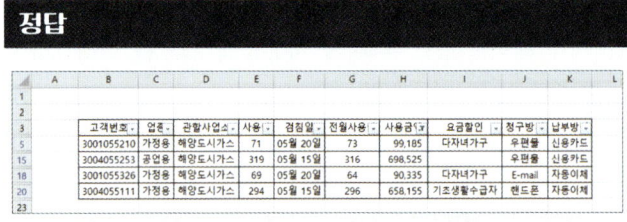

① [J4:J22] 영역을 범위 지정한 후 [데이터]-[데이터 도구] 그룹의 [데이터 유효성 검사]()를 클릭한다.
② [데이터 유효성]의 [설정] 탭에서 제한 대상은 '목록', 원본 **E-mail, 우편물, 핸드폰**을 입력한다.

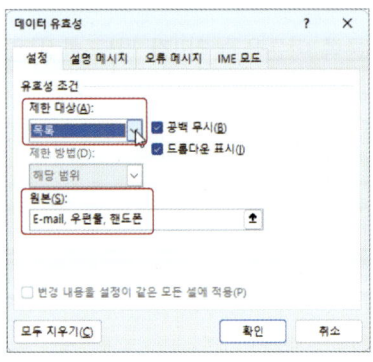

③ [설명 메시지] 탭에서 제목 **청구방법 종류**, 설명 메시지 **E-mail, 우편물, 핸드폰**을 입력한다.

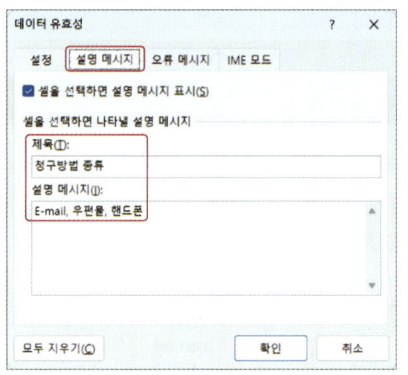

④ [오류 메시지] 탭에서 스타일 '중지', 제목 **입력오류**, 오류 메시지 **청구방법 목록을 확인한 후 입력하세요.**를 입력하고 [확인]을 클릭한다.

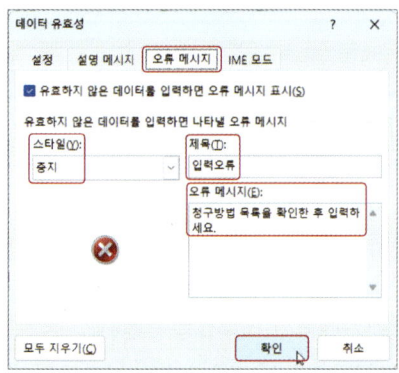

⑤ [데이터]-[정렬 및 필터] 그룹에서 [필터]()를 클릭한다.
⑥ 사용금액[H3] 셀의 목록 단추()를 클릭하여 [숫자 필터]-[사용자 지정 필터]를 클릭한 후 '>=', 600000, '또는', '<=', 100000을 입력하고 [확인]을 클릭한다.

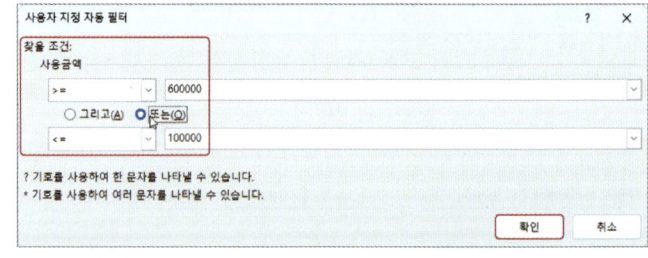

문제4 기타작업

1 차트

정답

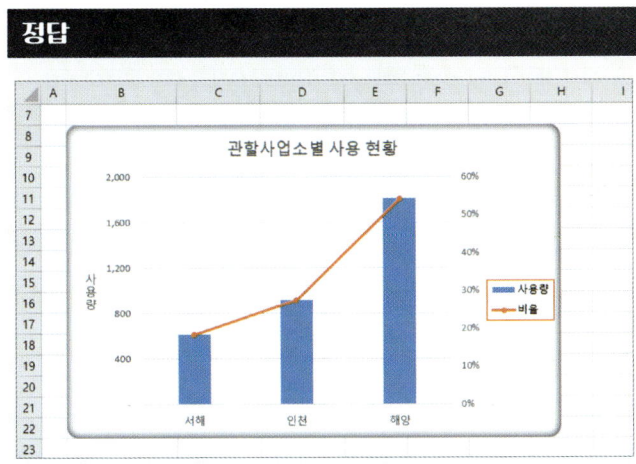

① 차트에서 마우스 오른쪽 버튼을 눌러 [차트 종류 변경]을 클릭한다.
② [차트 종류 변경]에서 '혼합'을 선택한 후 '비율' 계열은 '표식이 있는 꺾은선형'을 선택한다.

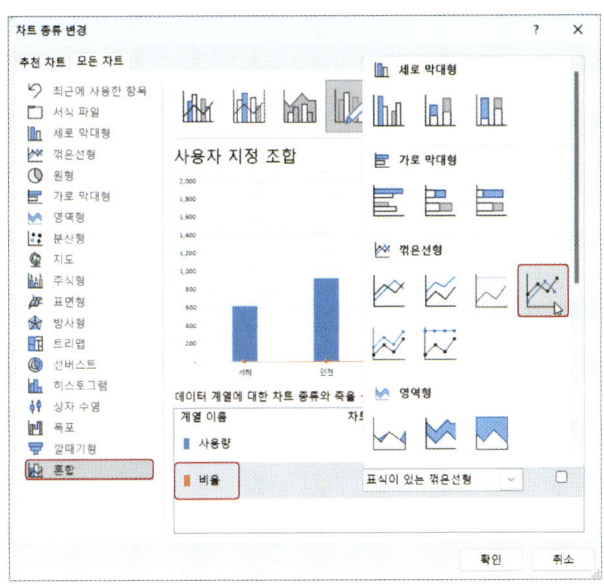

③ '비율' 계열에서 '보조 축'을 체크한 후 [확인]을 클릭한다.

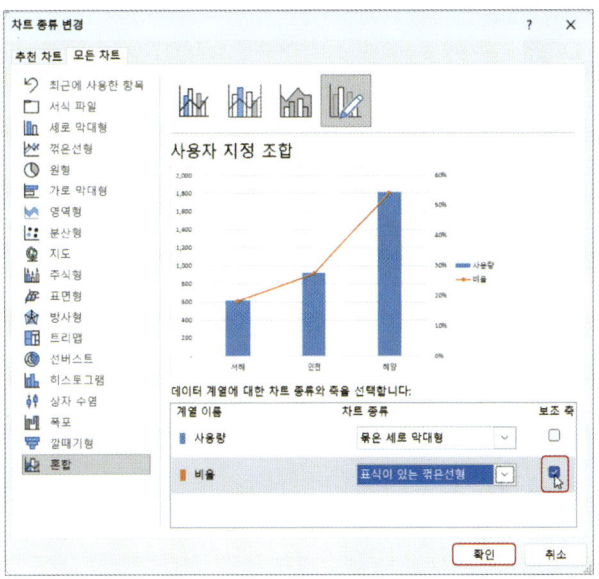

④ 차트를 선택한 후 [차트 요소](⊞)-[차트 제목]을 클릭한 후 **관할사업소별 사용 현황**을 입력한다.

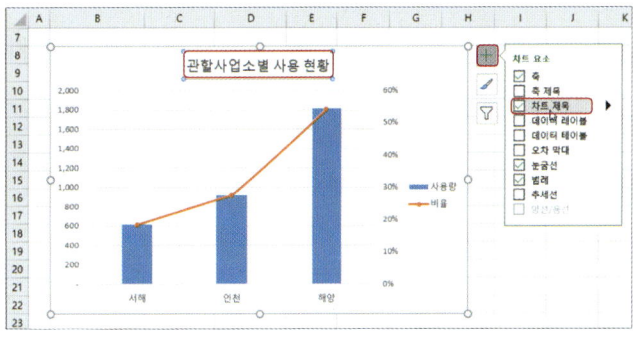

⑤ [차트 요소](⊞)-[축 제목]-[기본 세로]를 클릭한 후 **사용량**을 입력한다.
⑥ 축 제목 '사용량'에서 마우스 오른쪽 버튼을 눌러 [축 제목 서식]을 클릭한다.

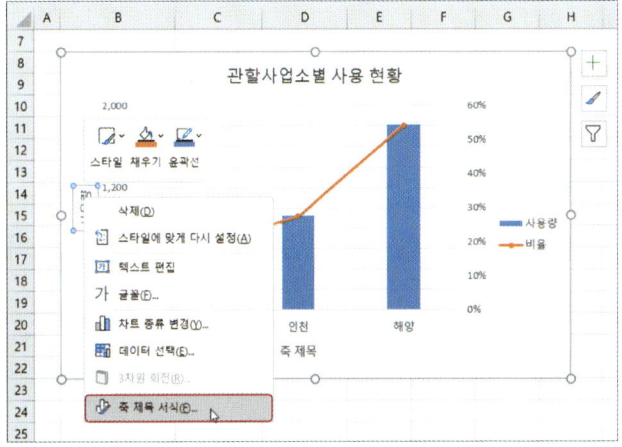

⑦ [축 제목 서식]의 [크기 및 속성]에서 텍스트 방향을 '세로'를 선택한다.

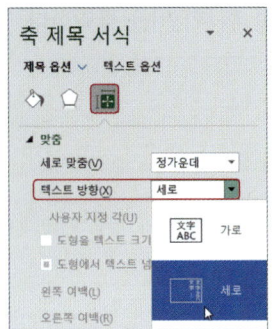

⑧ 세로(값) 축을 선택한 후 [축 서식]의 '축 옵션'에서 '최대값'은 2000, 단위 '기본'은 400을 입력한다.

⑨ 보조 세로(값) 축을 선택한 후 [축 서식]의 '축 옵션'에서 '최대값'은 0.6, 단위 '기본'은 0.1을 입력한다.

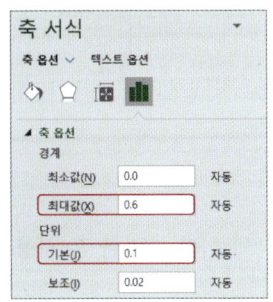

⑩ 범례를 선택한 후 [서식]-[도형 스타일] 그룹에서 '색 윤곽선 – 주황, 강조2'를 선택한다.

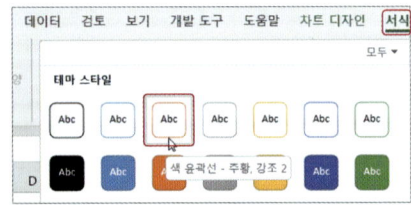

⑪ 차트 영역을 선택한 후 [차트 영역 서식]의 [채우기 및 선]에서 '테두리'의 '둥근 모서리'를 체크한다.
⑫ [차트 영역 서식]의 [효과]에서 '그림자'에서 '미리 설정'을 클릭하여 '안쪽'의 '안쪽 : 가운데'를 선택한다.

2 매크로

정답

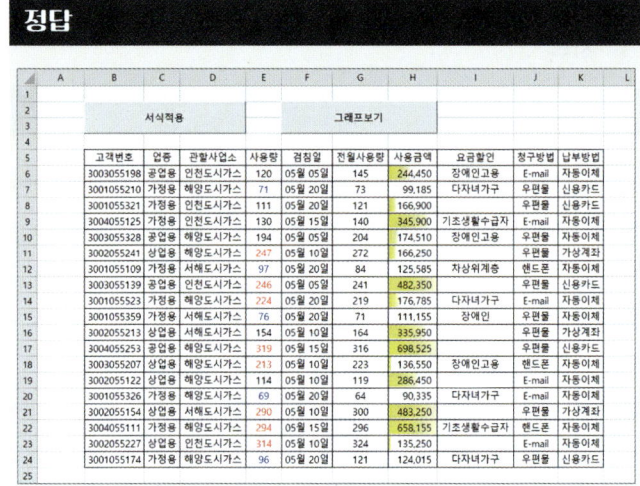

① 비어 있는 셀을 클릭한 후 [개발 도구]-[코드] 그룹의 [매크로 기록](📹)을 클릭한다.
② [매크로 기록]에 **서식적용**을 입력하고 [확인]을 클릭한다.
③ [E6:E24] 영역을 범위 지정한 후 Ctrl+1을 눌러 [표시 형식] 탭의 '사용자 지정'을 선택한 후 **[빨강][>=200]#;[파랑][<=100]#;#**을 입력하고 [확인]을 클릭한다.

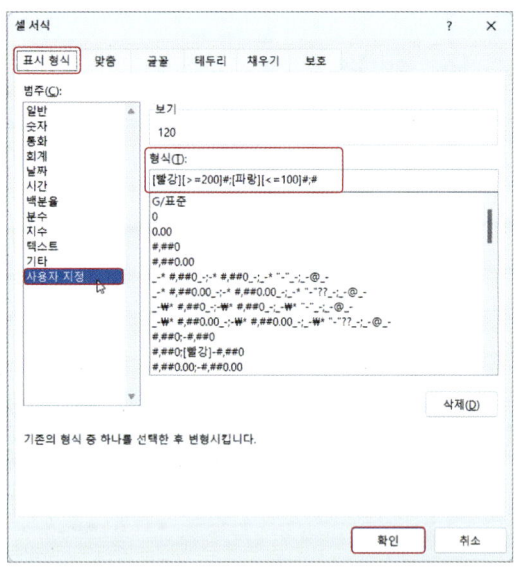

④ [개발 도구]-[코드] 그룹의 [기록 중지](□)를 클릭한다.
⑤ [개발 도구]-[컨트롤] 그룹의 [삽입]-[단추(양식 컨트롤)](□)을 클릭한다.

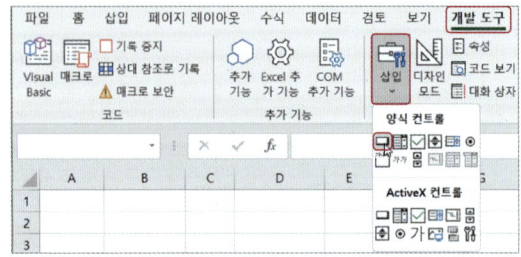

⑥ 마우스 포인터가 '+'로 바뀌면 [B2:D3] 영역에 Alt를 누른 상태에서 드래그하면 [매크로 지정] 대화상자가 나타난다.
⑦ [매크로 지정]에 **서식적용**을 선택하고 [확인]을 클릭한다.
⑧ 단추에 입력된 '단추 1'을 지우고 **서식적용**을 입력한다.
⑨ 비어 있는 셀을 클릭한 후 [개발 도구]-[코드] 그룹의 [매크로 기록](🔘)을 클릭한다.
⑩ [매크로 기록]에 [그래프보기]를 입력하고 [확인]을 클릭한다.
⑪ [H6:H24] 영역을 범위 지정한 후 [홈]-[스타일] 그룹의 [조건부 서식]-[새 규칙]을 클릭한다.
⑫ [새 서식 규칙]에서 다음과 같이 지정하고 [확인]을 클릭한 후 [개발 도구]-[코드] 그룹의 [기록 중지](⬜)를 클릭한다.

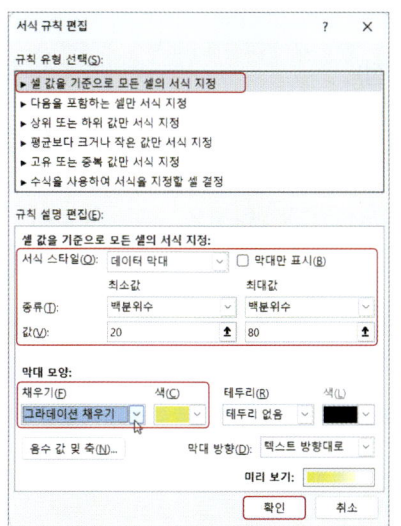

- 서식 스타일 : 데이터 막대
- 최소값 : 백분위수 (20)
- 최대값 : 백분위수 (80)
- 채우기 : 그라데이션 채우기
- 색 : 표준색 - 노랑

⑬ [개발 도구]-[컨트롤] 그룹의 [삽입]-[단추(양식 컨트롤)](⬜)을 클릭한다.
⑭ 마우스 포인터가 '+'로 바뀌면 [F2:H3] 영역에 Alt를 누른 상태에서 드래그하면 [매크로 지정] 대화상자가 나타난다.
⑮ [매크로 지정]에 **그래프보기**를 선택하고 [확인]을 클릭한다.
⑯ 단추에 입력된 '단추 2'를 지우고 **그래프보기**를 입력한다.

3 VBA 프로그래밍

(1) 폼 보이기

① [개발 도구]-[컨트롤]-[디자인 모드](🄽)를 클릭하여 〈등록〉 버튼을 편집 상태로 만든다.
② 〈등록〉 버튼을 더블클릭한 후 코드 창에 다음과 같이 입력한다.

```
Private Sub cmd등록_Click()
    가스누출.Show
End Sub
```

(2) 폼 초기화

① [프로젝트-VBAProject] 탐색기에서 '폼'을 더블 클릭하고 〈가스누출〉을 선택한다.
② [프로젝트-VBAProject] 탐색기의 [코드 보기](🔲)를 클릭한다.
③ '개체 목록'은 'UserForm', '프로시저 목록'은 'Initialize'를 선택한다.
④ 코드 창에 다음과 같이 입력한다.

```
Private Sub UserForm_Initialize()
    cmb제조회사.RowSource = "H7:H12"
    With cmb구분
        .AddItem "LPG-20A"
        .AddItem "LNG-20A"
        .AddItem "LPG-25A"
        .AddItem "LNG-25A"
    End With
End Sub
```

(3) 등록 프로시저

① '개체 목록'에서 'cmd입력', '프로시저 목록'은 'Click'을 선택한다.
② 코드 창에 다음과 같이 입력한다.

```
Private Sub cmd입력_Click()
    i = Range("B3").CurrentRegion.Rows.Count + 2
    Cells(i, 2) = txt구매자
    Cells(i, 3) = cmb제조회사
    Cells(i, 4) = txt주소
    Cells(i, 5) = cmb구분
    Cells(i, 6) = txt연락처
End Sub
```

(4) 종료 프로시저

① '개체 목록'에서 'cmd종료', '프로시저 목록'은 'Click'을 선택한다.
② 코드 창에 다음과 같이 입력한다.

```
Private Sub cmd종료_Click()
    Unload Me
End Sub
```

스프레드시트 실전 모의고사 06회

작업파일 : '26컴활1급(기출)\스프레드시트\실전모의고사'에서 '실전모의고사6회' 파일을 열어 작업하세요.

문제1 기본작업(15점) 주어진 시트에서 다음 과정을 수행하고 저장하시오.

1 '기본작업-1' 시트에서 다음과 같이 고급 필터를 수행하시오. (5점)
- ▶ [A2:I24] 영역에서 제품코드의 첫 번째 글자가 'B'로 시작하지 않고 각 사용체중이 전체 사용체중의 평균 미만인 데이터의 '제품코드', '브랜드', '가격', '제조년도', '판매량' 필드를 표시하시오(LEFT, AVERAGE 함수 이용).
- ▶ 조건은 [A26:B27] 영역에 알맞게 입력하시오.
- ▶ 결과는 [A30] 셀부터 표시하시오.

2 '기본작업-1' 시트의 [A3:I24] 영역에 대해 다음과 같이 조건부 서식을 설정하시오. (5점)
- ▶ '제품코드'의 오른쪽 끝에 자리가 홀수이고 제조년도가 2024인 행 전체에 대하여 글꼴 스타일은 '굵게', 글꼴 색은 '표준 색 – 파랑'으로 적용하는 조건부 서식을 작성하시오.
- ▶ 단, 규칙 유형은 '수식을 사용하여 서식을 지정할 셀 결정'을 사용하고, 한 개의 규칙으로만 작성하시오.
- ▶ AND, ISODD, RIGHT 함수 사용

3 '기본작업-2' 시트에서 다음과 같이 페이지 레이아웃을 설정하시오. (5점)
- ▶ 인쇄될 내용이 페이지의 가로만 정 가운데에 인쇄되도록 페이지 가운데 맞춤을 설정하시오.
- ▶ 배율을 이용하여 '한 페이지에 모든 열 맞추기'로 설정하시오.
- ▶ [A2:I24] 영역을 인쇄 영역으로 설정하고, 용지 여백을 '좁게(위쪽, 아래쪽 : 1.91cm, 왼쪽, 오른쪽 : 0.64cm, 머리글, 바닥글 : 0.76 cm)로 설정하시오.

문제2 계산작업(30점) '계산작업' 시트에서 다음 과정을 수행하고 저장하시오.

1 [표1]의 가격, 판매량과 [표2]를 이용하여 [I4:I25] 영역에 판매금액을 계산하여 표시하시오. (6점)
- ▶ 판매금액은 가격 × (1 – 할인율) × 판매량으로 계산
- ▶ 할인율은 [표2]를 참조하여 계산
- ▶ 계산한 판매금액이 10,000,000 이상이면 판매금액에 '-우수상품'을 표시하고, 그렇지 않으면 판매금액만 표시(판매금액이 10,000,000인 경우의 예 : 10000000-우수상품)
- ▶ IF, VLOOKUP 함수와 & 연산자 이용

2 [표1]의 분류, 제품코드, 가격을 이용하여 [표3]의 [E29:E31] 영역에 분류별 최고가 제품의 제품코드를 계산하여 표시하시오. (6점)
- ▶ INDEX, MATCH, MAX 함수를 이용한 배열 수식 사용

③ [표1]의 브랜드와 판매량을 이용하여 [표4]의 [H29:H32] 영역에 판매비율을 계산하여 표시하시오. (6점)

▶ 판매비율은 브랜드별 판매량 합계 / 총 판매량으로 계산
▶ 백분율로 소수점 첫째 자리까지 표시(예 : 31.1%)
▶ SUMIF, SUM, TEXT 함수 이용

④ 사용자 정의 함수 'fn추천'을 작성하여 추천[J4:J25]을 계산하여 표시하시오. (6점)

▶ 'fn추천'은 가격과 제조년도를 인수로 받아 추천을 계산하는 함수이다.
▶ 추천은 가격이 1,000,000 미만이고 제조년도가 2025이면 '◆', 가격이 800,000 미만이고 제조년도가 2024면 '◇', 그 외는 빈칸을 표시하시오.

```
Public Function fn추천(가격, 제조년도)

End Function
```

⑤ [표1]의 분류, 판매량, 만족도를 이용하여 [표5]의 [K29] 영역에 분류가 '디럭스'가 아니고 만족도의 글자 수가 5 이상인 제품의 판매량 평균을 계산하여 표시하시오. (6점)

▶ IF, AVERAGE, LEN 함수를 이용한 배열 수식 사용

문제3 분석작업(20점) 주어진 시트에서 다음 과정을 수행하고 저장하시오.

① '분석작업-1' 시트에서 다음과 같은 피벗 테이블을 작성하시오. (10점)

▶ 외부 데이터 가져오기 기능을 사용하여 〈판매.accdb〉의 〈유모차〉 테이블을 이용하시오.
▶ 피벗 테이블 보고서의 레이아웃과 위치는 〈그림〉을 참조하여 설정하고, 보고서 레이아웃을 테이블 형식으로 표시하시오.
▶ '가격'의 '열 합계 비율'을 표시하는 계산 필드를 추가한 후 필드명을 〈그림〉과 같이 변경하시오.
▶ '가격' 필드는 표시 형식을 값 필드 설정의 셀 서식에서 '숫자' 범주를 이용하여 〈그림〉과 같이 지정하시오.
▶ 피벗 테이블 스타일은 '흰색, 피벗 스타일 밝게 22', 피벗 테이블 스타일 옵션은 '행 머리글', '열 머리글', '줄무늬 열'을 설정하시오.

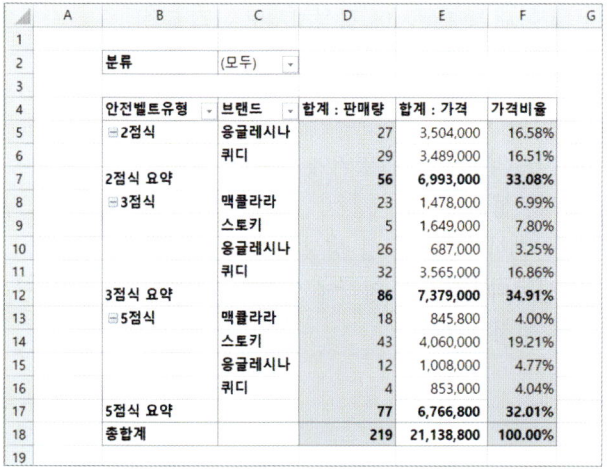

※ 작업 완성된 그림이며 부분점수 없음

2 '분석작업-2' 시트에 대하여 다음의 지시사항을 처리하시오. (10점)

▶ 데이터 도구를 이용하여 [표1]에서 '분류', '브랜드', '사용체중', '제조년도'만 열을 기준으로 중복된 값이 입력된 셀을 포함하는 행을 삭제하시오.
▶ 조건부 서식의 셀 강조 규칙을 [D3:D25] 영역에 1,000,000 보다 큰 데이터에 '진한 노랑 텍스트가 있는 노랑 채우기' 서식이 적용되도록 설정하시오.
▶ 필터 도구를 이용하여 [표1]의 '가격' 필드에서 '노랑 채우기' 색을 기준으로 필터링 하시오.

문제4 기타작업(35점) 주어진 시트에서 다음 과정을 수행하고 저장하시오.

1 '기타작업-1' 시트에서 다음의 지시사항에 따라 차트를 수정하시오. (각 2점)

※ 차트는 반드시 문제에서 제공한 차트를 사용하여야 하며, 신규로 차트 작성 시 0점 처리됨
① '판매량' 데이터 계열의 차트 종류를 '표식이 있는 꺾은선형'으로 변경한 후 보조 축으로 지정하시오.
② 차트 제목은 시트의 [C2] 셀과 연결하여 표시하고, 나머지 축의 제목은 〈그림〉과 같이 지정하시오.
③ 범례는 아래쪽에 표시한 후 글꼴 크기를 9로 지정하시오.
④ 가로 눈금선을 삭제한 후 '판매량' 계열의 '디럭스' 데이터 요소에 '값'을 〈그림〉과 같이 표시하시오.
⑤ 차트 영역에 '둥근 모서리'와 '안쪽 : 가운데' 그림자를 지정하시오.

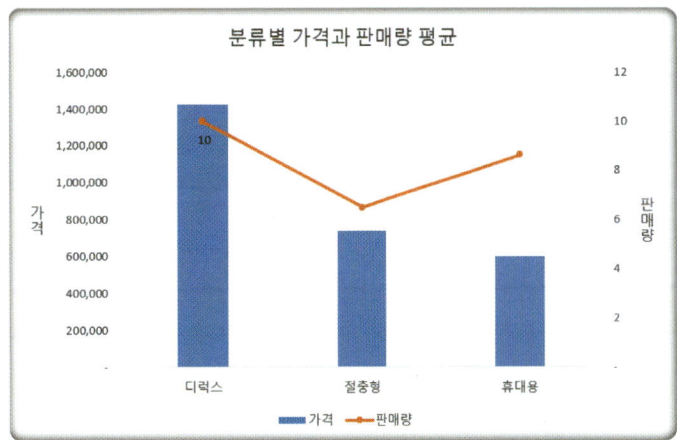

2 '기타작업-2' 시트에서 다음과 같은 기능을 수행하는 매크로를 현재 통합문서에 작성하시오. (각 5점)

① [F6:F27] 영역에 대하여 사용자 지정 표시 형식을 설정하는 '상하서식' 매크로를 생성하시오.
▶ 셀 값이 30이면 빨강색 ▲으로 표시, 셀 값이 10 이면 파랑색 ▼으로 표시, 나머지는 숫자 서식(0)으로 표시
▶ [개발 도구]-[삽입]-[양식 컨트롤]의 '단추'(□)를 동일 시트의 [C2:D3] 영역에 생성한 후 텍스트를 '상하서식'으로 입력하고, 단추를 클릭하면 '상하서식' 매크로가 실행되도록 설정하시오.
② [F6:F27] 영역에 대하여 표시 형식을 '일반'으로 적용하는 '일반서식' 매크로를 생성하시오.
▶ [개발 도구]-[삽입]-[양식 컨트롤]의 '단추'(□)를 동일 시트의 [H2:I3] 영역에 생성한 후 텍스트를 '일반서식'로 입력하고, 단추를 클릭하면 '일반서식' 매크로가 실행되도록 설정하시오.
※ 셀 포인터의 위치에 관계없이 매크로가 실행되어야 정답으로 인정됨

3 '기타작업-3' 시트에서 다음과 같은 작업을 수행하고 저장하시오. (각 5점)

① 〈제품검색〉 버튼을 클릭하면 〈제품검색화면〉 폼이 나타나고, 폼이 초기화(Initialize)되면 '제품코드(cmb제품코드)' 콤보 상자의 목록에 [B4:B25] 영역의 값이 설정되도록 프로시저를 작성하시오.

② 〈제품검색화면〉 폼의 '제품코드(cmb제품코드)'에 조회할 제품코드를 선택하고 〈검색〉 버튼(cmd검색)을 클릭하면 워크시트의 [표1]에서 해당 데이터를 찾아 각각의 컨트롤에 표시하고, 사용체중이 10 이하일 경우에는 〈그림〉과 같은 메시지 박스가 표시되도록 프로시저를 작성하시오.

③ 〈종료〉 버튼(cmd종료)을 클릭하면 폼을 종료하는 프로시저를 작성하시오.

정답 & 해설 스프레드시트 실전 모의고사 06회

문제1 기본작업

1 고급 필터

정답

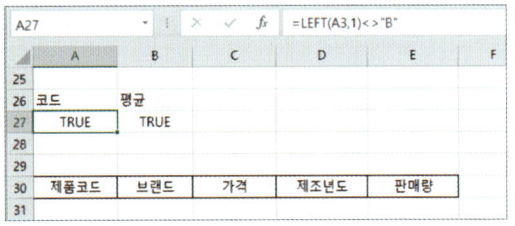

① [A26:B27] 영역에 '조건'을 입력하고, [A30:E30] 영역에 '추출할 필드명'을 입력한다.

[A27] : =LEFT(A3,1)<>"B"
[B27] : =E3<AVERAGE($E$3:$E$24)

② [데이터]-[정렬 및 필터] 그룹에서 [고급]을 클릭한다.
③ [고급 필터]에서 다음과 같이 지정한 후 [확인]을 클릭한다.

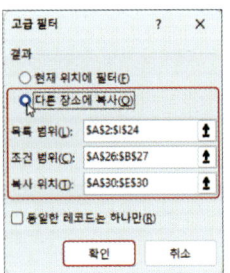

- 결과 : '다른 장소에 복사'
- 목록 범위 : [A2:I24]
- 조건 범위 : [A26:B27]
- 복사 위치 : [A30:E30]

2 조건부 서식

정답

① [A3:I24] 영역을 범위 지정한 후 [홈]-[스타일] 그룹의 [조건부 서식]-[새 규칙]을 클릭한다.
② [새 서식 규칙]에서 '규칙 유형 선택'에 '▶ 수식을 사용하여 서식을 지정할 셀 결정'을 선택하고, =AND(ISODD(RIGHT($A3,1)),$F3=2024)를 입력한 후 [서식]을 클릭한다.

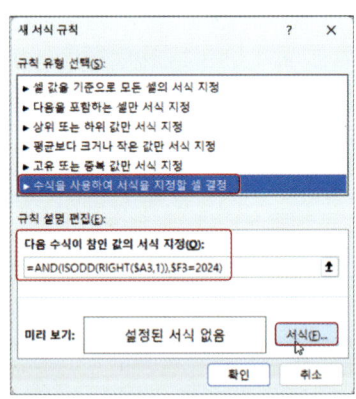

함수 설명 =AND(ISODD(RIGHT($A3,1)),$F3=2024)

❶ RIGHT($A3,1) : [A3] 셀에서 오른쪽 한 글자를 추출함
❷ ISODD(❶) : ❶의 값이 홀수이면 true, 짝수이면 false의 결과값이 반환됨
❸ $F3=2024 : [F3] 셀의 값이 2024와 같은지 비교

=AND(❷, ❸) : ❷와 ❸ 모두 만족하면 서식을 지정

③ [셀 서식]의 [글꼴] 탭에서 글꼴 스타일은 '굵게'를 선택하고, 색은 '표준 색 – 파랑'을 선택한 후 [확인]을 클릭한다.
④ [새 서식 규칙]에서 다시 [확인]을 클릭한다.

3 페이지 레이아웃

정답

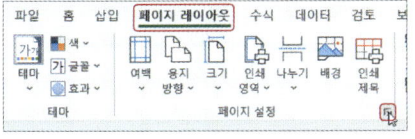

① [A2:I24] 영역을 범위 지정한 후 [페이지 레이아웃]-[페이지 설정] 그룹의 [인쇄 영역]-[인쇄 영역 설정]을 클릭한다.
② [페이지 레이아웃]-[페이지 설정] 그룹의 [여백]-[좁게]를 클릭한다.
③ [페이지 레이아웃]-[페이지 설정] 그룹에서 [옵션](⬚)을 클릭한다.

④ [여백] 탭에서 페이지 가운데 맞춤 '가로'만을 체크한 후 [확인]을 클릭한다.

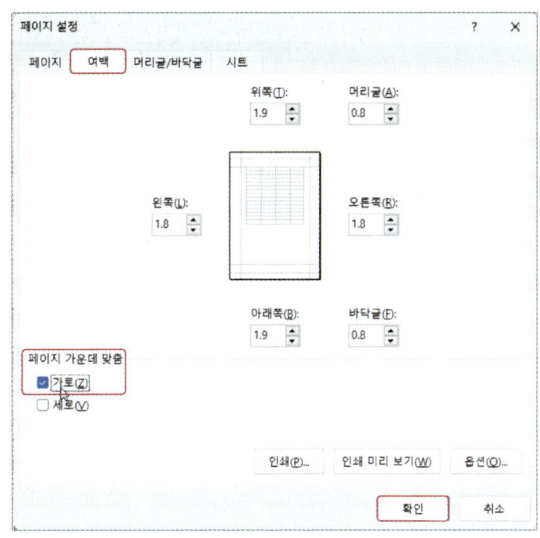

⑤ [파일] 탭의 [인쇄]를 클릭하여 '한 페이지에 모든 열 맞추기'를 클릭한다.

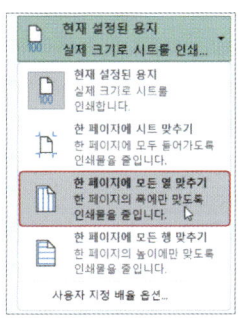

기적의 TIP

'한 페이지에 모든 열 맞추기' 대신 [페이지 설정]의 [페이지] 탭에서 '자동 맞춤'의 용지 너비를 '1'로 지정해도 가능한다.

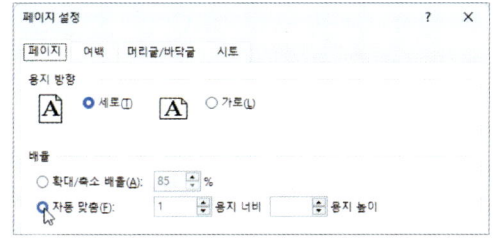

문제2 계산작업

정답

	A	B	C	D	E	F	G	H	I	J	K
1											
2	[표1]										
3	제품코드	분류	브랜드	가격	사용체중	제조년도	각도조절	판매량	판매금액	추천	만족도
4	A1993-329	디럭스	퀴디	1,545,000	10	2025	3	11	15295500-우수상품		★★★★★
5	B1333-328	절충형	웅글레시나	509,000	20	2024	3	4	1730600	◇	★★★★
6	B1393-327	절충형	맥클라라	480,000	20	2023	4	8	2880000		★★★★★★
7	C1333-326	휴대용	웅글레시나	499,000	15	2025	3	8	3592800	◆	★★★
8	D1993-325	절충형	퀴디	853,000	15	2025	5	4	3070800	◆	★★★★
9	E1333-324	휴대용	웅글레시나	397,000	15	2025	4	8	2858400	◆	★★★★
10	D1333-323	절충형	스토키	995,000	20	2023	3	4	2985000		★★★★★★
11	C1393-322	휴대용	퀴디	587,000	30	2024	3	11	5488450	◇	★★★★★
12	C1333-321	휴대용	스토키	654,000	20	2025	4	1	588600	◆	★★★
13	E1333-320	휴대용	웅글레시나	290,000	15	2024	2	18	4437000	◇	★★★★
14	B1333-319	휴대용	스토키	750,000	15	2025	3	8	5400000	◆	★★★★
15	D1993-318	절충형	퀴디	938,000	30	2024	1	4	3189200		★★★
16	C1333-317	휴대용	스토키	890,000	15	2025	1	1	801000		★★★★
17	D1993-316	절충형	퀴디	956,000	10	2024	5	14	11376400-우수상품		★★★★★
18	C1393-315	휴대용	맥클라라	365,800	21	2024	3	10	3109300	◇	★★★★★
19	E1333-314	휴대용	스토키	890,000	20	2023	2	8	5340000		★★★★
20	A1993-313	디럭스	퀴디	1,595,000	10	2023	5	11	13158750-우수상품		★★★★★★
21	B1393-312	절충형	맥클라라	599,000	20	2023	3	10	4492500		★★★★
22	D1333-311	절충형	웅글레시나	567,000	15	2024	2	4	1927800	◇	★★★★★
23	A1333-330	디럭스	웅글레시나	1,135,000	20	2023	2	8	6810000		★★★★★
24	D1333-339	휴대용	스토키	835,000	15	2023	5	18	11272500-우수상품		★★★★★★
25	C1393-338	휴대용	맥클라라	440,000	20	2025	4	4	1584000	◆	★★★

	D	E	F	G	H	I	J	K
27	[표3]			[표4]			[표5]	
28	분류	제품코드		브랜드	판매비율		분류가 디럭스가 아니고	판매량 평균
29	디럭스	A1993-313		퀴디	31.1%		만족도 길이가 5 이상	9.9
30	절충형	D1333-323		맥클라라	18.1%			
31	휴대용	C1333-317		웅글레시나	28.2%			
32				스토키	22.6%			

1 판매금액[I4:I25]

[I4] 셀에 =IF(D4*(1-VLOOKUP(F4,$A$28:$B$31,2,0))*H4>=10000000,D4*(1-VLOOKUP(F4,$A$28:$B$31,2,0))*H4&"-우수상품",D4*(1-VLOOKUP(F4,$A$28:$B$31,2,0))*H4)를 입력하고 [I25] 셀까지 수식을 복사한다.

2 제품코드[E29:E31]

[E29] 셀에 =INDEX($A$4:$A$25,MATCH(MAX(($D$4:$D$25)*($B$4:$B$25=D29)),($D$4:$D$25)*($B$4:$B$25=D29),0))를 입력하고 Ctrl+Shift+Enter 를 누른 후 [E31] 셀까지 수식을 복사한다.

3 판매비율[H29:H32]

[H29] 셀에 =TEXT(SUMIF($C$4:$C$25,G29,$H$4:$H$25)/SUM($H$4:$H$25),"0.0%")를 입력하고 [H32] 셀까지 수식을 복사한다.

4 사용자 정의 함수(fn추천)[J4:J25]

① [개발 도구]-[코드] 그룹의 [Visual Basic](📷)을 클릭한다.
② [삽입]-[모듈]을 클릭한다.
③ Module 창에 다음과 같이 입력한다.

```
Public Function fn추천(가격, 제조년도)
    If 가격 < 1000000 And 제조년도 = 2025 Then
        fn추천 = "◆"
    ElseIf 가격 < 800000 And 제조년도 = 2024 Then
        fn추천 = "◇"
    Else
        fn추천 = ""
    End If
End Function
```

④ [파일]-[닫고 Microsoft Excel(으)로 돌아가기]를 클릭하여 [Visual Basic Editor]를 닫는다.
⑤ [J4] 셀을 클릭한 후 [함수 삽입](fx)을 클릭한다.

⑥ [함수 마법사]에서 범주 선택은 '사용자 정의', 함수 선택은 'fn추천'을 선택한 후 [확인]을 클릭한다.

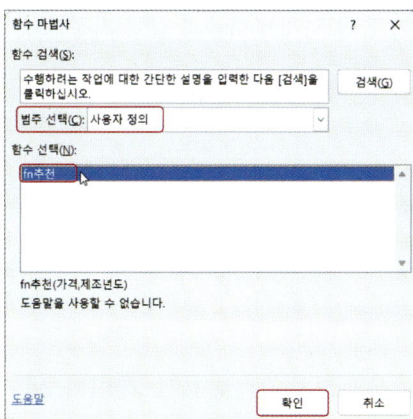

⑦ [함수 인수]에서 가격은 [D4], 제조년도는 [F4]를 지정하고 [확인]을 클릭한다.

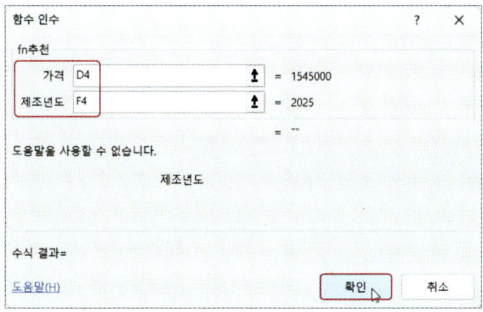

⑧ [J4] 셀을 선택한 후 [J25] 셀까지 수식을 복사한다.

5 판매량 평균[K29]

[K29] 셀에 =AVERAGE(IF(($B$4:$B$25<>"디럭스")*(LEN($K$4:$K$25)>=5),$H$4:$H$25))를 입력하고 Ctrl + Shift + Enter 를 누른다.

문제3 분석작업

1 피벗 테이블

정답

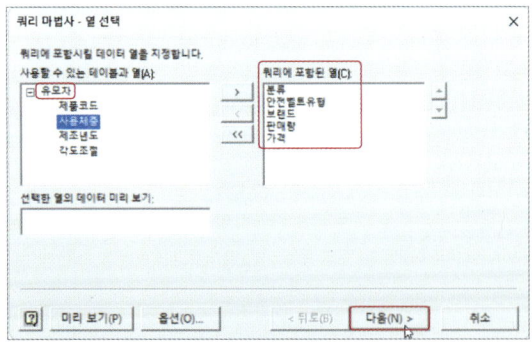

① [B4] 셀을 선택한 후 [데이터]-[데이터 가져오기 및 변환] 그룹의 [데이터 가져오기]-[기타 원본에서]-[Microsoft Query에서]를 클릭한다.
② [데이터 원본 선택]의 [데이터베이스] 탭에서 'MS Access Database *'를 선택하고 [확인]을 클릭한다.
③ '26컴활1급(기출)₩스프레드시트₩실전모의고사' 폴더에서 '판매.accdb'를 선택하고 [확인]을 클릭한다.
④ [열 선택]에서 〈유모차〉 테이블을 더블클릭하여 '분류', '안전벨트유형', '브랜드', '판매량', '가격'을 선택하고 [다음]을 클릭한다.

⑤ [데이터 필터]와 [정렬 순서]에서는 설정 없이 [다음]을 클릭한다.
⑥ [마침]에서 'Microsoft Excel(으)로 데이터 되돌리기'를 선택하고 [마침]을 클릭한다.
⑦ [데이터 가져오기]에서 '피벗 테이블 보고서'를 선택한 다음, '기존 워크시트'는 [B4] 셀을 지정하고 [확인]을 클릭한다.

⑧ 오른쪽의 [피벗 테이블 필드]에서 다음과 같이 지정한다.

⑨ [디자인]-[레이아웃] 그룹의 [보고서 레이아웃]-[테이블 형식으로 표시](圖)를 클릭한다.
⑩ 오른쪽의 [피벗 테이블 필드 목록]에 '가격' 필드를 드래그하여 추가한다.

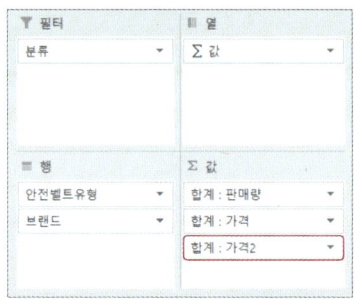

⑪ [F4] 셀에서 마우스 오른쪽 버튼을 눌러 [값 필드 설정]을 클릭한다.
⑫ '사용자 지정 이름'에 **가격비율**을 입력하고, [값 표시 형식] 탭에서 '열 합계 비율'을 선택하고 [확인]을 클릭한다.

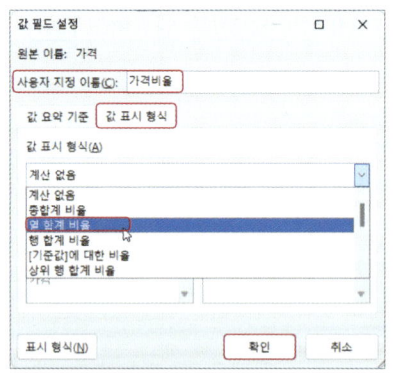

⑬ [E4] 셀을 더블클릭한 후 [표시 형식]을 클릭하여 '숫자'를 선택하고 '1000 단위 구분 기호 사용'을 체크하고 [확인]을 클릭한다.

⑭ [디자인]-[피벗 테이블 스타일] 그룹에서 '흰색, 피벗 스타일 밝게 22'를 선택하고 '줄무늬 열'의 옵션을 선택한다.

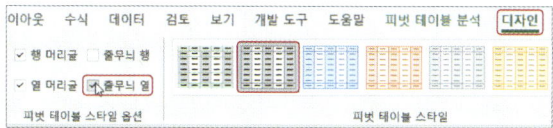

2 데이터 도구

정답

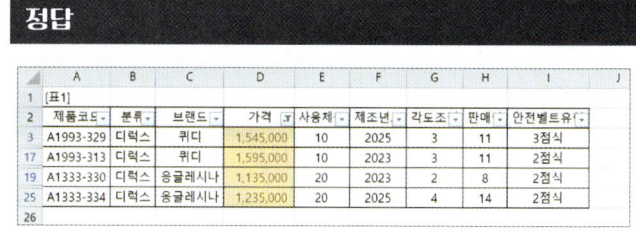

① [A2] 셀을 클릭한 후 [데이터]-[데이터 도구] 그룹의 [중복된 항목 제거](🔳)를 클릭하여 [모두 선택 취소]를 클릭한 후 '분류', '브랜드', '사용체중', '제조년도'만 선택하고 [확인]을 클릭한다.

② 메시지가 표시되면 [확인]을 클릭한다.

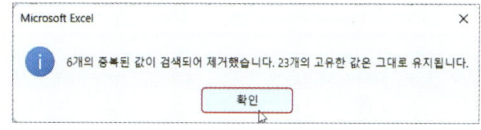

③ [D3:D25] 영역을 범위 지정한 후 [홈]-[스타일] 그룹의 [조건부 서식]-[셀 강조 규칙]-[보다 큼]을 클릭한다.

④ 다음과 같이 지정하고 [확인]을 클릭한다.

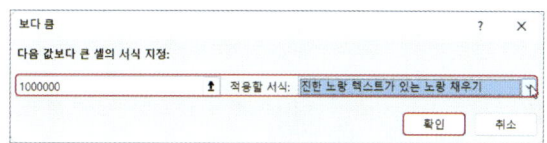

⑤ [데이터]-[정렬 및 필터] 그룹에서 [필터](🔽)를 클릭한다.

⑥ 가격[D2] 셀의 목록 단추(▼)를 클릭하여 [색 기준 필터]를 클릭하여 [셀 색 기준 필터]를 클릭한다.

문제4 기타작업

1 차트

정답

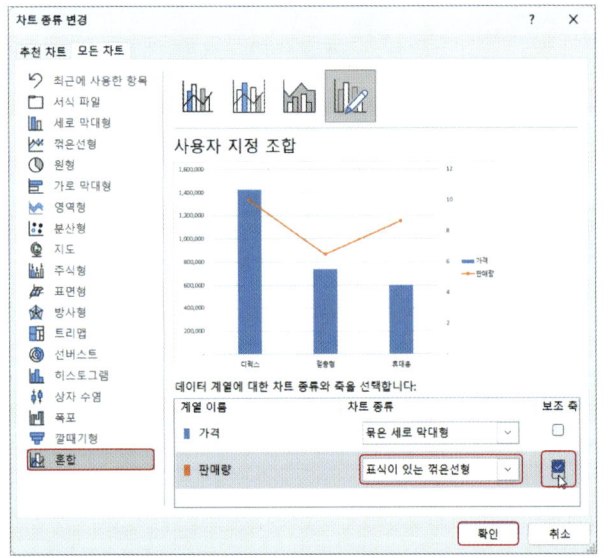

① 차트에서 마우스 오른쪽 버튼을 눌러 [차트 종류 변경]을 클릭한다.
② [차트 종류 변경]에서 '혼합'을 선택한 후 '판매량' 계열은 '꺾은선형'의 '표식이 있는 꺾은선형'과 '보조 축'을 선택하고 [확인]을 클릭한다.

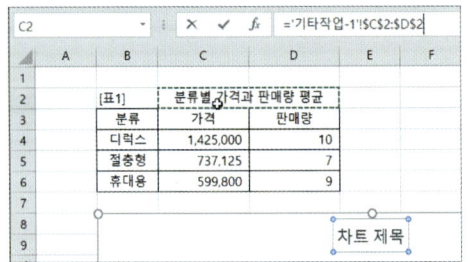

③ 차트를 선택하고, [차트 요소](⊞)-[차트 제목]을 클릭한다.
④ '차트 제목'을 선택한 후 수식 입력줄에 =을 입력하고 [C2] 셀을 클릭한 후 Enter 를 누른다.

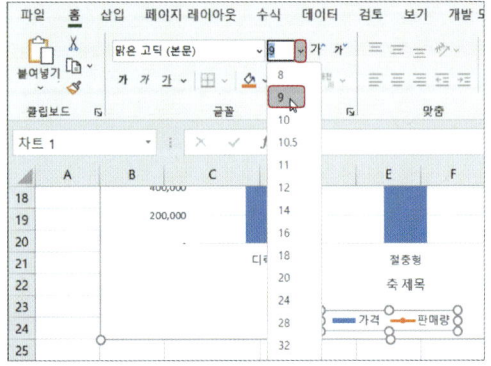

⑤ [차트 요소](⊞)-[축 제목]-[기본 세로]를 클릭하여 **가격**을 입력한다.
⑥ 세로 축 제목에서 마우스 오른쪽 버튼을 눌러 [축 제목 서식]을 클릭하여 [크기 및 속성]에서 '텍스트 방향'을 '세로'를 선택한다.
⑦ 같은 방법으로 [차트 요소](⊞)-[축 제목]-[보조 세로]를 클릭하여 **판매량**을 클릭한다.
⑧ '판매량'의 축 제목을 선택한 후 텍스트 방향을 '세로'로 지정한다.
⑨ [차트 요소](⊞)-[범례]-[아래쪽]을 클릭한다.
⑩ 범례를 선택한 후 [홈]-[글꼴] 그룹에서 글꼴 크기는 '9'를 선택한다.

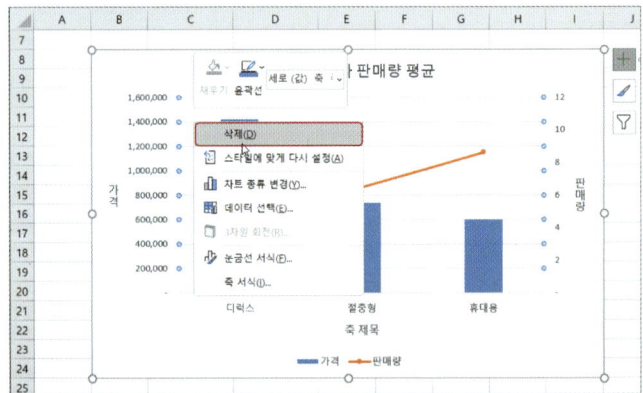

⑪ 가로 눈금선을 선택한 후 마우스 오른쪽 버튼을 눌러 [삭제]를 클릭한다.

⑫ '판매량' 계열의 '디럭스' 요소를 천천히 두 번 클릭한 후 [차트 요소](⊞)-[데이터 레이블]-[아래쪽]을 클릭한다.
⑬ 차트 영역을 선택한 후 [채우기 및 선]에서 '테두리'의 '둥근 모서리'를 체크하고, [효과]에서 [그림자]를 클릭한다.
⑭ '그림자'에서 '미리 설정'을 클릭하여 '안쪽'의 안쪽 : 가운데를 선택하고 [닫기]를 클릭한다.

2 매크로

정답

① 비어 있는 셀을 클릭한 후 [개발 도구]-[코드] 그룹의 [매크로 기록](🖼)을 클릭한다.
② [매크로 기록]에 **상하서식**을 입력하고 [확인]을 클릭한다.

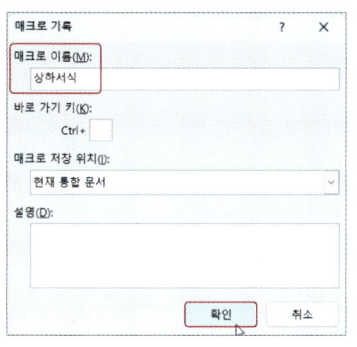

③ [F6:F27] 영역을 범위 지정한 후 Ctrl+1을 눌러 [표시 형식] 탭의 '사용자 지정'을 선택한 후 [**빨강**][=30]"▲";[**파랑**][=10]"▼";0을 입력하고 [확인]을 클릭한다.

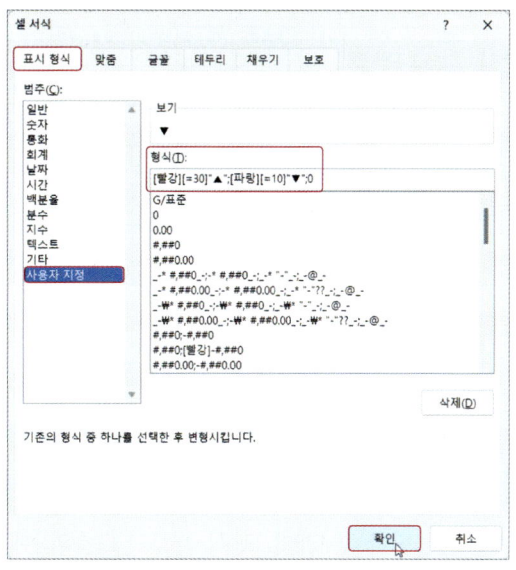

④ [개발 도구]-[코드] 그룹의 [기록 중지](🖼)를 클릭한다.
⑤ [개발 도구]-[컨트롤] 그룹의 [삽입]-[단추(양식 컨트롤)](🖼)을 클릭한다.

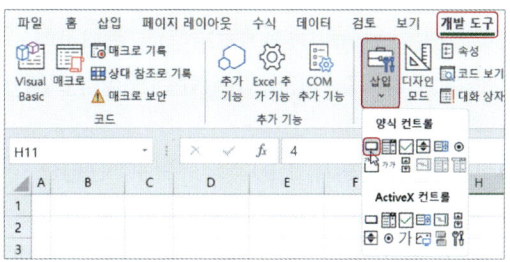

⑥ 마우스 포인터가 '+'로 바뀌면 [C2:D3] 영역에 Alt 를 누른 상태에서 드래그하면 [매크로 지정] 대화상자가 나타난다.
⑦ [매크로 지정]에 **상하서식**을 선택하고 [확인]을 클릭한다.

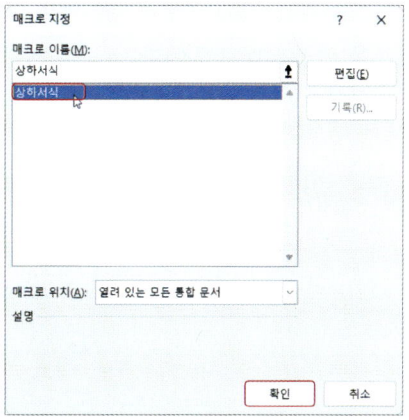

⑧ 단추에 입력된 '단추 1'을 지우고 **상하서식**을 입력한다.

	A	B	C	D	E	F	G	H	I	J	K
1											
2				상하서식							
3											
4											
5		제품코드	분류	브랜드	가격	사용체중	제조년도	각도조절	판매량	안전벨트유형	
6		A1993-329	디럭스	퀴디	1,545,000	▼	2025	3	11	3점식	
7		B1333-328	절충형	웅글레시나	509,000	20	2024	3	4	5점식	
8		B1393-327	절충형	맥클라라	480,000	20	2023	4	8	5점식	
9		C1333-326	휴대용	웅글레시나	499,000	15	2025	3	8	5점식	
10		D1993-325	절충형	퀴디	853,000	15	2025	5	4	5점식	
11		E1333-324	휴대용	웅글레시나	397,000	15	2025	4	8	3점식	
12		D1333-323	절충형	스토키	995,000	20	2025	3	4	5점식	
13		C1393-322	휴대용	퀴디	587,000	▲	2024	3	11	3점식	
14		C1333-321	휴대용	스토키	654,000	20	2025	4	1	3점식	
15		E1333-320	휴대용	웅글레시나	290,000	15	2024	2	18	3점식	
16		B1333-319	휴대용	스토키	750,000	15	2025	3	8	5점식	
17		D1993-318	절충형	퀴디	938,000	▲	2024	1	4	2점식	
18		C1333-317	휴대용	스토키	890,000	15	2025	1	1	5점식	
19		D1993-316	절충형	퀴디	956,000	▼	2024	5	14	2점식	
20		C1393-315	휴대용	맥클라라	365,800	21	2024	3	10	5점식	
21		E1333-314	휴대용	스토키	890,000	20	2023	2	8	5점식	
22		A1993-313	디럭스	퀴디	1,595,000	▼	2023	3	11	2점식	
23		B1393-312	절충형	맥클라라	599,000	20	2023	3	10	3점식	
24		D1333-311	절충형	웅글레시나	567,000	15	2024	2	4	2점식	
25		A1333-330	디럭스	웅글레시나	1,135,000	20	2023	2	8	2점식	
26		D1333-339	휴대용	스토키	835,000	15	2023	5	18	5점식	
27		C1393-338	휴대용	맥클라라	440,000	20	2025	4	3	3점식	
28											

⑨ 비어 있는 셀을 클릭한 후 [개발 도구]-[코드] 그룹의 [매크로 기록](🔴)을 클릭한다.

⑩ [매크로 기록]에 **일반서식**을 입력하고 [확인]을 클릭한다.

⑪ [F6:F27] 영역을 범위 지정한 후 Ctrl + 1 을 눌러 [표시 형식] 탭의 '일반'을 선택하고 [확인]을 클릭한다.

⑫ [개발 도구]-[코드] 그룹의 [기록 중지](⬜)를 클릭한다.

⑬ [개발 도구]-[컨트롤] 그룹의 [삽입]-[단추(양식 컨트롤)](⬜)을 클릭한다.

⑭ 마우스 포인터가 '+'로 바뀌면 [H2:I3] 영역에 Alt 를 누른 상태에서 드래그한다.

⑮ [매크로 지정]에 **일반서식**을 선택하고 [확인]을 클릭한다.

⑯ 단추에 입력된 '단추 2'를 지우고 **일반서식**을 입력한다.

3 VBA 프로그래밍

(1) 폼 보이기

① [개발 도구]-[컨트롤] 그룹에서 [디자인 모드](📐)를 클릭하여 〈제품검색〉 버튼을 편집 상태로 만든다.

② 〈제품검색〉 버튼을 더블클릭한 후 코드 창에 다음과 같이 입력한다.

```
Private Sub cmd제품검색_Click()
    제품검색화면.Show
End Sub
```

(2) 폼 초기화

① [프로젝트-VBAProject] 탐색기에서 '폼'을 더블 클릭하고 〈제품검색화면〉을 선택한다.

② [프로젝트-VBAProject] 탐색기의 [코드 보기](📄)를 클릭한다.

③ '개체 목록'은 'UserForm', '프로시저 목록'은 'Initialize'를 선택한다.

④ 코드 창에 다음과 같이 입력한다.

```
Private Sub UserForm_Initialize()
    cmb제품코드.RowSource = "B4:B25"
End Sub
```

(3) 조회 프로시저

① '개체 목록'에서 'cmd검색', '프로시저 목록'은 'Click'을 선택한다.

② 코드 창에 다음과 같이 입력한다.

```
Private Sub cmd검색_Click()
    iRow = cmb제품코드.ListIndex + 4
    txt분류 = Cells(iRow, 3)
    txt브랜드 = Cells(iRow, 4)
    txt체중 = Cells(iRow, 6)
    txt제조년도 = Cells(iRow, 7)
    txt각도조절 = Cells(iRow, 8)
    txt안전벨트 = Cells(iRow, 10)
    txt가격 = Cells(iRow, 5)
    txt판매량 = Cells(iRow, 9)
    If Cells(iRow, 6) <= 10 Then
        MsgBox cmb제품코드 & "는 신생아용입니다."
    End If
```

(4) 종료 프로시저

① '개체 목록'에서 'cmd종료', '프로시저 목록'은 'Click'을 선택한다.

② 코드 창에 다음과 같이 입력한다.

```
Private Sub cmd종료_Click()
    Unload Me
End Sub
```

스프레드시트 실전 모의고사 07회

작업파일: '26컴활1급(기출)₩스프레드시트₩실전모의고사'에서 '실전모의고사7회' 파일을 열어 작업하세요.

문제1 기본작업(15점) 주어진 시트에서 다음 과정을 수행하고 저장하시오.

1 '기본작업-1' 시트에서 다음과 같이 고급 필터를 수행하시오. (5점)

▶ [A2:L24] 영역에서 '환자구분'이 "건강보험"이고, '진료일자'와 '조제일자'가 같거나 '조제일자'가 1일이 많은 행만을 표시하시오.
▶ 조건은 [A26:A27] 영역에 AND, DAYS 함수를 이용하여 알맞게 입력하시오.
▶ 결과는 [A30] 셀부터 표시하시오.

2 '기본작업-1' 시트의 [A3:L24] 영역에 대해 다음과 같이 조건부 서식을 설정하시오. (5점)

▶ 교부번호의 세 번째 숫자가 1이고, 총투약일수가 3 이상인 전체 행에 대해서 글꼴 스타일은 '굵게', 글꼴 색은 '표준 색 – 파랑'으로 적용하는 조건부 서식을 작성하시오.
▶ 단, 규칙 유형은 '수식을 사용하여 서식을 지정할 셀 결정'을 사용하고, 한 개의 규칙으로만 작성하시오.
▶ AND, MID 함수 사용

3 '기본작업-2' 시트에서 다음과 같이 페이지 레이아웃을 설정하시오. (5점)

▶ 인쇄될 내용이 페이지의 정 가운데에 인쇄되도록 페이지 가운데 맞춤을 설정하시오.
▶ 매 페이지 하단의 가운데 구역에는 페이지 번호가 [표시 예]와 같이 표시되도록 바닥글을 설정하시오.
[표시 예 : 현재 페이지 번호가 1이고, 전체 페이지 번호가 3인 경우 → 총 3 페이지 중 1페이지]
▶ [A2:L24] 영역을 인쇄 영역으로 설정하고, G열의 환자구분부터 페이지 나누기 삽입하고, 성명(D열)을 매 페이지마다 반복하여 인쇄되도록 인쇄 제목을 설정하시오.

문제2 계산작업(30점) '계산작업' 시트에서 다음 과정을 수행하고 저장하시오.

1 [표1]의 생년월일과 성별을 이용하여 [F3:F24] 영역에 주민번호를 계산하여 표시하시오. (6점)

▶ 생년월일을 이용하여 주민번호의 앞에 6자리를 계산하고, 주민번호 8번째 자리는 성별이 "남"이면 1, "여"이면 2로 표시한 다음 뒤에 "******"를 표시하시오.
▶ 출생년도가 2000년 이상일 때에는 성별이 "남"이면 3, "여"이면 4로 표시하시오.
▶ 생년월일이 2008-11-29, 성별이 "여"일 경우 표시 예 : 081129-4******
▶ IF, TEXT, YEAR 함수와 & 연산자 이용

2 [표1]의 총투약일수, 1일투여횟수와 [표4]를 이용하여 [K3:K24] 영역에 약품부담금을 계산하여 표시하시오. (6점)

▶ 부담금이 텍스트면 텍스트를 그대로 표시하고, 그렇지 않으면 약제비총액 × 부담금으로 계산
▶ IFERROR, VLOOKUP, MATCH 함수 이용

3 사용자 정의 함수 'fn본인부담금'을 작성하여 [표1]의 [L3:L24] 영역에 본인부담금을 계산하여 표시하시오. (6점)

▶ 'fn본인부담금'은 환자구분과 약제비총액을 인수로 받아 본인부담금을 계산하는 함수이다.
▶ 본인부담금은 약제비총액이 15,000원 이상이면서 환자구분이 '건강보험'이면 약제비총액에서 30%를 할인하고, 환자구분이 '건강보험'이면 약제비총액에서 10%를 할인하고, 약제비총액이 10,000원 이상이면 약제비총액의 5%를 할인하고, 그 외의 경우는 약제비총액을 그대로 표시하시오.

```
Public Function fn본인부담금(환자구분, 약제비총액)
End Function
```

4 [표1]의 환자구분을 이용하여 [표2]의 [B28:B30] 영역에 환자분류별 진료건수만큼 "★"를 표시하시오. (6점)

▶ REPT, COUNT, IF 함수를 사용한 배열 수식으로 작성

5 [표1]의 조제일자, 환자구분, 약제비총액을 이용하여 [표3]의 [G28:I32] 영역에 조제월 별 환자구분별 약제비총액의 합계를 계산하여 표시하시오. (6점)

▶ SUM, IF, MONTH 함수를 사용한 배열 수식으로 작성

문제3 분석작업(20점) 주어진 시트에서 다음 과정을 수행하고 저장하시오.

1. '분석작업-1' 시트에서 다음과 같은 피벗 테이블을 작성하시오. (10점)

   ▶ 외부 데이터 가져오기 기능을 사용하여 〈건강보조식품.accdb〉의 〈주문〉 테이블을 이용하시오.
   ▶ 피벗 테이블 보고서의 레이아웃과 위치는 〈그림〉을 참조하여 설정하고, 보고서 레이아웃을 개요 형식으로 표시하시오.
   ▶ '(주문량-판매량)/판매량'으로 '재고율' 계산 필드를 추가하고 필드 표시 형식은 값 필드 설정의 셀 서식을 이용하여 '백분율'로 〈그림〉과 같이 지정하시오.
   ▶ '주문량' 필드는 필드 표시 형식은 값 필드 설정의 셀 서식을 이용하여 숫자 뒤에 '박스'를 붙여서 표시하시오.
   ▶ '판매분기'를 〈그림〉과 같이 그룹을 설정하고, 그룹 상단에 모든 부분합이 표시되도록 설정하시오.

	A	B	C	D	E	F	G
1							
2		상품명	(모두)				
3							
4		판매분기2	판매분기	합계 : 주문량	합계 : 판매량	합계 : 재고율	
5		⊟2021~2022년		949박스	731	30%	
6			2021년1분기	180박스	142	27%	
7			2021년2분기	150박스	126	19%	
8			2021년3분기	120박스	60	100%	
9			2021년4분기	110박스	91	21%	
10			2022년1분기	100박스	72	39%	
11			2022년2분기	90박스	75	20%	
12			2022년3분기	85박스	79	8%	
13			2022년4분기	114박스	86	33%	
14		⊟2023~2025년		1190박스	903	32%	
15			2023년1분기	80박스	72	11%	
16			2023년2분기	120박스	85	41%	
17			2023년3분기	195박스	152	28%	
18			2023년4분기	130박스	78	67%	
19			2024년1분기	110박스	97	13%	
20			2024년2분기	75박스	51	47%	
21			2024년3분기	90박스	84	7%	
22			2024년4분기	150박스	130	15%	
23			2025년1분기	100박스	76	32%	
24			2025년2분기	140박스	78	79%	
25		총합계		2139박스	1634	31%	
26							

   ※ 작업 완성된 그림이며 부분점수 없음

2. '분석작업-2' 시트에 대하여 다음의 지시사항을 처리하시오. (10점)

   ▶ 데이터 도구를 이용하여 [표1]에서 '진료일자', '조제일자'만 열을 기준으로 중복된 값이 입력된 셀을 포함하는 행을 삭제하시오.
   ▶ 조건부 서식의 상위/하위 규칙을 [K3:K15] 영역의 평균 미만에 대해 '연한 빨강 채우기' 서식이 적용되도록 설정하시오.
   ▶ 필터 도구를 이용하여 [표1]의 '약제비총액' 필드에서 '연한 빨강 채우기' 색을 기준으로 필터링 하시오.

문제4 기타작업(35점) 주어진 시트에서 다음 과정을 수행하고 저장하시오.

1 '기타작업-1' 시트에서 다음의 지시사항에 따라 차트를 수정하시오. (각 2점)

※ 차트는 반드시 문제에서 제공한 차트를 사용하여야 하며, 신규로 차트 작성 시 0점 처리됨

① '평균 입원비총액'과 '평균 보험적용금액' 계열의 차트 종류를 '표식이 있는 꺾은선형'으로 변경한 후 보조 축으로 지정하시오.
② 차트 제목과 각 축 제목을 〈그림〉과 같이 설정하시오.
③ 세로(값) 축과 보조 세로(값) 축의 기본 단위를 〈그림〉과 같이 설정하시오.
④ 범례 위치를 위쪽으로 지정하시오.
⑤ 차트 영역의 테두리 스타일은 '둥근 모서리', 그림자는 '오프셋 : 오른쪽 아래'로 표시하시오.

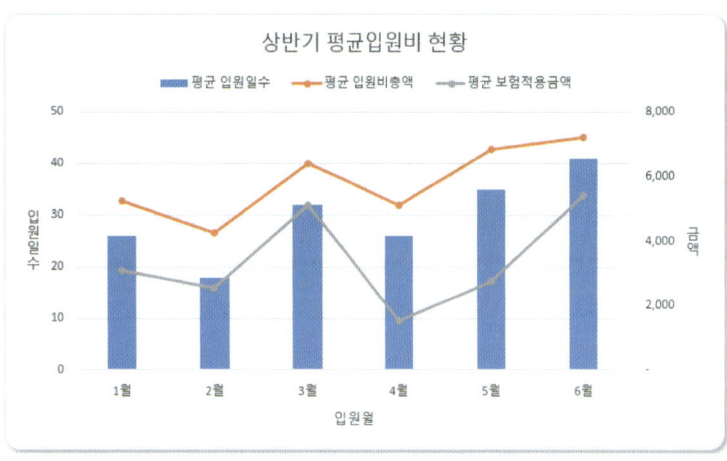

2 '기타작업-2' 시트에서 다음과 같은 기능을 수행하는 매크로를 현재 통합문서에 작성하시오. (각 5점)

① [D6:E26] 영역에 대하여 사용자 지정 표시 형식을 설정하는 '숫자서식' 매크로를 생성하시오.
  ▶ 셀 값이 120 이상이면 파랑색으로 숫자 서식(0)으로 표시, 셀 값이 60 미만이면 빨강색으로 숫자 서식(0)으로 표시, 나머지는 숫자 서식(0)으로 표시
  ▶ [개발 도구]-[삽입]-[양식 컨트롤]의 '단추(□)'를 동일 시트의 [B2:C3] 영역에 생성한 후 텍스트를 '숫자서식'으로 입력하고, 단추를 클릭하면 '숫자서식' 매크로가 실행되도록 설정하시오.
② [D6:E26] 영역에 대하여 표시 형식을 '일반'으로 적용하는 '일반' 매크로를 생성하시오.
  ▶ [개발 도구]-[삽입]-[양식 컨트롤]의 '단추(□)'를 동일 시트의 [D2:E3] 영역에 생성한 후 텍스트를 '일반'으로 입력하고, 단추를 클릭하면 '일반' 매크로가 실행되도록 설정하시오.

※ 셀 포인터의 위치에 관계없이 매크로가 실행되어야 정답으로 인정됨

3 '기타작업-3' 시트에서 다음과 같은 작업을 수행하고 저장하시오. (각 5점)

① 〈환자등록〉 버튼을 클릭하면 〈환자등록〉 폼이 나타나고, 폼이 초기화되면 [H6:H13] 영역의 내용이 '의료기간(lst의료기관)' 목록 상자의 목록에 표시되고, 환자구분(일반, 보험, 건강보험) 중 '건강보험(opt건강보험)'이 선택되도록 프로시저를 작성하시오.

② 〈환자등록〉 폼의 〈등록(cmd등록)〉 버튼을 클릭하면 폼에 입력된 데이터가 시트의 표에 입력되도록 프로시저를 작성하시오.
  ▶ ListIndex와 List 속성을 이용하시오.
  ▶ 환자구분에는 '일반(opt일반)'을 선택하면 "일반", '보험(opt보험)'을 선택하면 "보험", '건강보험(opt건강보험)'을 선택하면 '건강보험'을 입력하시오.

③ 〈종료(cmd종료)〉 버튼을 클릭하면 워크시트의 [H5] 셀에 "의료기관"을 입력한 후 폼을 종료하는 프로시저를 작성하시오.

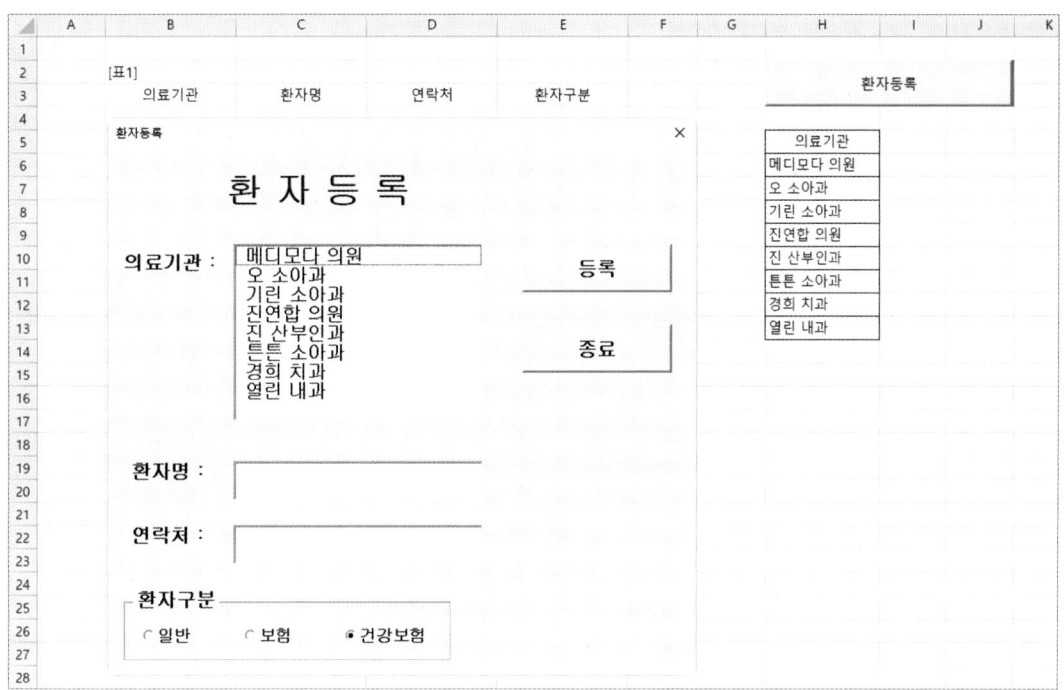

정답 & 해설 : 스프레드시트 실전 모의고사 07회

문제1 기본작업

1 고급 필터

정답

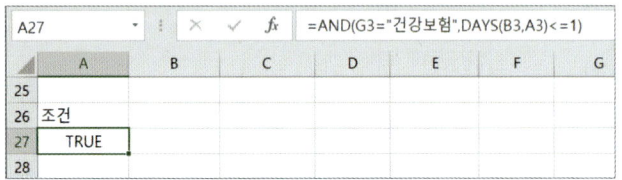

① [A26:A27] 영역에 '조건'을 입력한다.

[A27] : =AND(G3="건강보험",DAYS(B3,A3)<=1)

함수 설명) DAYS(B3,A3)<=1

진료일자와 조제일자가 같은 경우에 DAYS함수의 결과는 0입니다. 조제일자가 1일이 많은 경우는 결과값이 1입니다. 따라서 <=1로 조건을 작성하면 0과 1에 해당한 값을 찾아서 추출할 수 있습니다. 참고로, 진료일자보다 조제일자가 더 빠를 수 없기에 - 결과값이 나올 수는 없습니다. 때문에 <=1로 작성합니다.

② [데이터]-[정렬 및 필터] 그룹에서 [고급]을 클릭한다.
③ [고급 필터]에서 다음과 같이 지정한 후 [확인]을 클릭한다.

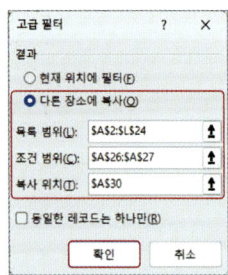

- 결과 : '다른 장소에 복사'
- 목록 범위 : [A2:L24]
- 조건 범위 : [A26:A27]
- 복사 위치 : [A30]

2 조건부 서식

정답

① [A3:L24] 영역을 범위 지정한 후 [홈]-[스타일] 그룹의 [조건부 서식]-[새 규칙]을 클릭한다.
② [새 서식 규칙]에서 '규칙 유형 선택'에 '▶ 수식을 사용하여 서식을 지정할 셀 결정'을 선택하고, =AND(MID($C3,3,1)="1",$K3>=3)를 입력한 후 [서식]을 클릭한다.

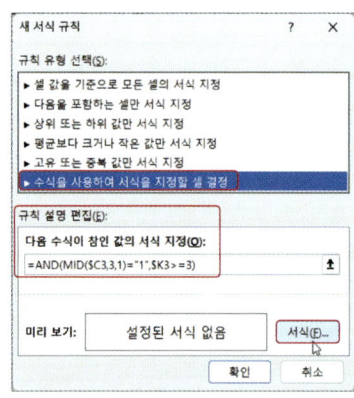

③ [셀 서식]의 [글꼴] 탭에서 글꼴 스타일은 '굵게'를 선택하고, 색은 '표준 색 - 파랑'을 선택한 후 [확인]을 클릭한다.
④ [새 서식 규칙]에서 다시 [확인]을 클릭한다.

문제2 계산작업

3 페이지 레이아웃

정답

① [A2:L24] 영역을 범위 지정한 후 [페이지 레이아웃]-[페이지 설정] 그룹의 [인쇄 영역]-[인쇄 영역 설정](🗔)을 클릭한다.

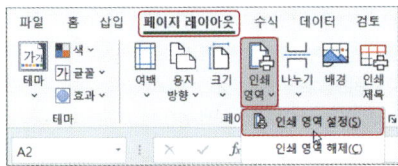

② [G2] 셀을 클릭한 후 [페이지 레이아웃]-[페이지 설정] 그룹의 [나누기]-[페이지 나누기 삽입]을 클릭한다.

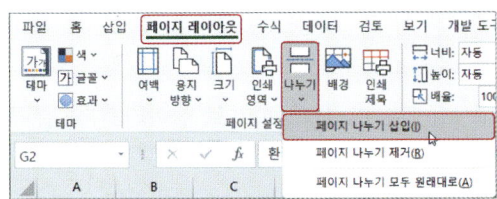

③ [페이지 레이아웃]-[페이지 설정] 그룹의 [인쇄 제목]을 클릭한다.

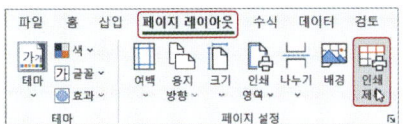

④ [시트] 탭에서 '반복할 열'을 선택한 후 열 머리글 D열을 클릭한다.

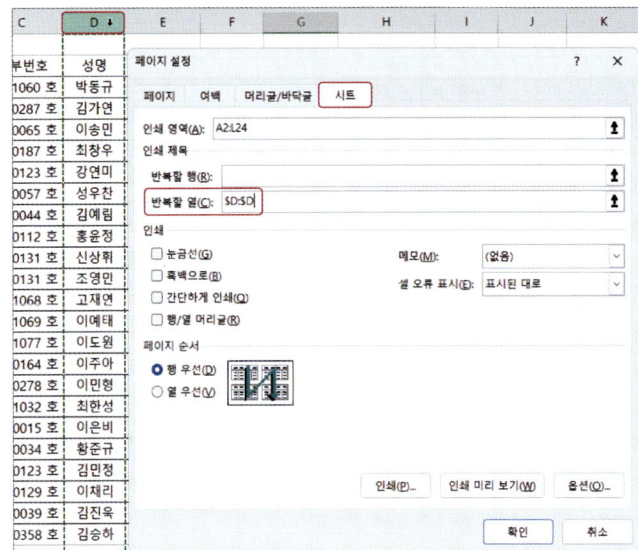

⑤ [여백] 탭에서 페이지 가운데 맞춤 '가로', '세로'를 체크한다.

⑥ [머리글/바닥글] 탭을 클릭하여 [바닥글 편집]을 클릭한다.

⑦ 가운데 구역에 커서를 두고 **총**을 입력하고 [전체 페이지 수 삽입](🗔)를 클릭하고 **페이지 중**을 입력하고 [페이지 번호 삽입](🗔)를 클릭하고 **페이지**를 입력하고 [확인]을 클릭하고, [페이지 설정]에서 [확인]을 클릭한다.

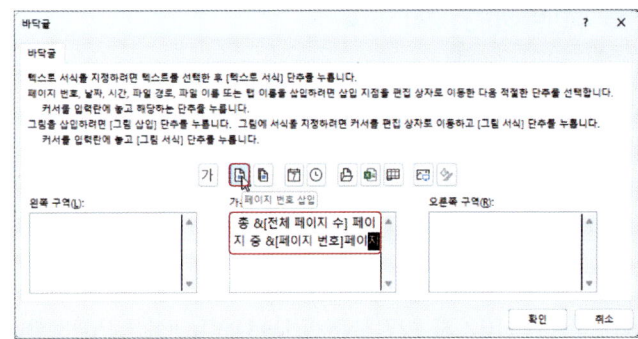

문제2 계산작업

정답

	A	B	C	D	E	F	G	H	I	J	K	L
1	[표1]											
2	조제일자	교부번호	성명	생년월일	성별	주민번호	환자구분	총투약일수	1일투여횟수	약제비총액	약품부담금	본인부담금
3	2025-01-15	제 01060 호	박동규	2008-11-29	남	081129-3******	건강보험	3	3	2,500	1,200원	2,250
4	2025-01-15	제 30287 호	김가연	2010-10-10	여	101010-4******	일반	14	1	15,000	1,800원	14,250
5	2025-01-15	제 10065 호	이송민	2015-02-09	남	150209-3******	보험	7	2	5,800	986원	5,800
6	2025-01-15	제 20187 호	최창우	2013-10-07	남	131007-3******	일반	3	3	2,800	1,200원	2,800
7	2025-01-16	제 30123 호	강연미	2009-03-05	여	090305-4******	건강보험	2	3	1,800	700원	1,620
8	2025-02-16	제 30057 호	성우찬	2014-04-12	남	140412-3******	보험	3	3	3,200	1,200원	3,200
9	2025-02-16	제 10044 호	김예림	2011-05-07	여	110507-4******	일반	2	3	1,900	700원	1,900
10	2025-02-18	제 20112 호	홍윤정	2013-06-04	여	130604-4******	건강보험	15	3	20,000	4,000원	14,000
11	2025-02-18	제 20131 호	신상휘	2016-03-27	남	160327-3******	보험	28	1	35,000	4,200원	33,250
12	2025-02-18	제 20131 호	조영민	2017-08-09	남	170809-3******	건강보험	28	3	48,000	9,600원	33,600
13	2025-03-18	제 01068 호	고재연	2009-11-21	남	091121-3******	일반	7	3	6,900	1,380원	6,900
14	2025-03-18	제 01069 호	이예태	2013-09-06	남	130906-3******	건강보험	3	3	2,800	1,200원	2,520
15	2025-03-19	제 01077 호	이도원	2012-09-07	여	120907-4******	건강보험	3	2	2,500	1,100원	2,250
16	2025-03-19	제 20164 호	이주아	2017-12-19	남	171219-3******	일반	10	1	12,000	1,440원	11,400
17	2025-04-19	제 20278 호	이민형	2015-05-20	남	150520-3******	건강보험	5	3	5,800	1,160원	5,220
18	2025-04-19	제 01032 호	최한성	2014-01-09	남	140109-3******	보험	7	3	8,700	1,740원	8,700
19	2025-04-19	제 30015 호	이은비	2013-06-19	여	130619-4******	건강보험	3	3	2,900	1,200원	2,610
20	2025-04-20	제 10034 호	황준규	2012-07-24	남	120724-3******	일반	2	3	2,100	700원	2,100
21	2025-05-20	제 20123 호	김민정	2013-06-09	여	130609-4******	보험	10	3	12,000	2,400원	11,400
22	2025-05-20	제 20129 호	이채리	2014-08-06	여	140806-4******	건강보험	14	3	18,000	3,600원	12,600
23	2025-05-20	제 10039 호	김진욱	2015-11-30	남	151130-3******	보험	3	3	3,200	1,200원	3,200
24	2025-05-20	제 40358 호	김승하	1981-04-07	여	810407-2******	일반	5	3	7,100	1,420원	7,100

	A	B	C	D	E	F	G	H	I
26	[표2] 환자구분별 이용현황					[표3] 조제월별 환자구분별 약제비총액 합계			
27	환자분류	이용현황				조제월	일반	보험	건강보험
28	일반	★★★★★★★				1월	17,800	5,800	4,300
29	보험	★★★★★★				2월	1,900	38,200	68,000
30	건강보험	★★★★★★★★★				3월	18,900	0	5,300
31						4월	2,100	8,700	8,700
32						5월	7,100	15,200	18,000

1 주민번호[F3:F24]

[F3] 셀에 =TEXT(D3,"YYMMDD-")&IF(E3="남",IF(YEAR(D3)>=2000,3,1),IF(YEAR(D3)>=2000,4,2))&"******"를 입력하고 [F24] 셀까지 수식을 복사한다.

2 약품부담금[K3:K24]

[K3] 셀에 =IFERROR(J3*VLOOKUP(H3,$K$27:$N$32,MATCH(I3,$L$27:$N$27,1)+1),VLOOKUP(H3,$K$27:$N$32,MATCH(I3,$L$27:$N$27,1)+1))를 입력하고 [K24] 셀까지 수식을 복사한다.

3 사용자 정의 함수(fn본인부담금)[L3:L24]

① [개발 도구]-[코드] 그룹의 [Visual Basic](圖)을 클릭한다.
② [삽입]-[모듈]을 클릭한다.
③ Module 창에 다음과 같이 입력한다.

```
Public Function fn본인부담금(환자구분, 약제비총액)
    If 약제비총액 >= 15000 And 환자구분 = "건강보험" Then
        fn본인부담금 = 약제비총액 - 약제비총액 * 0.3
    ElseIf 환자구분 = "건강보험" Then
        fn본인부담금 = 약제비총액 - 약제비총액 * 0.1
    ElseIf 약제비총액 >= 10000 Then
        fn본인부담금 = 약제비총액 - 약제비총액 * 0.05
    Else
        fn본인부담금 = 약제비총액
    End If
End Function
```

④ [파일]-[닫고 Microsoft Excel(으)로 돌아가기]를 클릭하여 [Visual Basic Editor]를 닫는다.
⑤ [L3] 셀을 클릭한 후 [함수 삽입](fx)을 클릭한다.
⑥ 범주 선택은 '사용자 정의', 함수 선택은 'fn본인부담금'을 선택한 후 [확인]을 클릭한다.

⑦ [함수 인수]에서 환자구분은 [G3], 약제비총액은 [J3]을
지정하고 [확인]을 클릭한다.

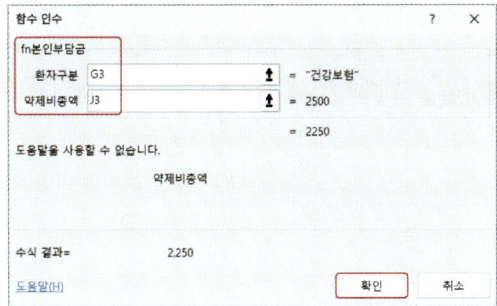

⑧ [L3] 셀을 선택한 후 [L24] 셀까지 수식을 복사한다.

4 이용현황[B28:B30]

[B28] 셀에 =REPT("★",COUNT(IF($G$3:$G$24=A28,
1)))를 입력하고 Ctrl+Shift+Enter를 누른 후에 [B30] 셀
까지 수식을 복사한다.

5 조제월별 환자구분별 합계[G28:I32]

[G28] 셀에 =SUM(IF((MONTH($A$3:$A$24)=$F28)*
($G$3:$G$24=G$27),$J$3:$J$24))를 입력하고 Ctrl+
Shift+Enter를 누른 후에 [I32] 셀까지 수식을 복사한다.

문제3 분석작업

1 피벗 테이블

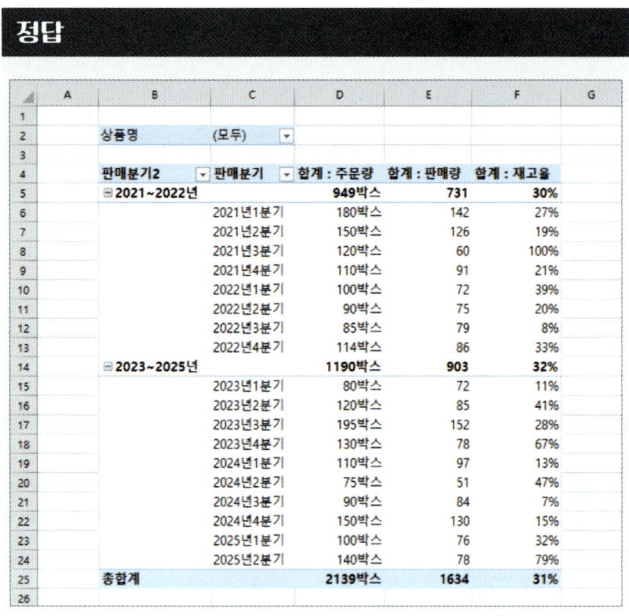

① [B4] 셀을 선택한 후 [데이터]-[데이터 가져오기 및 변환] 그룹의 [데이터 가져오기]-[기타 원본에서]-[Microsoft Query에서]를 클릭한다.
② [데이터 원본 선택]의 [데이터베이스] 탭에서 'MS Access Database *'를 선택하고 [확인]을 클릭한다.
③ '26컴활1급(기출)₩스프레드시트₩실전모의고사' 폴더에서 '건강보조식품.accdb'를 선택하고 [확인]을 클릭한다.
④ [열 선택]에서 <주문> 테이블을 더블클릭하여 '상품명', '판매분기', '주문량', '판매량'을 선택하고 [다음]을 클릭한다.

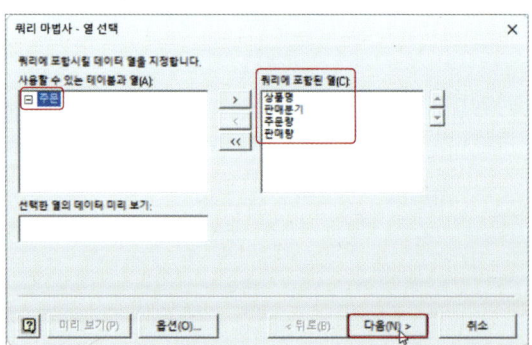

⑤ [데이터 필터]와 [정렬 순서]에서는 설정 없이 [다음]을 클릭한다.
⑥ [마침]에서 'Microsoft Excel(으)로 데이터 되돌리기'를 선택하고 [마침]을 클릭한다.
⑦ [데이터 가져오기]에서 '피벗 테이블 보고서'를 선택한 다음, '기존 워크시트'는 [B4] 셀을 지정하고 [확인]을 클릭한다.

⑧ 오른쪽의 [피벗 테이블 필드]에서 다음과 같이 지정한다.

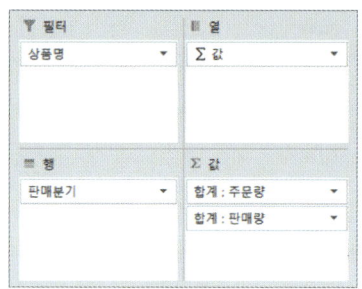

⑨ [디자인]-[레이아웃] 그룹의 [보고서 레이아웃]-[개요 형식으로 표시]를 클릭한다.
⑩ [피벗 테이블 분석]-[계산] 그룹의 [필드, 항목 및 집합]-[계산 필드]를 클릭한다.
⑪ [계산 필드 삽입]에서 '이름'에 **재고율**, '수식'에 **=(주문량-판매량)/판매량**을 입력하고 [추가]를 클릭하고 [확인]을 클릭한다.

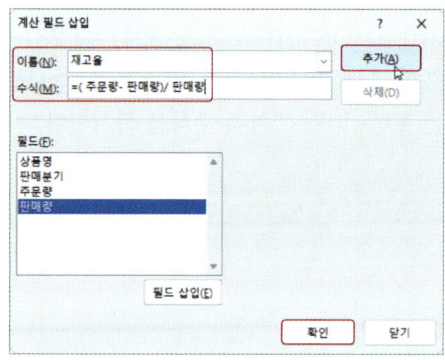

⑫ 합계 : 재고율[E4]에서 마우스 오른쪽 버튼을 눌러 [값 필드 설정]을 클릭한 후 [표시 형식]을 클릭한다.
⑬ [표시 형식]에서 '백분율'을 선택하고 [확인]을 클릭하고 [값 필드 설정]에서 [확인]을 클릭한다.
⑭ 합계 : 주문량[C4]에서 마우스 오른쪽 버튼을 눌러 [값 필드 설정]을 클릭한 후 [표시 형식]을 클릭한 후 '사용자 지정'을 선택하고 **#"박스"**를 입력한 후 [확인]을 클릭하고 [값 필드 설정]에서 [확인]을 클릭한다.

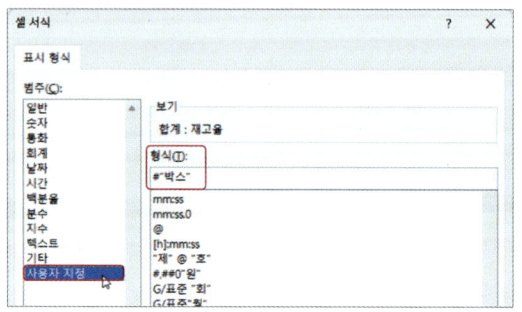

⑮ [B5:B12] 영역을 범위 지정한 후 마우스 오른쪽 버튼을 눌러 [그룹]을 클릭한다.

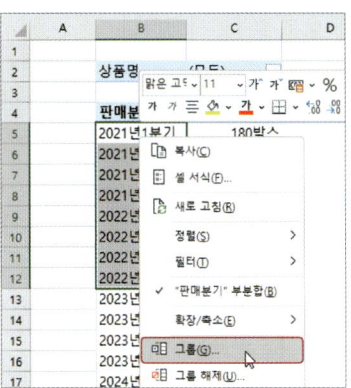

⑯ [B14:B33] 영역을 범위 지정한 후 마우스 오른쪽 버튼을 눌러 [그룹]을 클릭한다.

⑰ [B5] 셀에 2021~2022년, [B14] 셀에 2023~2025년을 입력한다.

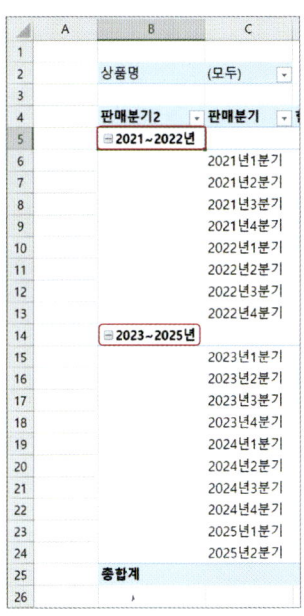

⑱ [디자인]-[레이아웃] 그룹의 [부분합]-[그룹 상단에 모든 부분합 표시]를 클릭한다.

2 데이터 도구

정답

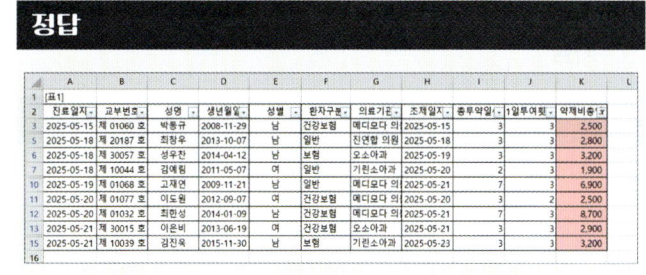

① [B2] 셀을 클릭한 후 [데이터]-[데이터 도구] 그룹의 [중복된 항목 제거](🗐)를 클릭하여 [모두 선택 취소]를 클릭한 후 '진료일자', '조제일자'만 선택하고 [확인]을 클릭한다.

② 메시지가 표시되면 [확인]을 클릭한다.

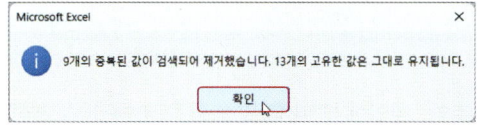

③ [K3:K15] 영역을 범위 지정한 후 [홈]-[스타일] 그룹의 [조건부 서식]-[상위/하위 규칙]-[평균 미만]을 클릭한다.

④ [평균 미만]에서 적용할 서식은 '연한 빨강 채우기'를 선택하고 [확인]을 클릭한다.

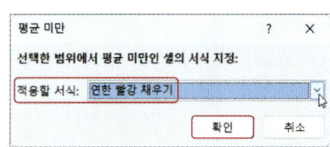

⑤ [데이터]-[정렬 및 필터] 그룹에서 [필터](▽)를 클릭한다.

⑥ 약제비총액[K2] 셀의 목록 단추(▼)를 클릭하여 [색 기준 필터]를 클릭하여 [셀 색 기준 필터]를 클릭한다.

문제4 기타작업

1 차트

정답

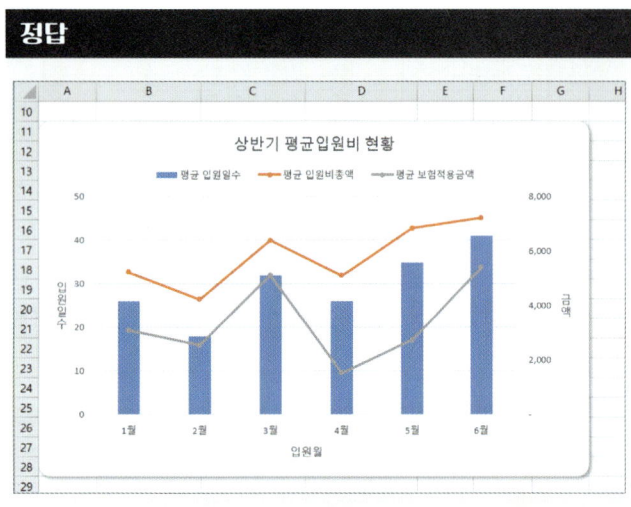

① '평균 입원비총액' 계열에서 마우스 오른쪽 버튼을 클릭한 후 [계열 차트 종류 변경]을 클릭한다.

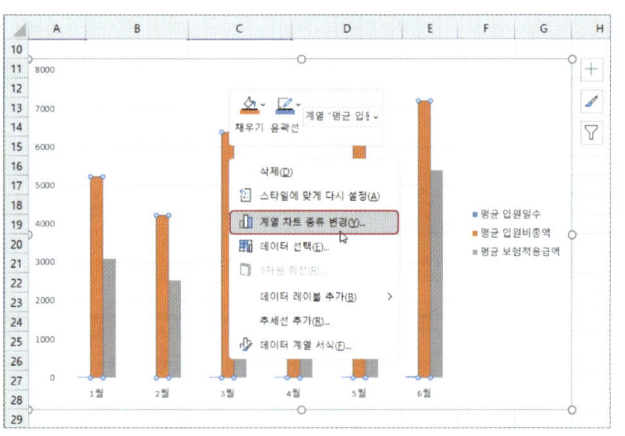

② [차트 종류 변경]에서 '평균 입원비총액' 계열을 선택한 후 '꺾은선형'의 '표식이 있는 꺾은선형'을 선택한다.

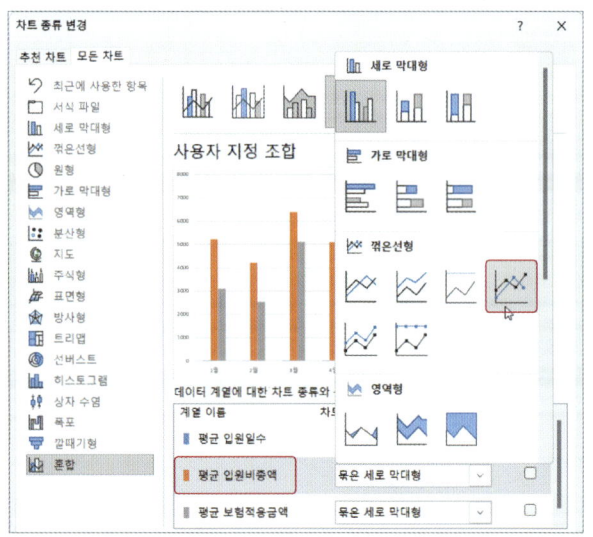

③ '평균 입원비총액' 계열에 '보조 축'을 선택한다.

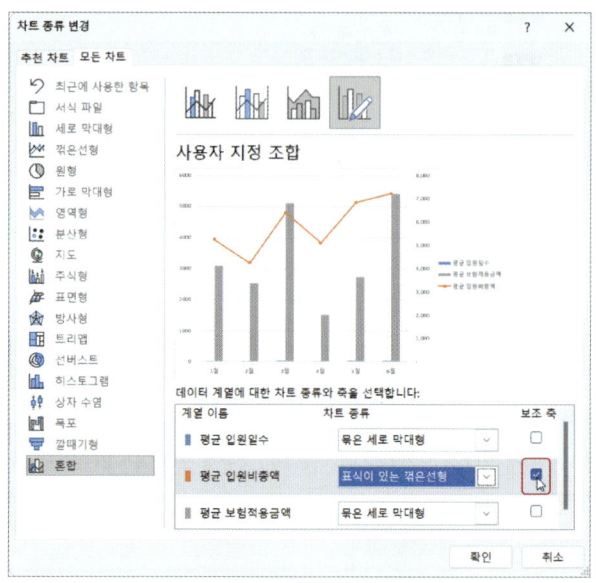

④ 같은 방법으로 '평균 보험적용금액' 계열도 '표식이 있는 꺾은선형'으로 바꾼 후 '보조 축'으로 지정한다.

⑤ 차트를 선택하고, [차트 요소]()-[차트 제목]을 클릭하여 **상반기 평균입원비 현황**을 입력한다.

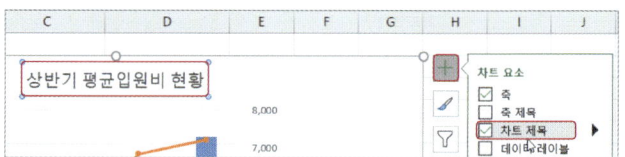

⑥ [차트 요소]()-[축 제목]-[기본 세로]를 클릭하여 **입원일수**를 클릭한다.

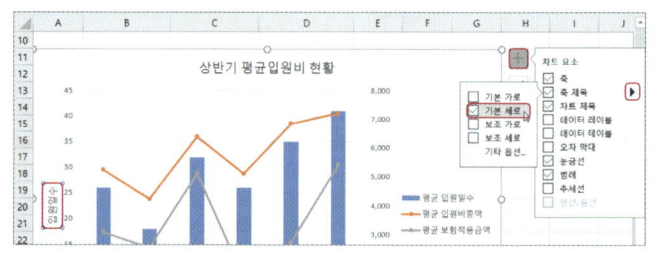

⑦ 세로 (값) 축 제목을 선택한 후 [축 제목 서식] 메뉴를 클릭한 후 [크기 및 속성]의 '맞춤'에서 텍스트 방향 '세로'로 선택한다.

⑧ [차트 요소]()-[축 제목]-[보조 세로]를 클릭하여 **금액**을 입력한다.

⑨ 보조 세로 (값) 축 제목을 선택한 후 [크기 및 속성]의 '맞춤'에서 텍스트 방향 '세로'로 선택한다.

⑩ [차트 요소]()-[축 제목]-[기본 가로]를 클릭하여 **입원월**을 입력한다.

⑪ 세로 (값) 축을 선택한 후 '축 옵션'에서 단위의 기본은 10을 입력한다.

⑫ 보조 세로 (값) 축을 선택한 후 '축 옵션'에서 단위의 기본은 2000을 입력한다.

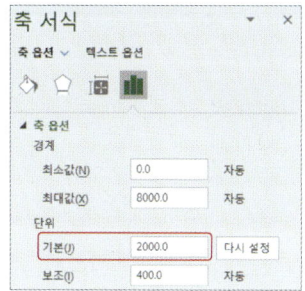

⑬ [차트 요소](⊞)-[범례]-[위쪽]을 클릭한다.
⑭ 차트 영역을 선택한 후 [채우기 및 선]에서 '테두리'의 '둥근 모서리'를 체크하고, [효과]에서 '그림자'에서 '오프셋 : 오른쪽 아래'를 선택하고 [닫기]를 클릭한다.

2 매크로

정답

① 비어 있는 셀을 클릭한 후 [개발 도구]-[코드] 그룹의 [매크로 기록](📷)을 클릭한다.
② [매크로 기록]에 **숫자서식**을 입력하고 [확인]을 클릭한다.

③ [D6:E26] 영역을 범위 지정한 후 Ctrl+1을 눌러 [표시 형식] 탭의 '사용자 지정'을 선택한 후 [파랑][>=120]0;[빨강][<60]0;0을 입력하고 [확인]을 클릭한다.

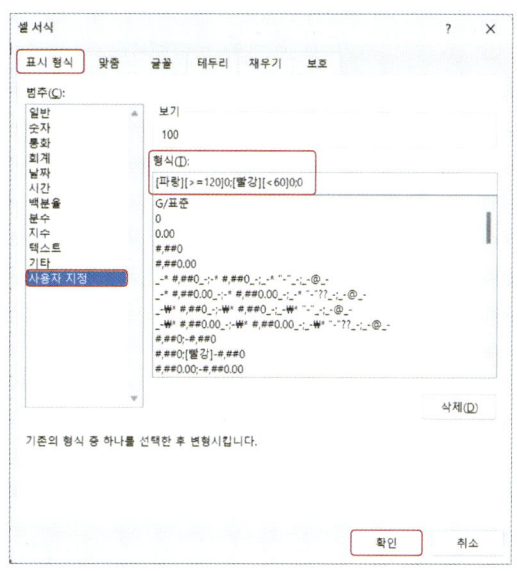

④ [개발 도구]-[코드] 그룹의 [기록 중지](□)를 클릭한다.
⑤ [개발 도구]-[컨트롤] 그룹의 [삽입]-[단추(양식 컨트롤)](□)을 클릭한다.
⑥ 마우스 포인터가 '+'로 바뀌면 [B2:C3] 영역에 Alt를 누른 상태에서 드래그하면 [매크로 지정] 대화상자가 나타난다.
⑦ [매크로 지정]에 **숫자서식**을 선택하고 [확인]을 클릭한다.
⑧ 단추에 입력된 '단추 1'을 지우고 **숫자서식**을 입력한다.
⑨ 비어 있는 셀을 클릭한 후 [개발 도구]-[코드] 그룹의 [매크로 기록](📷)을 클릭한다.
⑩ [매크로 기록]에 **일반**을 입력하고 [확인]을 클릭한다.
⑪ [D6:E26] 영역을 범위 지정한 후 Ctrl+1을 눌러 [표시 형식] 탭의 '일반'을 선택하고 [확인]을 클릭한다.
⑫ [개발 도구]-[코드] 그룹의 [기록 중지](□)를 클릭한다.
⑬ [개발 도구]-[컨트롤] 그룹의 [삽입]-[단추(양식 컨트롤)](□)을 클릭한다.
⑭ 마우스 포인터가 '+'로 바뀌면 [D2:E3] 영역에 Alt를 누른 상태에서 드래그한다.
⑮ [매크로 지정]에 **일반**을 선택하고 [확인]을 클릭한다.
⑯ 단추에 입력된 '단추 2'를 지우고 **일반**을 입력한다.

3 VBA 프로그래밍

(1) 폼 보이기

① [개발 도구]-[컨트롤] 그룹에서 [디자인 모드]()를 클릭하여 〈환자등록〉 버튼을 편집 상태로 만든다.
② 〈환자등록〉 버튼을 더블클릭한 후 코드 창에 다음과 같이 입력한다.

```
Private Sub cmd환자등록_Click()
    환자등록.Show
End Sub
```

(2) 폼 초기화

① [프로젝트-VBAProject] 탐색기에서 '폼'을 더블 클릭하고 〈환자등록〉을 선택한다.
② [프로젝트-VBAProject] 탐색기의 [코드 보기]()를 클릭한다.
③ '개체 목록'은 'UserForm', '프로시저 목록'은 'Initialize'를 선택한다.
④ 코드 창에 다음과 같이 입력한다.

```
Private Sub UserForm_Initialize()
    lst의료기관.RowSource = "H6:H13"
    opt건강보험 = True
End Sub
```

(3) 등록 프로시저

① '개체 목록'에서 'cmd등록', '프로시저 목록'은 'Click'을 선택한다.
② 코드 창에 다음과 같이 입력한다.

```
Private Sub cmd등록_Click()
    i = Range("B3").CurrentRegion.Rows.Count + 2
    iRow = lst의료기관.ListIndex
    Cells(i, 2) = lst의료기관.List(iRow, 0)
    Cells(i, 3) = txt환자명
    Cells(i, 4) = txt연락처
    If opt일반 = True Then
        Cells(i, 5) = "일반"
    ElseIf opt보험 = True Then
        Cells(i, 5) = "보험"
    Else
        Cells(i, 5) = "건강보험"
    End If
End Sub
```

(4) 종료 프로시저

① '개체 목록'에서 'cmd종료', '프로시저 목록'은 'Click'을 선택한다.
② 코드 창에 다음과 같이 입력한다.

```
Private Sub cmd종료_Click()
    [H5] = "의료기관"
    Unload Me
End Sub
```

스프레드시트 실전 모의고사 08회

작업파일 : '26컴활1급(기출)₩스프레드시트₩실전모의고사'에서 '실전모의고사8회' 파일을 열어 작업하세요.

문제1 기본작업(15점) 주어진 시트에서 다음 과정을 수행하고 저장하시오.

1 '기본작업-1' 시트에서 다음과 같이 고급 필터를 수행하시오. (5점)

- ▶ [A2:I22] 영역에서 '계약일'의 연도가 2010 이후이고, '병원비'가 '병원비'의 상위 10위보다 큰 행만을 표시하시오.
- ▶ 조건은 [A24:A25] 영역에 알맞게 입력하시오(AND, LARGE, YEAR 함수 사용).
- ▶ 결과는 [A27] 셀부터 표시하시오.

2 '기본작업-1' 시트의 [A3:I22] 영역에 대해 다음과 같이 조건부 서식을 설정하시오. (5점)

- ▶ '관계'가 "본인"이 아니고, '병원비'가 '병원비'의 평균을 초과하는 전체 행에 대해서 글꼴 스타일은 '굵은 기울임꼴', 글꼴 색은 '표준 색 – 파랑'으로 적용하는 조건부 서식을 작성하시오.
- ▶ 단, 규칙 유형은 '수식을 사용하여 서식을 지정할 셀 결정'을 사용하고, 한 개의 규칙으로만 작성하시오.
- ▶ AND, AVERAGE 함수 사용

3 '기본작업-2' 시트에서 다음과 같이 페이지 레이아웃을 설정하시오. (5점)

- ▶ 인쇄될 내용이 페이지의 정 가운데에 인쇄되도록 페이지 가운데 맞춤을 설정하시오.
- ▶ 매 페이지 상단의 왼쪽 구역에는 인쇄 시간이 [표시 예]와 같이 표시되도록 머리글을 설정하시오.
  [표시 예 : 인쇄 시간이 오후 3:30 이면 → 출력 시간 : 3:30 PM]
- ▶ [A2:I22] 영역을 인쇄 영역으로 설정하고, 용지 방향을 '가로'로 설정하고, 용지 여백을 '좁게(위쪽, 아래쪽 : 1.91cm, 왼쪽, 오른쪽 : 0.64cm, 머리글, 바닥글 : 0.76cm)로 설정하시오.

문제2 계산작업(30점) '계산작업' 시트에서 다음 과정을 수행하고 저장하시오.

1 [표1]의 피보험자를 이용하여 [B3:B22] 영역에 계약자를 계산하여 표시하시오. (6점)

- ▶ 피보험자의 가운데 글자를 "*"로 변경하고 뒤에 "가족"을 표시
- ▶ 피보험자가 "이도원" 일 경우 표시 예 : 이*원 가족
- ▶ CONCAT, MID, SUBSTITUTE 함수 사용

2 [표1]의 보험명, 병원구분, 병원비, 입원일과 [표2]를 이용하여 [J3:J22] 영역에 보험금지급을 계산하여 표시하시오. (6점)

- ▶ 보험금지급 = (입원일 −3) × 입원비특약 + 추가지급액
- ▶ 추가지급액은 보험명[D3:D22]이 '(실비)'로 끝나면 병원비를 병원구분[F3:F22]과 [표2]의 공제액표를 참조하여 금액을 추출한 병원비[G3:G22]에서 금액을 뺀 금액
- ▶ IF, VLOOKUP, RIGHT 함수 이용

3 사용자 정의 함수 'fn보상금'을 작성하여 [표1]의 [K3:K22] 영역에 보상금을 계산하여 표시하시오. (6점)

- ▶ 'fn보상금'은 관계와 병원비를 인수로 받아 보상금을 계산하는 함수이다.
- ▶ 보상금은 관계가 '본인' 또는 '배우자'이면 병원비의 90%, 그 외는 병원비의 50%로 계산하시오.

```
Public Function fn보상금(관계, 병원비)
End Function
```

4 [표1]의 관계와 병원 구분을 이용하여 [표3]의 [B26:E30] 영역에 관계별 병원 구분별 보험건수를 계산하여 표시하시오. (6점)

- ▶ 보험건수 뒤에 "건"을 표시하되, 값이 0일 때 0 표시 [표시 예 : 0 건]
- ▶ TEXT, SUM 함수를 사용한 배열 수식으로 작성

5 [표1]의 병원비를 이용하여 [표4]의 [G26] 셀에 병원비가 병원비의 30번째 백분위수보다 큰 값들의 평균을 계산하여 표시하시오. (6점)

- ▶ IF, AVERAGE, PERCENTILE.INC 함수를 사용한 배열 수식으로 작성

문제3 분석작업(20점) 주어진 시트에서 다음 과정을 수행하고 저장하시오.

1 '분석작업-1' 시트에서 다음의 지시사항에 따라 피벗 테이블 보고서를 작성하시오. (10점)

▶ 외부 데이터 원본으로 〈보험료청구.csv〉의 데이터를 사용하시오.
- 원본 데이터는 구분 기호 쉼표(,)로 분리되어 있으며, 내 데이터에 머리글을 표시하시오.
- '병원비', '계약일', '병원구분' 열만 가져와 데이터 모델에 이 데이터를 추가하시오.

▶ 피벗 테이블 보고서의 레이아웃과 위치는 〈그림〉을 참조하여 설정하고, 보고서 레이아웃을 개요 형식으로 표시하시오.
▶ '계약일'을 기준으로 〈그림〉과 같이 그룹을 설정하시오.
▶ '병원비' 필드 표시 형식은 값 필드 설정의 셀 서식에서 '숫자' 범주를 이용하여 '천 단위 콤마(,)'를 지정하시오.
▶ 피벗 테이블 스타일은 '흰색, 피벗 스타일 밝게 23', 피벗 테이블 스타일 옵션은 '행 머리글', '열 머리글', '줄무늬 행'을 설정하시오.
▶ 빈 셀은 '※'로 표시하고, 레이블이 있는 셀은 병합하고 가운데 맞춤되도록 설정하시오.

	A	B	C	D	E	F	G	H	I
1									
2									
3									
4		합계: 병원비		병원 구분 ▼					
5		계약일(연도) ▼	계약일 ▼	병원	의원	종합병원	종합전문요양기관	총합계	
6		⊞1996		※	※	※	2,540,000	2,540,000	
7		⊞1999		65,000	※	※	※	65,000	
8		⊞2000		※	48,000	※	※	48,000	
9		⊞2003		※	※	985,700	※	985,700	
10		⊞2005		※	※	1,697,000	※	1,697,000	
11		⊞2007		89,000	※	※	3,390,000	3,479,000	
12		⊞2009		108,000	※	※	※	108,000	
13		⊞2012		78,000	55,000	※	※	133,000	
14		⊞2013		98,000	※	2,078,000	※	2,176,000	
15		⊞2014		※	73,500	190,000	1,989,400	2,252,900	
16		⊞2015		※	※	289,700	※	289,700	
17		총합계		438,000	176,500	5,240,400	7,919,400	13,774,300	
18									

※ 작업 완성된 그림이며 부분점수 없음

2 '분석작업-2' 시트에 대하여 다음의 지시사항을 처리하시오. (10점)

▶ 데이터 도구를 이용하여 [표1]에서 '관계', '병원 구분' 열을 기준으로 중복된 값이 입력된 셀을 포함하는 행을 삭제하시오.
▶ 조건부 서식의 셀 강조 규칙을 이용하여 [H3:H16] 영역의 중복 값에 대해 '진한 노랑 텍스트가 있는 노랑 채우기' 서식이 적용되도록 설정하시오.
▶ 필터 도구를 이용하여 [표1]의 '입원일' 필드에서 '진한 노랑 텍스트가 있는 노랑 채우기' 색을 기준으로 필터링 하시오.

문제4 　기타작업(35점)　주어진 시트에서 다음 과정을 수행하고 저장하시오.

1 '기타작업-1' 시트에서 다음의 지시사항에 따라 차트를 수정하시오. (각 2점)

※ 차트는 반드시 문제에서 제공한 차트를 사용하여야 하며, 신규로 차트 작성 시 0점 처리됨

① 차트 종류를 '누적 세로 막대형'으로 변경한 후 '신경외과' 계열의 차트 종류를 '표식이 있는 꺾은선형'으로 변경하고 보조 축으로 지정하시오.
② 차트 제목을 〈그림〉과 같이 설정하고, 범례 위치를 '위쪽'으로 지정하시오.
③ 데이터 레이블을 〈그림〉과 같이 설정하시오.
④ 보조 세로(값) 축을 최소값 10, 최대값 60, 기본 단위 10으로 설정하시오.
⑤ 차트 영역의 테두리 스타일은 '둥근 모서리', 그림자는 '오프셋 : 가운데'로 표시하시오.

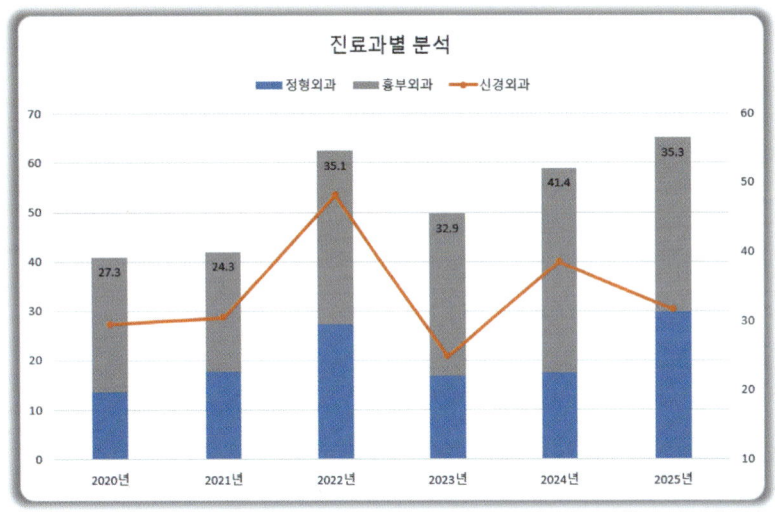

2 '기타작업-2' 시트에서 다음과 같은 기능을 수행하는 매크로를 현재 통합문서에 작성하시오. (각 5점)

① [G6:G11] 영역에 대하여 사용자 지정 표시 형식을 설정하는 '서식' 매크로를 생성하시오.
　▶ 양수일 때 파랑색으로 기호 없이 소수점 이하 첫째 자리까지 표시, 음수일 때 빨강색으로 기호 없이 소수점 이하 첫째 자리까지 표시, 0일 때 검정색으로 "◆" 기호만 표시
　▶ [개발 도구]-[삽입]-[양식 컨트롤]의 '단추'(□)를 동일 시트의 [B2:C3] 영역에 생성한 후 텍스트를 '서식'으로 입력하고, 단추를 클릭하면 '서식' 매크로가 실행되도록 설정하시오.
② [D6:F11] 영역에 대하여 조건부 서식을 적용하는 '그래프보기' 매크로를 생성하시오.
　▶ 규칙 유형은 '셀 값을 기준으로 모든 셀의 서식 지정'으로 선택하고, 서식 스타일 '데이터 막대', 최소값은 백분위수 10, 최대값은 백분위수 90으로 설정하시오.
　▶ 막대 모양은 채우기를 '그라데이션 채우기', 색을 '표준 색 - 녹색'으로 설정하시오.
　▶ [개발 도구]-[삽입]-[양식 컨트롤]의 '단추'(□)를 동일 시트의 [E2:F3] 영역에 생성한 후 텍스트를 '그래프보기'로 입력하고, 단추를 클릭하면 '그래프보기' 매크로가 실행되도록 설정하시오.
　※ 셀 포인터의 위치에 관계없이 매크로가 실행되어야 정답으로 인정됨

3 '기타작업-3' 시트에서 다음과 같은 작업을 수행하고 저장하시오. (각 5점)

① 〈보험입력〉 버튼을 클릭하면 〈보험입력〉 폼이 나타나도록 설정하시오.
② 폼이 초기화되면 [I6:I15] 영역의 내용이 '보험분류(cmb보험분류)' 콤보 상자의 목록에 표시되고, [J5:K9] 영역의 내용이 '구분/공제액(lst공제액)' 목록 상자의 목록에 표시되도록 프로시저를 작성하시오.
  ▶ 각 목록의 첫 번째 항목이 선택되도록 지정하시오.
③ 〈보험입력〉 폼의 〈입력(cmd입력)〉 버튼을 클릭하면 폼에 입력된 데이터가 시트의 표에 입력되도록 프로시저를 작성하시오.
  ▶ ListIndex와 List 속성을 이용하시오.
  ▶ '병원비(txt병원비)'를 입력하지 않았거나 입력한 값이 0이면 메시지 박스를 표시하시오.

  ▶ 청구금액은 병원비에서 공제액을 뺀 금액이 0 보다 작을 때 '0'을 표시하고, 0 이상일 때에는 '병원비 – 공제액'으로 계산하여 표시하시오.
  ▶ '입력일' 필드에는 오늘의 날짜를 입력하시오.

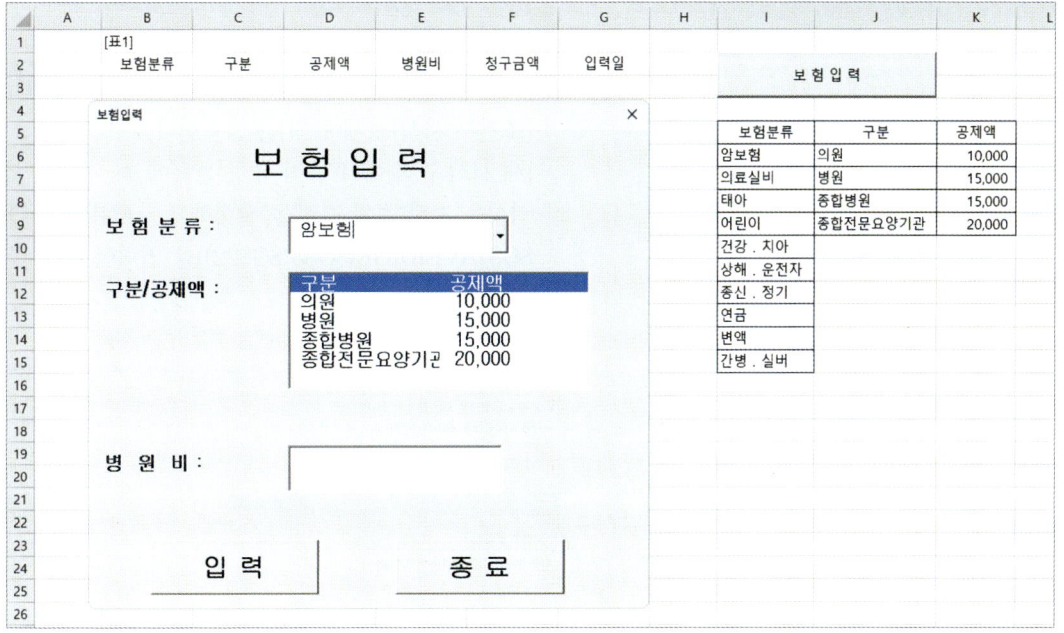

정답 & 해설 — 스프레드시트 실전 모의고사 08회

문제1 기본작업

1 고급 필터

정답

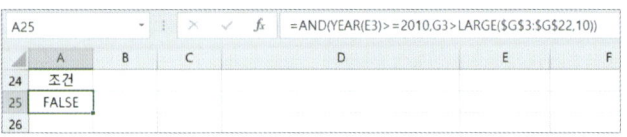

① [A24:A25] 영역에 '조건'을 입력한다.

[A25] : =AND(YEAR(E3)>=2010,G3>LARGE($G$3:$G$22,10))

② [데이터]-[정렬 및 필터] 그룹에서 [고급]을 클릭한다.
③ [고급 필터]에서 다음과 같이 지정한 후 [확인]을 클릭한다.

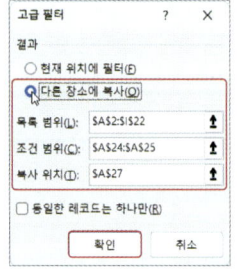

- 결과 : '다른 장소에 복사'
- 목록 범위 : [A2:I22]
- 조건 범위 : [A24:A25]
- 복사 위치 : [A27]

2 조건부 서식

정답

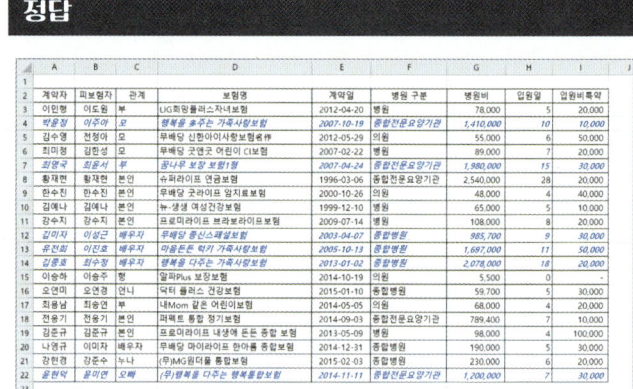

① [A3:I22] 영역을 범위 지정한 후 [홈]-[스타일] 그룹의 [조건부 서식]-[새 규칙]을 클릭한다.
② [새 서식 규칙]에서 '규칙 유형 선택'에 '▶ 수식을 사용하여 서식을 지정할 셀 결정'을 선택하고, =AND($C3<>"본인", $G3>AVERAGE($G$3:$G$22))를 입력한 후 [서식]을 클릭한다.

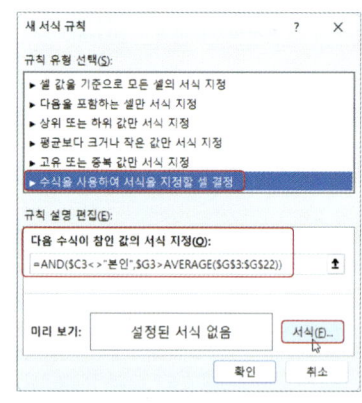

③ [셀 서식]의 [글꼴] 탭에서 글꼴 스타일은 '굵은 기울임꼴'을 선택하고, 색은 '표준 색 – 파랑'을 선택한 후 [확인]을 클릭한다.
④ [새 서식 규칙]에서 다시 [확인]을 클릭한다.

3 페이지 레이아웃

정답

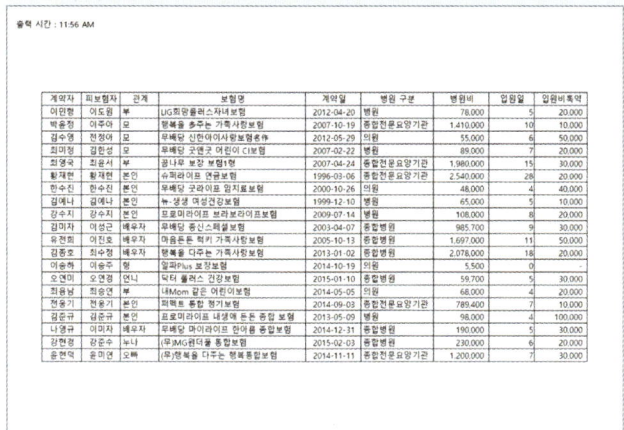

⑦ 왼쪽 구역에 커서를 두고 **출력 시간 :** 을 입력하고 [시간 삽입](⧗)을 클릭한 후 [확인]을 클릭하고 [페이지 설정]에서 [확인]을 클릭한다.

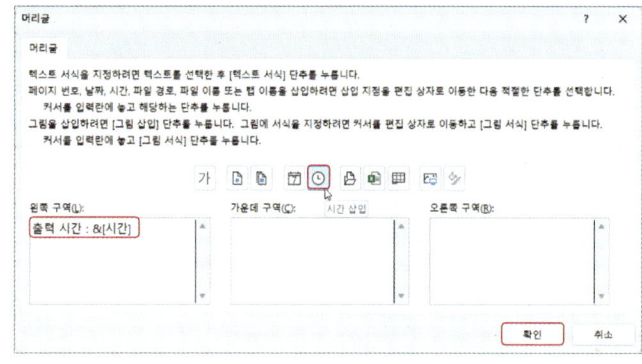

① [A2:I22] 영역을 범위 지정한 후 [페이지 레이아웃]-[페이지 설정] 그룹의 [인쇄 영역]-[인쇄 영역 설정](□)을 클릭한다.

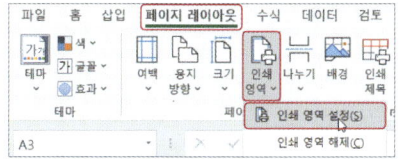

② [페이지 레이아웃]-[페이지 설정] 그룹의 [여백]-[좁게]를 클릭한다.
③ [페이지 레이아웃]-[페이지 설정] 그룹의 [용지 방향]-[가로]를 클릭한다.
④ [페이지 레이아웃]-[페이지 설정] 그룹에서 [옵션](□)을 클릭한다.

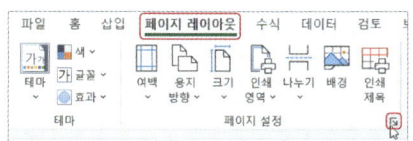

⑤ [여백] 탭에서 페이지 가운데 맞춤 '가로', '세로'를 체크한다.
⑥ [머리글/바닥글] 탭을 클릭하여 [머리글 편집]을 클릭한다.

문제2 계산작업

정답

	A	B	C	D	E	F	G	H	I	J	K
1	[표1]										
2	피보험자	계약자	관계	보험명	계약일	병원구분	병원비	입원일	입원비특약	보험금지급	보상금
3	이도원	이*원 가족	부	LIG희망플러스자녀보험(실비)	2012-04-20	병원	78,000	5	20,000	103,000	39,000
4	이주아	이*아 가족	모	행복을 주주는 가족사랑보험(실비)	2007-10-19	종합전문요양기관	1,410,000	10	10,000	1,460,000	705,000
5	전정아	전*아 가족	모	무배당 신한아이사랑보험忝作	2012-05-29	의원	55,000	6	50,000	150,000	27,500
6	김한성	김*성 가족	모	무배당 굿앤굿 어린이 CI보험(실비)	2007-02-22	병원	89,000	7	20,000	154,000	44,500
7	최유서	최*서 가족	부	꿈나무 보장 보험1형	2007-04-24	종합전문요양기관	1,980,000	15	30,000	360,000	990,000
8	황재현	황*현 가족	본인	슈퍼라이프 연금보험	1996-03-06	종합전문요양기관	2,540,000	28	20,000	500,000	2,286,000
9	한수진	한*진 가족	모	무배당 굿라이프 암치료보험	2000-10-26	의원	48,000	4	40,000	40,000	43,200
10	김예나	김*나 가족	본인	뉴-생생 여성건강보험	1999-12-10	병원	65,000	5	10,000	20,000	58,500
11	강수지	강*지 가족	본인	프로마이프 브라보라이프보험(실비)	2009-07-14	병원	108,000	8	20,000	193,000	97,200
12	이성근	이*근 가족	배우자	무배당 동신스페셜보험	2003-04-07	종합병원	985,700	9	30,000	180,000	887,130
13	이진호	이*호 가족	배우자	마음든든 럭키 가족사랑보험	2005-10-13	종합병원	1,697,000	11	50,000	400,000	1,527,300
14	최수정	최*정 가족	배우자	행복을 다주는 가족사랑보험(실비)	2013-01-02	종합병원	2,078,000	18	20,000	2,363,000	1,870,200
15	이승주	이*주 가족	가족	알파Plus 보장보험(실비)	2014-10-19	의원	12,000	0	-	2,000	6,000
16	오연경	오*경 가족	가족	닥터 플러스 건강보험	2015-01-10	종합병원	59,700	5	30,000	104,700	29,850
17	최승연	최*연 가족	부	내Mom 같은 어린이보험	2014-05-05	의원	68,000	4	20,000	20,000	34,000
18	전웅기	전*기 가족	본인	퍼펙트 통합 정기보험	2014-09-03	종합전문요양기관	789,400	7	10,000	40,000	710,460
19	김준규	김*규 가족	본인	프로마이프 내생애 든든 종합 보험(실비)	2013-05-09	병원	98,000	4	100,000	183,000	88,200
20	이미자	이*자 가족	배우자	프로마이프 마이러이프 한아름 종합보험(실비)	2014-12-31	종합병원	190,000	5	30,000	235,000	171,000
21	강준수	강*수 가족	가족	(무)MG원더풀 종합보험	2015-02-03	종합병원	230,000	6	20,000	60,000	115,000
22	윤미연	윤*연 가족	가족	(무)행복을 다주는 행복통합보험	2014-11-11	종합전문요양기관	1,200,000	7	30,000	120,000	600,000

	A	B	C	D	E	F	G	H	I	J	K
24	[표3]						[표4]				
25	관계	의원	병원	종합전문요양기관	종합병원		병원비가 30번째 백분위수보다 큰 평균				
26	부	1건	1건	1건	0건		962,364				
27	모	1건	1건	1건	0건						
28	본인	1건	3건	2건	0건						
29	배우자	0건	0건	0건	4건						
30	가족	1건	0건	1건	2건						

1 계약자[B3:B22]

[B3] 셀에 =CONCAT(SUBSTITUTE(A3,MID(A3,2,1), "*")," 가족")를 입력하고 [B22] 셀까지 수식을 복사한다.

2 보험금지급[J3:J22]

[J3] 셀에 =(H3-3)*I3+IF(RIGHT(D3,4)="(실비)",G3-VLOOKUP(F3,$M$4:$N$7,2,0))를 입력하고 [J22] 셀까지 수식을 복사한다.

3 사용자 정의 함수(fn보상금)[K3:K22]

① [개발 도구]-[코드] 그룹의 [Visual Basic](圖)을 클릭한다.
② [삽입]-[모듈]을 클릭한다.
③ Module 창에 다음과 같이 입력한다.

```
Public Function fn보상금(관계, 병원비)
    If 관계 = "본인" Or 관계 = "배우자" Then
        fn보상금 = 병원비 * 0.9
    Else
        fn보상금 = 병원비 * 0.5
    End If
End Function
```

④ [파일]-[닫고 Microsoft Excel(으)로 돌아가기]를 클릭하여 [Visual Basic Editor]를 닫는다.
⑤ [K3] 셀을 클릭한 후 [함수 삽입](fx)을 클릭한다.
⑥ [함수 마법사]에서 범주 선택은 '사용자 정의', 함수 선택은 'fn보상금'을 선택한 후 [확인]을 클릭한다.

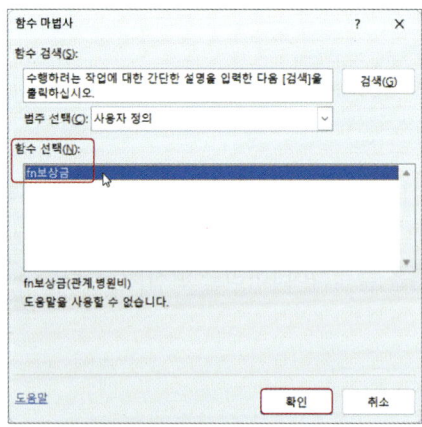

⑦ [함수 인수]에서 관계는 [C3], 병원비는 [G3]을 지정하고 [확인]을 클릭한다.

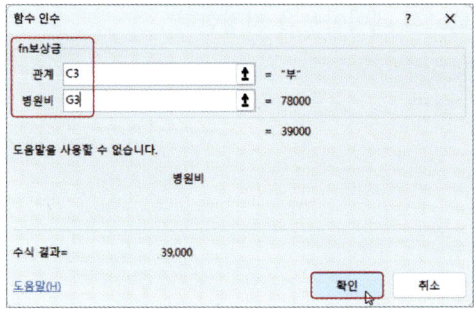

⑧ [K3] 셀을 선택한 후 [K22] 셀까지 수식을 복사한다.

4 관계별 병원 구분별 보험건수[B26:E30]

[B26] 셀에 =TEXT(SUM(($C$3:$C$22=$A26)*($F$3:$F$22=B$25)),"0 건")를 입력하고 Ctrl + Shift + Enter 를 누른 후에 [E30] 셀까지 수식을 복사한다.

5 병원비의 30번째 백분위수보다 큰 값들의 평균[G26]

[G26] 셀에 =AVERAGE(IF(G3:G22>PERCENTILE.INC(G3:G22,0.3),G3:G22))를 입력하고 Ctrl + Shift + Enter 를 누른다.

문제3 분석작업

1 피벗 테이블

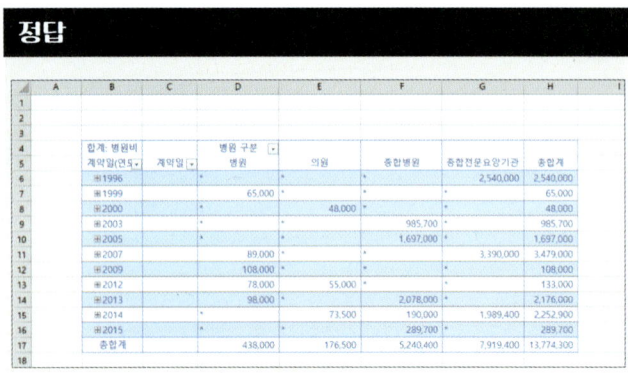

① [B4] 셀을 선택한 후 [삽입]-[표] 그룹의 [피벗 테이블] (□)을 클릭한다.
② [피벗 테이블 만들기]에서 '데이터 모델에 이 데이터 추가' 를 체크하고, '외부 데이터 원본 사용'에서 [연결 선택]을 클릭한다.
③ [기존 연결]에서 [더 찾아보기]를 클릭한 후 '26컴활1급 (기출)₩스프레드시트₩실전모의고사' 폴더에서 '보험료 청구.csv'를 선택하고 [열기]를 클릭한다.
④ [1단계]에서 '내 데이터에 머리글 표시'를 체크하고, '구분 기호로 분리됨'을 선택하고 [다음]을 클릭한다.
⑤ [2단계]에서 구분 기호 '쉼표'만 체크하고 [다음]을 클릭한다.
⑥ [3단계]에서 '계약일', '병원 구분', '병원비' 필드를 제외한 나머지 필드는 각각 클릭하여 '열 가져오지 않음(건너뜀)' 을 선택하고 [마침]을 클릭한다.

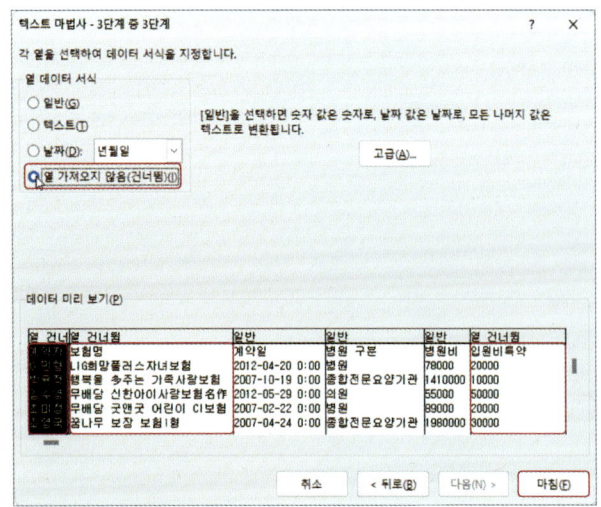

⑦ [피벗 테이블 만들기]에서 [확인]을 클릭한다.

⑧ 다음과 같이 보고서 레이아웃을 지정한다.

⑨ [디자인]-[레이아웃] 그룹의 [보고서 레이아웃]-[개요 형 식으로 표시]를 클릭한다.
⑩ [B6] 셀에서 마우스 오른쪽 버튼을 눌러 [그룹]을 클릭한다.
⑪ [그룹화]에서 '월', '분기'를 다시 한 번 클릭하여 해제하고 '연'만 선택된 상태에서 [확인]을 클릭한다.

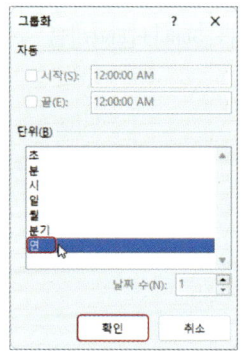

⑫ [B4] 셀에서 마우스 오른쪽 버튼을 눌러 [값 필드 설정]을 클릭한 후 [표시 형식]을 클릭한다.
⑬ [표시 형식] 탭에서 '숫자'를 선택하고, '1000 단위 구분 기호(,) 사용'을 체크하고 [확인]을 클릭한다.
⑭ [디자인] 탭의 [피벗 테이블 스타일] 그룹에서 '흰색, 피벗 스타일 밝게 23'을 선택하고, [피벗 테이블 스타일 옵션] 그룹에서 '줄무늬 행'을 체크한다.

> **기적의 TIP**
> '줄무늬 행'을 체크하면 '흰색, 피벗 스타일 밝게 23'은 '연한 파랑, 피 벗 스타일 밝게 23'으로 표시됩니다.

⑮ [피벗 테이블 분석]-[피벗 테이블] 그룹의 [옵션](□옵션) 을 클릭하고, [피벗 테이블 옵션]의 [레이아웃 및 서식] 탭 에서 '레이블이 있는 셀 병합 및 가운데 맞춤'을 체크하고, '빈 셀 표시'에 *를 입력한 후 [확인]을 클릭한다.

2 데이터 도구

정답

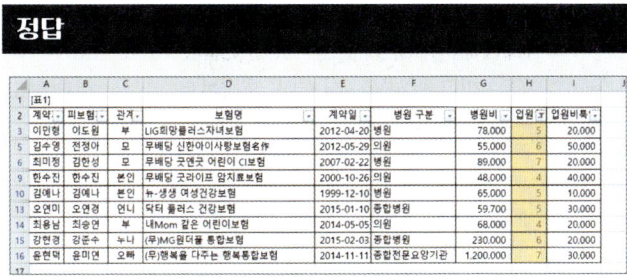

① [B2] 셀을 클릭한 후 [데이터]-[데이터 도구] 그룹의 [중복된 항목 제거]()를 클릭하여 [모두 선택 취소]를 클릭한 후, '관계', '병원 구분'만 선택하고 [확인]을 클릭한다.

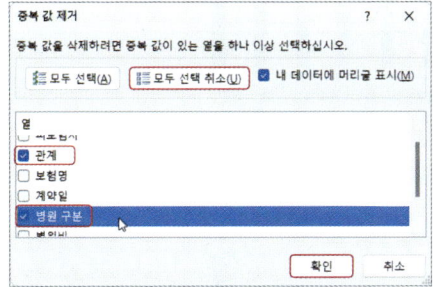

② 메시지가 표시되면 [확인]을 클릭한다.

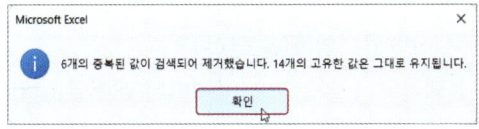

③ [H3:H16] 영역을 범위 지정한 후 [홈]-[스타일] 그룹의 [조건부 서식]-[셀 강조 규칙]-[중복 값]()을 클릭한다.
④ 다음과 같이 지정하고 [확인]을 클릭한다.

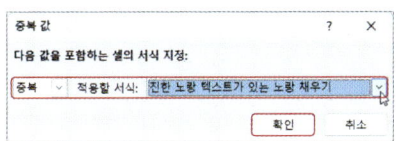

⑤ [데이터]-[정렬 및 필터] 그룹에서 [필터]를 클릭한다.
⑥ 입원일[H2] 셀의 목록 단추()를 클릭하여 [색 기준 필터]를 클릭하여 [셀 색 기준 필터]를 클릭한다.

문제4 기타작업

1 차트

정답

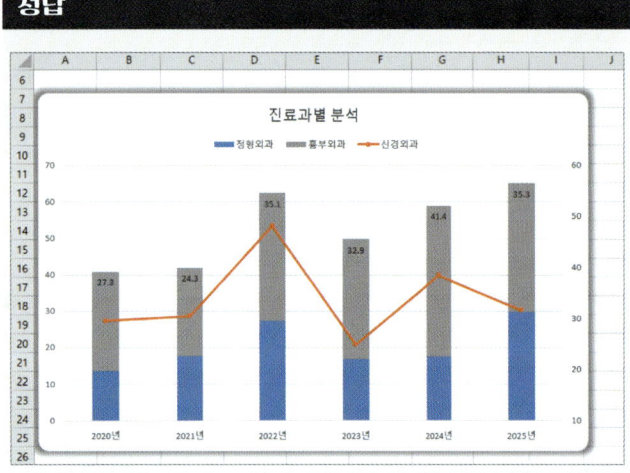

① 차트에서 마우스 오른쪽 버튼을 눌러 [차트 종류 변경]을 클릭한다.

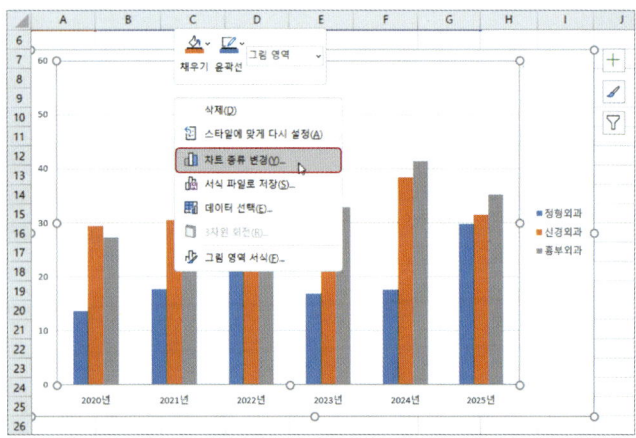

② [차트 종류 변경]에서 '세로 막대형'의 '누적 세로 막대형'을 선택하고 [확인]을 클릭한다.
③ '신경외과' 계열에서 마우스 오른쪽 버튼을 클릭한 후 [계열 차트 종류 변경]을 클릭한다.

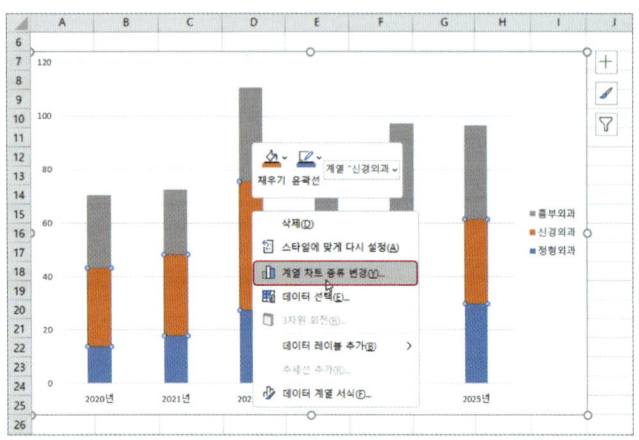

④ [차트 종류 변경]에서 '신경외과' 계열은 '꺾은선형'의 '표식이 있는 꺾은선형'을 선택한 후 '보조 축'을 선택하고 [확인]을 클릭한다.

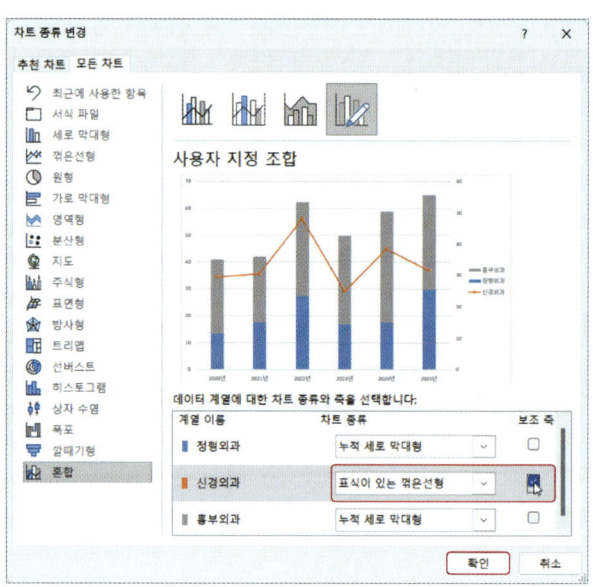

⑤ [차트 요소](⊞)-[차트 제목]을 클릭하여 **진료과별 분석**을 입력한다.
⑥ [차트 요소](⊞)-[범례]-[위쪽]을 클릭한다.
⑦ '흉부외과'를 선택하고, [차트 요소]-[데이터 레이블]-[안쪽 끝에]를 클릭한다.
⑧ 보조 세로(값) 축에서 마우스 오른쪽 버튼을 눌러 [축 서식]을 클릭한다.
⑨ '축 옵션'에서 '최소값'은 10, '최대값'은 60, 단위의 '기본'은 10을 입력한다.

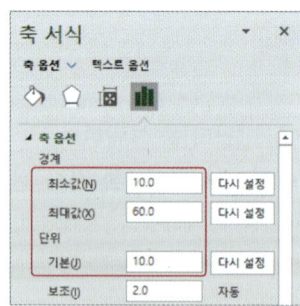

⑩ 차트 영역은 선택한 후 [채우기 및 선]에서 '테두리'의 '둥근 모서리'를 체크하고, [효과]에서 '그림자'에서 '오프셋 : 가운데'를 선택하고 [닫기]를 클릭한다.

2 매크로

정답

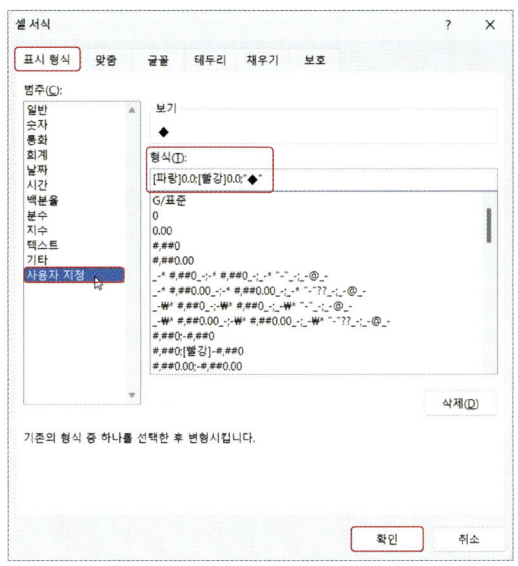

① 비어 있는 셀을 클릭한 후 [개발 도구]-[코드] 그룹의 [매크로 기록](圖)을 클릭한다.
② [매크로 기록]에 **서식**을 입력하고 [확인]을 클릭한다.
③ [G6:G11] 영역을 범위 지정한 후 Ctrl+1을 눌러 [표시 형식] 탭의 '사용자 지정'을 선택한 후 **[파랑]0.0;[빨강]0.0;"◆"**을 입력하고 [확인]을 클릭한다.

④ [개발 도구]-[코드] 그룹의 [기록 중지](□)를 클릭한다.
⑤ [개발 도구]-[컨트롤] 그룹의 [삽입]-[단추(양식 컨트롤)](□)을 클릭한다.
⑥ 마우스 포인터가 '+'로 바뀌면 [B2:C3] 영역에 드래그하면 [매크로 지정] 대화상자가 나타난다.
⑦ [매크로 지정]에서 **서식**을 선택하고 [확인]을 클릭한다.
⑧ 단추에 입력된 '단추 1'을 지우고 **서식**을 입력한다.
⑨ 비어 있는 셀을 클릭한 후 [개발 도구]-[코드] 그룹의 [매크로 기록](圖)을 클릭한다.
⑩ [매크로 기록]에 **그래프보기**를 입력하고 [확인]을 클릭한다.

⑪ [D6:F11] 영역을 범위 지정한 후 [홈]-[스타일] 그룹의 [조건부 서식]-[새 규칙](圖)을 클릭한다.
⑫ [새 서식 규칙]에서 다음과 같이 지정하고 [확인]을 클릭한 후 [개발 도구] 탭의 [코드] 그룹의 [기록 중지](□)를 클릭한다.

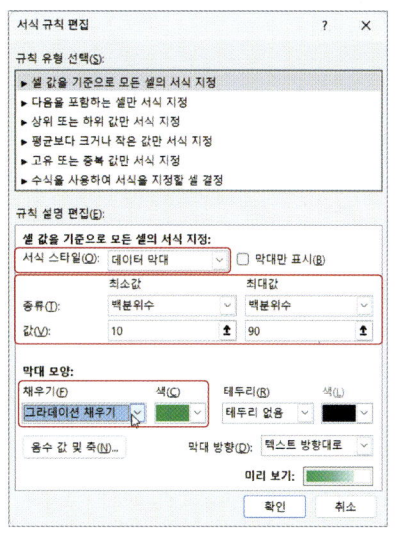

- 서식 스타일 : 데이터 막대
- 최소값 : 백분위수(10)
- 최대값 : 백분위수(90)
- 채우기 : 그라데이션 채우기
- 색 : 표준 색 – 녹색

⑬ [개발 도구]-[컨트롤] 그룹의 [삽입]-[단추(양식 컨트롤)](□)을 클릭한다.
⑭ 마우스 포인터가 '+'로 바뀌면 [E2:F3] 영역에 드래그한다.
⑮ [매크로 지정]에서 '그래프보기'를 선택하고 [확인]을 클릭한다.
⑯ 단추에 입력된 '단추 2'를 지우고 **그래프보기**를 입력한다.

3 VBA 프로그래밍

(1) 폼 보이기
① [개발 도구]-[컨트롤] 그룹에서 [디자인 모드](圖)를 클릭하여 〈보험입력〉 버튼을 편집 상태로 만든다.
② 〈보험입력〉 버튼을 더블클릭한 후 코드 창에 다음과 같이 입력한다.

```
Private Sub cmd보험입력_Click()
    보험입력.Show
End Sub
```

(2) 폼 초기화
① [프로젝트-VBAProject] 탐색기에서 '폼'을 더블 클릭하고 〈보험입력〉을 선택한다.
② [프로젝트-VBAProject] 탐색기의 [코드 보기](圖)를 클릭한다.
③ '개체 목록'은 'UserForm', '프로시저 목록'은 'Initialize'를 선택한다.
④ 코드 창에 다음과 같이 입력한다.

```
Private Sub UserForm_Initialize()
    cmb보험분류.RowSource = "I6:I15"
    cmb보험분류 = "암보험"
    lst공제액.RowSource = "J5:K9"
    lst공제액.ColumnCount = 2
    lst공제액 = lst공제액.List(0, 0)
End Sub
```

(3) 등록 프로시저
① '개체 목록'에서 'cmd입력', '프로시저 목록'은 'Click'을 선택한다.
② 코드 창에 다음과 같이 입력한다.

```
Private Sub cmd입력_Click()
    i = Range("B2").CurrentRegion.Rows.Count + 1
    iRow = lst공제액.ListIndex
    If txt병원비 = "" Or txt병원비 = 0 Then
        MsgBox "병원비를 입력하세요"
    Else
        Cells(i, 2) = cmb보험분류
        Cells(i, 3) = lst공제액.List(iRow, 0)
        Cells(i, 4) = lst공제액.List(iRow, 1)
        Cells(i, 5) = txt병원비.Value
        If Cells(i, 5) - Cells(i, 4).Value < 0 Then
            Cells(i, 6) = 0
        Else
            Cells(i, 6) = Cells(i, 5) - Cells(i, 4).Value
        End If
        Cells(i, 7) = Date
    End If
End Sub
```

스프레드시트 실전 모의고사 09회

작업파일 : '26컴활1급(기출)\스프레드시트\실전모의고사'에서 '실전모의고사9회' 파일을 열어 작업하세요.

문제1   기본작업(15점) 주어진 시트에서 다음 과정을 수행하고 저장하시오.

1 '기본작업-1' 시트에서 다음과 같이 고급 필터를 수행하시오. (5점)

- ▶ [A3:H27] 영역에서 '구입총액'이 상위 10위 이내이고, '구입수량'이 10 미만이거나 30 이상인 행만을 대상으로 설정하시오.
- ▶ 조건은 [A30:A31] 영역 내에 알맞게 입력하시오. (AND, OR, RANK.EQ 함수 사용)
- ▶ 결과는 [A33] 셀부터 표시하시오.

2 '기본작업-1' 시트에서 다음과 같이 조건부 서식을 설정하시오. (5점)

- ▶ [A4:H27] 영역에 대해서 '구입수량'이 최대이거나 '구입수량'이 최소인 행 전체에 대하여 글꼴 스타일은 '굵은 기울임꼴', 채우기 색 '표준 색 – 노랑'을 적용하시오.
- ▶ 단, 규칙 유형은 '수식을 사용하여 서식을 지정할 셀 결정'을 사용하고, 한 개의 규칙으로만 작성하시오.
- ▶ OR, MAX, MIN 함수 사용

3 '기본작업-2' 시트에서 다음과 같이 시트 보호와 통합 문서 보기를 설정하시오. (5점)

- ▶ 워크시트 전체 셀의 셀 잠금을 해제한 후 [I5:I28] 영역에만 셀 잠금과 수식 숨기기를 적용하여 이 영역의 내용만을 보호하시오.
- ▶ 잠긴 셀의 선택과 잠기지 않은 셀의 선택, 셀 서식은 허용하고, 시트 보호 해제 암호는 지정하지 마시오.
- ▶ '기본작업-2' 시트를 페이지 나누기 보기로 표시하고, [B2:I28] 영역만 1페이지로 인쇄되도록 페이지 나누기 구분선을 조정하시오.

문제2   계산작업(30점) '계산작업' 시트에서 다음 과정을 수행하고 저장하시오.

1 [표1]의 '대출일자', '상환기간(년)'을 이용하여 대출순번[A3:A14] 영역에 [표시 예]와 같이 표시하시오. (6점)

- ▶ 대출일자가 같은 경우 상환기간(년)이 큰 값부터 1, 2, 3 순으로 순번을 부여
  [표시 예 : 대출일자 2025-03-08이고 상환기간(년)이 가장 크면 2503081로 표시]
- ▶ TEXT, SUM 함수를 이용한 배열 수식

2 [표1]의 '대출일자'와 '기준일(2026-12-31)'을 이용하여 대출일수[C3:C14]를 표시하시오. (6점)

- ▶ 1달은 30일로 계산하여 기준일에서 대출일자까지 대출일수를 [표시 예]와 같이 표시 [표시 예 : 22개월 3일]
- ▶ QUOTIENT, DAYS, DATE, MOD 함수와 & 연산자 사용

3. [표1]의 '대출금액', '상환기간(년)'을 이용하여 연이율 5%로 계산하여 월상환액[G3:G14]을 [표시 예]와 같이 표시하시오. (6점)

   ▶ 월상환액은 천단위 구분기호와 천단위로 표시 [표시 예 : 월 상환액 238,722 → 약 239,000원]
   ▶ CONCAT, FIXED, PMT 함수 이용

4. [표1]의 '대출일자', '성별'을 이용하여 성별이 '여'이고 대출일자가 가장 빠른 달의 인원수를 [A17] 셀에 표시하시오. (6점)

   ▶ COUNTIFS, EOMONTH, MIN 함수와 & 연산자 사용

5. 사용자 정의 함수 'fn비고'를 작성하여 [표1]의 비고[I3:I14]에 표시하시오. (6점)

   ▶ fn비고는 '계좌번호'를 인수로 받아 값을 되돌려줌
   ▶ 계좌번호의 4~5번째 숫자가 25, 26은 '예금', 35, 36은 '적금', 45, 46은 '수시입출금', 55, 56은 '청약'으로 표시
   ▶ SELETE CASE 문과 MID 함수 사용

   ```
   Public Function fn비고(계좌번호)
   End Function
   ```

문제3 분석작업(20점) 주어진 시트에서 다음 과정을 수행하고 저장하시오.

1. '분석작업-1' 시트에서 다음의 지시사항에 따라 피벗 테이블 보고서를 작성하시오. (10점)

   ▶ 외부 데이터 원본으로 〈구입내역.xlsx〉의 데이터의 '구입내역' 테이블을 사용하시오.
   – 데이터의 첫 행에 열 머리글 포함하시오.
   ▶ 피벗 테이블 보고서의 레이아웃과 위치는 〈그림〉을 참조하여 설정하고, 보고서 레이아웃을 개요 형식으로 표시하시오.
   ▶ '구입가격'은 '구입수량 × 단가 × (1-할인율)'로 계산필드를 이용하여 나타내시오.
   ▶ '구입가격' 필드는 표시 형식을 값 필드 설정의 셀 서식에서 '숫자' 범주를 이용하여 〈그림〉과 같이 지정하시오.

	A	B	C	D	E	F	G	H
1								
2		합계 : 구입가격	결제구분					
3		ebook명	모바일결제	문화상품권	제휴카드	체크카드	총합계	
4		82년생 김지영	1,380,288	145,600	198,835	312,130	5,425,056	
5		나미야 잡화점의 기적	980,400	380,000	738,000	0	5,335,200	
6		로마제국 쇠망사 세트	372,000	0	0	0	372,000	
7		부의 추월차선	247,680	882,000	128,250	1,036,800	6,791,400	
8		삼국지 세트	0	360,000	0	0	360,000	
9		유튜브의 신	1,811,628	254,800	2,124,150	1,034,880	12,912,480	
10		채식주의자	823,536	0	952,560	548,352	5,588,352	
11		호모 데우스	1,486,080	0	1,140,480	1,382,400	9,580,032	
12		총합계	-3,712,055	11,531,100	13,792,545	17,710,524	-391,730,508	
13								

   ※ 작업 완성된 그림이며 부분점수 없음
   ▶ '82년생 김지영'의 '모바일결제' 데이터를 별도의 시트에 표시한 후 시트 이름을 '김지영모바일'로 지정하고, '분석작업-1' 시트의 왼쪽에 위치시키시오.

2 '분석작업-2' 시트에 대하여 다음의 지시사항을 처리하시오. (10점)

▶ '상반기' 시트의 [A2:A19] 영역의 데이터를 텍스트 나누기를 실행하여 [A2:G19] 영역에 나타내시오.
▶ '하반기' 시트의 [A2:A7] 영역의 데이터를 텍스트 나누기를 실행하여 [A2:G7] 영역에 나타내시오.
  – 데이터는 쉼표로 구분되어 있음
▶ '분석작업-2' 시트에서 데이터 도구 [통합] 기능을 이용하여 ebook명별 '구입수량', '구입총액'의 합계를 [표1]의 [A2:C8] 영역에 계산하시오.

문제4 기타작업(35점) 주어진 시트에서 다음 과정을 수행하고 저장하시오.

1 '기타작업-1' 시트에서 다음의 지시사항에 따라 차트를 수정하시오. (각 2점)

※ 차트는 반드시 문제에서 제공한 차트를 사용하여야 하며, 신규로 차트작성 시 0점 처리됨.
① 〈그림〉과 같이 경기도의 데이터를 차트에 추가하시오.
② 차트 제목 레이블과 세로 축 제목 레이블을 〈그림〉과 같이 입력하고, 차트 제목의 도형 스타일을 '보통 효과 – 파랑, 강조1'로 지정하시오.
③ 세로(값) 축의 표시 단위를 '10000'으로 지정하고, 단위 레이블을 표시하시오.
④ 범례는 표시하지 않도록 설정하고, 데이터 테이블을 삽입한 후 테이블 테두리는 모두 표시되지 않도록 설정하시오.
⑤ 차트 영역에 '둥근 모서리'와 '안쪽 : 가운데' 그림자를 설정하시오.

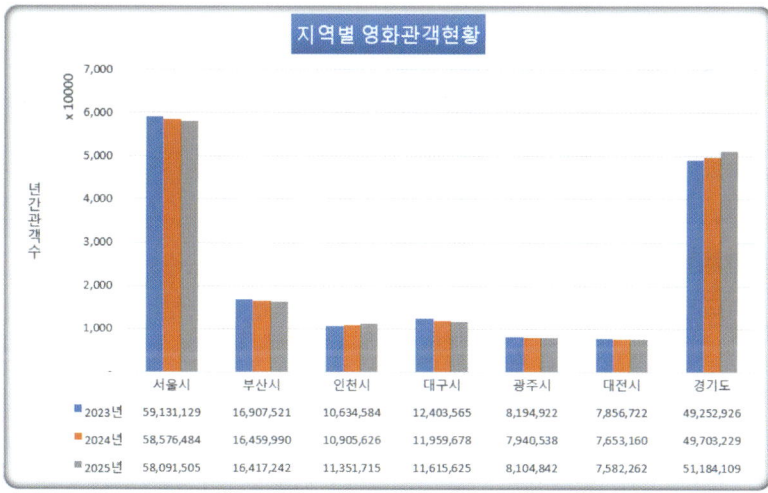

2 '기타작업-2' 시트에서 다음과 같은 기능을 수행하는 매크로를 현재 통합문서에 작성하시오. (각 5점)

① [D3:D16] 영역에 대하여 사용자 지정 표시 형식을 설정하는 '신발사이즈' 매크로를 생성하시오.
- ▶ 신발 사이즈가 250 이상이면 빨강색으로 숫자 앞에 'BIG' 문자 추가 후 문자와 숫자 사이에 공백을 주고, 신발 사이즈가 200 이하이면 파랑색으로 'SMALL' 문자 추가 후 문자와 숫자 사이에 공백을 주고, 그 외는 너비만큼 공백을 채우고 숫자를 표시하시오.
- ▶ [개발 도구]-[삽입]-[양식 컨트롤]의 '단추(□)'를 동일 시트의 [F2:G3] 영역에 생성한 후 텍스트를 '신발사이즈'로 입력하고, 단추를 클릭하면 '신발사이즈' 매크로가 실행되도록 설정하시오.

② [C3:C16] 영역에 대하여 사용자 지정 표시 형식을 설정하는 '모자대여' 매크로를 생성하시오.
- ▶ 모자 대여가 1일 때는 '대여', 0일 때는 빨강색으로 '본인모자', 그 외에는 공백으로 표시하시오.
- ▶ [개발 도구]-[삽입]-[양식 컨트롤]의 '단추(□)'를 동일 시트의 [F5:G6] 영역에 생성한 후 텍스트를 '모자대여'로 입력하고, 단추를 클릭하면 '모자대여' 매크로가 실행되도록 설정하시오.

※ 셀 포인터의 위치에 관계없이 매크로가 실행되어야 정답으로 인정됨

3 '기타작업-3' 시트에서 다음과 같은 작업을 수행하도록 프로시저를 작성하시오. (각 5점)

① 〈포인트지급〉 버튼을 클릭하면 〈포인트지급〉 폼이 나타나도록 설정하고, 폼이 초기화(Initialize)되면 회원등급(cmb회원등급) 목록에는 [F5:F10] 영역의 값이 설정되도록 프로시저를 작성하시오.

② 〈포인트지급〉 폼의 〈입력〉 단추(cmd입력)을 클릭하면 폼에 입력된 데이터가 워크시트의 [표1]에 입력되어 있는 마지막 행 다음에 연속하여 추가되도록 프로시저를 작성하시오.
- ▶ 포인트 지급액은 회원등급의 끝에 세 글자가 '1등급'이면 50000, 그렇지 않으면 20000으로 계산하시오. (IF ~ ELSE, RIGHT 사용)

③ 〈닫기〉 닫기(cmd닫기)를 클릭하면 '포인트지급' 폼이 종료되고, [D4] 셀에 '코엑스점'이 입력되고, 글꼴이 '굴림체'로 지정되는 프로시저를 작성하시오.

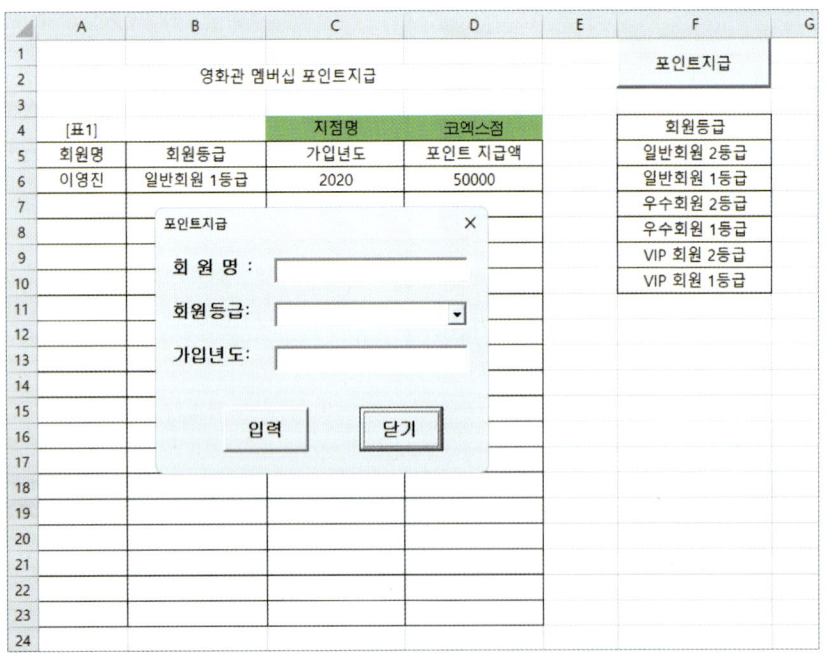

정답 & 해설 : 스프레드시트 실전 모의고사 09회

문제1 기본작업

1 고급 필터

정답

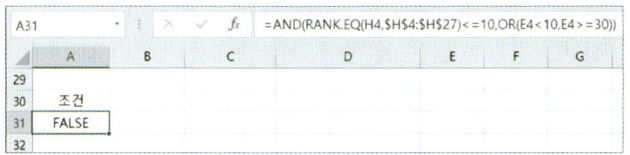

① [A30:A31] 영역에 '조건'을 입력한다.

[A31] : =AND(RANK.EQ(H4,$H$4:$H$27)<=10,OR(E4<10,E4>=30))

② [데이터]-[정렬 및 필터] 그룹에서 [고급](■)을 클릭한다.
③ [고급 필터]에서 다음과 같이 지정한 후 [확인]을 클릭한다.

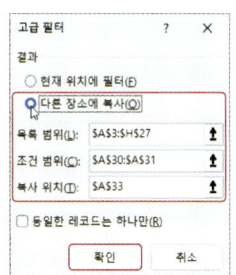

- 결과 : '다른 장소에 복사'
- 목록 범위 : [A3:H27]
- 조건 범위 : [A30:A31]
- 복사 위치 : [A33]

2 조건부 서식

정답

① [A4:H27] 영역을 범위 지정한 후 [홈]-[스타일] 그룹의 [조건부 서식]-[새 규칙]을 클릭한다.
② [새 서식 규칙]에서 '규칙 유형 선택'에 '▶ 수식을 사용하여 서식을 지정할 셀 결정'을 선택하고, =OR($E4=MAX($E$4:$E$27),$E4=MIN($E$4:$E$27))를 입력한 후 [서식]을 클릭한다.

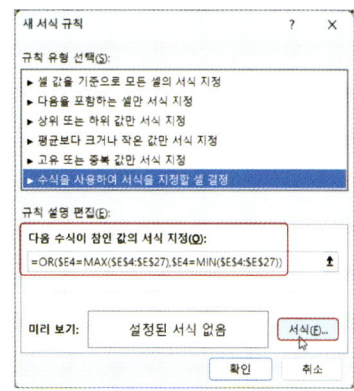

③ [셀 서식]의 [글꼴] 탭에서 '굵은 기울임꼴'을 선택한다.

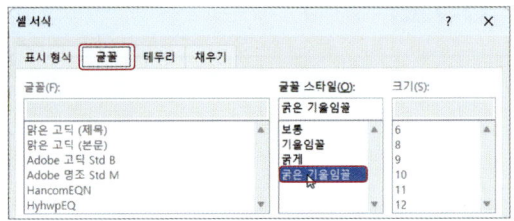

④ [채우기] 탭에서 '표준 색 – 노랑'을 선택한 후 [확인]을 클릭한다.
⑤ [새 서식 규칙]에서 다시 [확인]을 클릭한다.

3 시트 보호와 통합 문서 보기

① 1행 위, A열 왼쪽에 있는 모든 셀을 클릭한 후 마우스 오른쪽 버튼을 눌러 [셀 서식]을 클릭한다.

② [보호] 탭에서 '잠금'의 체크를 해제하고 [확인]을 클릭한다.

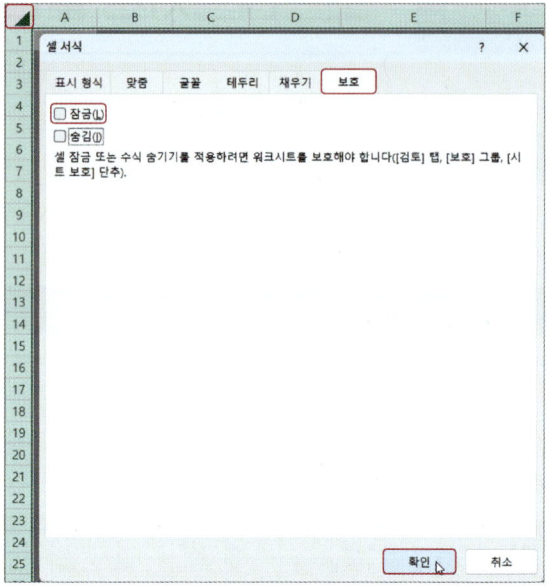

③ [I5:I28] 영역을 범위 지정한 후 마우스 오른쪽 버튼을 눌러 [셀 서식]을 클릭한다.
④ [보호] 탭에서 '잠금', '숨김'을 체크한 후 [확인]을 클릭한다.
⑤ [검토]-[보호] 그룹에서 [시트 보호]를 클릭하여 '잠긴 셀 선택', '잠기지 않은 셀 선택', '셀 서식'을 체크한 후 [확인]을 클릭한다.

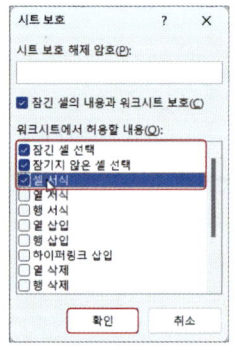

⑥ [보기]-[통합 문서 보기] 그룹에서 [페이지 나누기 미리 보기]를 클릭한 후 [100%]( )를 클릭한다.

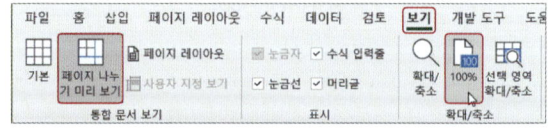

⑦ 페이지 나누기 구분선을 드래그하여 [B2:I28] 영역만 인쇄될 수 있도록 조절한다.
⑧ 1페이지로 인쇄하기 위해서 G와 H열의 경계라인을 드래그하여 I열 밖으로 드래그한다.

문제2 계산작업

정답

	A	B	C	D	E	F	G	H	I
1	[표1]								
2	대출순번	대출일자	대출일수	성별	대출금액	상환기간(년)	월상환액	계좌번호	비고
3	2503082	2025-03-08	22개월 3일	여	16,890,000	7	약 239,000원	99-36-623	적금
4	2503083	2025-03-08	22개월 3일	남	25,470,000	5	약 481,000원	88-25-123	예금
5	2503081	2025-03-08	22개월 3일	여	21,990,000	10	약 233,000원	77-46-632	수시입출금
6	2505102	2025-05-10	20개월 0일	여	19,620,000	3	약 588,000원	66-25-258	예금
7	2505101	2025-05-10	20개월 0일	남	34,140,000	6	약 550,000원	55-35-789	적금
8	2508101	2025-08-10	16개월 28일	남	29,750,000	10	약 316,000원	44-25-456	예금
9	2508202	2025-08-20	16개월 18일	여	33,030,000	7	약 467,000원	33-56-251	청약
10	2508203	2025-08-20	16개월 18일	남	24,350,000	5	약 460,000원	22-45-693	수시입출금
11	2508201	2025-08-20	16개월 18일	여	23,650,000	10	약 251,000원	11-35-250	적금
12	2510153	2025-10-15	14개월 22일	남	15,700,000	5	약 296,000원	91-55-620	청약
13	2510152	2025-10-15	14개월 22일	남	67,650,000	7	약 956,000원	96-26-360	예금
14	2510151	2025-10-15	14개월 22일	여	28,810,000	10	약 306,000원	19-45-520	수시입출금
15									
16	대출월이 가장 빠른 여성의 수								
17	2								

1 대출순번[A3:A14]

[A3] 셀에 =TEXT(B3,"YYMMDD")&SUM(($B$3:$B$14=B3)*($F$3:$F$14>F3))+1을 입력하고 Ctrl + Shift + Enter 을 눌러 수식을 완성하고 [A14] 셀까지 수식을 복사한다.

2 대출일수[C3:C14]

[C3] 셀에 =QUOTIENT(DAYS(DATE(2026,12,31),B3),30)&"개월 " & MOD(DAYS(DATE(2026,12,31),B3),30)&"일"를 입력하고 [C14] 셀까지 수식을 복사한다.

3 월상환액[G3:G14]

[G3] 셀에 =CONCAT("약 ", FIXED(PMT(5%/12, F3*12, -E3), -3), "원")를 입력하고 [G14] 셀까지 수식을 복사한다.

4 대출월이 가장 빠른 여성의 수[A17]

[A17] 셀에 =COUNTIFS(D3:D14,"여",B3:B14,"<="&EOMONTH(MIN(B3:B14),0))를 입력한다.

5 비고[I3:I14]

① [개발 도구]-[코드] 그룹의 [Visual Basic]( )을 클릭한다.
② [삽입]-[모듈]을 클릭한다.

③ Module 창에 다음과 같이 입력한다.

```
Public Function fn비고(계좌번호)
    Select Case Mid(계좌번호, 4, 2)
        Case 25, 26
            fn비고 = "예금"
        Case 35, 36
            fn비고 = "적금"
        Case 45, 46
            fn비고 = "수시입출금"
        Case 55, 56
            fn비고 = "청약"
    End Select
End Function
```

④ [파일]-[닫고 Microsoft Excel(으)로 돌아가기]를 클릭하여 [Visual Basic Editor]를 닫는다.
⑤ [G3] 셀을 클릭한 후 [함수 삽입]( )을 클릭한다.
⑥ [함수 마법사]에서 범주 선택은 '사용자 정의', 함수 선택은 'fn비고'를 선택한 후 [확인]을 클릭한다.
⑦ 그림과 같이 셀을 지정한 후 [확인]을 클릭한다.

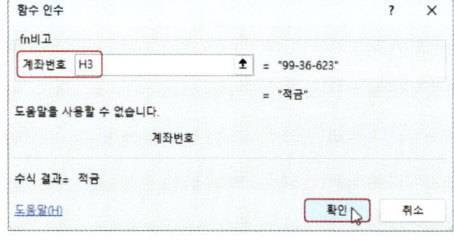

⑧ [I3] 셀을 선택한 후 [I14] 셀까지 수식을 복사한다.

문제3 분석작업

1 피벗 테이블

정답

① [B2] 셀을 클릭한 후 [삽입]-[표] 그룹에서 [피벗 테이블]( )을 클릭한다.
② '외부 데이터 원본 사용'에서 [연결 선택]을 클릭하여 [더 찾아보기]를 클릭하고 '26컴활1급(기출)₩스프레드시트₩실전모의고사' 폴더에서 '구입내역.xlsx' 파일을 선택한 후 [열기]를 클릭한다.
③ [테이블 선택]에서 '구입내역'을 선택하고 '데이터의 첫 행에 열 머리글 포함'이 체크된 상태에서 [확인]을 클릭한다. [피벗 테이블 만들기]에서 [확인]을 클릭한다.
④ 다음과 같이 보고서 레이아웃을 지정한다.

⑤ [피벗 테이블 분석]-[계산] 그룹의 [필드, 항목 및 집합]-[계산 필드]를 클릭한다.
⑥ [계산 필드 삽입]에서 '이름'은 **구입가격**, '수식'은 **=구입수량*단가*(1-할인율)**를 입력하고 [추가]를 클릭한 후, [확인]을 클릭한다.

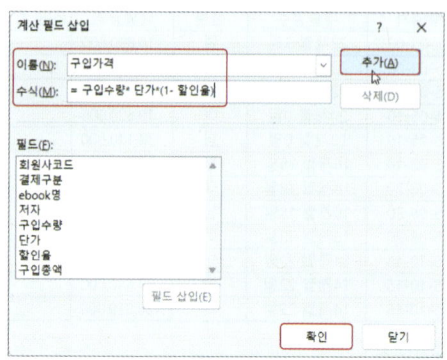

⑦ [디자인]-[레이아웃] 그룹의 [보고서 레이아웃]-[개요 형식으로 표시]를 클릭한다.
⑧ 합계 : 구입가격[B2]에서 마우스 오른쪽 버튼을 눌러 [값 필드 설정]을 클릭한다.
⑨ [값 필드 설정]에서 [표시 형식]을 클릭한다.
⑩ [셀 서식]의 [표시 형식] 탭에서 '숫자'를 선택한 후 '1000 단위 구분 기호 사용'을 체크하고 [확인]을 클릭하고 [값 필드 설정]에서 다시 한 번 [확인]을 클릭한다.

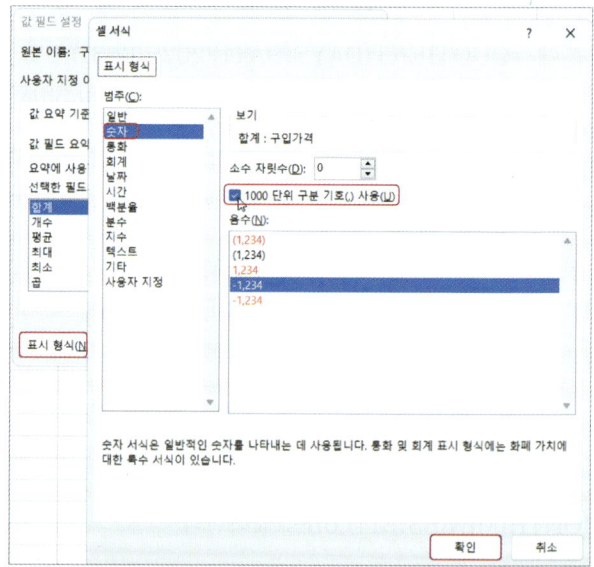

⑪ '82년생 김지영'의 '모바일결제'가 계산된 [C4] 셀에서 더블클릭한다.
⑫ '분석작업-1' 시트 앞에 삽입된 시트명을 더블클릭하여 **김지영모바일**을 입력한다.

2 데이터 도구

정답

	A	B	C	D
1	[표1]			
2	ebook명	구입수량	구입총액	
3	채식주의자	80	633192	
4	나미야 잡화점의 기적	66	619400	
5	유튜브의 신	229	2145612	
6	82년생 김지영	67	582946	
7	부의 추월차선	102	908460	
8	호모 데우스	139	1905840	
9				

① '상반기' 시트의 [A2:A19] 영역을 범위 지정한 후 [데이터]-[데이터 도구] 그룹의 [텍스트 나누기](🔲)를 클릭한다.
② [1단계]에서 '구분 기호로 분리됨'을 선택하고 [다음]을 클릭한다.
③ [2단계]에서 '쉼표'만 선택하고 [다음]을 클릭한다.

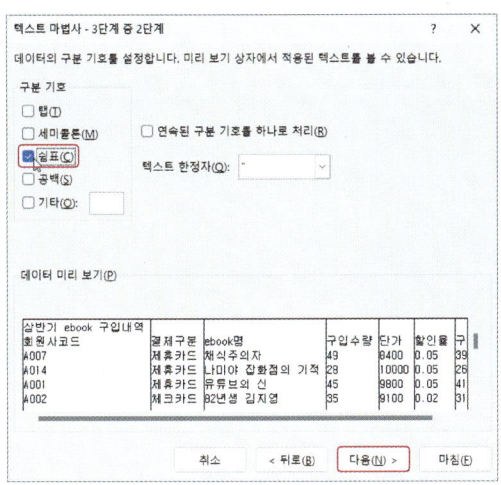

④ [3단계]에서 [마침]을 클릭한다.
⑤ 열 머리글 A, B, C 열을 드래그한 후 C와 D열의 경계라인에서 더블클릭하여 너비를 조절한다.

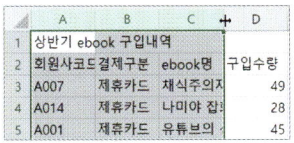

⑥ '하반기' 시트의 [A2:A7] 영역을 범위 지정한 후 [데이터]-[데이터 도구] 그룹의 [텍스트 나누기](🔲)를 클릭한다.
⑦ [1단계]에서 '구분 기호로 분리됨'을 선택하고 [다음]을 클릭하고, [2단계]에서 '쉼표'만 선택하고, [3단계]에서 [마침]을 클릭한다.

⑧ '분석작업-2' 시트의 [A2:C8] 영역을 범위 지정한 후 [데이터]-[데이터 도구] 그룹에 [통합](🔲)을 클릭한다.
⑨ '참조'에 커서를 두고 '상반기' 시트를 클릭한 후 [C2:G19] 영역을 드래그한 후 [추가]를 클릭한다.
⑩ 같은 방법으로 '하반기' 시트를 클릭한 후 [C2:G7] 영역을 드래그한 후 [추가]를 클릭한 후 '첫 행', '왼쪽 열'을 체크하고 [확인]을 클릭한다.

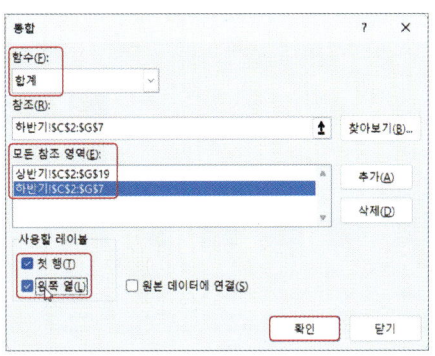

- 함수 : 합계
- 모든 참조 영역 : '상반기' 시트 [C2:G19], '하반기' 시트 [C2:G7]
- 사용할 레이블 : 첫 행, 왼쪽 열

문제4 기타작업

1 차트

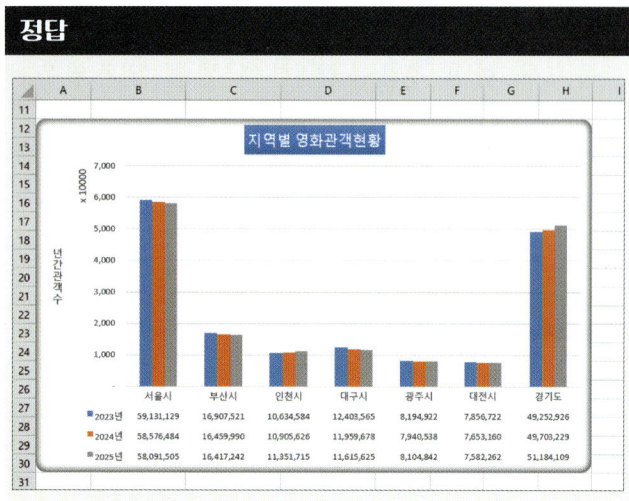

① 경기도[A10:D10] 영역을 범위 지정한 후 Ctrl+C를 눌러 복사한 후 차트를 선택한 후 Ctrl+V를 클릭한다.

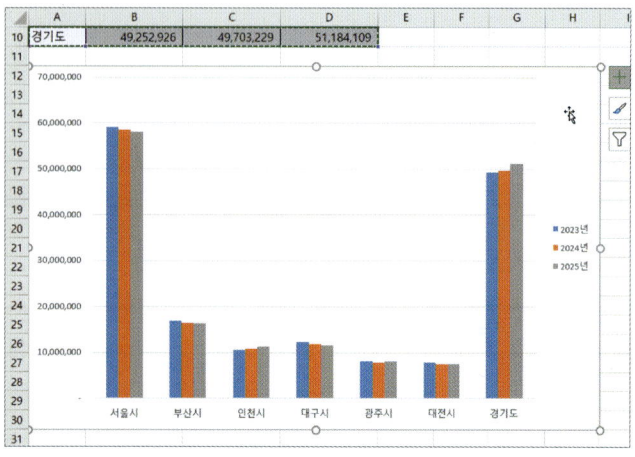

② [차트 요소](⊞)-[차트 제목]을 클릭하여 **지역별 영화관객현황**을 입력한다.

③ [차트 요소](⊞)-[축 제목]-[기본 세로]을 클릭하여 **년간 관객수**를 입력한다.

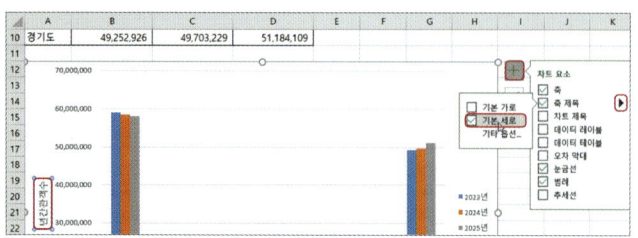

④ 세로 (값) 축 제목에서 마우스 오른쪽 버튼을 눌러 [축 제목 서식]을 클릭하고, [크기 및 속성]의 텍스트 방향 '세로'를 선택한다.

⑤ 차트 제목을 선택한 후 [서식] 탭의 [도형 스타일] 그룹에서 [보통 효과 – 파랑, 강조1]을 선택한다.

⑥ 세로 (값) 축을 선택하고 '축 옵션'에서 '표시 단위'를 '10000'를 선택하고, '차트에 단위 레이블 표시'를 체크한다.

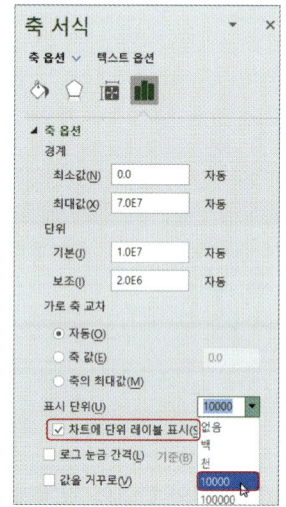

⑦ 차트의 '범례'를 선택한 후 Delete 를 눌러 삭제한 후 [차트 요소](⊞)-[데이터 표]-[범례 표지 포함]을 클릭한다.

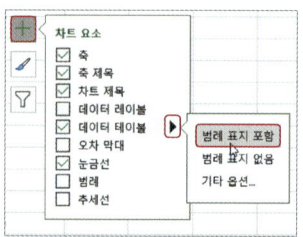

⑧ '데이터 표'를 선택한 후 더블클릭한 후 [데이터 표 서식]의 [표 옵션]-[데이터 표 옵션]에서 '가로', '세로', '윤곽선'의 체크를 해제한다.

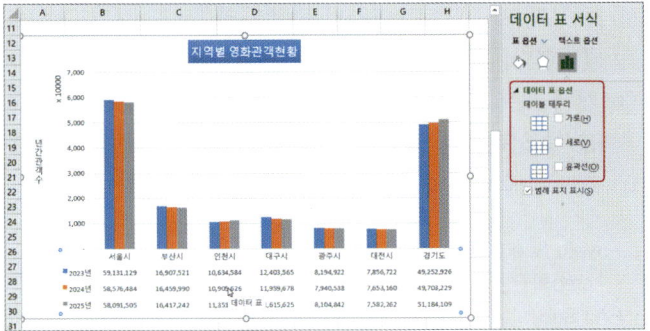

⑨ 차트 영역을 선택한 후 [차트 영역 서식]의 [채우기 및 선]에서 '테두리'의 '둥근 모서리'를 체크하고, [효과]의 '그림자'에서 '안쪽 : 가운데'를 선택하고 [닫기]를 클릭한다.

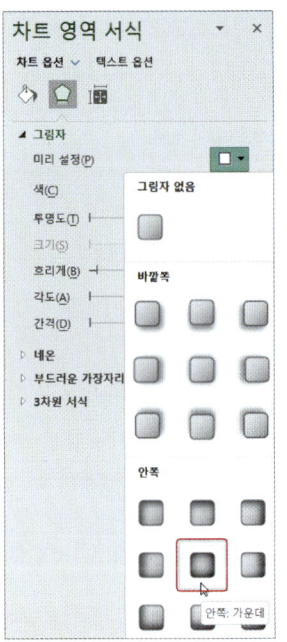

2 매크로

정답

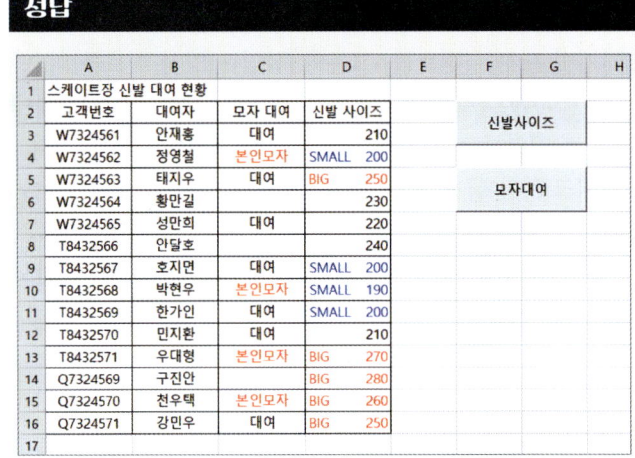

① [개발 도구]-[컨트롤] 그룹의 [삽입]-[양식 컨트롤]의 '단추'(□)를 [F2:G3] 영역에 Alt 를 누른 상태에서 드래그한 후 **신발사이즈**를 입력하고 [기록]을 클릭한다.

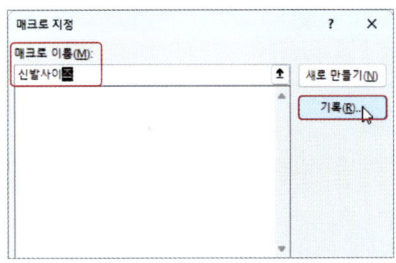

② [매크로 기록]에 '신발사이즈'가 표시되면 [확인]을 클릭한다.
③ [D3:D16] 영역을 범위 지정한 후 Ctrl + 1 을 눌러 [표시 형식] 탭의 '사용자 지정'에 **[빨강][>=250]"BIG"* 0;[파랑][<=200]"SMALL"* 0;*0**을 입력하고 [확인]을 클릭한다.

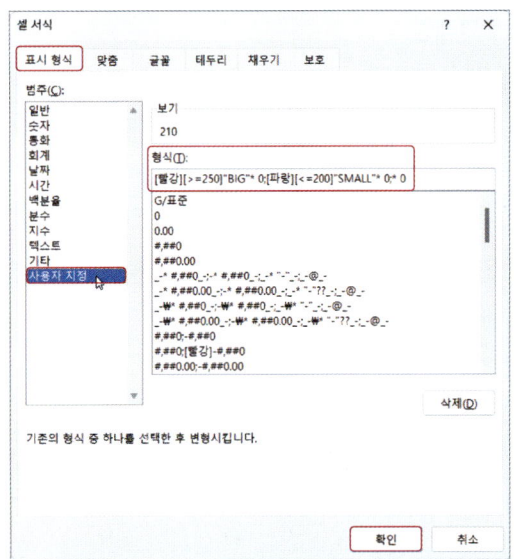

④ [개발 도구]-[코드] 그룹의 [기록 중지](□)를 클릭한다.
⑤ '단추'(□)에서 마우스 오른쪽 버튼을 눌러 [텍스트 편집] 메뉴를 클릭한 후 **신발사이즈**로 수정한다.
⑥ [개발 도구]-[컨트롤] 그룹의 [삽입]-[양식 컨트롤]의 '단추'(□)를 클릭한 후 [F5:G6] 영역에 Alt 를 누른 상태에서 드래그한 후 **모자대여**를 입력하고 [기록]을 클릭한다.
⑦ [매크로 기록]에 '모자대여'가 표시되면 [확인]을 클릭한다.
⑧ [C3:C16] 영역을 범위 지정한 후 Ctrl + 1 을 눌러 [표시 형식] 탭의 '사용자 지정'에 [=1]"대여";[빨강][=0]"본인모자";를 입력하고 [확인]을 클릭한다.

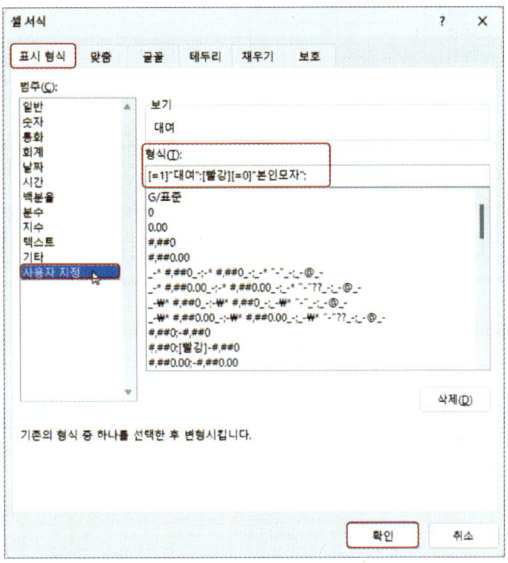

⑨ [개발 도구]-[코드] 그룹의 [기록 중지](□)를 클릭한다.
⑩ '단추'(□)에서 마우스 오른쪽 버튼을 눌러 [텍스트 편집] 메뉴를 클릭한 후 **모자대여**로 수정한다.

3 VBA 프로그래밍

(1) 폼 보이기

① [개발 도구]-[컨트롤] 그룹에서 [디자인 모드](N)를 클릭하여 〈포인트지급〉 버튼을 편집 상태로 만든다.
② 〈포인트지급〉 버튼을 더블클릭한 후 코드 창에 다음과 같이 입력한다.

```
Private Sub cmd포인트지급_Click()
    포인트지급.Show
End Sub
```

(2) 폼 초기화

① [프로젝트-VBAProject] 탐색기에서 '폼'을 더블 클릭하고 〈포인트지급〉를 선택한다.
② [프로젝트-VBAProject] 탐색기의 [코드 보기](□)를 클릭한다.
③ '개체 목록'은 'UserForm', '프로시저 목록'은 'Initialize'를 선택한다.
④ 코드 창에 다음과 같이 입력한다.

```
Private Sub UserForm_Initialize()
    cmb회원등급.RowSource = "F5:F10"
End Sub
```

(3) 등록 프로시저

① '개체 목록'에서 'cmd입력', '프로시저 목록'은 'Click'을 선택한다.
② 코드 창에 다음과 같이 입력한다.

```
Private Sub cmd입력_Click()
    i = Range("A5").CurrentRegion.Rows.Count + 4
    Cells(i, 1) = txt회원명
    Cells(i, 2) = cmb회원등급
    Cells(i, 3) = txt가입년도
    If Right(Cells(i, 2), 3) = "1등급" Then
        Cells(i, 4) = 50000
    Else
        Cells(i, 4) = 20000
    End If
End Sub
```

(4) 종료 프로시저

① '개체 목록'에서 'cmd닫기', '프로시저 목록'은 'Click'을 선택한다.
② 코드 창에 다음과 같이 입력한다.

```
Private Sub cmd닫기_Click()
    Unload Me
    [D4] = "코엑스점"
    [D4].Font.Name = "굴림체"
End Sub
```

스프레드시트 실전 모의고사 10회

작업파일 : '26컴활1급(기출)₩스프레드시트₩실전모의고사'에서 '실전모의고사10회' 파일을 열어 작업하세요.

문제1 기본작업(15점) 주어진 시트에서 다음 과정을 수행하고 저장하시오.

1. '기본작업-1' 시트에서 다음과 같이 고급 필터를 수행하시오. (5점)

▶ [B2:N31] 영역에서 '대리점명'이 '진'자로 시작하거나 글자수가 3인 데이터의 '대리점명', '9월', '10월', '11월', '12월'을 표시하시오.
▶ 조건은 [B34:B35] 영역 내에 알맞게 입력하시오. (LEFT, LEN, OR 함수 사용)
▶ 결과는 [B37] 셀부터 표시하시오.

2. '기본작업-1' 시트에서 다음과 같이 조건부 서식을 설정하시오. (5점)

▶ [B3:N31] 영역에 대해 6월의 값이 6월의 평균보다 작고, 7월의 값이 7월의 평균보다 작은 데이터의 전체 행에 대해서 글꼴 스타일은 '굵게', 글꼴 색은 '표준 색 – 빨강'으로 적용하시오.
▶ 단, 규칙 유형은 '수식을 사용하여 서식을 지정할 셀 결정'을 사용하고, 한 개의 규칙으로만 작성하시오.
▶ AND, AVERAGE 함수 사용

3. '기본작업-2' 시트에서 다음과 같이 시트 보호와 통합 문서 보호를 설정하시오. (5점)

▶ 워크시트 전체 셀의 셀 잠금을 해제한 후 [O3:O31] 영역에만 셀 잠금과 수식 숨기기를 적용하여 이 영역의 내용만을 보호하시오.
▶ 잠긴 셀의 선택, 잠기지 않은 셀의 선택, 셀 서식은 허용하시오.
▶ 단, 시트 보호와 통합 문서 보호 모두 암호는 지정하지 마시오.

문제2 계산작업(30점) '계산작업' 시트에서 다음 과정을 수행하고 저장하시오.

1. [표1]의 청약지역과 [표2]를 이용하여 [A4:A33] 영역에 번호를 계산하여 표시하시오. (6점)

▶ 청약번호는 청약지역에 따른 코드와 일련번호를 연결하여 표시
▶ 일련번호는 수식이 입력된 행 번호에서 3을 뺀 값으로 표시
▶ 지역이 "서울/부산"이고, 수식이 4행에 입력된 경우 : AL-1
▶ 지역이 "기타광역시"이고, 수식이 5행에 입력된 경우 : BL-2
▶ CONCAT, ROW, VLOOKUP 함수 사용

2. [표1]의 청약지역, 전용면적과 [표3]을 이용하여 [D4:D33] 영역에 청약지역과 전용면적에 따른 청약가능액을 계산하여 표시하시오. (6점)

▶ INDEX, MATCH 함수 사용

3. [표1]의 청약지역과 무주택기간을 이용하여 [표4]의 [L16:L18] 영역에 청약지역별 무주택기간 평균을 계산하여 다음과 같이 표시하시오. (6점)

   ▶ 무주택기간 평균이 5.7일 경우 : ■■■■■   ▶ REPT, IF, AVERAGE 함수를 적용한 배열 수식 사용

4. [표1]의 현재예치금을 이용하여 [표5]의 [M22:M26] 영역에 각 범위에 해당하는 비율을 계산하여 표시하시오. (6점)

   ▶ 비율 : 각 범위의 인원수/전체 인원수 × 100   ▶ FREQUENCY, COUNT 함수를 적용한 배열 수식 사용

5. 사용자 정의 함수 'fn청약가점'을 작성하여 [표1]의 [I4:I33] 영역에 가산점을 계산하여 표시하시오. (6점)

   ▶ 'fn청약가점'은 무주택기간, 부양가족수, 가입기간을 인수로 받아 청약가점을 계산하는 함수이다.
   ▶ 청약가점은 '무주택기간 × 2 + 부양가족수 × 5 + 가입기간'으로 계산하되, 가입기간이 1년 이하이면 "가입기간미달"을 표시하시오.
   ▶ If 문 사용

   ```
   Public Function fn청약가점(무주택기간, 부양가족수, 가입기간)
   End Function
   ```

문제3 분석작업(20점) 주어진 시트에서 다음 과정을 수행하고 저장하시오.

1. '분석작업-1' 시트에서 다음의 지시사항에 따라 피벗 테이블 보고서를 작성하시오. (10점)

   ▶ 외부 데이터 가져오기 기능을 사용하여 〈청약현황.accdb〉의 〈지역별청약현황〉 테이블을 이용하시오.
   ▶ 피벗 테이블 보고서의 레이아웃과 위치는 〈그림〉을 참조하여 설정하고, 보고서 레이아웃을 개요 형식으로 표시하시오.
   ▶ '청약지역'을 기준으로 〈그림〉과 같이 그룹을 설정하고, 부분합 표시 안함으로 설정하고, '전용면적'은 '합계:현재예치금'을 기준으로 내림차순으로 정렬하시오.
   ▶ 현재예치금의 표시 형식은 '값 필드' 설정의 셀 서식에서 '숫자' 범주를 이용하여 〈그림〉과 같이 설정하시오.

	A	B	C	D	E	F	G	H	I	J
1										
2		합계 : 현재예치금		전용면적						
3		청약지역2	청약지역	114 m²	102 m²	84 m²	146 m²	59 m²	종합계	
4		기타지역								
5			강원도	600	500	300		350	1,750	
6			경기도	450	350	250	600	350	2,000	
7			경상남도	450	350	250		200	1,250	
8			경상북도	450	500	400		300	1,650	
9			세종특별자치시	1,000	800	500	1,200	350	3,850	
10			전라남도	350	250	450		250	1,300	
11			전라북도	300	500	300		300	1,400	
12			제주특별자치도	500	400	300		300	1,500	
13			충청남도	350	400	350		300	1,400	
14			충청북도	350	450	350		300	1,450	
15		기타광역시								
16			광주광역시	600	500	300		200	1,600	
17			대구광역시	500	500	300		250	1,550	
18			대전광역시	1,000	500	400		300	2,200	
19			울산광역시	900	700	350		200	2,150	
20			인천광역시	500	300	400		300	1,500	
21		서울, 부산								
22			부산광역시	1,000	500	350	1,800	300	3,950	
23			서울특별시	1,200	600	250	1,800	300	4,150	
24		총합계		10,500	8,100	5,800	5,400	4,850	34,650	
25										

※ 작업 완성된 그림이며 부분점수 없음

2 '분석작업-2' 시트에 대하여 다음의 지시사항을 처리하시오. (10점)

▶ 데이터 도구를 이용하여 [표1]에서 '4월', '5월', '6월' 열을 기준으로 중복된 값이 입력된 셀을 포함하는 행을 삭제하시오.
▶ 조건부 서식의 셀 강조 규칙을 이용하여 [B3:B29] 영역의 중복 값에 대해 '진한 녹색 텍스트가 있는 녹색 채우기' 서식이 적용되도록 설정하시오.
▶ 필터 도구를 이용하여 [표1]의 '대리점명' 필드에서 '녹색 채우기' 색을 기준으로 필터링 하시오.

문제4 기타작업(35점) 주어진 시트에서 다음 과정을 수행하고 저장하시오.

1 '기타작업-1' 시트에서 다음의 지시사항에 따라 차트를 수정하시오. (각 2점)

※ 차트는 반드시 문제에서 제공한 차트를 사용하여야 하며, 신규로 차트작성 시 0점 처리됨.
① '진달래'의 2025년 개화시기를 〈그림〉과 같이 추가하시오.
② '개나리' 계열을 '영역형' 차트로 변경한 후 도형 스타일 '미세 효과 – 황금색, 강조 4'로 지정하시오.
③ '벚꽃' 계열의 강원 항목에 〈그림〉과 같이 데이터 레이블을 표시하시오.
④ '벚꽃' 계열을 완만한 선으로 표시하고, 표식을 '마름모(◆)'으로 표시하시오.
⑤ 기본 세로 주 눈금선을 표시하고, 가로 축의 세로 축 교차의 축 위치를 '눈금'으로 지정하시오.

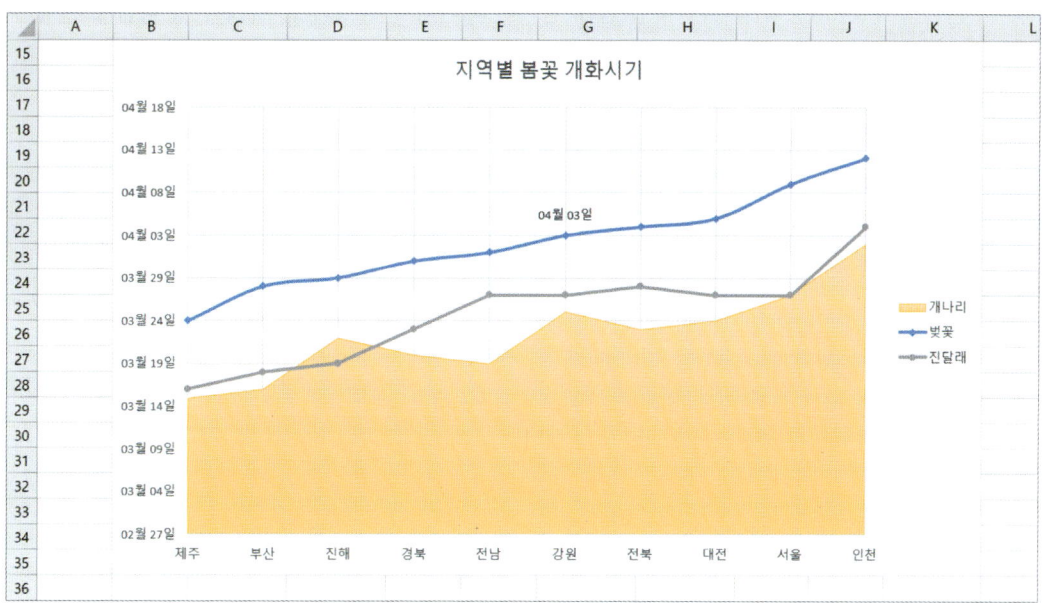

2 '기타작업-2' 시트에서 다음과 같은 기능을 수행하는 매크로를 현재 통합문서에 작성하시오. (각 5점)

① 데이터 표 기능을 이용하여 국어와 수학 점수별 총점을 [C10:L19] 영역에 구하는 '데이터표' 매크로를 생성하시오.
　▶ [개발 도구]-[삽입]-[양식 컨트롤]의 '단추'(▭)를 동일 시트의 [I3:J4] 영역에 생성한 후 텍스트를 '데이터 표 실행'으로 입력하고, 단추를 클릭하면 '데이터표' 매크로가 실행되도록 설정하시오.
② [C10:L19] 값을 지우는 '지우기' 매크로를 생성하시오.
　▶ [개발 도구]-[삽입]-[양식 컨트롤]의 '단추'(▭)를 동일 시트의 [K3:L4] 영역에 생성한 후 텍스트를 '지우기'로 입력하고, 단추를 클릭하면 '지우기' 매크로가 실행되도록 설정하시오.
※ 셀 포인터의 위치에 관계없이 매크로가 실행되어야 정답으로 인정됨

3 '기타작업-3' 시트에서 다음과 같은 작업을 수행하도록 프로시저를 작성하시오. (각 5점)

① 〈소장도서등록〉 버튼을 클릭하면 〈도서등록〉 폼이 나타나고, '도서등록' 폼이 초기화되면 [J5:J12] 영역의 내용이 '도서분야(cmb도서분야)' 콤보 상자의 목록에 표시되고, '구분'을 표시하는 옵션 단추 중 '국내서(opt국내서)'가 기본적으로 선택되도록 프로시저를 작성하시오.

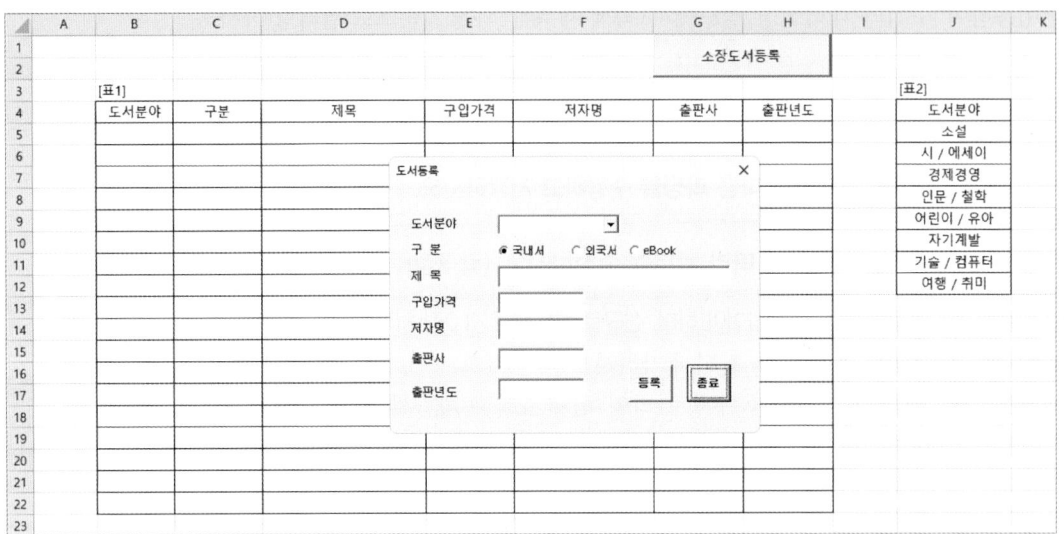

② 〈도서등록〉 폼의 〈등록〉 단추(cmd등록)을 클릭하면 폼에 입력된 데이터가 시트의 표 마지막 행 다음에 연속하여 추가되도록 프로시저를 작성하시오.
  ▶ '구분'은 옵션 단추 중 '국내서(opt국내서)'를 선택하면 '국내서', '외국서(opt외국서)'를 선택하면 '외국서', 'eBook(opt이북)'을 선택하면 'eBook'이 입력되도록 설정하시오.
  ▶ '구입가격'은 수치 데이터로 입력되도록 설정하시오.

③ '도서등록' 폼의 〈종료(cmd종료)〉 버튼을 클릭하면 현재 날짜와 시간을 표시한 〈그림〉과 같은 메시지를 표시한 후 폼을 종료하는 프로시저를 작성하시오.

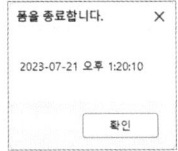

| 정답 & 해설 | 스프레드시트 실전 모의고사 10회 |

문제1 기본작업

1 고급 필터

정답

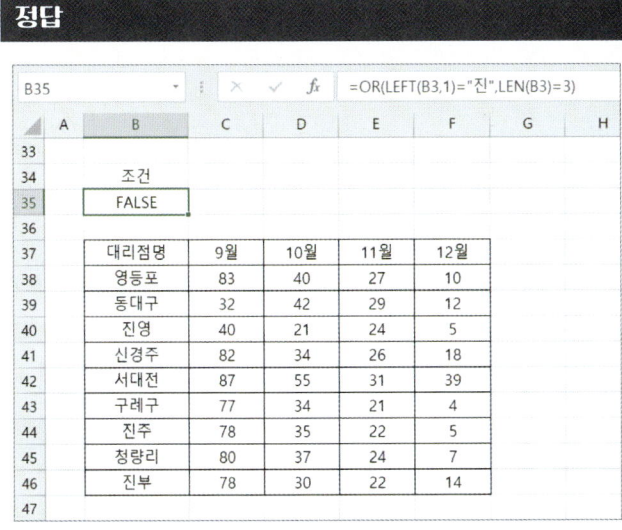

① [B34:B35] 영역에 '조건'을 입력하고, [B37: F37] 영역에 '추출할 필드명'을 복사한다.

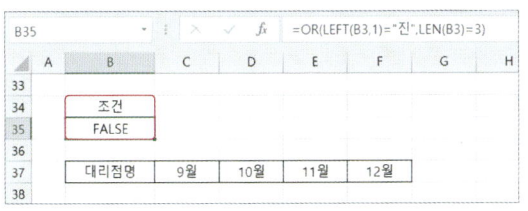

[B35] : =OR(LEFT(B3,1)="진", LEN(B3)=3)

② [데이터]-[정렬 및 필터] 그룹에서 [고급]()을 클릭한다.
③ [고급 필터]에서 다음과 같이 지정한 후 [확인]을 클릭한다.

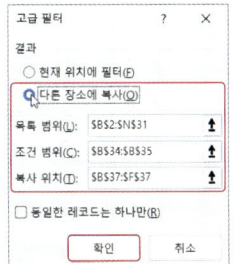

- 결과 : '다른 장소에 복사'
- 목록 범위 : [B2:N31]
- 조건 범위 : [B34:B35]
- 복사 위치 : [B37:F37]

2 조건부 서식

정답

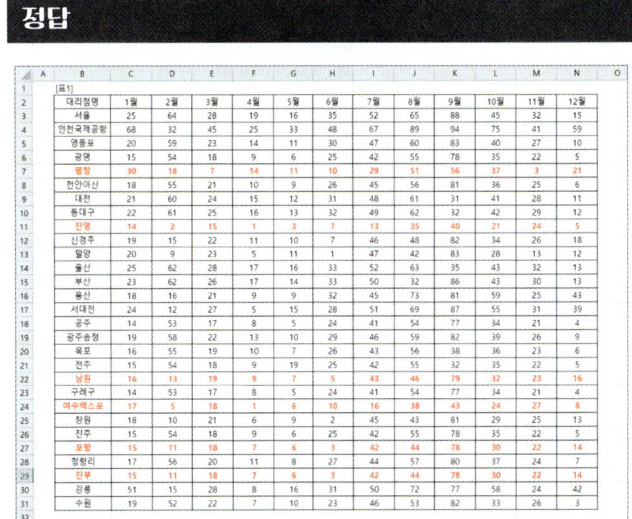

① [B3:N31] 영역을 범위 지정한 후 [홈]-[스타일] 그룹의 [조건부 서식]-[새 규칙]을 클릭한다.
② [새 서식 규칙]에서 '규칙 유형 선택'에 '▶ 수식을 사용하여 서식을 지정할 셀 결정'을 선택하고, =AND($H3<AVERAGE($H$3:$H$31),$I3<AVERAGE($I$3:$I$31))를 입력한 후 [서식]을 클릭한다.

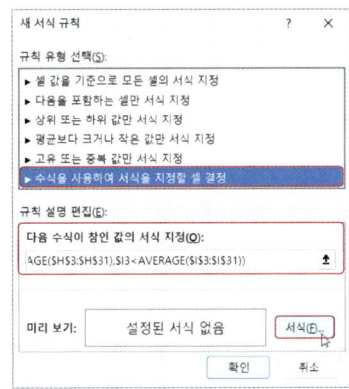

③ [셀 서식]의 [글꼴] 탭에서 글꼴 스타일은 '굵게', 색 '표준색 – 빨강'을 선택하고 [확인]을 클릭한다.

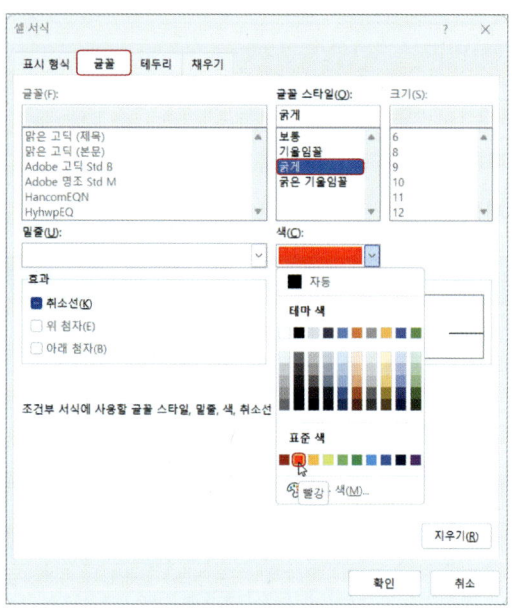

④ [새 서식 규칙]에서 다시 [확인]을 클릭한다.

3 시트 보호와 통합 문서 보호

정답

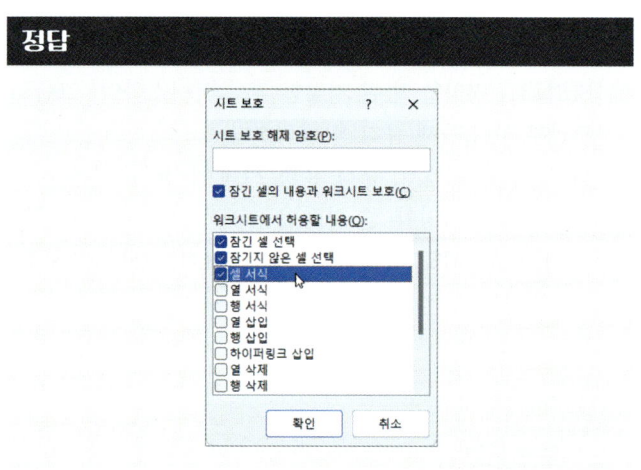

① 1행 위, A열 왼쪽에 있는 모든 셀을 클릭한 후 마우스 오른쪽 버튼을 눌러 [셀 서식]을 클릭한다.

② [보호] 탭에서 '잠금'의 체크를 해제하고 [확인]을 클릭한다.

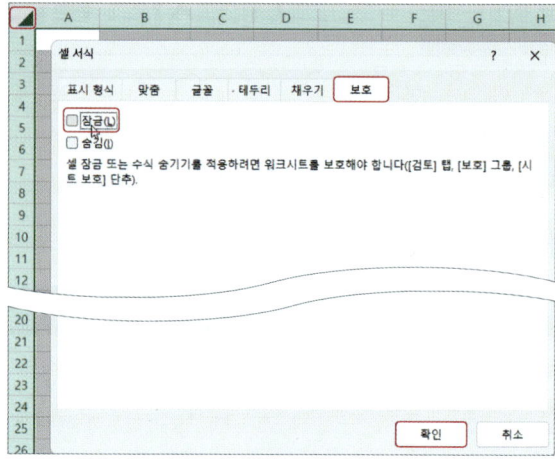

③ [O3:O31] 영역을 범위 지정한 후 마우스 오른쪽 버튼을 눌러 [셀 서식]을 클릭한다.

④ [보호] 탭에서 '잠금', '숨김'을 체크한 후 [확인]을 클릭한다.

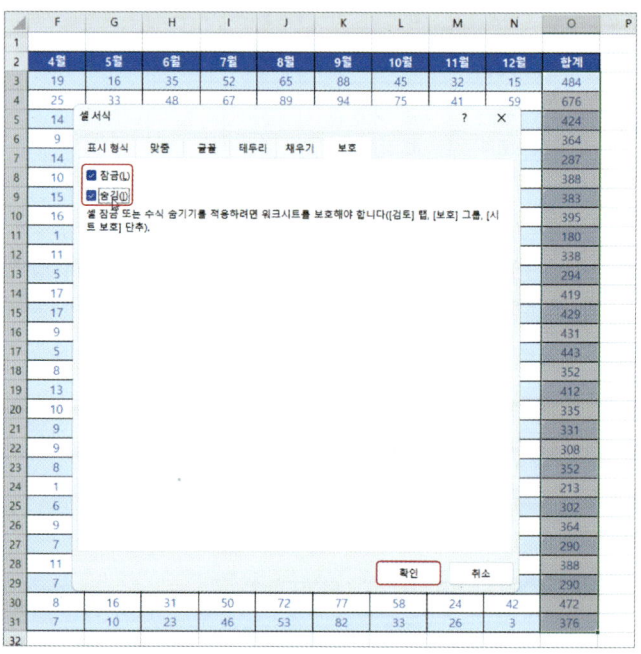

⑤ [검토]-[보호] 그룹에서 [시트 보호]를 클릭하여 '잠긴 셀 선택', '잠기지 않은 셀 선택', '셀 서식'을 체크한 후 [확인]을 클릭한다.

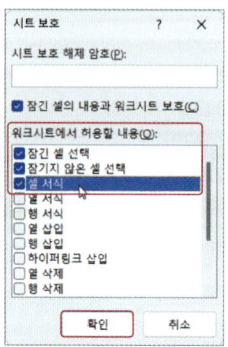

문제2 계산작업

정답

[표1]

청약번호	청약지역	전용면적	청약가능액	현재예치금	무주택기간	부양가족수	가입기간	청약가점
AL-1	서울/부산	59 m²	300	300	20	3	10	65
AL-2	서울/부산	84 m²	300	350	1	3	5	22
BL-3	기타 광역시	114 m²	700	500	15	3	11	56
CL-4	기타 지역	59 m²	200	250	8	2	4	30
CL-5	기타 지역	84 m²	200	250	18	2	15	61
AL-6	서울/부산	84 m²	300	250	5	2	4	24
AL-7	서울/부산	146 m²	1500	1700	7	4	5	39
AL-8	서울/부산	114 m²	1000	1200	11	2	13	45
CL-9	기타 지역	146 m²	500	250	1	4	4	26
BL-10	기타 광역시	102 m²	400	500	1	3	4	21
CL-11	기타 지역	102 m²	300	400	9	3	4	37
BL-12	기타 광역시	59 m²	250	300	7	2	2	26
BL-13	기타 광역시	59 m²	250	300	7	2	5	29
AL-14	서울/부산	59 m²	300	300	13	4	13	59
CL-15	기타 지역	59 m²	200	300	5	4	5	35
BL-16	기타 광역시	84 m²	250	300	8	2	11	37
BL-17	기타 광역시	102 m²	400	300	9	1	3	26
BL-18	기타 광역시	84 m²	250	400	15	2	7	47
CL-19	기타 지역	114 m²	400	450	5	4	5	35
AL-20	서울/부산	102 m²	600	600	1	1	4	11
AL-21	서울/부산	146 m²	1500	1800	4	2	1	가입기간미달
BL-22	기타 광역시	114 m²	700	900	3	3	3	24
CL-23	기타 지역	84 m²	200	300	15	4	14	64
CL-24	기타 지역	102 m²	300	450	7	2	8	32
BL-25	기타 광역시	114 m²	700	500	9	1	5	28
BL-26	기타 광역시	146 m²	1000	600	7	4	5	39
CL-27	기타 지역	102 m²	300	350	1	2	5	17
CL-28	기타 지역	114 m²	400	350	1	3	5	22
AL-29	서울/부산	102 m²	600	500	4	2	6	24
AL-30	서울/부산	114 m²	1000	1000	6	1	5	22

[표4] 청약지역별 무주택기간 평균

청약지역	무주택기간 평균
서울/부산	■■■■■■■
기타 광역시	■■■■■■■
기타 지역	■■■■■■■

[표5] 현재예치금 비율

현재예치금		비율
0 ~	300	40
301 ~	400	16.66666667
401 ~	600	26.66666667
601 ~	1000	6.666666667
1001 ~	2000	10

1 청약번호[A4:A33]

[A4] 셀에 =CONCAT(VLOOKUP(B4,$K$4:$L$6,2,0), "-",ROW()-3)를 입력하고 [A33] 셀까지 수식을 복사한다.

2 청약가능액[D4:D33]

[D4] 셀에 =INDEX($L$10:$O$12,MATCH(B4,$K$10:$K$12,0),MATCH(C4,$L$9:$O$9,1))를 입력하고 [D33] 셀까지 수식을 복사한다.

3 무주택기간 평균[L16:L18]

[L16] 셀에 =REPT("■",AVERAGE(IF($B$4:$B$33=K16, $F$4:$F$33)))를 입력하고 Ctrl+Shift+Enter를 누른 후에 [L18] 셀까지 수식을 복사한다.

4 비율[M22:M26]

[M22:M26] 영역을 범위 지정한 후 =FREQUENCY(E4:E33, L22:L26)/COUNT(E4:E33)*100을 입력하고 Ctrl+Shift+Enter를 누른다.

5 사용자 정의 함수(fn청약가점)[I4:I33]

① [개발 도구]-[코드] 그룹의 [Visual Basic]( )을 클릭한다.
② [삽입]-[모듈]을 클릭한다.
③ Module 창에 다음과 같이 입력한다.

```
Public Function fn청약가점(무주택기간, 부양가족수, 가입기간)
    If 가입기간 <= 1 Then
        fn청약가점 = "가입기간미달"
    Else
        fn청약가점 = 무주택기간 * 2 + 부양가족수 * 5 + 가입기간
    End If
End Function
```

④ [파일]-[닫고 Microsoft Excel(으)로 돌아가기]를 클릭하여 [Visual Basic Editor]를 닫는다.
⑤ [I4] 셀을 클릭한 후 [함수 삽입]( )을 클릭한다.
⑥ [함수 마법사]에서 범주 선택은 '사용자 정의', 함수 선택은 'fn청약가점'을 선택한 후 [확인]을 클릭한다.

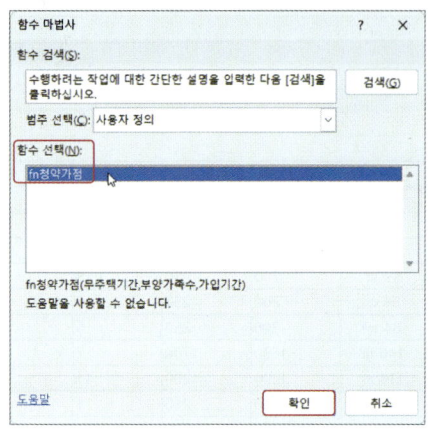

⑦ [함수 인수]에서 무주택기간은 [F4], 부양가족수는 [G4], 가입기간은 [H4]를 지정하고 [확인]을 클릭한다.

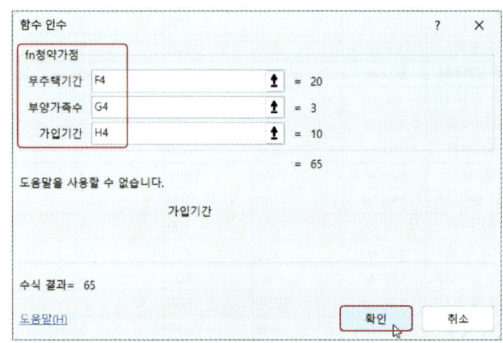

⑧ [I4] 셀을 선택한 후 [I33] 셀까지 수식을 복사한다.

문제3 분석작업

1 피벗 테이블

정답

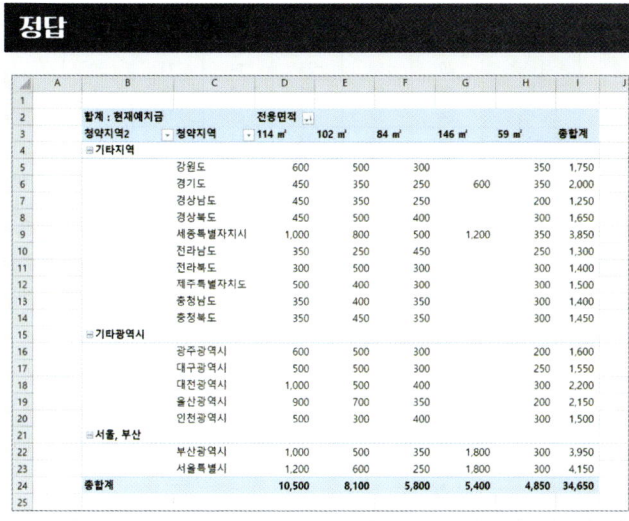

① [B2] 셀을 선택한 후 [데이터]-[데이터 가져오기 및 변환] 그룹의 [데이터 가져오기]-[기타 원본에서]-[Microsoft Query에서]를 클릭한다.
② [데이터 원본 선택]의 [데이터베이스] 탭에서 'MS Access Database *'를 선택하고 [확인]을 클릭한다.
③ '26컴활1급(기출)₩스프레드시트₩실전모의고사' 폴더에서 '청약현황.accdb'를 선택하고 [확인]을 클릭한다.
④ [열 선택]에서 〈지역별청약현황〉 테이블을 더블클릭하여 '청약지역', '전용면적', '현재예치금'을 선택하고 [다음]을 클릭한다.

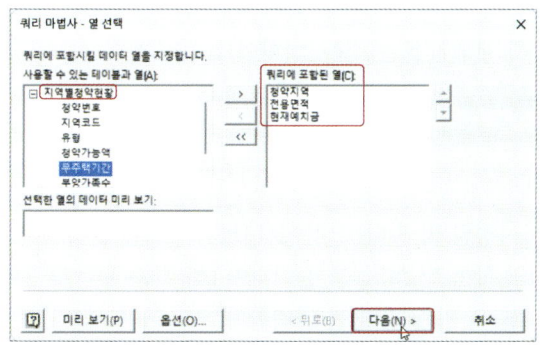

⑤ [데이터 필터]와 [정렬 순서]에서는 설정 없이 [다음]을 클릭한다.
⑥ [마침]에서 'Microsoft Excel(으)로 데이터 되돌리기'를 선택하고 [마침]을 클릭한다.
⑦ [데이터 가져오기]에서 '피벗 테이블 보고서'를 선택한 다음, '기존 워크시트'는 [B2] 셀을 지정하고 [확인]을 클릭한다.

⑧ 다음과 같이 보고서 레이아웃을 지정한다.

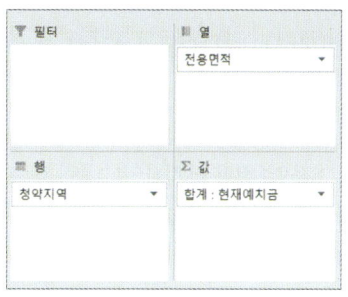

⑨ [디자인]-[레이아웃] 그룹의 [보고서 레이아웃]-[개요 형식으로 표시](圖)를 클릭한다.
⑩ [B11:B12] 영역을 범위 지정한 후 마우스 오른쪽 버튼을 눌러 [그룹]을 클릭한다.

⑪ 같은 방법으로 [C13], [C15], [C17], [C24], [C26] 셀을 선택한 후 마우스 오른쪽 버튼을 눌러 [그룹]을 클릭한다.

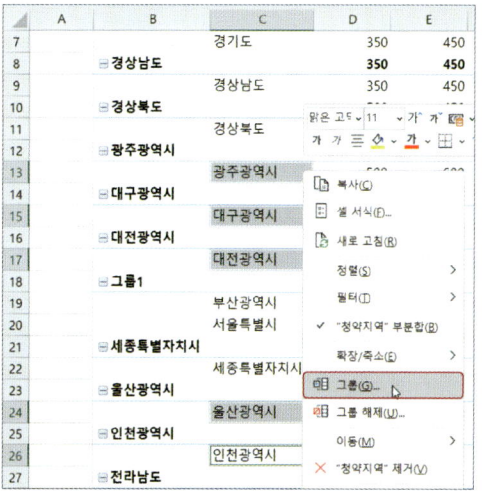

⑫ 나머지 셀도 각각 선택한 후 마우스 오른쪽 버튼을 눌러 [그룹]을 클릭한다.
⑬ [B21] 셀에 **서울, 부산**, [B4] 셀에 **기타지역**, [B15] 셀에 **기타광역시**를 입력한다.
⑭ [디자인] 탭의 [레이아웃] 그룹에서 [부분합]-[부분합 표시 안 함]을 선택한다.
⑮ [D2] 셀의 전용면적에서 목록단추(▼)를 클릭하여 [기타 정렬 옵션]을 클릭한 후, [정렬(전용면적)]의 '내림차순 기준'에서 '합계 : 현재 예치금'을 선택하고 [확인]을 클릭한다.

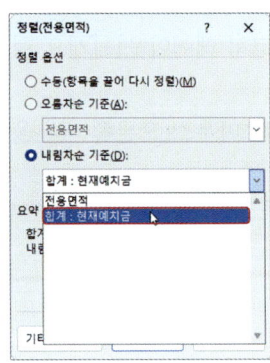

⑯ 합계 : 현재예치금[B2]에서 마우스 오른쪽 버튼을 눌러 [값 필드 설정]을 클릭한 후 [표시 형식]을 클릭한다.
⑰ [셀 서식]의 [표시 형식] 탭에서 '숫자'를 선택한 후 '1000 단위 구분 기호 사용'을 체크한 후 [확인]을 클릭한다.

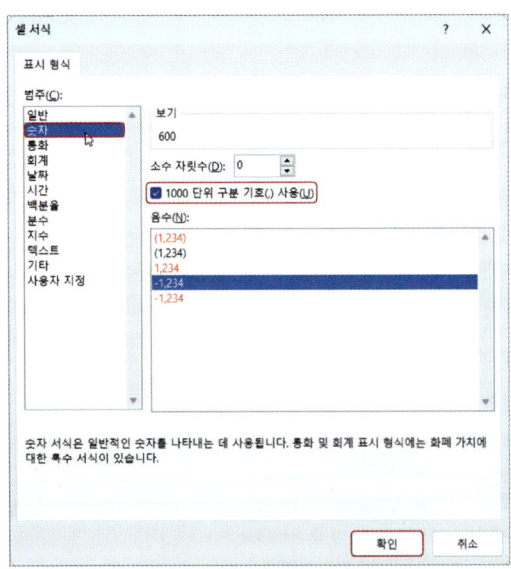

2 데이터 도구

정답

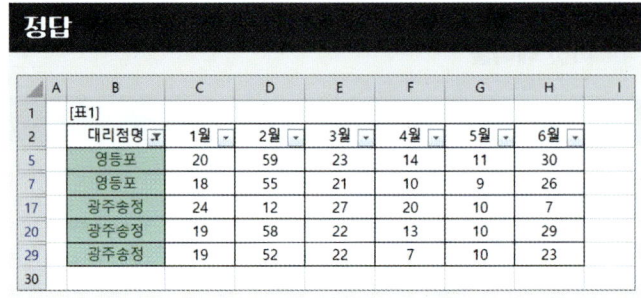

① [B2] 셀을 클릭한 후 [데이터]-[데이터 도구] 그룹의 [중복된 항목 제거](📋)를 클릭하여 '4월', '5월', '6월'만 선택하고 [확인]을 클릭한다.

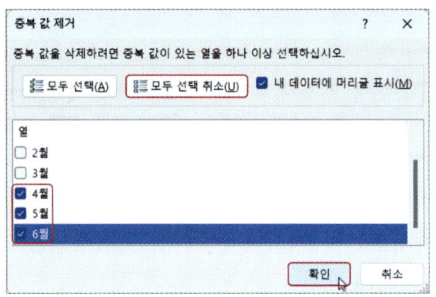

② 메시지가 표시되면 [확인]을 클릭한다.

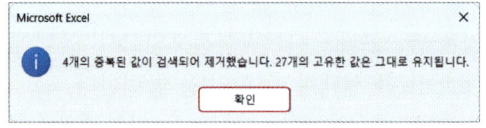

③ [B3:B29] 영역을 범위 지정한 후 [홈]-[스타일] 그룹의 [조건부 서식]-[셀 강조 규칙]-[중복 값](📋)을 클릭한다.
④ 다음과 같이 '중복', '적용할 서식'은 '진한 녹색 텍스트가 있는 녹색 채우기'를 선택하고 [확인]을 클릭한다.

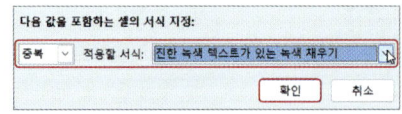

⑤ [데이터]-[정렬 및 필터] 그룹에서 [필터](▽)를 클릭한다.
⑥ [B2] 셀의 목록 단추(▼)를 클릭하여 [색 기준 필터]를 클릭하여 [셀 색 기준 필터]를 클릭한다.

문제4 기타작업

1 차트

정답

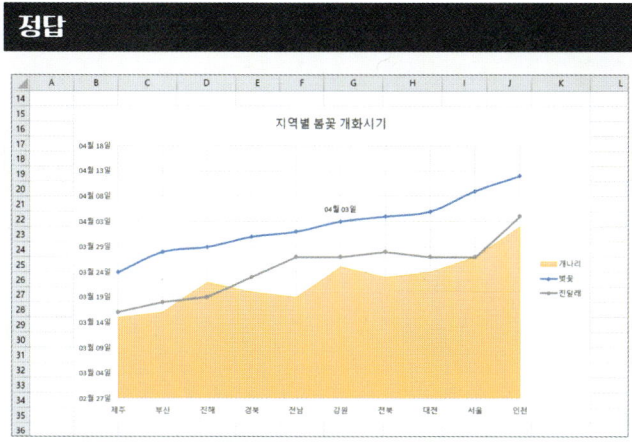

① [F3:G13] 영역을 범위 지정한 후 Ctrl+C를 눌러 복사한 후 차트를 선택한 후 Ctrl+V를 눌러 붙여넣기한다.

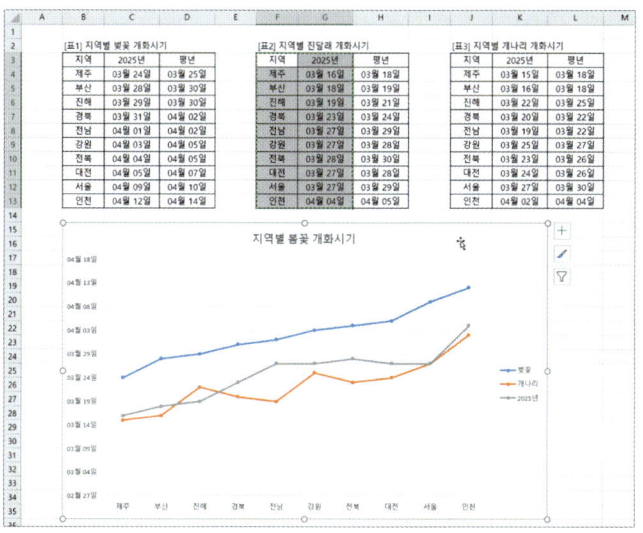

② 차트 안에서 마우스 오른쪽 버튼을 눌러 [데이터 선택]을 클릭한다.
③ '2025년'을 선택한 후 [편집] 단추를 클릭하여 '계열이름'에 **진달래**를 입력하고 [확인]을 클릭한다.

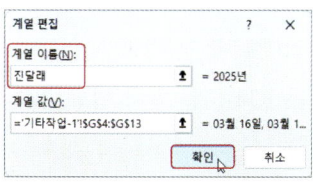

④ [데이터 원본 선택]에서 다시 한 번 [확인]을 클릭한다.
⑤ '개나리' 계열을 선택한 후 마우스 오른쪽 버튼을 눌러 [계열 차트 종류 변경]을 클릭한다.

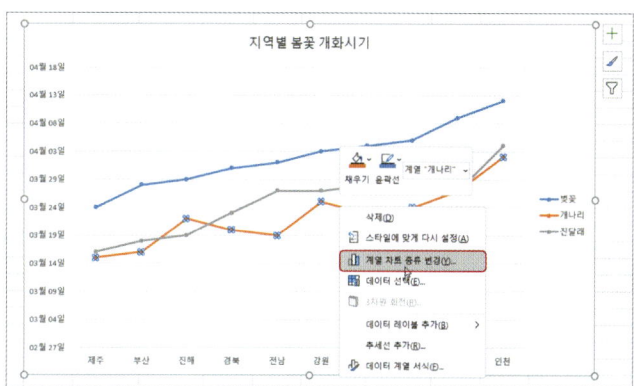

⑥ '개나리' 계열을 '꺾은선형'에서 '영역형'으로 선택하고 [확인]을 클릭한다.

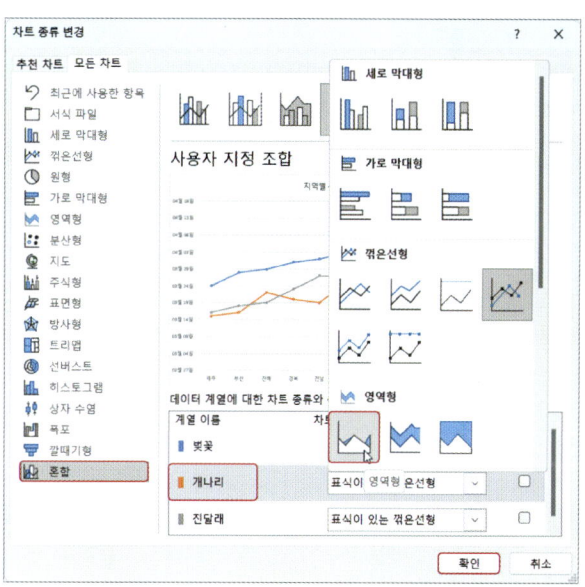

⑦ '개나리' 계열을 선택한 후 [서식]-[도형 스타일] 그룹의 [미세 효과 – 황금색, 강조 4]를 선택한다.

⑧ '벚꽃' 계열의 '강원' 요소를 천천히 두 번 클릭한 후 [차트 요소](⊞)-[데이터 레이블]-[위쪽]을 클릭한다.

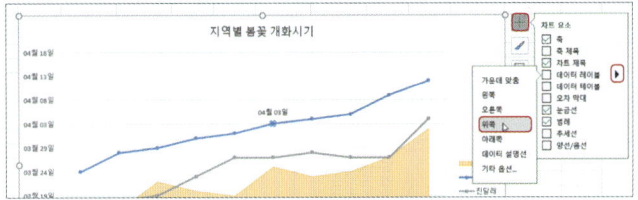

⑨ '벚꽃' 계열에서 마우스 오른쪽 버튼을 눌러 [데이터 계열 서식]을 클릭한 후 [채우기 및 선]의 '선'에서 '완만한 선'을 체크한다.

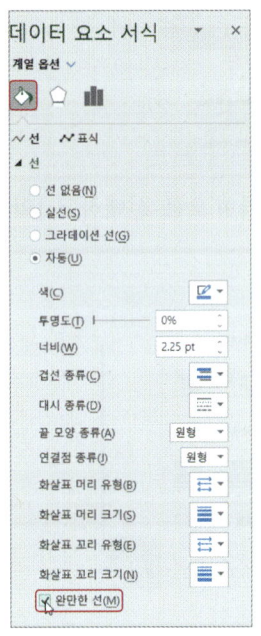

⑩ '표식'을 클릭한 후, '표식 옵션'에서 '형식'에서 '◆'를 선택한다.

⑪ 차트를 선택한 후 [차트 요소](⊞)-[눈금선]-[기본 주 세로]를 클릭한다.

⑫ 가로(항목) 축을 선택한 후, [축 서식]의 '축 옵션'에서 '축 위치'를 '눈금'을 선택하고 [닫기]를 클릭한다.

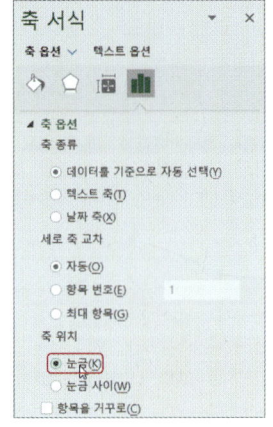

2 매크로

정답

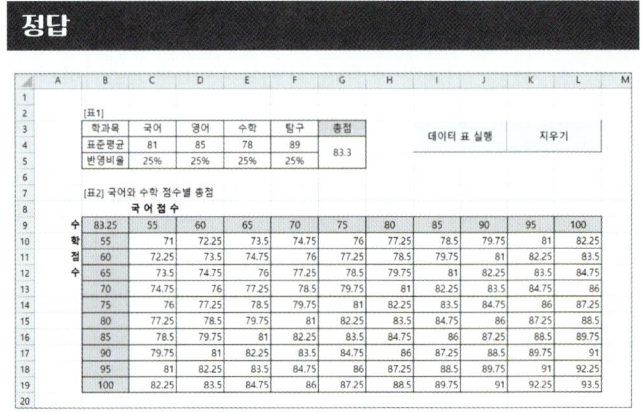

① 비어 있는 셀을 클릭한 후 [개발 도구]-[코드] 그룹의 [매크로 기록](🔘)을 클릭한다.
② [매크로 기록]에 **데이터표**를 입력하고 [확인]을 클릭한다.
③ [B9] 셀에 =G4 또는 =SUMPRODUCT (C4:F4,C5:F5)를 입력하고 [B9:L19] 영역을 범위 지정한 후 [데이터]-[예측] 그룹의 [가상 분석]-[데이터 표]를 클릭한다.

④ [데이터 표]에서 '행 입력 셀'은 [C4], '열 입력 셀'은 [E4] 셀을 지정한 후 [확인]을 클릭한다.

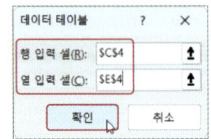

⑤ [개발 도구]-[코드] 그룹의 [기록 중지](□)를 클릭한다.
⑥ [개발 도구]-[컨트롤] 그룹의 [삽입]-[단추(양식 컨트롤)](□)을 클릭한다.
⑦ 마우스 포인터가 '+'로 바뀌면 Alt를 누른 상태에서 [I3:J4] 영역에 드래그하면 [매크로 지정] 대화상자가 나타난다.
⑧ [매크로 지정]에 **데이터표**를 선택하고 [확인]을 클릭한다.
⑨ 단추에 입력된 '단추 1'을 지우고 **데이터 표 실행**을 입력한다.
⑩ 비어 있는 셀을 클릭한 후 [개발 도구]-[코드] 그룹의 [매크로 기록](□)을 클릭한다.
⑪ [매크로 기록]에 **지우기**를 입력하고 [확인]을 클릭한다.
⑫ [C10:L19] 영역을 범위 지정한 후 Delete를 눌러 삭제한다.
⑬ [개발 도구]-[코드] 그룹의 [기록 중지](□)를 클릭한다.
⑭ [개발 도구]-[컨트롤] 그룹의 [삽입]-[단추(양식 컨트롤)](□)을 클릭한다.
⑮ 마우스 포인터가 '+'로 바뀌면 Alt를 누른 상태에서 [K3:L4] 영역에 드래그한다.
⑯ [매크로 지정]에 **지우기**를 선택하고 [확인]을 클릭한다.

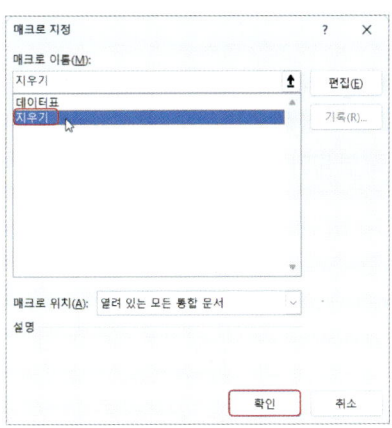

⑰ 단추에 입력된 '단추 2'를 지우고 **지우기**를 입력한다.

3 VBA 프로그래밍

(1) 폼 보이기

① [개발 도구]-[컨트롤] 그룹에서 [디자인 모드](№)를 클릭하여 〈소장도서등록〉 버튼을 편집 상태로 만든다.
② 〈소장도서등록〉 버튼을 더블클릭한 후 코드 창에 다음과 같이 입력한다.

```
Private Sub cmd소장도서등록_Click()
    도서등록.Show
End Sub
```

(2) 폼 초기화

① [프로젝트-VBAProject] 탐색기에서 '폼'을 더블 클릭하고 〈도서등록〉을 선택한다.
② [프로젝트-VBAProject] 탐색기의 [코드 보기](□)를 클릭한다.
③ '개체 목록'은 'UserForm', '프로시저 목록'은 'Initialize'를 선택한다.
④ 코드 창에 다음과 같이 입력한다.

```
Private Sub UserForm_Initialize()
    cmb도서분야.RowSource = "J5:J12"
    opt국내서 = True
End Sub
```

(3) 등록 프로시저

① '개체 목록'에서 'cmd등록', '프로시저 목록'은 'Click'을 선택한다.
② 코드 창에 다음과 같이 입력한다.

```
Private Sub cmd등록_Click()
    i = Range("b4").CurrentRegion.Rows.Count + 3
    Cells(i, 2) = cmb도서분야
    If opt국내서 = True Then
        Cells(i, 3) = "국내서"
    ElseIf opt외국서 = True Then
        Cells(i, 3) = "외국서"
    Else
        Cells(i, 3) = "eBook"
    End If
    Cells(i, 4) = txt제목
    Cells(i, 5) = Val(txt구입가격)
    Cells(i, 6) = txt저자명
    Cells(i, 7) = txt출판사
    Cells(i, 8) = txt출판년도
End Sub
```

(4) 종료 프로시저

① '개체 목록'에서 'cmd종료', '프로시저 목록'은 'Click'을 선택한다.
② 코드 창에 다음과 같이 입력한다.

```
Private Sub cmd종료_Click()
    MsgBox Now(), , "폼을 종료합니다."
    Unload Me
End Sub
```

스프레드시트 실전 모의고사 11회

작업파일 : '26컴활1급(기출)₩스프레드시트₩실전모의고사'에서 '실전모의고사11회' 파일을 열어 작업하세요.

문제1 기본작업(15점) 주어진 시트에서 다음 과정을 수행하고 저장하시오.

1 '기본작업-1' 시트에서 다음과 같이 고급 필터를 수행하시오. (5점)

- [A2:H29] 영역에서 '도서분류'가 "컴퓨터일반"이 포함되거나 "사무자동화"이고, '정가'가 전체 정가 금액의 평균 이상인 데이터의 '도서명', '페이지', '정가', '판매량' 필드만을 표시하시오.
- 조건은 [A32:A33] 영역에 알맞게 입력하시오(IFERROR, FIND, AND, OR, AVERAGE 함수 이용).
- 결과는 [B35] 셀부터 표시하시오.

2 '기본작업-1' 시트의 [A3:H29] 영역에 대해 다음과 같이 조건부 서식을 설정하시오. (5점)

- 시스템의 현재 날짜의 연도에서 출판일을 뺀 값이 2년 이상 4년 이하인 전체 행에 대해서 글꼴 스타일은 '굵은 기울임꼴', 글꼴 색은 '표준 색 - 파랑'으로 적용하는 조건부 서식을 작성하시오.
- 단, 한 개의 규칙만을 이용하여 작성하시오(AND, YEAR, TODAY 함수 이용).

3 '기본작업-2' 시트에서 다음과 같이 시트 보호와 통합 문서 보호를 설정하시오. (5점)

- [E30:H30] 영역에 셀 잠금과 수식 숨기기를 적용한 후 잠긴 셀의 내용과 워크시트를 보호하시오.
- 잠긴 셀의 선택과 잠기지 않은 셀의 선택, 셀 서식은 허용하고, 시트 보호 해제 암호는 지정하지 마시오.
- '기본작업-2' 시트를 페이지 나누기 보기로 표시하고, [A2:H30] 영역만 1페이지로 인쇄되도록 페이지 나누기 구분선을 조정하시오.

문제2 계산작업(30점) '계산작업' 시트에서 다음 과정을 수행하고 저장하시오.

1 [표1]의 업무지식, 팀워크, 생산성, 자기개발, 상사평가와 [표3]의 평가항목별 비율을 이용하여 계산하여 [표2]의 평가점수표를 참조하여 평가결과[H3:H13]를 표시하시오. (6점)

- HLOOKUP, SUMPRODUCT, OFFSET, MATCH 함수 사용

2 [표1]의 부서별 업무지식, 팀워크, 생산성, 자기개발, 상사평가 점수 중 상위 1~3위의 점수에 대한 평균을 구하여 [표3]의 [G21:G24] 영역에 표시하시오. (6점)

- AVERAGE, LARGE 함수와 배열 상수를 이용한 배열 수식

3. 사용자 정의 함수 'fn비고'를 작성하여 [표4]의 비고[N3:N16]를 표시하시오. (6점)

- fn비고는 중간고사, 수행평가, 기말고사를 인수로 받아 값을 되돌려줌
- 중간고사 + 수행평가 + 기말고사의 값이 15이면 '대상', 13.5 이상이면 '금상', 13 이상이면 '은상', 12 이상이면 '동상', 그 외는 공백으로 표시
- SELECT CASE 문 사용

```
Public Function fn비고(중간고사, 수행평가, 기말고사)
End Function
```

4. [표4]의 중간고사, 수행평가, 기말고사를 이용하여 총점을 계산하고, 총점[O3:O16]을 표시하시오. (6점)

- 총점은 중간고사, 수행평가, 기말고사를 [표5]의 가중치와 각각 곱해 더한 값의 정수값
- 총점을 ★을 표시하고, 그 뒤에는 5에서 총점을 뺀 만큼 ☆를 표시
- REPT, INT, SUMPRODUCT, TRANSPOSE 함수를 이용한 배열 수식 사용

5. [표6]의 측정일자별 시작점[R3:R14]이 '서울특별시'이고 구[Q18:Q26]에 해당한 재비산먼지 평균농도의 최대값을 [표7]의 [R18:S26] 영역에 표시하시오. (6점)

- MAX, IFERROR, FIND, DAY 함수를 이용한 배열 수식

문제3 분석작업(20점) 주어진 시트에서 다음 과정을 수행하고 저장하시오.

1. '분석작업-1' 시트에서 다음과 같은 피벗 테이블을 작성하시오. (10점)

- 외부 데이터 가져오기 기능을 사용하여 〈도서.accdb〉의 〈판매현황〉 테이블을 이용하시오.
- 피벗 테이블 보고서의 레이아웃과 위치는 〈그림〉을 참조하여 설정하고, 보고서 레이아웃을 개요 형식으로 표시하시오.
- '출판일'을 기준으로 〈그림〉과 같이 그룹을 설정하시오.
- '도서명' 필드는 값 필드 설정의 셀 서식을 이용하여 '권'을 붙여서 표시하고, '판매량' 필드는 값 필드 설정의 셀 서식에서 '숫자' 범주를 이용하여 〈그림〉과 같이 지정하시오.
- 피벗 테이블 스타일은 '흰색, 피벗 스타일 밝게 22'로 설정하시오.

도서분류	(모두)	
출판일	개수 : 도서명	합계 : 판매량
2018년	3권	19,267
2019년	1권	3,364
2020년	1권	5,962
2021년	2권	19,261
2022년	10권	39,469
2023년	7권	30,460
2024년	1권	6,541
2025년	2권	13,753
총합계	27권	138,077

※ 작업 완성된 그림이며 부분점수 없음

2 '분석작업-2' 시트에 대하여 다음의 지시사항을 처리하시오. (10점)

▶ [C2:C28] 영역에는 데이터 유효성 검사 도구를 이용하여 텍스트 길이를 최소 1글자, 최대 10글자로 입력되도록 제한 대상을 설정하시오.

▶ [C2:C28] 영역의 셀을 클릭한 경우 〈그림〉과 같은 설명 메시지를 표시하고, 유효하지 않은 데이터를 입력한 경우 〈그림〉과 같은 오류 메시지가 표시되도록 설정하시오.

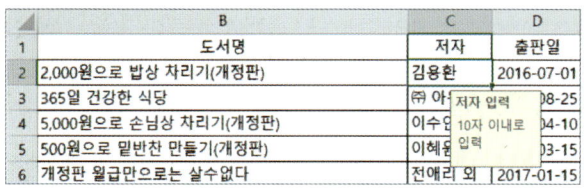 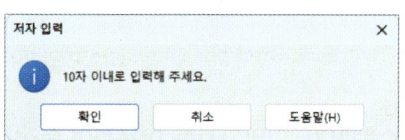

▶ 자동 필터를 이용하여 '정가'가 30000 이상이거나 10000 미만인 데이터 행만 표시되도록 필터를 설정하시오.

문제4 기타작업(35점) 주어진 시트에서 다음 과정을 수행하고 저장하시오.

1 '기타작업-1' 시트에서 다음의 지시사항에 따라 차트를 수정하시오. (각 2점)

※ 차트는 반드시 문제에서 제공한 차트를 사용하여야 하며, 신규로 차트 작성 시 0점 처리됨

① 〈그림〉과 같이 표시되도록 데이터 범위를 수정하시오.
② '공공도서관수' 계열의 차트 종류를 '표식이 있는 꺾은선형'으로 변경한 후 보조 축으로 지정하시오.
③ 차트 제목과 각 축 제목을 〈그림〉과 같이 설정하시오.
④ 가로(항목) 축의 텍스트를 45도 회전되도록 설정하고, 세로(값) 축의 주 눈금을 '교차'되도록 설정하시오.
⑤ 2022년 공공도서관수 요소에만 데이터 설명선 레이블을 추가하고 레이블 위치는 〈그림〉과 같이 설정하고, 차트의 효과는 '네온: 5pt, 파랑, 강조색1'로 설정하시오.

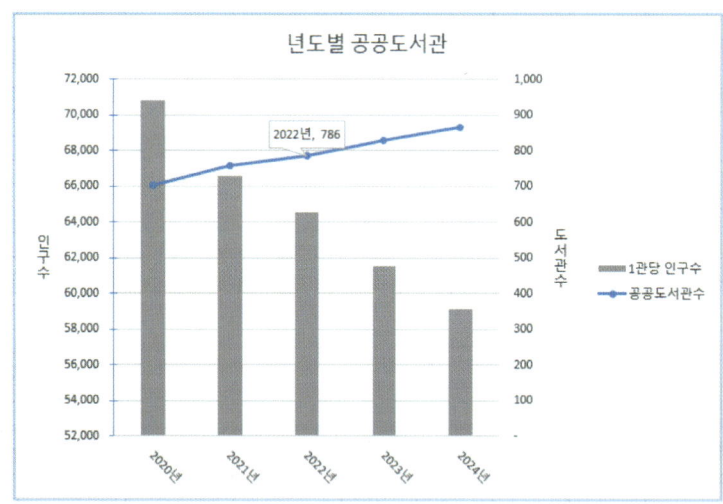

2. '기타작업-2' 시트에서 다음과 같은 기능을 수행하는 매크로를 현재 통합문서에 작성하시오. (각 5점)

① [C4:F14] 영역에 대하여 사용자 지정 표시 형식을 설정하는 '서식적용' 매크로를 생성하시오.
- ▶ 셀 값이 0보다 큰 경우 소수 1자리까지 표시하고, 텍스트의 경우 '※'로 표시하고, 나머지는 표시하지 마시오.
- ▶ [개발 도구]-[삽입]-[양식 컨트롤]의 '단추'(□)를 동일 시트의 [H3:I4] 영역에 생성한 후 텍스트를 '서식적용'으로 입력하고, 단추를 클릭하면 '서식적용' 매크로가 실행되도록 설정하시오.

② [C4:F14] 영역에 대하여 아이콘 형식의 별 3개 조건부 서식을 적용하는 '아이콘별' 매크로를 생성하시오.
- ▶ 숫자가 100 이상이면 '채워진 별', 숫자 100 미만 30 이상이면 '반 채워진 별', 나머지는 '빈 별'로 설정하시오.
- ▶ [개발 도구]-[삽입]-[양식 컨트롤]의 '단추'(□)를 동일 시트의 [H6:I7] 영역에 생성한 후 텍스트를 '아이콘별'로 입력하고, 단추를 클릭하면 '아이콘별' 매크로가 실행되도록 설정하시오.
- ※ 셀 포인터의 위치에 관계없이 매크로가 실행되어야 정답으로 인정됨

3. '기타작업-3' 시트에서 다음과 같은 작업을 수행하고 저장하시오. (각 5점)

① 〈도서등록〉 버튼을 클릭하면 〈도서등록〉 폼이 나타나도록 프로시저를 작성하시오.
② 〈도서등록〉 폼이 초기화 되면 [I5:I11] 영역의 내용이 '도서분류(lst도서분류)' 목록 상자의 목록에 표시되도록 프로시저를 작성하시오.
③ '도서등록' 폼의 〈등록(cmd등록)〉 버튼을 클릭하면 폼에 입력된 데이터가 시트의 표에 입력되도록 프로시저를 작성하시오.
- ▶ ListIndex와 List 속성을 이용하시오.
- ▶ 도서분류를 선택하지 않은 경우 〈그림〉과 같은 메시지를 표시하고 도서분류의 첫 번째 항목을 선택하시오.

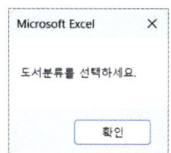

- ▶ 정가는 천단위마다 콤마를 표시하여 입력하시오.

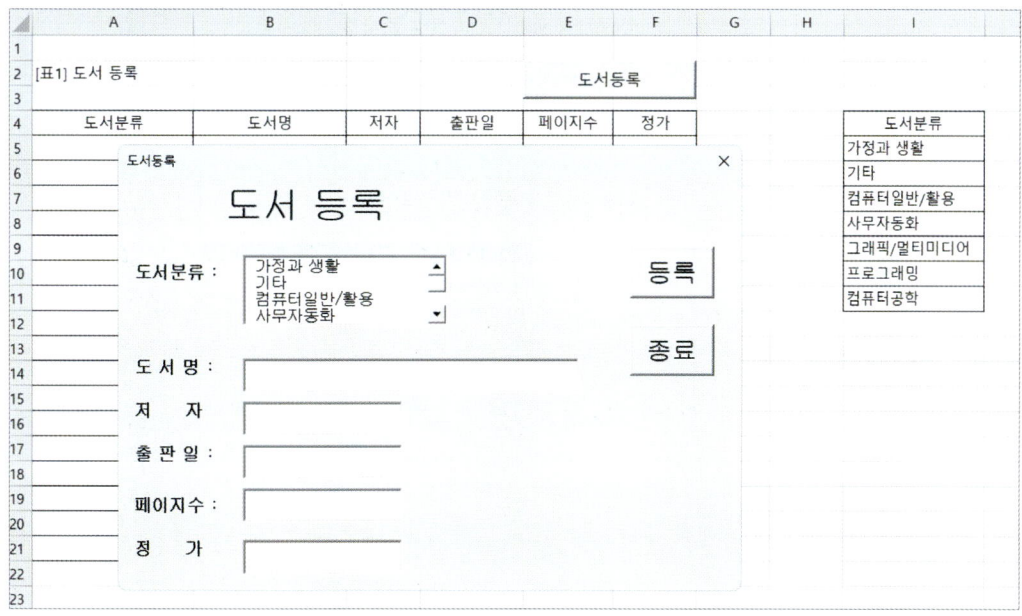

정답 & 해설 : 스프레드시트 실전 모의고사 11회

문제1 기본작업

1 고급 필터

정답

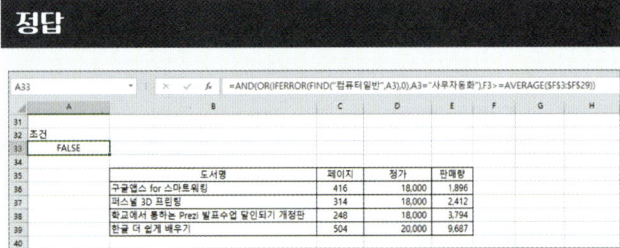

① [A32:A33] 영역에 조건을 입력하고, [B35:E35] 영역에 '추출할 필드명'을 입력한다.

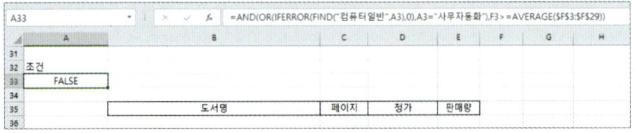

[A33] : =AND(OR(IFERROR(FIND("컴퓨터일반",A3),0),A3="사무자동화"),F3>=AVERAGE($F$3:$F$29))

② [데이터]-[정렬 및 필터] 그룹에서 [고급](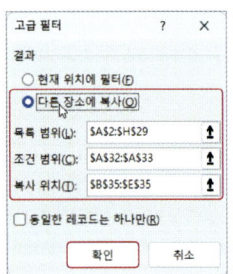)을 클릭한다.
③ [고급 필터]에서 다음과 같이 지정한 후 [확인]을 클릭한다.

- 결과 : '다른 장소에 복사'
- 목록 범위 : [A2:H29]
- 조건 범위 : [A32:A33]
- 복사 위치 : [B35:E35]

2 조건부 서식

정답

① [A3:H29] 영역을 범위 지정한 후 [홈]-[스타일] 그룹의 [조건부 서식]-[새 규칙]을 클릭한다.
② [새 서식 규칙]에서 '규칙 유형 선택'에 '▶ 수식을 사용하여 서식을 지정할 셀 결정'을 선택하고, =AND(YEAR(TODAY())-YEAR($D3)>=2,YEAR(TODAY())-YEAR($D3)<=4)를 입력한 후 [서식]을 클릭한다.

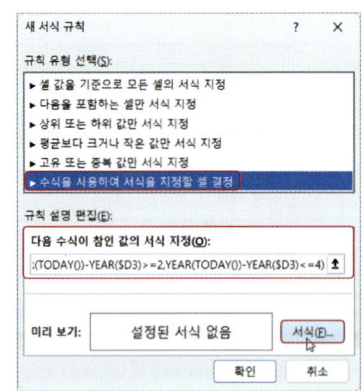

함수 설명 =AND(YEAR(TODAY( ))-YEAR($D3))=2, YEAR(TODAY( ))-YEAR($D3)<=4)

❶ TODAY( ) : 오늘의 날짜를 구함
❷ YEAR(❶) : ❶의 값에서 년도를 추출함
❸ YEAR($D3) : [D3] 셀에서 년도를 추출함

=AND(❷-❸)=2, ❷-❸<=4) : ❷에서 ❸을 뺀 값이 2 이상이고 4 이하인 값을 추출함

③ [셀 서식]의 [글꼴] 탭에서 글꼴 스타일은 '굵은 기울임꼴'를 선택하고, 색은 '표준 색 - 파랑'을 선택한 후 [확인]을 클릭한다.
④ [새 서식 규칙]에서 다시 [확인]을 클릭한다.

3 시트 보호와 통합 문서 보기

정답

① [E30:H30] 영역을 범위 지정한 후 마우스 오른쪽 버튼을 눌러 [셀 서식]을 클릭한다.

② [보호] 탭에서 '잠금', '숨김'을 체크한 후 [확인]을 클릭한다.

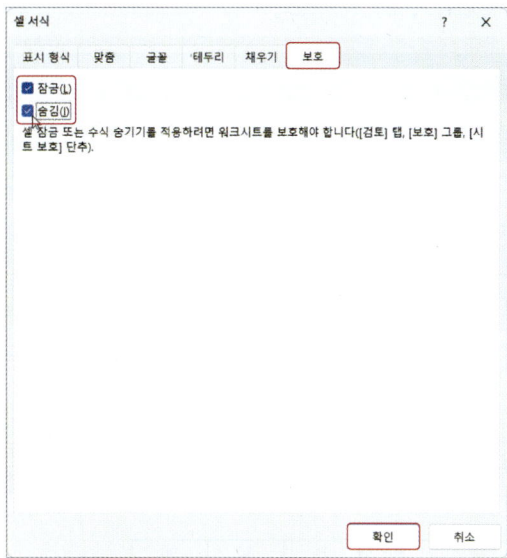

③ [검토] 탭의 [보호] 그룹에서 [시트 보호]를 클릭하여 '잠긴 셀 선택'과 '잠기지 않은 셀 선택', '셀 서식'을 체크한 후 [확인]을 클릭한다.
④ [보기]-[통합 문서 보기] 그룹에서 [페이지 나누기 미리 보기]를 클릭하고 [100%]를 클릭한다.

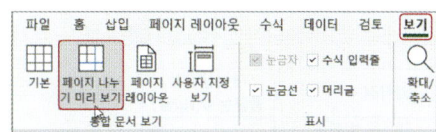

⑤ 페이지 나누기 구분선을 드래그하여 [A2:H30] 영역만 인쇄될 수 있도록 조절한다.
⑥ 1페이지로 인쇄하기 위해서 C와 D열의 경계라인을 드래그하여 H열 밖으로 드래그한다.

문제2 계산작업

정답

[표1]

부서	사원명	업무지식	팀워크	생산성	자기개발	상사평가	평가결과
IT	김현우	88	90	85	87	92	우수
마케팅	이지훈	85	88	83	85	87	우수
영업	박민수	90	93	88	90	91	최우수
인사	정예은	75	78	70	72	80	보통
IT	최서윤	60	65	55	60	70	양호
마케팅	한동현	85	87	80	82	85	우수
영업	윤지혜	50	50	50	50	89	개선필요
IT	강민재	80	85	75	78	85	우수
인사	오수빈	90	92	85	88	90	우수
마케팅	김도현	92	95	90	92	94	최우수
영업	이수민	80	83	75	78	80	보통

[표2]

평가점수	0	60	70	80	90
평가결과	개선필요	양호	보통	우수	최우수

[표3]

부서	업무지식	팀워크	생산성	자기개발	상사평가	상위3위
IT	15%	30%	20%	20%	15%	90
마케팅	30%	15%	30%	15%	10%	94
영업	25%	20%	20%	20%	15%	91
인사	20%	20%	25%	15%	20%	91

[표4]

이름	중간고사	수행평가	기말고사	비고	총점
선명철	5	5	5	대상	★★★★★
김종호	4.5	4.5	4.5	금상	★★★★☆
유연석	4	1.5	3		★★☆☆☆
김호성	3	2.5	2.5		★★☆☆☆
민정연	3.5	5	2		★★★☆☆
서유미	4	3.5	3		★★★☆☆
강소유	4.5	1.5	4		★★★☆☆
정이정	5	3.5	4.5	은상	★★★★☆
최정윤	2.5	4.5	3		★★★☆☆
김나래	2	4	2.5		★★☆☆☆
성기창	4.5	3.5	3		★★★☆☆
한영미	5	2	2.5		★★★☆☆
윤수연	3.5	5	4	동상	★★★★☆
강연수	3	2.5	3.5		★★☆☆☆

[표5]

평가기준	가중치
중간고사	0.3
수행평가	0.4
기말고사	0.3

[표6]

측정일자	시작점	재비산먼지 평균농도(㎍/㎥)
2026-03-04	서울특별시 강서구 방화동	45
2026-03-04	서울특별시 성동구 마장동	13
2026-03-04	서울특별시 양천구 신정동	5
2026-03-04	서울특별시 구로구 신도림동	5
2026-03-04	서울특별시 마포구 상암동	50
2026-03-04	서울특별시 강동구 천호동	9
2026-03-04	서울특별시 송파구 거여동	14
2026-03-15	서울특별시 중랑구 묵동	9
2026-03-15	서울특별시 양천구 목동	12
2026-03-15	서울특별시 강서구 화곡동	26
2026-03-15	서울특별시 마포구 상암동	5
2026-03-15	서울특별시 송파구 거여동	10

[표7]

서울특별시	4일	15일
성동구	13	0
양천구	5	12
구로구	5	0
강서구	45	26
마포구	50	5
중랑구	0	9
광진구	0	0
강동구	9	0
송파구	14	10

1 평가결과[H3:H13]

[H3] 셀에 =HLOOKUP(SUMPRODUCT(C3:G3,OFFSET($A$20,MATCH(A3,$A$21:$A$24,0),1,1,5)),$B$16:$F$17,2)를 입력하고 [H13] 셀까지 수식을 복사한다.

> **함수 설명** =HLOOKUP(SUMPRODUCT(C3:G3,OFFSET($A$20, MATCH(A3,$A$21:$A$24,0),1,1,5)),$B$16:$F$17,2)
>
> ❶ MATCH(A3,$A$21:$A$24,0) : [A3] 셀의 값을 [A21:A24]에서 정확하게 일치하는 셀의 위치 값을 구함
> ❷ OFFSET($A$20,❶,1,1,5) : [A20] 셀에서 시작하여 ❶의 행 만큼 이동하고, 1 열 이동한 후에 1*5(1행 5열)을 범위 지정
> ❸ SUMPRODUCT(C3:G3,❷) : [C3:G3] 영역의 값을 ❷의 영역의 값과 각각 곱한 값을 모두 더한 결과 값
>
> =HLOOKUP(❸,$B$16:$F$17,2) : ❸의 값을 [B16:F17] 영역의 첫번째 행에서 찾아 2번째 행의 값을 찾아옴

2 상위3위[G21:G24]

[G21] 셀에 =AVERAGE(LARGE(($A$3:$A$13=A21)*$C$3:$G$13,{1,2,3}))를 입력하고 [G24] 셀까지 수식을 복사한다.

3 사용자 정의 함수(fn비고)[N3:N16]

① [개발 도구]-[코드] 그룹의 [Visual Basic]()을 클릭한다.
② [삽입]-[모듈]을 클릭한다.
③ Module 창에 다음과 같이 입력한다.

```
Public Function fn비고(중간고사, 수행평가, 기말고사)
    Select Case 중간고사 + 수행평가 + 기말고사
        Case 15
            fn비고 = "대상"
        Case Is >= 13.5
            fn비고 = "금상"
        Case Is >= 13
            fn비고 = "은상"
        Case Is >= 12
            fn비고 = "동상"
        Case Else
            fn비고 = ""
    End Select
End Function
```

④ [파일]-[닫고 Microsoft Excel(으)로 돌아가기]를 클릭하여 [Visual Basic Editor]를 닫는다.
⑤ [N3] 셀을 클릭한 후 [함수 삽입]()을 클릭한다.

⑥ [함수 마법사]에서 범주 선택은 '사용자 정의', 함수 선택은 'fn비고'를 선택한 후 [확인]을 클릭한다.

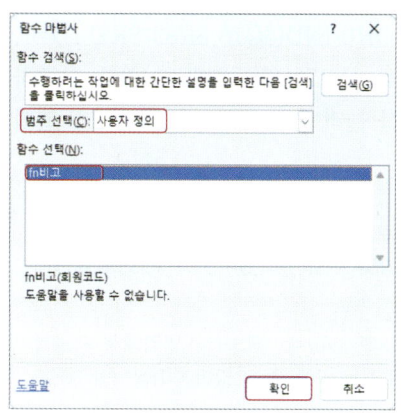

⑦ [함수 인수]에서 중간고사는 [F4], 수행평가는 [G4], 기말고사는 [H4]를 지정하고 [확인]을 클릭한다.

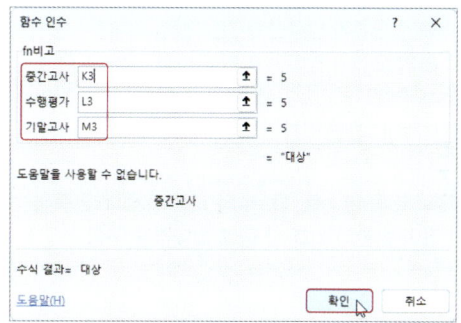

⑧ [N3] 셀을 선택한 후 [N16] 셀까지 수식을 복사한다.

4 총점[O3:O16]

[O3] 셀에 =REPT("★",INT(SUMPRODUCT(K3:M3,TRANSPOSE($K$20:$K$22))))&REPT("☆",5-INT(SUMPRODUCT(K3:M3,TRANSPOSE($K$20:$K$22))))를 입력하고 Ctrl+Shift+Enter를 눌러 수식을 완성한 후 [O16] 셀까지 수식을 복사한다.

> **함수 설명** =REPT("★",INT(SUMPRODUCT(K3:M3,TRANSPOSE($K$20:$K$22))))&REPT("☆",5-INT(SUMPRODUCT(K3:M3,TRANSPOSE($K$20:$K$22))))
>
> ❶ TRANSPOSE($K$20:$K$22) : [K20:K22] 영역의 값을 행과 열을 바꿈
> ❷ SUMPRODUCT(K3:M3,❶) : [K3:M3] 영역의 값을 ❶의 값과 곱한 값을 더한 결과([K3]*[K20]+[L3]*[K21]+[M3]*[K22])
> ❸ INT(❷) : ❷의 결과 값을 정수로 표시
>
> =REPT("★",❸)&REPT("☆",5-❸) : ★을 ❸의 개수만큼 반복하여 표시하고, ☆를 5-❸의 개수만큼 반복하여 연결하여 표시

5 평균농도 최대값[R18:S26]

[R18] 셀에 =MAX(IFERROR(FIND("서울특별시",$R$3:$R$14)>=1,0)*IFERROR(FIND($Q18,$R$3:$R$14)>=1,0)*(DAY($Q$3:$Q$14)=R$17)*($S$3:$S$14))를 입력하고 Ctrl + Shift + Enter 를 눌러 수식을 완성한 후 [S26] 셀까지 수식을 복사한다.

> **함수 설명** =MAX(IFERROR(FIND("서울특별시",$R$3:$R$14)>=1,0)
> *IFERROR(FIND($Q18,$R$3:$R$14)>=1,0)*(DAY($Q$3:$Q$14)=
> R$17)*($S$3:$S$14))

❶ FIND("서울특별시",$R$3:$R$14)>=1 : [R3:R14] 영역에서 '서울특별시'를 찾아 시작 위치 값을 구한 후 그 값이 1 이상이면 TRUE 값을 반환

❷ FIND($Q18,$R$3:$R$14)>=1 : [R3:R14] 영역에서 [Q18] 셀의 내용이 있다면 시작 위치 값을 구한 후 그 값이 1 이상이면 TRUE 값을 반환

❸ IFERROR(❶,0) : ❶의 오류가 있다면 0 값을 반환

❹ IFERROR(❷,0) : ❷의 오류가 있다면 0 값을 반환

❺ DAY($Q$3:$Q$14)=R$17 : [Q3:Q14] 영역의 일을 구한 값이 [R17] 셀과 같으면 TRUE 값을 반환

=MAX(❸*❹*❺*($S$3:$S$14)) : ❸, ❹, ❺의 모든 조건에 만족하면 [S3:S14] 영역의 값이 반환되고 그 값 중에 최대값을 구함

문제3 분석작업

1 피벗 테이블

정답

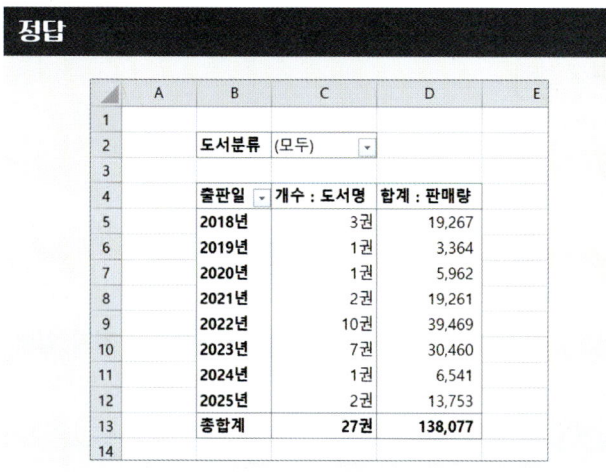

① [B4] 셀을 선택한 후 [데이터]-[데이터 가져오기 및 변환] 그룹의 [데이터 가져오기]-[기타 원본에서]-[Microsoft Query에서](圖)를 클릭한다.
② [데이터 원본 선택]의 [데이터베이스] 탭에서 'MS Access Database *'를 선택하고 [확인]을 클릭한다.
③ 폴더에서 '도서.accdb'를 선택하고 [확인]을 클릭한다.
④ [열 선택]에서 〈판매현황〉 테이블을 더블클릭하여 '도서분류', '출판일', '도서명', '판매량'을 선택하고 [다음]을 클릭한다.

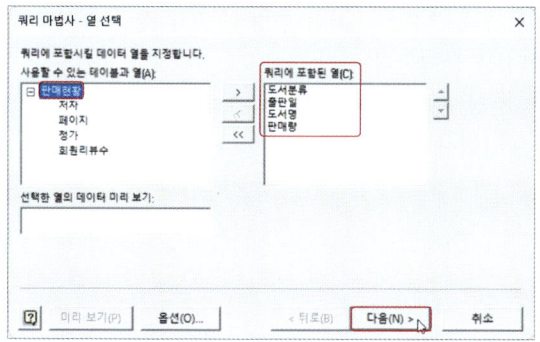

⑤ [데이터 필터]와 [정렬 순서]에서는 설정 없이 [다음]을 클릭한다.
⑥ [마침]에서 'Microsoft Excel(으)로 데이터 되돌리기'를 선택하고 [마침]을 클릭한다.
⑦ [데이터 가져오기]에서 '피벗 테이블 보고서'를 선택한 다음, '기존 워크시트'는 [B4] 셀을 지정하고 [확인]을 클릭한다.

⑧ [피벗 테이블 필드]에서 다음과 같이 드래그한다.

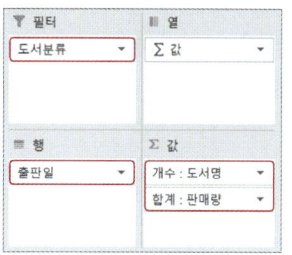

⑨ [디자인]-[레이아웃] 그룹에서 [보고서 레이아웃]-[개요 형식으로 표시]를 클릭한다.
⑩ [B5] 셀에서 마우스 오른쪽 버튼을 눌러 [그룹]을 클릭한다.
⑪ [그룹화]에서 '월'과 '분기'를 다시 클릭하여 해제하고 '연'만 선택하고 [확인]을 클릭한다.

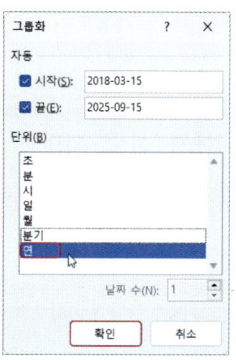

⑫ 개수 : 도서명[C4]에서 마우스 오른쪽 버튼을 눌러 [값 필드 설정]을 클릭한 후 [표시 형식]을 클릭한다.
⑬ [표시 형식]에서 '사용자 지정'을 선택하고 'G/표준' 뒤에 "권"을 입력하고 [확인]을 클릭한다.

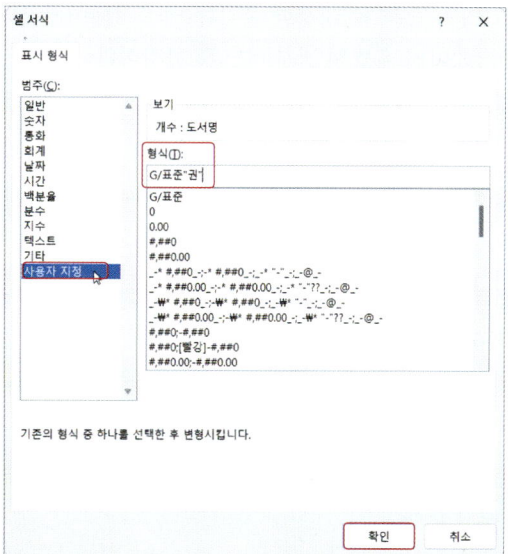

⑭ 합계 : 판매량[D4]에서 마우스 오른쪽 버튼을 눌러 [값 필드 설정]을 클릭한 후 [표시 형식]을 클릭한다.
⑮ [셀 서식]의 [표시 형식] 탭에서 '숫자'를 선택한 후 '1000 단위 구분 기호 사용'을 체크한 후 [확인]을 클릭하고, [값 필드 설정]에서 다시 한 번 [확인]을 클릭한다.

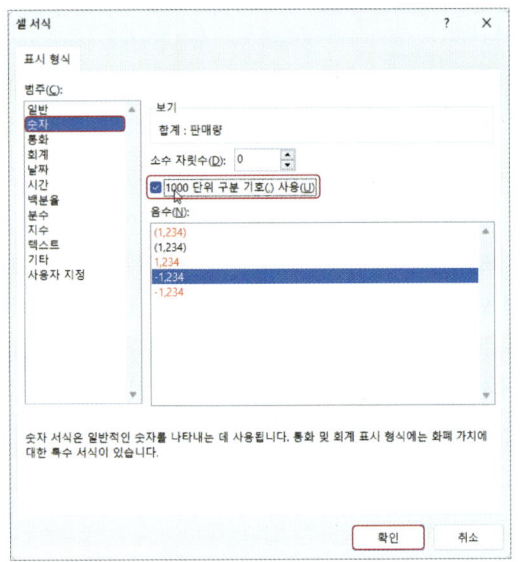

⑯ [디자인]-[피벗 테이블 스타일] 그룹에서 '흰색, 피벗 스타일 밝게 22'를 선택한다.

2 데이터 도구

정답

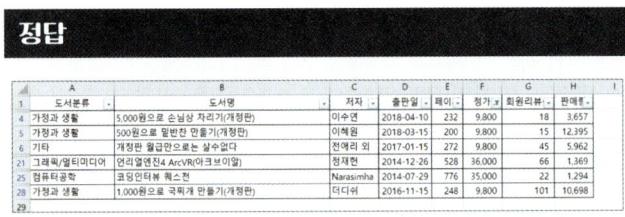

① [C2:C28] 영역을 범위 지정한 후 [데이터]-[데이터 도구] 그룹의 [데이터 유효성 검사]를 클릭한다.
② [데이터 유효성]의 [설정] 탭에서 제한 대상은 '텍스트 길이', 제한 방법은 '해당 범위', 최소값은 1, 최대값은 10을 입력한다.

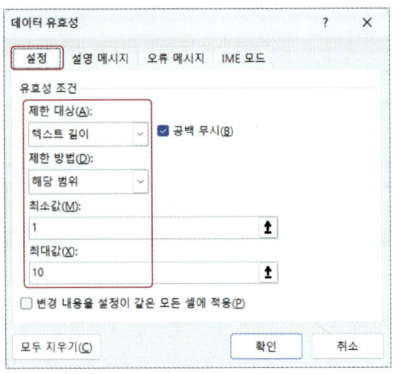

③ [설명 메시지] 탭에서 제목은 **저자 입력**, 설명 메시지는 **10자 이내로 입력**을 입력한다.

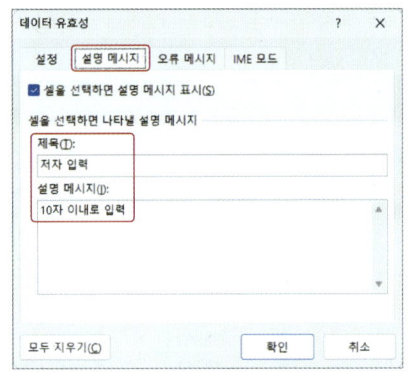

④ [오류 메시지] 탭에서 스타일은 '정보', 제목은 **저자 입력**, 오류 메시지는 **10자 이내로 입력해 주세요.**를 입력하고 [확인]을 클릭한다.

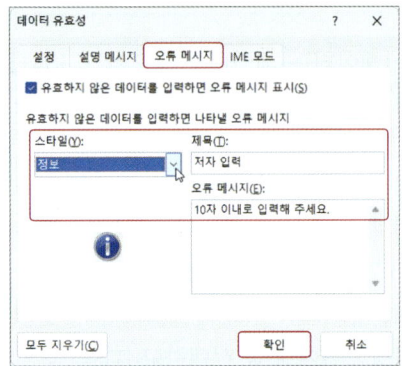

⑤ [데이터]-[정렬 및 필터] 그룹에서 [필터]를 클릭한다.
⑥ 정가[F1] 목록 단추를 클릭하여 [숫자 필터]-[사용자 지정 필터]를 클릭한다.
⑦ [사용자 지정 자동 필터]에서 '>=', 30000, '또는', '<', 10000을 입력하고 [확인]을 클릭한다.

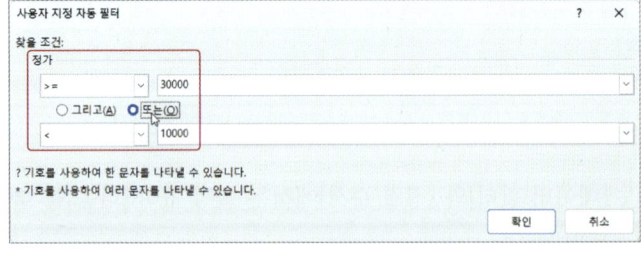

문제4 기타작업

1 차트

정답

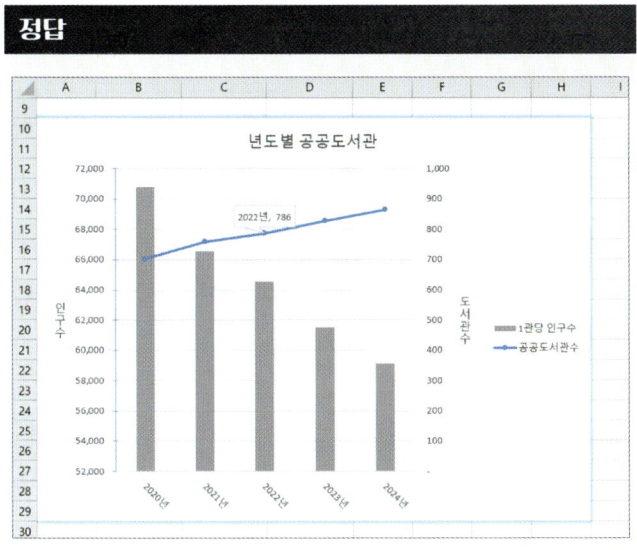

① 차트 영역에서 마우스 오른쪽 버튼을 클릭한 후 [데이터 선택]을 클릭한다.
② [국민 총인구] 계열은 [제거]를 클릭한 후 [확인]을 클릭한다.

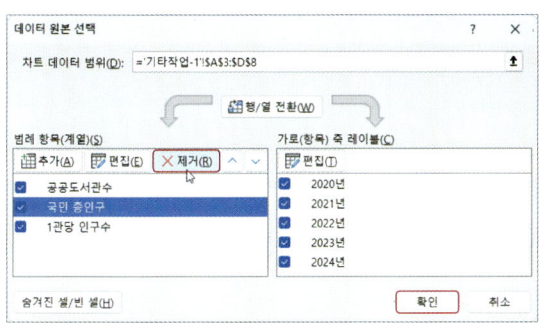

③ '공공도서관수' 계열을 선택한 후 마우스 오른쪽 버튼을 클릭한 후 [계열 차트 종류 변경]을 클릭한다.

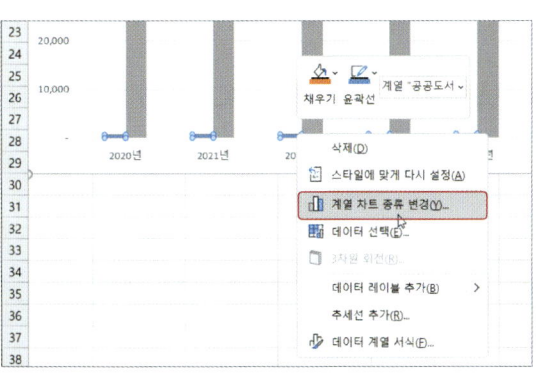

④ [차트 종류 변경]에서 '꺾은선형'의 '표식이 있는 꺾은선형'을 선택한다.

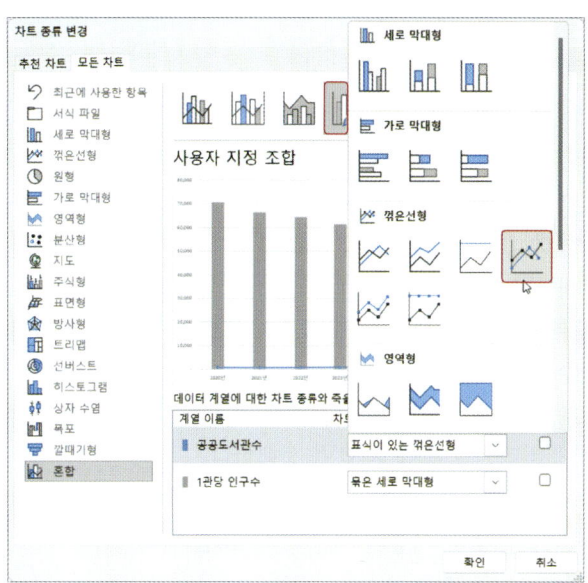

⑤ '공공도서관수' 계열을 '보조 축'을 선택하고 [확인]을 클릭한다.

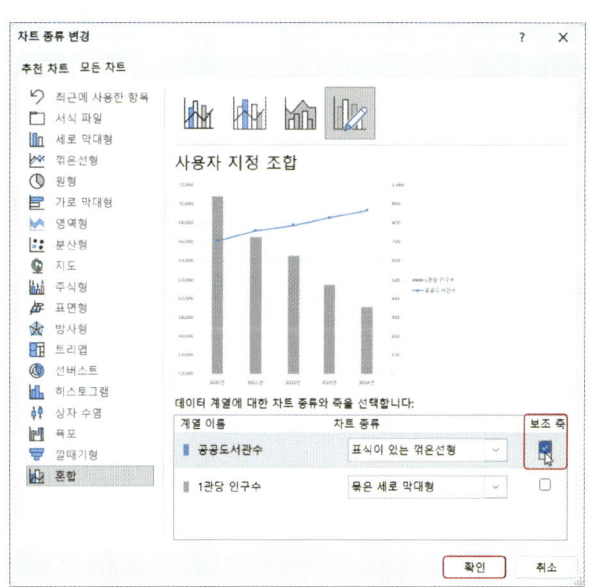

⑥ 차트를 선택하고 [차트 요소](＋)-[차트 제목]을 클릭하여 **년도별 공공도서관**을 입력한다.

⑦ [차트 요소](⊞)-[축 제목]-[기본 세로]를 클릭하여 **인구수**를 입력한다.

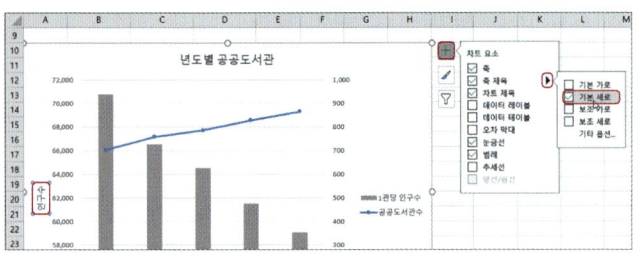

⑧ 세로 (값) 축 제목을 선택한 후 [축 제목 서식] 메뉴를 클릭한 후 [크기 및 속성]의 '맞춤'에서 텍스트 방향 '세로'를 선택한다.
⑨ [차트 요소](⊞)-[축 제목]-[보조 세로]를 클릭하여 **도서관수**를 입력한다.
⑩ 보조 세로 (값) 축 제목을 선택한 후 [크기 및 속성]의 '맞춤'에서 텍스트 방향 '세로'를 선택한다.
⑪ 가로(항목) 축을 선택한 후 [축 서식]-[텍스트 옵션]에서 '텍스트 상자'의 '사용자 지정 각'에 **45**를 입력한다.

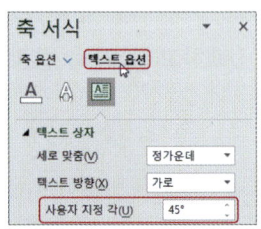

⑫ 세로(값) 축을 선택한 후 [축 옵션]에서 '눈금'을 선택한 후 '주 눈금'은 '교차'를 선택한다.

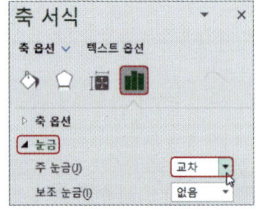

⑬ '2022년' 계열의 '공공도서관수' 요소를 천천히 두 번 클릭한 후 [차트 디자인] 탭에서 [차트 레이아웃] 그룹에서 [차트 요소 추가]-[데이터 레이블]-[데이터 설명선]을 클릭한다.

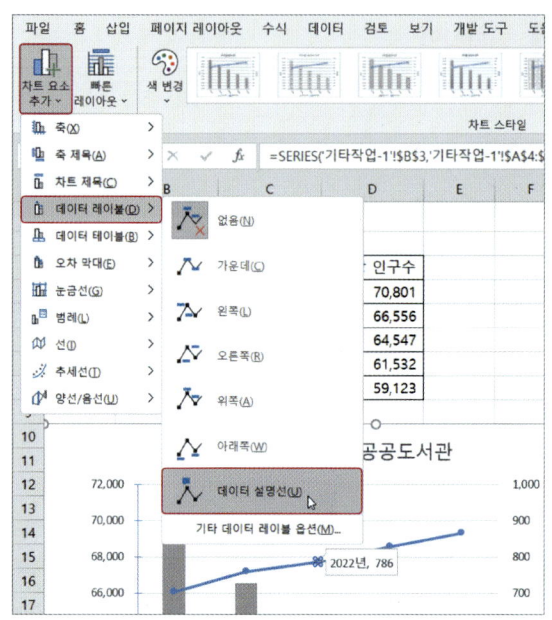

⑭ '데이터 레이블'을 선택한 후 [레이블 옵션]에서 레이블 위치 '위쪽'을 선택한다.

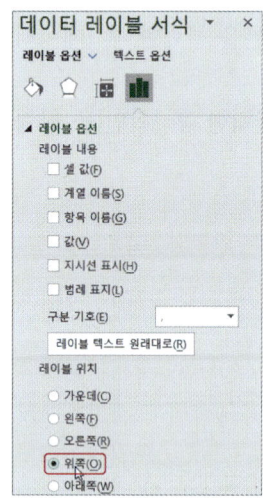

⑮ 차트를 선택한 후 [효과]에서 '네온'을 선택하고 '미리 설정'에서 '네온: 5pt, 파랑, 강조색1'을 선택한다.

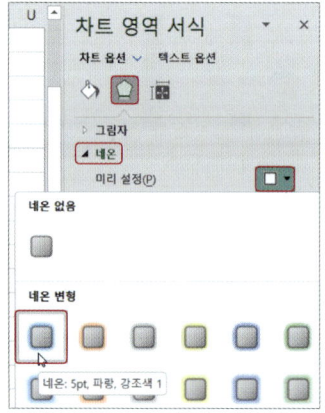

2 매크로

정답

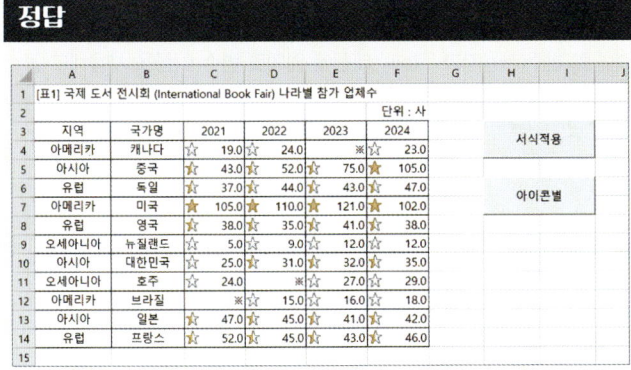

① 비어 있는 셀을 클릭한 후 [개발 도구]-[코드] 그룹의 [매크로 기록](🔴)을 클릭한다.
② [매크로 기록]에 **서식적용**을 입력하고 [확인]을 클릭한다.
③ [C4:F14] 영역을 범위 지정한 후 Ctrl + 1 을 눌러 [표시 형식] 탭의 '사용자 지정'을 선택한 후 [>0]0.0;;;"※"를 입력하고 [확인]을 클릭한다.

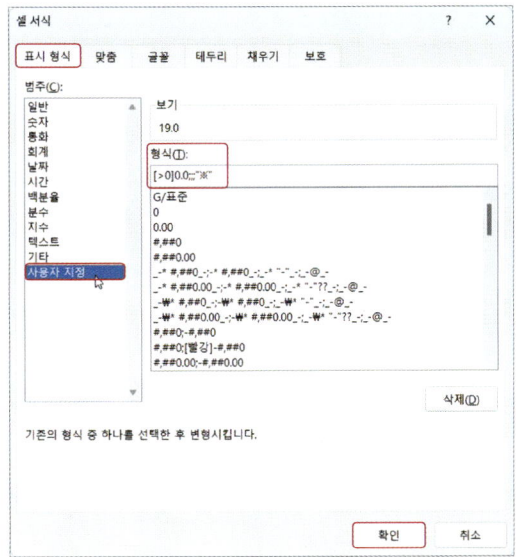

④ [개발 도구]-[코드] 그룹의 [기록 중지](□)를 클릭한다.
⑤ [개발 도구]-[컨트롤] 그룹의 [삽입]-[단추(양식 컨트롤)](□)을 클릭한다.
⑥ 마우스 포인터가 '+'로 바뀌면 Alt 를 누른 상태에서 [H3:I4] 영역에 드래그하면 [매크로 지정] 대화상자가 나타난다.
⑦ [매크로 지정]에서 **서식적용**을 선택하고 [확인]을 클릭한다.
⑧ 단추에 입력된 '단추 1'을 지우고 **서식적용**을 입력한다.
⑨ 비어 있는 셀을 클릭한 후 [개발 도구]-[코드] 그룹의 [매크로 기록](🔴)을 클릭한다.

⑩ [매크로 기록]에서 **아이콘별**을 입력하고 [확인]을 클릭한다.
⑪ [C4:F14] 영역을 범위 지정한 후 [홈]-[스타일] 그룹의 [조건부 서식]-[새 규칙](□)을 클릭한다.
⑫ [새 서식 규칙]에서 다음과 같이 지정하고 [확인]을 클릭한 후 [개발 도구]-[코드] 그룹의 [기록 중지](□)를 클릭한다.

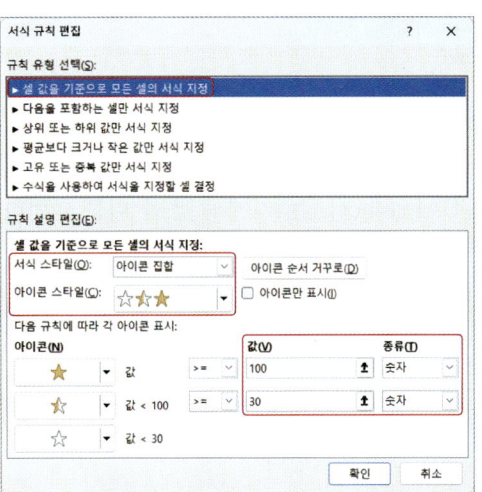

- 서식 스타일 : 아이콘 집합
- 아이콘 스타일 : 별 3개
- 값1 : 100, (종류) 숫자
- 값2 : 30, (종류) 숫자

⑬ [개발 도구]-[컨트롤] 그룹의 [삽입]-[단추(양식 컨트롤)](□)을 클릭한다.
⑭ 마우스 포인터가 '+'로 바뀌면 Alt 를 누른 상태에서 [H6:I7] 영역에 드래그한다.
⑮ [매크로 지정]에 '아이콘별'을 선택하고 [확인]을 클릭한다.
⑯ 단추에 입력된 '단추 2'를 지우고 **아이콘별**을 입력한다.

3 VBA 프로그래밍

(1) 폼 보이기

① [개발 도구]-[컨트롤] 그룹에서 [디자인 모드](📐)를 클릭하여 〈도서등록〉 버튼을 편집 상태로 만든다.
② 〈도서등록〉 버튼을 더블클릭한 후 코드 창에 다음과 같이 입력한다.

```
Private Sub cmd도서등록_Click()
    도서등록.Show
End Sub
```

(2) 폼 초기화

① [프로젝트-VBAProject] 탐색기에서 '폼'을 더블 클릭하고 〈도서등록〉을 선택한다.
② [프로젝트-VBAProject] 탐색기의 [코드 보기](🗔)를 클릭한다.
③ '개체 목록'은 'UserForm', '프로시저 목록'은 'Initialize'를 선택한다.
④ 코드 창에 다음과 같이 입력한다.

```
Private Sub UserForm_Initialize()
    lst도서분류.RowSource = "I5:I11"
End Sub
```

(3) 등록 프로시저

① '개체 목록'에서 'cmd등록', '프로시저 목록'은 'Click'을 선택한다.
② 코드 창에 다음과 같이 입력한다.

```
Private Sub cmd등록_Click()
    iRow = lst도서분류.ListIndex
    i = Range("A4").CurrentRegion.Rows.Count + 4
    If IsNull(lst도서분류.Value) Then
        MsgBox "도서분류를 선택하세요."
        lst도서분류.ListIndex = 0
    Else
        Cells(i, 1) = lst도서분류.List(iRow, 0)
        Cells(i, 2) = txt도서명
        Cells(i, 3) = txt저자
        Cells(i, 4) = txt출판일
        Cells(i, 5) = txt페이지수.Value
        Cells(i, 6) = Format(txt정가, "#,###")
    End If
End Sub
```

💬 코드 설명

iRow = lst도서분류.ListIndex
→ iRow는 'lst도서분류'의 목록상자에서 선택한 값의 위치 값을 기억할 변수(사용자가 'iRow' 대신에 임의로 변수 이름을 사용해도 됩니다.)
→ 'lst도서분류'에서 '가정과 생활'을 선택하면 .ListIndex 의 값이 '0', '기타'는 '1', '컴퓨터 일반/활용'은 '2' … 의 결과 값이 반환됨

i = Range("A4").CurrentRegion.Rows.Count + 4
→ 'i'는 새로운 데이터를 입력할 행의 위치를 구하여 기억하는 변수이다. 'i' 대신에 사용자가 다른 문자를 사용해도 상관없다.
Range : 셀 하나 또는 셀의 범위를 말함
CurrentRegion : 지정된 셀과 연결된 범위를 말함
Rows : 범위의 행들을 의미
Count : 개수를 구함

+4
→ 새롭게 데이터를 입력할 마지막 행의 위치를 구하기 위해서 더해주는 값이다. [A4] 셀 위쪽에 연결되지 않은 3행과 새롭게 데이터를 입력할 1행을 더한 값이다. (참고로 [A2] 셀의 '[표1] 도서 등록'이 입력되어 있지만, 비어 있는 3행이 있기 때문에 연결된 행으로 인식하지 않음)

If IsNull(lst도서분류.Value) Then
→ lst도서분류 값이 선택되지 않았다면

MsgBox "도서분류를 선택하세요."
→ '도서분류를 선택하세요.'라는 메시지를 표시

lst도서분류.ListIndex = 0
→ lst도서분류.ListIndex의 0의 값 '가정과 생활'이 선택이 됨

Cells(i, 1) = lst도서분류.List(iRow, 0)
→ cells(i,1)은 새롭게 입력할 행(i)의 A열(숫자 1의 의미) 에 lst도서분류 목록에서 iRow에 기억된 값의 행의 값을 대입

Cells(i, 6) = Format(txt정가, "#,###")
→ cells(i,6) 셀에 txt정가에서 입력된 값을 천단위 콤마를 표시하여 입력함

스프레드시트 실전 모의고사 12회

작업파일 : '26컴활1급(기출)₩스프레드시트₩실전모의고사'에서 '실전모의고사12회' 파일을 열어 작업하세요.

문제1 기본작업(15점) 주어진 시트에서 다음 과정을 수행하고 저장하시오.

1. '기본작업-1' 시트에서 다음과 같이 고급 필터를 수행하시오. (5점)

- [A2:H32] 영역에서 '학년'이 '중1'이고 '현재강의수'가 '현재강의수'의 90% 위치의 백분율 수보다 크거나 같은 행만을 표시하시오.
- 조건은 [J2:J3] 영역 내에 알맞게 입력하고, '강의코드', '수업시작일', '강사명', '강의과목' 필드만 추출하시오(AND, PERCENTILE.INC 함수 사용).
- 결과는 [J5] 셀부터 표시하시오.

2. '기본작업-1' 시트의 [A3:H32] 영역에 대해 다음과 같이 조건부 서식을 설정하시오. (5점)

- "20"과 '강의코드'의 4~5번째 글자를 연결한 값과 '수업시작일'의 연도가 같지 않은 전체 행에 대해서 채우기 색은 '표준 색 – 주황'으로 적용하는 조건부 서식을 작성하시오.
- 단, 한 개의 규칙만을 이용하여 작성하시오(VALUE, MID, YEAR 함수와 & 연산자 사용).

3. '기본작업-2' 시트에서 다음과 같이 페이지 레이아웃을 설정하시오. (5점)

- 인쇄될 내용이 페이지의 정 가운데에 인쇄되도록 페이지 가운데 맞춤을 설정하시오.
- 매 페이지 상단의 왼쪽 구역에는 인쇄 날짜가 [표시 예]와 같이 표시되도록 머리글을 설정하시오.
  [표시 예 : 인쇄 날짜가 2025-01-01 이면 → 인쇄 날짜 : 2025-01-01]
- [A2:H32] 영역을 인쇄 영역으로 설정하고, 용지 여백을 '좁게(위쪽, 아래쪽 : 1.91cm, 왼쪽, 오른쪽 : 0.64cm, 머리글, 바닥글 : 0.76cm)'로 설정하시오.

문제2 계산작업(30점) '계산작업' 시트에서 다음 과정을 수행하고 저장하시오.

1 [표1]의 코드와 수업시작일을 이용하여 [B3:B32] 영역에 강의코드를 계산하여 표시하시오. (6점)

- ▶ 강의코드는 코드 중간에 수업시작일에서 년도를 추출한 값 뒤 2문자에 '-' 기호를 삽입하여 표시
- ▶ 코드가 "M110KO", 수업시작일이 "2025-10-01"일 경우 : M1-25-10KO
- ▶ RIGHT, YEAR, REPLACE 함수와 & 연산자 사용

2 [표1]의 학년과 강의과목과 [표2]의 할인율표를 이용하여 [G3:G32] 영역에 학년과 강의과목에 따른 수강료 할인율을 계산하여 표시하시오. (6점)

- ▶ HLOOKUP, MATCH 함수 사용

3 [표1]의 현재강의수와 전체강의수를 이용하여 [K3:K32] 영역에 진행률을 계산하여 다음과 같이 표시하시오. (6점)

- ▶ '현재강의수/전체강의수'의 값이 0.8일 경우 : ▶▶▶▶▶▶▶▶80.0%
- ▶ '현재강의수/전체강의수'의 값이 0.55일 경우 : ▶▶▶▶▶55.0%
- ▶ '현재강의수/전체강의수'의 값이 오류일 경우 : 신생강의
- ▶ REPT, TEXT, IFERROR 함수와 & 연산자 사용

4 사용자 정의 함수 'fn비고'를 작성하여 [표1]의 [L3:L32] 영역에 비고를 계산하여 표시하시오. (6점)

- ▶ 'fn비고'는 현재강의수와 수강인원을 인수로 받아 비고를 계산하는 함수이다.
- ▶ '수강인원/현재강의수'가 20 이상이면 "강의증설", 5 이하이면 "강의폐강", 그 외에는 공백으로 표시하시오.
- ▶ SELECT CASE문 이용

```
Public Function fn비고(현재강의수, 수강인원)
End Function
```

5 [표1]의 강사명, 강의과목, 전체강의수를 이용하여 [표3]의 [G36:J38] 영역에 과목별 전체강의수별 강사명을 계산하여 표시하시오. (6점)

- ▶ [표3]의 순위는 전체강의수가 많은 순으로 지정됨
- ▶ INDEX, MATCH, LARGE 함수를 적용한 배열 수식 사용

문제3 분석작업(20점) 주어진 시트에서 다음 과정을 수행하고 저장하시오.

1. '분석작업-1' 시트에서 다음과 같은 피벗 테이블을 작성하시오. (10점)

   ▶ 외부 데이터 가져오기 기능을 사용하여 〈학원.accdb〉의 〈서초점〉 테이블을 이용하시오.
   ▶ 피벗 테이블 보고서의 레이아웃과 위치는 〈그림〉을 참조하여 설정하고, 보고서 레이아웃을 테이블 형식으로 표시하시오.
   ▶ '수업시작일'을 기준으로 그룹을 설정하시오.
   ▶ '수강인원' 필드의 값 요약 기준을 '평균'으로 설정하고, 표시 형식은 값 필드 설정의 셀 서식에서 '숫자' 범주를 이용하여 지정하시오.
   ▶ 피벗 테이블 스타일은 '흰색, 피벗 스타일 보통 11'로 설정하시오.

   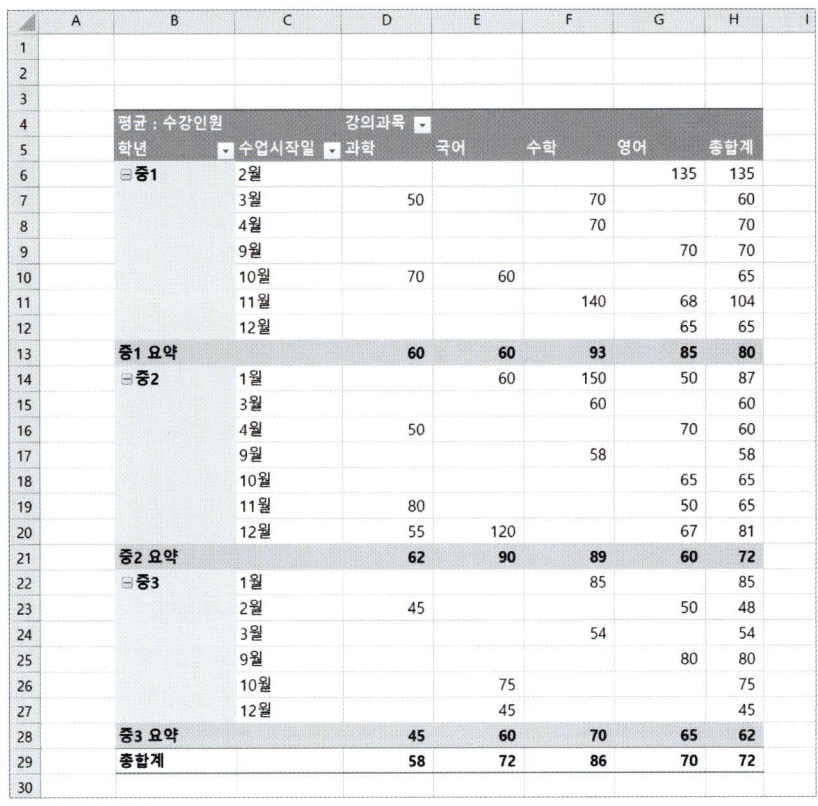

   ※ 작업 완성된 그림이며 부분점수 없음

2. '분석작업-2' 시트에 대하여 다음의 지시사항을 처리하시오. (10점)

   ▶ 데이터 도구를 이용하여 [표1]에서 '강사명', '학년' 열을 기준으로 중복된 값이 입력된 셀을 포함하는 행을 삭제하시오.
   ▶ [부분합] 기능을 이용하여 [표1]에서 '학년'별 '수강인원'의 평균을 계산한 후 '강의과목'별 '전체강의수'의 개수를 계산하시오.
     – 학년을 기준으로 오름차순으로 정렬하고, 학년이 동일한 경우 강의과목을 기준으로 오름차순 정렬하시오.
     – 평균과 개수는 위에 명시된 순서대로 처리하시오.

문제4 기타작업(35점) 주어진 시트에서 다음 과정을 수행하고 저장하시오.

1 '기타작업-1' 시트에서 다음의 지시사항에 따라 차트를 수정하시오. (각 2점)

※ 차트는 반드시 문제에서 제공한 차트를 사용하여야 하며, 신규로 차트 작성 시 0점 처리됨
① '평균수강생' 계열의 차트 종류를 '표식이 있는 꺾은선형'으로 변경한 후 보조 축으로 지정하시오.
② 차트 레이아웃을 '레이아웃10'으로 지정한 후 차트 제목 및 축 제목을 〈그림〉과 같이 지정하시오.
③ 범례의 위치를 '위쪽'으로 지정하시오.
④ 차트 영역에 도형 스타일을 '색 윤곽선 – 주황, 강조 2'로 지정하시오.
⑤ '이달 강의수' 계열을 워크시트에 삽입된 클립아트를 이용하여 〈그림〉과 같이 표시하시오.

2 '기타작업-2' 시트에서 다음과 같은 기능을 수행하는 매크로를 현재 통합문서에 작성하시오. (각 5점)

① [C6:C35] 영역에 대하여 사용자 지정 표시 형식을 설정하는 '문자서식' 매크로를 생성하시오.
  ▶ 강사명 뒤에 '강사' 붙여서 표시 [예 : 황수경 강사]
  ▶ [개발 도구]-[삽입]-[양식 컨트롤]의 '단추'(□)를 동일 시트의 [B2:C3] 영역에 생성한 후 텍스트를 '문자서식'으로 입력하고, 단추를 클릭하면 '문자서식' 매크로가 실행되도록 설정하시오.
② [G6:G35] 영역에 대하여 사용자 지정 표시 형식을 설정하는 '숫자서식' 매크로를 생성하시오.
  ▶ 수강인원이 100 이상이면 파랑색으로 '0명' 형식으로 표시, 50 이하이면 빨강색으로 '0명' 형식으로 표시, 나머지는 '0명' 형식으로 표시
  ▶ [개발 도구]-[삽입]-[양식 컨트롤]의 '단추'(□)를 동일 시트의 [E2:F3] 영역에 생성한 후 텍스트를 '숫자서식'으로 입력하고, 단추를 클릭하면 '숫자서식' 매크로가 실행되도록 설정하시오.
  ※ 셀 포인터의 위치에 관계없이 매크로가 실행되어야 정답으로 인정됨

3 '기타작업-3' 시트에서 다음과 같은 작업을 수행하고 저장하시오. (각 5점)

① 〈수강신청〉 버튼을 클릭하면 〈수강신청〉 폼이 나타나고, 폼이 초기화 되면 [J5:J7] 영역의 내용이 '학년(cmb학년)', [K5:K8] 영역의 내용이 '과목(cmb과목)' 콤보 상자의 목록에 표시하고, '성별'을 표시하는 옵션 단추 중 '남(opt남)'이 기본적으로 선택되도록 프로시저를 작성하시오.
▶ 〈수강신청〉 폼의 '과목(cmb과목)'에서 '과학'을 선택하면 '강사명(cmb강사명)'에 [L5:L7], '국어'를 선택하면 [L8:L10], '수학'을 선택하면 [L11:L13], '영어'를 선택하면 [L14:L18] 영역이 나타나도록 프로시저를 작성하시오. (Select문과 Change 이벤트를 이용)

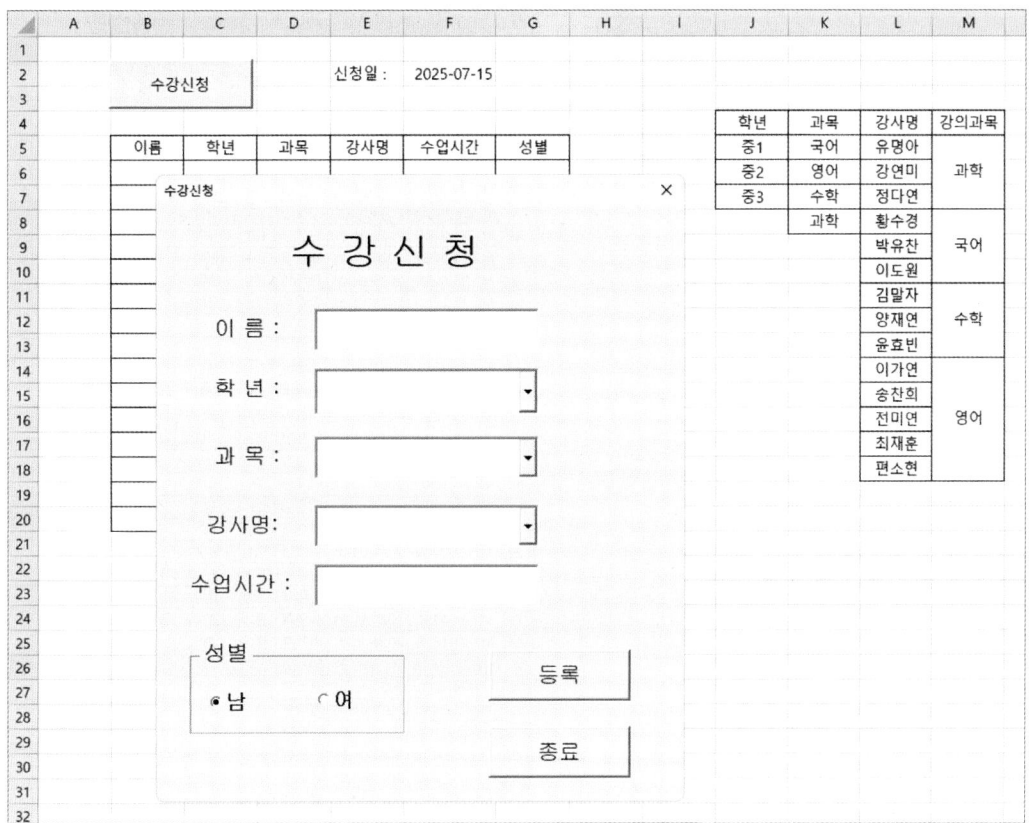

② '수강신청' 폼의 〈등록(cmd등록)〉 버튼을 클릭하면 폼에 입력된 데이터가 시트의 표에 입력되도록 프로시저를 작성하시오.
▶ '성별'은 옵션 단추 중 '남(opt남)'을 선택하면 '남', '여(opt여)'를 선택하면 '여'가 입력되도록 설정하시오.
▶ '수업시간'은 수치 데이터로 입력되도록 설정하시오.

③ 〈종료(cmd종료)〉 버튼을 클릭하면 현재 작업하는 시트의 [F2] 셀에 시간을 제외한 현재 날짜를 입력한 후 폼을 종료하는 프로시저를 작성하시오.

정답 & 해설 스프레드시트 실전 모의고사 12회

문제1 기본작업

1 고급 필터

정답

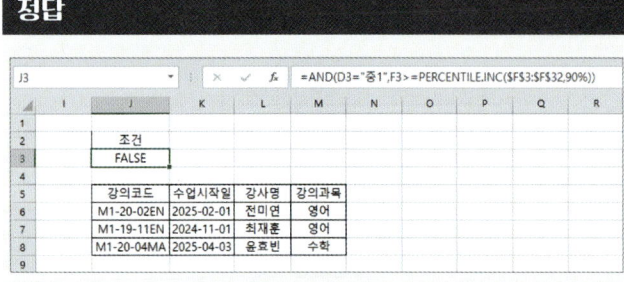

① [J2:J3] 영역에 조건과 [J5:M5] 영역에 추출할 필드명을 입력한다.

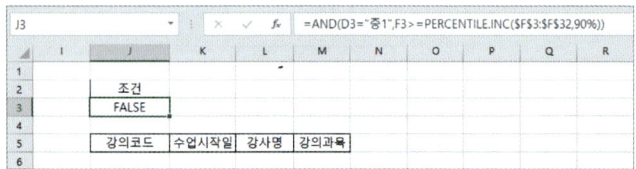

[J3] : =AND(D3="중1",F3>=PERCENTILE.INC($F$3:$F$32,90%))

② [데이터]-[정렬 및 필터] 그룹에서 [고급]을 클릭한다.
③ [고급 필터]에서 다음과 같이 지정한 후 [확인]을 클릭한다.

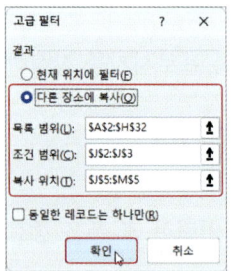

- 결과 : '다른 장소에 복사'
- 목록 범위 : [A2:H32]
- 조건 범위 : [J2:J3]
- 복사 위치 : [J5:M5]

2 조건부 서식

정답

	A	B	C	D	E	F	G	H
1								
2	강의코드	수업시작일	강사명	학년	강의과목	현재강의수	수강인원	전체강의수
3	M1-24-10KO	2024-10-01	황수경	중1	국어	5	60	7
4	M2-25-01EN	2025-01-02	이가연	중2	영어	3	50	5
5	M3-24-01MA	2025-01-02	김말자	중3	수학	4	85	6
6	M2-25-01KO	2025-01-02	박유찬	중2	국어	4	60	3
7	M3-25-02EN	2025-02-01	송찬희	중3	영어	4	50	3
8	M1-25-02EN	2025-02-01	전미연	중1	영어	6	135	6
9	M2-24-12KO	2024-12-01	황수경	중2	국어	4	120	5
10	M1-24-11MA	2024-11-01	김말자	중1	수학	5	140	4
11	M3-24-09EN	2024-09-01	이가연	중3	영어	3	80	5
12	M1-24-10SC	2024-10-01	유명아	중1	과학	5	70	3
13	M1-24-11EN	2024-11-01	최재훈	중1	영어	6	68	5
14	M2-24-12SC	2024-12-01	강연미	중2	과학	4	55	4
15	M3-25-03MA	2025-03-02	양재연	중3	수학	3	54	5
16	M1-25-03MA	2025-03-02	김말자	중1	수학	5	70	6
17	M3-24-10KO	2024-10-01	박유찬	중3	국어	6	75	4
18	M2-25-11EN	2024-11-01	송찬희	중2	영어	4	50	5
19	M3-24-12KO	2024-12-01	황수경	중3	국어	3	45	5
20	M1-24-09EN	2024-09-01	이가연	중1	영어	5	70	4
21	M2-25-01MA	2025-01-02	김말자	중2	수학	7	150	3
22	M2-24-12EN	2024-12-01	전미연	중2	영어	5	67	4
23	M2-24-11SC	2024-11-01	유명아	중2	과학	5	80	6
24	M2-24-10EN	2024-10-01	최재훈	중2	영어	5	65	4
25	M2-25-09MA	2024-09-01	양재훈	중2	수학	4	58	5
26	M1-24-12EN	2024-12-01	편소현	중1	영어	5	65	5
27	M2-25-04SC	2025-04-03	정다연	중2	과학	3	50	5
28	M1-25-04MA	2025-04-03	윤효빈	중1	수학	6	70	4
29	M2-25-04EN	2025-04-03	편소현	중2	영어	5	70	5
30	M2-25-03MA	2025-03-02	윤효빈	중2	수학	4	60	6
31	M3-25-02SC	2025-02-01	정다연	중3	과학	3	45	4
32	M1-25-03SC	2025-03-02	강연미	중1	과학	5	50	6

① [A3:H32] 영역을 범위 지정한 후 [홈]-[스타일] 그룹의 [조건부 서식]-[새 규칙]을 클릭한다.

② [새 서식 규칙]에서 '규칙 유형 선택'에 '▶ 수식을 사용하여 서식을 지정할 셀 결정'을 선택하고, =VALUE("20"&MID($A3,4,2))<>YEAR($B3)을 입력한 후 [서식]을 클릭한다.

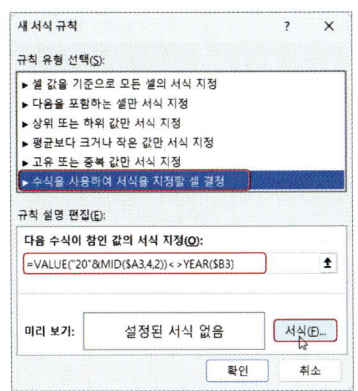

③ [셀 서식]의 [채우기] 탭에서 배경색 '표준 색 – 주황'을 선택한 후 [확인]을 클릭한다.
④ [새 서식 규칙]에서 다시 [확인]을 클릭한다.

3 페이지 레이아웃

정답

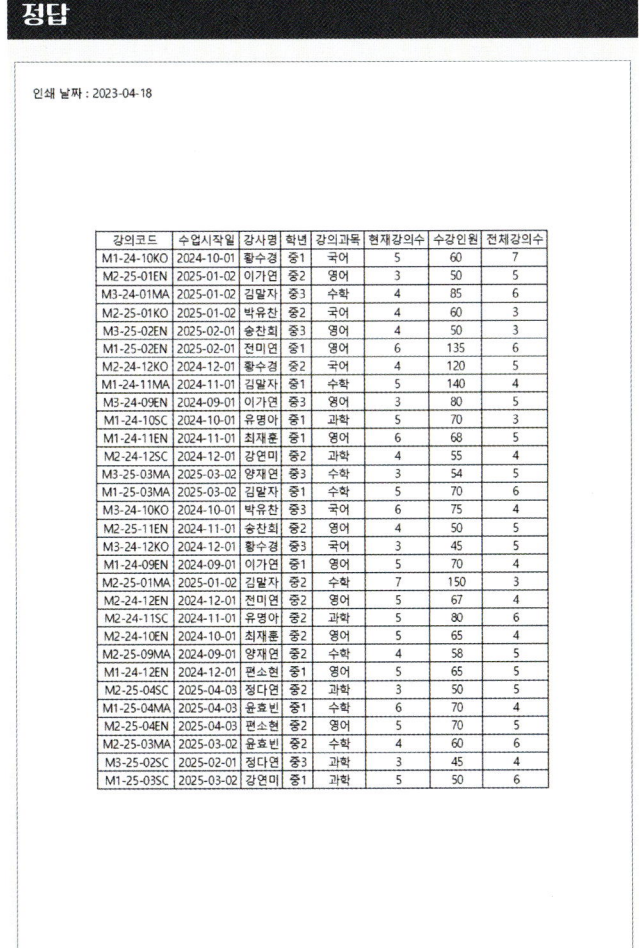

① [A2:H32] 영역을 범위 지정한 후 [페이지 레이아웃]-[페이지 설정] 그룹의 [인쇄 영역]-[인쇄 영역 설정]을 클릭한다.

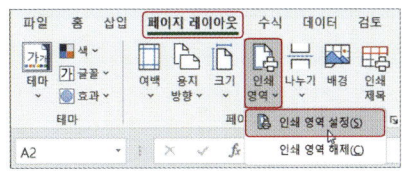

② [페이지 레이아웃]-[페이지 설정] 그룹의 [여백]-[좁게]를 클릭한다.

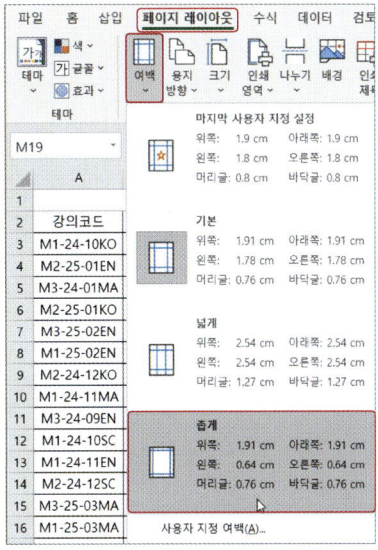

③ [페이지 레이아웃]-[페이지 설정] 그룹에서 [옵션](🔲)을 클릭한다.
④ [여백] 탭에서 페이지 가운데 맞춤 '가로', '세로'를 체크한다.
⑤ [머리글/바닥글] 탭을 클릭하여 [머리글 편집]을 클릭한다.
⑥ 왼쪽 구역에 커서를 두고 **인쇄 날짜 :** 를 입력하고 [날짜 삽입](📅) 도구를 클릭한 후 [확인]을 클릭한다.

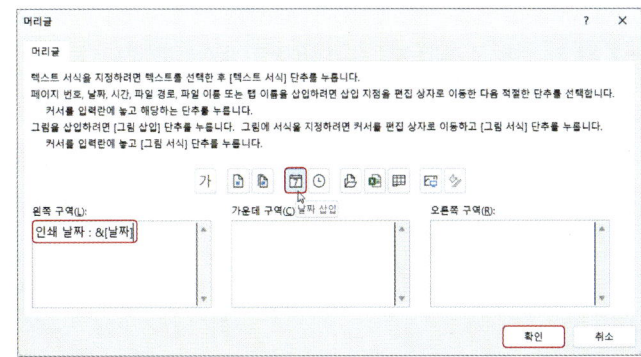

문제2 계산작업

정답

	A	B	C	D	E	F	G	H	I	J	K	L	M
1	[표1]												
2	코드	강의코드	수업시작일	강사명	학년	강의과목	할인율	현재강의수	수강인원	전체강의수	진행률	비고	
3	M110KO	M1-24-10KO	2024-10-01	황수경	중1	국어	30%	5	60	7	▶▶▶▶▶▶▶71.4%		
4	M201EN	M2-25-01EN	2025-01-02	이가연	중2	영어	15%	3	50	6	▶▶▶▶50.0%		
5	M301MA	M3-25-01MA	2025-01-02	김말자	중3	수학	15%	4	85	8	▶▶▶▶50.0%	강의증설	
6	M201KO	M2-25-01KO	2025-01-02	박유찬	중2	국어	25%	1	15	6	▶16.7%		
7	M302EN	M3-25-02EN	2025-02-01	송찬희	중3	영어	10%	4	16	3	▶▶▶▶▶▶▶▶▶▶▶▶▶133.3%	강의폐강	
8	M102EN	M1-25-02EN	2025-02-01	전미연	중1	영어	20%	6	135	7	▶▶▶▶▶▶▶▶85.7%	강의증설	
9	M212KO	M2-24-12KO	2024-12-01	이도원	중2	국어	25%	4	62	5	▶▶▶▶▶▶▶80.0%		
10	M111MA	M1-24-11MA	2024-11-01	김말자	중1	수학	30%	5	140	4	▶▶▶▶▶▶▶▶▶▶▶125.0%	강의증설	
11	M309EN	M3-24-09EN	2024-09-01	이가연	중3	영어	10%	3	45	0	신생강의		
12	M110SC	M1-24-10SC	2024-10-01	유명아	중1	과학	30%	3	70	3	▶▶▶▶▶▶▶▶▶100.0%	강의증설	
13	M111EN	M1-24-11EN	2024-11-01	최재훈	중1	영어	20%	6	68	0	신생강의		
14	M212SC	M2-24-12SC	2024-12-01	강연미	중2	과학	25%	4	55	3	▶▶▶▶▶▶▶▶▶▶▶▶▶133.3%		
15	M303MA	M3-25-03MA	2025-03-02	양재연	중3	수학	15%	3	54	7	▶▶▶▶42.9%		
16	M103MA	M1-25-03MA	2025-03-02	김말자	중1	수학	30%	5	71	5	▶▶▶▶▶▶▶▶▶100.0%		
17	M310KO	M3-24-10KO	2024-10-01	박유찬	중3	국어	15%	5	75	5	▶▶▶▶▶▶▶▶▶▶▶120.0%		
18	M211EN	M2-24-11EN	2024-11-01	송찬희	중2	영어	15%	4	20	5	▶▶▶▶▶▶▶80.0%	강의폐강	
19	M312KO	M3-24-12KO	2024-12-01	황수경	중3	국어	15%	3	46	5	▶▶▶▶▶60.0%		
20	M109EN	M1-24-09EN	2024-09-01	이가연	중1	영어	20%	5	69	0	신생강의		
21	M201MA	M2-25-01MA	2025-01-02	김말자	중2	수학	25%	2	150	5	▶▶▶▶40.0%	강의증설	
22	M212EN	M2-24-12EN	2024-12-01	전미연	중2	영어	15%	3	67	4	▶▶▶▶▶▶▶75.0%	강의증설	
23	M211SC	M2-24-11SC	2024-11-01	유명아	중2	과학	25%	5	80	5	▶▶▶▶▶▶▶▶▶100.0%		
24	M210EN	M2-24-10EN	2024-10-01	최재훈	중2	영어	15%	5	65	4	▶▶▶▶▶▶▶▶▶▶▶125.0%		
25	M209MA	M2-24-09MA	2024-09-01	양재연	중2	수학	25%	4	58	5	▶▶▶▶▶▶▶80.0%		
26	M112EN	M1-24-12EN	2024-12-01	편소현	중1	영어	15%	5	100	4	▶▶▶▶▶▶▶▶▶▶▶125.0%	강의증설	
27	M204SC	M2-25-04SC	2025-04-03	정다연	중2	과학	25%	3	51	0	신생강의		
28	M104MA	M1-25-04MA	2025-04-03	윤효빈	중1	수학	30%	6	72	6	▶▶▶▶▶▶▶▶▶100.0%		
29	M204EN	M2-25-04EN	2025-04-03	편소현	중2	영어	15%	2	73	4	▶▶▶▶50.0%	강의증설	
30	M203MA	M2-25-03MA	2025-03-02	윤효빈	중2	수학	25%	4	66	6	▶▶▶▶▶66.7%		
31	M302SC	M3-25-02SC	2025-02-01	정다연	중3	과학	15%	3	47	4	▶▶▶▶▶▶▶75.0%		
32	M103SC	M1-25-03SC	2025-03-02	강연미	중1	과학	30%	5	52	6	▶▶▶▶▶▶▶▶83.3%		

	E	F	G	H	I	J
33						
34		[표3] 과목별 전체강의수별 강사명				
35		순위	국어	영어	수학	과학
36		1	황수경	전미연	김말자	강연미
37		2	박유찬	이가연	양재연	유명아
38		3	이도원	송찬희	윤효빈	정다연

① 강의코드[B3:B32]

[B3] 셀에 =REPLACE(A3,3,0,"-"&RIGHT(YEAR(C3),2)&"-")를 입력하고 [B32] 셀까지 수식을 복사한다.

함수 설명 =REPLACE(A3,3,0,"-"&RIGHT(YEAR(C3),2)&"-")

❶ RIGHT(YEAR(C3),2) : 수업시작일[C3]에서 년도를 추출한 후에 오른쪽에서부터 2글자를 추출

=REPLACE(A3,3,0,"-"&❶&"-") : 코드[A3] 셀에서 3번째부터 시작하여 0글자를 "-"&❶&"-"를 교체한다. (결과는 3번째 뒤에 "-"&❶&"-"를 추가한 결과로 표시)

② 할인율[G3:G32]

[G3] 셀에 =HLOOKUP(E3,$B$35:$D$37,MATCH(F3,$A$36:$A$37,-1)+1)를 입력하고 [G32] 셀까지 수식을 복사한다.

함수 설명 =HLOOKUP(E3,$B$35:$D$37,MATCH(F3,$A$36:$A$37,-1)+1)

❶ MATCH(F3,$A$36:$A$37,-1) : 강의과목[F3]을 [A36: A37] 영역에서 위치 값을 구함
(강의과목은 국어, 영어, 수학, 과학 4과목을 내림차순으로 정렬해 보면 영어, 수학, 국어, 과학으로 정렬이 된다. [A36:A37] 영역에서 영어는 '1'의 값이 반환되고, 수학, 국어, 과학은 영어보다 아래에 있기 때문에 '2'의 값이 반환된다.)

3 진행률[K3:K32]

[K3] 셀에 =IFERROR(REPT("▶",(H3/J3)*10)&TEXT(H3/J3,"0.0%"),"신생강의")를 입력하고 [K32] 셀까지 수식을 복사한다.

> **함수 설명** =IFERROR(REPT("▶",(H3/J3)*10)&TEXT(H3/J3,"0.0%"),"신생강의")
>
> ❶ REPT("▶",(H3/J3)*10) : 현재강의수[H3]/수강인원[J3]으로 나눈 값에 10을 곱한 개수만큼 ▶을 표시
> ❷ TEXT(H3/J3,"0.0%") : 현재강의수[H3]/수강인원[J3]으로 나눈 값을 소수 이하 한자리의 백분율로 표시
>
> =IFERROR(❶&❷,"신생강의") : ❶&❷의 표시하는데 오류가 있다면 '신생강의'로 표시

4 사용자 정의 함수(fn비고)[L3:L32]

① [개발 도구]-[코드] 그룹의 [Visual Basic]()을 클릭한다.
② [삽입]-[모듈]을 클릭한다.
③ Module 창에 다음과 같이 입력한다.

```
Public Function fn비고(현재강의수, 수강인원)
    Select Case 수강인원 / 현재강의수
        Case Is >= 20
            fn비고 = "강의증설"
        Case Is <= 5
            fn비고 = "강의폐강"
        Case Else
            fn비고 = ""
    End Select
End Function
```

④ [파일]-[닫고 Microsoft Excel(으)로 돌아가기]를 클릭하여 [Visual Basic Editor]를 닫는다.
⑤ [L3] 셀을 클릭한 후 [함수 삽입]()을 클릭한다.

⑥ [함수 마법사]에서 범주 선택은 '사용자 정의', 함수 선택은 'fn비고'를 선택한 후 [확인]을 클릭한다.

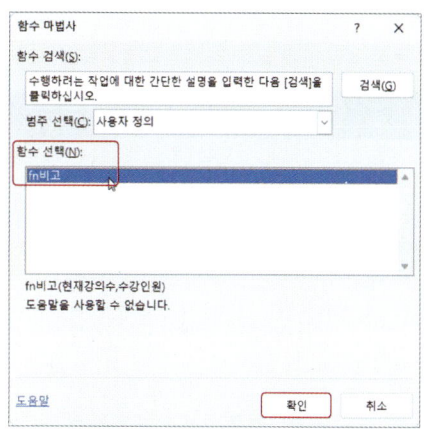

⑦ [함수 인수]에서 현재강의수는 [H3], 수강인원은 [I3]을 지정한 후 [확인]을 클릭한다.

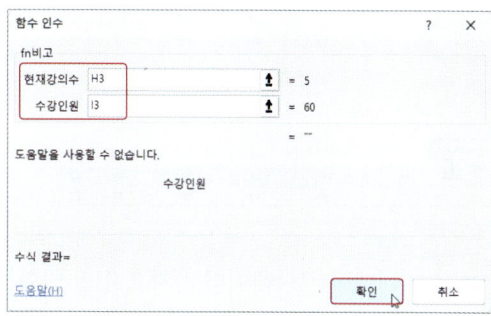

⑧ [L3] 셀을 선택한 후 [L32] 셀까지 수식을 복사한다.

5 과목별 전체강의수별 강사명[G36:J38]

[G36] 셀에 =INDEX($D$3:$D$32,MATCH(LARGE(($F$3:$F$32=G$35)*$J$3:$J$32,$F36),($F$3:$F$32=G$35)*$J$3:$J$32,0))를 입력하고 Ctrl + Shift + Enter 를 누른 후에 [J38] 셀까지 수식을 복사한다.

> **함수 설명** =INDEX($D$3:$D$32,MATCH(LARGE(($F$3:$F$32=G$35)*$J$3:$J$32,$F36),($F$3:$F$32=G$35)*$J$3:$J$32,0))
>
> ❶ ($F$3:$F$32=G$35)*$J$3:$J$32 : 강의과목[F3:F32]이 [G35]와 같은 행의 전체강의수[J3:J32]의 값을 반환
> ❷ MATCH(LARGE(❶,$F36),❶,0) : ❶의 값 중에서 [F36] 셀 큰 값을 ❶ 값들 중에서 상대적인 위치 값을 구함
>
> =INDEX($D$3:$D$32,❷) : [D3:D32] 영역에서 ❷의 행에 위치하는 값을 찾아옴

문제3 분석작업

1 피벗 테이블

정답

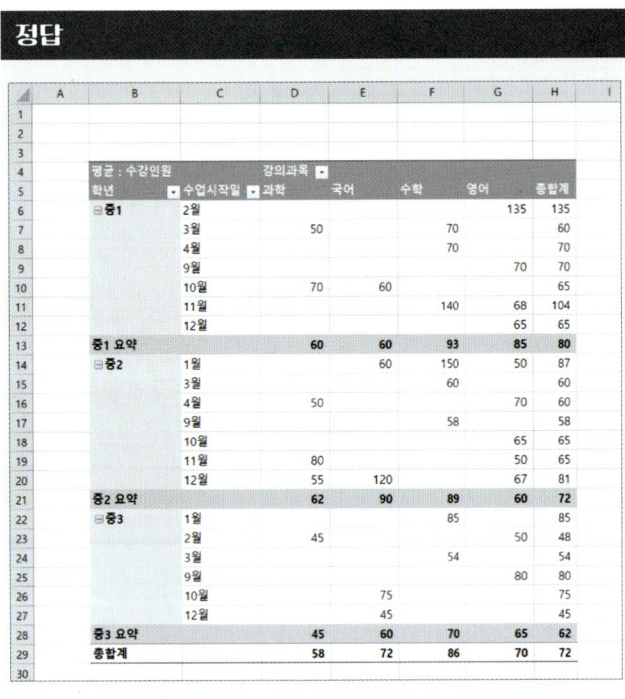

① [B4] 셀을 선택한 후 [데이터]-[데이터 가져오기 및 변환] 그룹의 [데이터 가져오기]-[기타 원본에서]-[Microsoft Query에서]를 클릭한다.

② [데이터 원본 선택]의 [데이터베이스] 탭에서 'MS Access Database *'를 선택하고 [확인]을 클릭한다.

③ 폴더에서 '학원.accdb'를 선택하고 [확인]을 클릭한다.

④ [열 선택]에서 〈서초점〉 테이블을 더블클릭하여 '학년', '수업시작일', '강의과목', '수강인원'을 선택하고 [다음]을 클릭한다.

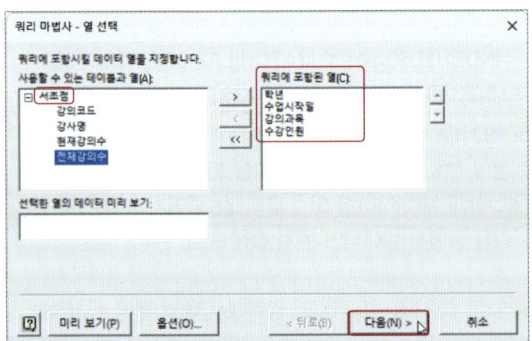

⑤ [데이터 필터]와 [정렬 순서]에서는 설정 없이 [다음]을 클릭한다.

⑥ [마침]에서 'Microsoft Excel(으)로 데이터 되돌리기'를 선택하고 [마침]을 클릭한다.

⑦ [데이터 가져오기]에서 '피벗 테이블 보고서'를 선택한 다음, '기존 워크시트'는 [B4] 셀을 지정하고 [확인]을 클릭한다.

⑧ [피벗 테이블 필드]에서 다음과 같이 드래그한다.

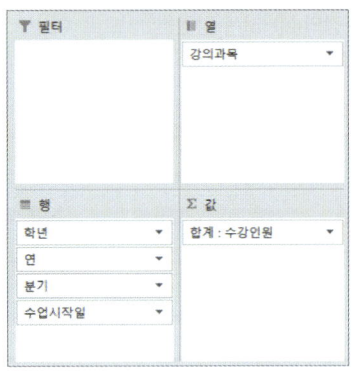

⑨ [디자인]-[레이아웃] 그룹의 [보고서 레이아웃]-[테이블 형식으로 표시]를 클릭한다.

⑩ [C5] 셀에서 마우스 오른쪽 버튼을 눌러 [그룹]을 클릭한다.

⑪ [그룹화]에서 '분기'와 '연' 체크를 해제하고 '월'만 선택한 후 [확인]을 클릭한다.

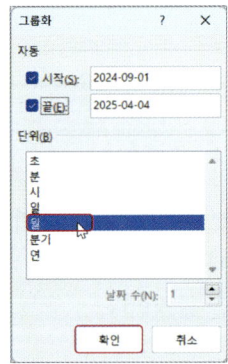

⑫ 합계 : 수강인원[B4]에서 마우스 오른쪽 버튼을 눌러 [값 필드 설정]을 클릭하고 '평균'을 선택한 후 [표시 형식]을 클릭한다.

⑬ [표시 형식] 탭에서 '숫자'를 선택하고 [확인]을 클릭한다.

⑭ [디자인]-[피벗 테이블 스타일] 그룹에서 [흰색, 피벗 스타일 보통 11]을 선택한다.

2 부분합

정답

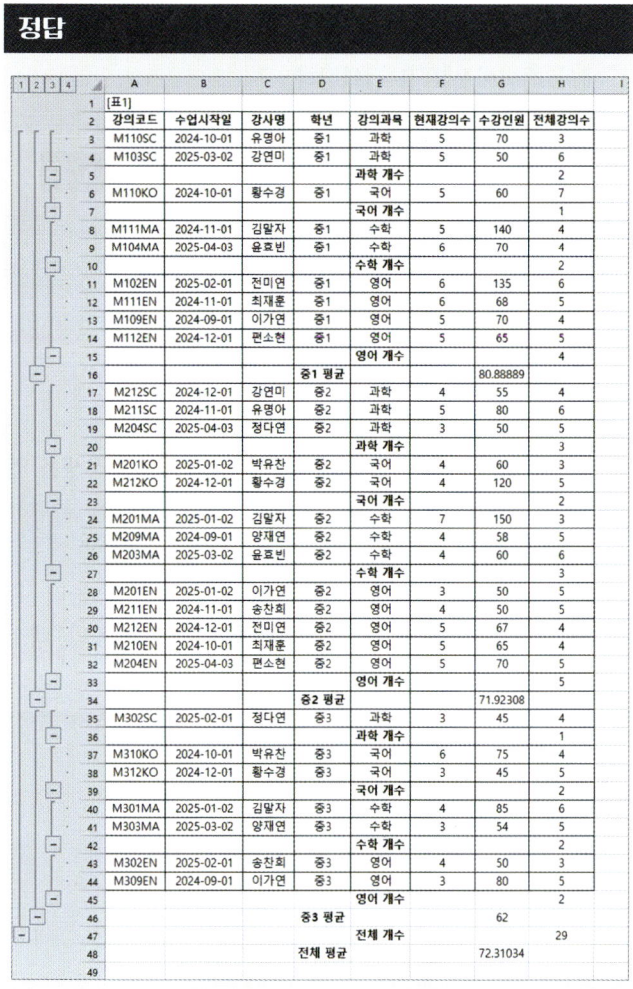

① [B2] 셀을 클릭한 후 [데이터]-[데이터 도구] 그룹의 [중복된 항목 제거]를 클릭하여 [모두 선택 취소]를 클릭한 후 '강사명', '학년'만 선택하고 [확인]을 클릭한다.

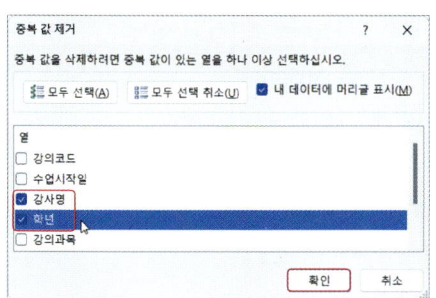

② 메시지가 표시되면 [확인]을 클릭한다.

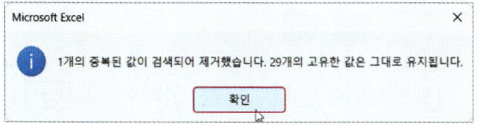

③ [B2] 셀을 클릭한 후 [데이터]-[정렬 및 필터] 그룹에서 [정렬](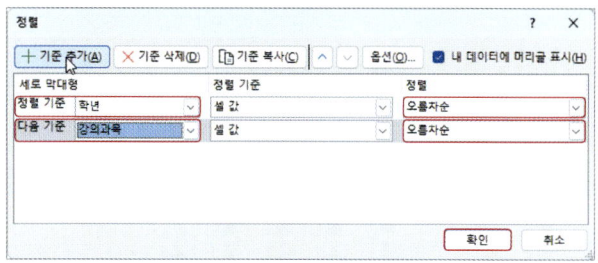)을 클릭한다.

④ [정렬]에서 '학년', '오름차순'으로 지정하고 [기준 추가]를 클릭하여 '강의과목', '오름차순'으로 지정하고 [확인]을 클릭한다.

⑤ [데이터]-[개요] 그룹에서 [부분합](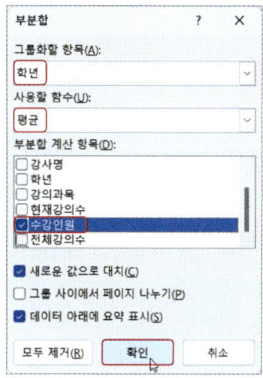)을 클릭한다.

⑥ [부분합]에서 그룹화할 항목 '학년', 사용할 함수 '평균', 계산 항목 '수강인원'만 체크하고 [확인]을 클릭한다.

⑦ 다시 한 번 [데이터]-[개요] 그룹에서 [부분합]()을 클릭한다.

⑧ [부분합]에서 그룹화할 항목 '강의과목', 사용할 함수 '개수', 계산 항목 '전체강의수'만 체크하고 '새로운 값으로 대치' 체크를 해제하고 [확인]을 클릭한다.

문제4 기타작업

1 차트

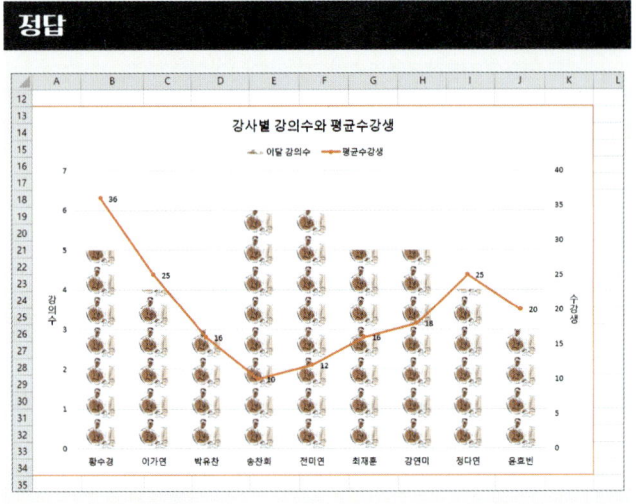

① '평균 수강생' 계열에서 마우스 오른쪽 버튼을 눌러 [계열 차트 종류 변경]을 클릭한다.
② '평균수강생' 계열을 선택한 후 '꺾은선형'의 '표식이 있는 꺾은선형'을 선택한다.
③ '평균수강생'에서 '보조 축'을 선택하고 [확인]을 클릭한다.

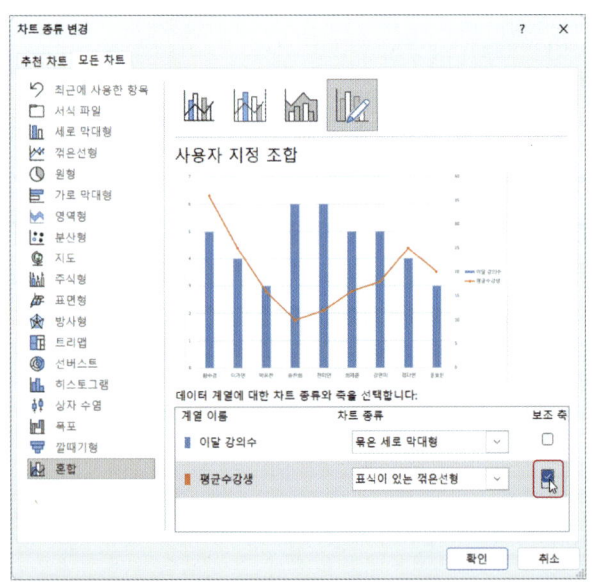

④ [차트 디자인]-[차트 레이아웃] 그룹의 [빠른 레이아웃]에서 '레이아웃10'을 선택한다.

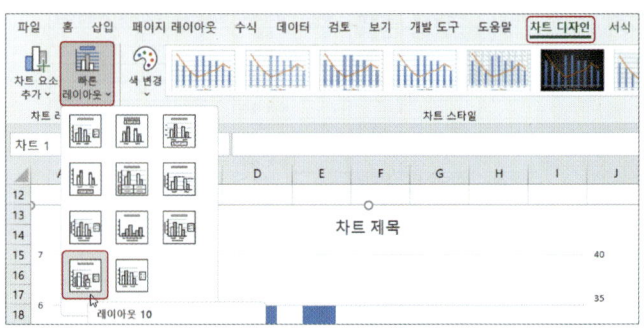

⑤ '차트 제목'을 선택하여 **강사별 강의수와 평균수강생**을 입력하고, [차트 요소](+)-[축 제목]-[기본 세로]를 클릭하여 **강의수**를 입력한다.
⑥ 세로 축 제목을 선택한 후 마우스 오른쪽 버튼을 눌러 [축 제목 서식]을 클릭하여 [크기 및 속성]에서 맞춤의 '텍스트'에서 '세로'를 선택한다.
⑦ [차트 요소](+)-[축 제목]-[보조 세로]를 클릭하여 **수강생**을 입력한다.

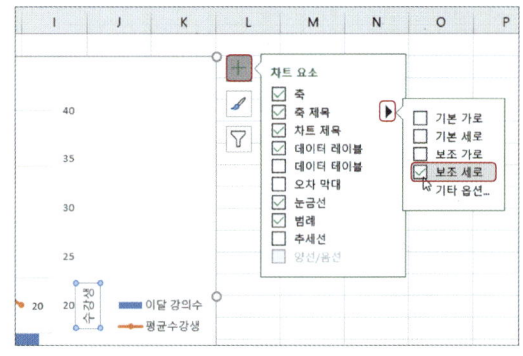

⑧ 보조 세로(값) 축 제목을 선택한 후 [크기 및 속성]에서 맞춤의 '텍스트'에서 '세로'를 선택한다.
⑨ [차트 요소](+)-[범례]-[위쪽]을 클릭한다.
⑩ 차트 영역을 선택한 후 [서식] 탭의 [도형 스타일]에서 [색 윤곽선 - 주황, 강조 2]를 선택한다.

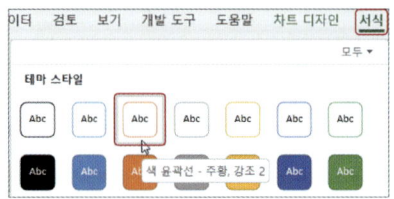

⑪ '기타작업-1' 시트에 있는 클립아트를 선택한 후 Ctrl + C 를 눌러 복사한 후 막대 그래프 '이달 강의수' 계열을 선택한 후 Ctrl + V 를 눌러 붙여넣기를 한다.

⑫ '이달 강의수' 계열을 선택한 후 마우스 오른쪽 버튼을 눌러 [데이터 계열 서식]을 누른 후, [채우기 및 선]의 '채우기'에서 '그림 또는 질감 채우기'의 '쌓기'를 선택하고 [닫기]를 클릭한다.

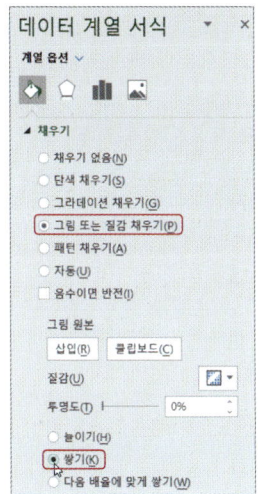

2 매크로

정답

① 비어 있는 셀을 클릭한 후 [개발 도구]-[코드] 그룹의 [매크로 기록](⊙)을 클릭한다.
② [매크로 기록]에 **문자서식**을 입력하고 [확인]을 클릭한다.

③ [C6:C35] 영역을 범위 지정한 후 Ctrl+1을 눌러 [표시 형식] 탭의 '사용자 지정'을 선택한 후 @ "**강사**"를 입력하고 [확인]을 클릭한다.

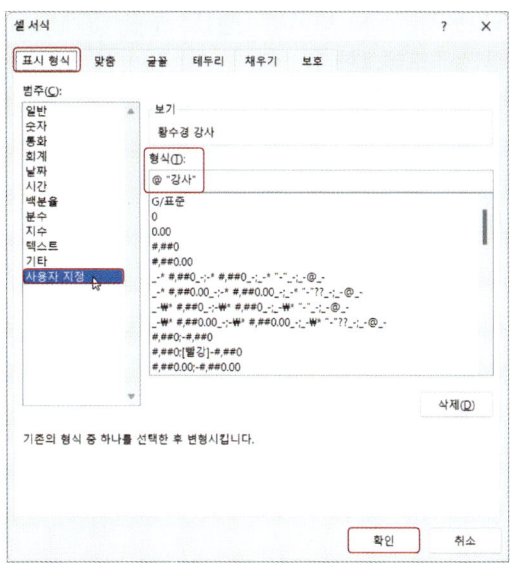

④ [개발 도구]-[코드] 그룹의 [기록 중지](□)를 클릭한다.
⑤ [개발 도구]-[컨트롤] 그룹의 [삽입]-[단추(양식 컨트롤)] (□)을 클릭한다.
⑥ 마우스 포인터가 '+'로 바뀌면 Alt를 누른 상태에서 [B2:C3] 영역에 드래그하면 [매크로 지정] 대화상자가 나타난다.
⑦ [매크로 지정]에 **문자서식**을 선택하고 [확인]을 클릭한다.
⑧ 단추에 입력된 '단추 1'을 지우고 **문자서식**을 입력한다.
⑨ 비어 있는 셀을 클릭한 후 [개발 도구]-[코드] 그룹의 [매크로 기록](⊙)을 클릭한다.
⑩ [매크로 기록]에 **숫자서식**을 입력하고 [확인]을 클릭한다.
⑪ [G6:G35] 영역을 범위 지정한 후 Ctrl+1을 눌러 [표시 형식] 탭의 '사용자 지정'을 선택한 후 [**파랑**][>=100]0"**명**";[**빨강**][<=50]0"**명**"; 0"**명**"을 입력하고 [확인]을 클릭한다.

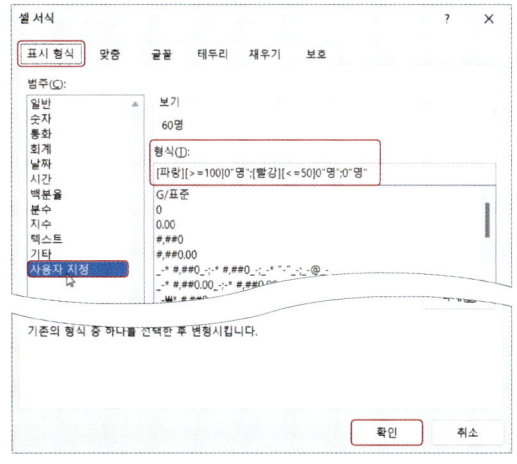

⑫ [개발 도구]-[코드] 그룹의 [기록 중지](□)를 클릭한다.
⑬ [개발 도구]-[컨트롤] 그룹의 [삽입]-[단추(양식 컨트롤)] (□)을 클릭한다.
⑭ 마우스 포인터가 '+'로 바뀌면 [Alt]를 누른 상태에서 [E2:F3] 영역에 드래그한다.
⑮ [매크로 지정]에 **숫자서식**을 선택하고 [확인]을 클릭한다.
⑯ 단추에 입력된 텍스트를 지우고 **숫자서식**을 입력한다.

3 VBA 프로그래밍

(1) 폼 보이기
① [개발 도구]-[컨트롤] 그룹에서 [디자인 모드](N)를 클릭하여 〈수강신청〉 버튼을 편집 상태로 만든다.
② 〈수강신청〉 버튼을 더블클릭한 후 코드 창에 다음과 같이 입력한다.

```
Private Sub cmd수강신청_Click()
    수강신청.Show
End Sub
```

(2) 폼 초기화
① [프로젝트-VBAProject] 탐색기에서 '폼'을 더블 클릭하고 〈수강신청〉을 선택한다.
② [프로젝트-VBAProject] 탐색기의 [코드 보기](□)를 클릭한다.
③ '개체 목록'은 'UserForm', '프로시저 목록'은 'Initialize'를 선택한다.
④ 코드 창에 다음과 같이 입력한다.

```
Private Sub UserForm_Initialize()
    cmb학년.RowSource = "J5:J7"
    cmb과목.RowSource = "K5:K8"
    opt남 = True
End Sub
```

(3) Change 이벤트
① '개체 목록'에서 'cmb과목', '프로시저 목록'은 'Change'를 선택한다.
② 코드 창에 다음과 같이 입력한다.

```
Private Sub cmb과목_Change()
    Select Case cmb과목
        Case "과학"
            cmb강사명.RowSource = "L5:L7"
        Case "국어"
            cmb강사명.RowSource = "L8:L10"
        Case "수학"
            cmb강사명.RowSource = "L11:L13"
        Case "영어"
            cmb강사명.RowSource = "L14:L18"
    End Select
End Sub
```

(4) 등록 프로시저
① '개체 목록'에서 'cmd등록', '프로시저 목록'은 'Click'을 선택한다.
② 코드 창에 다음과 같이 입력한다.

```
Private Sub cmd등록_Click()
    i = Range("B5").CurrentRegion.Rows.Count + 5
    Cells(i, 2) = txt이름
    Cells(i, 3) = cmb학년
    Cells(i, 4) = cmb과목
    Cells(i, 5) = cmb강사명
    Cells(i, 6) = Val(txt수업시간)

    If opt남 = True Then
        Cells(i, 7) = "남"
    Else
        Cells(i, 7) = "여"
    End If
End Sub
```

(5) 종료 프로시저
① '개체 목록'에서 'cmd종료', '프로시저 목록'은 'Click'을 선택한다.
② 코드 창에 다음과 같이 입력한다.

```
Private Sub cmd종료_Click()
    [F2] = Date
    Unload Me
End Sub
```

스프레드시트 실전 모의고사 13회

작업파일 : '26컴활1급(기출)₩스프레드시트₩실전모의고사'에서 '실전모의고사13회' 파일을 열어 작업하세요.

문제1   기본작업(15점) 주어진 시트에서 다음 과정을 수행하고 저장하시오.

1 '기본작업-1' 시트에서 다음과 같이 고급 필터를 수행하시오. (5점)

- ▶ [A2:G30] 영역에서 '특강주'의 오른쪽 2글자가 "1주"이고, '신청인원'이 '신청인원'의 전체 평균보다 크거나 같은 데이터를 표시하시오.
- ▶ 조건은 [A33:A34] 영역 내에 알맞게 입력하시오. (AND, RIGHT, AVERAGE 함수 사용)
- ▶ 결과는 [A36] 셀부터 표시하시오.

2 '기본작업-1' 시트에서 다음과 같이 조건부 서식을 설정하시오. (5점)

- ▶ [A3:G30] 영역에서 '금액'이 상위 다섯 번째 값보다 크거나 하위 다섯 번째 값보다 작은 데이터의 행 전체에 대하여 글꼴 스타일은 '굵은 기울임꼴', 글꼴 색은 '표준 색 – 녹색'으로 적용하시오.
- ▶ 단, 규칙 유형은 '수식을 사용하여 서식을 지정할 셀 결정'을 사용하고, 한 개의 규칙으로만 작성하시오.
- ▶ OR, LARGE, SMALL 함수 사용

3 '기본작업-2' 시트에서 다음과 같이 페이지 레이아웃을 설정하시오. (5점)

- ▶ [A2:G50] 영역을 인쇄 영역으로 설정하고, 2행이 매 페이지마다 반복하여 인쇄되도록 인쇄 제목을 설정하시오.
- ▶ 용지 방향을 '가로'로 지정하고 인쇄될 내용이 페이지의 정 가운데에 인쇄되도록 페이지 가운데 맞춤을 설정하시오.
- ▶ 매 페이지 상단의 왼쪽 구역에는 시트 이름이 표시되도록 머리글을 설정하시오.
- ▶ 매 페이지 하단의 오른쪽 구역에는 페이지 번호가 [표시 예]와 같이 표시되도록 바닥글을 설정하시오.
  [표시 예 : 현재 페이지 번호 1, 전체 페이지 번호 5 → 1/5]

문제2   계산작업(30점) '계산작업' 시트에서 다음 과정을 수행하고 저장하시오.

1 [표1]의 구분, 특강 날짜, 기준일[H1]을 이용하여 [D3:D32] 영역에 특강주를 표시하시오. (6점)

- ▶ 특강주는 구분과 이번달주차를 연결하여 표시
- ▶ 이번달주차는 일년 중 특강 날짜의 주차에서 기준일의 주차를 뺀 값으로 계산
  [표시 예 : 회원-2주]
- ▶ 월요일부터 주가 시작하도록 계산
- ▶ CONCAT, WEEKNUM 함수 사용

2 [표1]의 특강 날짜, 신청인원과 [표2]를 이용하여 [G3:G32] 영역에 금액을 계산하여 표시하시오. (6점)

- ▶ 금액 : 신청인원 × 기본요금 × (1-할인율)
- ▶ 기본요금과 할인율은 특강 날짜의 요일과 신청인원을 이용하여 [표2]에서 찾아 계산
- ▶ INDEX, MATCH, WEEKDAY 함수 이용

3. [표1]의 구분, 수강분류, 신청인원을 이용하여 [표3]의 [K14:L17] 영역에 구분과 수강분류별 신청인원의 합계를 계산하여 표시하시오. (6점)

   ▶ SUM, IF 함수를 이용한 배열 수식

4. [표1]의 특강 날짜를 이용하여 [표4]의 [L22:L25] 영역에 날짜구간별 전체에 대한 참가비율을 계산하여 표시하시오. (6점)

   ▶ 참가비율은 백분율로 소수점 첫째 자리까지 표시 [표시 예 : 13.4%]
   ▶ FREQUENCY, COUNT, TEXT 함수를 이용한 배열 수식

5. 사용자 정의 함수 'fn비고'를 작성하여 [표1]의 [H3:H32] 영역에 비고를 계산하여 표시하시오. (6점)

   ▶ 'fn비고'는 수강분류와 신청인원을 인수로 받아 비고를 계산하는 함수이다.
   ▶ 비고는 신청인원이 20명 이상이고 수강분류 "어린이" 또는 "청소년" 또는 "성인"이면 "※"를 표시하고, 그 외는 빈칸으로 표시하시오.
   ▶ IF ~ Else문 사용

   ```
   Public Function fn비고(수강분류, 신청인원)
   End Function
   ```

문제3   분석작업(20점)   주어진 시트에서 다음 과정을 수행하고 저장하시오.

1. '분석작업-1' 시트에서 다음의 지시사항에 따라 피벗 테이블 보고서를 작성하시오. (10점)

   ▶ 외부 데이터 원본으로 〈특강.xlsx〉의 데이터의 '5월특강' 테이블을 사용하시오.
     - 데이터의 첫 행에 열 머리글 포함하시오.
   ▶ 피벗 테이블의 보고서의 레이아웃과 위치는 〈그림〉을 참조하여 설정하고, 보고서 레이아웃은 개요 형식으로 표시하시오.
   ▶ '수강분류'는 〈그림〉을 참조하여 그룹을 설정하고, +/- 단추는 숨기기 하시오.
   ▶ '값 필드 설정'의 셀 서식에서 '숫자' 범주를 이용하여 '금액' 필드는 천 단위 구분 기호를 표시하고, '신청인원' 필드는 소수점 첫째 자리까지 표시되도록 표시 형식을 지정하시오.
   ▶ 행의 총합계는 표시되지 않도록 설정하고, 그룹 상단에 모든 부분합을 표시하시오.
   ▶ 피벗 테이블 스타일은 '연한 노랑, 피벗 스타일 밝게 19'로 설정하시오.
   ▶ '회원'의 '어르신' 데이터를 별도의 시트에 표시한 후 시트 이름을 '회원어르신'으로 지정하고, '분석작업-1' 시트의 왼쪽에 위치시키시오.

	A	B	C	D	E	F	G	H
1								
2				구분 ▼	값			
3				비회원		회원		
4		수강분류2 ▼	수강분류 ▼	평균 : 금액	평균 : 신청인원	평균 : 금액	평균 : 신청인원	
5		A클래스		119,364	17.8	149,138	19.8	
6			성인	134,635	18.6	127,556	19.0	
7			어르신	53,187	14.3	257,050	23.5	
8		B클래스		130,924	17.6	92,505	18.1	
9			어린이	247,350	21.5	102,090	21.0	
10			청소년	53,307	15.0	89,019	17.1	
11		총합계		122,116	17.8	117,675	18.9	
12								

※ 작업 완성된 그림이며 부분점수 없음

2 '분석작업-2' 시트에 대하여 다음의 지시사항을 처리하시오. (10점)

▶ [데이터 유효성 검사] 기능을 이용하여 [E4:E10] 영역에는 두 번째 글자 이후에 반드시 "@"가 포함된 이메일 주소가 입력되도록 제한 대상을 설정하시오.
  - [E4:E10] 영역의 셀을 클릭한 경우 〈그림〉과 같은 설명 메시지를 표시하고, 유효하지 않은 데이터를 입력한 경우 〈그림〉과 같은 오류 메시지가 표시되도록 설정하시오.

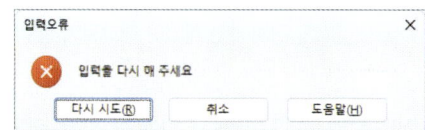

  - 기본 입력 모드가 '영문'이 되도록 설정하시오.
  - SEARCH 함수 이용

▶ [필터] 기능을 이용하여 '연락처'가 "031"로 시작하는 데이터 행만 표시되도록 텍스트 필터를 설정하시오.

문제4 기타작업(35점) 주어진 시트에서 다음 과정을 수행하고 저장하시오.

1 '기타작업-1' 시트에서 다음의 지시사항에 따라 차트를 수정하시오. (각 2점)

※ 차트는 반드시 문제에서 제공한 차트를 사용하여야 하며, 신규로 차트 작성 시 0점 처리됨
① '금액' 계열의 차트 종류를 묶은 세로 막대형으로 변경한 후 보조 축으로 지정하시오.
② '금액' 계열의 간격 너비를 20%로 지정하고, 도형 스타일을 '미세 효과 – 황금색, 강조4'로 지정하시오.
③ '금액' 계열에 데이터 레이블을 〈그림〉과 같이 표시하시오.
④ 기본 보조 가로 눈금선을 표시하고, 가로 축 교차를 '축의 최대값'으로 지정하시오.
⑤ 범례 위치를 오른쪽에 표시하고, 차트 영역의 테두리를 '둥근 모서리'로 표시하시오.

② '기타작업-2' 시트에서 다음과 같은 기능을 수행하는 매크로를 현재 통합문서에 작성하시오. (각 5점)

① [G4:G24] 영역에 사용자 지정 표시 형식을 설정하는 '수업장소' 매크로를 생성하시오.
  ▶ '신청인원'이 20명 이상이면 "A관", 10명 이상이면 "B관", 그 외는 "C관"을 '신청인원' 앞에 표시하되, '수업장소'는 셀 왼쪽에 붙여서 표시하고, '신청인원'은 셀의 오른쪽에 붙여서 표시하시오.
    [표시 예 : 신청인원이 20명인 경우 → A관   20, 신청인원이 0명인 경우 → C관   0]
  ▶ [개발 도구] → [삽입] → [양식 컨트롤]의 '단추(□)'를 동일 시트의 [I3:J4] 영역에 생성한 후 텍스트를 "수업장소"로 입력하고, 단추를 클릭하면 '수업장소' 매크로가 실행되도록 설정하시오.

② [G4:G24] 영역에 사용자 지정 표시 형식을 설정하는 '진행여부' 매크로를 생성하시오.
  ▶ '신청인원'이 5명 이상이면 "수업진행", 5명 미만이면 "폐강"을 표시하시오.
  ▶ [개발 도구] → [삽입] → [양식 컨트롤]의 '단추(□)'를 동일 시트의 [I6:J7] 영역에 생성한 후 텍스트를 "진행여부"로 입력하고, 단추를 클릭하면 '진행여부' 매크로가 실행되도록 설정하시오.

※ 셀 포인터의 위치에 관계없이 매크로가 실행되어야 정답으로 인정됨

③ '기타작업-3' 시트에서 다음과 같은 작업을 수행하도록 프로시저를 작성하시오. (각 5점)

① '특강신청' 단추를 클릭하면 〈특강신청〉 폼이 나타나도록 설정하고, 폼이 초기화(Initialize)되면 '구분' 중 '회원(opt회원)'이 선택되고 [G4:G7] 영역의 내용이 '분류(cmb분류)' 콤보 상자의 목록에 표시되도록 프로시저를 작성하시오.

② 〈특강신청〉 폼의 '신청(cmd신청)' 단추를 클릭하면 폼에 입력된 데이터가 시트의 표에 입력되어 있는 마지막 행 다음에 연속하여 추가되도록 프로시저를 작성하시오.
  ▶ '구분'에는 '회원(opt회원)'을 선택하면 '회원', '비회원(opt비회원)'을 선택하면 '비회원'을 입력하시오.
  ▶ IF문 사용

③ 〈특강신청〉 폼의 '종료(cmd종료)' 단추를 클릭하면 현재 날짜가 표시된 〈그림〉과 같은 메시지를 표시한 후 〈확인〉을 클릭하면 폼을 종료하시오.

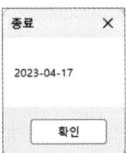

정답 & 해설 — 스프레드시트 실전 모의고사 13회

문제1 기본작업

1 고급 필터

정답

① [A33:A34] 영역에 조건을 입력한다.

[A34] : =AND(RIGHT(D3,2)="1주",F3>= AVERAGE ($F$3:$F$30))

② [데이터]-[정렬 및 필터] 그룹의 [고급](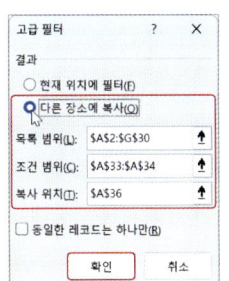)을 클릭한다.
③ [고급 필터]에서 다음과 같이 지정한 후 [확인]을 클릭한다.

- 결과 : '다른 장소에 복사'
- 목록 범위 : [A2:G30]
- 조건 범위 : [A33:A34]
- 복사 위치 : [A36]

2 조건부 서식

정답

① [A3:G30] 영역을 범위 지정한 후 [홈]-[스타일] 그룹의 [조건부 서식]-[새 규칙]을 클릭한다.
② [새 서식 규칙]에서 '규칙 유형 선택'에 '▶ 수식을 사용하여 서식을 지정할 셀 결정'을 선택하고, =OR($G3>LARGE($G$3:$G$30,5),$G3<SMALL($G$3:$G$30,5))를 입력한 후 [서식]을 클릭한다.
③ [셀 서식]의 [글꼴] 탭에서 글꼴 스타일은 '굵은 기울임꼴', 글꼴 색은 '표준 색 – 녹색'을 선택한 후 [확인]을 클릭하고, 다시 [확인]을 클릭한다.

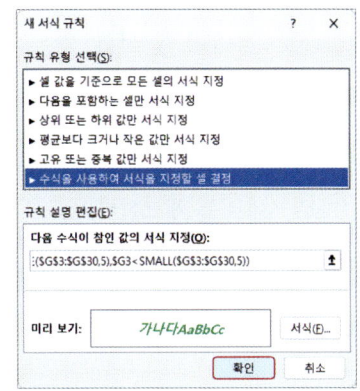

3 페이지 레이아웃

정답

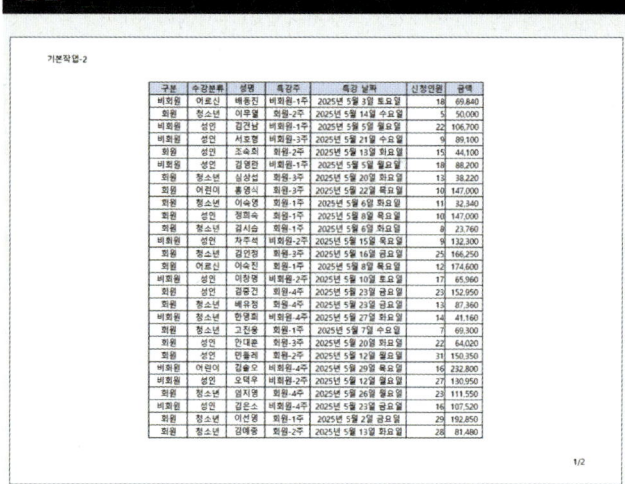

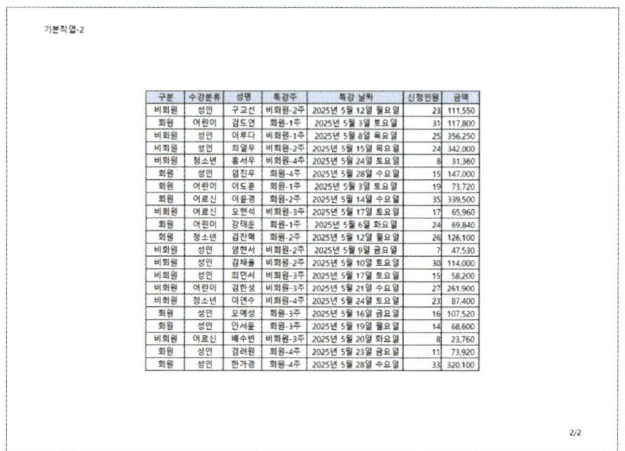

① [A2:G50] 영역을 범위 지정한 후 [페이지 레이아웃]-[페이지 설정] 그룹에서 [인쇄 영역]-[인쇄 영역 설정]을 클릭한다.

② [페이지 레이아웃]-[페이지 설정] 그룹에서 [옵션]을 클릭한다.

③ [시트] 탭에서 반복할 행에 커서를 두고 행 머리글 2를 클릭한다.

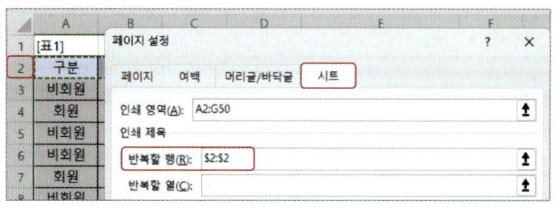

④ [페이지] 탭에서 용지 방향은 '가로'를 선택하고, [여백] 탭에서 페이지 가운데 맞춤 '가로', '세로'를 체크한다.

⑤ [머리글/바닥글] 탭에서 [머리글 편집]을 클릭하고 '왼쪽 구역'에 커서를 두고 [시트 이름 삽입]을 클릭하고 [확인]을 클릭한다.

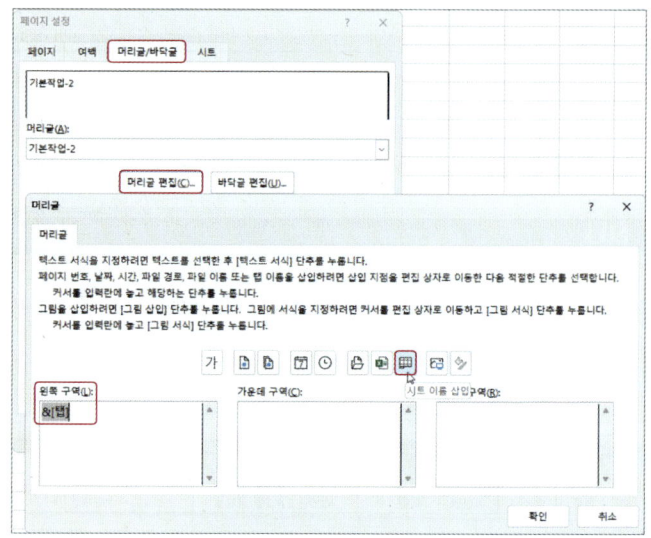

⑥ [바닥글 편집]을 클릭하고 '오른쪽 구역'에 커서를 두고 [페이지 번호 삽입](🗐), [전체 페이지 수 삽입](🗐)을 클릭하고 사이에 /를 입력한 후 [확인]을 클릭한다.

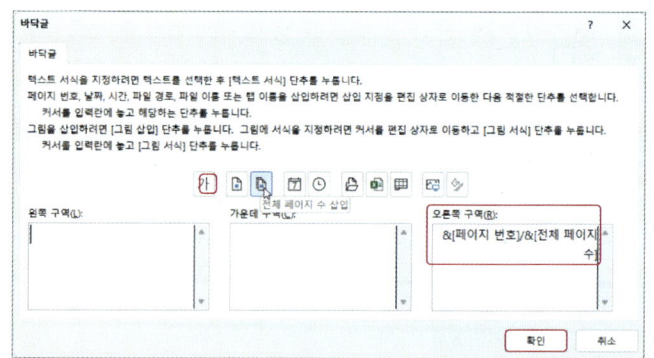

문제2 계산작업

정답

	A	B	C	D	E	F	G	H
1	[표1]						기준일:	2025-04-30
2	구분	수강분류	성명	특강주	특강 날짜	신청인원	금액	비고
3	비회원	어르신	배동진	비회원-0주	2025년 5월 3일 토요일	18	176,400	
4	회원	청소년	이무열	회원-2주	2025년 5월 14일 수요일	5	-	
5	비회원	성인	김건남	비회원-1주	2025년 5월 5일 월요일	22	146,300	※
6	비회원	성인	서호형	비회원-3주	2025년 5월 21일 수요일	9	-	
7	회원	성인	조숙희	회원-2주	2025년 5월 13일 화요일	15	58,200	
8	비회원	성인	김영란	비회원-1주	2025년 5월 5일 월요일	18	120,960	
9	회원	청소년	심상섭	회원-3주	2025년 5월 20일 화요일	13	50,440	
10	회원	어린이	홍영식	회원-3주	2025년 5월 22일 목요일	10	49,500	
11	회원	청소년	이숙영	회원-1주	2025년 5월 6일 화요일	11	42,680	
12	회원	성인	정희숙	회원-1주	2025년 5월 8일 목요일	10	49,500	
13	회원	청소년	김시습	회원-1주	2025년 5월 6일 화요일	8	31,360	
14	비회원	성인	차주석	비회원-2주	2025년 5월 15일 목요일	9	44,550	
15	회원	청소년	김인정	회원-2주	2025년 5월 16일 금요일	25	72,750	※
16	회원	어르신	이숙진	회원-1주	2025년 5월 8일 목요일	12	58,800	
17	비회원	성인	이장명	비회원-1주	2025년 5월 10일 토요일	17	166,600	
18	회원	성인	김중건	회원-3주	2025년 5월 23일 금요일	23	66,930	※
19	회원	청소년	배유정	회원-3주	2025년 5월 23일 금요일	13	38,220	
20	비회원	청소년	한영희	비회원-4주	2025년 5월 27일 화요일	14	54,320	
21	회원	청소년	고진웅	회원-1주	2025년 5월 7일 수요일	7	-	
22	회원	성인	안대훈	회원-3주	2025년 5월 20일 화요일	22	83,600	※
23	회원	성인	민들레	회원-2주	2025년 5월 12일 월요일	31	206,150	※
24	비회원	어린이	김솔오	비회원-4주	2025년 5월 29일 목요일	16	78,400	
25	비회원	성인	오덕우	비회원-2주	2025년 5월 12일 월요일	27	179,550	※
26	회원	청소년	임지영	회원-4주	2025년 5월 26일 월요일	23	152,950	※
27	비회원	성인	김은소	비회원-3주	2025년 5월 23일 금요일	16	47,040	
28	회원	청소년	이선영	회원-0주	2025년 5월 2일 금요일	29	84,390	※
29	회원	청소년	김예중	회원-2주	2025년 5월 13일 화요일	28	106,400	※
30	비회원	성인	유벼리	비회원-2주	2025년 5월 12일 월요일	23	152,950	※
31	회원	성인	오성식	회원-1주	2025년 5월 9일 금요일	19	55,860	
32	회원	성인	박호영	회원-1주	2025년 5월 5일 월요일	21	139,650	※

	J	K	L	M
12	[표3]			
13	수강분류	회원	비회원	
14	어르신	12	18	
15	성인	141	141	
16	청소년	162	14	
17	어린이	10	16	
18				
19				
20	[표4]			
21	날짜		참가비율	
22	2025-05-01	2025-05-09	36.7%	
23	2025-05-10	2025-05-16	30.0%	
24	2025-05-17	2025-05-23	23.3%	
25	2025-05-24	2025-05-30	10.0%	

1 특강주[D3:D32]

[D3] 셀에 =CONCAT(A3,"-",WEEKNUM(E3,2)-WEEKNUM($H$1,2),"주")를 입력하고 [D32] 셀까지 수식을 복사한다.

함수 설명 =CONCAT(A3,"-",WEEKNUM(E3,2)-WEEKNUM($H$1,2),"주")

❶ WEEKNUM(E3,2) : [E3] 셀의 날짜가 1년 중 몇 째 주인지를 구함('2'는 월요일에 주 시작)

❷ WEEKNUM($H$1,2) : 기준일[H1]이 1년 중 몇 째 주인지를 구함 (기준일은 수식을 복사해도 같은 셀을 참조하기 때문에 절대참조)

=CONCAT(A3,"-",❶-❷,"주") : 각각의 값을 연결하여 하나의 문자로 표시

2 금액[G3:G32]

[G3] 셀에 =F3*INDEX($L$4:$L$10,WEEKDAY(E3,2))*(1-INDEX($M$4:$P$10,WEEKDAY(E3,2),MATCH(F3,$M$2:$P$2,1)))를 입력하고 [G32] 셀까지 수식을 복사한다.

함수 설명 =F3*INDEX($L$4:$L$10,WEEKDAY(E3,2))*(1-INDEX($M$4:$P$10,WEEKDAY(E3,2),MATCH(F3,$M$2:$P$2,1)))

❶ WEEKDAY(E3,2) : [E3] 셀의 요일을 숫자로 반환('2'의 옵션을 넣어서 월요일 1, 화요일 2, 수요일 3, ...으로 값이 반환됨)

❷ INDEX($L$4:$L$10,❶) : [L4:L10] 영역 중 ❶에서 구한 행 위치의 값을 반환

❸ MATCH(F3,$M$2:$P$2,1) : [F3] 셀의 값을 [M2:P2] 영역에서 찾아 그 위치 값을 구함(참조하는 값이 1, 6, 11, 21 로 입력이 되어 있어서 오름차순으로 작성되어 있으면 옵션에서 '1'을 입력)

❹ INDEX($M$4:$P$10,❶,❸) : [M4:P10] 영역에서 행❶과 열❸이 교차하는 값을 반환

=F3*❷*(1-❹) : 신청인원 * 기본요금 * (1-할인율)

3 신청인원[K14:L17]

[K14] 셀에 =SUM(IF(($B$3:$B$32=$J14)*($A$3:$A$32=K$13),$F$3:$F$32))를 입력하고 Ctrl+Shift+Enter를 누른 후에 [L17] 셀까지 수식을 복사한다.

4 참가비율[L22:L25]

[L22:L25] 영역을 범위 지정한 후 =TEXT(FREQUENCY(E3:E32,K22:K25)/COUNT(E3:E32),"0.0%")를 입력하고 Ctrl+Shift+Enter를 누른다.

> **함수 설명** =TEXT(FREQUENCY(E3:E32,K22:K25)/COUNT(E3:E32), "0.0%")
>
> FREQUENCY 함수는 수식을 작성할 때 결과를 표시할 영역을 범위 지정한 후 수식을 작성하고 수식을 복사하지 않는 경우에는 절대참조를 하지 않는다.
> ❶ FREQUENCY(E3:E32,K22:K25) : [E3:E32] 영역의 날짜 데이터를 가지고 와서 [K22:K25] 구간에 해당한 분포도를 구함(참조 구간은 [J22:J25] 영역이 아닌 구간의 끝(최대)에 해당한 [K22:K25]로 지정)
> ❷ COUNT(E3:E32) : 특강날짜[E3:E32] 영역의 개수를 구함. (날짜 데이터는 숫자 데이터로 COUNT 함수로 개수를 구할 수 있음)
>
> =TEXT(❶/❷,"0.0%") : ❶/❷의 결과 값을 백분율로 소수점 첫째 자리까지 표시

5 비고[H3:H32]

① [개발 도구]-[코드] 그룹의 [Visual Basic](圖)을 클릭한다.
② [삽입]-[모듈]을 클릭한다.
③ Module 창에 다음과 같이 입력한다.

```
Public Function fn비고(수강분류, 신청인원)
    If 신청인원 >= 20 And (수강분류 = "어린이" Or 수강분류 = "청소년" Or 수강분류 = "성인") Then
        fn비고 = "※"
    Else
        fn비고 = ""
    End If
End Function
```

④ [파일]-[닫고 Microsoft Excel(으)로 돌아가기]를 클릭하여 [Visual Basic Editor]를 닫는다.
⑤ [H3] 셀을 클릭한 후 [함수 삽입](fx)을 클릭한다.
⑥ [함수 마법사]에서 '범주 선택'은 '사용자 정의', '함수 선택'은 'fn비고'를 선택한 후 [확인]을 클릭한다.
⑦ [함수 인수]에서 '수강분류'는 [B3], '신청인원'은 [F3]을 지정한 후 [확인]을 클릭한다.

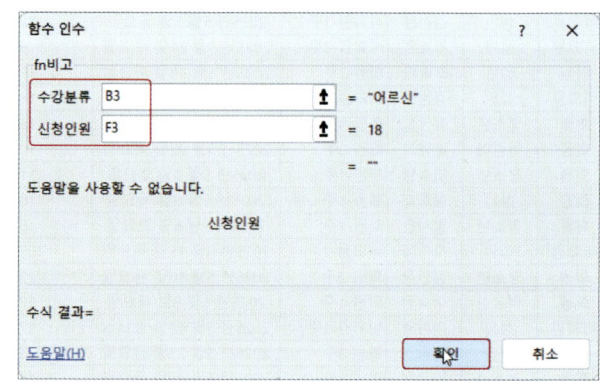

⑧ [H3] 셀을 선택한 후 [H32] 셀까지 수식을 복사한다.

문제3 분석작업

1 피벗 테이블

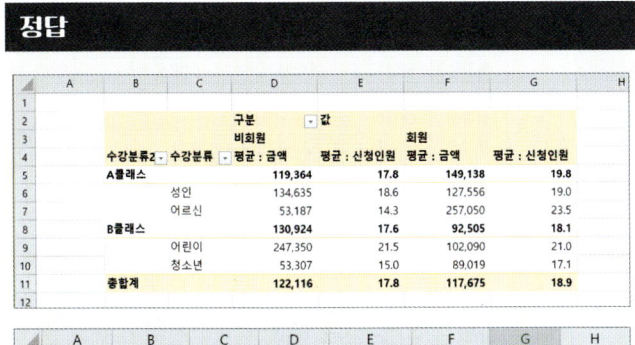

① [B2] 셀을 클릭한 후 [삽입]-[표] 그룹에서 [피벗 테이블]( )을 클릭한다.
② [피벗 테이블 만들기]에서 [연결 선택]을 클릭하여 '특강.xlsx' 파일을 선택한 후 [열기]를 클릭하고 [테이블 선택]에서 '5월특강'을 선택하고 '데이터의 첫 행에 열 머리글 포함'이 체크된 상태에서 [확인]을 클릭한다. [피벗 테이블 만들기]에서 [확인]을 클릭한다.

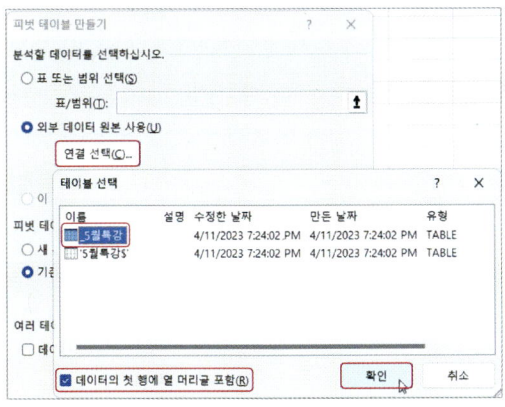

③ [피벗 테이블 필드]에서 다음과 같이 드래그한다.

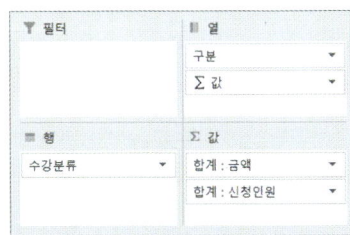

④ '합계 : 금액'[C4]에서 마우스 오른쪽 버튼을 눌러 [값 요약 기준]-[평균]을 선택한다. 같은 방법으로 '합계 : 신청인원'도 '평균'으로 수정한다.

⑤ [디자인]-[레이아웃] 그룹의 [보고서 레이아웃]-[개요 형식으로 표시]를 클릭한다.
⑥ [B5:B6] 영역을 범위 지정한 후 마우스 오른쪽 버튼을 눌러 [그룹]을 선택한다.

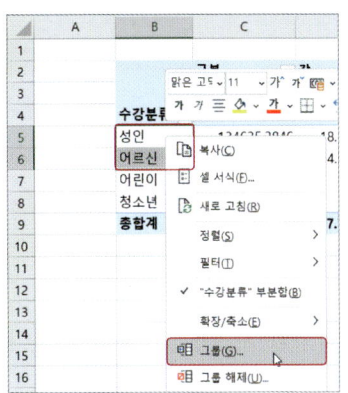

⑦ 다시 [B8:B10] 또는 [C9:C11] 영역을 범위 지정한 후 마우스 오른쪽 버튼을 눌러 [그룹]을 선택한다.
⑧ '그룹1'은 A클래스, '그룹2'는 B클래스로 이름을 수정한다.
⑨ [피벗 테이블 분석] 탭의 [표시] 그룹에서 [+/- 단추]를 클릭하여 숨기기한다.
⑩ '평균 : 금액'[D4]에서 마우스 오른쪽 버튼을 눌러 [값 필드 설정]을 선택한다.
⑪ [값 필드 설정]에서 [표시 형식]을 클릭한 후 '숫자'를 선택하고 '1000 단위 구분 기호(,) 사용'을 체크하고 [확인]을 클릭한다.
⑫ 같은 방법으로 '평균 : 신청인원'[E4] 셀에서 더블클릭하여 [표시 형식]을 클릭한 후 '숫자'를 선택하고 '소수 자릿수'는 1로 지정하고 [확인]을 클릭한다.

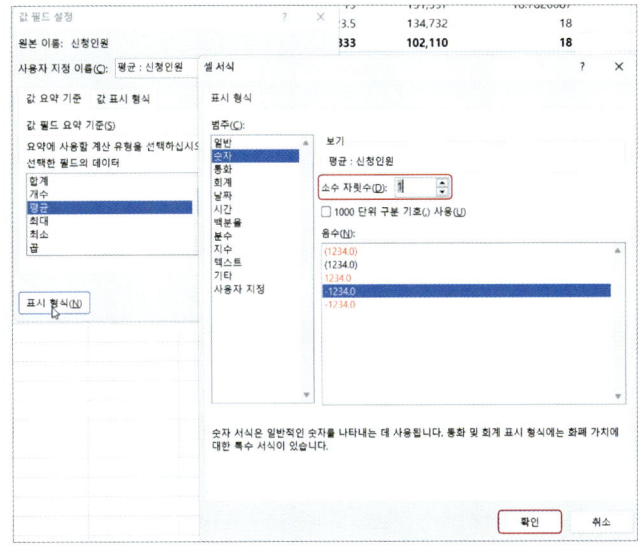

⑬ [디자인]-[레이아웃] 그룹의 [총합계]-[열의 총합계만 설정]을 클릭한다.

⑭ [디자인]-[레이아웃] 그룹의 [부분합]-[그룹 상단에 모든 부분합 표시]를 클릭한다.

⑮ [디자인] 탭의 [피벗 테이블 스타일] 그룹에서 '연한 노랑, 피벗 스타일 밝게 19'를 선택한다.

⑯ '회원'의 '어르신'이 계산된 [F7] 셀에서 더블클릭한다.

⑰ '분석작업-1' 시트 앞에 삽입된 시트명을 더블클릭하여 **회원어르신**을 입력한다.

2 데이터 도구

정답

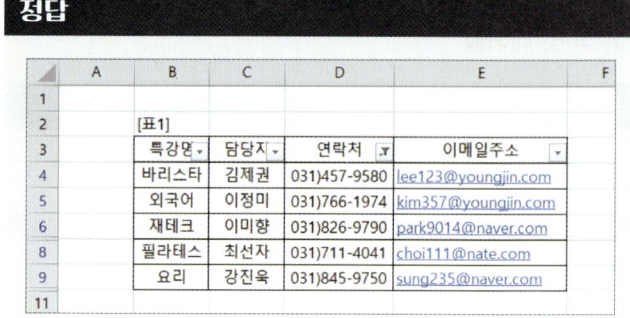

① [E3] 셀을 클릭한 후 방향키 ↓를 눌러 [E4] 셀로 이동한 후 Ctrl + Shift + ↓를 눌러 [E4:E10] 영역을 범위 지정한 후 [데이터]-[데이터 도구] 그룹의 [데이터 유효성 검사](🗐)를 클릭한다.

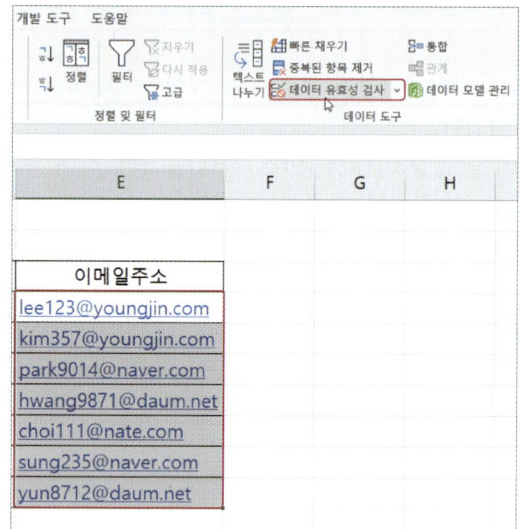

🏁 기적의 TIP

[E4] 셀이 이메일 주소라서 클릭하면 메일 창을 띄우고 선택이 되지 않을 수 있습니다.

② [데이터 유효성]의 [설정] 탭에서 '사용자 지정'을 선택하고 =SEARCH("@",E4)〉=2를 입력한다.

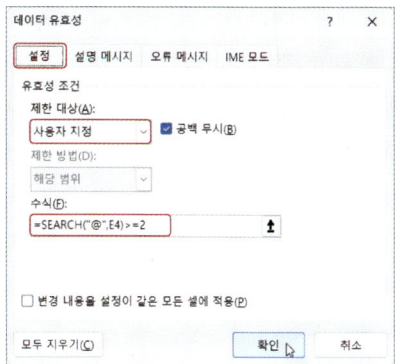

> **기적의 TIP**
>
> =SEARCH("@",E4)〉=2
> 또는 =SEARCH("@",E4,2)으로 작성이 가능합니다.
> =SEARCH(찾을 텍스트, 텍스트를 찾을 위치, [시작 위치])

③ [설명 메시지] 탭에서 제목은 **특강신청**, 설명 메시지는 **이메일로 신청받습니다.**를 입력한다.

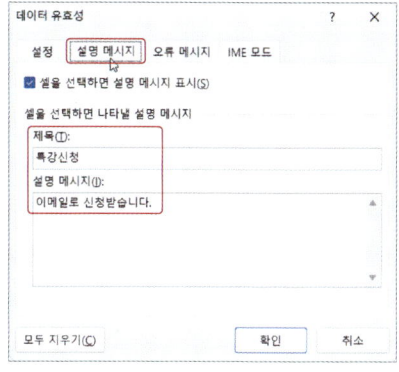

> **기적의 TIP**
>
> 설명 메시지는 그림에 제시된 내용처럼 줄바꿈을 하여 작성해도 되고, 한 줄로 입력해도 됩니다.

④ [오류 메시지] 탭에서 스타일은 '중지', 제목은 **입력오류**, 오류 메시지는 **입력을 다시 해 주세요**를 입력한다.

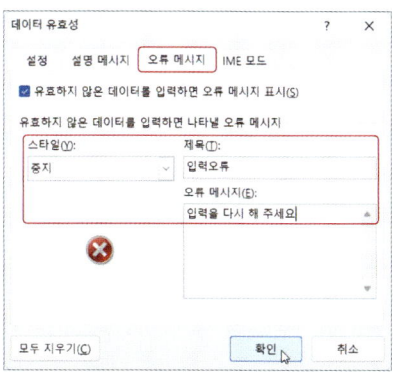

⑤ [IME 모드] 탭에서 '영문'을 선택하고 [확인]을 클릭한다.

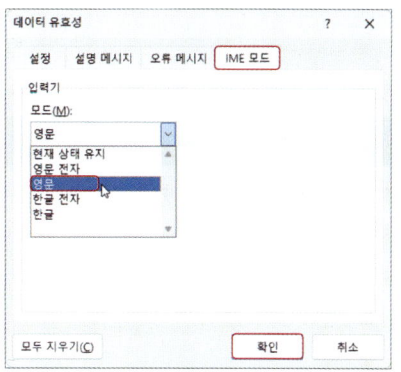

⑥ 데이터 안쪽에 커서를 두고 [데이터]-[정렬 및 필터] 그룹에서 [필터](▽)를 클릭한다.

⑦ [D3] 셀의 목록 단추(▼)를 클릭하여 [텍스트 필터]-[사용자 지정 필터]를 클릭한다.

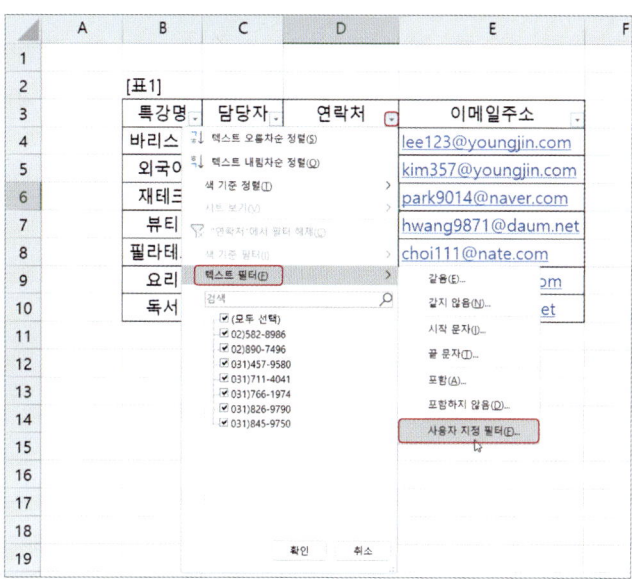

⑧ [사용자 지정 자동 필터]에서 '시작 문자'를 선택하고 031을 입력하고 [확인]을 클릭한다.

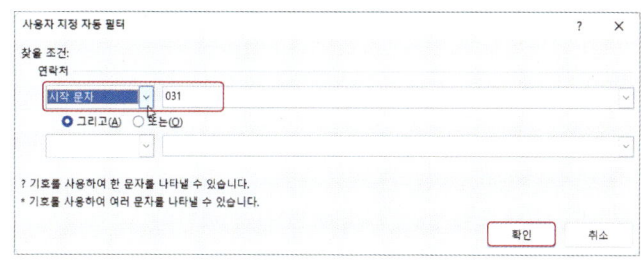

스프레드시트 실전 모의고사 13회 **213**

문제4 기타작업

1 차트 수정

정답

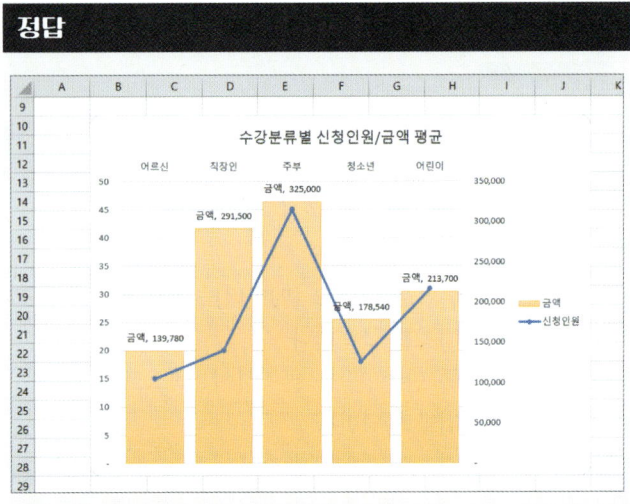

① 차트 안에서 마우스 오른쪽 버튼을 눌러 [차트 종류 변경]을 선택한다.
② '혼합'을 선택하고 '금액' 계열은 '묶은 세로 막대형', '보조 축'을 선택하고 [확인]을 클릭한다.

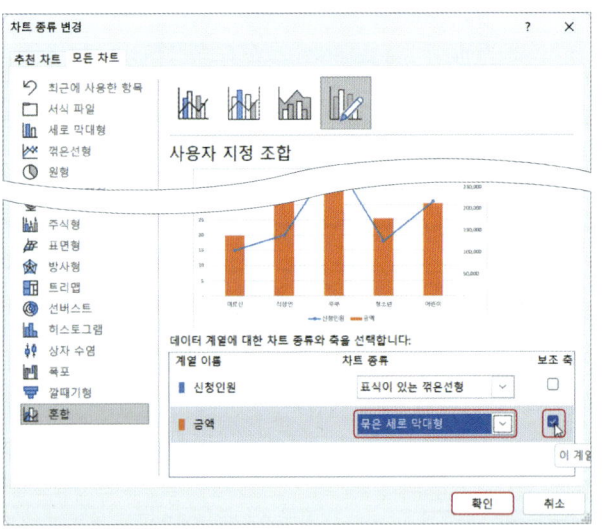

③ '금액' 계열을 선택한 후 마우스 오른쪽 버튼을 눌러 [데이터 계열 서식]을 선택한다.
④ '계열 옵션'에서 '간격 너비'에 20을 입력한다.

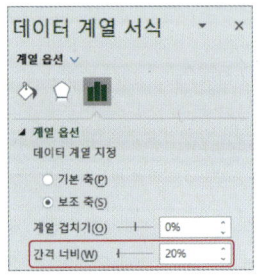

⑤ '금액' 계열이 선택된 상태에서 [서식]-[도형 스타일]에서 '미세 효과 – 황금색, 강조 4'를 클릭한다.

⑥ '금액' 계열을 선택한 후 [차트 디자인]-[차트 레이아웃] 그룹에서 [차트 요소 추가]-[데이터 레이블]-[바깥쪽 끝에]를 선택한다.
⑦ '데이터 레이블'을 선택한 후 [데이터 레이블 서식]에서 '레이블 옵션'에서 '계열 이름'을 추가한다.

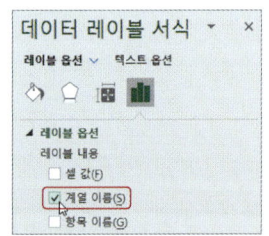

⑧ 차트를 선택한 후 [차트 디자인]-[차트 레이아웃] 그룹에서 [차트 요소 추가]-[눈금선]-[기본 보조 가로]를 클릭한다.
⑨ 세로 (값) 축을 선택한 후 마우스 오른쪽 버튼을 눌러 [축 서식]을 클릭한 후 '축 옵션'에서 '축의 최대값'을 선택한다.

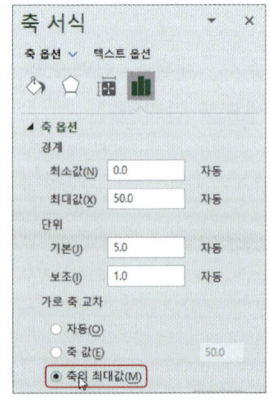

⑩ 차트를 선택한 후 [차트 디자인]-[차트 레이아웃] 그룹에서 [차트 요소 추가]-[범례]-[오른쪽]을 클릭한다.
⑪ 차트를 선택한 후 [차트 영역 서식]의 [채우기 및 선]에서 '테두리'는 '둥근 모서리'를 체크한다.

2 매크로

정답

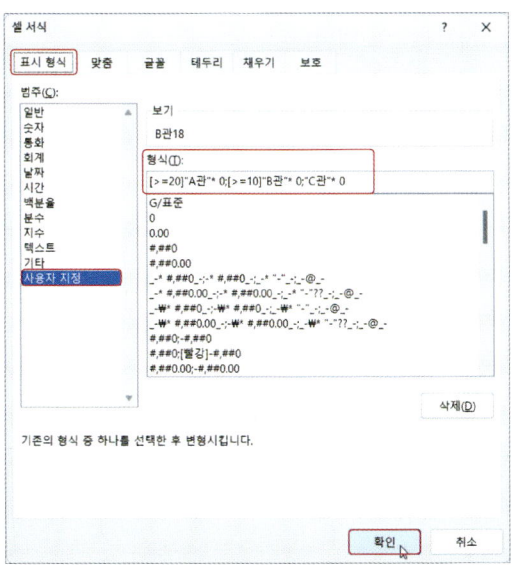

① [개발 도구]-[컨트롤] 그룹의 [삽입]-[단추(양식 컨트롤)] (□)을 클릭한다.
② 마우스 포인터가 '+'로 바뀌면 Alt 를 누른 상태에서 [I3] 셀을 클릭한 후 [J4] 셀까지 드래그하여 [I3:J4] 영역에 드래그하면 [매크로 지정] 대화상자가 나타난다.
③ [매크로 지정]에서 **수업장소**를 입력하고 [기록]을 클릭한다.
④ [매크로 기록]에 자동으로 '수업장소'로 매크로 이름이 표시되면 [확인]을 클릭한다.
⑤ [G4:G24] 영역을 범위 지정한 후 Ctrl + 1 을 눌러 [표시 형식] 탭의 '사용자 지정'에 **[>=20]"A관"* 0;[>=10]"B관"* 0;"C관"* 0**을 입력하고 [확인]을 클릭한다.

기적의 TIP

사용자 지정 기호 '*' 다음에 입력하는 문자를 셀 너비만큼 반복하여 표시한다. 현재 예제에서 * 다음에 공백(빈 칸)이 삽입하면 셀 너비만큼 빈칸을 반복하여 표시합니다.

⑥ 임의의 셀을 클릭한 후 매크로 기록을 종료하기 위해 [개발 도구]-[코드] 그룹의 [기록 중지](□)를 클릭한다.
⑦ 단추에 텍스트를 수정하기 위해서 단추에서 마우스 오른쪽 버튼을 눌러 [텍스트 편집]을 클릭한다.
⑧ 단추에 입력된 '단추 1'을 지우고 **수업장소**를 입력한다.
⑨ [개발 도구]-[컨트롤] 그룹의 [삽입]-[단추(양식 컨트롤)] (□)을 클릭한다.
⑩ 마우스 포인터가 '+'로 바뀌면 Alt 를 누른 상태에서 [I6:J7] 영역에 드래그하면 [매크로 지정] 대화상자가 나타난다.
⑪ [매크로 지정]에서 **진행여부**를 입력하고 [기록]을 클릭하고, [매크로 기록]에 자동으로 '진행여부'로 매크로 이름이 표시되면 [확인]을 클릭한다.
⑫ [G4:G24] 영역을 범위 지정한 후 Ctrl + 1 을 눌러 [표시 형식] 탭의 '사용자 지정'에 **[>=5]"수업진행";"폐강"**을 입력하고 [확인]을 클릭한다.

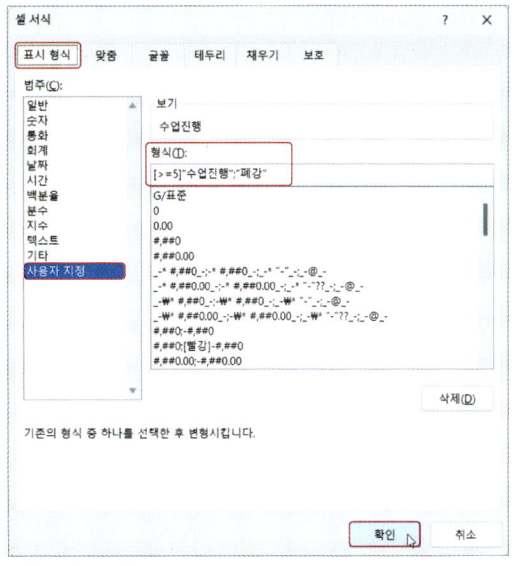

⑬ 임의의 셀을 클릭한 후 매크로 기록을 종료하기 위해 [개발 도구]-[코드] 그룹의 [기록 중지](□)를 클릭한다.
⑭ 단추에서 마우스 오른쪽 버튼을 눌러 [텍스트 편집]을 클릭하여 **진행여부**를 입력한다.

3 VBA 프로그래밍

(1) 폼 보이기

① [개발 도구]-[컨트롤] 그룹의 [디자인 모드](🔳)를 클릭하여 〈특강신청〉 버튼을 편집 상태로 만든다.
② 〈특강신청〉 버튼을 더블클릭한 후 코드 창에 다음과 같이 입력한다.

```
Private Sub cmd신청_Click()
    특강신청.Show
End Sub
```

(2) 폼 초기화

① [프로젝트-VBAProject] 탐색기에서 '폼'을 더블 클릭하고 〈특강신청〉을 선택한다.
② [프로젝트-VBAProject] 탐색기의 [코드 보기](📄)를 클릭한다.
③ '개체 목록'은 'UserForm', '프로시저 목록'은 'Initialize'를 선택한다.
④ 코드 창에 다음과 같이 입력한다.

```
Private Sub UserForm_Initialize()
    opt회원= True
    cmb분류.RowSource = "G4:G7"
End Sub
```

(3) 등록 프로시저

① '개체 목록'에서 'cmd신청', '프로시저 목록'은 'Click'을 선택한다.
② 코드 창에 다음과 같이 입력한다.

```
Private Sub cmd신청_Click()
    i = Range("B3").CurrentRegion.Rows.Count + 2
    Cells(i, 1) = txt신청자
    If opt회원 = True Then
        Cells(i, 2) = "회원"
    Else
        Cells(i, 2) = "비회원"
    End If
    Cells(i, 3) = cmb분류
    Cells(i, 4) = txt특강날짜.Value
    Cells(i, 5) = txt신청인원.Value
End Sub
```

💬 코드 설명

① i는 새로운 데이터를 입력할 행을 기억할 변수이다. i라는 변수 이름 대신에 한글로 '행' 또는 '입력행' 등을 사용할 수 있다.
② 입력할 행의 위치
   1안) i = Range("A3").CurrentRegion.Rows.Count + 2
   2안) i = [A2].Row + [A2].CurrentRegion.Rows.Count
   둘 중에 편한 방법을 사용한다.
   1안)의 장점은 CurrentRegion.Rows.Count를 직접 다 타이핑하지 않고 첫 글자만 입력하면 목록에서 선택하여 입력할 수 있다. 단, 기준 셀을 기준으로 연결되지 않은 행(1행)과 새롭게 입력할 행(1행)을 구하여 직접 +를 해 주어야 한다.
   2안)의 장점은 데이터 표의 첫 번째 셀을 기준으로 작성하면 따로 +할 값을 구하지 않는다. 단 메서드를 직접 오타없이 정확하게 입력해야 한다.
③ .Value
   Cells(i, 4) = txt특강날짜.Value
   Cells(i, 5) = txt신청인원.Value
   에는 왜 Value가 작성이 되어 있나?
   제시된 그림에 날짜와 숫자는 오른쪽 정렬이 되어 있다면 입력되는 값의 속성을 적용할 수 있도록 .Value를 입력한다. 생략하면 문자로 인식하여 왼쪽 정렬로 입력된다.
   .Value는 값의 속성으로 입력받는 데이터의 값이 문자이면 왼쪽, 숫자와 날짜는 오른쪽으로 입력된다.
④ Val( )
   Cells(i, 5) = txt신청인원.Value 을
   Cells(i, 5) = Val(txt신청인원) 으로
   Val 함수를 이용하여 입력되는 값을 숫자로 변환해서 입력이 가능하다.

(4) 종료 프로시저

① '개체 목록'에서 'cmd종료', '프로시저 목록'은 'Click'을 선택한다.
② 코드 창에 다음과 같이 입력한다.

```
Private Sub cmd종료_Click()
    MsgBox Date, vbOKOnly, "종료"
    Unload Me
End Sub
```

스프레드시트 실전 모의고사 14회

작업파일 : '26컴활1급(기출)₩스프레드시트₩실전모의고사'에서 '실전모의고사14회' 파일을 열어 작업하세요.

문제1 기본작업(15점) 주어진 시트에서 다음 과정을 수행하고 저장하시오.

1 '기본작업-1' 시트에서 다음과 같이 고급 필터를 수행하시오. (5점)

- ▶ [A2:G32] 영역에서 '항공편명'이 숫자가 아닌 데이터의 '항공월', '항공편명', '여객', '화물' 만을 대상으로 표시하시오.
- ▶ 조건은 [I2:I3] 영역 내에 알맞게 입력하시오. (NOT, ISNUMBER 함수 사용)
- ▶ 결과는 [I6] 셀부터 표시하시오.

2 '기본작업-1' 시트에서 다음과 같이 조건부 서식을 설정하시오. (5점)

- ▶ [A3:G32] 영역에서 '항공월'의 뒤 두 글자가 홀수인 데이터의 행 전체에 대하여 글꼴 스타일은 '굵은 기울임꼴', 글꼴 색은 '표준 색 – 파랑'으로 적용하시오.
- ▶ 단, 규칙 유형은 '수식을 사용하여 서식을 지정할 셀 결정'을 사용하고, 한 개의 규칙으로만 작성하시오.
- ▶ RIGHT, ISODD 함수 사용

3 '기본작업-2' 시트에서 다음과 같이 페이지 레이아웃을 설정하시오. (5점)

- ▶ [A2:G32] 영역을 인쇄 영역으로 설정하고, 2행이 매 페이지마다 반복하여 인쇄되도록 인쇄 제목을 설정하시오.
- ▶ 페이지의 정 가운데에 인쇄되도록 페이지 가운데 맞춤을 설정하고, 페이지의 아래쪽 가운데에 페이지 번호가 인쇄되도록 바닥글을 설정하시오.
- ▶ 16행부터는 2페이지에 인쇄되도록 페이지 나누기를 실행하시오.

문제2 계산작업(30점) '계산작업' 시트에서 다음 과정을 수행하고 저장하시오.

1 [표1]의 신청일과 구독기간을 이용하여 [F3:F30] 영역에 구독완료를 계산하여 표시하시오. (6점)

- ▶ 구독완료는 신청일에서 구독기간이 지나기 한 달 전까지로 계산
- ▶ 구독기간은 연 단위임
- ▶ [표시 예 : 신청일이 2025-01-15, 구독기간이 1년일 경우 → 25년 12월호]
- ▶ EDATE, TEXT 함수 사용

2 [표1]의 잡지명, 신청구분, 구독기간과 [표2], [표3]을 이용하여 [H3:H30] 영역에 구독금액을 계산하여 표시하시오. (6점)

- ▶ 구독금액 : 정가 × 구독기간 × 구독부수 × (1-할인율)
- ▶ 정가는 잡지명을 이용하여 [표2]에서 찾아 계산
- ▶ 할인율은 신청구분과 구독기간을 이용하여 [표3]에서 찾아 계산
- ▶ INDEX, XMATCH, XLOOKUP 함수 이용

3 사용자 정의 함수 'fn사은품'를 작성하여 [표1]의 [I3:I30] 영역에 사은품을 계산하여 표시하시오. (6점)

- ▶ 'fn사은품'은 구독기간과 신청구분을 인수로 받아 사은품을 계산하는 함수임
- ▶ 사은품은 구독기간이 1년이고 신청구분이 "신규"이면 빈칸, 나머지는 "문화상품권"을 표시하시오.
- ▶ IF ~ Else문 사용

```
Public Function fn사은품(구독기간, 신청구분)
End Function
```

4 [표1]의 잡지명과 구독기간을 이용하여 [표4]의 [O9] 셀에 우등논술과 월간뉴런의 구독기간의 합계를 계산하여 표시하시오. (6점)

- ▶ [표시 예 : 4년]
- ▶ SUM, IF 함수와 & 연산자를 이용한 배열 수식

5 [표1]의 신청일을 이용하여 2개월 단위로 월별 개수를 구하여 "◈"를 [표5]의 [M13:M18] 영역에 반복하여 표시하시오. (6점)

- ▶ [표시 예 : 5 → ◈◈◈◈◈, 3 → ◈◈◈]
- ▶ REPT, FREQUENCY, MONTH 함수를 사용한 배열 수식

문제3 분석작업(20점) 주어진 시트에서 다음 과정을 수행하고 저장하시오.

1 '분석작업-1' 시트에서 다음의 지시사항에 따라 피벗 테이블 보고서를 작성하시오. (10점)

- ▶ 외부 데이터 가져오기 기능을 이용하여 〈항공현황.txt〉 파일을 이용하시오.
  - 원본 데이터는 '탭'으로 분리되어 있으며, 내 데이터에 머리글을 표시하시오.
  - 데이터 모델에 이 데이터를 추가하시오.
- ▶ 피벗 테이블의 보고서의 레이아웃과 위치는 〈그림〉을 참조하여 설정하고, 보고서 레이아웃은 개요 형식으로 표시하고 값(Σ) 필드를 행 레이블로 이동하시오.
- ▶ '항공월'은 〈그림〉을 참조하여 그룹을 설정하시오.
- ▶ '여객'과 '화물' 필드의 표시 형식은 '값 필드 설정'의 셀 서식에서 '숫자' 범주를 이용하여 천 단위 구분 기호를 표시하고 소수점 첫째 자리까지 표시하시오.
- ▶ 열의 총합계만 표시하고, 피벗 테이블 스타일은 '연한 녹색, 피벗 스타일 보통 14'로 설정하시오.
- ▶ 제주공항의 5월 여객의 데이터를 별도의 시트에 표시한 후 시트 이름을 '5월제주공항'으로 지정하고, '분석작업-1' 시트의 왼쪽에 위치시키시오.

	A	B	C	D	E	F	G	H	I
1									
2									
3									
4				출발공항 ▼					
5		항공월(월) ▼	값	광주	김포	김해	대구	제주	
6		05월							
7			평균: 여객	1,495.0	4,454.5	2,575.5	1,962.0	4,173.0	
8			평균: 화물	380.5	1,936.0	958.0	1,380.0	1,145.7	
9		06월							
10			평균: 여객	2,087.0	1,724.0	4,571.0	1,882.0	2,921.0	
11			평균: 화물	765.0	821.0	2,525.5	1,053.0	926.0	
12		07월							
13			평균: 여객	2,263.0	2,927.0	4,939.5	1,819.5	3,080.0	
14			평균: 화물	1,360.0	1,353.5	2,534.0	688.0	1,557.5	
15		전체 평균: 여객		1,885.4	2,847.9	4,028.7	1,873.0	3,503.0	
16		전체 평균: 화물		730.2	1,291.7	2,005.8	972.4	1,200.6	
17									

※ 작업 완성된 그림이며 부분점수 없음

2 '분석작업-2' 시트에 대하여 다음의 지시사항을 처리하시오. (10점)

- ▶ [A2:A24] 영역의 데이터를 텍스트 나누기를 실행하여 [표1]의 [A2:G24] 영역에 나타내시오.
  - 데이터는 공백으로 구분되어 있음
- ▶ 데이터 도구 [통합] 기능을 이용하여 [표1]에 대한 공항명별 '여객', '화물'의 평균을 [표2]의 [J3:K6] 영역에 계산하시오.

문제4 기타작업(35점) 주어진 시트에서 다음 과정을 수행하고 저장하시오.

1. '기타작업-1' 시트에서 다음의 지시사항에 따라 차트를 수정하시오. (각 2점)

※ 차트는 반드시 문제에서 제공한 차트를 사용하여야 하며, 신규로 차트 작성 시 0점 처리됨

① 〈그림〉과 같이 표시되도록 데이터 범위를 수정한 후 계열 순서를 변경하시오.
② '전시근로역' 계열의 차트 종류를 '표식이 있는 꺾은선형'으로 변경한 후 데이터 표식의 크기를 10으로 지정하시오.
③ 차트 제목을 [B2] 셀에 연결하여 표시하고, 가로 축 제목과 세로 축 제목은 〈그림〉과 같이 표시하고 세로 축 제목은 스택형으로 지정하시오.
④ '현역' 계열의 2023년 요소에 대해서만 〈그림〉과 같이 데이터 레이블을 표시하시오.
⑤ 세로 축 단위를 〈그림〉과 같이 지정하시오.

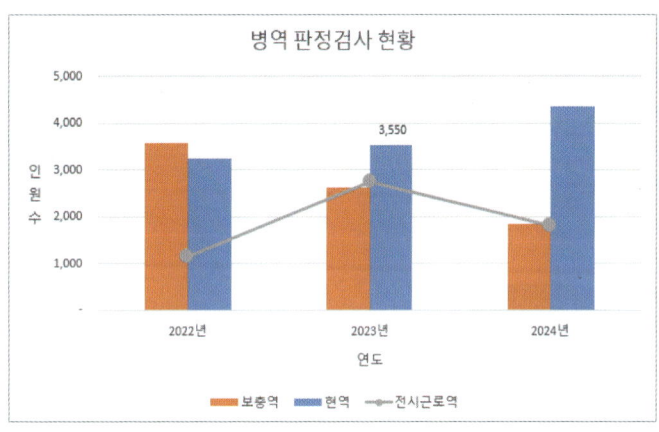

2. '기타작업-2' 시트에서 다음과 같은 기능을 수행하는 매크로를 현재 통합문서에 작성하시오. (각 5점)

① [C3:C16] 영역에 사용자 지정 표시 형식을 설정하는 '아파트동호수' 매크로를 생성하시오.
   ▶ '아파트동호수'가 10,000 이상이면 "x단지 yyyy호", 10,000 미만 데이터는 "x단지 yyy호"로 표시하시오. [표시 예 : 31101 → 3단지 1101호, 3101 → 3단지 101호]
   ▶ [개발 도구] → [삽입] → [양식 컨트롤]의 '단추(□)'를 동일 시트의 [H2:I3] 영역에 생성한 후 텍스트를 "아파트동호수"로 입력하고, 단추를 클릭하면 '아파트동호수' 매크로가 실행되도록 설정하시오.

② [E3:E16] 영역에 사용자 지정 표시 형식을 설정하는 '전기사용량' 매크로를 생성하시오.
   ▶ '전기요금'이 1,000 이상이면 빨강색으로 천단위 구분 기호를 표시하고 숫자 앞에 ★ 표시, 150 미만이면 파랑색으로 숫자 앞에 ☆ 표시, 그 외는 그냥 숫자만 표시하시오.
   ▶ [개발 도구] → [삽입] → [양식 컨트롤]의 '단추(□)'를 동일 시트의 [H5:I6] 영역에 생성한 후 텍스트를 "전기사용량"으로 입력하고, 단추를 클릭하면 '전기사용량' 매크로가 실행되도록 설정하시오.
   ※ 셀 포인터의 위치에 관계없이 매크로가 실행되어야 정답으로 인정됨

3 '기타작업-3' 시트에서 다음과 같은 작업을 수행하도록 프로시저를 작성하시오. (각 5점)

① '비엠아이등록' 단추를 클릭하면 〈비엠아이등록〉 폼이 나타나고, 폼이 초기화(Initialize)되면 [L6:L12] 영역의 내용이 '분류(cmb분류)' 콤보 상자의 목록에 표시되도록 프로시저를 작성하고, 스핀단추(spn몸무게)를 클릭(Change)할 때마다 몸무게(txt몸무게)가 1씩 증가, 감소하도록 작성하시오.

② 〈비엠아이등록〉 폼의 '등록(cmd등록)' 단추를 클릭하면 폼에 입력된 데이터가 시트의 표에 입력되어 있는 마지막 행 다음에 연속하여 추가되도록 프로시저를 작성하시오.

▶ 번호는 입력할 행 번호를 이용하여 일련번호로 입력하시오. (예 : 1, 2, 3, …)

▶ '성별'에는 'opt남'을 선택하면 "남자", 'opt여'를 선택하면 "여자"를 입력하시오.

▶ 나이 : 현재 날짜의 연도 − 생년월일 연도

▶ BMI : 몸무게 / (키 / 100) ^ 2

▶ 입력되는 데이터는 워크시트에 입력된 기존 데이터와 같은 형식의 데이터로 입력하시오.

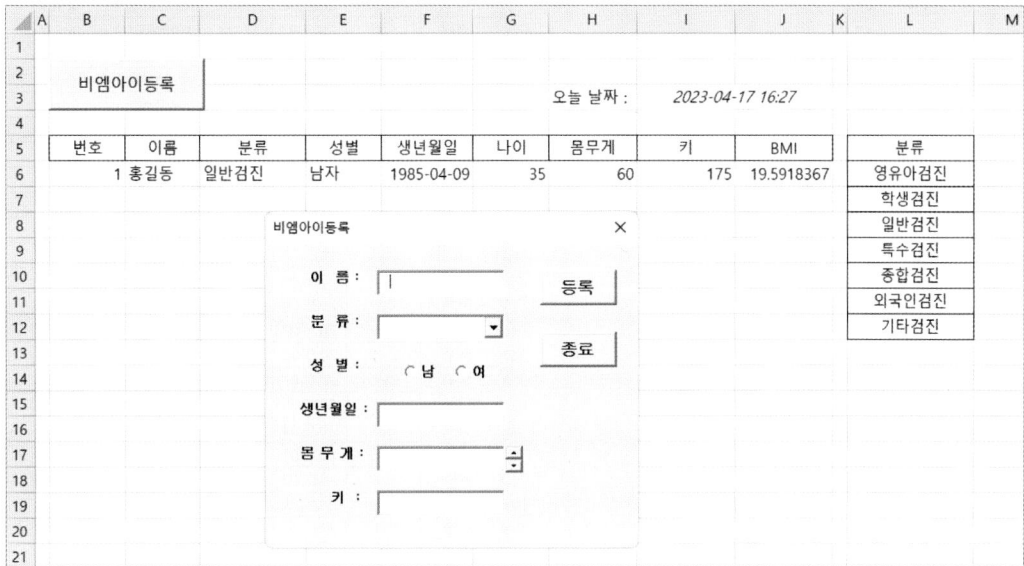

③ 〈비엠아이등록〉 폼의 '종료(cmd종료)' 단추를 클릭하면 오늘 날짜와 시간을 [I3] 셀에 표시한 후 글꼴스타일을 기울임꼴로 설정한 후 폼을 종료하는 프로시저를 작성하시오.

정답 & 해설 : 스프레드시트 실전 모의고사 14회

문제1 기본작업

1 고급 필터

정답

	항공월	항공편명	여객	화물
조건				
TRUE				
	2025.02	KE021	5,324	954
	2025.05	JL055	1,962	1,380
	2025.05	KE056	1,235	325
	2025.03	KE035	1,594	899
	2025.02	KE022	5,428	2,410
	2025.04	4J041	3,856	842
	2025.08	JL081	4,620	2,150
	2025.05	JL051	2,210	1,243
	2025.07	RS071	1,540	965
	2025.05	JL052	3,481	1,462
	2025.06	JL066	2,654	1,105
	2025.05	KE054	2,620	1,060
	2025.08	KE082	1,658	401

① [I2:I3] 영역에 조건을 입력하고 [I6:L6] 영역에 추출할 필드명을 작성한다.

[I3] : =NOT(ISNUMBER(D3))

② [데이터]-[정렬 및 필터] 그룹의 [고급]을 클릭한다.
③ [고급 필터]에서 다음과 같이 지정한 후 [확인]을 클릭한다.

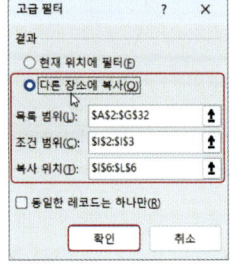

- 결과 : '다른 장소에 복사'
- 목록 범위 : [A2:G32]
- 조건 범위 : [I2:I3]
- 복사 위치 : [I6:L6]

2 조건부 서식

정답

	A	B	C	D	E	F	G
2	출발공항	공항코드	항공월	항공편명	항공코드	여객	화물
3	제주	CJU	2025.02	KE021	GMPKE021	5,324	954
4	김해	PUS	2025.07	1074	GMPBX074	6,512	3,520
5	대구	TAE	2025.05	JL055	GMPJL055	1,962	1,380
6	광주	KWJ	2025.05	KE056	CJUKE056	1,235	325
7	제주	CJU	2025.06	3061	KWJTW061	1,986	1,010
8	대구	TAE	2025.03	KE035	CJUKE035	1,594	899
9	김포	GMP	2025.02	KE022	CJUKE022	5,428	2,410
10	제주	CJU	2025.04	4J041	PUSCJ041	3,856	842
11	광주	KWJ	2025.04	2046	CJUOZ046	1,755	436
12	광주	KWJ	2025.08	1086	TAEBX086	1,520	425
13	김해	PUS	2025.06	3064	GMPTW064	3,874	1,841
14	김포	GMP	2025.04	3042	PUSTW042	2,386	1,164
15	제주	CJU	2025.08	JL081	GMPJL081	4,620	2,150
16	김포	GMP	2025.07	1072	KWJBX072	1,103	557
17	제주	CJU	2025.05	JL051	PUSJL051	2,210	1,243
18	광주	KWJ	2025.07	3076	GMPTW076	2,263	1,360
19	대구	TAE	2025.06	1065	GMPBX065	2,170	1,207
20	김해	PUS	2025.04	2044	CJUOZ044	2,531	856
21	김해	PUS	2025.08	1084	GMPBX084	5,268	3,210
22	제주	CJU	2025.07	RS071	KWJRS071	1,540	965
23	제주	CJU	2025.03	2031	GMPOZ031	4,985	1,240
24	김포	GMP	2025.05	JL052	PUSJL052	3,481	1,462
25	광주	KWJ	2025.06	JL066	GMPJL066	2,654	1,105
26	대구	TAE	2025.07	3075	KWJTW075	1,254	336
27	김해	PUS	2025.05	KE054	CJUKE054	2,620	1,060
28	김해	GMP	2025.03	2032	CJUOZ032	4,751	2,150
29	김포	GMP	2025.08	KE082	TAEKE082	1,658	401
30	김해	PUS	2025.03	74034	CJU7C034	3,367	1,548
31	대구	TAE	2025.04	2045	CJUOZ045	2,385	1,040
32	김포	GMP	2025.06	47062	KWJC7062	1,128	898

① [A3:G32] 영역을 범위 지정한 후 [홈]-[스타일] 그룹의 [조건부 서식]-[새 규칙]을 클릭한다.

② [새 서식 규칙]에서 '규칙 유형 선택'에 '▶ 수식을 사용하여 서식을 지정할 셀 결정'을 선택하고, =ISODD(RIGHT($C3,2))를 입력한 후 [서식]을 클릭한다.

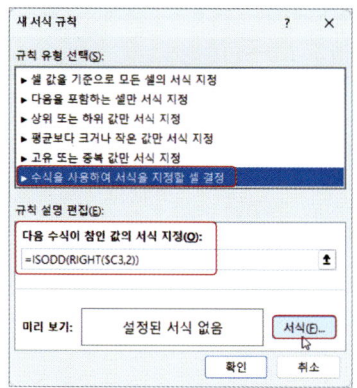

③ [셀 서식]의 [글꼴] 탭에서 글꼴 스타일은 '굵은 기울임꼴', 글꼴 색은 '표준 색 – 파랑'을 선택한 후 [확인]을 클릭한다.
④ [새 서식 규칙]에서 다시 [확인]을 클릭한다.

3 페이지 레이아웃

정답

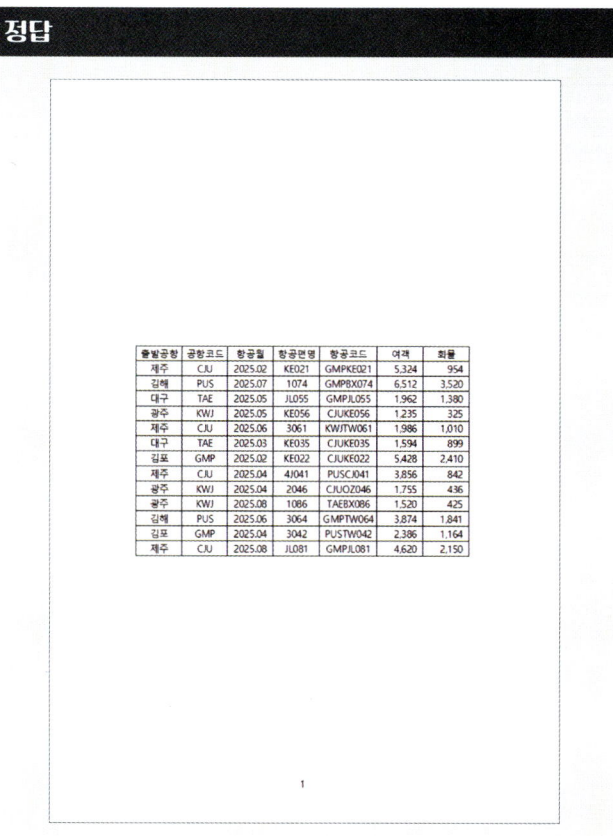

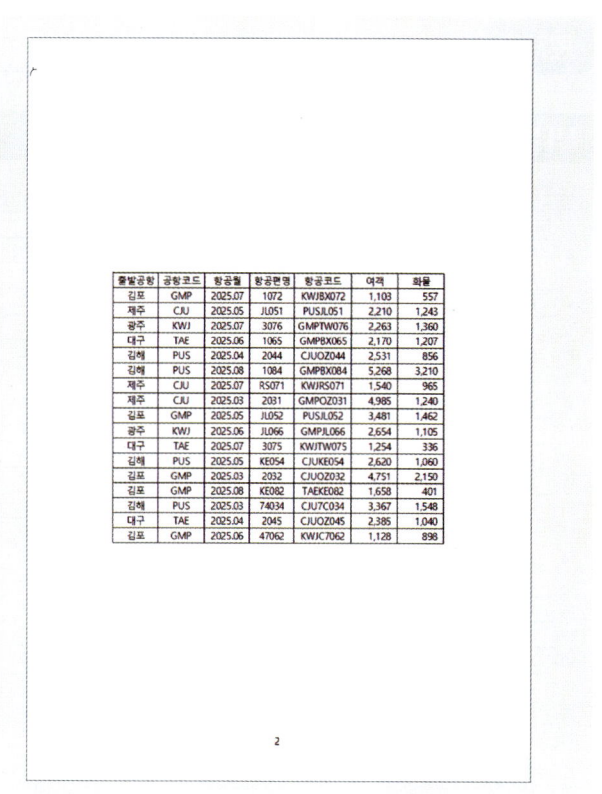

① [A2:G32] 영역을 범위 지정한 후 [페이지 레이아웃]-[페이지 설정] 그룹에서 [인쇄 영역]-[인쇄 영역 설정]을 클릭한다.
② [페이지 레이아웃]-[페이지 설정] 그룹에서 [옵션]을 클릭한다.

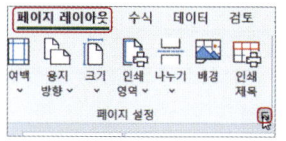

③ [시트] 탭에서 반복할 행에 커서를 두고 행 머리글 2를 클릭한다.
④ [여백] 탭에서 페이지 가운데 맞춤 '가로', '세로'를 체크한다.
⑤ [머리글/바닥글] 탭에서 [바닥글 편집]을 클릭하고 '가운데 구역'에 커서를 두고 [페이지 번호 삽입](□)을 클릭한 후 [확인]을 클릭하고 [페이지 설정]에서 [확인]을 클릭한다.
⑥ [A16] 셀을 클릭한 후 [페이지 레이아웃]-[페이지 설정] 그룹에서 [나누기]-[페이지 나누기 삽입]을 클릭한다.

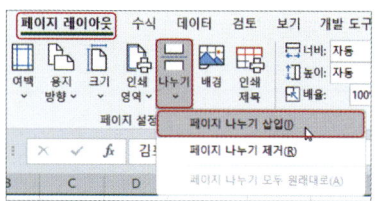

문제2 계산작업

정답

	A	B	C	D	E	F	G	H	I
1	[표1]								
2	신청번호	잡지명	신청구분	신청일	구독기간	구독완료	구독부수	구독금액	사은품
3	JA001	우등논술	신규	2024-01-07	1	24년 12월호	5	460,350	
4	JA002	수학동학	재구독	2024-01-26	2	25년 12월호	3	633,600	문화상품권
5	JA003	기자원정대	재구독	2024-01-28	2	25년 12월호	1	142,400	문화상품권
6	JA004	월간뉴런	신규	2024-02-20	1	25년 01월호	5	599,850	
7	JA005	수학동학	재구독	2024-03-01	1	25년 02월호	3	336,600	문화상품권
8	JA006	기자원정대	구독	2024-04-03	1	25년 03월호	2	156,640	문화상품권
9	JA007	우등논술	재구독	2024-05-13	2	26년 04월호	5	792,000	문화상품권
10	JA008	기자원정대	신규	2024-05-21	1	25년 04월호	4	331,080	
11	JA009	우등논술	재구독	2024-05-21	1	25년 04월호	1	84,150	문화상품권
12	JA010	우등논술	재구독	2024-05-22	2	26년 04월호	5	792,000	문화상품권
13	JA011	월간뉴런	구독	2024-05-27	1	25년 04월호	4	454,080	문화상품권
14	JA012	기자원정대	재구독	2024-06-16	1	25년 05월호	1	75,650	문화상품권
15	JA013	수학동학	재구독	2024-06-27	1	25년 05월호	3	336,600	문화상품권
16	JA014	수학동학	신규	2024-07-12	1	25년 06월호	5	613,800	
17	JA015	월간뉴런	재구독	2024-07-30	1	25년 06월호	5	548,250	문화상품권
18	JA016	수학동학	재구독	2024-08-19	2	26년 07월호	4	844,800	문화상품권
19	JA017	기자원정대	재구독	2024-08-29	1	25년 07월호	5	378,250	문화상품권
20	JA018	수학동학	신규	2024-08-31	1	25년 07월호	1	122,760	
21	JA019	월간뉴런	신규	2024-09-06	1	25년 08월호	2	239,940	
22	JA020	월간뉴런	구독	2024-09-16	2	26년 08월호	4	877,200	문화상품권
23	JA021	우등논술	신규	2024-09-25	1	25년 08월호	1	92,070	
24	JA022	월간뉴런	재구독	2024-10-03	1	25년 09월호	1	109,650	문화상품권
25	JA023	수학동학	재구독	2024-11-13	2	26년 10월호	3	633,600	문화상품권
26	JA024	수학동학	재구독	2024-11-13	2	26년 10월호	3	633,600	문화상품권
27	JA025	우등논술	구독	2024-11-25	1	25년 10월호	1	87,120	문화상품권
28	JA026	기자원정대	신규	2025-01-10	1	25년 12월호	3	248,310	
29	JA027	수학동학	구독	2025-01-15	1	25년 12월호	5	580,800	문화상품권
30	JA037	월간뉴런	재구독	2025-05-26	2	27년 04월호	1	206,400	문화상품권

	J	K	L	M	N	O	P
8		[표4]					
9		우등논술과 월간뉴런의 구독기간 합계				17년	
10							
11		[표5]					
12		구독신청일		신청도표			
13		1월	~ 2월	◆◆◆◆◆			
14		3월	~ 4월	◆◆			
15		5월	~ 6월	◆◆◆◆◆◆◆			
16		7월	~ 8월	◆◆◆◆◆			
17		9월	~ 10월	◆◆◆◆			
18		11월	~ 12월	◆◆◆			

① 구독완료[F3:F30]

[F3] 셀에 =TEXT(EDATE(D3,(E3*12)-1),"YY년 MM월호")를 입력하고 [F30] 셀까지 수식을 복사한다.

함수 설명 =TEXT(EDATE(D3,(E3*12)-1),"yy년 mm월호")

❶ (E3*12)-1 : 구독기간[E3]에 *12를 하면 구독기간을 개월로 구할 수 있고, 구독기간이 지나기 한 달 전을 구하기 위해서 -1을 함

❷ EDATE(D3,❶) : 신청일[D3] 셀에서 ❶ 개월이 경과한 날짜를 구함

=TEXT(❷,"yy년 mm월호") : ❷의 날짜를 'yy년 mm월호' 형식으로 표시

2 구독금액[H3:H30]

[H3] 셀에 =XLOOKUP(B3,$K$3:$K$6,$L$3:$L$6)*E3*G3*(1-INDEX($O$3:$P$5,XMATCH(C3,$N$3:$N$5,0),E3))를 입력하고 [H30] 셀까지 수식을 복사한다.

> **함수 설명** =XLOOKUP(B3,$K$3:$K$6,$L$3:$L$6)*E3*G3*(1-INDEX($O$3:$P$5,XMATCH(C3,$N$3:$N$5,0),E3))
>
> ❶ XLOOKUP(B3,$K$3:$K$6,$L$3:$L$6) : 잡지명[B3] 셀의 값을 [K3:K6] 영역에서 찾아 [L3:L6] 영역의 같은 행의 값을 찾아옴
> ❷ XMATCH(C3,$N$3:$N$5,0) : 신청구분[C3] 셀의 값과 일치하는 값을 [N3:N5] 영역에서 찾아 위치 값을 반환함(예: 신규는 1, 구독은 2, 재구독은 3)
> ❸ INDEX($O$3:$P$5,❷,E3) : [O3:P5] 영역에서 행❷과 열([E3] 셀의 값)이 교차하는 값을 찾아옴
>
> =❶*E3*G3*(1-❸) : 정가*구독기간*구독부수*(1-할인율)

3 사은품[I3:I30]

① [개발 도구]-[코드] 그룹의 [Visual Basic](📷)을 클릭한다.
② [삽입]-[모듈]을 클릭한다.
③ Module 창에 다음과 같이 입력한다.

```
Public Function fn사은품(구독기간, 신청구분)
    If 구독기간 = 1 And 신청구분 = "신규" Then
        fn사은품 = ""
    Else
        fn사은품 = "문화상품권"
    End If
End Function
```

④ [파일]-[닫고 Microsoft Excel(으)로 돌아가기]를 클릭하여 [Visual Basic Editor]를 닫는다.
⑤ [I3] 셀을 클릭한 후 [함수 삽입](fx)을 클릭한다.
⑥ [함수 마법사]에서 '범주 선택'은 '사용자 정의', '함수 선택'은 'fn사은품'을 선택한 후 [확인]을 클릭한다.
⑦ [함수 인수]에서 '구독기간'은 [E3], '신청구분'은 [C3]을 지정한 후 [확인]을 클릭한다.

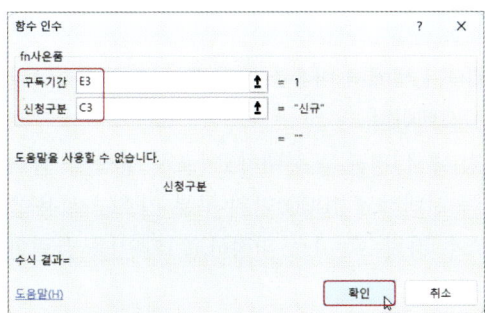

⑧ [I3] 셀을 선택한 후 [I30] 셀까지 수식을 복사한다.

4 구독기간 합계[O9]

[O9] 셀에 =SUM(IF((B3:B30="우등논술")+(B3:B30="월간뉴런"),E3:E30))&"년"를 입력하고 Ctrl + Shift + Enter 를 누른다.

> **함수 설명** =SUM(IF((B3:B30="우등논술")+(B3:B30="월간뉴런"),E3:E30))&"년"
>
> ❶ (B3:B30="우등논술") : [B3:B30] 셀의 값이 '우등논술'과 같은지 비교
> ❷ (B3:B30="월간뉴런") : [B3:B30] 셀의 값이 '월간뉴런'과 같은지 비교
> ❸ IF(❶+❷,E3:E30) : ❶과 ❷의 조건 중에 하나라도 만족한 데이터의 구독기간[E3:E30]의 값을 반환 (배열 수식에서 +는 or 조건, *는 and 조건)
>
> =SUM(❸)&"년" : ❸의 값의 합계를 구한 후에 '년'을 붙여서 표시

5 신청도표[M13:M18]

[M13:M18] 영역을 범위 지정한 후 =REPT("◆",FREQUENCY(MONTH(D3:D30),L13:L18))를 입력하고 Ctrl + Shift + Enter 를 누른다.

> **함수 설명** =REPT("◆",FREQUENCY(MONTH(D3:D30),L13:L18))
> FREQUENCY 함수는 수식을 작성할 때 결과를 표시할 영역을 범위 지정한 후 수식을 작성하고 수식을 복사하지 않는 경우에는 절대참조를 하지 않는다.
> ❶ MONTH(D3:D30) : 신청일[D3:D30]에서 월을 구함
> ❷ FREQUENCY(❶,L13:L18) : [L13:L18] 영역에서 ❶의 값이 해당하는 구간을 찾고, 각 구간별 분포도를 구함(구간은 [K13:K18] 영역이 아닌 끝(최대값) 영역으로 지정함)
>
> =REPT("◆",❷) : '◆' 기호를 ❷만큼 반복하여 표시

문제3 분석작업

1 피벗 테이블

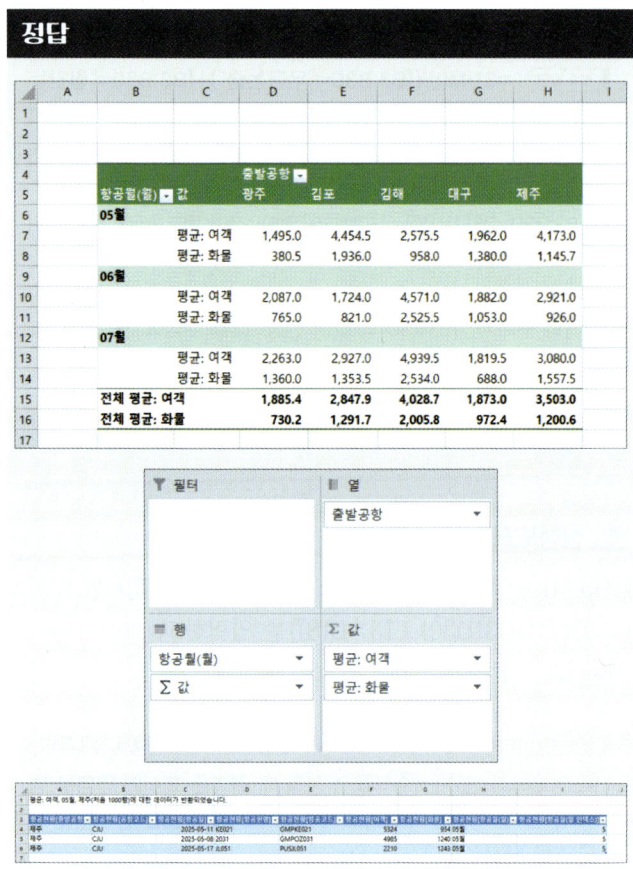

① [B4] 셀을 클릭한 후 [데이터]-[데이터 가져오기 및 변환] 그룹의 [텍스트/CSV]를 클릭한 후 '항공현황.txt' 파일을 선택하고 [가져오기]를 이용하여 작성할 수 있다.

> **기적의 TIP**
> [데이터]-[데이터 가져오기 및 변환] 그룹의 [텍스트/CSV에서]로 표시된다.

② [로드]-[다음으로 로드]를 클릭한다.

③ [데이터 가져오기]에서 '피벗 테이블 보고서'를 선택하고, '데이터 모델에 이 데이터 추가'를 체크한 후 [확인]을 클릭한다.

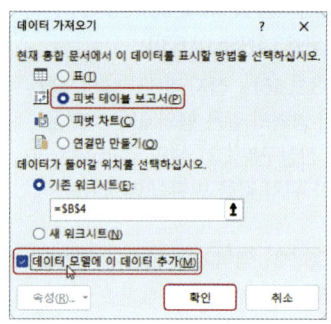

④ [피벗 테이블 필드]에서 다음과 같이 드래그한 후 ∑ 값은 열에서 행으로 드래그한다.

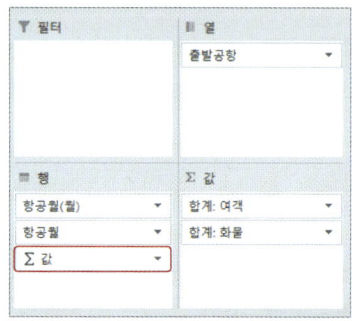

⑤ [디자인]-[레이아웃] 그룹의 [보고서 레이아웃]-[개요 형식으로 표시](▦)를 클릭한다.

⑥ [B6] 셀에서 마우스 오른쪽 버튼을 눌러 [그룹]을 선택하여 '월'을 선택하고 [확인]을 클릭한다.

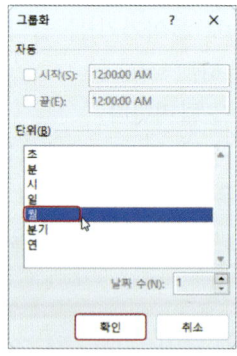

⑦ '합계 : 여객'[C7] 셀에서 마우스 오른쪽 버튼을 눌러 [값 필드 설정]을 선택한다.

⑧ [값 필드 설정]에서 '평균'을 선택하고 [표시 형식]을 클릭한 후 '숫자'를 선택하고 '1000 단위 구분 기호(,) 사용'을 체크하고, '소수 자릿수'는 1로 지정하고 [확인]을 클릭한다.

⑨ 같은 방법으로 '합계 : 화물'[C8] 셀에서 더블클릭하여 '평균'을 선택하고, [표시 형식]을 클릭한 후 '숫자'를 선택하고, '1000 단위 구분 기호(,) 사용'을 체크하고, '소수 자릿수'는 1로 지정하고 [확인]을 클릭한다.

⑩ [디자인]-[레이아웃] 그룹의 [총합계]-[열의 총합계만 설정]을 클릭한다.

⑪ [디자인] 탭의 [피벗 테이블 스타일] 그룹에서 '연한 녹색, 피벗 스타일 보통 14'를 선택한다.

⑫ 제주의 5월 데이터[H7] 셀에서 더블클릭한다.

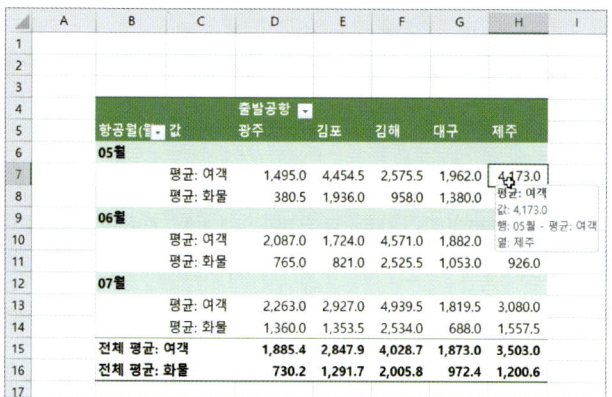

⑬ '분석작업-1' 시트 앞에 삽입된 시트명을 더블클릭하여 **5월제주공항**을 입력한다.

2 데이터 도구

정답

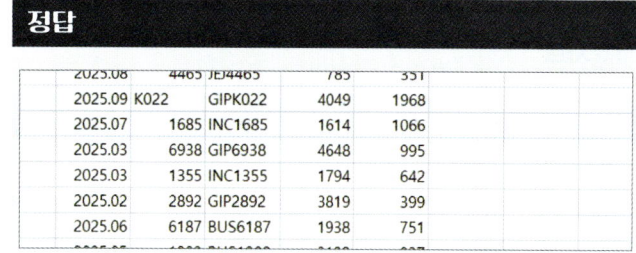

① [A2:A24] 영역을 범위 지정한 후 [데이터]-[데이터 도구] 그룹의 [텍스트 나누기](📋)를 클릭한다.

② [1단계]에서 '구분 기호로 분리됨'을 선택하고 [다음]을 클릭한다.

③ [2단계]에서 '공백'을 선택하고 [다음]을 클릭한다.

④ [3단계]에서는 [마침]을 클릭한다.

⑤ [I2:K6] 영역을 범위 지정한 후 [데이터]-[데이터 도구] 그룹의 [통합](📋)을 클릭한다.

⑥ 함수는 '평균', 참조는 [A2:G24] 영역을 드래그한 후 [추가]를 클릭하고, '첫 행', '왼쪽 열'을 체크하고 [확인]을 클릭한다.

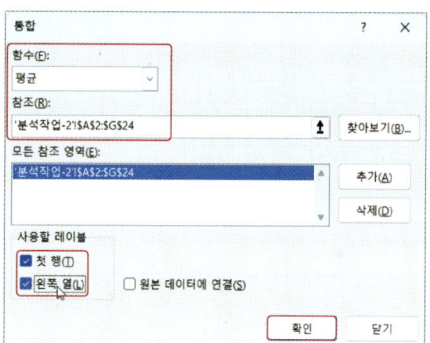

문제4 기타작업

1 차트

정답

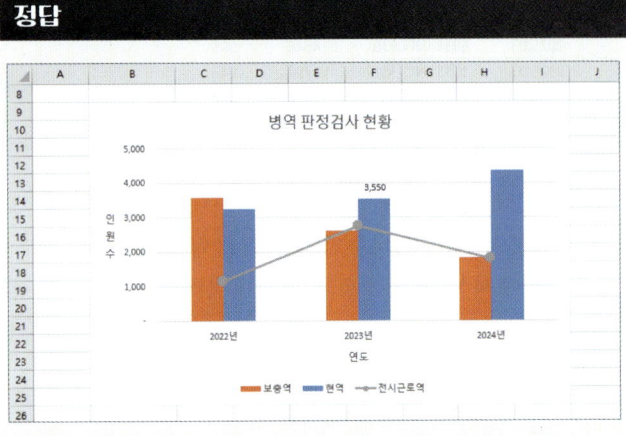

① 차트 안에서 마우스 오른쪽 버튼을 눌러 [데이터 선택]을 클릭한다.
② [데이터 선택]에서 기존 데이터 범위를 지우고 [B4:B7], [D4:F7] 영역으로 수정한다.

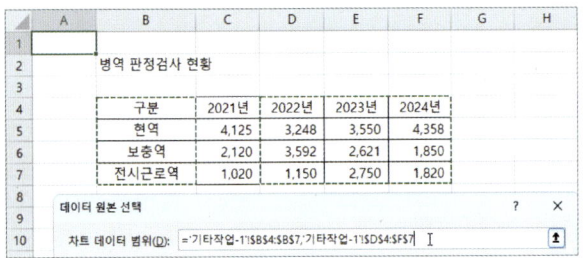

③ '현역' 계열을 선택한 후 [아래로 이동](▼)을 클릭하여 아래쪽으로 이동한 후 [확인]을 클릭한다.

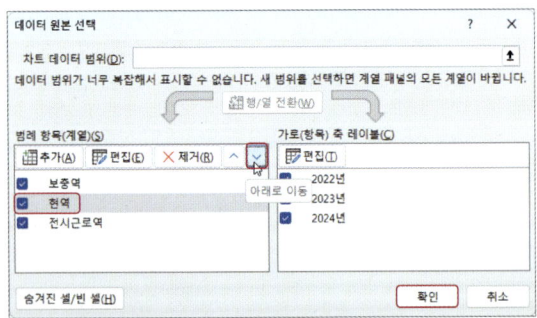

④ '전시근로역' 계열만 선택한 후 마우스 오른쪽 버튼을 눌러 [계열 차트 종류 변경]을 클릭한다.
⑤ '혼합'에서 '전시근로역' 계열은 '표식이 있는 꺾은선형'을 선택하고 [확인]을 클릭한다.

⑥ '전시근로역' 계열을 선택한 후 마우스 오른쪽 버튼을 눌러 [데이터 계열 서식]을 클릭하여 [채우기 및 선]을 클릭한 후 '표식'의 '표식 옵션'에서 기본 제공의 크기를 10으로 수정한다.

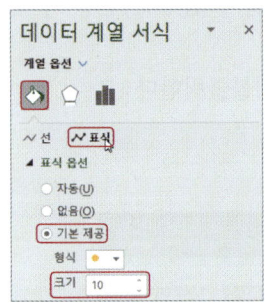

⑦ 차트를 선택한 후 [차트 요소](田)-[차트 제목]을 클릭한 후 '차트 제목'을 선택한 후 수식 입력줄에 =를 입력하고 [B2] 셀을 클릭하고 Enter 를 누른다.

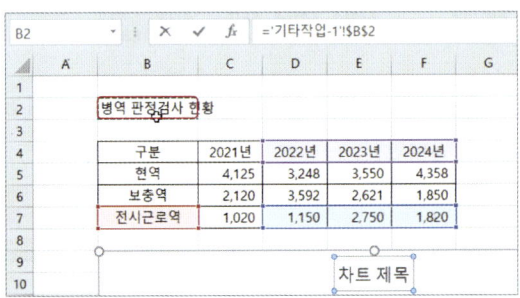

⑧ 차트를 선택한 후 [차트 요소](田)-[축 제목]-[기본 가로], [기본 세로]를 선택한 후 **연도**, **인원수**를 입력한다. ([차트 디자인]-[차트 레이아웃]-[차트 요소 추가]-[축 제목]을 클릭하여 [기본 가로], [기본 세로]를 이용할 수 있다.)
⑨ 세로(값) 축 제목 '인원수'를 선택한 후 [축 제목 서식]의 [크기 및 속성]에서 맞춤의 '텍스트 방향'을 '스택형'을 선택한다.

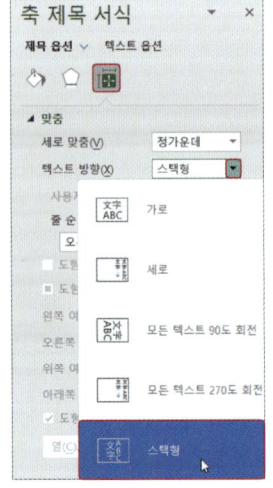

⑩ '현역' 계열의 '2023년' 요소를 천천히 2번 클릭하여 마우스 오른쪽 버튼을 눌러 [데이터 레이블 추가]를 클릭한다.

⑪ 세로 (값) 축을 선택한 후 [축 서식]의 '축 옵션'에서 단위 '기본'에 1000을 입력한다.

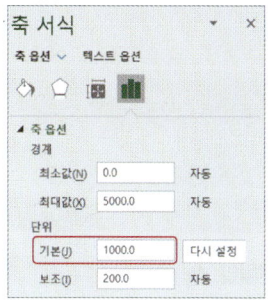

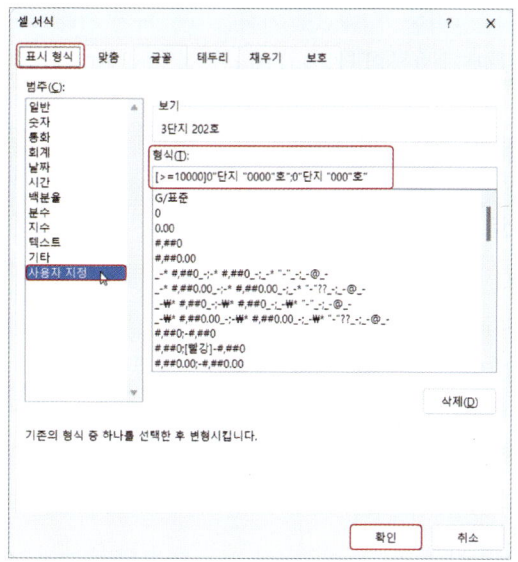

2 매크로

정답

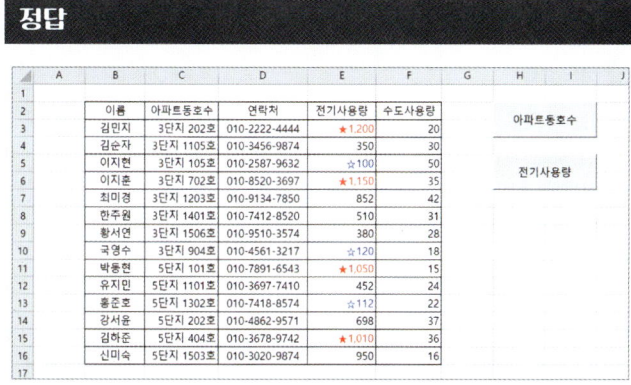

① [개발 도구]-[컨트롤] 그룹의 [삽입]-[단추(양식 컨트롤)] (□)을 클릭한다.

② 마우스 포인터가 '+'로 바뀌면 Alt를 누른 상태에서 [H2:I3] 영역에 드래그하면 [매크로 지정] 대화상자가 나타난다.

③ [매크로 지정]에서 **아파트동호수**를 입력하고 [기록]을 클릭한다.

④ [매크로 기록]에 자동으로 '아파트동호수'로 매크로 이름이 표시되면 [확인]을 클릭한다.

⑤ [C3:C16] 영역을 범위 지정한 후 Ctrl+1을 눌러 [표시 형식] 탭의 '사용자 지정'에 [>=10000]0"단지 "0000"호";0"단지 "000"호"를 입력하고 [확인]을 클릭한다.

⑥ 임의의 셀을 클릭한 후 매크로 기록을 종료하기 위해 [개발 도구]-[코드] 그룹의 [기록 중지](□)를 클릭한다.

⑦ 단추에 텍스트를 수정하기 위해서 단추에서 마우스 오른쪽 버튼을 눌러 [텍스트 편집]을 클릭한다.

⑧ 단추에 입력된 '단추 1'을 지우고 **아파트동호수**를 입력한다.

⑨ [개발 도구]-[컨트롤] 그룹의 [삽입]-[단추(양식 컨트롤)] (□)을 클릭한다.

⑩ 마우스 포인터가 '+'로 바뀌면 Alt를 누른 상태에서 [H5:I6] 영역에 드래그하면 [매크로 지정] 대화상자가 나타난다.

⑪ [매크로 지정]에서 **전기사용량**을 입력한 후 [기록]을 클릭하고, [매크로 기록]에 자동으로 '전기사용량'으로 매크로 이름이 표시되면 [확인]을 클릭한다.

⑫ [E3:E16] 영역을 범위 지정한 후 Ctrl+1을 눌러 [표시 형식] 탭의 '사용자 지정'에 [**빨강**][>=1000]★#,##0;[**파랑**][<150]☆0;0을 입력하고 [확인]을 클릭한다.

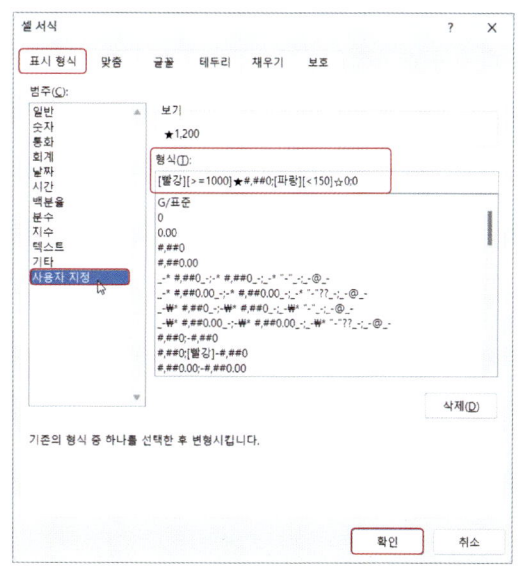

⑬ 임의의 셀을 클릭한 후 매크로 기록을 종료하기 위해 [개발 도구]-[코드] 그룹의 [기록 중지](□)를 클릭한다.
⑭ 단추에서 마우스 오른쪽 버튼을 눌러 [텍스트 편집]을 클릭하여 **전기사용량**을 입력한다.

3 VBA 프로그래밍

(1) 폼 보이기

① [개발 도구]-[컨트롤] 그룹의 [디자인 모드](N)를 클릭하여 〈비엠아이등록〉 버튼을 편집 상태로 만든다.
② 〈비엠아이등록〉 버튼을 더블클릭한 후 코드 창에 다음과 같이 입력한다.

```
Private Sub cmd등록_Click()
    비엠아이등록.Show
End Sub
```

(2) 폼 초기화

① [프로젝트-VBAProject] 탐색기에서 '폼'을 더블 클릭하고 〈비엠아이등록〉을 선택한다.
② [프로젝트-VBAProject] 탐색기의 [코드 보기](□)를 클릭한다.
③ '개체 목록'은 'UserForm', '프로시저 목록'은 'Initialize'를 선택한다.
④ 코드 창에 다음과 같이 입력한다.

```
Private Sub UserForm_Initialize()
    cmb분류.RowSource = "L6:L12"
End Sub
```

(3) 스핀 단추

① '개체 목록'은 'spn몸무게', '프로시저 목록'은 'Change'를 선택한다.
② 코드 창에 다음과 같이 입력한다.

```
Private Sub spn몸무게_Change()
    txt몸무게 = spn몸무게 * 1
End Sub
```

(4) 등록 프로시저

① '개체 목록'에서 'cmd등록', '프로시저 목록'은 'Click'을 선택한다.

② 코드 창에 다음과 같이 입력한다.

```
Private Sub cmd등록_Click()
    i = Range("B5").CurrentRegion.Rows.Count + 5
    Cells(i, 2) = Range("B5").CurrentRegion.Rows.Count
    Cells(i, 3) = txt이름
    Cells(i, 4) = cmb분류
    If opt남 = True Then
        Cells(i, 5) = "남자"
    Else
        Cells(i, 5) = "여자"
    End If
    Cells(i, 6) = txt생년월일.Value
    Cells(i, 7) = Year(Date) - Left(txt생년월일, 4)
    Cells(i, 8) = txt몸무게.Value
    Cells(i, 9) = txt키.Value
    Cells(i, 10) = Cells(i, 8) / (Cells(i, 9) / 100) ^ 2
End Sub
```

> **코드 설명**
>
> ① i는 새로운 데이터를 입력할 행을 기억할 변수이다. i라는 변수 이름 대신에 한글로 '행' 또는 '입력행' 등을 사용할 수 있다.
> ② 입력할 행의 위치와 일련번호 입력
> i = [B5].Row + [B5].CurrentRegion.Rows.Count
> Cells(i, 2) = [B5].CurrentRegion.Rows.Count
> 으로 입력이 가능하다.
> ③ .Value
> 제시된 그림에 날짜와 숫자는 오른쪽 정렬이 되어 있다면 입력되는 값의 속성을 적용할 수 있도록 .Value를 입력한다. 생략하면 문자로 인식하여 왼쪽 정렬로 입력된다.
> .Value는 값의 속성으로 입력받는 데이터의 값이 문자이면 왼쪽, 숫자와 날짜는 오른쪽으로 입력된다.
> ④ 나이는 다음과 같이 입력해도 가능하다.
> Cells(i, 7) = Year(Date) - Year(txt생년월일)
> Cells(i, 7) = Year(Date) - Year(Cells(i, 6))

(5) 종료 프로시저

① '개체 목록'에서 'cmd종료', '프로시저 목록'은 'Click'을 선택한다.
② 코드 창에 다음과 같이 입력한다.

```
Private Sub cmd종료_Click()
    [I3] = Now
    [I3].Font.Italic = True
    Unload Me
End Sub
```

스프레드시트 실전 모의고사 15회

작업파일 : '26컴활1급(기출)₩스프레드시트₩실전모의고사'에서 '실전모의고사15회' 파일을 열어 작업하세요.

문제1 기본작업(15점) 주어진 시트에서 다음 과정을 수행하고 저장하시오.

1 '기본작업-1' 시트에서 다음과 같이 고급 필터를 수행하시오. (5점)

- [B2:I23] 영역에서 사원번호의 마지막 1글자가 짝수이고, 식대가 100,000 이상인 데이터를 표시하시오.
- 조건은 [B26:B27] 영역 내에 알맞게 입력하시오. (ISEVEN, AND, RIGHT 함수 사용)
- 결과는 [B30] 셀부터 표시하시오.

2 '기본작업-1' 시트에서 다음과 같이 조건부 서식을 설정하시오. (5점)

- [B3:I23] 영역에서 '수당'이 상위 1위인 데이터와 하위 1위인 데이터의 행 전체에 대하여 글꼴 스타일은 '기울임꼴', 글꼴 색은 '표준 색 – 자주'로 적용하시오.
- 단, 규칙 유형은 '수식을 사용하여 서식을 지정할 셀 결정'을 사용하고, 한 개의 규칙으로만 작성하시오.
- OR, RANK.EQ 함수 사용

3 '기본작업-2' 시트에서 다음과 같이 페이지 레이아웃을 설정하시오. (5점)

- [A2:H20] 영역을 인쇄 영역으로 설정하고, 인쇄 영역이 120% 확대되어 인쇄되도록 설정하시오.
- 용지 방향을 '가로'로 지정하고 페이지의 정 가운데 인쇄되도록 페이지 가운데 맞춤을 설정하시오.
- 페이지의 위쪽 왼쪽에 시스템의 현재 날짜가 인쇄되도록 머리글을 설정하시오.

문제2 계산작업(30점) '계산작업' 시트에서 다음 과정을 수행하고 저장하시오.

1 [표1]의 사원번호, 시간외근무와 [표5]를 이용하여 [I3:I25] 영역에 시간외수당을 계산하여 표시하시오. (6점)

- 시간외수당은 '시간외근무 × 시간당수당'으로 계산하되, 오류 발생 시 0으로 표시
- 시간당수당은 사원번호의 두 번째 글자를 이용하여 [표5]를 참조
- HLOOKUP, MID, IFERROR 함수 사용

2 [표1]의 근무지, 기본급, 수당, 시간외근무를 이용하여 [표2]의 [B29:C30] 영역에 시간외근무가 있는 사원 중 본사와 지사별 가장 많은 기본급과 수당을 표시하시오. (6점)

- RIGHT, MAX, ISNUMBER 함수를 사용한 배열 수식

3. [표1]의 근무지와 교통비를 이용하여 [표3]의 [F29:G32] 영역에 근무지별 교통비의 평균을 10,000으로 나눈 몫만큼 "▶"을 반복하여 표시하시오. (6점)

   ▶ [표시 예 : 근무지별 교통비의 평균을 10000으로 나눈 몫이 3인 경우 → ▶▶▶]
   ▶ AVERAGEIF, QUOTIENT, REPT 함수 사용

4. [표1]의 근무지, 업무부서, 기본급을 이용하여 [표4]의 [B36:C39] 영역에 근무지별 생산부서와 관리부서에 대해 기본급이 2,500,000 이상인 사원수를 계산하여 표시하시오. (6점)

   ▶ 인원수 뒤에 "명"을 표시 [표시 예 : 2명]
   ▶ COUNT, IF 함수와 & 연산자를 사용한 배열 수식

5. 사용자 정의 함수 'fn세금'을 작성하여 [표1]의 [J3:J25] 영역에 세금을 계산하여 표시하시오. (6점)

   ▶ 'fn세금'은 기본급과 수당을 인수로 받아 세금을 계산하는 함수이다.
   ▶ 세금은 기본급이 3,000,000 이상이면 (기본급 + 수당)의 12%, 3,000,000 미만 2,500,000 이상이면 (기본급 + 수당)의 7%, 그 외는 (기본급 + 수당)의 3%를 표시하시오.
   ▶ IF ~ Else문 사용

   ```
   Public Function fn세금(기본급, 수당)
   End Function
   ```

문제3 분석작업(20점) 주어진 시트에서 다음 과정을 수행하고 저장하시오.

1. '분석작업-1' 시트에서 다음의 지시사항에 따라 피벗 테이블 보고서를 작성하시오. (10점)

   ▶ 외부 데이터 가져오기 기능을 이용하여 〈사원현황.xlsx〉 파일의 〈신입사원〉 시트를 이용하시오.
   ▶ 피벗 테이블의 보고서의 레이아웃과 위치는 〈그림〉을 참조하여 설정하고, 보고서 레이아웃은 개요 형식으로 표시하시오.
   ▶ '시간외근무'와 '식대'를 더하는 '시간외근무+식대' 필드를 추가하시오.
   ▶ '합계 : 기본급'을 기준으로 '업무부서'를 내림차순 정렬하시오.
   ▶ '기본급', '수당', '시간외근무+식대' 필드는 '값 필드 설정'의 셀 서식에서 '숫자' 범주를 이용하여 천 단위 구분 기호를 표시되도록 표시 형식을 지정하시오.
   ▶ 피벗 테이블 스타일은 '연한 녹색, 피벗 스타일 보통 14'로 설정하시오.

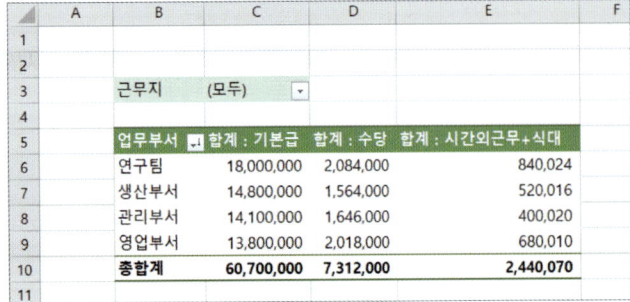

※ 작업 완성된 그림이며 부분점수 없음

② '분석작업-2' 시트에 대하여 다음의 지시사항을 처리하시오. (10점)

- '전자제품 판매현황' 표에서 이익률[H21]이 다음과 같이 변동하는 경우 순이익합계[I19]의 변동 시나리오를 작성하시오.
- 셀 이름 정의 : [H21] 셀은 '이익률', [I19] 셀은 '순이익합계'로 정의하시오.
- 시나리오1 : 시나리오 이름은 '이익률증가', 이익률은 35%로 설정하시오.
- 시나리오2 : 시나리오 이름은 '이익률감소', 이익률은 25%로 설정하시오.
- 위 시나리오에 의한 '시나리오 요약' 보고서는 '분석작업-2' 시트 바로 앞에 위치시키시오.

※ 시나리오 요약 보고서 작성 시 정답과 일치하여야 하며, 오자로 인한 부분점수는 인정하지 않음

문제4 기타작업(35점) 주어진 시트에서 다음 과정을 수행하고 저장하시오.

① '기타작업-1' 시트에서 다음의 지시사항에 따라 차트를 수정하시오. (각 2점)

※ 차트는 반드시 문제에서 제공한 차트를 사용하여야 하며, 신규로 차트 작성 시 0점 처리됨

① '기술부' 계열을 삭제하고 범례를 아래쪽에 표시하시오.
② 차트 제목과 세로 축 제목을 〈그림〉과 같이 표시하시오.
③ 가로 주 눈금선이 표시되지 않도록 설정하고 3차원 회전의 X를 50°로 지정하시오.
④ '영업부' 계열에 데이터 레이블을 표시한 후 데이터 레이블 서식을 이용하여 표시하는 내용과 위치를 〈그림〉과 같이 지정하시오.
⑤ 차트의 밑면을 도형 스타일의 '미세 효과 – 회색, 강조 3'으로 지정하고 차트 영역의 테두리를 '둥근 모서리'로 표시하시오.

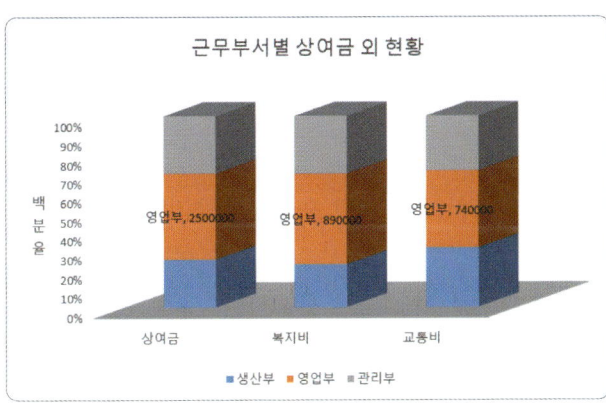

2 '기타작업-2' 시트에서 다음과 같은 기능을 수행하는 매크로를 현재 통합문서에 작성하시오. (각 5점)

① [E3:E17] 영역에 대하여 조건부 서식을 적용하는 '아이콘집합' 매크로를 생성하시오.
- ▶ 규칙 유형은 '셀 값을 기준으로 모든 셀의 서식 지정'으로 선택하고, 서식 스타일 '아이콘 집합', 아이콘 스타일은 '5가지 원(흑백)'으로 출석률이 (숫자) 0.9 이상이면 '●', 출석률이 (숫자) 0.7 이상이고 (숫자) 0.9 미만이면 '◐', 나머지는 '○' 으로 아이콘집합을 설정하시오.
- ▶ [개발 도구] → [삽입] → [양식 컨트롤]의 '단추(□)'를 동일 시트의 [G2:H3] 영역에 생성한 후 텍스트를 "아이콘집합"으로 입력하고, 단추를 클릭하면 '아이콘집합' 매크로가 실행되도록 설정하시오.

② [D3:D17] 영역에 대하여 조건부 서식을 적용하는 '반쪽별' 매크로를 생성하시오.
- ▶ 규칙 유형은 '셀 값을 기준으로 모든 셀의 서식 지정'으로 선택하고, 서식 스타일 '아이콘 집합', 아이콘 스타일은 '별3개'로 점수가 80점 이상일 때는 '★', 60점 이상일 때에는 '⯨', 60점 미만일 때에는 '☆'으로 아이콘집합을 설정하시오.
- ▶ [개발 도구] → [삽입] → [양식 컨트롤]의 '단추(□)'를 동일 시트의 [G5:H6] 영역에 생성한 후 텍스트를 "반쪽별"로 입력하고, 단추를 클릭하면 '반쪽별' 매크로가 실행되도록 설정하시오.

※ 셀 포인터의 위치에 관계없이 매크로가 실행되어야 정답으로 인정됨

3 '기타작업-3' 시트에서 다음과 같은 작업을 수행하도록 프로시저를 작성하시오. (각 5점)

① '연봉계약' 단추를 클릭하면 〈연봉계약〉 폼이 나타나고, 폼이 초기화(Initialize)되면 [I8:I12] 영역의 내용이 '근무부서(cmb근무부서)' 콤보 상자의 목록에 표시되고, '인사고과(cmb인사고과)'에는 'S1, S2, A1, A2, B1, B2'가 표시되도록 프로시저를 작성하시오.

② 〈연봉계약〉 폼의 '등록(cmd등록)' 단추를 클릭하면 폼에 입력된 데이터가 시트의 표에 입력되어 있는 마지막 행 다음에 연속하여 추가되도록 프로시저를 작성하시오.
- ▶ 성과금은 인사고과가 S로 시작하면 연봉의 20%, 인사고과가 A로 시작하면 10%, 그 외는 3%로 입력하시오.
- ▶ 〈연봉계약〉 폼 화면에서 'txt사원명'이 비어 있는 경우 '사원명을 입력하세요', 'cmb근무부서'가 비어 있는 경우 '근무부서를 선택하세요', 'cmb인사고과'가 비어 있는 경우 '인사고과를 선택하세요', 'txt연봉'이 비어 있는 경우 '연봉을 입력하세요' 라는 메시지 박스를 출력하시오.
- ▶ IF문 사용
- ▶ 등록이 끝난 후에는 새로운 사원명, 근무부서, 인사고과, 연봉계약금을 입력할 수 있도록 초기화하시오.
- ▶ 합계 : 연봉계약금 + 성과금

③ 〈연봉계약〉 폼의 '종료(cmd종료)' 단추를 클릭하면 [G5] 셀에 오늘 날짜를 표시한 후 글꼴 스타일을 '굵게'로 지정하고, 〈그림〉 같이 오늘 날짜와 총 입력 건이 표시되는 메시지 박스를 출력하고 폼을 종료하는 프로시저를 작성하시오.

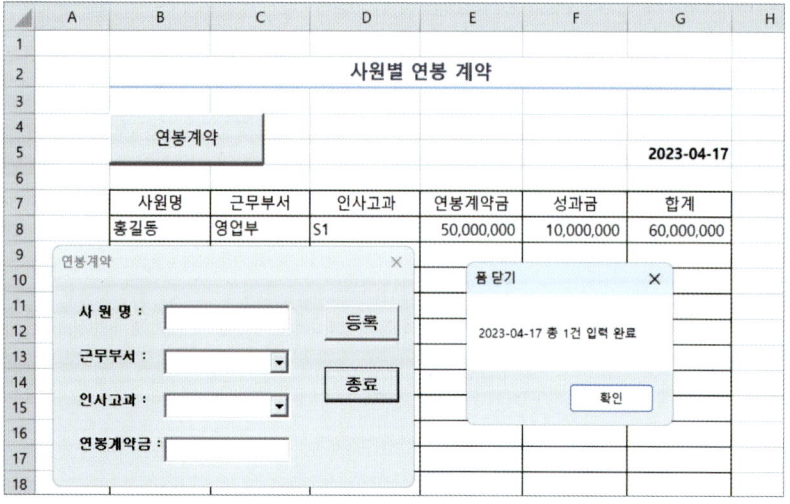

정답 & 해설 — 스프레드시트 실전 모의고사 15회

문제1 기본작업

1 고급 필터

정답

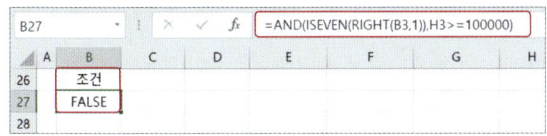

① [B26:B27] 영역에 '조건'을 입력한다.

[B27] : =AND(ISEVEN(RIGHT(B3,1)),H3>= 100000)

② [데이터]-[정렬 및 필터] 그룹의 [고급](아이콘)을 클릭한다.
③ [고급 필터]에서 다음 그림과 같이 지정한 후 [확인]을 클릭한다.

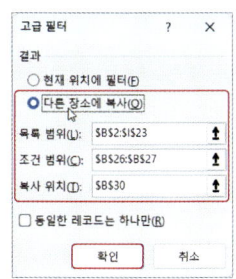

- 결과 : '다른 장소에 복사'
- 목록 범위 : [B2:I23]
- 조건 범위 : [B26:B27]
- 복사 위치 : [B30]

2 조건부 서식

정답

① [B3:I23] 영역을 범위 지정한 후 [홈]-[스타일] 그룹의 [조건부 서식]-[새 규칙]을 클릭한다.
② [새 서식 규칙]에서 '규칙 유형 선택'에 '▶ 수식을 사용하여 서식을 지정할 셀 결정'을 선택하고, =OR(RANK.EQ($F3,$F$3:$F$23)= 1,RANK.EQ($F3,$F$3:$F$23,1)=1)을 입력한 후 [서식]을 클릭한다.

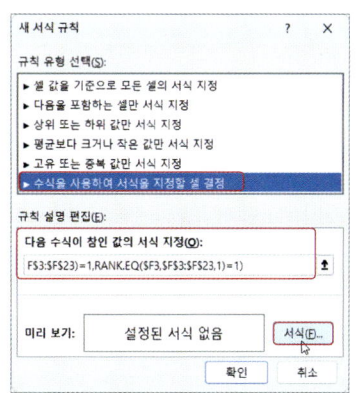

함수 설명

- RANK.EQ($F3,$F$3:$F$23) : 순위를 내림차순으로 구합니다(수당이 큰 값이 1등).
- RANK.EQ($F3,$F$3:$F$23,1) : 순위를 오름차순으로 구합니다(수당이 작은 값이 1등).

③ [셀 서식]의 [글꼴] 탭에서 글꼴 스타일은 '기울임꼴', 글꼴 색은 '표준 색 - 자주'를 선택한 후 [확인]을 클릭한다.

④ [새 서식 규칙]에서 다시 [확인]을 클릭한다.

3 페이지 레이아웃

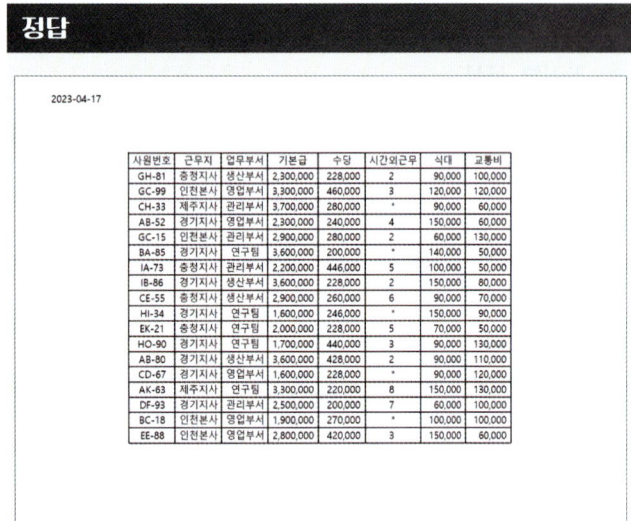

① [A2:H20] 영역을 범위 지정한 후 [페이지 레이아웃]-[페이지 설정] 그룹에서 [인쇄 영역]-[인쇄 영역 설정]을 클릭한다.

② [페이지 레이아웃]-[페이지 설정] 그룹에서 [옵션]을 클릭한다.

③ [페이지] 탭에서 용지 방향은 '가로', '확대/축소 배율'은 120을 입력한다.

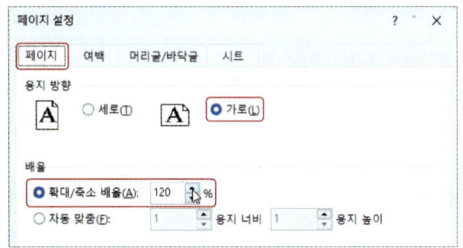

④ [여백] 탭에서 페이지 가운데 맞춤 '가로', '세로'를 체크한다.

⑤ [머리글/바닥글] 탭에서 [머리글 편집]을 클릭하고 '왼쪽 구역'에 커서를 두고 [날짜 삽입](📅)을 클릭한 후 [확인]을 클릭하고 [페이지 설정]에서 [확인]을 클릭한다.

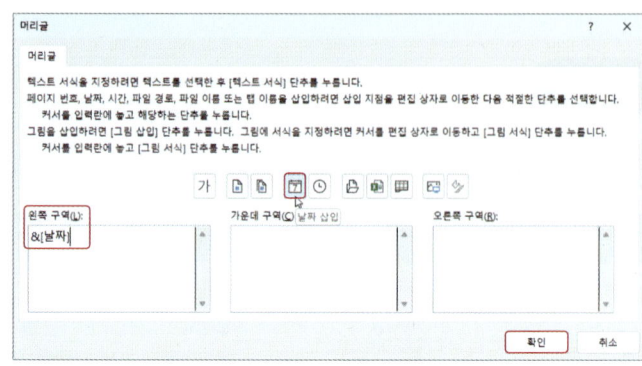

문제2 계산작업

정답

	A	B	C	D	E	F	G	H	I	J	K
1	[표1]										
2	사원번호	근무지	업무부서	기본급	수당	시간외근무	식대	교통비	시간외수당	세금	
3	GH-81	충청지사	생산부서	2,300,000	228,000	2	90,000	100,000	40,000	75,840	
4	GC-99	인천본사	영업부서	3,300,000	460,000	3	120,000	120,000	45,000	451,200	
5	CH-33	제주지사	관리부서	3,700,000	280,000	*	90,000	60,000	0	477,600	
6	AB-52	경기지사	영업부서	2,300,000	240,000	4	150,000	60,000	60,000	76,200	
7	GC-15	인천본사	관리부서	2,900,000	280,000	2	60,000	130,000	30,000	222,600	
8	BA-85	경기지사	연구팀	3,600,000	200,000	*	140,000	50,000	0	456,000	
9	IA-73	충청지사	관리부서	2,200,000	446,000	5	100,000	50,000	75,000	79,380	
10	IB-86	경기지사	생산부서	3,600,000	228,000	2	150,000	80,000	30,000	459,360	
11	CE-55	충청지사	생산부서	2,900,000	260,000	6	90,000	70,000	108,000	221,220	
12	HI-34	경기지사	연구팀	1,600,000	246,000	*	150,000	90,000	0	55,380	
13	EK-21	충청지사	연구팀	2,000,000	228,000	5	70,000	50,000	100,000	66,840	
14	HO-90	경기지사	연구팀	1,700,000	440,000	3	90,000	130,000	60,000	64,200	
15	AB-80	경기지사	생산부서	3,600,000	428,000	2	90,000	110,000	30,000	483,360	
16	CD-67	경기지사	영업부서	1,600,000	228,000	*	90,000	120,000	0	54,840	
17	AK-63	제주지사	연구팀	3,300,000	220,000	8	150,000	90,000	160,000	422,400	
18	DF-93	경기지사	관리부서	2,500,000	200,000	7	60,000	100,000	126,000	189,000	
19	BC-18	인천본사	영업부서	1,900,000	270,000	*	100,000	100,000	0	65,100	
20	EE-88	인천본사	영업부서	2,800,000	420,000	3	150,000	60,000	54,000	225,400	
21	FK-81	충청지사	연구팀	2,900,000	380,000	6	90,000	90,000	120,000	229,600	
22	FG-80	충청지사	연구팀	2,900,000	370,000	2	150,000	130,000	40,000	228,900	
23	HD-75	인천본사	생산부서	2,400,000	420,000	4	100,000	120,000	72,000	84,600	
24	EF-35	제주지사	관리부서	2,800,000	440,000	6	90,000	80,000	108,000	226,800	
25	DG-77	경기지사	영업부서	1,900,000	400,000	*	70,000	150,000	0	69,000	
26											

	A	B	C	D	E	F	G	H	I
27	[표2]				[표3]				
28		기본급	수당		근무지	교통비 그래프			
29	본사	3,300,000	460,000		인천본사	▶▶▶▶▶▶▶▶▶▶			
30	지사	3,600,000	446,000		경기지사	▶▶▶▶▶▶▶▶▶			
31					충청지사	▶▶▶▶▶▶▶			
32					제주지사	▶▶▶▶▶▶			
33									
34	[표4]				[표5] 시간당수당표				
35	근무지	생산부서	관리부서			A에서 C까지	D에서 F까지	G에서 I까지	
36	인천본사	0명	1명						
37	경기지사	2명	1명		시간당수당	15,000	18,000	20,000	
38	충청지사	1명	0명						
39	제주지사	0명	2명						
40									

---

1 시간외수당[I3:I25]

[I3] 셀에 =IFERROR(HLOOKUP(MID(A3,2,1),$F$35:$H$37,3)*F3,0)를 입력하고 [I25] 셀까지 수식을 복사한다.

> 함수 설명 =IFERROR(HLOOKUP(MID(A3,2,1),$F$35:$H$37,3)*F3,0)

❶ MID(A3,2,1) : 사원번호[A3] 셀에서 왼쪽에서 2번째에 위치한 1글자를 추출함

❷ HLOOKUP(❶,$F$35:$H$37,3) : ❶의 값을 [F35:H37] 영역의 첫 번째 행에서 값을 찾고 3번째 행의 값을 가져옴

=IFERROR(❷*F3,0) : ❷*시간외근무의 결과에 오류가 있을 때에는 0을 표시(시간외근무에 *가 입력된 셀에는 오류가 발생함)

2 기본급과 수당 표시[B29:C30]

[B29] 셀에 =MAX((RIGHT($B$3:$B$25,2)=$A29)*ISNUMBER($F$3:$F$25)*D$3:D$25)를 입력하고 Ctrl+Shift+Enter 를 누른 후 [C30] 셀까지 수식을 복사한다.

> 함수 설명 =MAX((RIGHT($B$3:$B$25,2)=$A29)*ISNUMBER($F$3:$F$25)*D$3:D$25)

❶ RIGHT($B$3:$B$25,2)=$A29 : 근무지[B3:B25] 영역에서 오른쪽에서 2글자를 추출한 값이 [A29] 셀의 값과 같은지 비교

❷ ISNUMBER($F$3:$F$25) : 시간외근무[F3:F25] 영역의 값이 숫자인지 비교

=MAX(❶*❷*D$3:D$25) : ❶,❷의 조건에 모두 만족하면 기본급[D3:D25] 영역의 값에서 가장 큰 값을 표시

3 교통비 그래프[F29:G32]

[F29] 셀에 =REPT("▶",QUOTIENT(AVERAGEIF($B$3:$B$25,E29,$H$3:$H$25),10000))를 입력하고 [G32] 셀까지 수식을 복사한다.

> **함수 설명** =REPT("▶",QUOTIENT(AVERAGEIF($B$3:$B$25,E29,$H$3:$H$25),10000))
>
> ❶ AVERAGEIF($B$3:$B$25,E29,$H$3:$H$25) : 근무지[B3:B25] 영역에서 [E29] 셀과 같은 데이터를 찾아 같은 행의 교통비[H3:H25] 값을 찾아 평균을 구함
> ❷ QUOTIENT(❶,10000) : ❶의 값을 10000으로 나눈 몫을 구함
>
> =REPT("▶",❷) : '▶'을 ❷의 개수만큼 반복하여 표시

4 사원수[B36:C39]

[B36] 셀에 =COUNT(IF(($B$3:$B$25=$A36)*($C$3:$C$25=B$35)*($D$3:$D$25>=2500000),1))&"명"를 입력하고 Ctrl+Shift+Enter를 누른 후 [C39] 셀까지 수식을 복사한다.

> **함수 설명** =COUNT(IF(($B$3:$B$25=$A36)*($C$3:$C$25=B$35)*($D$3:$D$25>=2500000),1))&"명"
>
> ❶ ($B$3:$B$25=$A36) : 근무지[B3:B25] 영역의 값이 [A36] 셀과 같은지 비교
> ❷ ($C$3:$C$25=B$35) : 업무부서[C3:C25] 영역의 값이 [B35] 셀과 같은지 비교
> ❸ ($D$3:$D$25>=2500000) : 기본급[D3:D25] 영역의 값이 2500000 이상인지 비교
>
> =COUNT(IF(❶*❷*❸,1))&"명" : ❶,❷,❸ 조건 모두에 만족하면 1의 값을 반환하고 그 반환된 값의 개수를 구하여 '명'을 붙여서 표시

5 세금[J3:J25]

① [개발 도구]-[코드] 그룹의 [Visual Basic](📷)을 클릭한다.
② [삽입]-[모듈]을 클릭한다.
③ Module 창에 다음과 같이 입력한다.

```
Public Function fn세금(기본급, 수당)
    If 기본급 >= 3000000 Then
        fn세금 = (기본급 + 수당) * 0.12
    ElseIf 기본급 >= 2500000 Then
        fn세금 = (기본급 + 수당) * 0.07
    Else
        fn세금 = (기본급 + 수당) * 0.03
    End If
End Function
```

④ [파일]-[닫고 Microsoft Excel(으)로 돌아가기]를 클릭하여 [Visual Basic Editor]를 닫는다.
⑤ [J3] 셀을 클릭한 후 [함수 삽입](fx)을 클릭한다.
⑥ [함수 마법사]에서 '범주 선택'은 '사용자 정의', '함수 선택'은 'fn세금'을 선택한 후 [확인]을 클릭한다.
⑦ [함수 인수]에서 '기본급'은 [D3], '수당'은 [E3]을 지정한 후 [확인]을 클릭한다.

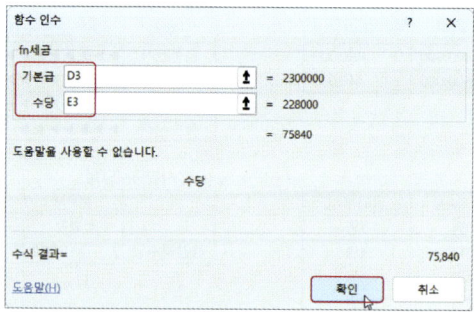

⑧ [J3] 셀을 선택한 후 [J25] 셀까지 수식을 복사한다.

문제3 분석작업

1 피벗 테이블

정답

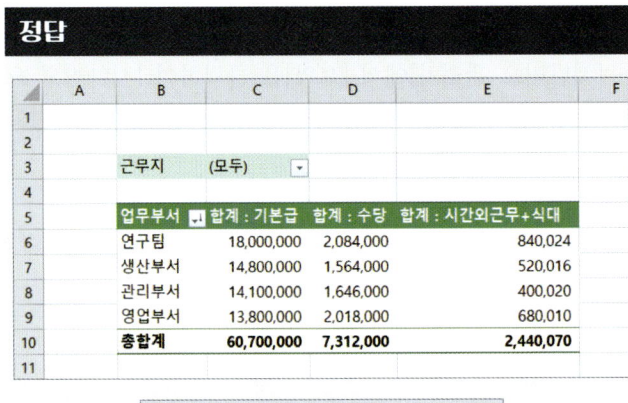

① [B5] 셀을 클릭한 후 [삽입]-[표] 그룹에서 [피벗 테이블](🔲)을 클릭한다.
② [피벗 테이블 만들기]에서 [연결 선택]을 클릭하여 '사원현황.xlsx' 파일을 선택한 후 [테이블 선택]에서 '신입사원'을 선택하고 '데이터의 첫 행에 열 머리글 포함'이 체크된 상태에서 [확인]을 클릭한다. [피벗 테이블 만들기]에서 [확인]을 클릭한다.
③ 다음과 같이 피벗 테이블 필드 목록을 지정한다.

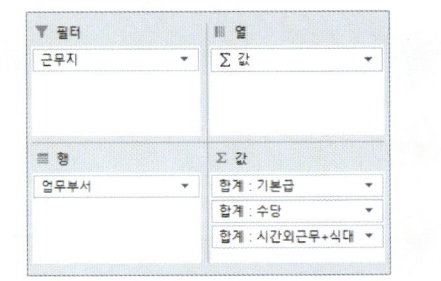

④ [디자인]-[레이아웃] 그룹의 [보고서 레이아웃]-[개요 형식으로 표시]를 클릭한다.

⑤ [피벗 테이블 분석]-[계산] 그룹의 [필드, 항목 및 집합]-[계산 필드]를 클릭한다.
⑥ [계산 필드 삽입]에서 '이름'에 **시간외근무+식대**, '수식'에 **= 시간외근무+ 식대**를 입력하고 [추가]를 클릭한 후 [확인]을 클릭한다.

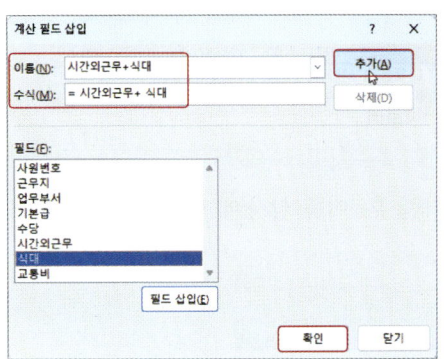

⑦ [B5] 셀 목록 단추를 클릭하여 [기타 정렬 옵션]을 클릭하여 '내림차순 기준'에서 '합계 : 기본급'을 선택하고 [확인]을 클릭한다.

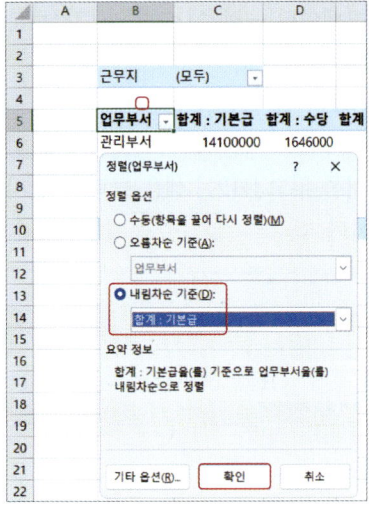

⑧ '합계 : 기본급'[C5]에서 더블클릭하여 [값 필드 설정]에서 [표시 형식]을 클릭한 후 '숫자'를 선택하고 '1000 단위 구분 기호(,) 사용'을 체크하고 [확인]을 클릭한다.
⑨ 같은 방법으로 '합계 : 수당'[D5], '합계 : 시간외근무+식대'[E5]를 더블클릭하여 천 단위 구분 기호를 표시되도록 설정한다.
⑩ [디자인] 탭의 [피벗 테이블 스타일] 그룹에서 '연한 녹색, 피벗 스타일 보통 14'를 선택한다.

2 시나리오

정답

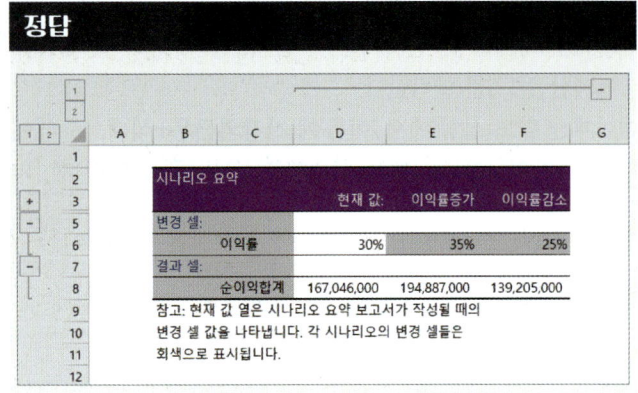

① [H21] 셀을 클릭한 후 '이름 상자'에 **이익률**을 입력하고 Enter 를 누른다.

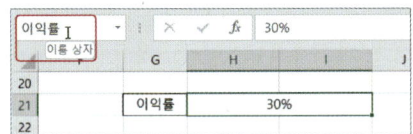

② 같은 방법으로 [I19] 셀도 **순이익합계**로 이름을 정의한다.

③ [H21] 셀을 클릭한 후 [데이터]-[예측] 그룹의 [가상 분석]-[시나리오 관리자]를 클릭한다.

④ [시나리오 관리자]에서 [추가]를 클릭한다.

⑤ [시나리오 추가]에서 '시나리오 이름'에 **이익률증가**를 입력하고, '변경 셀'에 커서를 두고 [H21] 셀을 클릭하여 지정한 후 [확인]을 클릭한다.

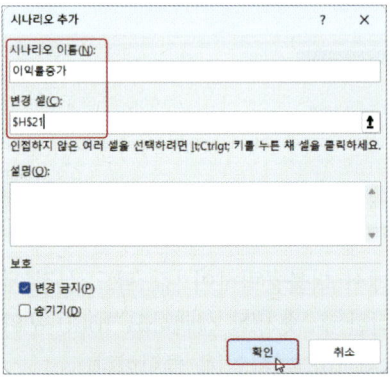

⑥ [시나리오 값] 대화상자에 35% 또는 0.35를 입력하고 [추가]를 클릭한다.

⑦ [시나리오 추가]의 '시나리오 이름'에 **이익률감소**를 입력한 후 [시나리오 값]에 25%를 입력하고 [확인]을 클릭한다.

⑧ [시나리오 관리자]에서 [요약]을 클릭하여 [시나리오 요약]의 '결과 셀'에 커서를 두고 [I19] 셀을 클릭한 후 [확인]을 클릭한다.

문제4 기타작업

1 차트

정답

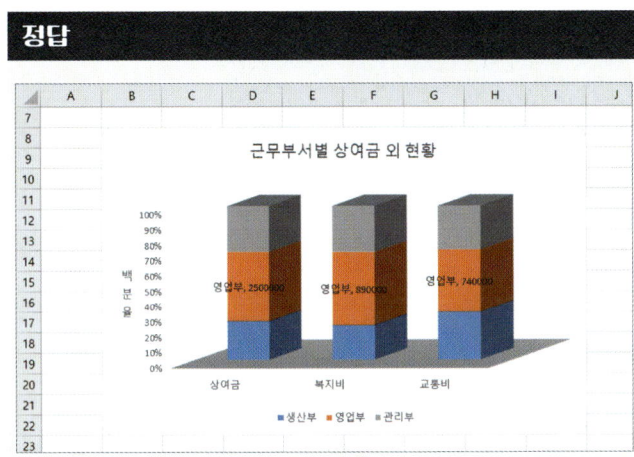

① '기술부' 계열을 선택한 후 마우스 오른쪽 버튼을 눌러 [삭제]를 선택한다.

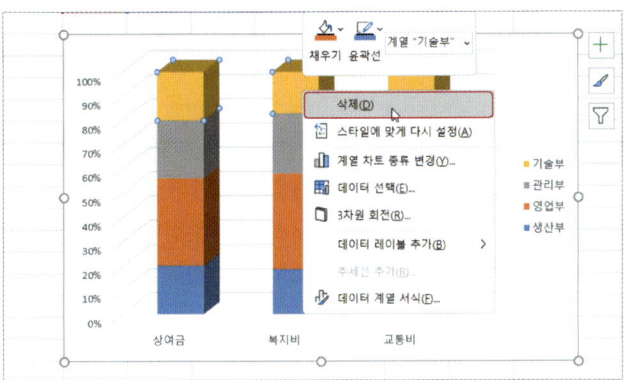

② 차트를 선택한 후 [차트 요소](田)-[범례]-[아래쪽]을 클릭한다. ([차트 디자인]-[차트 레이아웃]-[차트 요소 추가]를 이용하여 지정할 수 있다.)
③ 차트를 선택한 후 [차트 요소](田)-[차트 제목]을 클릭한 후 **근무부서별 상여금 외 현황**을 입력하고, [차트 요소]-[축 제목]-[기본 세로]를 클릭한 후 **백분율**을 입력한다.
④ 세로 (값) 축 제목을 선택한 후 마우스 오른쪽 버튼을 눌러 [축 제목 서식] 메뉴를 클릭하여 [크기 및 속성]의 '맞춤'에서 텍스트 방향을 '스택형'을 선택한다.
⑤ 차트를 선택한 후 [차트 요소](田)-[눈금선]-[기본 주 가로]의 체크를 해제한다.

⑥ 차트에서 마우스 오른쪽 버튼을 눌러 [3차원 회전]을 클릭하여 'X 회전'에서 50을 입력한다.

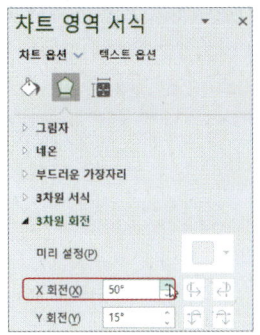

⑦ '영업부' 계열을 클릭한 후 [차트 요소](田)-[데이터 레이블]을 클릭하여 표시한 후 데이터 레이블 값을 선택한 후 [데이터 레이블 서식]의 '레이블 옵션'에서 '계열 이름'을 체크한다.

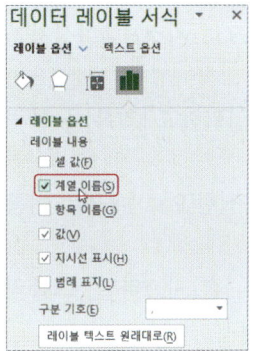

⑧ 밑면을 선택한 후 [서식]-[도형 스타일]에서 '미세 효과 – 회색, 강조3'을 선택한다.

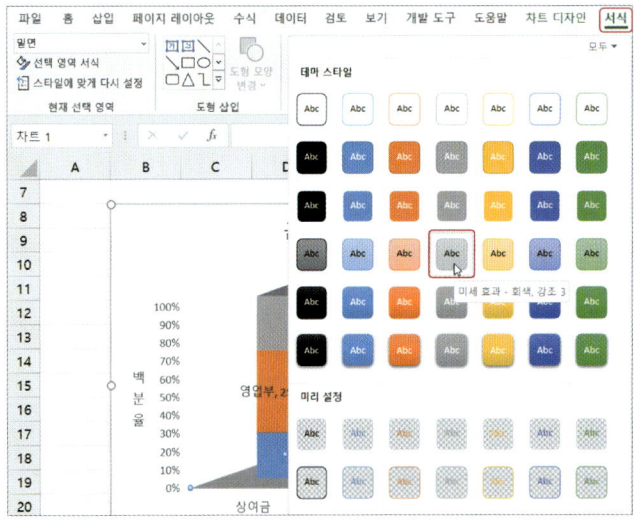

⑨ 차트를 선택한 후 [차트 영역 서식]의 [채우기 및 선]에서 '테두리'의 '둥근 모서리'를 체크한다.

2 매크로

정답

	A	B	C	D	E	F	G	H	I
1									
2		이름	학번	점수	출석률		아이콘집합		
3		이상욱	25031001	★ 81	● 90%				
4		강민이	25031002	☆ 55	○ 65%				
5		임선우	25031003	★ 95	○ 51%		반쪽별		
6		최인경	25031004	★ 87	◐ 85%				
7		한선인	25031005	★ 90	○ 78%				
8		유병선	25031006	★ 84	○ 55%				
9		김진주	25031007	★ 97	◐ 82%				
10		황인혁	25031008	☆ 45	○ 70%				
11		김한숙	25031009	★ 63	○ 63%				
12		여사울	25031010	★ 62	○ 44%				
13		이유신	25031011	★ 97	● 95%				
14		박잔욱	25031012	★ 81	○ 69%				
15		윤철웅	25031013	★ 75	◐ 88%				
16		이주민	25031014	★ 77	◐ 72%				
17		성승대	25031015	☆ 50	● 91%				
18									

① [개발 도구]-[컨트롤] 그룹의 [삽입]-[단추(양식 컨트롤)] (□)을 클릭한다.
② 마우스 포인터가 '+'로 바뀌면 Alt를 누른 상태에서 [G2:H3] 영역에 드래그하면 [매크로 지정] 대화상자가 나타난다.
③ [매크로 지정]에서 **아이콘집합**을 입력하고 [기록]을 클릭한다.
④ [매크로 기록]에 자동으로 '아이콘집합'으로 매크로 이름이 표시되면 [확인]을 클릭한다.
⑤ [E3:E17] 영역을 범위 지정한 후 [홈]-[스타일] 그룹의 [조건부 서식]-[새 규칙]을 클릭한다.
⑥ '▶ 셀 값을 기준으로 모든 셀의 서식 지정'을 선택한 후 '서식 스타일'에서 '아이콘 집합', '아이콘 스타일'에서 '5가지 원(흑백)'을 선택한다.

⑦ '종류'는 모두 '숫자'로 바꾸고 '값'은 순서대로 0.9, 0.7, 0, 0을 입력하고, 세 번째와 네 번째의 아이콘의 모양을 '흰색 원(전체)'를 선택하고 [확인]을 클릭한다.

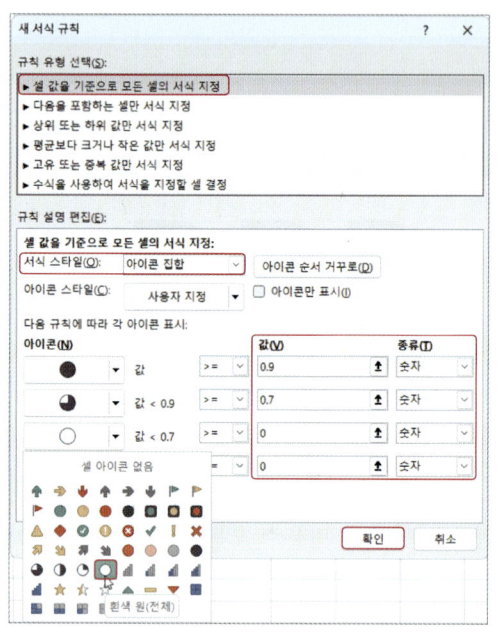

⑧ 임의의 셀을 클릭한 후 매크로 기록을 종료하기 위해 [개발 도구]-[코드] 그룹의 [기록 중지](□)를 클릭한다.
⑨ 단추에 텍스트를 수정하기 위해서 단추에서 마우스 오른쪽 버튼을 눌러 [텍스트 편집]을 클릭한다.
⑩ 단추에 입력된 '단추 1'을 지우고 **아이콘집합**을 입력한다.
⑪ [개발 도구]-[컨트롤] 그룹의 [삽입]-[단추(양식 컨트롤)] (□)을 클릭한다.
⑫ 마우스 포인터가 '+'로 바뀌면 Alt를 누른 상태에서 [G5:H6] 영역에 드래그하면 [매크로 지정] 대화상자가 나타난다.
⑬ [매크로 지정]에서 **반쪽별**을 입력하고 [기록]을 클릭하고, [매크로 기록]에 자동으로 '반쪽별'로 매크로 이름이 표시되면 [확인]을 클릭한다.
⑭ [D3:D17] 영역을 범위 지정한 후 [홈]-[스타일] 그룹의 [조건부 서식]-[새 규칙]을 클릭한다.
⑮ '▶ 셀 값을 기준으로 모든 셀의 서식 지정'을 선택한 후 '서식 스타일'에서 '아이콘 집합', '아이콘 스타일'에서 '별 3개'를 선택한다.

⑯ 종류는 모두 '숫자'로 바꾸고 값은 순서대로 80, 60을 입력하고 [확인]을 클릭한다.

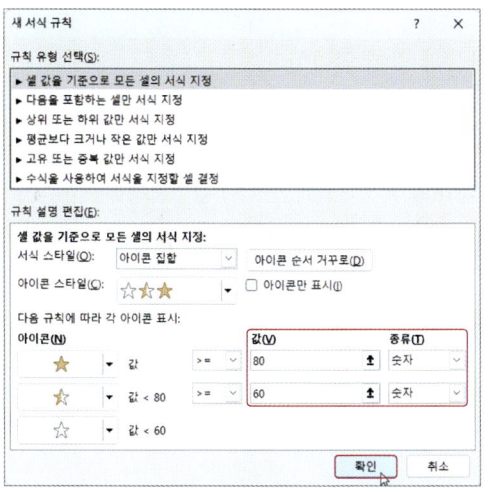

⑰ 임의의 셀을 클릭한 후 매크로 기록을 종료하기 위해 [개발 도구]-[코드] 그룹의 [기록 중지](□)를 클릭한다.
⑱ 단추에서 마우스 오른쪽 버튼을 눌러 [텍스트 편집]을 클릭하여 **반쪽별**을 입력한다.

3 VBA 프로그래밍

(1) 폼 보이기

① [개발 도구]-[컨트롤]-[디자인 모드](🖾)를 클릭하여 〈연봉계약〉 버튼을 편집 상태로 만든다.
② 〈연봉계약〉 버튼을 더블클릭한 후 코드 창에 다음과 같이 입력한다.

```
Private Sub cmd등록_Click()
    연봉계약.Show
End Sub
```

(2) 폼 초기화

① [프로젝트-VBAProject] 탐색기에서 '폼'을 더블 클릭하고 〈연봉계약〉을 선택한다.
② [프로젝트-VBAProject] 탐색기의 [코드 보기](🖾)를 클릭한다.
③ '개체 목록'은 'UserForm', '프로시저 목록'은 'Initialize'를 선택한다.
④ 코드 창에 다음과 같이 입력한다.

```
Private Sub UserForm_Initialize()
    cmb근무부서.RowSource = "I8:I12"
    With cmb인사고과
        .AddItem "S1"
        .AddItem "S2"
        .AddItem "A1"
        .AddItem "A2"
        .AddItem "B1"
        .AddItem "B2"
    End With
End Sub
```

💬 **코드 설명**

With ~ End With를 사용하지 않은 경우에는
cmb인사고과.AddItem "S1"
cmb인사고과.AddItem "S2"
cmb인사고과.AddItem "A1"
cmb인사고과.AddItem "A2"
cmb인사고과.AddItem "B1"
cmb인사고과.AddItem "B2"
으로 작성할 수 있습니다.

(3) 등록 프로시저

① '개체 목록'에서 'cmd등록', '프로시저 목록'은 'Click'을 선택한다.
② 코드 창에 다음과 같이 입력한다.

```
Private Sub cmd등록_Click()
    If txt사원명 = "" Then
        MsgBox "사원명을 입력하세요"
    ElseIf cmb근무부서 = "" Then
        MsgBox "근무부서를 선택하세요"
    ElseIf cmb인사고과 = "" Then
        MsgBox "인사고과를 선택하세요"
    ElseIf txt연봉 = "" Then
        MsgBox "연봉을 입력하세요"
    Else
        i = Range("B7").CurrentRegion.Rows.Count + 7
        Cells(i, 2) = txt사원명
        Cells(i, 3) = cmb근무부서
        Cells(i, 4) = cmb인사고과
        Cells(i, 5) = txt연봉.Value
        If Left(cmb인사고과, 1) = "S" Then
            Cells(i, 6) = Cells(i, 5) * 0.2
        ElseIf Left(cmb인사고과, 1) = "A" Then
            Cells(i, 6) = Cells(i, 5) * 0.1
        Else
            Cells(i, 6) = Cells(i, 5) * 0.03
        End If
        Cells(i, 7) = Cells(i, 5) + Cells(i, 6)
        txt사원명 = ""
        cmb근무부서 = ""
        cmb인사고과 = ""
        txt연봉 = ""
    End If
End Sub
```

💬 코드 설명

입력할 행의 위치
 i = [B7].Row + [B7].CurrentRegion.Rows.Count
으로 입력이 가능합니다.

Cells(i, 5) = txt연봉.Value 또는 Cells(i, 5) = val(txt연봉) 둘 다 가능합니다.

(4) 종료 프로시저

① '개체 목록'에서 'cmd종료', '프로시저 목록'은 'Click'을 선택한다.
② 코드 창에 다음과 같이 입력한다.

```
Private Sub cmd종료_Click()
[G5] = Date
[G5].Font.Bold = True
MsgBox Date & " 총 " & Range("B7").CurrentRegion.Rows.Count - 1 & "건 입력 완료", , "폼 닫기"
Unload Me
End Sub
```

데이터베이스
기출문제 따라하기

자동 채점 서비스(웹 용)

① comlicense.co.kr 접속
② '도서' 확인 후, [채점하기] 클릭
③ '회차'와 '채점할 파일' 선택
④ [채점시작] 클릭

데이터베이스 기출문제 따라하기

작업파일 : '26컴활1급(기출)₩데이터베이스₩기출문제따라하기'에서 '기출문제따라하기' 파일을 열어 작업하세요.

프로그램명	제한시간	풀이시간
ACCESS 2021	45분	분

수험번호 :

성　　명 :

유의사항

- 인적 사항 누락 및 잘못 작성으로 인한 불이익은 수험자 책임으로 합니다.

- 화면에 암호 입력창이 나타나면 아래의 암호를 입력하여야 합니다.
  ○ 암호: 6845%3

- 작성된 답안은 주어진 경로 및 파일명을 변경하지 마시고 그대로 저장해야 합니다. 이를 준수하지 않으면 실격 처리됩니다.
  ○ 답안 파일명의 예: C:₩DB₩수험번호8자리.accdb

- 외부데이터 위치: C:₩DB₩파일명

- 별도의 지시사항이 없는 경우, 다음과 같이 처리하면 실격 처리됩니다.
  ○ 제시된 개체의 이름을 임의로 변경한 경우
  ○ 제시된 개체의 속성을 임의로 변경한 경우
  ○ 제시된 개체를 임의로 삭제하거나 추가한 경우

- 별도의 지시사항이 없는 경우, 기능의 구현은 모듈이나 매크로 등을 이용하며, 예외적인 상황에 대해서는 고려하지 않아도 됩니다.

- 제시된 함수가 있을 경우 제시된 함수만을 사용하여야 하며, 그 외 함수 사용시 채점 대상에서 제외됩니다.

- 별도의 지시사항이 없는 경우, 주어진 각 개체의 속성은 설정값 또는 기본 설정값 (Default)으로 처리하십시오.

- 제시된 화면은 예시이며 나타난 값은 실제와 다를 수 있습니다.

- 저장 시간은 별도로 주어지지 아니하므로 제한된 시간 내에 저장을 완료해야 합니다.

- 본 문제의 용어는 MS Office LTSC Professional Plus 2021 기준으로 작성되었습니다.

대 한 상 공 회 의 소

문제1 DB 구축(25점)

1 자산운용사 업무를 수행하기 위한 데이터베이스를 구축하고자 한다. 다음 지시사항에 따라 테이블을 완성하시오. (각 3점)

① 〈운용사〉 테이블의 '운용사코드' 필드는 'AB-000'과 같은 형태로 영문 대문자 2개, '-' 기호 1개와 숫자 3 자리가 반드시 입력되도록 입력 마스크를 설정하시오.
  ▶ 영문자 입력은 영어와 한글만 입력할 수 있도록 설정할 것
  ▶ 숫자 입력은 0~9까지의 숫자만 입력할 수 있도록 설정할 것
  ▶ - 문자도 테이블에 저장되도록 설정할 것
  ▶ 입력 시 데이터가 입력될 자리를 '※'으로 표시
② 〈운용사〉 테이블 '평가' 필드에 공백 없이 입력될 수 있도록 유효성 검사 규칙을 설정하시오. (instr 사용)
③ 〈종목〉 테이블의 '종목명' 필드는 중복된 값이 입력될 수 없도록 인덱스를 설정하시오.
④ 〈종목〉 테이블의 '업종' 필드에 빈 문자열 허용되도록 설정하시오.
⑤ 〈종목〉 테이블의 '기타' 필드에 255자 까지만 입력될 수 있도록 데이터 형식과 필드 크기를 설정하시오.

2 외부 데이터 가져오기 기능을 이용하여 〈추가종목.xlsx〉에서 범위의 정의된 이름 '추가종목'의 내용을 가져와 〈종목추가〉 테이블을 생성하시오. (5점)

  ▶ 첫 번째 행은 열 머리글임
  ▶ 기본 키 없음으로 설정

3 〈시세〉 테이블의 '종목코드' 필드는 〈종목〉 테이블의 '종목코드' 필드를 참조하며, 각 테이블의 간의 관계는 M:1이다. 다음과 같이 테이블 간의 관계를 설정하시오. (5점)

※ 액세스 파일에 이미 설정되어 있는 관계는 수정하지 마시오.
  ▶ 테이블 간에 항상 참조 무결성이 유지되도록 설정하시오.
  ▶ 참조 필드의 값이 변경되면 관련 필드의 값도 변경되도록 설정하시오.
  ▶ 다른 테이블에서 참조하고 있는 레코드는 삭제할 수 없도록 설정하시오.

문제2 입력 및 수정 기능 구현(20점)

1 〈종목별거래현황〉 폼을 다음의 화면과 지시사항에 따라 완성하시오. (각 3점)

① 폼의 머리글에 '종목별 거래현황' 제목을 표시하도록 컨트롤을 생성하고, 이미지(종목.jpg)를 추가하시오.
  ▶ 레이블 이름 : lbl제목   글꼴 : 맑은 고딕, 24pt, 굵게, 글꼴 색(검정, 텍스트 1)

② 하위 폼의 원본 개체, 기본 폼과 하위 폼의 필드 연결을 알맞게 지정하시오.
  ▶ 원본 개체 : 거래현황, 필드 연결 : 종목코드

③ 본문 영역의 'txt총매수량' 컨트롤에는 다음 조건에 따라 총매수 수량이 계산되어 표시되도록 하시오.
  ▶ '투자' 테이블에서 종목코드가 'cmb종목코드'에서 선택된 첫 번째 열의 값과 같고, '거래유형'이 '매수'인 레코드인 '수량' 필드 합계를 계산하시오.
  ▶ 사용할 함수 : Dsum

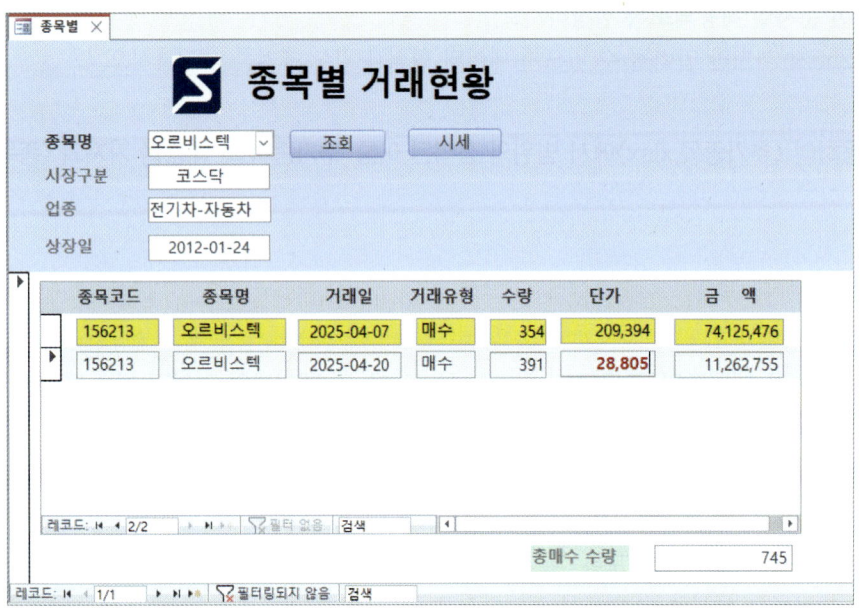

2 〈거래현황〉 폼의 본문 영역에 다음과 같이 조건부 서식을 설정하시오. (6점)

▶ 금액이 50,000,000 이상인 모든 컨트롤에 채우기 색 '노랑' 으로 서식을 설정하시오.
▶ 'txt단가'에 포커스 이동시 글꼴 색을 진한 빨강, 글꼴 스타일을 굵게 표시하시오.

3 〈종목별거래현황〉 폼의 'btn시세' 단추를 클릭하면 아래 조건에 따라 '시세보고서'가 보고서 형식으로 출력되는 〈종목시세〉 매크로를 생성하시오. (5점)

▶ 매크로 조건: '종목코드'의 필드의 값이 'cmb종목코드'에 해당하는 레코드만 보고서에 출력

문제3 조회 및 출력 기능 구현(20점)

1 다음의 지시사항 및 화면을 참조하여 〈운용사별거래현황〉 보고서를 완성하시오. (각 3점)

① '운용사명' 머리글 영역에서 머리글의 내용이 페이지마다 반복적으로 표시되도록 설정하고, '운용사명'이 변경되면 매 구역 전에 페이지도 변경되도록 설정하시오.
② 본문 영역에서 '종목명' 필드의 값이 이전 레코드와 동일한 경우에는 표시되지 않도록 설정하시오.
③ '종목명'은 내림차순 정렬, 동일한 '종목명' 내에서는 '거래일'을 오름차순으로 표시되도록 정렬을 추가하시오.
④ 본문의 'txt번호' 컨트롤에는 그룹별로 일련번호가 표시되도록 설정하시오.
⑤ '운용사명' 바닥글 영역의 'txt개수' 컨트롤에는 개수를 구하고 다음과 같이 표시되도록 설정하시오.
▶ Count 함수 사용, 표시 예 : 10건

2 〈거래현황〉 폼에서 'lbl거래유형' 제목을 더블클릭하면, 아래 조건에 따라 정렬 기능이 수행되도록 이벤트 프로시저를 구현하시오. (5점)

▶ 'lbl거래유형' 레이블을 더블클릭하면 거래유형 필드를 기준으로 오름차순 정렬되도록 한다.
▶ 폼의 OrderBy, OrderByOn 속성 사용할 것.

문제4 처리 기능 구현(35점)

1 〈종목〉, 〈투자〉 테이블을 이용하여 최근 5일간의 평균가격을 구하는 〈최근5일평균가〉 쿼리를 작성하시오. (7점)

- ▶ 거래유형(매수, 매도)을 매개변수로 입력받는다.
- ▶ 최근 거래일 5일간의 거래 데이터를 기준으로 종목별 단가의 평균을 계산한다.
- ▶ DATEADD, MAX, 하위 쿼리를 사용할 것
- ▶ 쿼리 결과 표시되는 필드와 필드명은 〈그림〉과 같이 표시되도록 설정하시오.

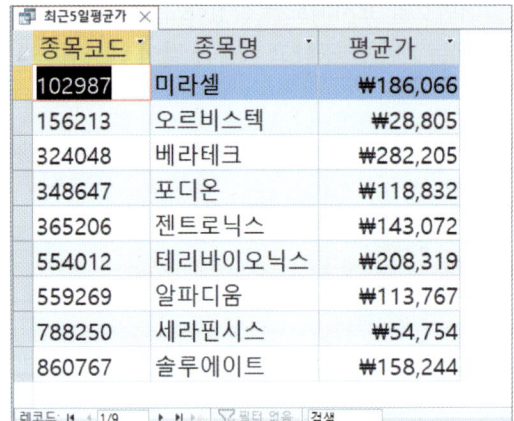

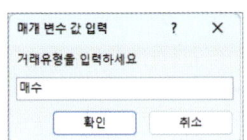

2 〈종목〉, 〈투자〉 테이블을 이용하여 검색할 '종목명'의 일부를 매개변수로 입력받아 금액을 계산하는 〈종목별거래내역〉 쿼리를 작성하시오. (7점)

- ▶ 거래일이 '2025-04-15' 이전의 데이터를 가져와 금액을 계산
- ▶ 금액은 수량 × 단가의 합계를 구함
- ▶ SUM 함수와 LIKE 연산자 사용
- ▶ 쿼리 결과 표시되는 필드와 필드명은 〈그림〉과 같이 표시되도록 설정하시오.

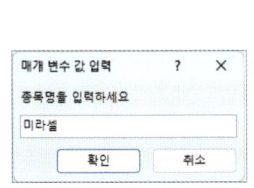

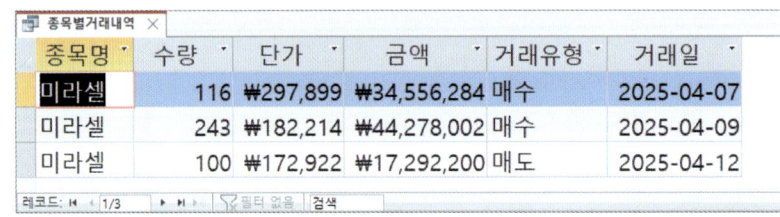

3 〈종목〉, 〈투자〉 테이블을 이용하여 거래유형이 '매수'에 해당한 〈업종별매수총금액〉 크로스탭 쿼리를 작성하시오. (7점)

- ▶ 섹터는 업종의 "-" 이후의 텍스트를 표시
- ▶ '거래일' 필드의 일자를 기준으로 15일 이전은 '상반기', 그 외는 '하반기'로 표시
- ▶ 매수총금액은 수량 × 단가의 합계
- ▶ INSTR, RIGHT, LEN, IIF, DAY, SUM 함수 사용
- ▶ 쿼리 결과 표시되는 필드와 필드명은 〈그림〉과 같이 표시되도록 설정하시오.

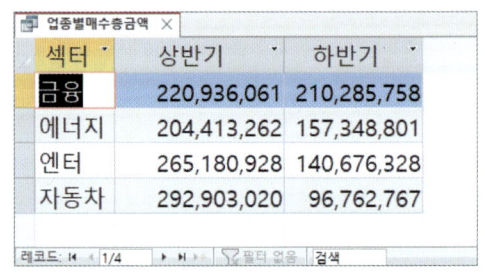

4 〈투자〉, 〈운용사〉 테이블을 이용하여 운용사별 거래금액을 계산하여 새 테이블을 생성하는 〈운용사별거래금액조회〉 쿼리를 작성하고 실행하시오. (7점)

- ▶ 새 테이블의 이름은 〈운용사별총매매금액〉
- ▶ 운용사명과 거래유형 별로 금액(수량*단가)의 합계를 계산
- ▶ SUM 함수 사용
- ▶ 쿼리 결과 표시되는 필드와 필드명은 〈그림〉과 같이 표시되도록 설정하시오.

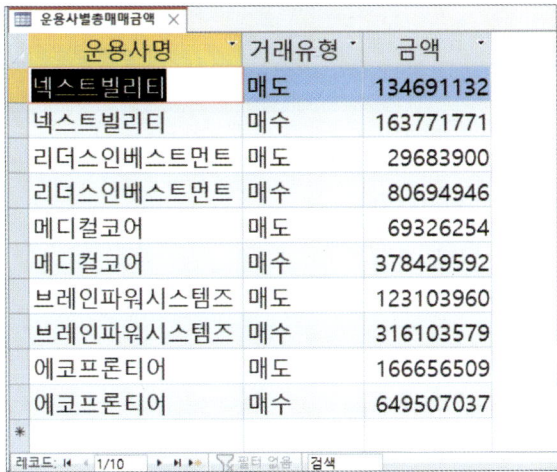

5 〈종목〉, 〈투자〉 테이블을 이용하여 〈평가등급업데이트〉 업데이트 쿼리를 작성하고 실행하시오. (7점)

- ▶ 운용사코드의 오른쪽 1자리 숫자에 따라 기타 필드에 등급을 표시
- ▶ 숫자 1~5에 따라 등급은 각각 "A등급", "B+등급", "A-등급", "B등급", "A+등급"
- ▶ CHOOSE, RIGHT, VAL 함수를 사용
- ▶ 쿼리 실행 결과 생성되는 테이블의 필드는 그림을 참고하여 수험자가 판단하여 설정하시오.

정답 & 해설 데이터베이스 기출문제 따라하기

문제1 DB 구축

1 〈운용사〉, 〈종목〉 테이블

정답

번호	테이블	필드 이름	속성 및 형식	설정 값
①	운용사	운용사코드	입력 마스크	>LL-000;0;*
②	운용사	평가	유효성 검사 규칙	InStr([평가]," ")=0
③	종목	종목명	인덱스	예(중복 불가능)
④	종목	업종	빈 문자열 허용	예
⑤	종목	기타	데이터 형식	짧은 텍스트
			필드 크기	255

① 〈운용사〉 테이블에서 마우스 오른쪽 버튼을 눌러 [디자인 보기](📐)를 클릭한다.
② '운용사코드' 필드의 '입력 마스크'에 >LL-000;0;*을 입력한다.

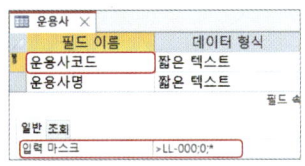

③ '평가' 필드의 '유효성 검사 규칙'에 InStr([평가]," ")=0을 입력한다.

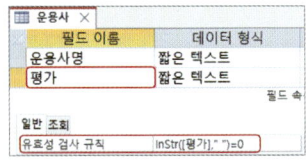

④ 〈종목〉 테이블에서 마우스 오른쪽 버튼을 눌러 [디자인 보기](📐)를 클릭한다.
⑤ '종목명' 필드의 '인덱스'는 '예(중복 불가능)'을 선택한다.

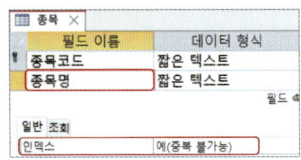

⑥ '업종' 필드의 '빈 문자열 허용'에 '예'를 선택한다.

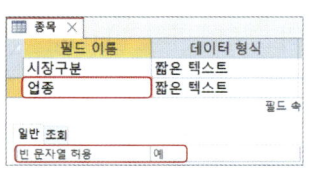

⑦ '기타' 필드의 '데이터 형식'은 '짧은 텍스트'로 설정하고, 필드 크기에 255를 입력한다.

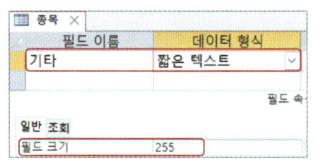

2 조회 속성

정답

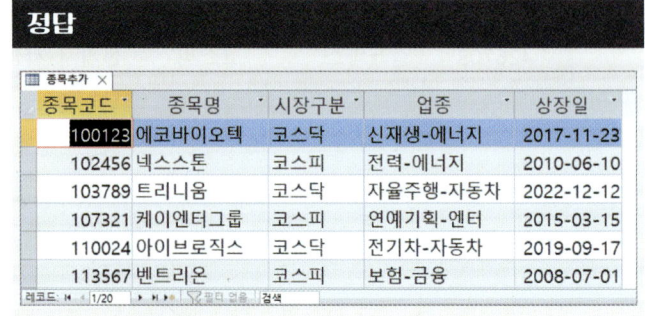

① [외부 데이터]-[가져오기 및 연결] 그룹에서 [새 데이터 원본]-[파일에서]-[Excel]을 클릭한다.

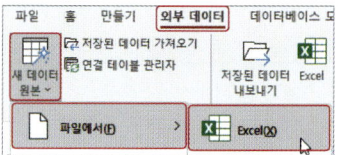

② '데이터의 원본 및 대상 선택' 대화상자에서 '현재 데이터베이스의 새 테이블로 원본 데이터 가져오기'를 선택한다.
③ [찾아보기]를 클릭하여 '추가종목.xlsx' 파일을 찾아 [열기]를 클릭한다.
④ '데이터의 원본 및 대상 선택' 대화상자로 돌아오면 [확인]을 클릭한다.
⑤ '스프레드시트 가져오기 마법사' 대화상자에서 '이름 있는 범위 표시'를 선택하고 '추가종목'을 선택하고 [다음]을 클릭한다.

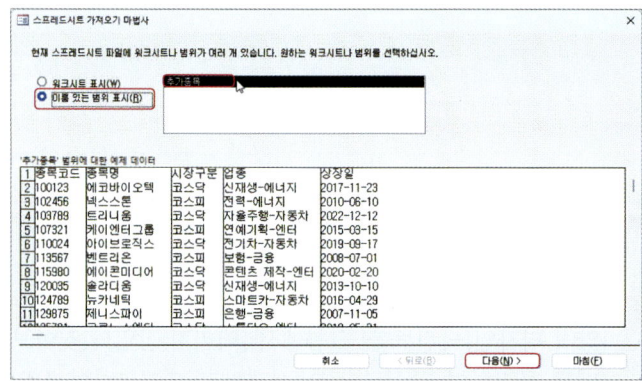

⑥ '첫 행에 열 머리글이 있음'을 선택하고 [다음]을 클릭한다.
⑦ 필드 옵션(필드 이름, 데이터 형식, 인덱스, 필드 포함 여부)을 설정하는 단계인데 특별한 지시사항이 없으므로 [다음]을 클릭한다.
⑧ '기본 키 없음'을 선택하고 [다음]을 클릭한다.
⑨ '테이블로 가져오기' 입력란에 **종목추가**를 입력하고 [마침]을 클릭한다.

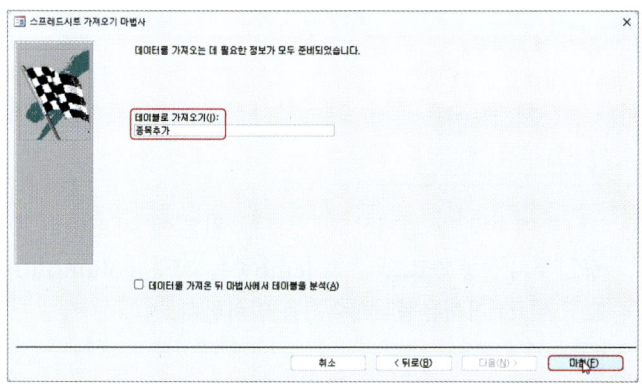

⑩ '가져오기 단계 저장'에 체크하지 말고 [닫기]를 클릭한다.

3 〈시세〉 ↔ 〈종목〉 테이블 간의 관계 설정

정답

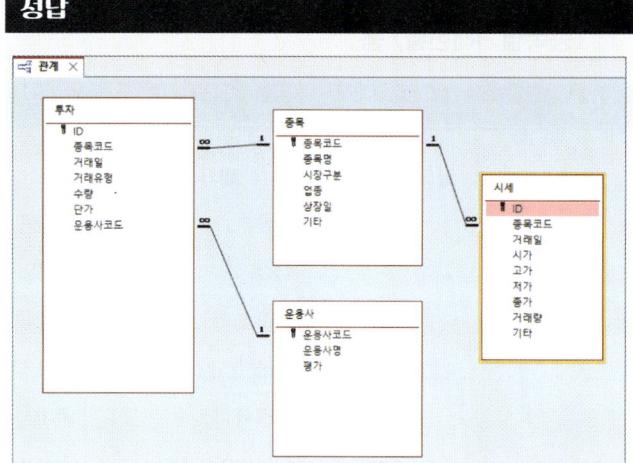

① [데이터베이스 도구]-[관계] 그룹에서 [관계]( )를 클릭한다.
② [관계 디자인] 탭의 [테이블 추가]를 클릭하여 [테이블]에서 〈시세〉를 더블클릭한다.
③ 〈종목〉 테이블의 '종목코드'를 〈시세〉 테이블의 '종목코드'로 드래그한다.
④ [관계 편집]에서 다음과 같이 지정하고 [만들기]를 클릭한다.

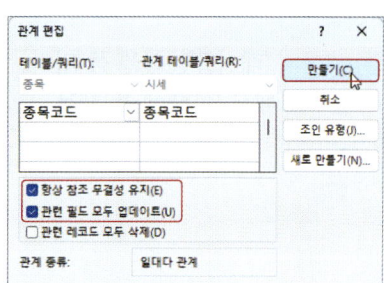

⑤ [관계 디자인] 탭의 [닫기]를 클릭하고 변경한 내용은 [예]를 눌러 저장한다.

문제2 입력 및 수정 기능 구현

1 〈종목별거래현황〉 폼

정답

번호	필드 이름	필드 속성	설정 값
①	폼 머리글 제목 레이블	이름	lbl제목
		캡션	종목별 거래현황
		글꼴 크기	24
		글꼴	맑은 고딕
		글꼴 두께	굵게
		글꼴 색(문자색)	검정, 텍스트 1
	이미지	이미지 삽입	종목.jpg
②	하위 폼	원본 개체	거래현황
		기본 필드 연결	종목코드
		하위 필드 연결	종목코드
③	txt총매수량	컨트롤 원본	=DSum("수량","투자","종목코드='" & [cmb종목코드].[column](0) & "' AND 거래유형='매수'")

① 〈종목별거래현황〉 폼에서 마우스 오른쪽 버튼을 눌러 [디자인 보기](🔲)를 클릭한다.

② [양식 디자인]-[컨트롤] 그룹의 '레이블'(가가)을 폼 머리글 영역에 드래그한 후 속성 시트에서 '이름'에 **lbl제목**, '캡션'에 **종목별 거래현황**을 입력한다.

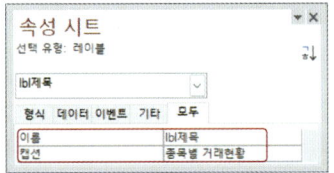

③ 'lbl제목'의 경계라인을 선택한 후 [홈]-[텍스트 서식] 그룹에서 글꼴은 '맑은 고딕', 크기는 '24'로 설정하고, '굵게', 글꼴 색은 '검정, 텍스트 1'을 지정한다.

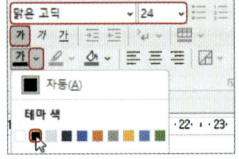

④ [양식 디자인]-[컨트롤] 그룹에서 [이미지 삽입]-[찾아보기]를 클릭하여 '종목.jpg'를 선택하고 드래그하여 삽입한다.

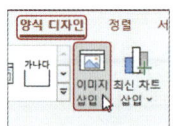

⑤ 하위 폼 개체를 선택한 후 [속성 시트]의 [데이터] 탭의 '원본 개체'는 '거래현황', 기본 필드 연결 '종목코드', 하위 필드 연결 '종목코드'를 선택한다.

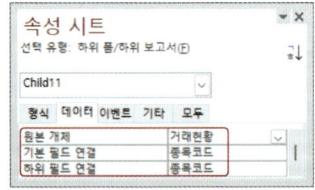

⑥ 'txt총매수량'을 선택하고 '컨트롤 원본'에 =DSum("수량","투자","종목코드='" & [cmb종목코드].[column](0) & "' AND 거래유형='매수'")을 입력한다.

2 조건부 서식

정답

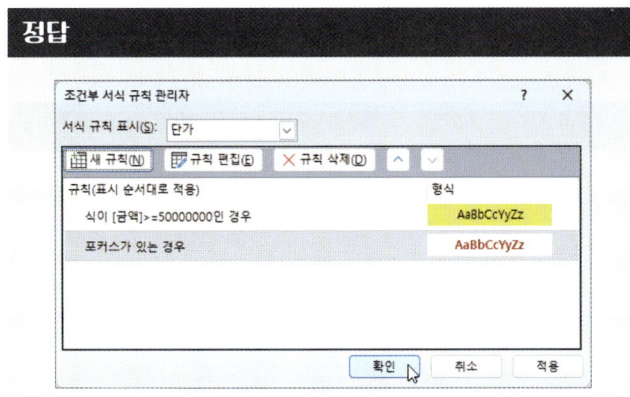

① 〈거래현황〉 폼에서 마우스 오른쪽 버튼을 눌러 [디자인 보기](N)를 클릭한다.
② 본문의 모든 컨트롤이 선택될 수 있도록 왼쪽 눈금자를 클릭한 후 [서식]-[컨트롤 서식] 그룹의 [조건부 서식]을 클릭하여 [새 규칙]을 클릭한다.
③ '식이'를 선택하고 [금액]>=50000000을 입력하고, 배경색은 '노랑'을 선택하고 [확인]을 클릭하고 [조건부 서식 규칙 관리자]에서 [확인]을 클릭한다.

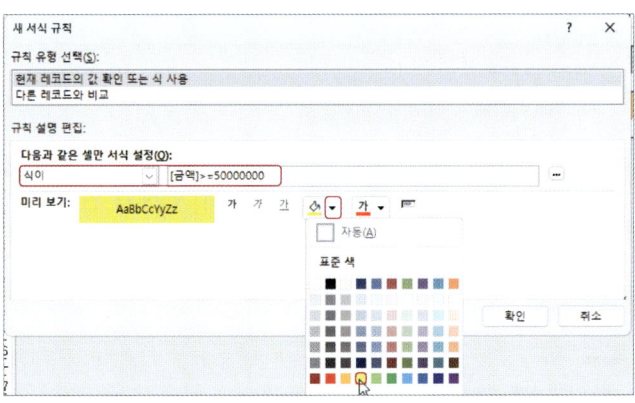

④ 'txt단가' 컨트롤을 선택한 후 [서식]-[컨트롤 서식] 그룹의 [조건부 서식]을 클릭하여 [새 규칙]을 클릭한다.

⑤ '필드에 포커스가 있음'을 선택하고 글꼴 스타일은 '굵게' 선택하고, 글꼴 색은 '진한 빨강'을 선택하고 [확인]을 클릭한다.

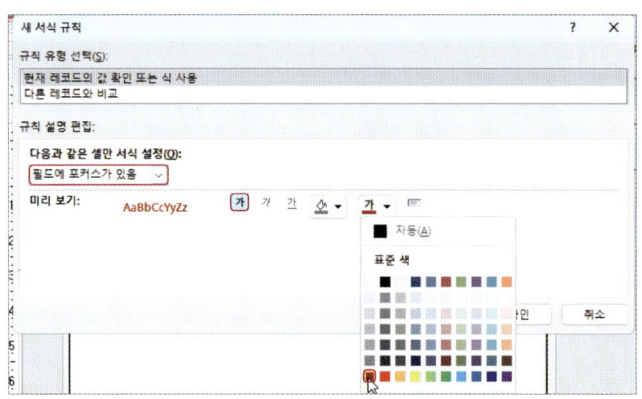

⑥ [조건부 서식 규칙 관리자]에서 [확인]을 클릭한다.

3 매크로

정답

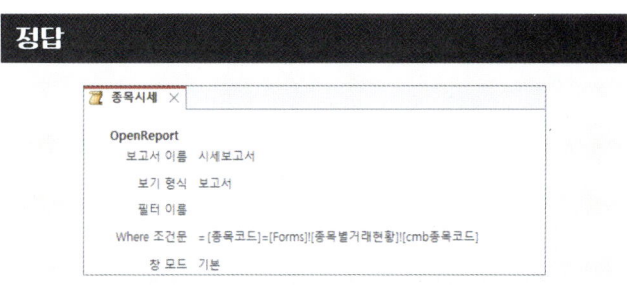

① [만들기]-[매크로 및 코드] 그룹에서 [매크로]를 클릭한다.
② 매크로 함수 중 'OpenReport'를 선택한 후 다음과 같이 작성한다.

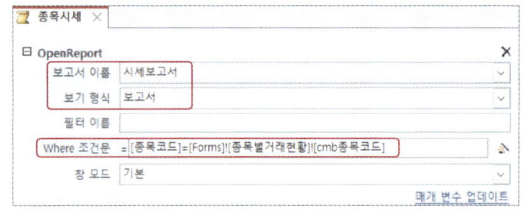

③ [저장]을 클릭하여 **종목시세**를 입력한다.
④ 〈종목별거래현황〉 폼의 [디자인 보기](N) 모드에서 'btn시세' 컨트롤을 선택한다.

⑤ [이벤트] 탭의 'On Click'에서 '종목시세'를 선택한다.

문제3 조회 및 출력 기능 구현

1 〈운용사별거래현황〉 보고서

정답

번호	필드 이름	필드 속성	설정 값
①	'운용사명' 머리글	반복 실행 구역	예
		페이지 바꿈	구역 전
②	'종목명'	중복 내용 숨기기	예
③	그룹, 정렬 및 요약		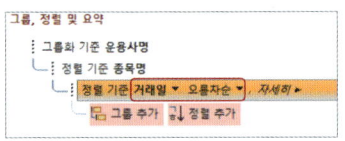
④	txt번호	컨트롤 원본	=1
		누적 합계	그룹
⑤	txt개수	컨트롤 원본	=Count(*) & "건"

① 〈운용사별거래현황〉 보고서에서 마우스 오른쪽 버튼을 눌러 [디자인 보기](🖹)를 클릭한다.

② '운용사명' 머리글을 선택한 후 [형식] 탭에서 반복 실행 구역은 '예', 페이지 바꿈은 '구역 전'을 선택한다.

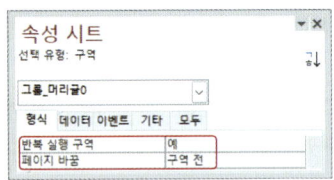

③ 본문의 '종목명' 텍스트 상자를 선택한 후 [형식] 탭에서 중복 내용 숨기기는 '예'를 선택한다.

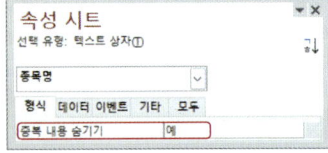

④ [그룹, 정렬 및 요약]에서 [정렬 추가]를 클릭한다.

⑤ '종목명' 필드를 선택하고 '내림차순'으로 지정하고 [정렬 추가]를 클릭한다.

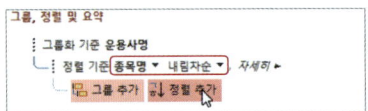

⑥ '거래일' 필드를 선택하고 '오름차순'으로 지정한다.

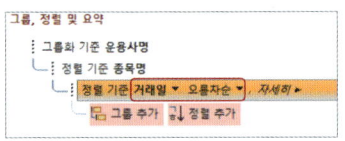

⑦ 본문의 'txt번호'를 선택한 후 [데이터] 탭에서 컨트롤 원본 =1을 입력하고, 누적 합계 '그룹'을 선택한다.

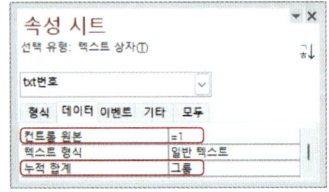

⑧ 운용사명 바닥글의 'txt개수'를 선택한 후 [데이터] 탭에서 컨트롤 원본 =Count(*) & "건"을 입력한다.

2 이벤트 프로시저 작성

① 〈거래현황〉 폼에서 마우스 오른쪽 버튼을 눌러 [디자인 보기](N)로 열고 '거래유형'(lbl거래유형)을 선택하고 [이벤트] 탭의 'On Dbl Click' 속성에서 [이벤트 프로시저]를 선택하고 [작성기](...)를 클릭한다.
② '작성기 선택' 창에서 '코드 작성기'를 선택한 후 [확인]을 클릭한다.
③ 'lbl거래유형_DblClick(Cancel As Integer) 프로시저'에 다음과 같이 코딩한다.

```
Private Sub lbl거래유형_DblClick(Cancel As Integer)
 Me.OrderBy = "거래유형 asc"
 Me.OrderByOn = True
End Sub
```

문제4 처리 기능 구현

1 〈최근5일평균가〉 쿼리

정답

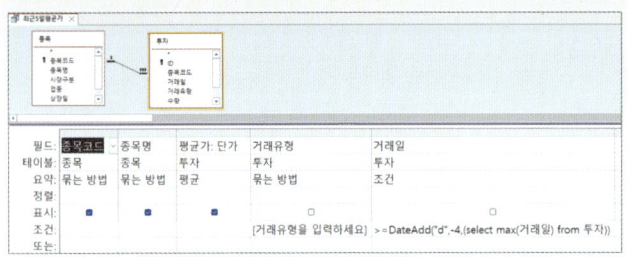

① [만들기]-[쿼리] 그룹에서 [쿼리 디자인](圖)을 클릭한다.
② [테이블 추가]의 [테이블]에서 〈종목〉, 〈투자〉를 더블클릭하여 추가한 후 〈종목코드〉, 〈종목명〉, 〈단가〉, 〈거래유형〉, 〈거래일〉 필드를 추가한다.
③ [쿼리 디자인]-[표시/숨기기] 그룹의 [요약](∑)을 클릭한다.
④ '단가' 필드는 요약(평균)과 필드명(평균가)을 수정하고, 거래유형의 조건([거래유형을 입력하세요])을 입력하고, 거래일은 요약(조건)과 조건(>=DateAdd("d",-4,(select max(거래일) from 투자)))을 입력한다.

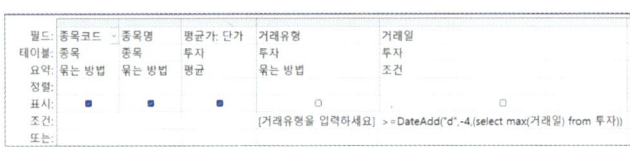

- DateAdd(단위, 개수(더하거나 빼는), 날짜) 함수 : 지정된 시간 간격을 주어진 날짜에 더하거나 빼고 결과 날짜를 반환
- 단위 : 년도(yy, yyyy), 분기(qq, q), 월(mm, m), 연중 일자(dy, y), 일(dd, d), 시간(hh), 분(n)

※ 날짜 계산에 -4를 하는 이유는 최근 거래일 5일간의 조건을 작성하기 위해 예로 최근 거래일이 2026-1-10로 계산하였을 때 -4를 하면 2026-1-6일(1월 10일, 1월 9일, 1월 8일, 1월 7일, 1월 6일)

⑤ '단가' 필드를 선택한 후 [쿼리 디자인]-[표시/숨기기] 그룹의 [속성 시트](圖)를 클릭하여 형식에서 '통화'를 선택한다.

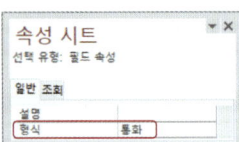

⑥ [저장](圖)을 클릭한 후 **최근5일평균가**를 입력하고 [확인]을 클릭한다.

2 〈종목별거래내역〉 쿼리

정답

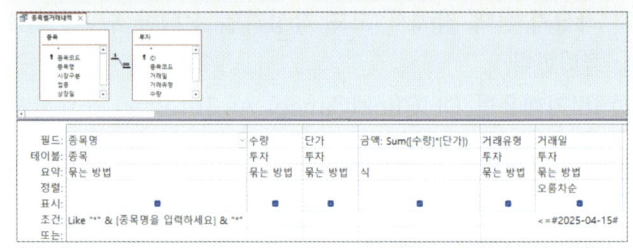

① [만들기]-[쿼리] 그룹에서 [쿼리 디자인](圖)을 클릭한다.
② [테이블 추가]의 [테이블]에서 〈종목〉, 〈투자〉를 더블클릭하여 추가한 후 〈종목명〉, 〈수량〉, 〈단가〉, 〈거래유형〉, 〈거래일〉 필드를 추가한다.
③ '금액' 필드를 다음과 같이 필드를 추가하고, 종목명은 조건을 입력한다.

```
금액: Sum([수량]*[단가])
종목명(조건) : Like "*" & [종목명을 입력하세요] & "*"
거래일(오름차순) : <=#2025-04-15#
```

④ [쿼리 디자인]-[표시/숨기기] 그룹의 [요약](∑)을 클릭한 후 '금액' 필드는 '식'으로 수정한다.

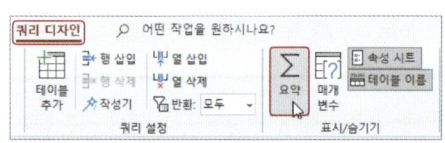

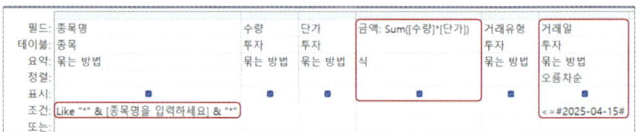

⑤ [저장](圖)을 클릭한 후 **종목별거래내역**을 입력하고 [확인]을 클릭한다.

3 〈업종별매수총금액〉 쿼리

정답

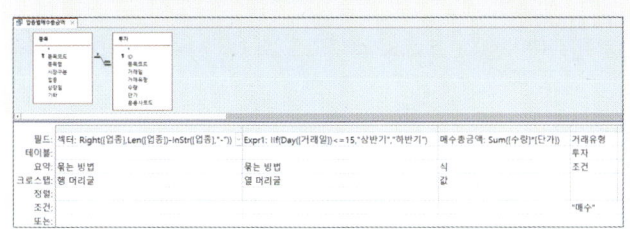

① [만들기]-[쿼리] 그룹에서 [쿼리 디자인](🔲)을 클릭한다.
② [테이블 추가]의 [테이블]에서 〈종목〉, 〈투자〉를 더블클릭한 후 〈업종〉, 〈거래일〉, 〈수량〉, 〈거래유형〉 필드를 추가한다.
③ [쿼리 디자인]-[쿼리 유형] 그룹의 [크로스탭](🔲)을 클릭한다.

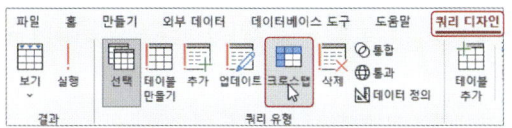

④ 다음과 같이 수정한다.

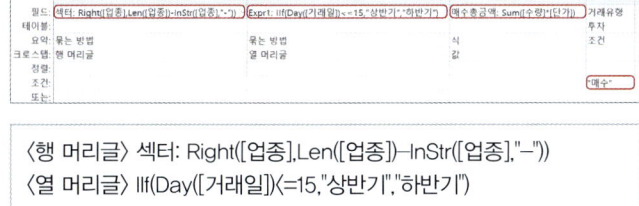

〈행 머리글〉 섹터: Right([업종],Len([업종])-InStr([업종],"-"))
〈열 머리글〉 IIf(Day([거래일])<=15,"상반기","하반기")
〈값(식)〉 매수총금액: Sum([수량]*[단가])

⑤ '값'을 선택한 후 [쿼리 디자인]-[표시/숨기기] 그룹의 [속성 시트](🔲)를 클릭하여 형식에 #,##0을 입력한다.

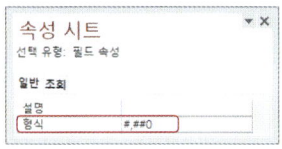

⑥ [저장](💾)을 클릭한 후 **업종별매수총금액**을 입력하고 [확인]을 클릭한다.

4 〈운용사별거래금액조회〉 쿼리

정답

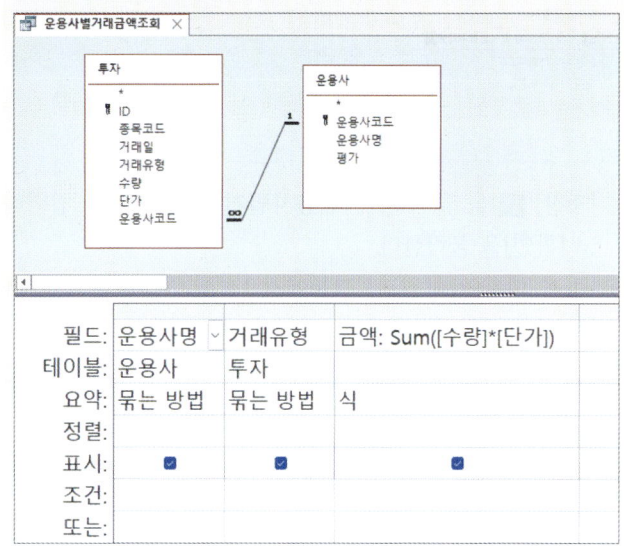

① [만들기]-[쿼리] 그룹에서 [쿼리 디자인](🔲)을 클릭한다.
② [테이블 추가]의 [테이블]에서 〈투자〉, 〈운용사〉를 더블클릭하여 '운용사명', '거래유형' 필드를 추가한다.
③ [쿼리 디자인]-[표시/숨기기] 그룹의 [요약](∑)을 클릭한다.

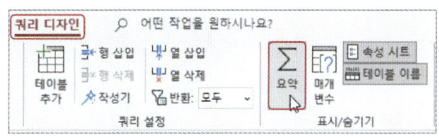

④ 금액을 작성한 후 요약에서 '식'을 선택한다.

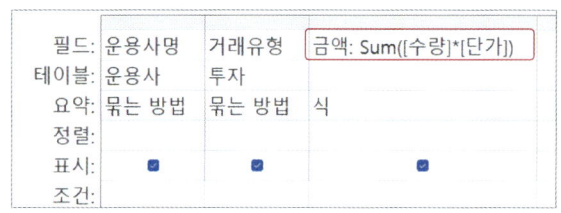

금액: Sum([수량]*[단가])

⑤ [쿼리 디자인]-[쿼리 유형] 그룹의 [테이블 만들기](🔲)를 클릭한다.

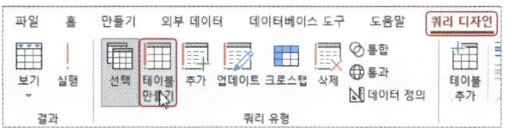

⑥ [테이블 만들기]에 **운용사별총매매금액**을 입력하고 [확인]을 클릭한다.

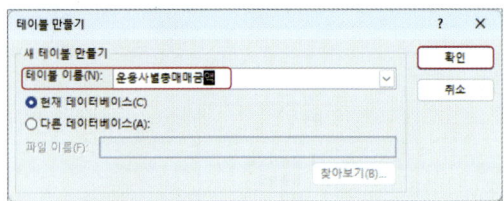

⑦ [저장](🖫)을 클릭한 후 **운용사별거래금액조회**를 입력하고 [확인]을 클릭한다.
⑧ [쿼리 디자인]-[결과] 그룹에서 [실행](❗)을 클릭한 후 [예]를 클릭한다.

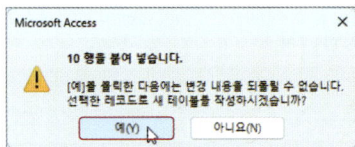

5 〈평가등급업데이트〉 쿼리

정답

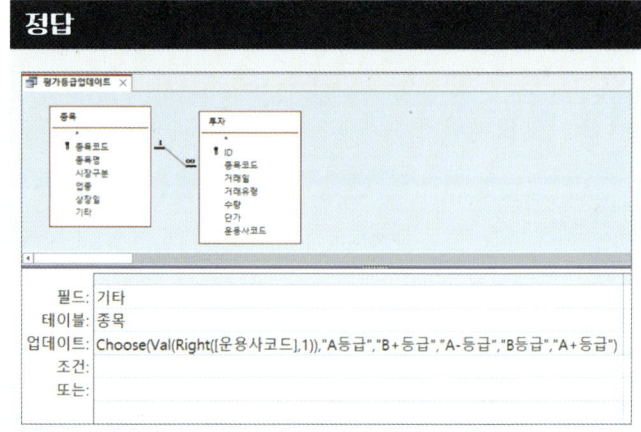

① [만들기]-[쿼리] 그룹에서 [쿼리 디자인](📋)을 클릭한다.
② [테이블 추가]의 [테이블]에서 〈종목〉, 〈투자〉를 더블클릭한 후 〈종목〉 테이블의 '기타' 필드를 추가한다.
③ [쿼리 디자인]-[쿼리 유형] 그룹의 [업데이트](📋)를 클릭한다.

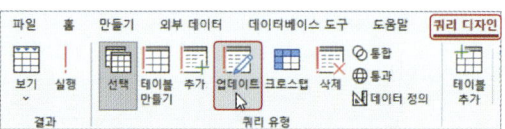

④ 업데이트에 다음과 같이 입력한다.

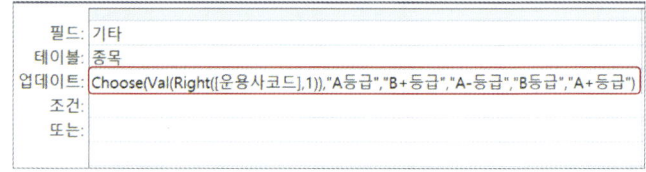

Choose(Val(Right([운용사코드],1)),"A등급","B+등급","A-등급","B등급","A+등급")

⑤ [저장](🖫)을 클릭한 후 **평가등급업데이트**를 입력하고 [확인]을 클릭한다.
⑥ [쿼리 디자인]-[결과] 그룹에서 [실행](❗)을 클릭한 후 [예]를 클릭한다.

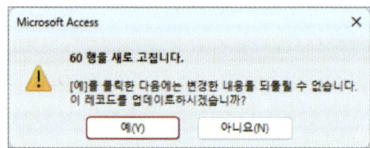

데이터베이스
실전 모의고사

CONTENTS

- 실전 모의고사 01회
- 실전 모의고사 02회
- 실전 모의고사 03회
- 실전 모의고사 04회
- 실전 모의고사 05회
- 실전 모의고사 06회
- 실전 모의고사 07회
- 실전 모의고사 08회
- 실전 모의고사 09회
- 실전 모의고사 10회
- 실전 모의고사 11회
- 실전 모의고사 12회
- 실전 모의고사 13회
- 실전 모의고사 14회
- 실전 모의고사 15회

데이터베이스 실전 모의고사 01회

작업파일 : '26컴활1급(기출)₩데이터베이스₩실전모의고사'에서 '실전모의고사1회' 파일을 열어 작업하세요.

문제1 DB 구축(25점)

1 병원진료 관리하는 업무를 수행하기 위한 데이터베이스를 구축하고자 한다. 다음 지시사항에 따라 테이블을 완성하시오. (각 3점)

① 〈의사정보〉 테이블의 '의사코드' 필드는 'DT-000'과 같은 형태로 영문 대문자 2개와 '-'기호 1개와 숫자 3개가 반드시 입력되도록 입력마스크를 설정하시오
  ▶ 영문자 입력은 영어와 한글만 입력할 수 있도록 설정할 것
  ▶ 숫자 입력은 0~9까지의 숫자만 입력할 수 있도록 설정할 것
  ▶ '-' 문자도 테이블에 저장되도록 설정할 것
② 〈의사정보〉 테이블의 '이메일주소' 필드에 입력한 값이 "@" 기호를 포함하며, "@" 기호 앞뒤로 최소 한 글자씩 입력될 수 있도록 유효성 검사 규칙을 설정하시오.
③ 〈환자정보〉 테이블의 '주민등록번호' 필드는 중복 불가능한 인덱스를 설정하고 반드시 입력하도록 설정하시오
④ 〈진료기록〉 테이블의 '진료일시' 필드는 새로운 레코드가 추가되는 경우 시간을 포함한 시스템의 오늘 날짜와 시간을 기본으로 입력되도록 설정하시오.
⑤ 〈진료기록〉 테이블에 새로운 '번호' 필드를 '환자코드' 필드 앞에 추가하고 데이터 형식을 일련번호로 설정하시오

2 〈진료기록〉 테이블의 '의사코드' 필드에 대해서 다음과 같이 조회 속성을 작성하시오. (5점)

  ▶ 〈의사정보〉 테이블의 '의사코드', '이름', '진료과'가 콤보상자의 형태로 표시되도록 설정하시오.
  ▶ 필드에는 '의사코드'가 저장되도록 할 것
  ▶ 목록 너비를 6cm로 설정할 것
  ▶ 목록 값만 입력할 수 있도록 설정할 것

3. 〈환자정보〉 테이블의 '환자코드' 필드는 〈진료기록〉 테이블의 '환자코드' 필드를, 〈환자정보〉 테이블의 '환자코드' 필드는 〈예약안내〉 테이블의 '환자코드' 필드를 참조하며, 각 테이블의 간의 관계는 M:1이다. 다음과 같이 테이블 간의 관계를 설정하시오. (5점)

   ※ 액세스 파일에 이미 설정되어 있는 관계는 수정하지 마시오.
   ▶ 테이블 간에 항상 참조 무결성이 유지되도록 설정하시오.
   ▶ 참조 필드의 값이 변경되면 관련 필드의 값도 변경되도록 설정하시오.
   ▶ 다른 테이블에서 참조하고 있는 레코드는 삭제할 수 없도록 설정하시오.

문제2 입력 및 수정 기능 구현(20점)

1. 〈진료과별 환자목록〉 폼을 다음의 화면과 지시사항에 따라 완성하시오. (각 3점)

   ① 폼의 머리글에 '진료과별 환자 목록' 라는 제목을 표시하도록 컨트롤을 생성하시오.
      ▶ 레이블 이름 : LBL제목
      ▶ 글꼴 : 돋움체, 20pt, 특수효과 : 그림자, 배경색 : #CCC8C2
   ② 폼 머리글에 hpLogo.jpg 그림 컨트롤을 삽입한 후, 이름은 '병원로고', 그림 유형 '포함', 크기 조절 모드 '한 방향 확대/축소', 너비 2.5m, 높이 2.5cm로 설정하시오.
   ③ 하위폼 폼 바닥글 영역의 'txt총건수' 컨트롤에는 의사별 진료 환자들의 총 건수가 표시되도록 〈그림〉을 참조하여 '컨트롤 원본' 속성을 설정하시오.
      ▶ COUNT 함수와 & 연산자 이용

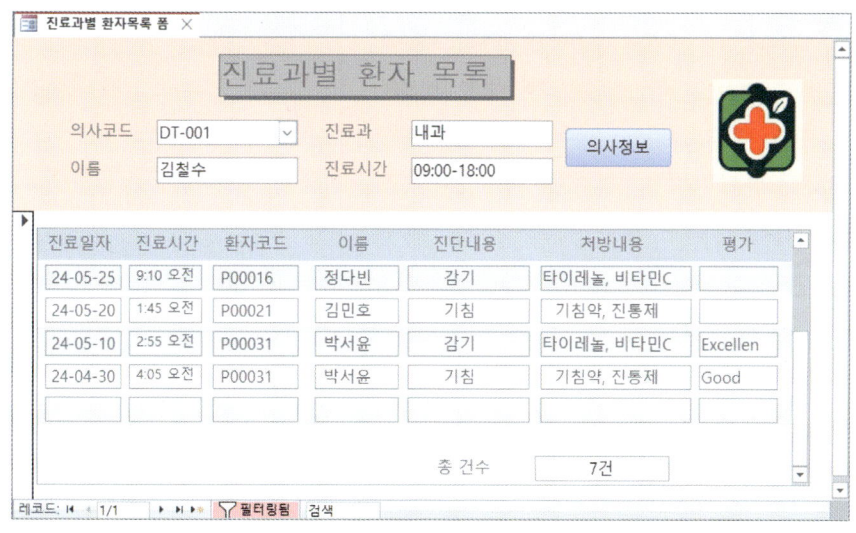

2. 〈진료기록〉 폼의 본문 영역에서 'txt평가' 컨트롤에는 평가 문구를 다음과 같이 설정하시오. (6점)

   ▶ '평가' 필드에 있는 "*"의 개수에 따라 9개 이상이면 "Excellent", 8개 이상이면 "Good", 나머지 공백으로 표시하시오.
   ▶ IIf, Len 함수 사용

3. 〈진료과별 환자목록〉 폼의 '의사정보'(btn의사정보) 단추를 클릭하면 〈의사상세정보〉 폼을 '폼보기' 형식으로 여는 〈의사정보보기〉 매크로를 생성하시오. (5점)

   ▶ 매크로 조건: '의사코드' 필드값이 'cmb의사코드'에 해당하는 의사의 정보만 표시

문제3 조회 및 출력 기능 구현(20점)

1 다음의 지시사항 및 화면을 참조하여 〈진료과별상세진료기록지〉 보고서를 완성하시오. (각 3점)

① 진료과 머리글 영역에서 머리글의 내용이 페이지마다 반복적으로 표시되도록 설정하고, '진료과'가 변경되면 매 구역 전에 페이지도 변경되도록 설정하시오.
② 본문 영역에서 '의사명(의사정보.이름)' 필드의 값이 이전 레코드와 동일한 경우에는 표시되지 않도록 설정하시오.
③ 동일한 '진료과' 내에서는 '의사명(의사정보.이름)'을 기준으로 오름차순, 동일한 '의사명(의사정보.이름)' 내에서는 '진료일시' 기준으로 내림차순 정렬되어 표시되도록 정렬을 추가하시오.
④ '진료과별 상세 진료기록지'의 제목이 페이지 마다 표시되도록 설정하고, 페이지 머리글 영역의 'txt출력일시' 컨트롤에는 [표시 예]와 같이 표시되도록 '컨트롤 원본'과 '형식' 속성을 설정하시오.
▶ [표시 예] 2025-08-06 08:27:19
⑤ 진료과 바닥글 영역의 'txt합계' 컨트롤에는 진료비용의 총 합계가 다음과 같이 표시되도록 설정하시오.
▶ FORMAT, SUM 함수 사용
▶ [표시 예] 합계 : ₩248,000

2 〈진료과별 환자목록〉 폼의 'lbl이름' 컨트롤에 다음과 같은 기능을 수행하도록 이벤트 프로시저를 구현하시오. (5점)

▶ 'lbl이름' 컨트롤을 클릭(On Click)하면 '이름'을 기준으로 오름차순 정렬하고, 더블클릭(Double Click)하면 '이름'을 기준으로 내림차순 정렬
▶ 폼의 OrderBy, OrderByOn 속성 사용

문제4 처리 기능 구현(35점)

1. 〈환자정보〉 테이블을 이용하여 주소가 경기도로 시작하는 남, 여 인원수를 조회하는 〈경기도남녀비교〉 쿼리를 작성하시오. (7점)

   ▶ 남녀의 인원수는 '환자코드'를 이용하여 개수를 구한 후에 "■"를 이용하여 표시하시오.
   ▶ STRING, COUNT 함수 사용
   ▶ 쿼리 결과 표시되는 필드와 필드명은 〈그림〉과 같이 표시되도록 설정하시오.

   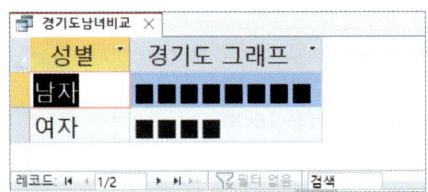

2. 〈환자정보〉, 〈진료기록〉 테이블을 이용하여 진료기록이 없는 고객에 대해 조회하는 〈진료기록이없는환자〉 쿼리를 작성하시오. (7점)

   ▶ Not In 과 하위 쿼리 사용
   ▶ 쿼리 결과 표시되는 필드와 필드명은 〈그림〉과 같이 표시되도록 설정하시오.

   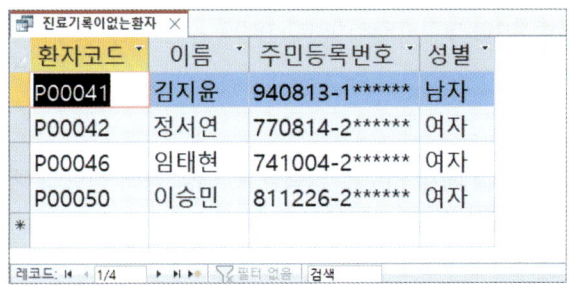

3. 〈진료기록〉, 〈의사정보〉 테이블을 이용하여 진료과별로 항생제 처방건수를 조회하는 〈진료과별항생제처방건수〉 크로스탭 쿼리를 작성하시오. (7점)

   ▶ '처방내용' 필드에 '항생제'가 포함되어 있으면 '항생제 처방', 나머지는 '그 외'로 분류
   ▶ 총처방 건수는 의사코드를 이용하여 개수를 표시하시오.
   ▶ 진료과별 처방내용이 없는 곳에는 "*"가 표시되도록 하시오.
   ▶ iif, InStr, Count 함수와 Is Null과 & 연산자 이용
   ▶ 쿼리 결과 표시되는 필드와 필드명은 〈그림〉과 같이 표시되도록 설정하시오.

진료과	총처방 건수	항생제 처방	그 외
내과	9건	1건	8건
비뇨기과	5건	5건	*
산부인과	5건	*	5건
소아과	5건	*	5건
신경외과	4건	*	4건
안과	5건	*	5건
이비인후과	6건	3건	3건
정형외과	5건	*	5건
치과	4건	1건	3건
피부과	5건	*	5건

4 〈진료기록〉, 〈의사정보〉 테이블을 이용하여 기타 필드의 값을 변경하는 〈진료평가우수닥터〉 업데이트 쿼리를 작성한 후 실행하시오. (7점)

▶ 〈진료기록〉 테이블의 평가 필드의 "*"의 개수가 9개 이상이고 '진료일시'가 5월인 '기타' 필드의 값을 "★★★"으로 변경하시오.
▶ Len, Month 함수 사용
▶ 쿼리 결과 표시되는 필드와 필드명은 〈그림〉과 같이 표시되도록 설정하시오.

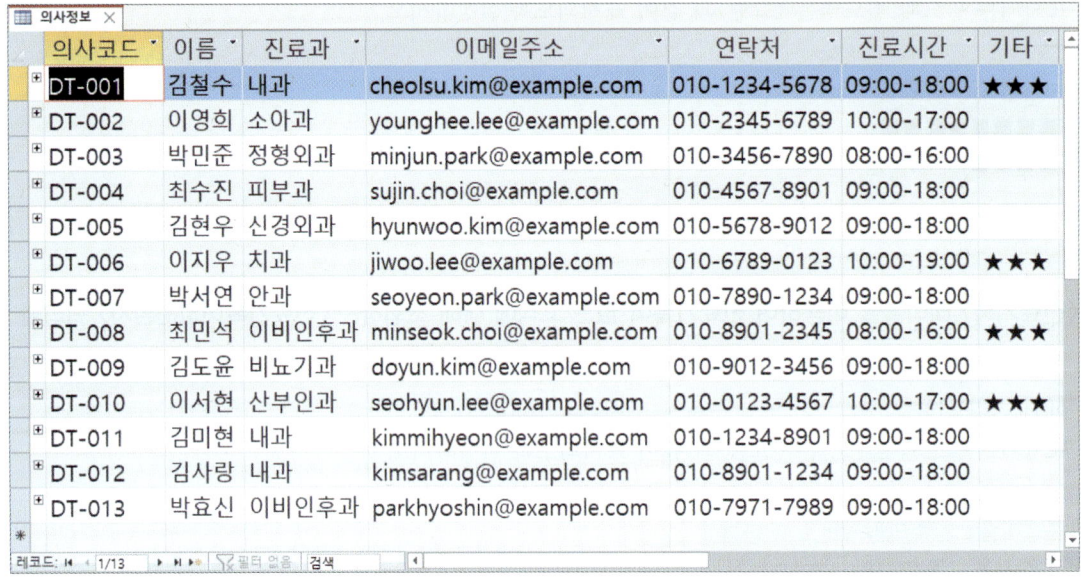

5 〈예약안내〉, 〈환자정보〉, 〈의사정보〉 테이블을 이용하여 상태의 일부를 매개 변수로 입력받고, 해당 상태 정보의 예약안내를 조회하여 새 테이블로 생성하는 〈예약취소환자목록생성〉 쿼리를 작성하고 실행하시오. (7점)

▶ 새 테이블 이름은 〈예약취소및무단결석환자〉
▶ 쿼리 실행 결과 표시되는 필드명은 〈그림〉과 같이 표시되도록 설정하시오.

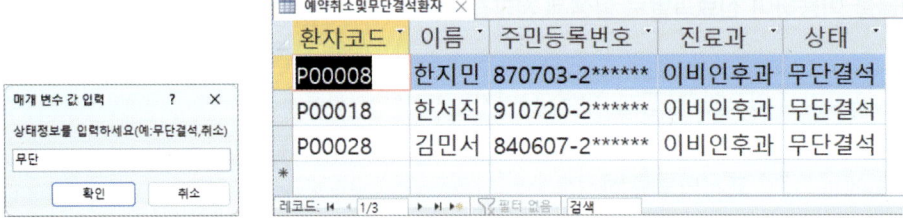

정답 & 해설 : 데이터베이스 실전 모의고사 01회

문제1 DB 구축

1 〈의사정보〉, 〈환자정보〉, 〈진료기록〉 테이블

정답

번호	테이블	필드 이름	속성 및 형식	설정 값
①	의사정보	의사코드	입력마스크	>LL-000;0;
②	의사정보	이메일주소	유효성 검사 규칙	Like "*?@?*"
③	환자정보	주민등록번호	인덱스	예(중복 불가능)
			필수	예
④	진료기록	진료일시	기본값	Now()
⑤	진료기록	번호	데이터 형식	일련 번호

① 〈의사정보〉 테이블에서 마우스 오른쪽 버튼을 눌러 [디자인 보기](🗐)를 클릭한다.
② '의사코드' 필드의 '입력 마스크'에 >LL-000;0;를 입력한다.

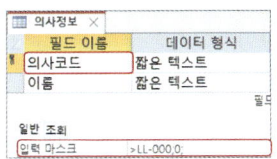

③ '이메일주소' 필드의 '유효성 검사 규칙' 속성에 Like "*?@?*"를 입력한다.

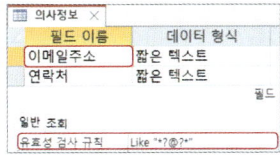

④ 〈환자정보〉 테이블에서 마우스 오른쪽 버튼을 눌러 [디자인 보기](🗐)를 클릭한다.

⑤ '주민등록번호' 필드의 '인덱스'는 '예(중복 불가능)', '필수'는 '예'로 설정한다.

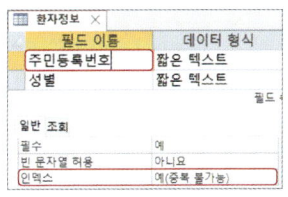

⑥ 〈진료기록〉 테이블에서 마우스 오른쪽 버튼을 눌러 [디자인 보기](🗐)를 클릭한다.
⑦ '진료일시' 필드의 '기본값'에 Now()를 입력한다.

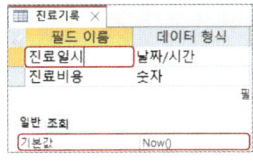

⑧ '환자코드' 필드를 선택한 후 [테이블 디자인]-[도구] 그룹의 [행 삽입](🗐)을 클릭한다.
⑨ 필드 이름에 **번호**를 입력하고, 데이터 형식은 '일련 번호'를 선택한다.

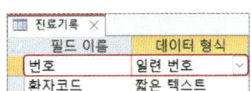

2 조회 속성

정답

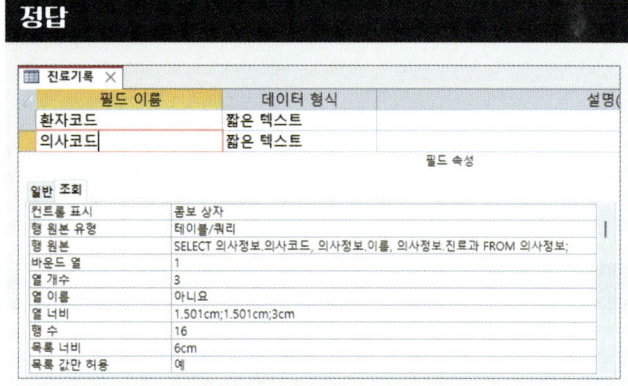

① 〈진료기록〉 테이블의 [디자인 보기](🔲)에서 '의사코드' 필드를 선택하고, 필드 속성 [조회] 탭의 '컨트롤 표시' 속성 중 '콤보 상자'를 선택한다.

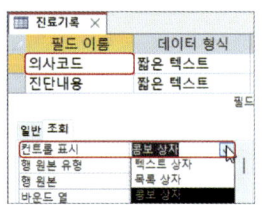

② '행 원본' 속성의 [작성기](⋯) 단추를 클릭한다.
③ [테이블 추가]의 [테이블]에서 〈의사정보〉를 더블클릭한다.
④ 〈의사정보〉 테이블의 '의사코드', '이름', '진료과' 필드를 더블클릭하여 눈금에 추가한다.

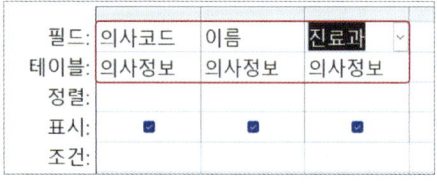

⑤ [닫기]를 클릭하면 'SQL 문의 변경 내용을 저장하고 속성을 업데이트하시겠습니까?" 메시지에서 [예]를 클릭한다.
⑥ '바운드 열', '열 개수', '열 너비', '목록 너비', '목록 값만 허용' 속성을 설정한다.

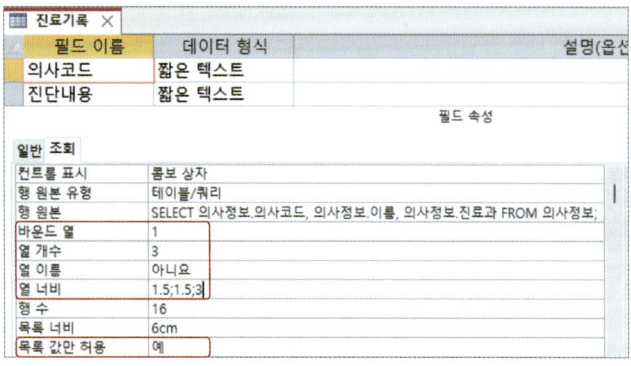

3 〈환자정보〉 ↔ 〈진료기록〉, 〈환자정보〉 ↔ 〈예약안내〉 테이블간의 관계 설정

정답

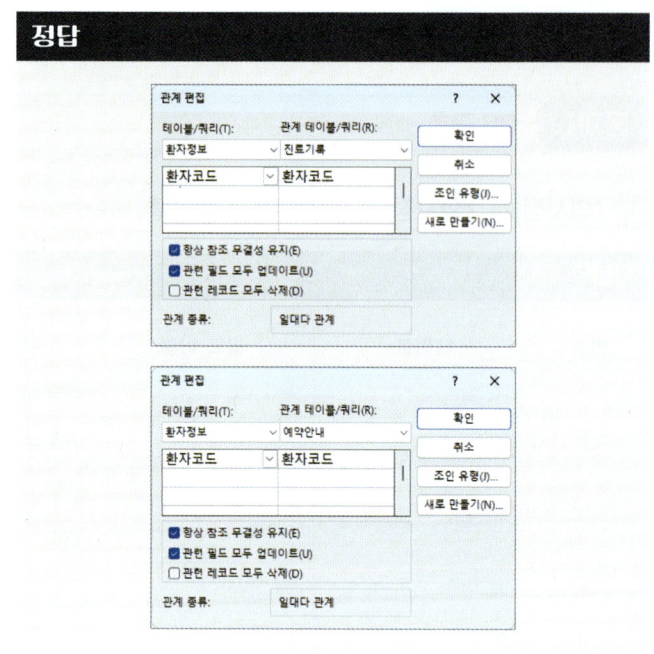

① [데이터베이스 도구]-[관계] 그룹에서 [관계](🔲)를 클릭한다.
② [관계 디자인] 탭의 [테이블 추가]를 클릭하여 [테이블]에서 〈환자정보〉를 더블클릭한다.
③ 〈환자정보〉 테이블의 '환자코드'를 〈진료기록〉 테이블의 '환자코드'로 드래그한다.
④ [관계 편집]에서 다음과 같이 지정하고 [만들기]를 클릭한다.

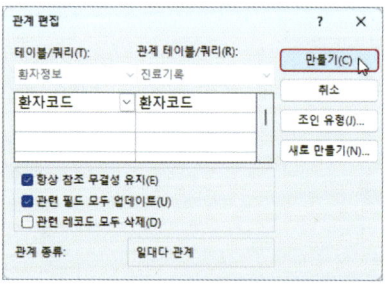

⑤ 〈환자정보〉 테이블의 '환자코드'를 〈예약안내〉 테이블의 '환자코드'로 드래그한다.
⑥ [관계 편집]에서 다음과 같이 지정하고 [만들기]를 클릭한다.

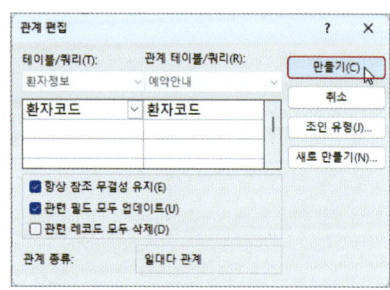

문제2 입력 및 수정 기능 구현

1 〈진료과별 환자목록〉 폼

정답

번호	필드 이름	필드 속성	설정 값
①	폼 머리글 제목 레이블	이름	LBL제목
		캡션	진료과별 환자 목록
		글꼴 크기	20
		글꼴	돋움체
		특수효과	그림자
		배경색	#CCC8C2
②	폼 머리글 그림 삽입	그림 파일	hpLogo.jpg
		이름	병원로고
		그림 유형	포함
		크기 조절 모드	한 방향 확대/축소
		너비	2.5
		높이	2.5
③	txt총건수	컨트롤 원본	=Count(*) & "건"

① 〈진료과별 환자목록〉 폼 바로 가기 메뉴에서 [디자인 보기](🔲)를 클릭한다.

② [양식 디자인]-[컨트롤] 그룹의 '레이블'(가가)을 폼 머리글 영역에 드래그한 후 속성 시트에서 '이름'에 **LBL제목**, '캡션'에 **진료과별 환자 목록**을 입력한다.

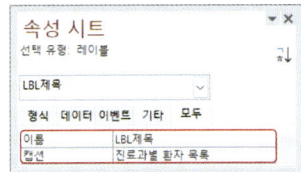

③ [형식] 탭에서 글꼴 이름은 '돋움체', 글꼴 크기는 '20', 특수 효과 '그림자'을 선택하고, 배경색에 **#CCC8C2**를 입력한다.

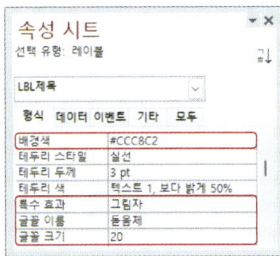

④ [양식 디자인] 탭의 [이미지 삽입]-[찾아보기]를 클릭하여 'hpLogo.jpg' 파일을 선택한다.

⑤ 폼 머리글에 그림을 드래그한 후 [속성 시트]에서 이름(병원로고), 그림 유형(포함), 크기 조절 모드(한 방향 확대/축소), 너비(2.5), 높이(2.5) 로 수정한다.

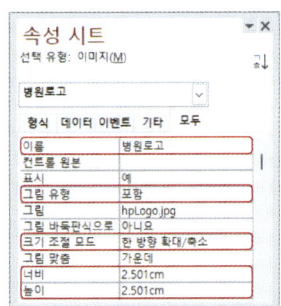

⑥ 'txt총건수'를 선택하고 '컨트롤 원본'에 =Count(*) & "**건**"을 입력한다.

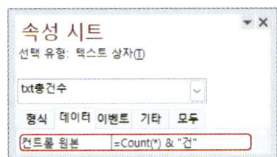

2 'txt평가' 컨트롤

정답

컨트롤 원본	=IIf(Len([평가])>=9,"Excellent",IIf(Len([평가])>=8,"Good",""))

① 'txt평가'를 선택하고 '컨트롤 원본'에 =IIf(Len([평가])>=9,"Excellent",IIf(Len([평가])>=8,"Good",""))을 입력한다.

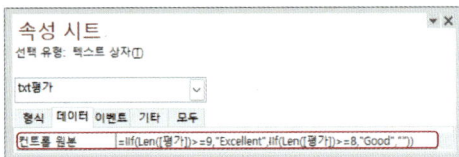

3 'btn의사정보' 컨트롤

정답

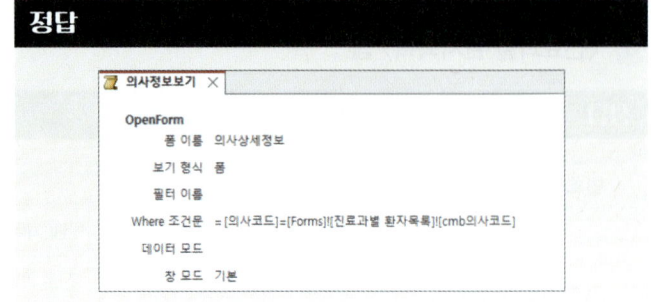

① [만들기]-[매크로 및 코드] 그룹에서 [매크로](□)를 클릭한다.
② 매크로 함수 중 'OpenForm'를 선택한 후 필요한 인수를 설정한다.

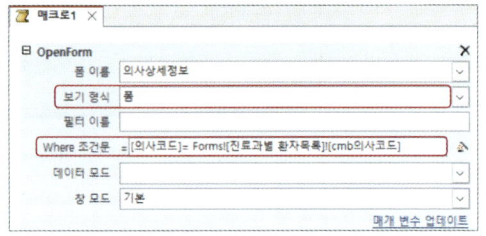

③ [저장](□)을 클릭하여 **의사정보보기**로 저장한다.
④ 〈진료과별 환자목록〉 폼의 [디자인 보기](□) 모드에서 'btn의사정보' 컨트롤을 선택한다.
⑤ [이벤트] 탭의 'On Click'에서 '의사정보보기'를 선택한다.

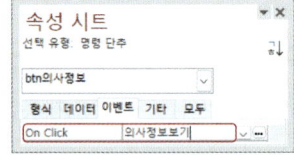

문제3 조회 및 출력 기능 구현

1 〈진료과별상세진료기록지〉 보고서

정답

번호	필드 이름	필드 속성	설정 값
①	〈진료과〉 머리글	반복 실행 구역	예
		페이지 바꿈	구역 전
②	의사명(의사정보.이름)	중복 내용 숨기기	예
③	그룹, 정렬 및 요약		그룹, 정렬 및 요약 그룹화 기준 진료과 정렬 기준 의사정보.이름 정렬 기준 진료일시 ▼ 내림차순 ▼ , 자세히 ▶
④	txt출력일시	컨트롤 원본	=Now()
		형식	yyyy-mm-dd hh:nn:ss
⑤	txt합계	컨트롤 원본	=Format(Sum([진료비용]),"""합계 : ₩""#,##0")

① 〈진료과별상세진료기록지〉 보고서 바로 가기 메뉴에서 [디자인 보기](📐)를 클릭한다.
② '진료과 머리글'을 선택한 후 [형식] 탭에서 반복 실행 구역은 '예', 페이지 바꿈은 '구역 전'으로 선택한다.

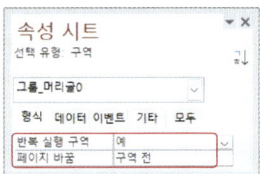

③ 본문 영역의 '의사명' 필드를 선택한 후 [형식] 탭에서 중복 내용 숨기기는 '예'를 선택한다.

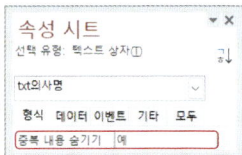

④ [보고서 디자인]-[그룹화 및 요약] 그룹에서 [그룹화 및 정렬]을 클릭한다.
⑤ [그룹, 정렬 및 요약]에서 [정렬 추가]를 클릭한다.
⑥ '의사정보.이름' 필드를 선택하고 '오름차순'으로 지정한다.

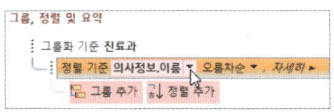

⑦ [그룹, 정렬 및 요약]에서 [정렬 추가]를 클릭한다.

⑧ '진료일시' 필드를 선택하고 '내림차순'으로 지정한다.

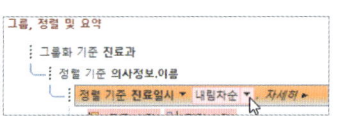

⑨ 보고서 머리글의 '진료과별 상세 진료기록지' 제목을 선택하고 페이지 머리글로 드래그한다.

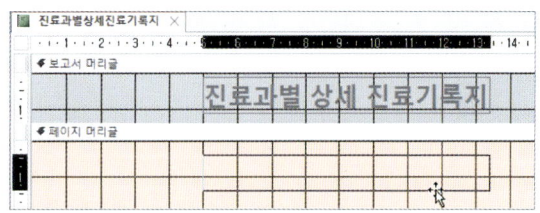

⑩ 보고서 머리글을 선택한 후 [형식] 탭에서 높이에 0을 입력한다.

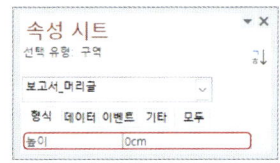

⑪ 본문의 'txt출력일시'를 선택한 후 [모두] 탭에서 컨트롤 원본 =Now()를 입력하고, 형식 yyyy-mm-dd hh:nn:ss를 입력한다.

⑫ 진료과 바닥글의 'txt합계'를 선택한 후 [데이터] 탭에서 컨트롤 원본 =Format(Sum([진료비용]),"합계 "": ₩""#,##0")을 입력하면 =Format(Sum([진료비용]),"""합계 : ₩""#,##0")으로 표시된다.

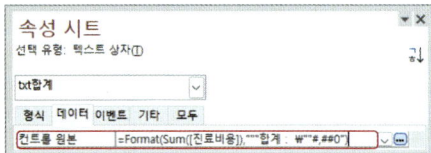

2 〈진료과별 환자목록〉 폼의 이벤트 프로시저 작성

정답

```
Private Sub lbl이름_Click()
    Me.OrderBy = "이름 asc"
    Me.OrderByOn = True
End Sub

Private Sub lbl이름_DblClick(Cancel As Integer)
    Me.OrderBy = "이름 desc"
    Me.OrderByOn = True
End Sub
```

① 〈진료과별 환자목록〉 폼을 [디자인 보기](🔲)로 열고 '이름'(lbl이름)을 선택하고 [이벤트] 탭의 'On Click' 속성에서 [이벤트 프로시저]를 선택하고 [작성기](…)를 클릭한다.

② 'lbl이름_Click 프로시저'에 다음과 같이 코딩한다.

```
Private Sub lbl이름_Click()
    Me.OrderBy = "이름 asc"
    Me.OrderByOn = True
End Sub
```

③ '이름'(lbl이름)을 선택하고 [이벤트] 탭의 'On Dbl Click' 속성에서 [이벤트 프로시저]를 선택하고 [작성기](…)를 클릭한다.

④ 'lbl이름_DblClick 프로시저'에 다음과 같이 코딩한다.

```
Private Sub lbl이름_DblClick(Cancel As Integer)
    Me.OrderBy = "이름 desc"
    Me.OrderByOn = True
End Sub
```

문제4 처리 기능 구현

1 〈경기도남녀비교〉 쿼리

정답

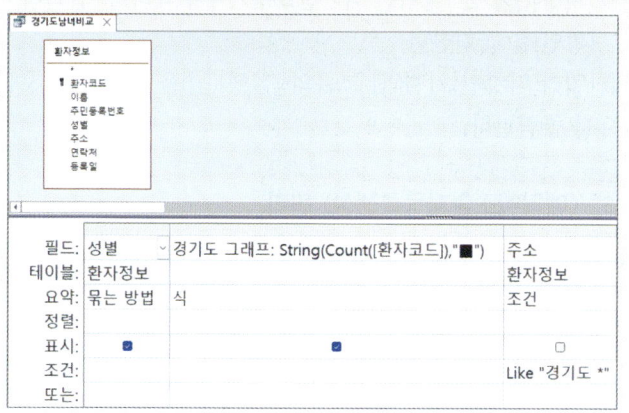

① [만들기]-[쿼리] 그룹에서 [쿼리 디자인](▣)을 클릭한다.
② [테이블 추가]의 [테이블]에서 〈환자정보〉를 더블클릭하여 추가한다.
③ 디자인 눈금의 각 필드에 다음과 같이 드래그해서 배치한다.

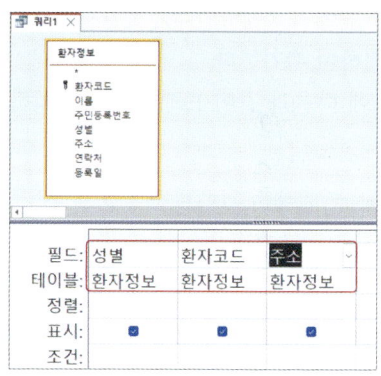

④ [쿼리 디자인]-[표시/숨기기] 그룹의 [요약](∑)을 클릭한다.
⑤ 환자코드는 **경기도 그래프: String(Count([환자코드]),"■")**으로 수정하고, 요약은 '식', 주소는 요약은 '**조건**, Like "**경기도 ***"를 입력한다.

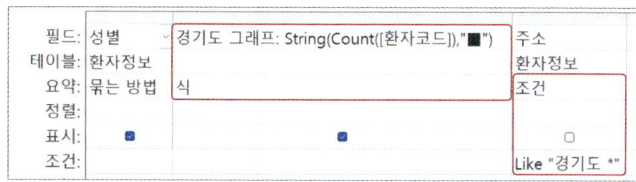

⑥ [저장](🖫)을 클릭한 후 **경기도남녀비교**를 입력하고 [확인]을 클릭한다.

2 〈진료기록이없는환자〉 쿼리

정답

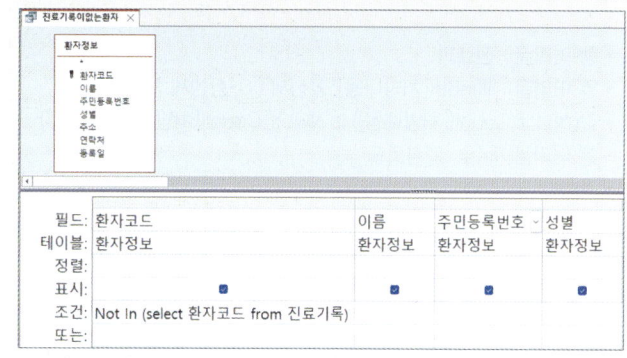

① [만들기]-[쿼리] 그룹에서 [쿼리 디자인](▣)을 클릭한다.
② [테이블 추가]의 [테이블]에서 〈환자정보〉를 더블클릭하여 추가한다.
③ 다음과 필드를 추가한 후 '환자코드'에 조건 **Not In (select 환자코드 from 진료기록)**을 입력한다.

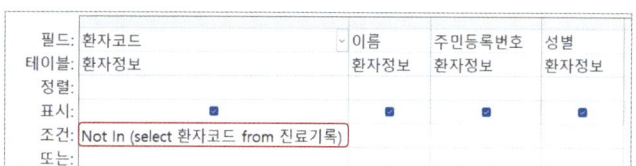

④ [저장](🖫)을 클릭한 후 **진료기록이없는환자**를 입력하고 [확인]을 클릭한다.

3 〈진료과별항생제처방건수〉 쿼리

정답

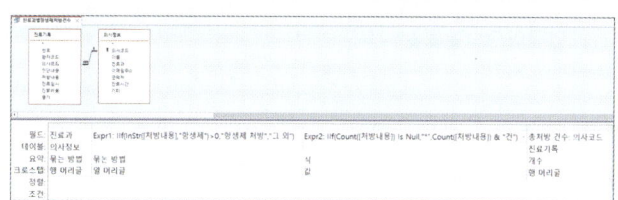

① [만들기]-[쿼리] 그룹에서 [쿼리 디자인](▣)을 클릭한다.
② [테이블 추가]의 [테이블]에서 〈진료기록〉, 〈의사정보〉를 더블클릭하여 추가한다.
③ 디자인 눈금의 각 필드에 다음과 같이 드래그해서 배치한다.

필드:	진료과	처방내용	처방내용	의사코드
테이블:	의사정보	진료기록	진료기록	진료기록
정렬:				

④ [쿼리 디자인]-[쿼리 유형] 그룹의 [크로스탭](圖)을 클릭한다.

⑤ 다음과 같이 수정한다.

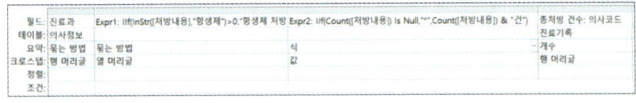

- 행 머리글 : 진료과
- 열 머리글 : IIf(InStr([처방내용],"항생제")>0,"항생제 처방","그 외")
- 값(식) : IIf(Count([처방내용]) Is Null,"*",Count([처방내용]) & "건")
- 행 머리글(개수) : 의사코드

⑥ 크로스탭 '열 머리글'을 선택하고 [속성 시트]의 열 머리글에 "항생제 처방", "그 외"를 입력한다.

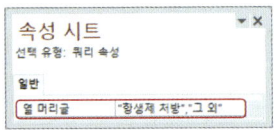

⑦ [저장](圖)을 클릭한 후 **진료과별항생제처방건수**를 입력하고 [확인]을 클릭한다.

4 〈진료평가우수닥터〉 쿼리

정답

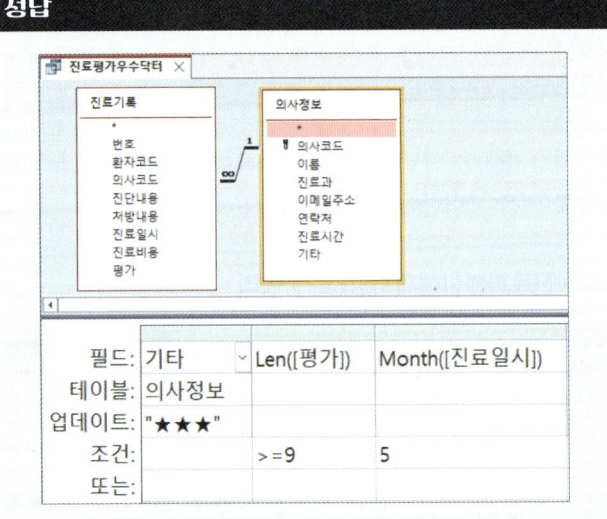

① [만들기]-[쿼리] 그룹에서 [쿼리 디자인](圖)을 클릭한다.
② [테이블 추가]의 [테이블]에서 〈진료기록〉, 〈의사정보〉를 더블클릭하여 추가한다.
③ [쿼리 디자인]-[쿼리 유형] 그룹의 [업데이트](圖)를 클릭한다.
④ '기타' 필드를 추가한 후 "★★★"를 입력하고, 조건도 다음과 같이 입력한다.

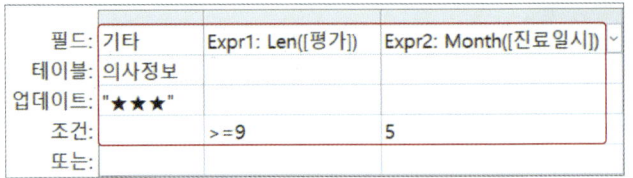

⑤ [저장](圖)을 클릭한 후 **진료평가우수닥터**를 입력하고 [확인]을 클릭한다.
⑥ [쿼리 디자인]-[결과] 그룹의 [실행](圖)을 클릭한 후 [예]를 클릭한다.

5 〈예약취소환자목록생성〉 쿼리

정답

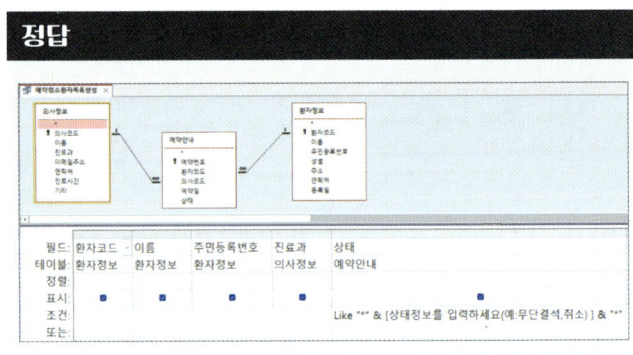

① [만들기]-[쿼리] 그룹에서 [쿼리 디자인](圖)을 클릭한다.
② [테이블 추가]의 [테이블]에서 〈예약안내〉, 〈환자정보〉, 〈의사정보〉를 더블클릭하여 추가한다.
③ 디자인 눈금의 각 필드에 다음과 같이 드래그해서 배치하고 조건을 입력한다.

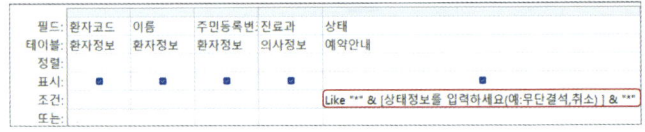

④ [쿼리 디자인]-[쿼리 유형] 그룹의 [테이블 만들기](圖)를 클릭하여 **예약취소및무단결석환자**를 입력하고 [확인]을 클릭한다.

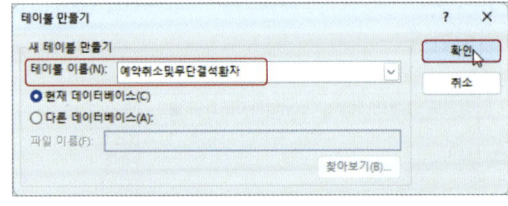

⑤ [저장](圖)을 클릭한 후 **예약취소환자목록생성**을 입력하고 [확인]을 클릭한다.
⑥ [쿼리 디자인]-[결과] 그룹에서 [실행](圖)을 클릭한 후 [예]를 클릭한다.

데이터베이스 실전 모의고사 02회

작업파일 : '26컴활1급(기출)₩데이터베이스₩실전모의고사'에서 '실전모의고사2회' 파일을 열어 작업하세요.

문제1 DB 구축(25점)

1 상품 정보의 관리를 위해 데이터베이스를 구축하였다. 다음의 지시사항에 따라 〈상품〉 테이블을 완성하시오. (각 3점)

① '상품코드' 필드를 기본 키(PK)로 설정하시오.
② '상품명' 필드는 기본 키가 아니면서도 중복된 값을 갖지 않도록 인덱스를 설정하시오.
③ '상품명' 필드에는 값이 반드시 입력되도록 설정하시오.
④ '상품코드' 필드에는 반드시 6글자의 값이 입력되도록 설정하시오.
⑤ 새로운 레코드가 추가되는 경우 '소비자가' 필드에는 기본적으로 0이 입력되도록 설정하시오.

2 〈상품〉 테이블의 '브랜드코드' 필드에 대해서 다음과 같이 조회 속성을 설정하시오. (5점)

▶ 〈브랜드〉 테이블의 '브랜드코드'와 '브랜드명'을 콤보 상자의 형태로 나타내되 '브랜드코드'는 표시되지 않도록 할 것
▶ 필드에는 '브랜드코드'가 저장되도록 할 것
▶ 목록 이외의 값은 입력될 수 없도록 할 것

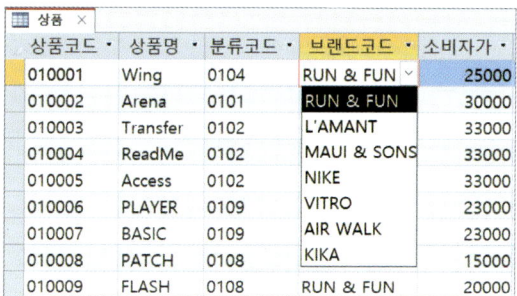

3 〈상품〉 테이블의 '분류코드'는 〈분류〉 테이블의 '분류코드'를 참조하며 두 테이블간의 관계는 M:1이다. 두 테이블에 대해 다음과 같이 관계를 설정하시오. (5점)

▶ 두 테이블 간에 항상 참조 무결성을 유지하도록 설정하시오.
▶ 〈분류〉 테이블의 '분류코드'가 변경되면 이를 참조하는 〈상품〉 테이블의 '분류코드'도 따라 변경되도록 설정하시오.
▶ 〈상품〉 테이블에서 참조하고 있는 〈분류〉 테이블의 레코드를 삭제할 수 없도록 하시오.

문제2 입력 및 수정 기능 구현(20점)

1 상품 정보를 입력 및 수정하는 〈상품등록〉 폼에 대해 다음의 작업을 수행하시오. (각 3점)

① 'cmb브랜드' 콤보상자를 활성화 할 수 있도록 설정하시오.
② 폼 바닥글의 'txt개수' 컨트롤에는 레코드의 개수가 표시되도록 설정하시오.
③ 본문 영역의 모든 컨트롤에 대해 홀수행, 짝수행 배경색 다르게 설정하시오.
  ▶ 다른 배경색 : 바다색, 강조 5, 60% 더 밝게

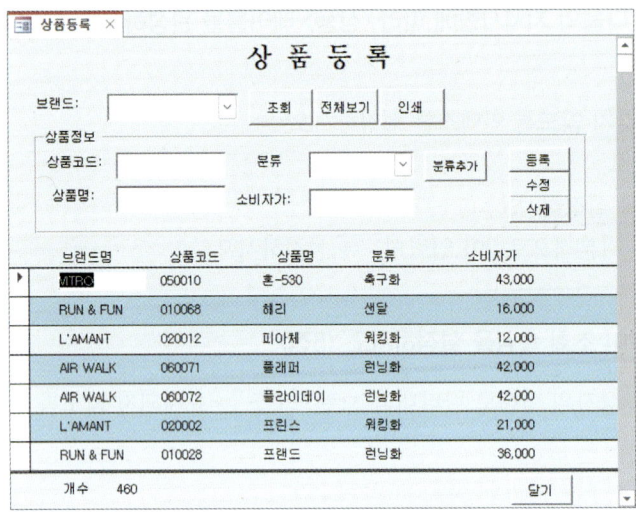

2 〈상품등록〉 폼에서 '삭제(cmd삭제)' 버튼을 클릭하면 다음과 같은 기능을 수행하도록 구현하시오. (6점)

▶ 〈상품〉 테이블에서 상품코드가 'txt상품코드' 컨트롤의 값과 동일한 레코드가 삭제되도록 할 것
▶ Requery 메서드를 호출하여 폼의 데이터를 다시 불러올 것

3 〈상품등록〉 폼의 '분류추가(cmd분류추가)' 버튼을 클릭하면 다음과 같은 기능을 수행하도록 구현하시오. (5점)

▶ '분류등록' 폼을 폼 보기 형태로 열 것
▶ 'Macro1' 매크로를 생성한 후 지정할 것

문제3 조회 및 출력 기능 구현(20점)

1 다음의 지시사항 및 화면을 참조하여 〈상품목록〉 보고서를 완성하시오. (각 3점)

① 다음과 같이 정렬 및 그룹화 하시오.
  ▶ 2차 정렬 기준은 '분류코드(오름차순)'로 할 것
  ▶ '분류코드'에 대해서는 그룹 바닥글을 설정할 것
② '브랜드코드 머리글' 구역을 페이지마다 맨 위에 반복하도록 설정하시오.
③ '브랜드코드 머리글' 구역의 'txt브랜드'에 '브랜드명(브랜드코드)'와 같은 형식으로 정보를 표시하도록 설정하시오.
  [표시 예 : 브랜드 : RUN & FUN(01)]

④ '분류코드 바닥글'에 다음과 같이 상품수가 표시되도록 설정하시오.
  ▶ 텍스트 상자, 선 컨트롤 등을 모두 생성할 것
  ▶ 텍스트 상자 컨트롤 이름은 'txt상품수'로 설정
  ▶ 선 컨트롤(이름은 'Line22'로 설정)은 본문의 선 컨트롤을 복사해서 사용
⑤ 페이지 바닥글의 'txt페이지'에는 페이지를 '현재 페이지 / 전체 페이지'의 형태로 표시하도록 설정하시오.
  [표시 예 : 전체 페이지수가 5이고 현재 페이지수가 2이면 '2 / 5'와 같이 표시]

상품목록

브랜드: RUN & FUN(01)

분류코드	분류명	상품코드	상품명	소비자가
0101	테니스화	010021	ACADIAN	23,000
		010042	Agness	39,000
		010043	Alpah	34,000
		010002	Arena	30,000
		010039	Feel	31,000
		010032	HI.점프	35,000
		010031	NAVI.CAN	35,500
		010030	WHITE.CAN	35,500
		010036	레코닝	35,000
	총상품수:		9	
0102	런닝화	010005	Access	33,000
		010026	CODEX	32,000
		010020	ENCODER	33,000
		010025	FANTASY	33,000
		010060	FAZE	34,600
		010024	PUMPKIN	33,000
		010062	Quick speed	35,400
		010061	Racing	34,600
		010004	ReadMe	33,000
		010003	Transfer	33,000
		010029	에어프랜드	40,000
		010033	테라	35,000
		010028	프랜드	36,000
	총상품수:		13	
0104	에어로빅화	010067	JULLIETTE	25,000

2023년 8월 20일 일요일   1 / 23

2 〈상품등록〉 폼의 '조회(cmd조회)' 버튼을 클릭할 때 다음과 같은 기능을 수행하도록 구현하시오. (5점)

▶ 현재 폼의 데이터에서 '브랜드코드'가 'cmb브랜드'의 값과 동일한 레코드만을 표시할 것
▶ 조회된 브랜드명들은 상품명 필드를 기준으로 내림차순으로 표시되도록 할 것
▶ 폼의 Filter 및 FilterOn, OrderBy, OrderByOn 속성을 이용할 것

문제4 처리 기능 구현(35점)

1 〈분류〉, 〈상품〉 테이블을 이용하여 다음 조건에 맞는 〈분류별_평균가〉 쿼리를 작성하시오. (7점)

- ▶ 분류코드가 "04", "05", "06"으로 시작되는 경우만 조회할 것
- ▶ 해당 분류코드에 해당하는 분류명별로 소비자가의 평균가, 최솟가, 최댓가를 구하시오.
- ▶ LEFT 함수와 LIKE 연산자를 이용.

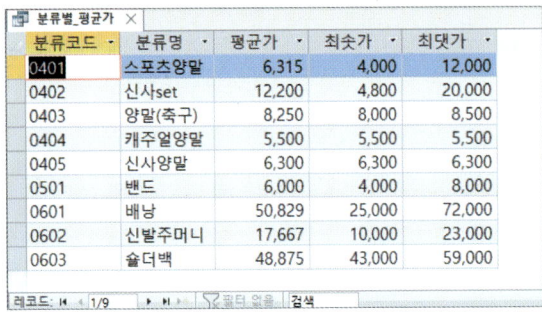

2 다음과 같은 기능을 수행하는 〈분류별상품수〉 쿼리를 작성하고 저장하시오. (7점)

- ▶ 전체 상품에 대해서 분류별 상품수를 조회할 것
- ▶ 결과 필드명은 '분류코드', '분류명', '상품수'로 표시할 것
- ▶ '상품종합' 쿼리를 이용할 것

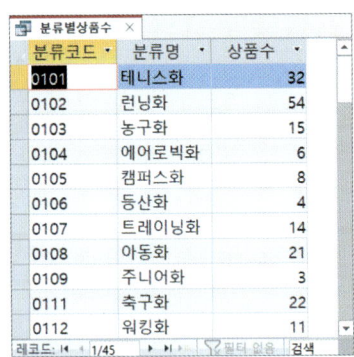

3 〈브랜드〉, 〈상품〉 테이블을 이용하여 브랜드명과 분류코드별 상품명의 개수를 조회하는 〈브랜드별_분류 통계〉 크로스탭 쿼리를 작성하시오. (7점)

- ▶ 분류코드의 2번째 숫자가 1이면 "신발류", 2이면 "상의/하의류", 나머지는 "기타"를 열머리글에 표시하시오.
- ▶ 값 필드는 '상품명' 필드로 개수를 구하시오.
- ▶ SWITCH, MID 함수를 이용

브랜드명	신발류	상의/하의류	기타
AIR WALK	27	65	
KIKA	12		
L'AMANT	25		
MAUI & SONS	16		
NIKE	66	64	83
RUN & FUN	65		5
VITRO	32		

4. 〈분류〉, 〈브랜드〉, 〈상품〉 테이블을 이용하여 검색할 브랜드코드를 입력받아 해당 브랜드코드의 정보를 조회하는 〈브랜드코드조회〉 매개변수 쿼리를 작성하시오. (7점)

▶ '분류명' 필드를 기준으로 오름차순 정렬하여 표시하시오.

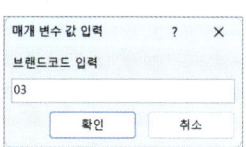

5. 〈분류〉, 〈상품〉 테이블을 이용하여 분류코드가 지정되지 않은 '분류명'에 대해 〈분류〉 테이블의 '비고' 필드의 값을 '※ 분류코드지정'으로 변경하는 〈분류코드지정처리〉 업데이트 쿼리를 작성한 후 실행하시오. (7점)

▶ 〈분류〉 테이블에는 '분류코드'가 있는데 〈상품〉 테이블에는 '분류코드'가 없는 상품
▶ Not In 과 하위 쿼리 사용

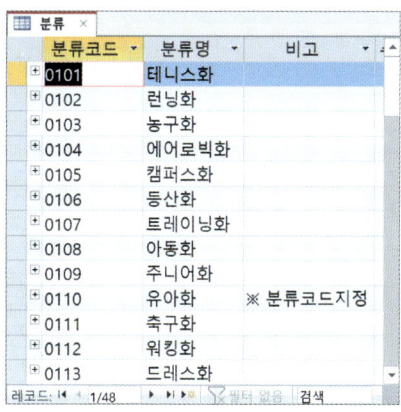

※ 〈분류코드지정처리〉 쿼리를 실행한 후의 〈분류〉 테이블

정답 & 해설 데이터베이스 실전 모의고사 02회

문제1 DB 구축

1 〈상품〉 테이블

정답

번호	테이블	필드 이름	속성 및 형식	설정 값
①	상품	상품코드	기본 키	
②	상품	상품명	인덱스	예(중복 불가능)
③			필수	예
④	상품	상품코드	유효성 검사 규칙	Len([상품코드])=6
⑤	상품	소비자가	기본값	0

① 〈상품〉 테이블에서 마우스 오른쪽 버튼을 눌러 [디자인 보기](🔧)를 클릭한다.
② '상품코드' 필드에서 마우스 오른쪽 버튼을 눌러 [기본 키](🔑)를 클릭한다.
③ '상품명' 필드를 선택하고 아래쪽 필드 속성 중 인덱스를 '예(중복 불가능)'으로, 필수를 '예'로 설정한다.

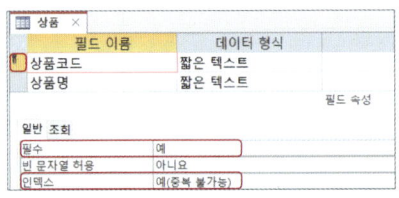

④ '상품코드' 필드를 선택하고 유효성 검사 규칙 속성에 Len([상품코드])=6을 입력한다.

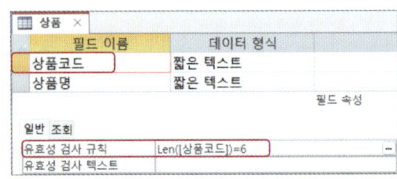

⑤ '소비자가' 필드를 선택하고 기본값에 0을 입력하고 Ctrl+S를 눌러 작업한 내용을 저장한다.

2 〈상품〉 테이블의 '브랜드코드' 필드에 조회 속성

정답

일반 조회	
컨트롤 표시	콤보 상자
행 원본 유형	테이블/쿼리
행 원본	SELECT 브랜드.브랜드코드, 브랜드.브랜드명 FROM 브랜드;
바운드 열	1
열 개수	2
열 이름	아니요
열 너비	0cm
행 수	16
목록 너비	자동
목록 값만 허용	예
여러 값 허용	아니요
값 목록 편집 허용	아니요
목록 항목 편집 폼	
행 원본 값만 표시	아니요

① 〈상품〉 테이블을 [디자인 보기](🔧)로 열고 '브랜드코드' 필드를 선택한 후 아래쪽 필드 속성의 [조회] 탭을 클릭한다. 그 다음 컨트롤 표시 속성을 '콤보 상자'로 변경한다.

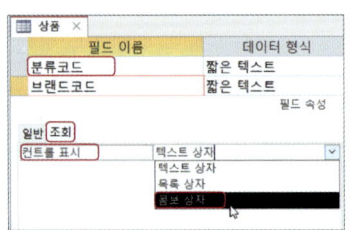

② '행 원본' 속성의 [작성기]( )를 클릭한다.

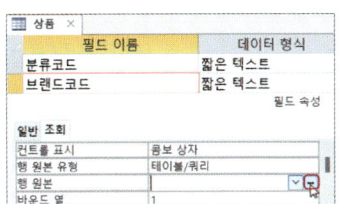

③ [테이블 추가]에서 〈브랜드〉 테이블을 선택하고 [추가] 단추를 클릭한 후 [닫기] 단추로 대화상자를 닫는다.
④ 쿼리 작성기창의 디자인 눈금에 '브랜드코드'와 '브랜드명' 필드가 추가되도록 각각 순서대로 더블클릭한다.

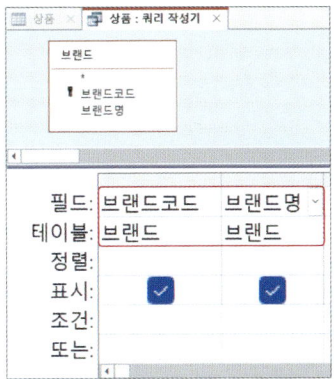

> 기적의 TIP
>
> '브랜드코드'와 '브랜드명'을 각각 순서대로 마우스로 드래그하여 디자인 눈금에 놓아도 됩니다.

⑤ [쿼리 디자인] 탭의 [닫기]를 클릭한다.
⑥ 쿼리 작성기창에서 작업한 내용을 저장하고 이를 [조회] 탭의 행 원본에 업데이트 할 것인지 묻는 경고창인데, [예]를 클릭하면 된다.

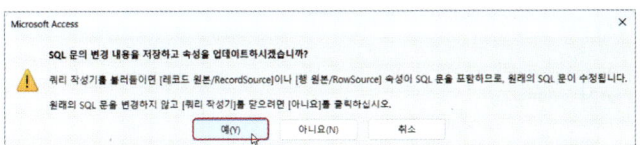

⑦ 다음과 같이 속성을 설정하고 Ctrl + S 를 눌러 변경한 내용을 저장한다.

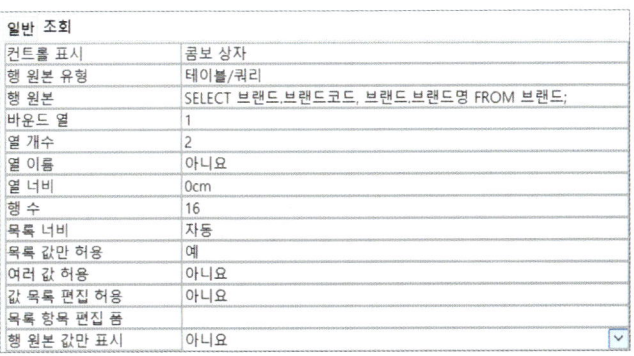

3 〈상품〉 ↔ 〈분류〉 테이블간의 관계

정답

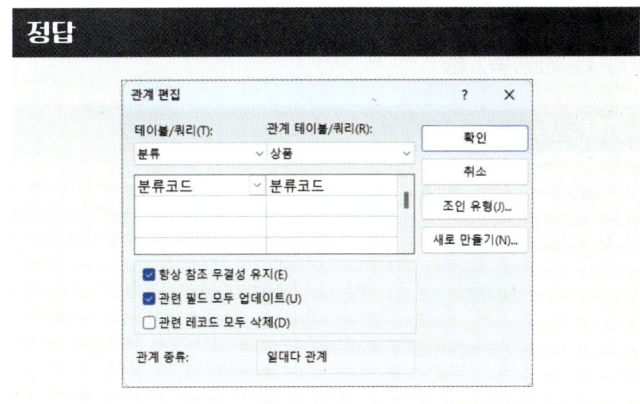

① [데이터베이스 도구]-[관계]( )를 클릭한다.
② [관계 디자인] 탭의 [테이블 추가]를 클릭한다.
③ 〈분류〉와 〈상품〉 테이블을 더블 클릭하고 [닫기]를 클릭한다.

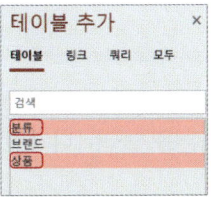

④ 〈분류〉 테이블의 '분류코드' 필드를 끌어서 〈상품〉 테이블의 '분류코드' 필드에 놓는다.

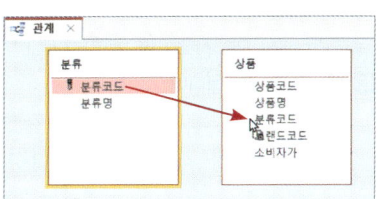

⑤ 지시사항대로 '항상 참조 무결성 유지', '관련 필드 모두 업데이트'에 체크하고 '관련 레코드 모두 삭제'는 체크 해제(디폴트값)한 후 [만들기]를 클릭한다.

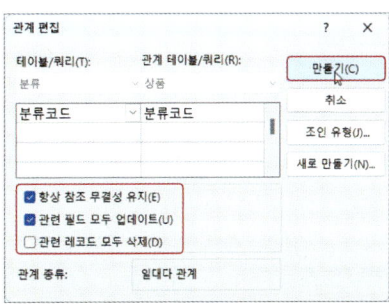

⑥ [관계 디자인] 탭의 [닫기]를 클릭하고 변경한 내용은 [예]를 눌러 저장한다.

문제2 입력 및 수정 기능 구현

1 〈상품등록〉 폼

정답

번호	개체	속성	설정 값
①	cmb브랜드	사용 가능	예
②	txt개수	컨트롤 원본	=Count(*)
③	본문	다른 배경색	

① 〈상품등록〉 폼에서 마우스 오른쪽 버튼을 눌러 [디자인 보기](🔲)를 클릭한다.

기적의 TIP
- [속성 시트]가 보이지 않으면 [양식 디자인] 탭의 [속성 시트]를 클릭하면 됩니다.
- 폼 개체에 관련된 속성을 지정할 때는 [폼 선택기]를 클릭하거나 [속성 시트]에서 선택 유형을 '폼'으로 하면 됩니다.

② 'cmb브랜드' 컨트롤을 선택한 후 사용 가능을 '예'로 설정한다.

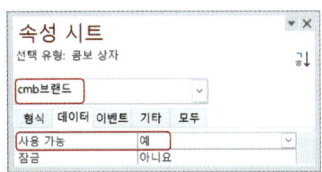

③ 'txt개수' 컨트롤을 선택한 후 컨트롤 원본에 '=Count(*)'를 설정한다.

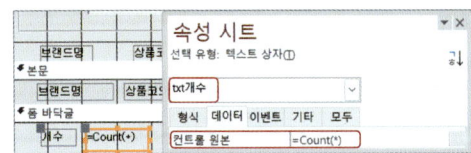

기적의 TIP
- Count 함수는 레코드의 개수를 계산하는 함수입니다.
- =Count(*)는 Null 필드가 있는 레코드까지 포함한 전체 레코드 개수를 계산합니다.
- =Count([필드명])은 Null 필드가 있는 레코드는 제외하고 개수를 계산합니다.

④ [본문] 영역을 선택한 후 속성 시트에서 '다른 배경색' 속성을 '바다색, 강조 5, 60% 더 밝게'를 선택한다.

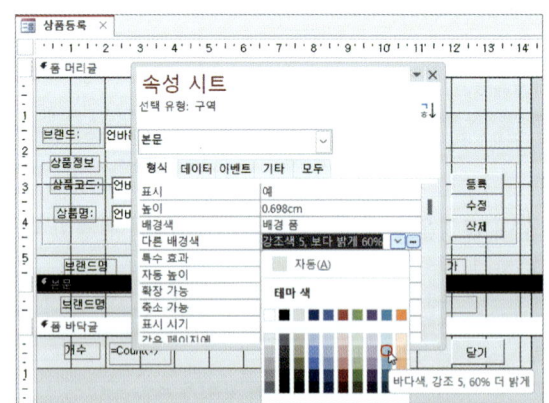

⑤ Ctrl + S 를 눌러 변경한 내용을 저장한다.

2 이벤트 프로시저 작성

① 〈상품등록〉 폼을 디자인 보기로 열고 'cmd삭제'의 On Click에서 [이벤트 프로시저]를 선택한 후 [작성기](...)를 클릭한다.

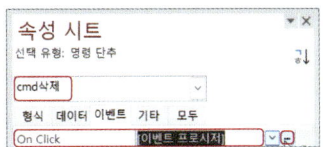

② 코드 창에 다음과 같이 코딩한다.

```
Private Sub cmd삭제_Click()
    DoCmd.RunSQL "DELETE 상품코드 FROM 상품 WHERE 상품코드 = '" & txt상품코드 & "'"
    Me.Requery
End Sub
```

기적의 TIP

- DoCmd개체의 RunSQL 메서드를 이용하면 SQL문을 통해 실행 쿼리를 직접 실행할 수 있습니다.
- 실행 쿼리란 추가 쿼리(INSERT INTO), 삭제 쿼리(DELETE), 테이블 만들기 쿼리(SELECT INTO), 업데이트 쿼리(UPDATE) 등을 말합니다.
- Me는 현재 작업 중인 폼을 의미하고, Requery 메서드는 앞서 실행된 DELETE 실행 쿼리로 인해 삭제된 레코드가 있다면 이를 반영할 수 있도록 폼의 레코드 원본을 다시 쿼리 하여 폼의 데이터를 업데이트 하는 역할을 수행합니다.

③ Ctrl + S 를 눌러 변경한 내용을 저장한 후 Microsoft Visual Basic for Applications 창을 닫고 디자인 보기 창도 닫는다.

3 〈Macro1〉 매크로 생성 후, 〈상품등록〉 폼의 'cmd분류추가' 버튼에 지정

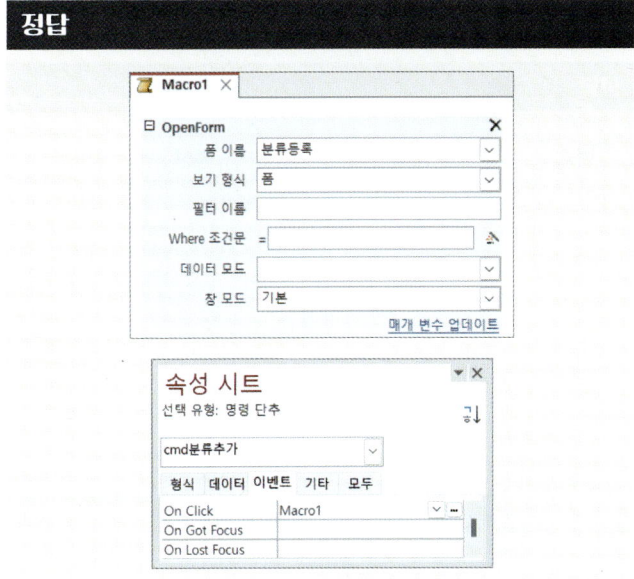

① [만들기]-[매크로 및 코드] 그룹에서 [매크로]()를 클릭한다.
② 매크로 작성기의 새 함수 추가 드롭 다운 목록에서 'OpenForm'을 선택하고 폼 이름 인수에 '분류등록' 폼을 설정한다.

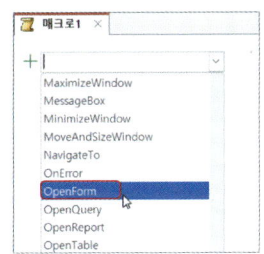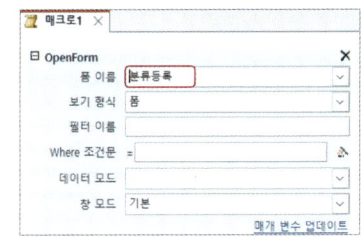

③ Ctrl + S 를 누른 후 다른 이름으로 저장 대화상자에 매크로 이름을 'Macro1'로 설정하고 [확인]을 클릭한다.
④ 〈상품등록〉 폼을 [디자인 보기]()로 열어 'cmd분류추가'를 선택한 후 On Click에 'Macro1'을 지정하고 변경한 내용은 저장한다.

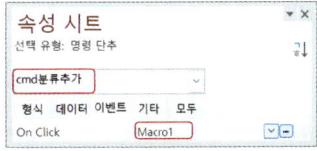

문제3 조회 및 출력 기능 구현

1 〈상품목록〉 보고서

정답

번호	개체	속성	설정 값
①	그룹화 및 정렬		그룹, 정렬 및 요약 그룹화 기준 브랜드코드 ▼ 오름차순 ▼, 전체 값, 요약 표시 안 함 ▼, 그룹화 기준 분류코드 ▼ 오름차순 ▼, 전체 값, 요약 표시 안 함 ▼, 제목 추가하려면 클릭, 머리글 구역 표시 안 함 ▼, **바닥글 구역 표시** ▼, 같은 페이지에 표시 안 함 ▼, 간단히 ◀
②	브랜드코드 머리글	반복 실행 구역	예
③	txt브랜드	컨트롤 원본	=[브랜드명] & "(" & [브랜드코드] & ")"
④	txt상품수	컨트롤 원본	=Count(*)
⑤	txt페이지	컨트롤 원본	=[Page] & " / " & [Pages]

① 〈상품목록〉 보고서에서 마우스 오른쪽 버튼을 눌러 [디자인 보기](⊞)를 클릭한다.

② 아래쪽 [그룹, 정렬 및 요약] 창에서 [정렬 추가]를 클릭한다.

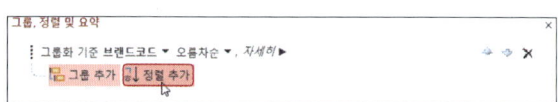

③ 필드 목록 중 '분류코드'를 선택한다.

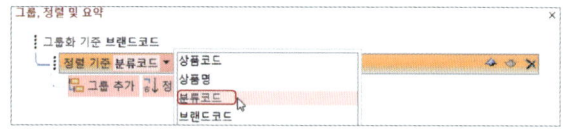

④ 정렬 기준 분류코드의 [자세히]를 클릭한다.

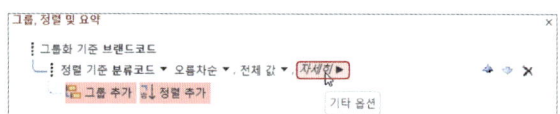

⑤ 그룹 바닥글을 설정하기 위해서 '바닥글 구역 표시'를 클릭한다.

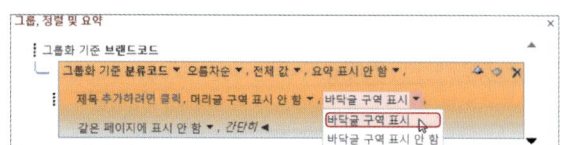

⑥ 속성 시트에서 '브랜드코드 머리글' 구역을 선택하고 반복 실행 구역을 '예'로 설정한다.

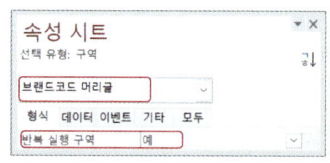

⑦ 'txt브랜드' 텍스트 상자를 선택하고 컨트롤 원본에 =[브랜드명] & "(" & [브랜드코드] & ")"를 설정한다.

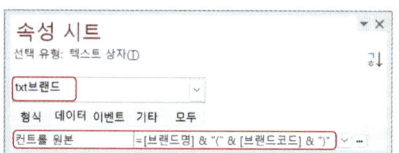

⑧ [보고서 디자인]-[컨트롤] 그룹에서 [텍스트 상자]를 클릭한다.

⑨ 미리보기 그림을 참조하여 분류코드 바닥글 구역에서 텍스트 상자가 놓일 적당한 위치를 찾아 클릭하여 삽입한다.

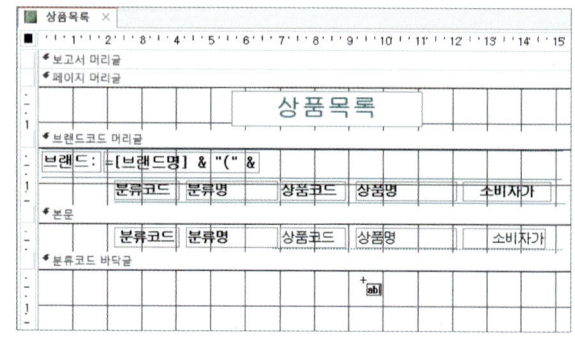

⑩ 생성한 텍스트 상자의 속성 시트에서 이름을 **txt상품수**로, 컨트롤 원본을 =Count(*)로 설정한다.

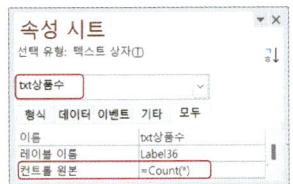

⑪ 왼쪽 레이블을 선택하고 캡션을 **총상품수:**로 설정한다. 너비는 적당하게 끌어서 글자가 보이도록 조절한다.

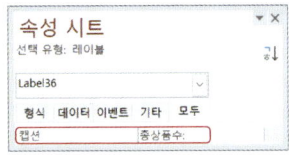

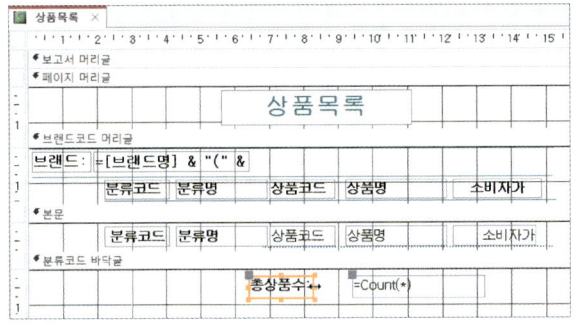

⑫ 본문의 선 컨트롤(Line21)을 선택한 다음 Ctrl+C를 눌러 복사하고, '분류코드 바닥글'에서 Ctrl+V를 눌러 붙여넣기 한다.

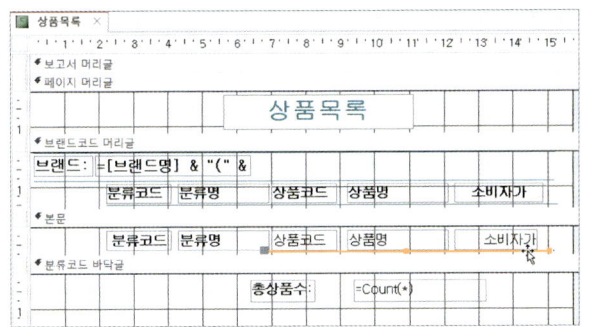

⑬ 미리보기 그림을 참조하여 적당한 위치로 끌어다 놓고, 속성 시트의 이름을 'Line22'로 설정한다.

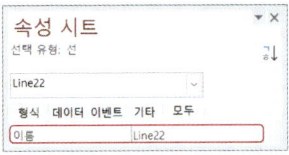

⑭ 'txt페이지' 텍스트 상자를 선택하고 컨트롤 원본에 =[Page] & " / " & [Pages]를 설정한다(확대/축소 입력창 이용).

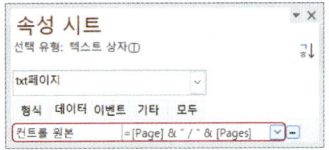

> **기적의 TIP**
>
> 계산 컨트롤은 =으로 시작하고 [Page]는 현재 페이지, [Pages]는 전체 페이지를 나타내는 속성입니다. 공백(공백문자)과 /는 텍스트이므로 ""큰 따옴표로 묶고 나머지 인수와 결합하기 위해서 &(앰퍼샌드) 연산자를 사용합니다.

⑮ 보고서 디자인 보기 창을 닫고 변경한 내용은 [예]를 클릭하여 저장한다.

2 이벤트 프로시저 작성

① 〈상품등록〉 폼에서 마우스 오른쪽 버튼을 눌러 [디자인 보기](📐)를 클릭한다.
② 'cmd조회' 명령 단추를 선택한 후 On Click의 [이벤트 프로시저]에서 [작성기](...)를 클릭한다.

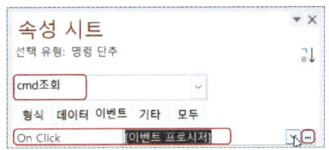

③ 코드 창에 다음과 같이 코딩하고 변경한 내용은 저장한다.

```
Private Sub cmd조회_Click()
    Me.Filter = "브랜드코드 = '" & cmb브랜드 & "'"
    Me.FilterOn = True
    Me.OrderBy = "상품명 DESC"
    Me.OrderByOn = True
End Sub
```

문제4 처리 기능 구현

1 〈분류별_평균가〉 쿼리

정답

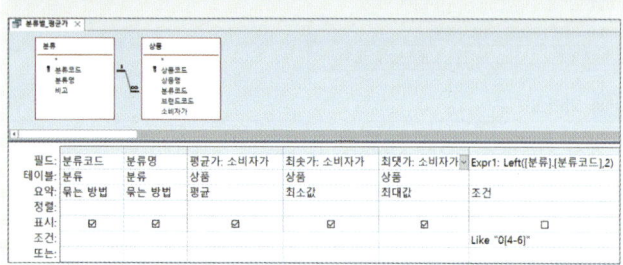

① [만들기]-[쿼리] 그룹에서 [쿼리 디자인](🔲)을 클릭한다.
② 〈분류〉, 〈상품〉 테이블을 더블클릭하여 추가한다.
③ 디자인 눈금의 각 필드에 다음과 같이 드래그해서 배치하고, [쿼리 디자인] 탭에서 [요약]을 클릭한다.

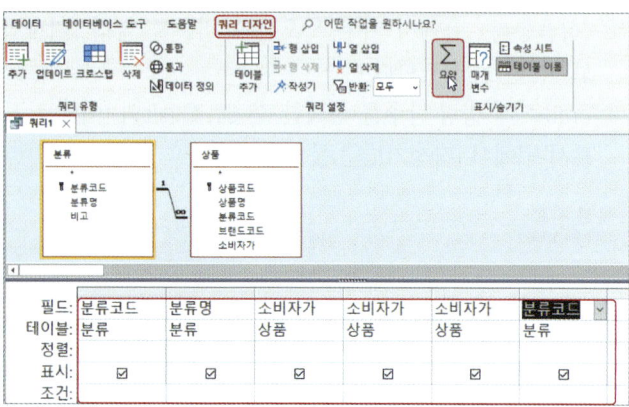

④ 다음과 같이 수정한다.

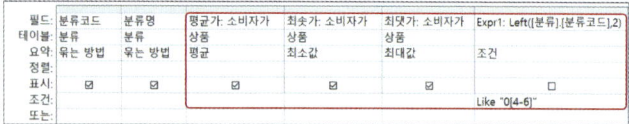

- 평균가: 소비자가(평균),
- 최솟가: 소비자가(최소값),
- 최댓가: 소비자가(최대값),
- Left([분류].[분류코드],2), 조건(Like "0[4-6]")

⑤ '평균가'를 선택한 후 [쿼리 디자인] 탭의 [속성 시트]를 클릭하여 형식 '표준', 소수 자릿수 0을 입력한다.

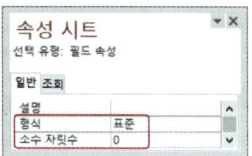

⑥ '최솟가', '최댓가'도 형식은 '표준', 소수 자릿수는 0으로 지정한다.
⑦ [저장](💾)을 클릭한 후 **분류별_평균가**를 입력하고 [확인]을 클릭한다.

2 〈분류별상품수〉 쿼리

정답

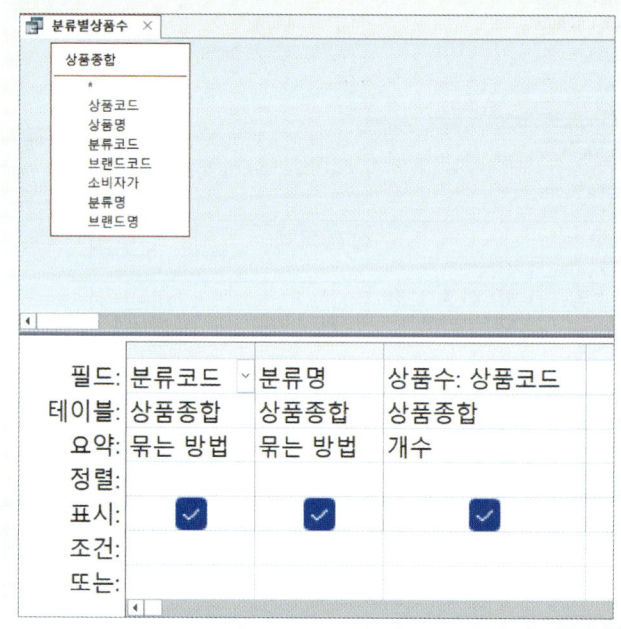

① [만들기]-[쿼리] 그룹에서 [쿼리 디자인](🔲)을 클릭한다.
② [테이블 추가]에서 [쿼리] 탭의 〈상품종합〉 쿼리를 더블클릭하여 추가한 후 [닫기]를 클릭한다.
③ 미리보기 〈그림〉을 참조하여 필요한 필드를 디자인 눈금으로 끌어다 놓거나 더블클릭한다.

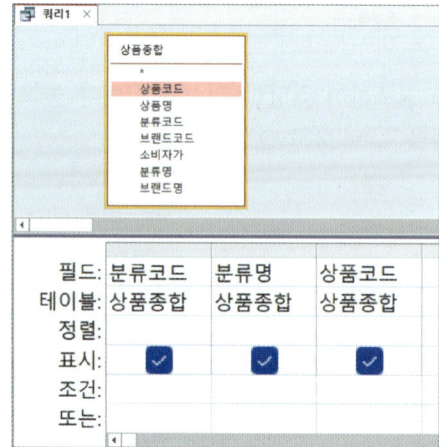

④ [쿼리 디자인]-[표시/숨기기] 그룹에서 [요약](Σ)을 클릭한다.

⑤ 미리보기 〈그림〉을 참조하여 필드의 별명(Alias)을 '상품수:'로 명명하고 묶는 방법을 '개수'로 설정한다.

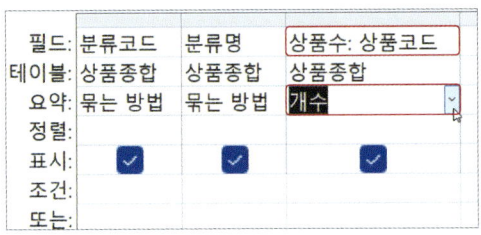

⑥ Ctrl + S 를 눌러 [다른 이름으로 저장] 대화상자에 **분류별상품수**를 입력하고 [확인]을 클릭하여 저장한다.

3 〈브랜드별_분류 통계〉 쿼리

정답

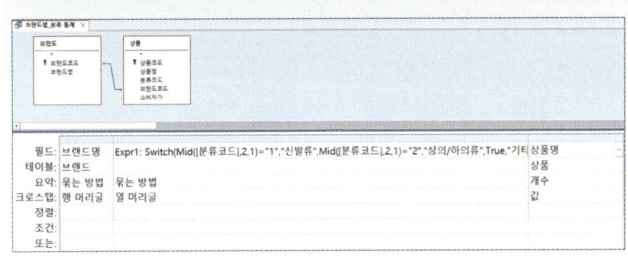

① [만들기]-[쿼리] 그룹의 [쿼리 디자인](🔲)을 클릭한다.
② [테이블 추가]의 [테이블] 탭에서 〈브랜드〉, 〈상품〉를 추가한다.
③ 디자인 눈금의 각 필드에 다음과 같이 드래그해서 놓는다.

Switch(Mid([분류코드],2,1)="1","신발류",Mid([분류코드],2,1)="2","상의/하의류",True,"기타")

④ [쿼리 디자인]-[쿼리 유형] 그룹의 [크로스탭](🔲)을 클릭한다.
⑤ 브랜드명은 '행 머리글', 분류코드 수식은 '열 머리글', 상품명은 '개수'와 '값'을 선택한다.

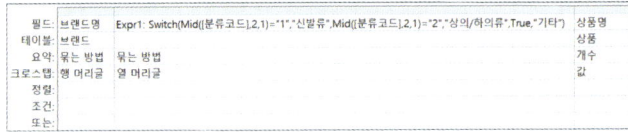

⑥ [쿼리 디자인] 탭의 [속성 시트]를 클릭하여 열 머리글에 "**신발류**","**상의/하의류**","**기타**"를 입력한다.

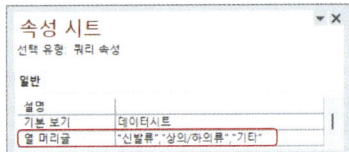

⑦ [저장](💾)을 클릭한 후 **브랜드별_분류 통계**를 입력하고 [확인]을 클릭한다.

4 〈브랜드코드조회〉 쿼리

정답

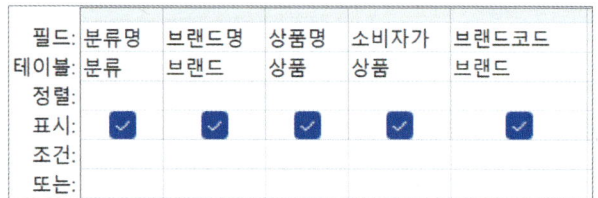

① [만들기]-[쿼리] 그룹의 [쿼리 디자인](▦)을 클릭한다.
② [테이블 추가]의 [테이블] 탭에서 〈분류〉, 〈상품〉, 〈브랜드〉를 추가하고 [닫기]를 클릭한다.
③ 디자인 눈금의 각 필드에 다음과 같이 드래그해서 놓는다.

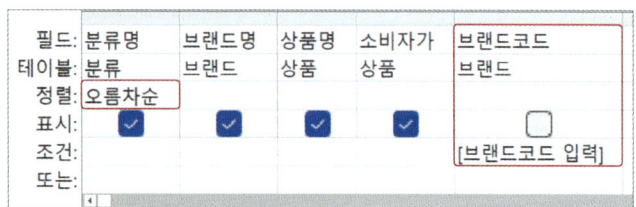

④ 분류명은 '오름차순', '브랜드코드'는 표시의 체크를 해제하고 조건에 [**브랜드코드 입력**]을 입력한다.

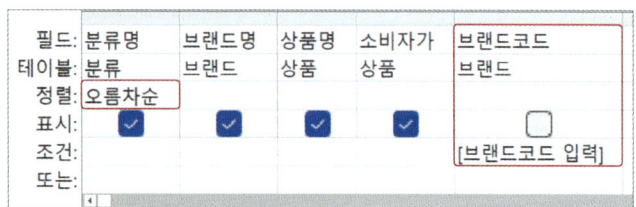

⑤ Ctrl+S를 눌러 '다른 이름으로 저장' 대화상자에 **브랜드코드조회**로 입력하고 [확인]을 클릭하여 저장한다.

5 〈분류코드지정처리〉 쿼리

정답

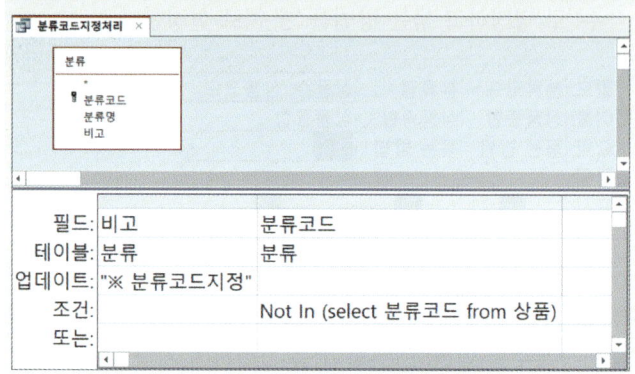

① [만들기]-[쿼리] 그룹의 [쿼리 디자인](▦)을 클릭한다.
② [테이블 추가]의 [테이블] 탭에서 〈분류〉 테이블을 추가하고 '비고', '분류코드' 필드를 드래그한다.
③ [쿼리 디자인]-[쿼리 유형] 그룹의 [업데이트](▦)를 클릭한 후 다음과 같이 입력한다.

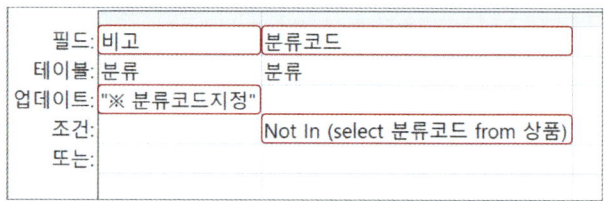

④ 쿼리의 이름을 **분류코드지정처리**로 입력하고 [확인]을 클릭한다.
⑤ [쿼리 디자인]-[결과] 그룹의 [실행](❗)을 클릭하면 다음의 메시지가 표시되면 [예]를 클릭한다.

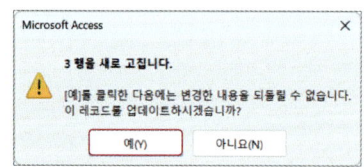

데이터베이스 실전 모의고사 03회

작업파일 : '26컴활1급(기출)₩데이터베이스₩실전모의고사'에서 '실전모의고사3회' 파일을 열어 작업하세요.

문제1 DB 구축(25점)

1 고속도로 서울요금소의 통행차량을 관리하기 위하여 다음과 같이 데이터베이스를 구축하였다. 다음 지시사항에 따라 〈통행목록〉 테이블을 완성하시오. (각 3점)

① 첫 번째 필드로 '통행번호' 필드를 추가하고, 데이터 형식을 '일련 번호'로 지정한 후 기본 키로 설정하시오.
② '차량번호' 필드는 다음과 같은 형태로 입력되도록 입력 마스크를 설정하시오.
   ▶ '02마1234'와 같이 7자리의 데이터가 입력되며, 반드시 앞의 두 자리는 숫자, 세 번째 자리는 한글, 뒤의 네 자리는 숫자로 입력되어야 함
   ▶ 한글 입력은 영어와 한글만 입력할 수 있도록 설정할 것
   ▶ 숫자 입력은 0~9까지의 숫자만 입력할 수 있도록 설정할 것
③ '진입시간' 필드는 새 레코드가 추가되는 경우 기본적으로 시스템의 오늘 날짜와 시간이 입력되도록 설정하시오.
④ '경차유무' 필드는 데이터 형식을 'Yes/No'로 설정하시오.
⑤ '할인구분' 필드는 '경차할인', '출퇴근할인', '화물차심야할인'만 입력되도록 유효성 검사 규칙을 설정하시오.

2 〈통행목록〉 테이블의 '입구ID' 필드에 조회 속성을 설정하시오. (5점)

▶ 〈지역정보〉 테이블의 '지역코드', '지역명' 필드의 값들이 콤보 상자 형태로 표시되도록 설정하시오.
▶ 필드에는 '지역코드'가 저장되도록 설정하시오.
▶ 열 너비는 각각 2cm로 설정하고, 목록 너비는 4cm로 설정하시오.

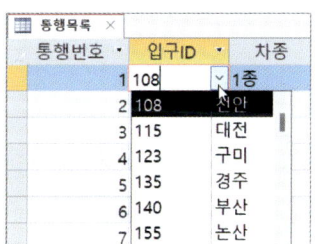

3 〈통행목록〉 테이블의 '입구ID' 필드는 〈지역정보〉 테이블의 '지역코드' 필드를 참조하고, 각 테이블 간의 관계는 M:1이다. 두 테이블에 대해 다음과 같이 관계를 설정하시오. (5점)

▶ 두 테이블 간에 항상 참조 무결성을 유지하도록 설정하시오.
▶ 참조 필드의 값이 변경되면 관련 필드의 값도 변경되도록 설정하시오.
▶ 다른 테이블에서 참조하고 있는 레코드는 삭제할 수 없도록 설정하시오.

문제2 입력 및 수정 기능 구현(20점)

1 〈영업소이용관리〉 폼을 다음의 화면과 지시사항에 따라 완성하시오. (각 3점)

① 하위 폼에 '탐색 단추'와 '레코드 선택기'가 표시되지 않도록 설정하시오.
② 하위 폼 본문의 'txt납입액' 컨트롤에 탭 전환 시 포커스가 이동하지 않도록 설정하시오.
③ 하위 폼 바닥글의 'txt통행차량수' 컨트롤에는 전체 통행차량의 수가 〈그림〉과 같이 표시되도록 컨트롤 원본과 형식 속성을 설정하시오.
  ▶ [표시 예 : 9 → 9건, 0 → 0건]

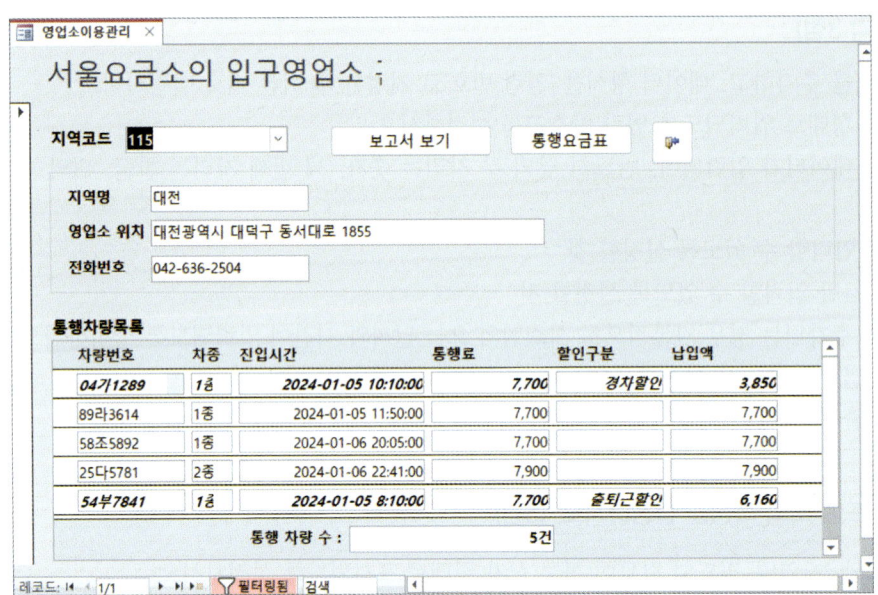

2 〈영업소이용관리〉 폼의 'cmb지역조회' 컨트롤에서 지역코드를 선택하면(Change) 다음과 같은 조회 기능을 수행하는 이벤트 프로시저를 작성하시오. (6점)

▶ '지역코드'가 'cmb지역조회'에서 선택한 지역과 같은 레코드만을 표시하도록 설정하시오.
▶ 폼의 Filter와 FilterOn 속성 사용

3 〈통행차량보기〉 폼에 대하여 다음과 같이 조건부 서식을 설정하시오. (5점)

▶ '할인구분'의 값이 NULL이 아닌 경우 본문 영역의 모든 텍스트 상자 컨트롤에 '굵게', '기울임꼴' 서식이 적용되도록 설정하시오.
▶ 단, 규칙은 식으로 작성하시오.

문제3 조회 및 출력 기능 구현(20점)

1 다음의 지시사항 및 화면을 참조하여 〈출발지별통행내역〉 보고서를 완성하시오. (각 3점)

① 입구ID 머리글 영역의 'txt입구ID' 컨트롤에는 '입구ID'와 '지역명'을 함께 표시하시오.
  ▶ 입구ID가 '115'이고, 지역명이 '대전'인 경우 [표시 예 : 115-대전]
② 본문 영역의 'txt순번' 컨트롤에는 그룹별로 일련번호가 표시되도록 설정하시오.
③ 본문 영역의 'txt차종' 컨트롤에는 '차종' 필드의 값이 이전 레코드와 동일한 경우에는 표시되지 않도록 설정하시오.
④ 입구ID 바닥글 영역의 'txt총납입액' 컨트롤에는 납입액의 합계가 표시되도록 설정하시오.
⑤ 페이지 바닥글의 'txt페이지' 컨트롤에는 〈그림〉과 같이 페이지 번호가 표시되도록 설정하시오.
  ▶ [표시 예 : 1 / 3]

입구ID	순번	진입시간	차량번호	차종	통행료	할인구분	납입액
108-천안							
	1	2024-01-05 7:03:00	04모8421	3종	4,600	출퇴근할인	3,680
	2	2024-01-05 13:01:00	01수9020	1종	4,300		4,300
	3	2024-01-05 23:07:00	29바2111	4종	5,800	화물차심야할인	2,900
						총 납입액 :	₩10,880
115-대전							
	1	2024-01-05 8:10:00	54부7841	1종	7,700	출퇴근할인	6,160
	2	2024-01-05 10:10:00	04가1289		7,700	경차할인	3,850
	3	2024-01-05 11:50:00	89라3614		7,700		7,700
	4	2024-01-06 20:05:00	58조5892		7,700		7,700
	5	2024-01-06 22:41:00	25다5781	2종	7,900		7,900
						총 납입액 :	₩33,310

1 / 4

2 〈영업소이용관리〉 폼의 '보고서 보기'(cmd보고서) 단추를 클릭하면 〈출발지별통행내역〉 보고서를 '인쇄 미리 보기' 형태로 여는 〈보고서출력〉 매크로를 생성하여 지정하시오. (5점)

  ▶ 입구ID가 'cmb지역조회' 컨트롤에 입력된 지역코드와 동일한 레코드만을 대상으로 설정하시오.

문제4 처리 기능 구현(35점)

1 영업소주소의 일부를 매개 변수로 입력 받아 해당하는 주소의 통행요금 정보를 표시하는 〈통행요금조회〉 쿼리를 작성하시오. (7점)

▶ 〈통행요금〉과 〈지역정보〉 테이블을 이용하며, 두 테이블의 조인된 필드(출발지코드와 지역코드)가 일치하는 행만 포함되도록 설정하시오.
▶ 출퇴근할인요금은 요금에 20% 할인율을 적용한 금액으로 나타내시오.
▶ 쿼리 결과 표시되는 필드와 필드명, 필드의 형식은 〈그림〉과 같이 표시되도록 설정하시오.

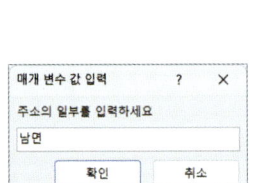

2 〈지역정보〉, 〈통행목록〉 테이블을 이용하여 지역별 '통행료'의 합계를 조회하는 〈지역별합계〉 쿼리를 작성하시오. (7점)

▶ '지역명' 필드를 기준으로 내림차순 정렬되어 표시되도록 설정하시오.
▶ 쿼리 결과 표시되는 필드와 필드명은 〈그림〉과 같이 표시되도록 설정하시오.

3 〈통행목록〉 테이블을 이용하여 진입시간이 평일인 통행목록을 표시하는 〈평일통행목록〉 쿼리를 작성하시오. (7점)

▶ 쿼리 실행 결과 표시되는 필드와 필드명은 〈그림〉과 같이 표시되도록 설정하시오.
▶ Weekday, Between 함수 사용

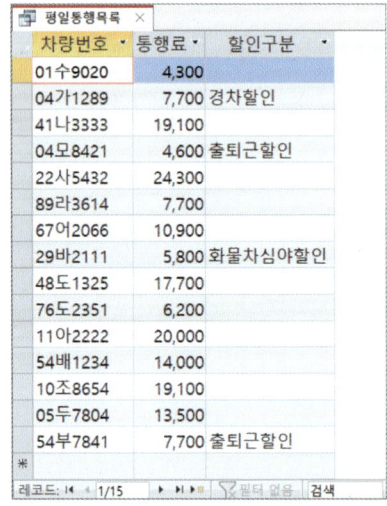

4 차종별, 경차유무로 차량수를 조회하는 〈차종별통행차량〉 크로스탭 쿼리를 작성하시오. (7점)

▶ 〈통행목록〉 테이블을 이용하시오.
▶ 차량수는 '차량번호' 필드를 이용하시오.
▶ 경차유무는 체크가 해제되어 있으면(false=0) '일반', 체크가 되어 있으면 '경차'로 표시하시오. (IIF 함수 사용)
▶ 쿼리 실행 결과 표시되는 필드와 필드명(열 순서)는 〈그림〉과 같이 표시되도록 설정하시오.

5 〈통행목록〉 테이블을 이용하여 〈시간대별차량분석〉 쿼리를 작성하시오. (7점)

▶ 차량대수는 '입구ID' 필드와 String, Count 함수 사용
▶ 시간 필드는 '진입시간' 필드와 Day, Hour 함수 사용
▶ 쿼리 실행 결과 표시되는 필드와 필드명은 〈그림〉과 같이 표시되도록 설정하시오.

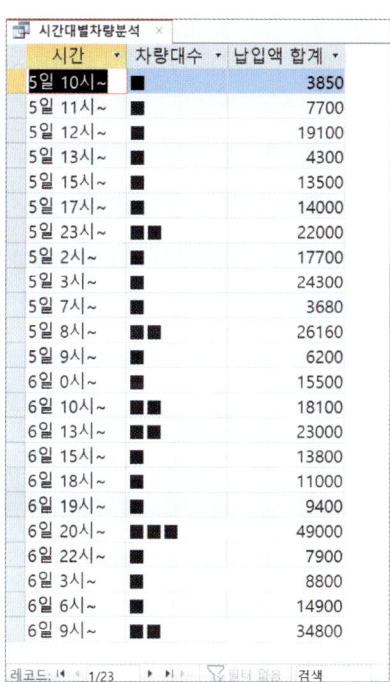

정답 & 해설 데이터베이스 실전 모의고사 03회

문제1 DB 구축

1 〈통행목록〉 테이블

정답

번호	테이블	필드 이름	속성 및 형식	설정 값
①	통행목록	통행번호	필드 추가	일련 번호 데이터 형식, 기본 키
②	통행목록	차량번호	입력 마스크	00L0000
③	통행목록	진입시간	기본값	Now()
④	통행목록	경차유무	데이터 형식	Yes/No
⑤	통행목록	할인구분	유효성 검사 규칙	In ("경차할인","출퇴근할인","화물차심야할인")

① 〈통행목록〉 테이블에서 마우스 오른쪽 버튼을 눌러 [디자인 보기](🔲)를 클릭한다.
② 테이블 디자인 눈금에서 '입구ID' 필드의 행 선택기를 클릭한 후 [테이블 디자인]-[도구] 그룹에서 [행 삽입](🔲)을 클릭한다.

> **기적의 TIP**
> 테이블 디자인 눈금의 제일 위쪽이 첫 번째 필드가 됩니다. 또한 [행 삽입] 기능은 선택한 행의 위쪽에 새로운 행이 삽입되므로 이를 고려하여 작업하세요.

③ 삽입된 행의 필드 이름에 '통행번호'를 입력하고 데이터 형식은 '일련 번호'로 지정한 후 [테이블 디자인]-[도구] 그룹에서 [기본 키](🔲)를 클릭한다.

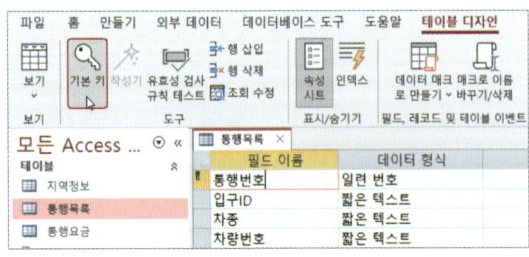

④ '차량번호' 필드의 행 선택기를 클릭한 후 필드 속성의 입력 마스크에 00L0000을 입력한다.
⑤ '진입시간' 필드의 기본값에 Now()를 입력한다.

⑥ '경차유무' 필드의 데이터 형식을 'Yes/No'로 지정한다.

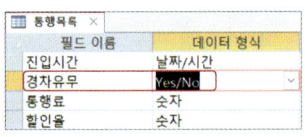

⑦ '할인구분' 필드의 유효성 검사 규칙에 In("**경차할인**","**출퇴근할인**","**화물차심야할인**")을 입력하고 변경한 내용은 Ctrl+S로 저장한다.

2 〈통행목록〉 테이블의 '입구ID' 필드에 조회 속성

정답

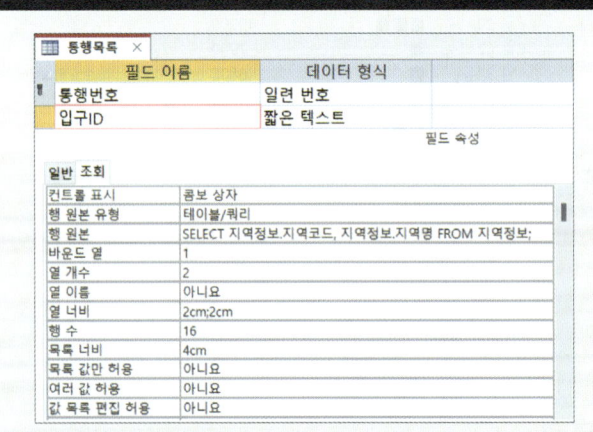

① 〈통행목록〉 테이블의 디자인 눈금에서 '입구ID' 필드의 행 선택기를 클릭한 후 필드 속성의 [조회] 탭을 클릭하고 컨트롤 표시 속성 중 '콤보 상자'를 선택한다.

② [행 원본] 속성의 [작성기](...)를 클릭한다.

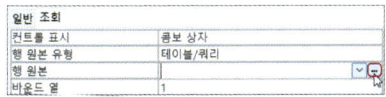

③ [테이블 추가]에서 〈지역정보〉 테이블을 선택한 후 [추가] 단추를 클릭하고 [닫기] 단추를 클릭한다.
④ '지역코드'와 '지역명' 필드를 차례로 더블클릭하여 디자인 눈금에 추가하고, 디자인 탭의 닫기 그룹에서 [닫기] 단추를 클릭한다.

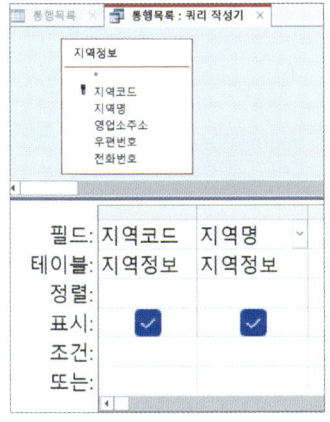

⑤ 'SQL 문의 변경 내용을 저장하고 속성을 업데이트 하시겠습니까?'라고 뜨면 [예]를 클릭한다.
⑥ 바운드 열, 열 개수, 열 너비, 목록 너비 속성을 알맞게 지정하고 변경한 내용은 저장한 후 Ctrl+W를 눌러 현재 탭 문서를 닫는다.

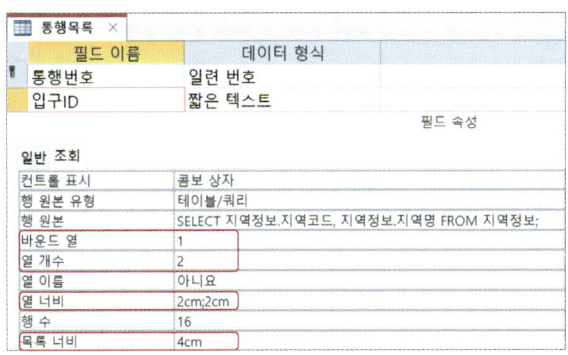

3 〈통행목록〉 ↔ 〈지역정보〉 테이블간의 관계 설정

정답

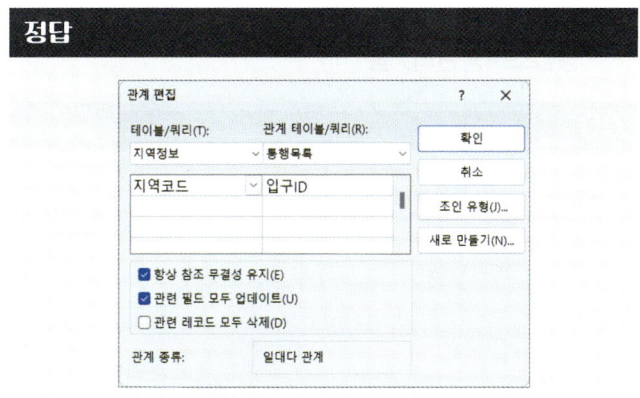

① [데이터베이스 도구]-[관계] 그룹에서 [관계](...)를 클릭한다.
② [관계 디자인]-[관계] 그룹에서 [테이블 추가]를 클릭한다.
③ 〈지역정보〉, 〈통행목록〉 테이블을 선택 후 [추가] 단추를 클릭하고 [닫기] 단추를 클릭한다.

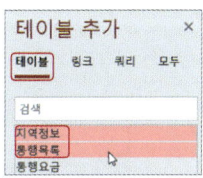

④ 관계 디자인 창에서 '지역코드' 필드를 끌어 '입구ID' 필드에 놓는다.

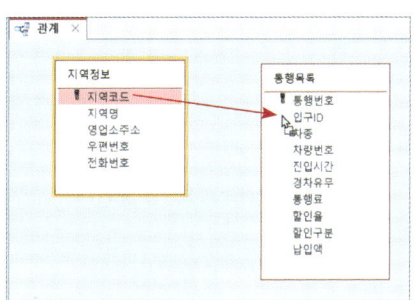

⑤ [관계 편집]에서 지시사항대로 체크하고 [만들기]를 클릭한다.

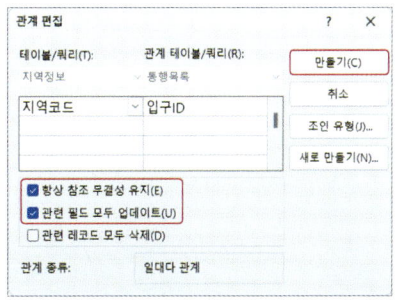

⑥ [관계 디자인]-[관계] 그룹의 [닫기]를 클릭하고 변경한 내용은 저장한다.

문제2 입력 및 수정 기능 구현

1 〈영업소이용관리〉 폼

정답

번호	개체	속성	설정 값
①	폼(하위 폼)	탐색 단추	아니요
		레코드 선택기	아니요
②	txt납입액	탭 정지	아니요
③	txt통행차량수	컨트롤 원본	=Count(*)
		형식	0건

① 〈영업소이용관리〉 폼에서 마우스 오른쪽 버튼을 눌러 [디자인 보기](N)를 클릭한다.
② 하위 폼의 폼 선택기를 클릭한 후 탐색 단추, 레코드 선택기를 '아니요'로 설정한다.

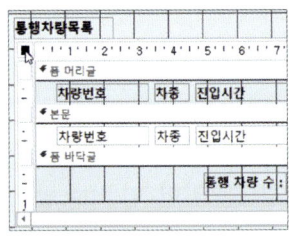

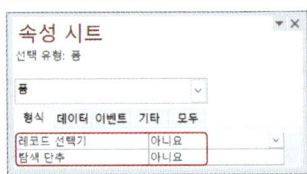

③ 'txt납입액' 컨트롤의 탭 정지를 '아니요'로 설정한다.

④ 'txt통행차량수' 컨트롤의 컨트롤 원본에 =Count(*)를 설정하고, 형식에 0건을 설정한다.

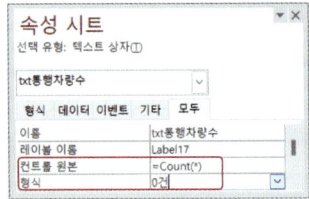

> **기적의 TIP**
> - Count(*)는 Null 필드가 있는 레코드까지 포함하여 개수를 헤아립니다.
> - 0은 숫자 또는 0을 표시하는 자리 표시자입니다.

2 이벤트 프로시저

① 〈영업소이용관리〉 폼에서 마우스 오른쪽 버튼을 눌러 [디자인 보기](N)로 열고 'cmb지역조회' 컨트롤의 On Change에서 [이벤트 프로시저]를 선택한 후 [작성기](…)를 클릭한다.

② 코딩 창에 다음과 같이 코딩하고 변경한 내용은 저장한다.

```
Private Sub cmb지역조회_Change()
    Me.Filter = "지역코드 = '" & cmb지역조회 & "'"
    Me.FilterOn = True
End Sub
```

> **코드 설명**
> - 'cmb지역조회'에서 선택한 값과 '지역코드'를 비교하여 동일한 레코드만 필터링하고
> - Filter 속성을 적용합니다.

3 〈통행차량보기〉 폼의 본문 영역에 조건부 서식 설정

정답

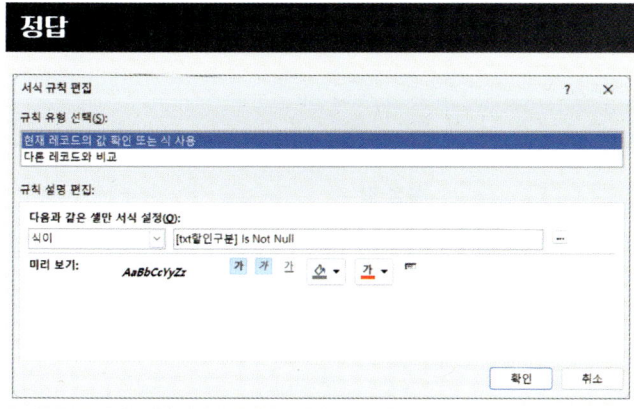

① 〈통행차량보기〉 폼에서 마우스 오른쪽 버튼을 눌러 [디자인 보기](🔲)로 열고 본문 영역의 모든 텍스트 상자 컨트롤을 선택한다.

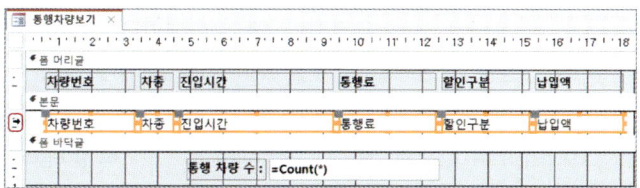

② [서식]-[컨트롤 서식] 그룹의 컨트롤 서식 그룹 중 [조건부 서식]을 클릭한다.

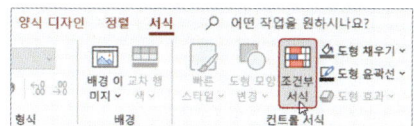

③ [조건부 서식 규칙 관리자]에서 [새 규칙]을 클릭한다.
④ 다음과 같이 설정한 후 [확인]을 클릭한다.

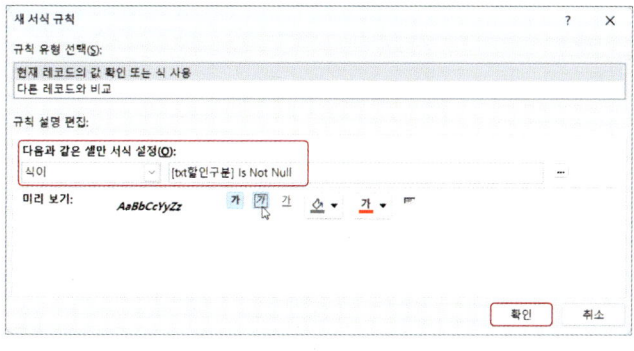

[txt할인구분] is Not Null

기적의 TIP

- '식이'를 선택하고 '[txt할인구분] Is Not Null'을 입력합니다.
- [굵게], [기울임꼴] 단추를 클릭합니다.
- Is 연산자로 Null인지(Is Null) Null이 아닌지(Is Not Null) 비교합니다.

⑤ [확인]을 눌러 조건부 서식을 적용한다.

문제3 조회 및 출력 기능 구현

1 〈출발지별통행내역〉 보고서

정답

번호	개체	속성	설정 값
①	txt입구ID	컨트롤 원본	=[입구ID] & "-" & [지역명]
②	txt순번	컨트롤 원본	=1
		누적 합계	그룹
③	txt차종	중복 내용 숨기기	예
④	txt총납입액	컨트롤 원본	=Sum([납입액])
⑤	txt페이지	컨트롤 원본	=[Page] & " / " & [Pages]

① 데이터베이스 탐색 창에서 〈출발지별통행내역〉 보고서를 선택한 후 Ctrl + Enter 를 누른다.
② 'txt입구ID'의 [컨트롤 원본] 속성을 =[입구ID] & "-" & [지역명]으로 설정한다.

> **기적의 TIP**
> - Access에서 컨트롤의 값을 계산 할 때는 등호 연산자(=)로 식을 시작합니다.
> - Access의 식에서 필드(계산에 사용되는 필드 ; 계산 필드)는 식별자로 불리며 대괄호로 묶습니다.
> - Access의 식에서 앰퍼샌드(&) 연산자는 필드 값과 문자(열)를 결합(연결)하는 역할을 합니다.
> - Access의 식에서 텍스트 문자열 값을 사용하려면, 해당 문자열을 따옴표로 묶어야 합니다.

③ 'txt순번'의 컨트롤 원본에 =1을 설정하고 누적 합계에서 '그룹'을 선택한다.

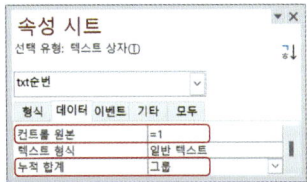

> **기적의 TIP**
> - 레코드별로(그룹별로) 합계를 계산하려면 텍스트 상자를 본문 구역에 위치시킵니다.
> - 컨트롤 원본 속성에 '=1'을, 누적 합계 속성에 '그룹'을 설정합니다.
> - 동일한 그룹 수준에 있는 값의 누계가 텍스트 상자에 표시되며, 다른 그룹 수준이 나타날 때까지만 누계됩니다.

④ 'txt차종'의 중복 내용 숨기기에 '예'를 설정한다.
⑤ 'txt총납입액'의 컨트롤 원본에 =Sum([납입액])을 설정한다.
⑥ 'txt페이지'의 컨트롤 원본에 =[Page] & " / " & [Pages]를 설정한다.

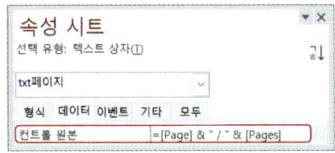

⑦ 변경한 내용은 Ctrl + S 를 눌러 저장한다.

2 〈보고서출력〉 매크로 생성 후 〈영업소이용관리〉 폼의 'cmd보고서'에 지정

정답

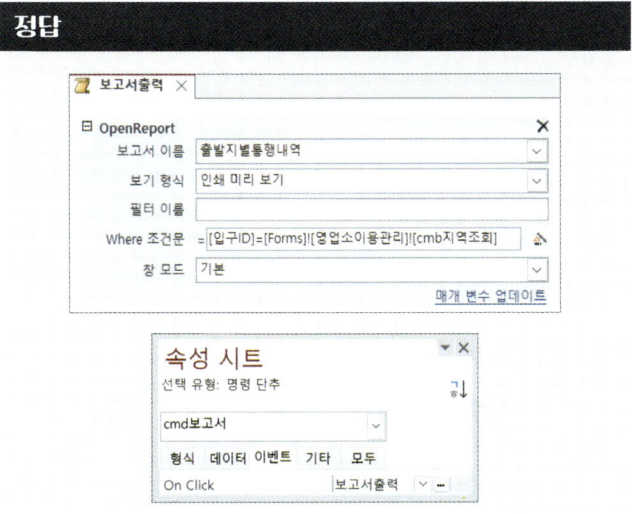

① [만들기]-[매크로 및 코드] 그룹에서 [매크로](□)를 클릭한다.
② 'OpenReport' 매크로 함수를 선택하고 필요한 인수를 설정한다. Where 조건문의 [식 작성기](🔍)를 클릭한다.

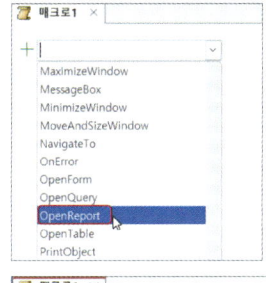

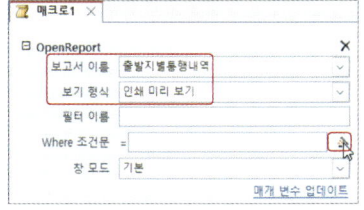

③ 비교할 필드에 [입구ID] =을 입력하고 컨트롤 이름을 식 요소에서 [Forms] → [모든 폼] → [영업소이용관리] 순서로 펼쳐, 식 범주에서 [cmb지역조회]를 찾은 후 더블클릭하여 입력한다. 이후 [확인]을 클릭한다.

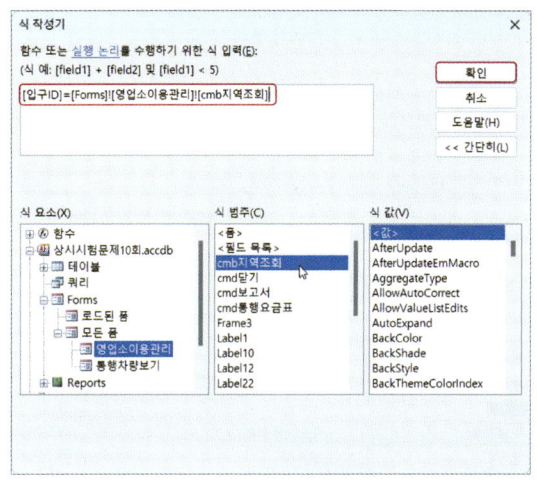

④ Ctrl + S 를 눌러 **보고서출력** 매크로로 저장한다.
⑤ 〈영업소이용관리〉 폼에서 마우스 오른쪽 버튼을 눌러 [디자인 보기](📐)로 열어 'cmd보고서'의 On Click에서 〈보고서출력〉 매크로를 지정하고 저장한다.

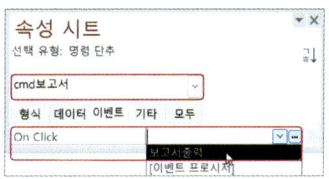

🚩 기적의 TIP

비교할 필드는 버튼을 클릭했을 때 열리는 보고서의 레코드 원본에서 찾아야 합니다. '지역코드' 필드가 보고서의 레코드 원본에 존재하지 않으므로 관계 필드인 '입구ID'를 사용합니다. 또한 'cmb지역조회'의 행 원본에도 '입구ID'가 존재합니다.

문제4 처리 기능 구현

1 〈통행요금조회〉 쿼리

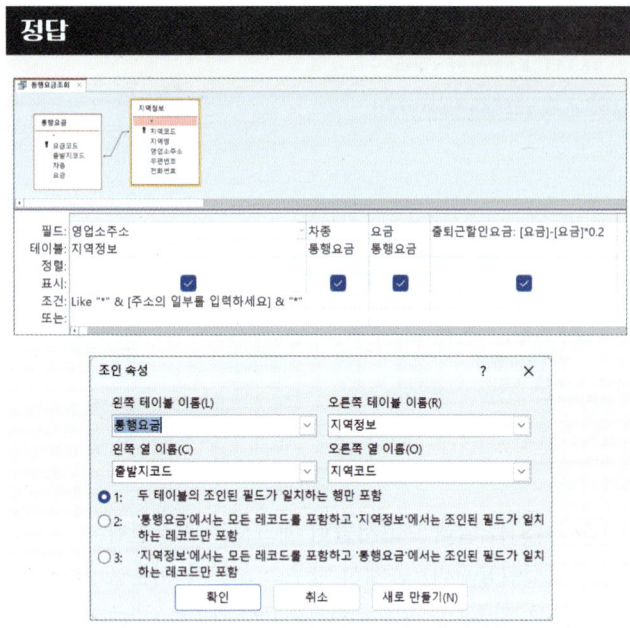

① [만들기]-[쿼리] 그룹에서 [쿼리 디자인](📐)을 클릭한다.
② [테이블 추가] 창에서 〈통행요금〉 선택 후 더블클릭, 〈지역정보〉 테이블 선택 후 더블클릭하여 쿼리 디자인 창에 테이블을 추가한 다음 [닫기]를 클릭한다.

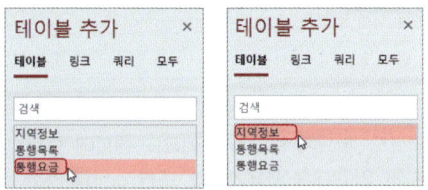

③ '지역코드'와 '출발지코드' 필드끼리 끌어다 놓아 관계를 맺고, 조인 선을 더블클릭하여 [조인 속성] 창에서 첫 번째 항목 선택 후 [확인]을 클릭한다. 내부 조인(inner join) 관계(디폴트 값)를 만들기 위함이다.

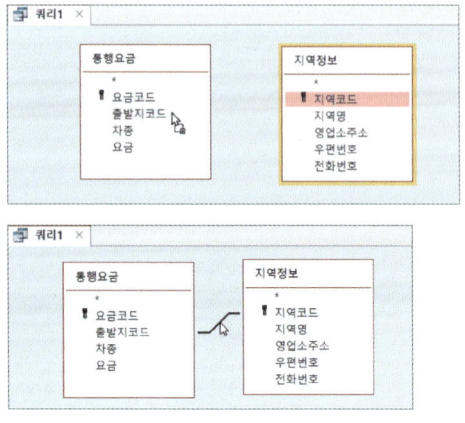

④ 미리보기 그림을 보고 필요한 필드들을 더블클릭하여 디자인 눈금의 필드 행에 추가한다.

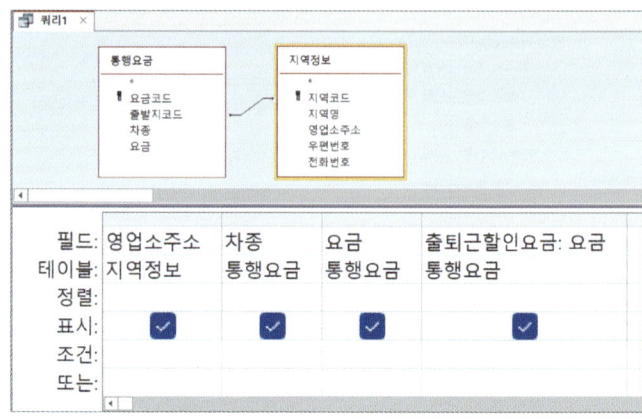

> **기적의 TIP**
>
> 필드 행에 '출퇴근할인요금:요금'처럼 사용자가 원하는 별명 뒤에 콜론을 입력한 후 원래 필드 이름을 입력하면, 원래 필드 이름에 Alias(별명)를 붙일 수 있습니다.

⑤ 필드 행에서 '요금'과 '출퇴근할인요금' 필드를 각 각 선택 후 [형식] 속성에 '통화'를 설정한다.

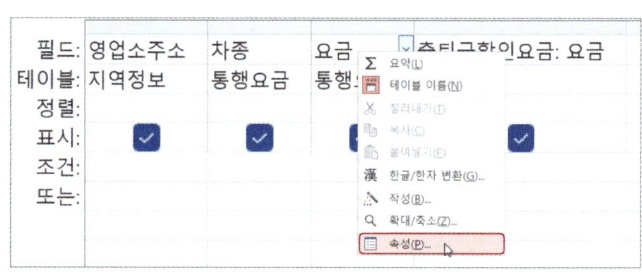

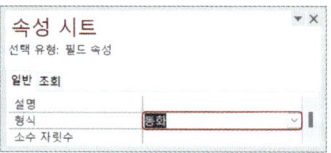

⑥ '영업소주소' 디자인 눈금의 조건 행에 Like "*" & [주소의 일부를 입력하세요] & "*"를 설정하여 매개 변수 값을 입력 받을 수 있게 한다.

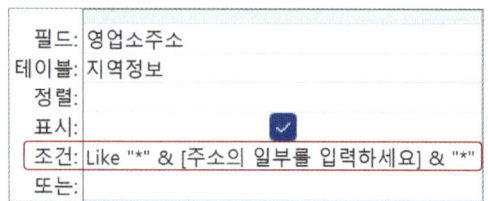

⑦ '출퇴근할인요금' 필드 행에 **출퇴근할인요금: [요금]-([요금]*0.2)**로 설정하여 20% 할인율이 적용되도록 설정한다.

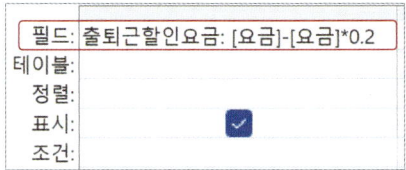

⑧ Ctrl + S 를 눌러 〈통행요금조회〉 쿼리로 저장한다.

2 〈지역별합계〉 쿼리

정답

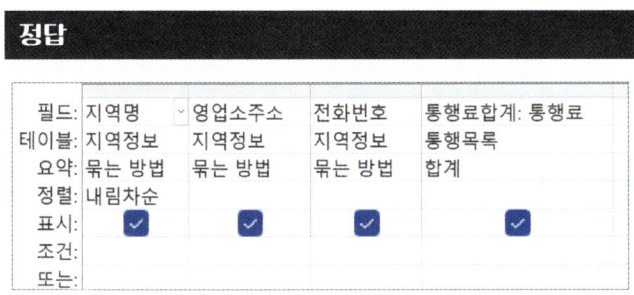

① [만들기]-[쿼리] 그룹에서 [쿼리 디자인](📋)을 클릭한다.
② [테이블 추가] 창에서 〈지역정보〉, 〈통행목록〉 테이블 선택 후 [추가]를 클릭하고 [닫기]를 클릭한다.
③ 미리보기 그림을 보고 필요한 필드들을 더블클릭하여 디자인 눈금의 필드 행에 추가한다.

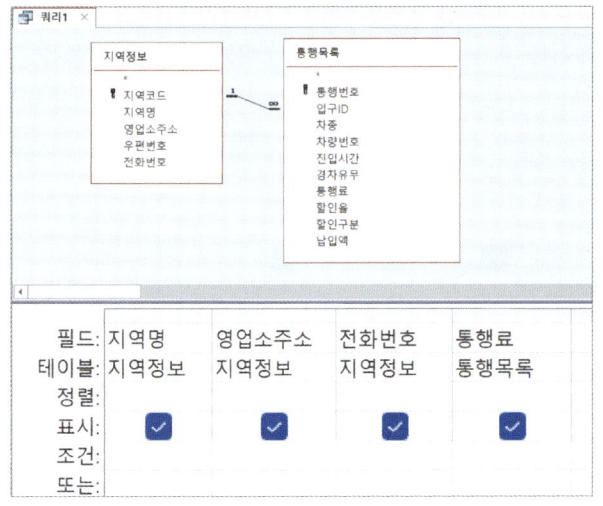

④ [쿼리 디자인]-[표시/숨기기] 그룹에서 [요약](Σ)을 클릭한다.

⑤ '지역명' 필드의 정렬 행에 '내림차순', 통행료합계(통행료 필드의 Alias) 필드의 요약 행에 '합계'를 선택한다.

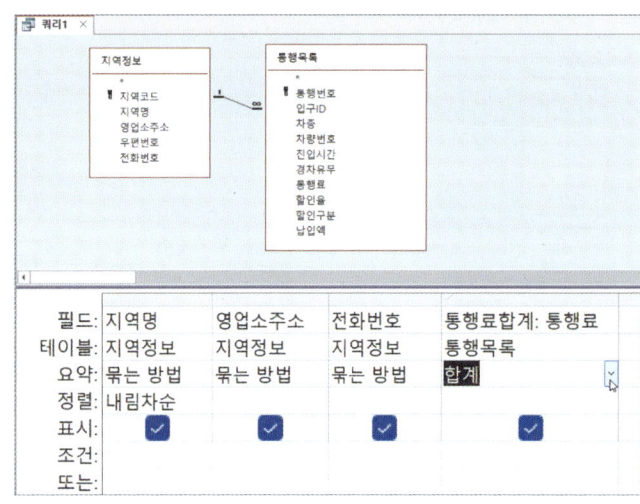

⑥ 변경한 내용은 〈지역별합계〉 쿼리로 저장한다.

3 〈평일통행목록〉 쿼리

정답

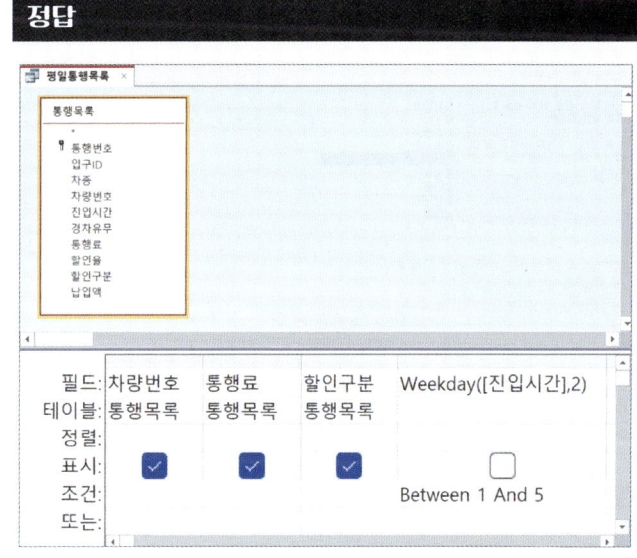

① [만들기]-[쿼리] 그룹에서 [쿼리 디자인](📋)을 클릭한다.
② 〈통행목록〉 테이블을 [추가]를 누른 후 [닫기]를 클릭한다.
③ 디자인 눈금의 각 필드에 다음과 같이 드래그해서 배치하고 조건을 입력한다.

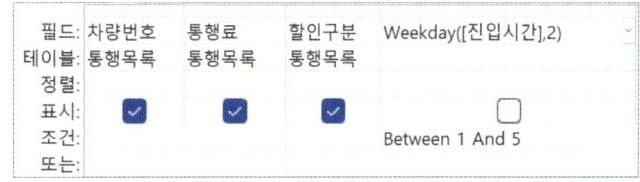

④ [저장](💾)을 클릭한 후 **평일통행목록**을 입력하고 [확인]을 클릭한다.

4 〈차종별통행차량〉 쿼리

정답

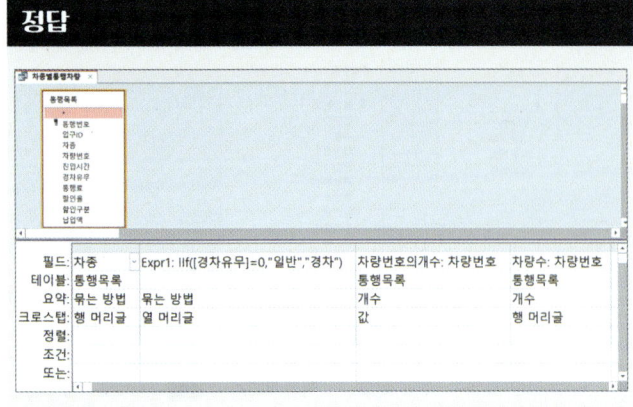

① [만들기]-[쿼리] 그룹의 [쿼리 마법사](圖)를 클릭한다.
② [새 쿼리] 대화상자에서 '크로스탭 쿼리 마법사'를 선택하고 [확인]을 클릭한다.
③ '테이블:통행목록'을 선택하고 [다음]을 클릭한다.
④ '차종'을 선택하고 '선택한 필드'로 드래그하고 [다음]을 클릭한다.
⑤ '경차유무'를 선택하고 [다음]을 클릭한다.

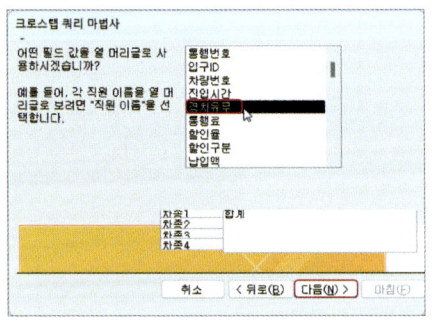

⑥ '차량번호' 필드를 선택하고, 함수는 '개수'를 선택하고 [다음]을 클릭한다.

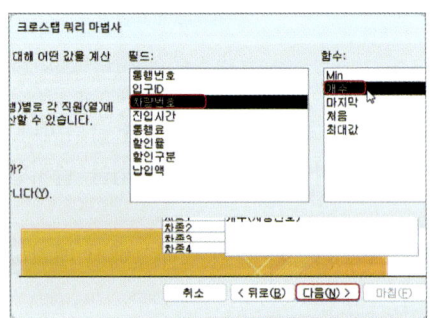

⑦ 쿼리 이름 **차종별통행차량**을 입력하고 [마침]을 클릭한다.
⑧ 〈차종별통행차량〉 쿼리에서 마우스 오른쪽 버튼을 눌러 [디자인 보기](圖)를 클릭한 후 열 머리글을 IIf([경차유무]=0,"일반","경차")로 수정하고, '합계 차량번호'를 **차량수:**를 입력하여 별명(Alias)으로 수정한다.

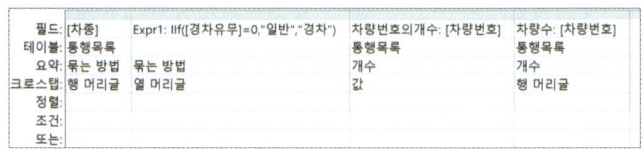

⑨ 쿼리 창 위쪽 회색 부분에서 마우스 오른쪽 버튼을 눌러 [속성]을 클릭한 후 열 머리글에 "**일반**","**경차**"를 입력한 후 [저장]을 클릭한다.

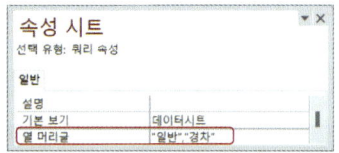

5 〈시간대별차량분석〉 쿼리

정답

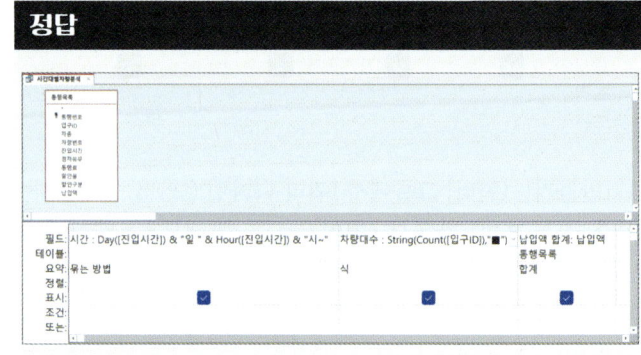

① [만들기]-[쿼리] 그룹의 [쿼리 디자인](圖)을 클릭한다.
② [테이블 추가]의 [테이블] 탭에서 〈통행목록〉 테이블을 추가하고 다음과 같이 필드를 추가한다.

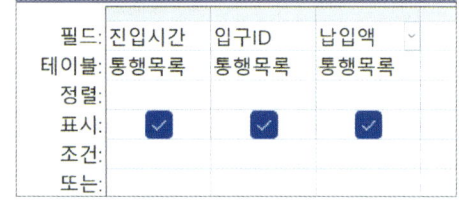

③ [쿼리 디자인]-[표시/숨기기] 그룹에서 [요약](Σ)을 클릭하고 조건을 입력한다.

시간 : Day([진입시간]) & "일 " & Hour([진입시간]) & "시~"
차량대수 : String(Count([입구ID]),"■") ⇒ 식
납입액 : 합계

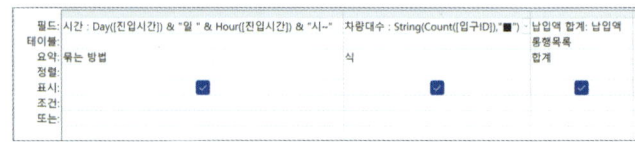

④ 쿼리의 이름을 **시간대별차량분석**으로 입력하고 [확인]을 클릭한다.

데이터베이스 실전 모의고사 04회

작업파일 : '26컴활1급(기출)₩데이터베이스₩실전모의고사'에서 '실전모의고사4회' 파일을 열어 작업하세요.

문제1 DB 구축(25점)

1 지역문화의 유산정보의 관리를 위하여 데이터베이스를 구축하고자 한다. 다음의 지시사항에 따라 테이블을 완성하시오. (각 3점)

※ 〈국가문화정보〉 테이블을 사용하시오.
① '지역코드', '유산명', '유산부속명' 필드를 기본 키로 설정하시오.
② '사진' 필드를 새로 추가하고 이미지가 저장될 수 있도록 알맞은 데이터 형식으로 설정하시오.

※ 〈여행상품정보〉 테이블을 사용하시오.
③ '금액' 필드에는 17000 ~ 100000 사이의 값이 입력되도록 유효성 검사 규칙을 설정하시오.
④ '인원' 필드에는 3자리로 숫자나 공백의 입력이 가능하고, 덧셈과 뺄셈기호 사용이 불가능하도록 입력 마스크를 설정하시오.
⑤ '시작날짜', '종료날짜' 필드의 데이터 형식을 '월'과 '일'만 표시 예와 같이 나타나도록 설정하시오.
[표시 예 : 2025-02-02 → 02월 02일]

2 〈국가문화정보추가〉 테이블의 레코드를 〈국가문화정보〉 테이블에 추가하시오. (5점)

▶ 레코드 추가 시 두 테이블의 '유산부속명' 필드의 정보가 다른 레코드만 테이블에 추가하시오.
▶ 추가 쿼리를 작성하여 추가하시오.
▶ 추가 쿼리명은 〈정보추가쿼리〉로 설정하시오.

3 〈여행상품정보〉 테이블의 '여행사' 필드에 대해서 다음과 같이 조회 속성을 작성하시오. (5점)

▶ 〈여행사코드〉 테이블의 '여행사', '전화번호', '담당자'가 콤보 상자의 형태로 표시되도록 설정하시오.
▶ 행 원본은 쿼리 작성기를 이용하고, '전화번호'가 오름차순 정렬하여 표시되도록 하시오.
▶ 열 너비를 '1cm, 2cm, 2cm'로 설정하시오.
▶ 목록 이외의 값은 입력될 수 없도록 하시오.
▶ 목록 너비를 6cm로 설정하시오.

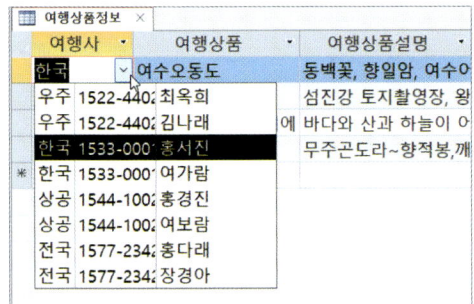

문제2 입력 및 수정 기능 구현(20점)

1 〈문화유산정보〉 폼을 다음의 지시사항과 화면을 참조하여 완성하시오. (각 3점)

① 레코드 원본의 SQL 문을 다음과 같이 완성하시오.
- ▶ 〈문화유산쿼리〉 쿼리의 '유산정보' 필드가 표시되도록 SQL 문을 완성하시오.
- ▶ '유산정보' 필드는 'Txt유산정보' 컨트롤에 바운드 시키시오.

② 본문 컨트롤에 대해서 탭 순서가 'Txt지역1', 'Txt지역2', 'Txt유산명', 'Txt유산정보' 순서가 되도록 설정하시오.

③ 폼 바닥글의 'Txt등록자료수' 컨트롤에 등록자료의 건수를 표시 예와 같이 나타나도록 설정하시오. [표시 예 : 등록자료 59건]

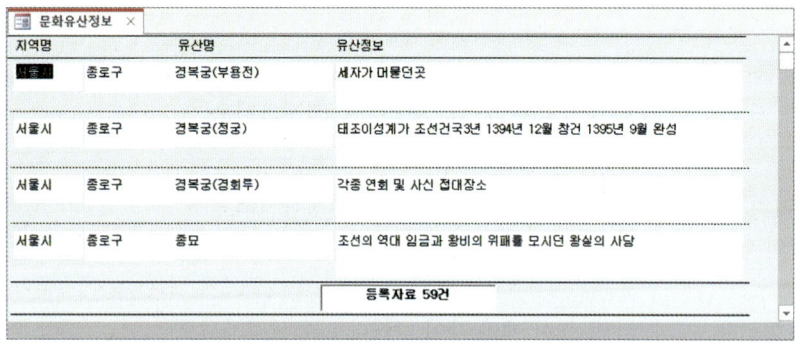

2 〈문화유산검색〉 폼의 본문영역에 '종료(Cmd종료)' 단추를 클릭하면 다음과 같은 기능을 수행하도록 화면을 참조하여 이벤트 프로시저를 구현하시오. (6점)

- ▶ '예(Y)' 버튼을 클릭하여 시간이 표시되면 '확인' 버튼을 클릭하여 폼이 닫히도록 하고, '아니오(N)' 버튼을 클릭하면 폼이 닫히도록 하시오.
- ▶ Msgbox, Time, Docmd 사용

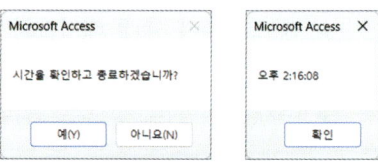

3 〈문화유산검색〉 폼의 본문 영역에 화면을 참조하여 〈문화유산정보〉 폼을 하위 폼으로 추가하여 설정하시오. (5점)

- ▶ 기본 폼의 '시도코드'와 하위 폼의 '지역1' 필드를 기준으로 연결하시오.
- ▶ 하위 폼 컨트롤의 이름은 '문화유산'으로 지정하시오.
- ▶ 하위 폼 컨트롤과 '문화유산' 레이블 컨트롤의 특수효과를 '그림자'로 설정하시오.

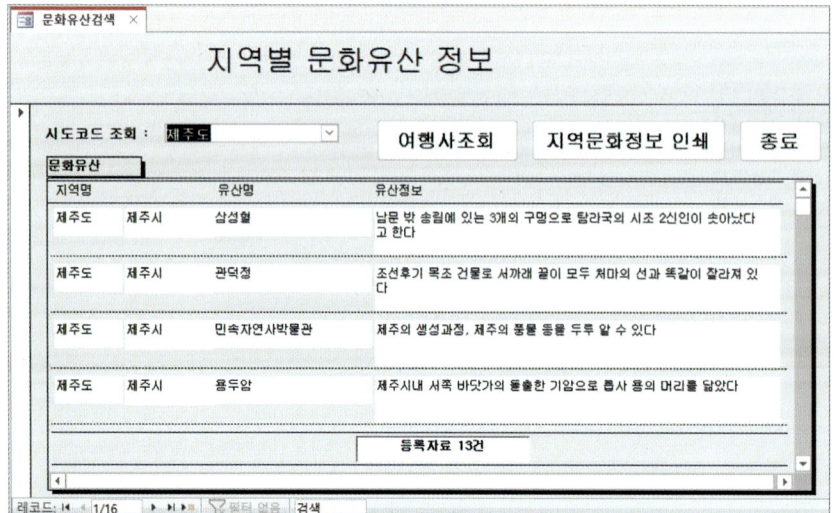

문제3 조회 및 출력 기능 구현(20점)

1 다음의 지시사항 및 〈화면〉을 참조하여 〈지역문화정보〉 보고서를 완성하시오. (각 3점)

① '지역코드', '문화정보코드'를 기준으로 오름차순 정렬되어 표시되도록 설정하시오.
② 'Txt문화정보코드'의 오른쪽 공백을 '★'으로 채워서 표시되도록 형식을 설정하시오.
③ '지역코드'를 '그룹 바닥글'로 설정하고, 지역코드 바닥글 영역에 '실선'을 삽입하시오.
   ▶ '실선' 컨트롤의 이름 : 'LINE바닥글', 두께 : '가는 선', 너비 : '18.3cm'
④ 페이지 바닥글 영역의 'Txt날짜'에는 시스템의 오늘 날짜를 화면을 참조하여 나타내시오.
   ▶ format 함수 사용 [표시 예 : 25-Mar-14-Fri]
⑤ 페이지 바닥글 영역의 'Txt페이지'에는 전체 페이지와 현재 페이지의 값을 화면의 표시 예와 같이 설정하시오. [표시 예 : 9의 1쪽]

```
                    지역문화정보
지역명          문화정보코드        문화정보
서울시 종로구    민속자료★★★      흥선대원군 기린 흉배
                                  인왕산 국사당
                                  국사당 무선도
                                  방상시 탈
                지역축제★★★      3.1절 행사 3월 1일
                                  구민의 날 5월 9일
                                  대학로 청소년축제 5월달
                천연기념물★★      문묘 은행나무
                                  창덕궁 다래나무
                                  창덕궁 향나무
                                  삼청동 측백

24-Nov-10-Sun                                      9의 1쪽
```

2 〈문화유산검색〉 폼의 '여행사조회(Cmd조회)' 단추를 클릭하면 〈여행사정보〉 폼이 나타나도록 프로시저를 구현하시오. (5점)

▶ DoCmd 개체를 이용하여 이벤트 프로시저를 작성하시오.
▶ 〈여행사정보〉 테이블의 '시도지역코드'와 〈문화유산검색〉 폼의 '시도코드 조회'(시도코드) 컨트롤의 값과 동일한 정보만 표시되도록 설정하시오.

문제4 처리 기능 구현(35점)

1 화면을 참조하여 〈시도지역코드〉 쿼리를 작성하시오. (7점)

- 〈지역〉 테이블과 〈시도지역〉 테이블을 이용하시오.
- '지역코드'는 왼쪽 2문자가 '시도코드'와 일치하는 것만 표시하시오.
- '지역명' 필드는 지역코드가 '00'으로 끝나면 '지역2'만 표시하고, 나머지는 '지역2'와 '시도지역명'을 함께 표시하시오.(화면 참조)
- iif, Right, Left 함수와 & 연산자 이용
- 쿼리 실행 결과 표시되는 필드와 필드명은 〈그림〉과 같이 표시되도록 설정하시오.

2 유산부속명이 입력된 지역명과 유산명을 조회하는 〈유산부속명〉 쿼리를 작성하시오. (7점)

- 〈문화유산정보〉, 〈지역코드〉 테이블을 이용하시오.
- Is Not Null 사용

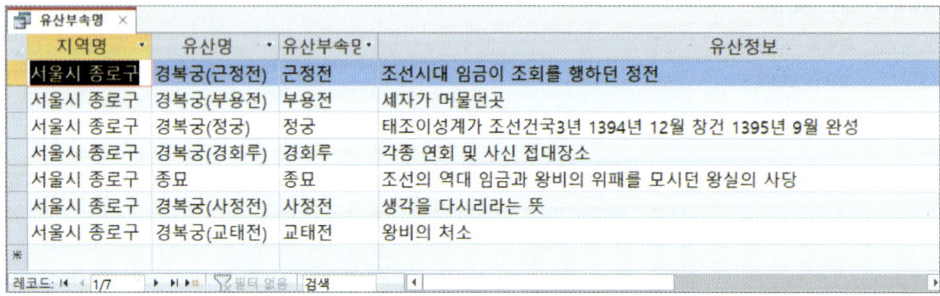

3 〈지역문화정보〉 테이블, 〈지역코드〉 테이블을 이용하여 〈지역정보검색〉 쿼리를 작성하시오. (7점)

- '문화정보코드'를 매개변수로 받아 해당하는 레코드만 표시하시오.
- 매개변수 머리글은 '민속자료, 지역축제, 천연기념물, 특산물 중 하나를 선택하시오'로 하시오.
- 조회결과는 화면과 같이 설정하시오.

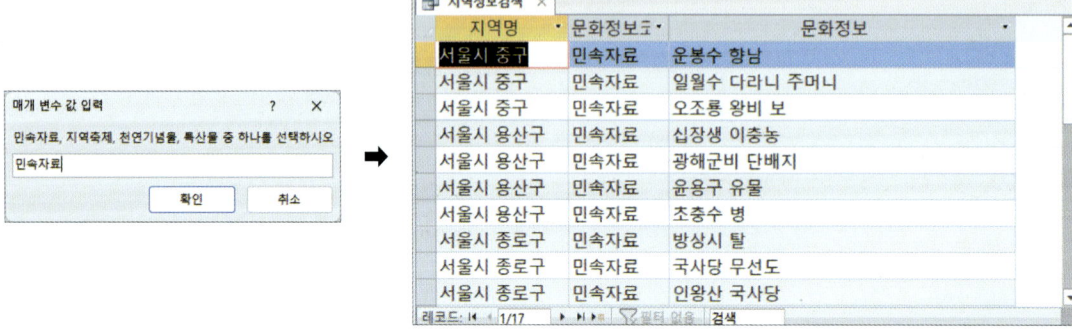

④ 〈지역문화정보〉 테이블을 이용하여 지역코드를 매개변수로 입력받고, 해당 지역의 문화정보코드, 문화정보를 조회하여 새 테이블로 생성하는 〈지역별문화정보〉 쿼리를 작성하고 실행하시오. (7점)

▶ 쿼리 실행 후 생성되는 테이블의 이름은 [지역정보]로 설정하시오.
▶ 쿼리 실행 결과 생성되는 테이블의 필드는 그림을 참고하여 수험자가 판단하여 설정하시오.

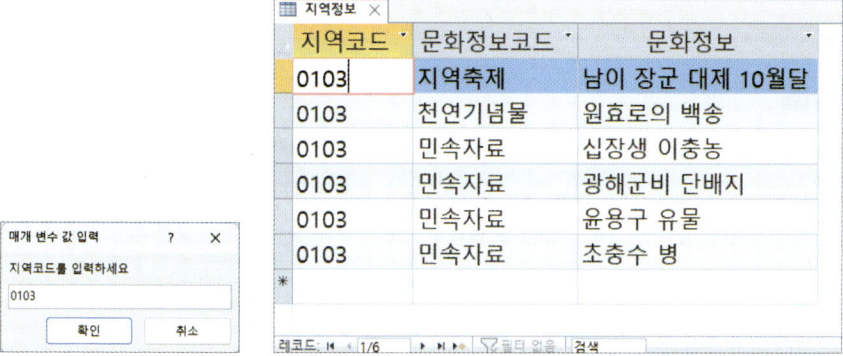

※ 〈지역별문화정보〉 쿼리의 매개변수 값으로 '0103'을 입력하여 실행한 후의 〈지역정보〉 테이블

⑤ 〈지역문화정보〉 테이블, 〈지역〉 테이블을 이용하여 '문화정보코드'별, '지역'별 '지역코드' 개수를 조회하는 〈문화정보수〉 크로스탭 쿼리를 화면을 참조하여 작성하시오. (7점)

▶ '군산', '마산', '용산', '통영' 열머리글만 표시
▶ iif, IsNull, Count 함수를 이용하여 빈 셀에는 '*'를 표시하시오.
▶ 쿼리 실행 결과 표시되는 필드명은 〈그림〉과 같이 표시되도록 설정하시오.

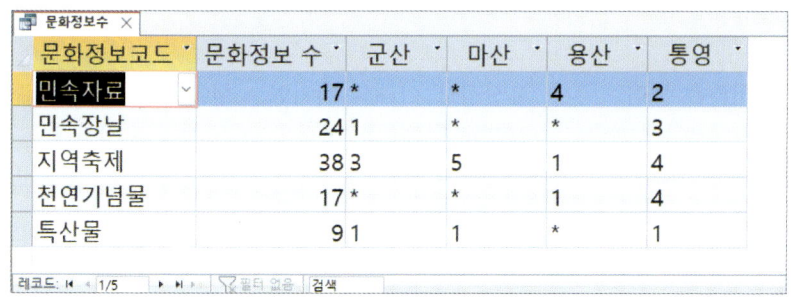

정답 & 해설 — 데이터베이스 실전 모의고사 04회

문제1 · DB 구축

1 〈국가문화정보〉, 〈여행상품정보〉 테이블

정답

번호	테이블	필드 이름	속성 및 형식	설정 값
①	국가문화정보	지역코드, 유산명, 유산부속명	기본 키	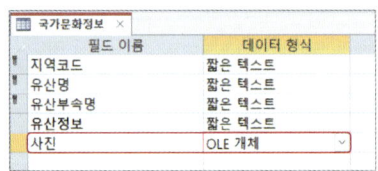
②	국가문화정보	사진	데이터 형식	OLE 개체
③	여행상품정보	금액	유효성 검사 규칙	Between 17000 And 100000 또는 >=17000 And <=100000
④	여행상품정보	인원	입력 마스크	999
⑤	여행상품정보	시작날짜, 종료날짜	형식	mm월 dd일

① 〈국가문화정보〉 테이블에서 마우스 오른쪽 버튼을 눌러 [디자인 보기](🔲)를 클릭한다.

② 테이블 디자인 보기 상태에서 '지역코드', '유산명', '유산부속명' 필드 이름을 한꺼번에 선택하고, 마우스 오른쪽 버튼을 눌러 [기본 키](🔑)를 클릭한다.

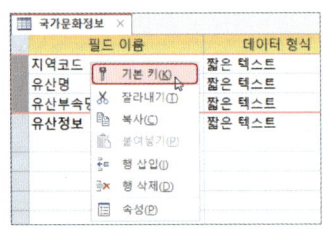

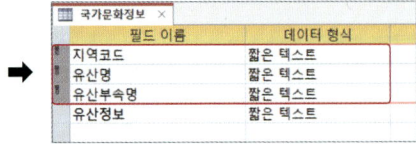

> **기적의 TIP**
> 한꺼번에 선택할 때는 Shift 나 Ctrl 을 이용하고, 키를 누른 채 오른쪽 마우스 버튼을 누르세요.

③ '유산정보' 아래의 비어있는 행에, 필드 이름으로 **사진**을 입력하고, 데이터 형식을 'OLE 개체'로 정한다.

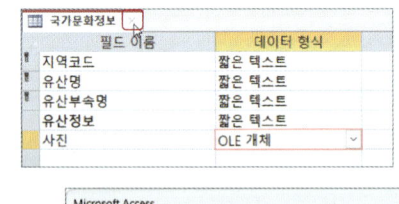

④ 테이블 디자인 보기 창을 닫고, 변경한 내용은 저장한다.

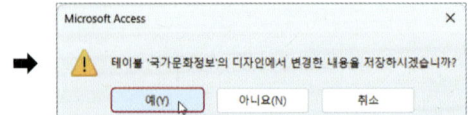

⑤ 〈여행상품정보〉 테이블에서 마우스 오른쪽 버튼을 눌러 [디자인 보기](🔲)를 클릭한다.
⑥ 필드 이름에서 '금액'을 선택하고 필드 속성 중 '유효성 검사 규칙'에 Between 17000 And 100000을 입력한다.

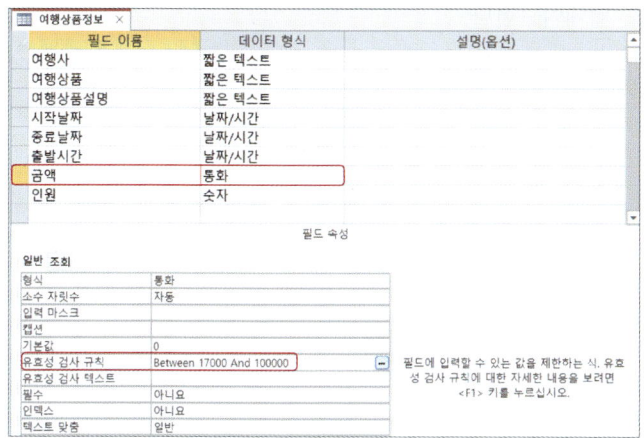

🔖 기적의 TIP

〉=17000 And 〈=100000도 가능합니다.

⑦ 필드 이름에서 '인원'을 선택하고, 필드 속성 중 '입력 마스크'에 999를 입력한다.
⑧ 필드 이름에서 '시작날짜'를 선택하고 필드 속성 중 '형식'에 mm월 dd일을 입력한다. '종료날짜'에도 동일하게 설정하고, 변경한 내용은 저장하도록 한다.

2 〈정보추가쿼리〉 추가 쿼리

정답

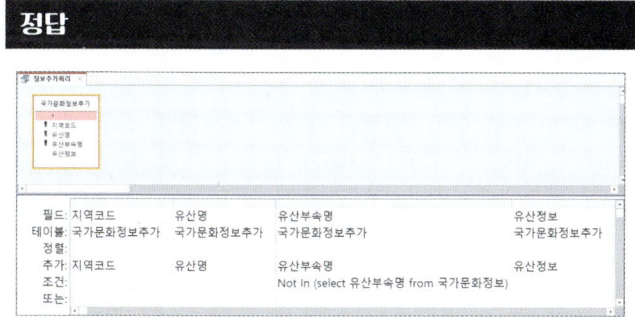

① [만들기]-[쿼리] 그룹의 [쿼리 디자인](🔲)을 클릭한다.
② 〈국가문화정보추가〉 테이블을 선택하고 [추가]한 다음 [닫기]를 클릭한다.

③ 필요한 필드를 더블클릭하여 그림처럼 디자인 눈금에 위치시킨다.

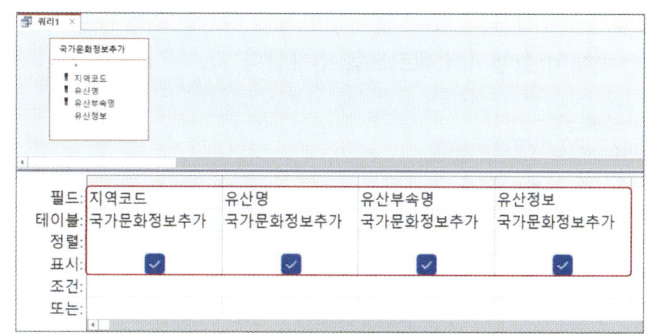

④ 마우스 오른쪽 버튼을 누르고 [쿼리 유형]-[추가 쿼리]를 선택한다.

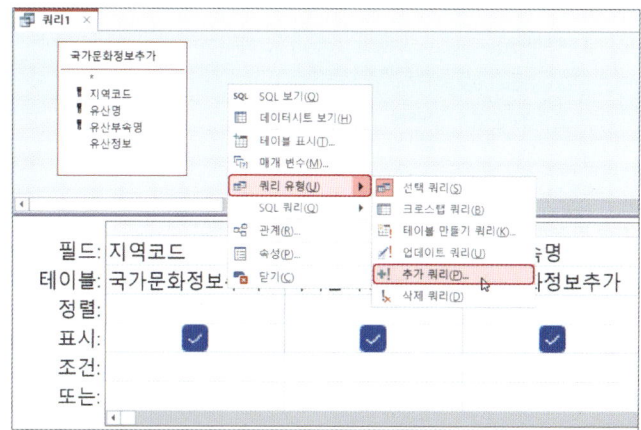

⑤ [추가] 창에서 추가 할 테이블 이름으로 **국가문화정보**를 입력하고 [확인]을 클릭한다.

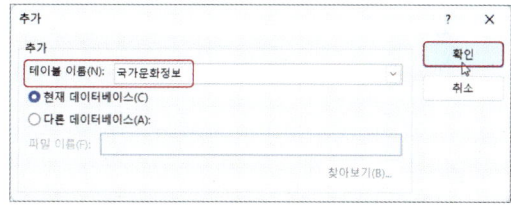

⑥ '유산부속명' 필드를 비교하여, 그 정보가 서로 다른 경우에만 추가하기 위해서 다음과 같이 Not In을 활용하여 조건을 입력한다.

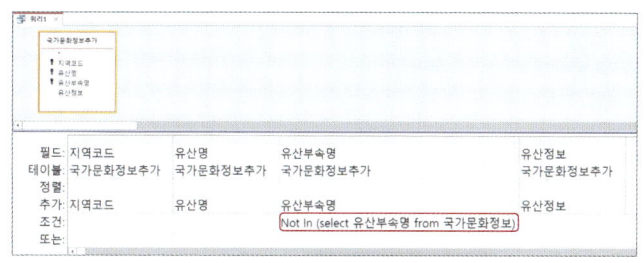

Not in (select 유산부속명 from 국가문화정보)

⑦ 변경한 내용은 [예]를 클릭하여 저장하고, 쿼리 이름을 **정보추가쿼리**로 입력하고 [확인]을 클릭한다.

⑧ [데이터베이스] 탐색 창의 쿼리에서 작성한 쿼리를 더블클릭하여 실행시켜 레코드를 추가한다.

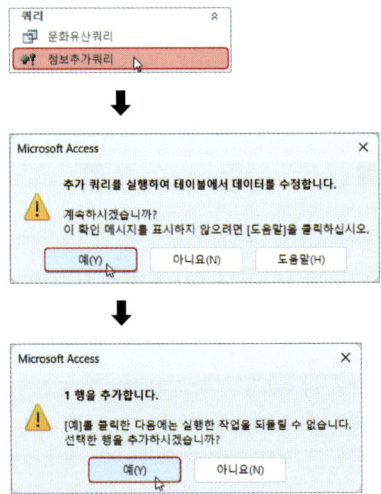

③ 행 원본의 [작성기](…)를 클릭하여, 〈여행사코드〉 테이블을 [추가]하고 [닫기]를 클릭한다.

④ 그림처럼 디자인 눈금을 꾸미고 정렬도 '전화번호' 필드의 오름차순을 선택한 후, 디자인 창을 닫고 [예]를 눌러서 업데이트한다.

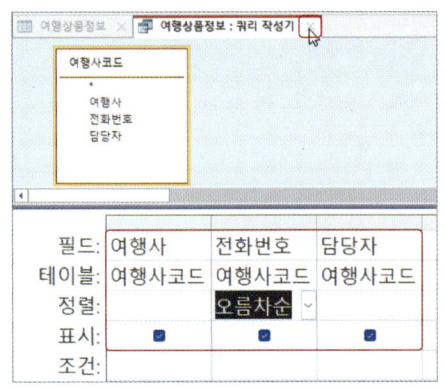

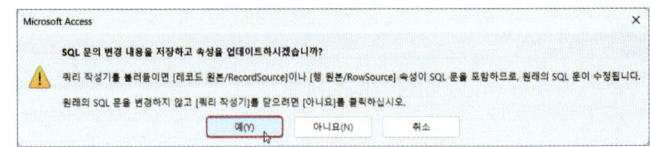

⑤ 계속해서 '열개수'는 3, '열 너비'는 1:2:2, '목록 너비'는 6, '목록 값만 허용'은 '예'로 설정한다

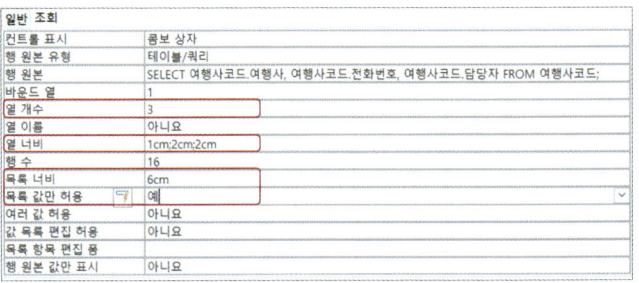

⑥ 디자인 창은 닫고, 변경한 내용은 저장한다. 〈여행상품정보〉 테이블을 열어서 '여행사' 필드에 조회 속성이 잘 지정되었는지 확인한다.

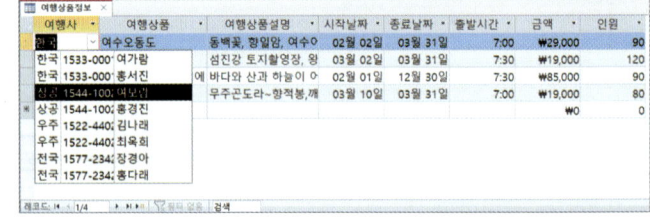

3 〈여행상품정보〉 테이블의 '여행사' 필드에 조회 속성

정답

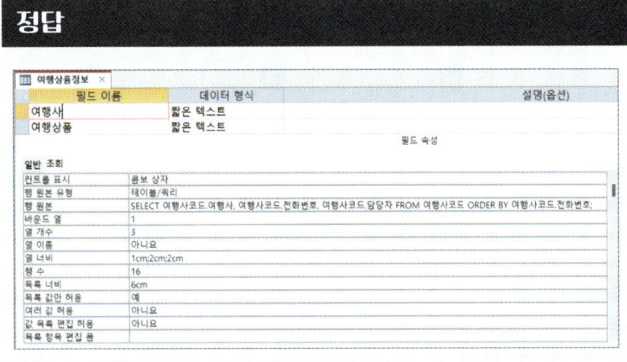

① 〈여행상품정보〉 테이블에서 마우스 오른쪽 버튼을 눌러 [디자인보기](📄)를 클릭한다.

② '여행사' 필드 이름을 선택하고 필드 속성 중에서 [조회] 탭을 클릭한 후, '컨트롤 표시'를 '콤보 상자'로 설정한다.

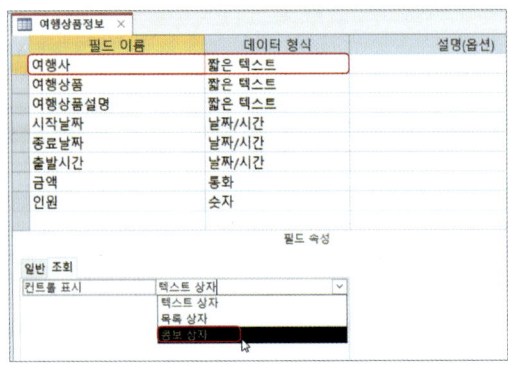

문제2 입력 및 수정 기능 구현

1 〈문화유산정보〉 폼

정답

번호	개체	속성	설정 값
①	폼	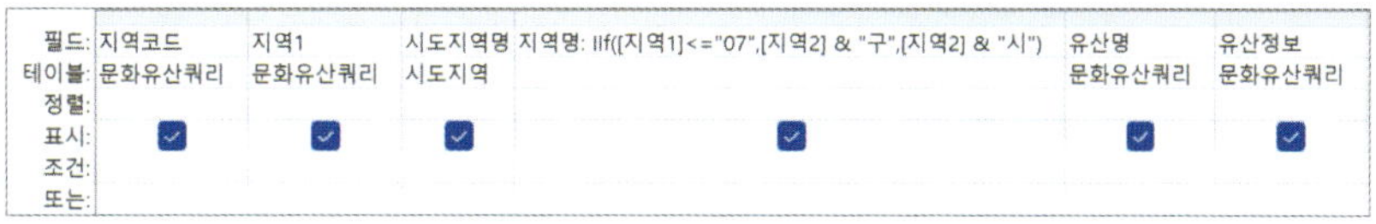	필드: 지역코드 / 지역1 / 시도지역명 / 지역명: IIf([지역1]<="07",[지역2] & "구",[지역2] & "시") / 유산명 / 유산정보 테이블: 문화유산쿼리 / 문화유산쿼리 / 시도지역 / / 문화유산쿼리 / 문화유산쿼리 정렬: 표시: ✓ ✓ ✓ ✓ ✓ ✓ 조건: 또는:
	Txt유산정보	컨트롤 원본	유산정보
②	탭순서	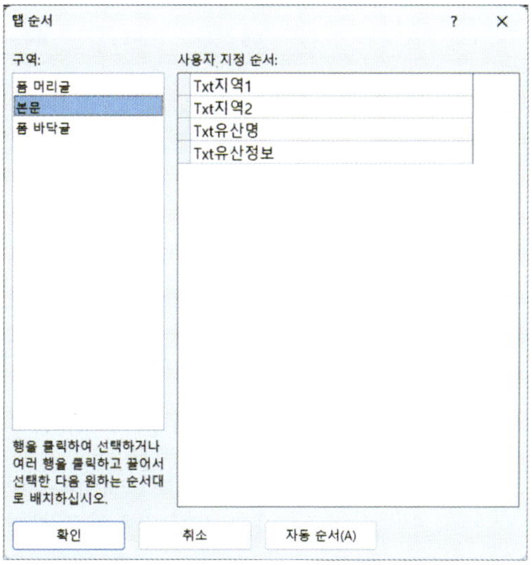	구역: 폼 머리글 / **본문** / 폼 바닥글 사용자 지정 순서: Txt지역1 / Txt지역2 / Txt유산명 / Txt유산정보
③	Txt등록자료수	컨트롤 원본	="등록자료 " & Count(*) & "건"

① 〈문화유산정보〉 폼에서 마우스 오른쪽 버튼을 눌러 [디자인 보기](N)를 클릭한 후 '폼 선택기'(■)의 바로 가기 메뉴에서 [속성]을 클릭한다.

② [폼] 속성 창의 레코드 원본을 수정 업데이트하기 위해서 [작성기](⋯)를 클릭한다.

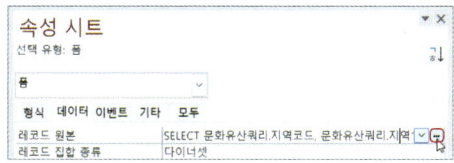

③ [쿼리 작성기] 창에서 〈문화유산쿼리〉의 '유산정보'를 더블클릭하여 디자인 눈금에 추가한다.

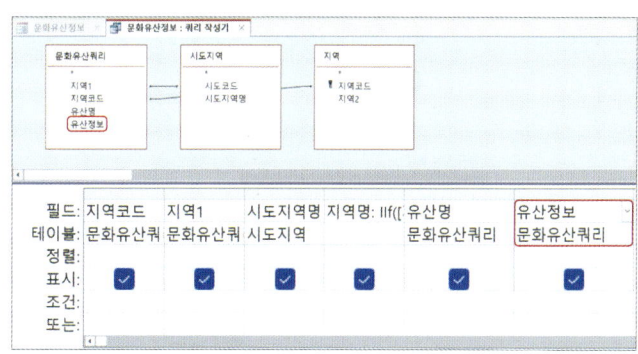

④ [쿼리 작성기] 창을 닫고, [예]를 눌러서 변경한 내용을 저장하고 레코드 원본을 업데이트 한다.

⑤ 'Txt유산정보'를 선택하고 속성 창에서 '컨트롤 원본'을 '유산정보'로 설정한다.

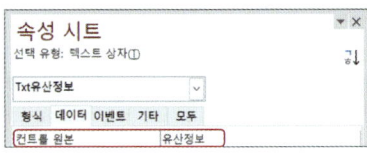

⑥ [폼 선택기](■)에서 마우스 오른쪽 버튼을 눌러 [탭 순서]를 클릭한다.

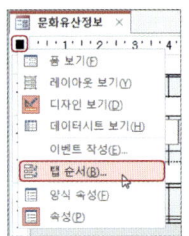

⑦ 탭 순서를 지정하기 위해서 선택기(➡)를 클릭하여 행을 선택한 다음, 드래그 앤 드롭 하여 원하는 위치에 가져다 두는 식으로 작업하여 아래와 같이 순서를 맞추고 [확인]을 클릭한다.

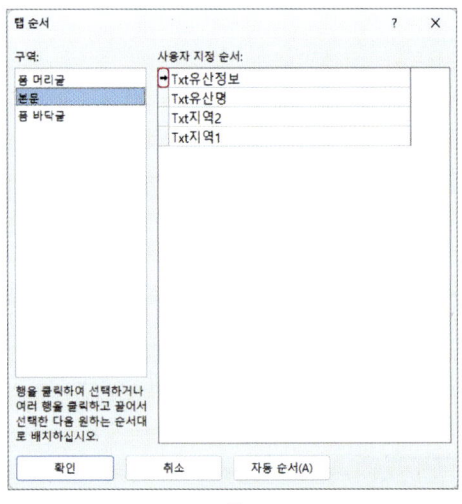

↓

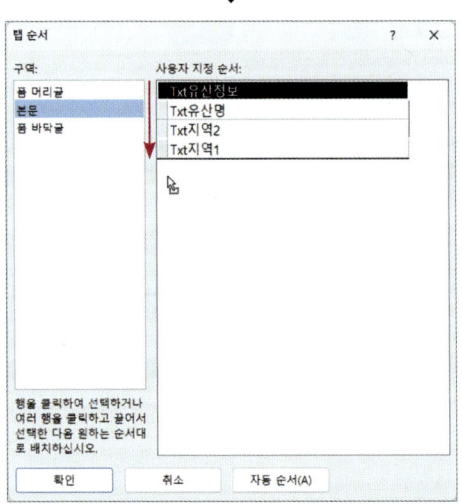

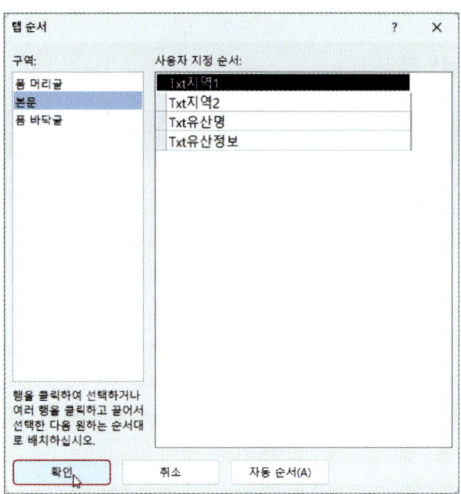

⑧ 'Txt등록자료수'의 '컨트롤 원본'에 다음과 같이 입력한다.

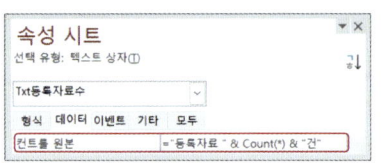

="등록자료 " & Count(*) & "건"

⑨ 속성 창은 닫고, [양식 디자인]-[보기] 탭의 [폼 보기](▦)를 클릭하여 제대로 표현되는 지 확인한다. 작업이 끝났다고 판단되면 창을 닫고, 변경한 내용은 저장하도록 한다.

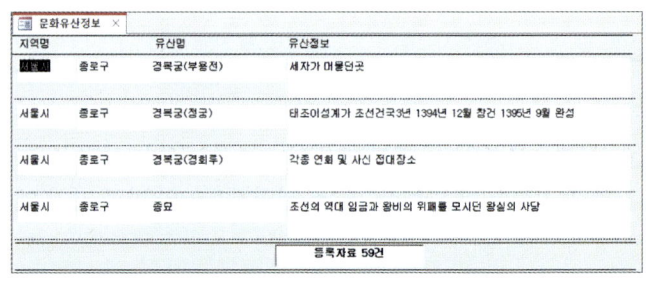

↓

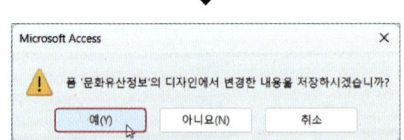

2 이벤트 프로시저 구현

① 〈문화유산검색〉 폼에서 마우스 오른쪽 버튼을 눌러 [디자인 보기](🖹)를 클릭한다.
② 속성 시트에서 'Cmd종료'를 선택하고, On Click의 [이벤트 프로시저] 상태에서 [작성기](⋯)를 클릭한다.

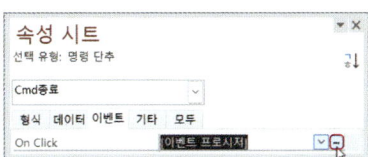

③ [Visual Basic Editor] 창에 다음과 같이 입력한다.

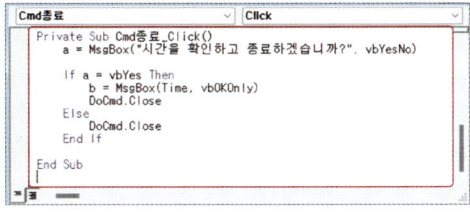

```
Private Sub Cmd종료_Click()
    a = MsgBox("시간을 확인하고 종료하겠습니까?", vbYesNo)
    If a = vbYes Then
        b = MsgBox(Time, vbOKOnly)
        DoCmd.Close
    Else
        DoCmd.Close
    End If
End Sub
```

🄱 기적의 TIP

b = MsgBox(Time, vbOKOnly)
⇒ Msgbox Time
으로 작성이 가능합니다.

④ Alt + Q 를 눌러 액세스로 돌아온 다음, 속성 창과 폼 디자인 보기 창을 닫고 변경한 내용은 저장하도록 한다.

3 〈문화유산검색〉 폼에 하위 폼 추가

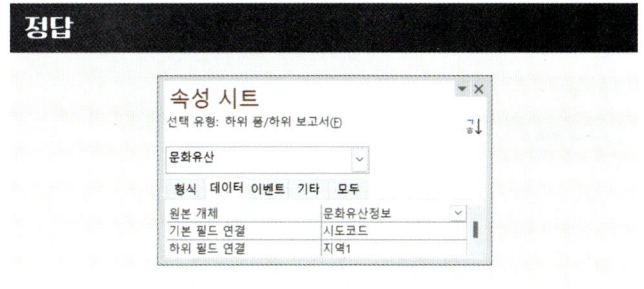

① 〈문화유산검색〉 폼에서 마우스 오른쪽 버튼을 눌러 [디자인 보기](🖹)를 클릭한다.
② [양식 디자인]-[컨트롤] 그룹의 [컨트롤 마법사 사용](🪄)을 활성화시키고, [하위 폼/하위 보고서](▦) 단추를 클릭한다.
③ 하위 폼이 들어갈 영역의 시작점 A부터 B방향으로 드래그 하여 끝점 C에서 드롭한다.

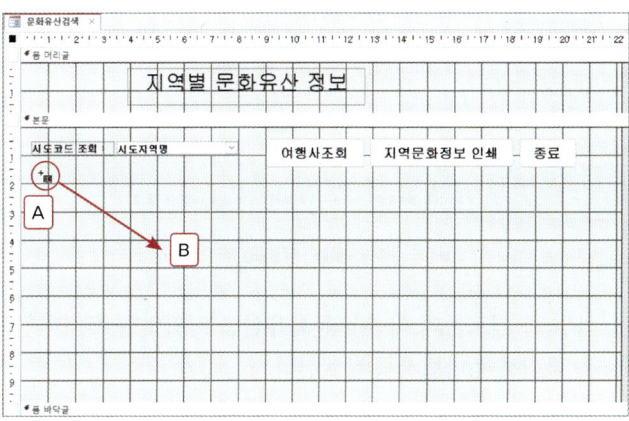

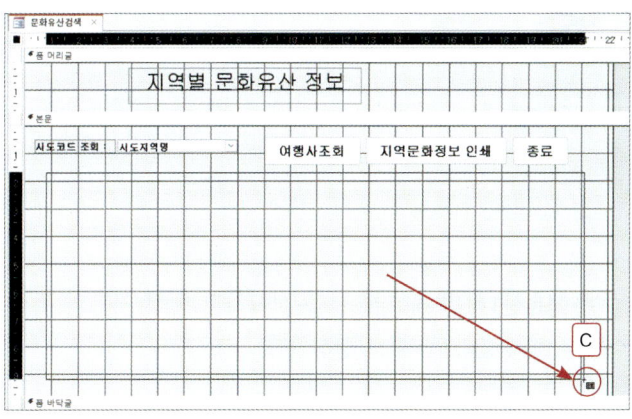

④ 하위 폼 마법사가 실행되면 지시사항대로 이행해 준다. 기존 폼 중에서 〈문화유산정보〉를 선택하고 [다음]을 클릭한다.

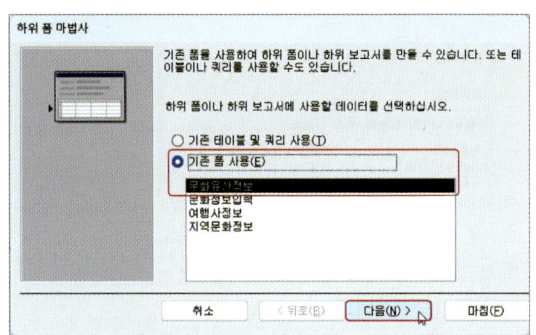

⑤ 직접 지정을 선택하고 기본 폼 쪽과 하위 폼 쪽의 연결 필드를 그림과 같이 선택한 후 [다음]을 클릭한다.

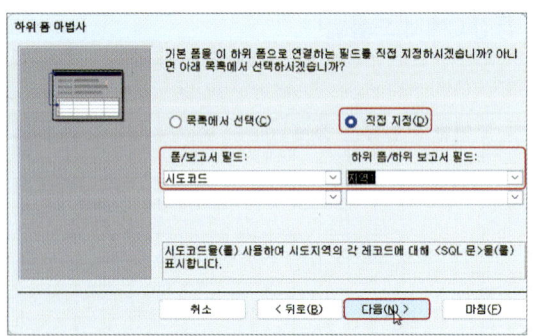

⑥ 하위 폼 컨트롤의 이름을 **문화유산**으로 입력한 후, [마침]을 클릭하여 마법사를 종료한다.

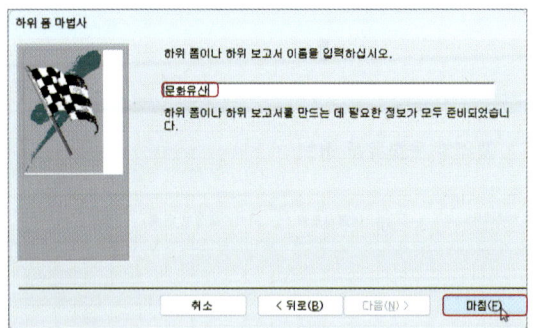

⑦ '문화유산' 하위 폼 컨트롤을 선택하고 속성 시트의 특수효과 속성을 '그림자'로 설정한다.

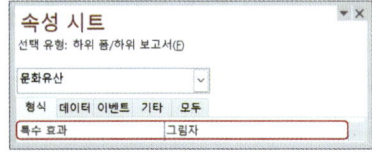

⑧ '문화유산 레이블' 레이블 컨트롤을 선택하고 속성 시트의 특수효과 속성을 '그림자'로 설정한다.

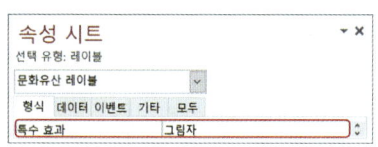

⑨ [양식 디자인]-[보기] 그룹의 [폼 보기](□)를 눌러서 문제지의 화면과 동일한지 확인한 다음, 창 닫기 단추를 눌러 변경된 내용을 저장한다.

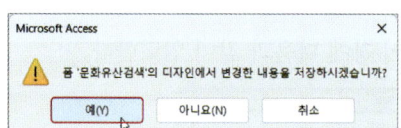

문제3 조회 및 출력 기능 구현

1 〈지역문화정보〉 보고서

정답

번호	개체	속성	설정 값
①	지역코드, 문화정보코드 정렬		그룹화 기준 지역코드 ▼ 오름차순 ▼, 자세히 ▶ 정렬 기준 문화정보코드 그룹화 기준 지역코드 정렬 기준 문화정보코드 ▼ 오름차순 ▼, 자세히 ▶
②	Txt문화정보코드	형식	@*★
③	그룹 바닥글		그룹화 기준 지역코드 ▼ 오름차순 ▼, 전체 값 ▼, 요약 표시 안 함 ▼, 제목 추가하려면 클릭, 머리글 구역 표시 안 함 ▼, 바닥글 구역 표시 ▼ 같은 페이지에 표시 안 함 ▼, 간단히 ◀ 정렬 기준 문화정보코드
	실선 삽입	이름	LINE바닥글
		너비	18.3cm
		테두리 두께	가는 선
④	Txt날짜	컨트롤 원본	=Format(Date(),"yy-mmm-dd-ddd") 또는 =Format(Now(),"yy-mmm-dd-ddd")
⑤	Txt페이지	컨트롤 원본	=[Pages] & "의 " & [Page] & "쪽"

① 〈지역문화정보〉 보고서에서 마우스 오른쪽 버튼을 눌러 [디자인 보기](N)를 클릭한다.
② [보고서 선택기](■)의 바로 가기 메뉴에서 [정렬 및 그룹화]를 선택하고, '지역코드'와 '문화정보코드'의 정렬 순서를 '오름차순'으로 지정한다.

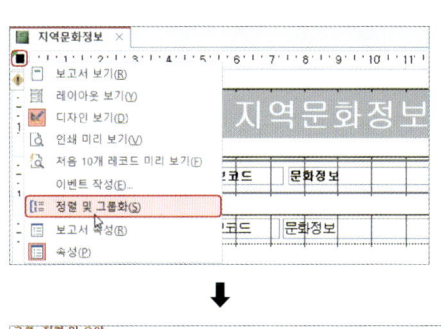

③ 'Txt문화정보코드' 컨트롤을 선택하고 [보고서 디자인]-[도구] 그룹의 [속성 시트](圖)를 클릭한다. '형식'에 다음과 같은 방법으로 @*★을 입력한다.

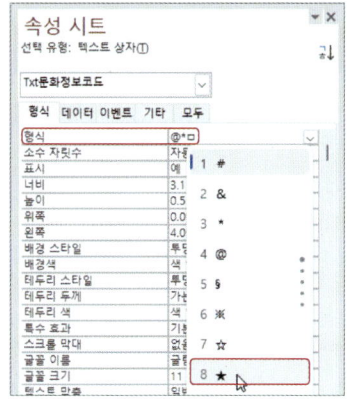

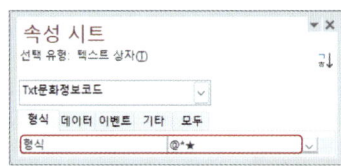

기적의 TIP

특수기호 @는 필드에 있는 텍스트(문자 및 공백)를 그대로 표시하는 역할을 수행하며, 표시된 텍스트의 뒤쪽에 ★이 붙습니다.

④ [보고서 선택기](■)의 바로 가기 메뉴에서 [정렬 및 그룹화]를 클릭한다. 이미 '그룹, 정렬 및 요약' 창이 아래쪽에 열려있으면 그대로 둔다.

⑤ 지역코드에서 자세히▶를 눌러 그룹 바닥글을 설정한다.

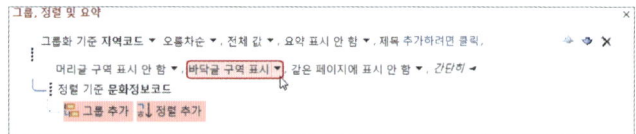

⑥ 지역코드 바닥글에 실선을 삽입하기 위해서 [보고서 디자인]-[컨트롤] 그룹의 [선](\)을 선택한다.

⑦ 선 컨트롤이 삽입 될 시작점에서 그림과 같은 방향으로 드래그 하여 끝점에서 드롭한다.

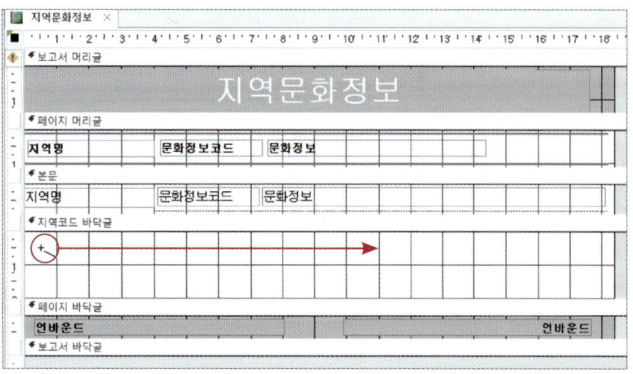

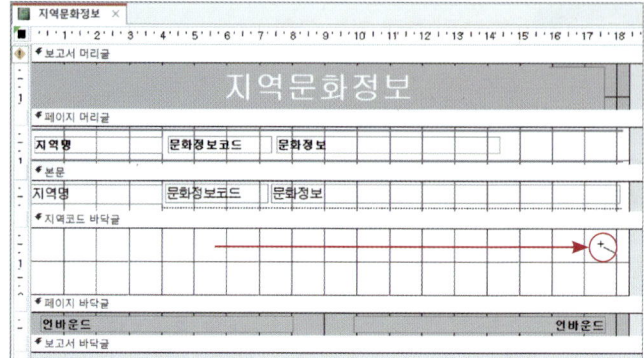

⑧ [보고서 디자인]-[도구] 그룹의 [속성 시트](圖)를 클릭하여 '이름', '테두리 두께', '너비' 속성을 지시사항대로 처리한다.

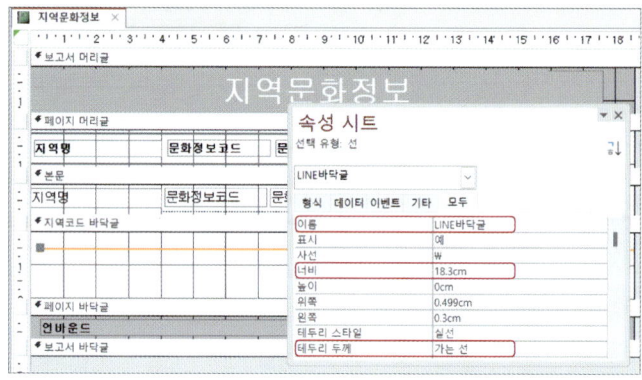

⑨ 페이지 바닥글의 구역 표시줄 위로 커서를 가져간 후, 상하 조절 커서가 나오면, 위쪽으로 드래그 앤 드롭 하여 지역코드 바닥글의 구역 배경 높이를 적절하게 줄이도록 한다.

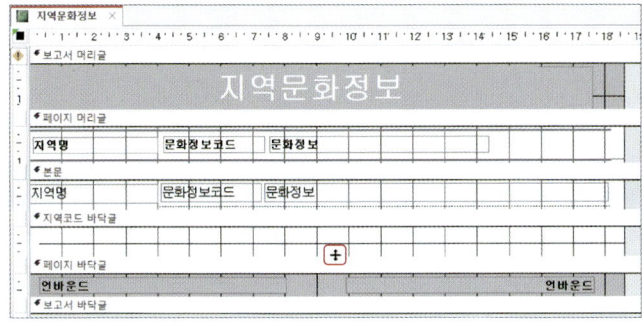

⑩ 'Txt날짜'를 찾고, [보고서 디자인]-[도구] 그룹의 [속성 시트](圖)를 클릭하여 '컨트롤 원본'을 다음과 같이 지정한다.

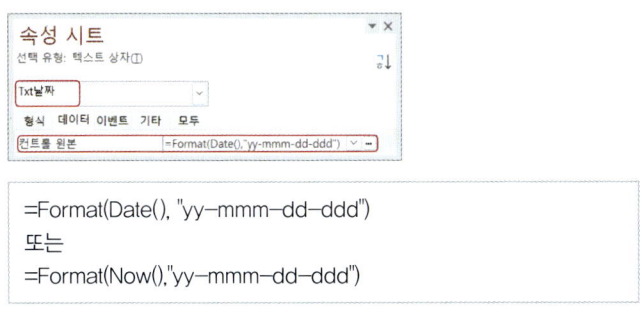

```
=Format(Date(), "yy-mmm-dd-ddd")
또는
=Format(Now(),"yy-mmm-dd-ddd")
```

⑪ 'Txt페이지'를 찾아 '컨트롤 원본'을 다음과 같이 지정한다.

```
=[Pages] & "의 " & [Page] & "쪽"
```

⑫ 속성 창 및 폼 디자인 보기 창을 모두 닫고, 변경한 내용은 저장한다.

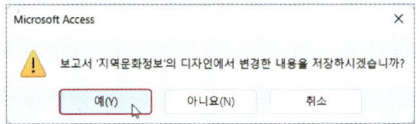

2 이벤트 프로시저 구현

① 〈문화유산정보〉 폼에서 마우스 오른쪽 버튼을 눌러 [디자인 보기](圖)를 클릭한다.
② 'Cmd조회'를 찾은 후, [양식 디자인]-[도구] 탭의 [속성 시트]를 클릭하여 'On Click' 입력란의 [작성기](⋯)를 클릭한다.

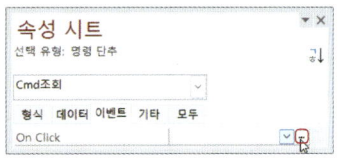

③ [작성기 선택] 창에서 '코드 작성기'를 클릭한 후 다음과 같이 코드 창에 코딩을 하고 VBE 창, 속성 창, 폼 디자인 보기 창을 모두 닫은 후 변경된 내용을 저장한다.

```
Private Sub Cmd조회_Click()
    DoCmd.OpenForm "여행사정보", , , "시도지역코드 = '" & 시도코드 & "'"
End Sub
```

기적의 TIP

OpenForm

OpenForm 메서드는 폼을 여는 OpenForm 액세스 매크로 함수를 실행하며 [DoCmd.OpenForm "폼 이름", 보기형식, 필터이름, 조건식]의 형식으로 사용됩니다.

문제4 처리 기능 구현

1 〈시도지역코드〉 쿼리

정답

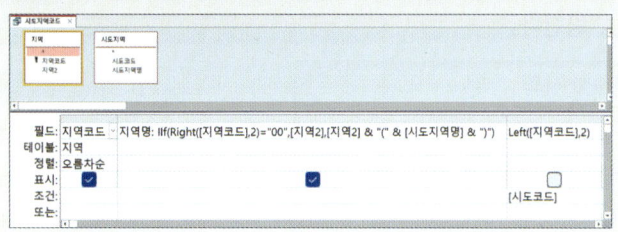

① [만들기]-[쿼리] 그룹의 [쿼리 디자인](🔲)을 클릭한다.
② 필요한 〈시도지역〉, 〈지역〉 테이블을 더블클릭하여 추가하고, [닫기]를 눌러서 [테이블 추가] 대화상자를 닫는다.
③ 쿼리 디자인 보기 창의 디자인 눈금에 다음과 같이 입력하도록 한다.

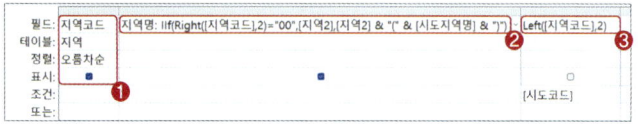

Left([지역코드],2)
지역명: IIf(Right([지역코드],2)="00",[지역2],[지역2] & "(" & [시도지역명] & ")")

> **기적의 TIP**
> ① 문제지의 〈화면〉을 참조하여, 오름차순으로 정렬해야 합니다.
> ② IIF(조건, 조건이 참일 때, 조건이 거짓일 때)의 형태로, 조건의 분기에 따라서 값을 반환합니다.
> ③ LEFT([필드], 숫자)의 형태로, 문자열의 왼쪽부터 지정한 숫자만큼 반환하는 함수입니다. [지역코드] 필드의 왼쪽 두 글자와 [시도코드]가 일치하는지 여부를 가리기 위해서 조건을 두었습니다. 「Expr1:」은 액세스가 자동으로 붙인 별명(Alias)입니다.

④ 디자인 창을 닫고, 변경한 내용은 저장한 다음, 쿼리 이름을 **시도지역코드**로 입력하고 [확인]을 클릭한다.

2 〈유산부속명〉 쿼리

정답

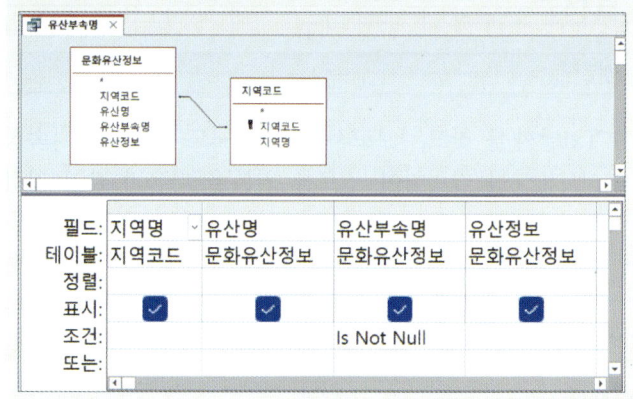

① [만들기]-[쿼리] 그룹에서 [쿼리 디자인](🔲)을 클릭한다.
② 〈문화유산정보〉, 〈지역코드〉 테이블을 더블클릭하여 추가한 후 [닫기]를 클릭한다.
③ 디자인 눈금의 각 필드에 다음과 같이 드래그해서 배치하고 조건을 입력한다.

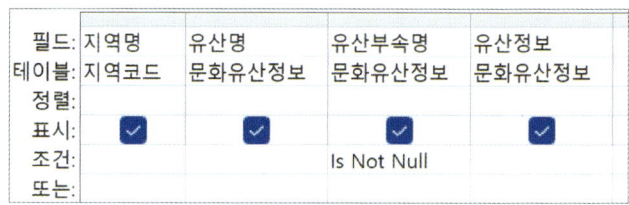

④ [저장](💾)을 클릭한 후 **유산부속명**을 입력하고 [확인]을 클릭한다.

3 〈지역정보검색〉 쿼리

정답

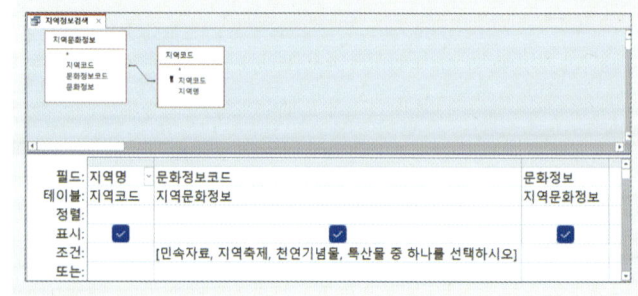

① [만들기]-[쿼리] 그룹의 [쿼리 디자인](🔲)을 클릭한다.
② 〈지역문화정보〉, 〈지역코드〉 테이블을 더블클릭하여 추가하고, [닫기] 버튼을 눌러서 테이블 표시 창을 닫는다.

③ 필요한 필드를 디자인 눈금으로 옮기고, '문화정보코드'에 대한 매개변수를 입력받기 위해서 '조건:'에 지시한 문구를 입력하고 [ ](대괄호)로 둘러싼다.

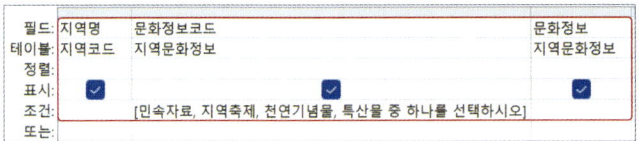

④ 디자인 보기 창을 닫고, 변경한 내용은 저장한 다음, 쿼리 이름을 **지역정보검색**이라고 입력하고 [확인]을 클릭한다.

4 〈지역별문화정보〉 쿼리

정답

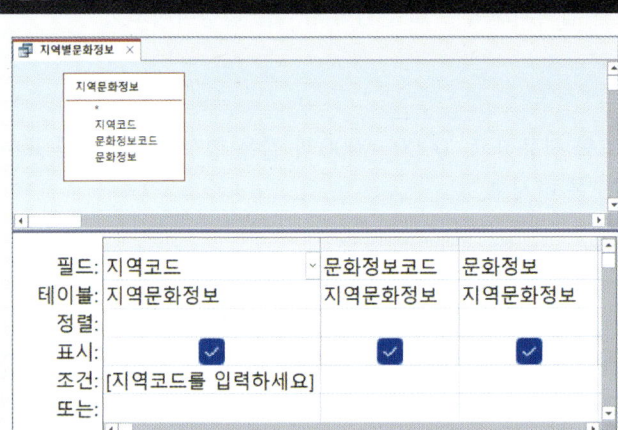

① [만들기]-[쿼리] 그룹의 [쿼리 디자인](📐)을 클릭한다.
② [테이블 추가]의 [테이블] 탭에서 〈지역문화정보〉를 추가하고 [닫기]를 클릭한다.
③ 디자인 눈금의 각 필드에 다음과 같이 드래그해서 놓는다.
④ '지역코드' 필드의 조건에 **[지역코드를 입력하세요]**를 입력한다.

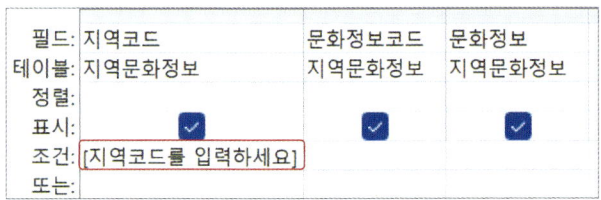

⑤ [쿼리 디자인]-[쿼리 유형] 그룹의 [테이블 만들기](📐)를 클릭한다.
⑥ 테이블 이름은 **지역정보**를 입력하고 [확인]을 클릭한다.

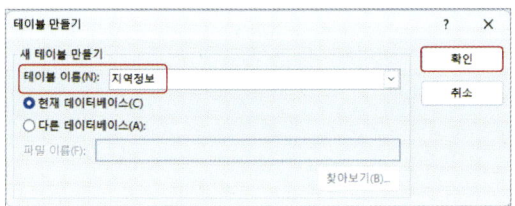

⑦ [쿼리 디자인]-[결과] 그룹의 [실행](❗)을 클릭한다.
⑧ Ctrl+S를 눌러 [다른 이름으로 저장] 대화상자에 **지역별문화정보**로 입력하고 [확인]을 클릭한다.

5 〈문화정보수〉 크로스탭 쿼리

정답

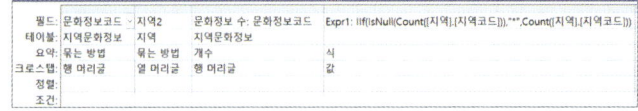

① [만들기]-[쿼리] 그룹의 [쿼리 디자인](📐)을 클릭한다.
② [테이블 추가] 대화상자의 [테이블] 탭에서 〈지역문화정보〉, 〈지역〉 테이블을 추가한 후 '문화정보코드', '지역2', '문화정보코드', '지역코드' 필드를 추가한다.
③ [쿼리 디자인]-[쿼리 유형] 그룹의 [크로스탭](📐)을 클릭한 후 다음과 같이 지정한다.

필드:	문화정보코드	지역2	문화정보 수: 문화정보코드	Expr1: IIf(IsNull(Count([지역].[지역코드])),"*",Count([지역].[지역코드]))
테이블:		지역	지역문화정보	
요약:	묶는 방법	묶는 방법	개수	식
크로스탭:	행 머리글	열 머리글	행 머리글	값
정렬:				
조건:				

- 행 머리글 : 문화정보코드
- 열 머리글 : 지역2
- 행 머리글(개수) : 문화정보코드
- 값(식) : IIf(IsNull(Count([지역].[지역코드])),"*",Count([지역].[지역코드]))

④ [속성 시트]의 '열 머리글'을 선택한 후 **"군산","마산","용산","통영"**을 입력한다.

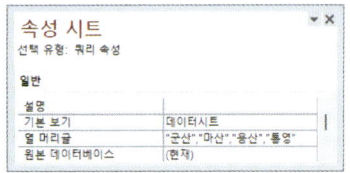

⑤ [저장](💾)을 클릭한 후 쿼리의 이름을 **문화정보수**로 입력하고 [확인]을 클릭한다.

데이터베이스 실전 모의고사 05회

작업파일 : '26컴활1급(기출)₩데이터베이스₩실전모의고사'에서 '실전모의고사5회' 파일을 열어 작업하세요.

문제1 DB 구축(25점)

1 거래내역 관리를 위하여 데이터베이스를 구축하고자 한다. 다음의 지시사항에 따라 테이블을 완성하시오. (각 3점)

※ 〈거래내역〉 테이블을 사용하시오.
① '거래처'와 '거래일', '제품명' 필드를 기본 키로 설정하시오.
② '거래일' 필드는 레코드 추가 시 시스템의 현재 날짜와 시간이 자동으로 입력되도록 설정하시오.
③ '거래량' 필드는 필드 크기를 '정수'로 설정하고, '0' 이상의 값만 입력되도록 유효성 검사 규칙을 설정하시오.

※ 〈거래처〉 테이블을 사용하시오.
④ '거래처명' 필드는 중복이 가능한 인덱스를 설정하시오.
⑤ '전화번호' 필드는 반드시 8자리의 숫자를 입력해야 하는 기호를 사용하고, '0000-0000'과 같은 형식으로 화면에 표시되도록 입력 마스크를 설정하고, '-' 기호도 테이블에 저장되도록 하시오.

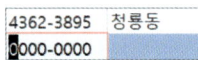

2 〈거래내역〉 테이블의 '제품명' 필드는 〈제품〉 테이블의 '제품명'을 참조하고 테이블 간의 관계는 M:1이다. 또한 〈거래내역〉 테이블의 '거래처' 필드는 〈거래처〉 테이블의 '거래처코드' 필드를 참조하고 테이블 간의 관계는 M:1이다. 각 테이블에 대해 다음과 같이 관계를 설정하시오. (5점)

▶ 각 테이블 간에는 항상 참조 무결성을 유지하도록 설정하시오.
▶ 각 테이블의 참조 필드의 값이 변경되면 관련 필드의 값들도 변경되도록 설정하시오.

3 '26컴활1급(기출)₩데이터베이스₩실전모의고사'에서 '추가제품.xlsx' 파일을 가져와 〈추가제품〉 테이블을 생성하시오. (5점)

▶ 첫 번째 행은 열 머리글임
▶ '제품명' 필드를 기본 키로 설정하시오.

문제2 입력 및 수정 기능 구현(20점)

1 〈거래내역〉 폼을 다음의 화면과 지시사항에 따라 완성하시오. (각 3점)

① 〈거래내역〉 테이블을 폼의 레코드 원본으로 설정하시오.
② 폼 속성의 기본 보기를 〈화면〉과 같은 형태로 표시되도록 설정하시오.
③ 본문 영역의 'txt거래처명' 컨트롤은 폼의 'txt거래처코드'에 해당하는 〈거래처〉 테이블의 '거래처명'이 표시되도록 설정하시오.
▶ DLookUp 함수 사용

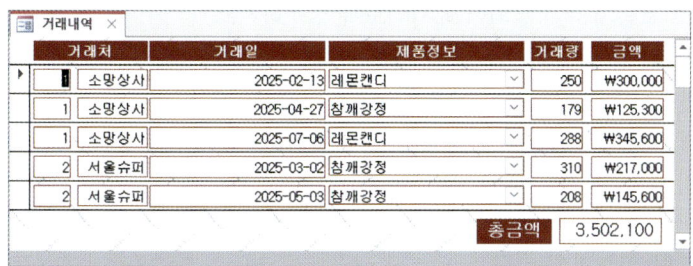

2 〈거래내역〉 폼의 'cmb제품명' 컨트롤에 대해 〈문제 02- 3 〉 화면을 참조하여 다음과 같이 설정하시오. (6점)

▶ 컨트롤을 콤보 상자로 변경하시오.
▶ 콤보 상자의 목록 값으로 〈제품〉 테이블의 모든 필드가 표시되도록 설정하시오.
▶ 적절한 열 개수와 열 너비, 바운드 열을 설정하시오.

3 〈거래처별 제품관리〉 폼의 본문 영역에 화면을 참조하여 〈거래내역〉 폼을 하위 폼으로 설정하시오. (5점)

▶ [문제 01]의 테이블 관계를 참조하여 하위 폼 설정에 필요한 필드를 설정하시오.
▶ 하위 폼 컨트롤의 이름은 '세부거래내역'으로 지정하고, 탐색 단추가 표시되지 않도록 하시오.

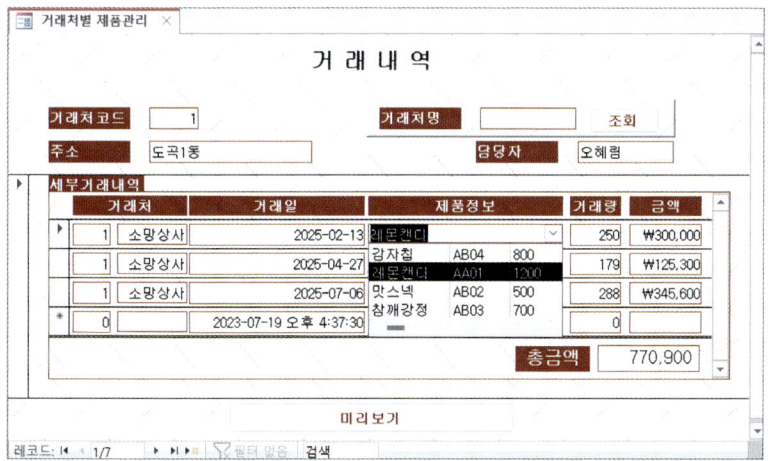

문제3 조회 및 출력 기능 구현(20점)

1 다음의 지시사항 및 〈화면〉을 참조하여 〈거래내역보고서〉를 완성하시오. (각 3점)

① 보고서 머리글에 〈화면〉과 같이 보고서의 제목을 생성하시오.
- ▶ 이름 : LBL제목
- ▶ 글꼴 이름 : 궁서체
- ▶ 글꼴 크기 : 20
- ▶ 텍스트 맞춤 : 가운데

② '거래처' 기준으로 오름차순, '거래일' 기준으로 오름차순 정렬되어 표시되도록 설정하시오.
③ 본문 영역의 'txt거래처'의 값이 이전 레코드와 같은 경우에는 표시되지 않도록 설정하시오.
④ 거래처 바닥글의 'txt거래건수' 컨트롤에는 거래처별로 거래건수가 표시되도록 설정하시오.
⑤ 페이지 바닥글의 'txt페이지' 컨트롤에는 현재 페이지가 표시되도록 설정하시오.
- ▶ Format 함수 사용 [현재 페이지가 1페이지 일 때 표시 → 001 페이지]

거래내역 보고서

거래처	거래일	제품명	거래량	금액
1	2025-02-13	레몬캔디	250	₩300,000
	2025-04-27	참깨강정	179	₩125,300
	2025-07-06	레몬캔디	288	₩345,600
	거래건수		3	
2	2025-03-02	참깨강정	310	₩217,000
	2025-05-03	참깨강정	208	₩145,600
	2025-07-31	레몬캔디	107	₩128,400
	거래건수		3	
3	2025-02-19	맛스넥	181	₩90,500

2023년 7월 19일 수요일   001 페이지

2 〈거래처별 제품관리〉 폼 바닥글의 '미리보기(cmd미리보기)' 단추를 클릭하면 〈거래내역보고서〉가 '미리보기'의 형태로 나타나도록 이벤트 프로시저를 구현하시오. (5점)

문제4 처리 기능 구현(35점)

1 〈거래내역〉, 〈제품〉 테이블을 이용하여 거래량이 거래내역 전체의 거래량 평균보다 큰 레코드를 조회하는 〈우량제품〉 쿼리를 작성하시오. (7점)

▶ 하위 쿼리 사용
▶ 조회 결과 필드는 화면을 참조할 것

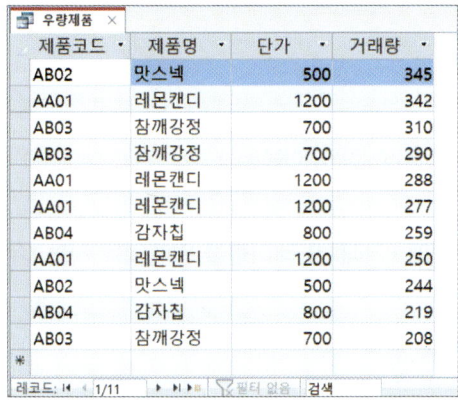

2 〈거래처〉, 〈제품〉, 〈거래내역〉 테이블을 이용하여 거래처별, 제품명별 금액의 평균을 조회하는 〈평균판매금액〉 크로스탭 쿼리를 화면을 참조하여 작성하시오. (7점)

▶ 평균의 형식 및 소수 자릿수는 화면을 참조하여 설정할 것

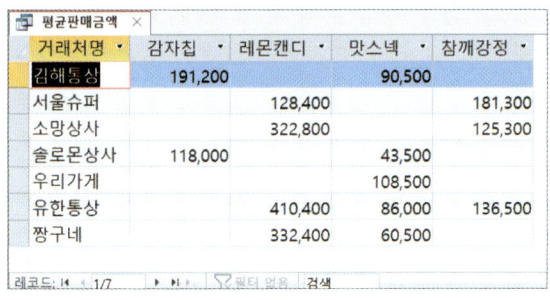

3 〈거래처〉, 〈거래내역〉 테이블을 이용하여 거래처명이 '상사'로 끝나고 거래일의 주말 거래를 조회하는 〈주말거래량〉 쿼리를 작성하시오. (7점)

▶ 거래량을 오름차순 표시
▶ 쿼리 실행 결과 표시되는 필드와 필드명은 〈그림〉과 같이 표시되도록 설정하시오.
▶ Weekday, Format 함수 이용

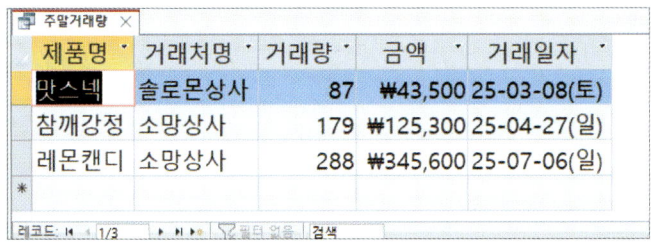

4 〈거래처〉, 〈거래내역〉 테이블을 이용하여 담당자를 매개변수로 입력받고, 거래량과 금액을 조회하여 새 테이블로 생성하는 〈담당자조회〉 쿼리를 작성하고 실행하시오. (7점)

▶ 쿼리 실행 후 생성되는 테이블의 이름은 [거래처별거래량]으로 설정하시오.
▶ 쿼리 실행 결과 생성되는 테이블의 필드는 그림을 참고하여 수험자가 판단하여 설정하시오.

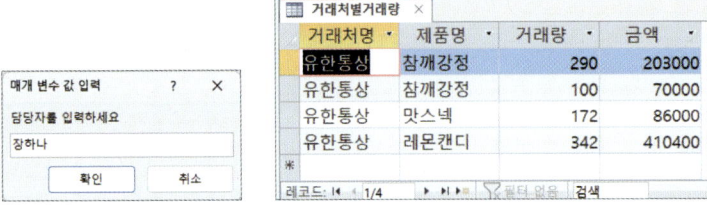

※ 〈담당자조회〉 쿼리의 매개변수 값으로 '장하나'를 입력하여 실행한 후의 〈거래처별거래량〉 테이블

5 〈거래처〉, 〈거래내역〉 테이블을 이용하여 '금액'의 합계가 가장 큰 두 업체에 〈거래처〉 테이블을 업데이트 하는 〈우수거래처〉 쿼리를 작성하시오. (7점)

▶ 〈거래처〉 테이블의 '비고' 필드에 〈그림〉과 같이 표시되도록 설정하시오.

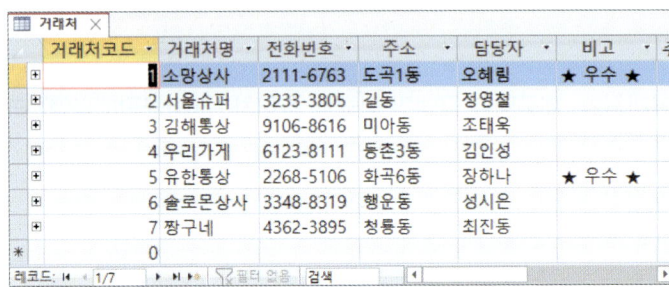

정답 & 해설 데이터베이스 실전 모의고사 05회

문제1 DB 구축

1 〈거래내역〉, 〈거래처〉 테이블

정답

번호	테이블	필드 이름	속성 및 형식	설정 값
①	거래내역	거래처, 거래일, 제품명	기본 키	(거래내역 테이블 필드 구성)
②	거래내역	거래일	기본값	Now()
③	거래내역	거래량	필드 크기	정수
			유효성 검사 규칙	>=0
④	거래처	거래처명	인덱스	예(중복 가능)
⑤	거래처	전화번호	입력 마스크	0000-0000;0;0000-0000 또는 (0000-0000;0;0)

① 〈거래내역〉 테이블에서 마우스 오른쪽 버튼을 눌러 [디자인 보기](N)를 클릭한다.
② '거래처', '거래일', '제품명' 필드를 클릭한 후 바로 가기 메뉴에서 [기본 키](K)를 선택한다.

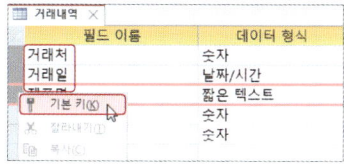

> **기적의 TIP**
> 연속된 필드를 한꺼번에 선택할 때는 Shift , 떨어져 있는 필드를 따로 선택할 때는 Ctrl 을 누른 채로 행 선택기를 클릭하면 됩니다. 이때 유념할 점은 키를 계속해서 누른 채로 바로 가기 메뉴를 불러야 한다는 점입니다.

③ '거래일' 필드를 선택한 후 필드 속성의 [일반] 탭에서 '기본값' 속성에 Now()로 설정한다.

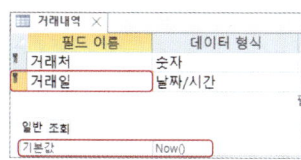

④ '거래량' 필드를 선택한 후 필드 속성의 [일반] 탭에서 '필드 크기' 속성을 '정수', '유효성 검사 규칙' 속성을 >=0으로 설정한다.

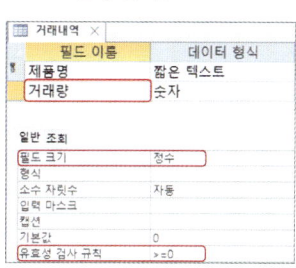

⑤ [데이터베이스] 탐색 창의 〈거래처〉 테이블에서 마우스 오른쪽 버튼을 눌러 [디자인 보기](N)를 클릭한다.
⑥ '거래처명' 필드를 선택한 후 필드 속성의 [일반] 탭에서 '인덱스' 속성을 '예(중복 가능)'으로 설정한다.
⑦ '전화번호' 필드를 선택한 후 필드 속성의 [일반] 탭에서 '입력 마스크' 속성을 0000-0000; 0;0000-0000으로 입력한다.

> **기적의 TIP**
> 0000-0000;0;0으로 작성해도 됩니다.

2 관계 설정

정답

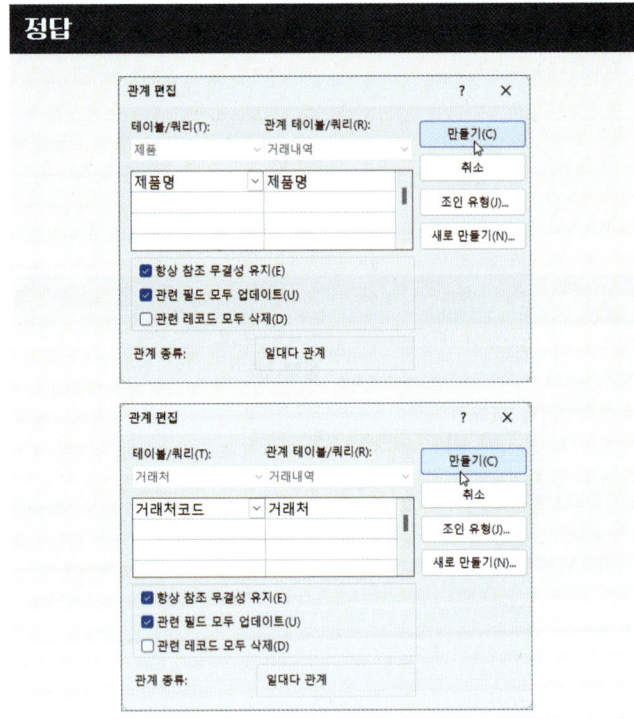

① [데이터베이스 도구]-[관계] 그룹의 [관계](🔲)를 클릭하고 [관계] 창의 빈 화면에서 마우스 오른쪽 버튼을 눌러 [테이블 표시](🔲)를 클릭한다. 〈거래처〉, 〈거래내역〉, 〈제품〉 테이블을 선택하고 추가한 후 [닫기]를 누른다.

② 〈거래처〉 테이블의 '거래처코드' 필드를 선택한 후 〈거래내역〉 테이블의 '거래처' 필드로 드래그한다. [관계 편집]에서 다음과 같이 설정한 후 [만들기]를 클릭한다.

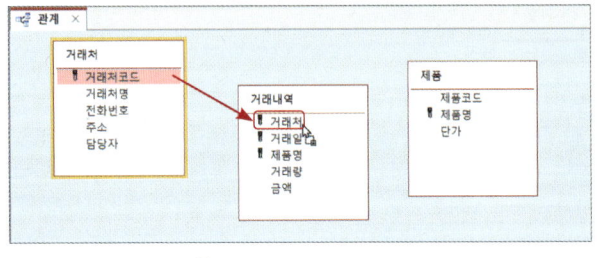

↓

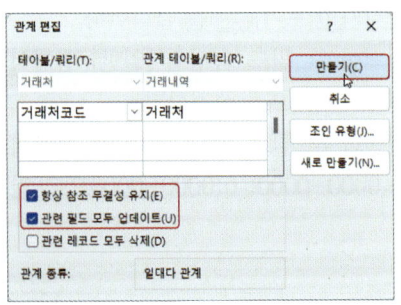

③ 〈제품〉 테이블의 '제품명' 필드를 선택한 후 〈거래내역〉 테이블의 '제품명' 필드로 드래그한다. [관계 편집]에서 다음과 같이 설정한 후 [만들기]를 클릭한다.

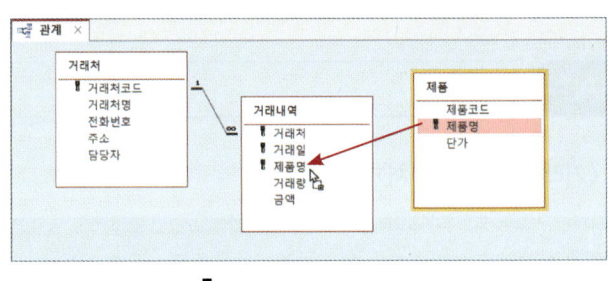

↓

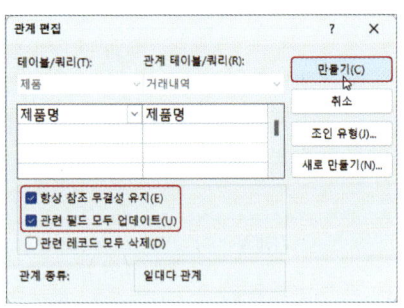

④ 관계 창을 닫고 저장한다.

3 〈추가제품.xlsx〉 파일을 〈추가제품〉 테이블로 가져오기

정답

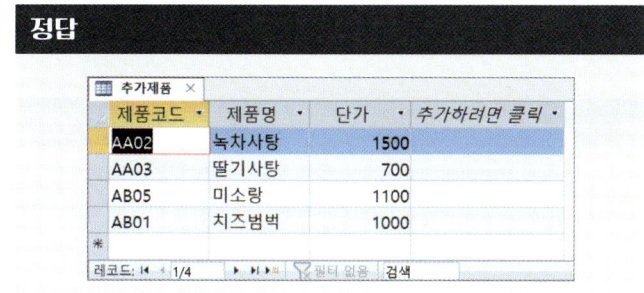

① [외부 데이터]-[가져오기 및 연결] 그룹의 [새 데이터 원본]-[파일에서]-[Excel]을 클릭한 다음, 가져올 파일 이름과 데이터를 저장할 방법 및 위치를 지정한다. 파일 이름을 지정하기 위해 [찾아보기]를 클릭한다.

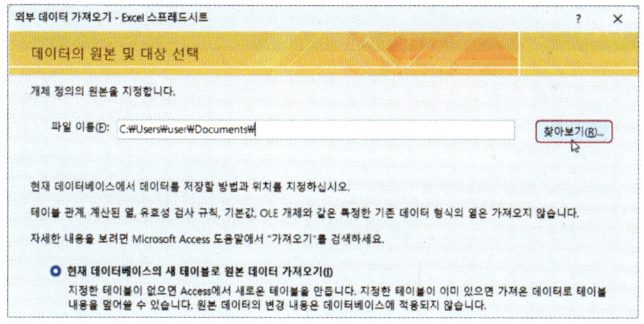

② [파일 열기] 대화상자가 열리면 '26컴활1급(기출)₩데이터베이스₩실전모의고사' 폴더에서 파일 이름을 '추가제품.xlsx'로 선택한 후 [열기]를 클릭한다.
③ [외부 데이터 가져오기 – Excel 스프레드시트] 대화상자로 돌아오면 [확인]을 클릭한다.

④ 스프레드시트 가져오기 마법사를 다음과 같이 설정하고 가져오기 단계는 저장하지 않는다.

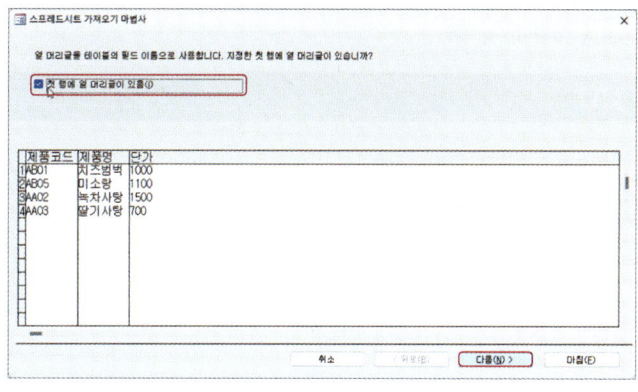

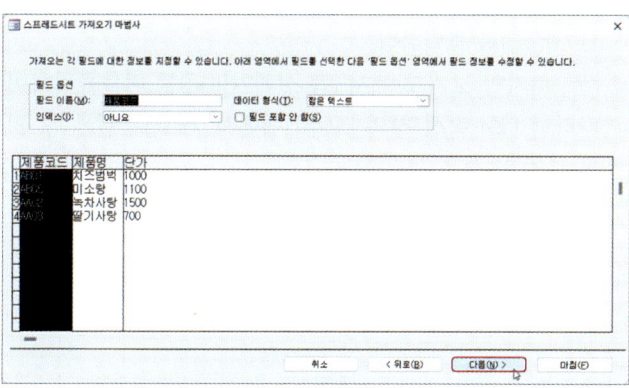

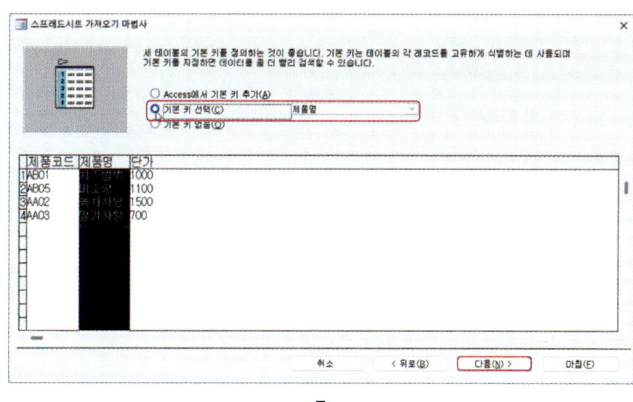

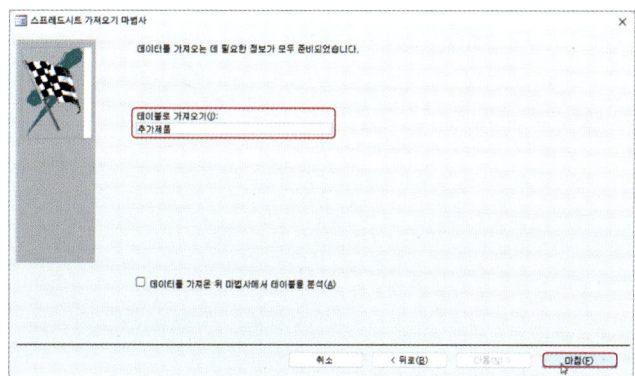

문제2 입력 및 수정 기능 구현

1 〈거래내역〉 폼

정답

번호	필드 이름	속성 및 형식	설정 값
①	폼	레코드 원본	거래내역
②	폼	기본 보기	연속 폼
③	txt거래처명	컨트롤 원본	=DLookUp("[거래처명]","거래처","[거래처코드]=[txt거래처코드]")

① 〈거래내역〉 폼에서 마우스 오른쪽 버튼을 눌러 [디자인 보기](🔳)를 클릭한다.
② [폼] 디자인 보기 창에서 [폼 선택기](■)를 더블클릭하여 나타난 [폼] 속성 창의 [모두] 탭에서 '레코드 원본'과 '기본 보기' 속성을 설정한다.

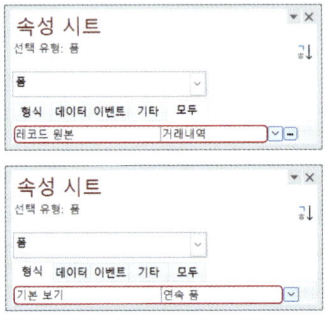

③ 'txt거래처명' 컨트롤을 더블클릭하여 'txt거래처명' 속성 창이 나타나면 [모두] 탭의 '컨트롤 원본' 속성을 설정한다.

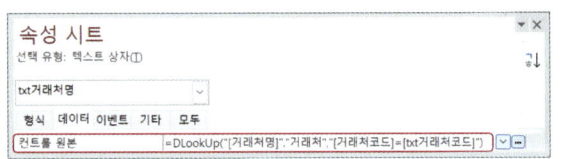

=DLookUp("[거래처명]","거래처","[거래처코드]=[txt거래처코드]")

2 〈거래내역〉 폼의 'cmb제품명' 컨트롤 속성

정답

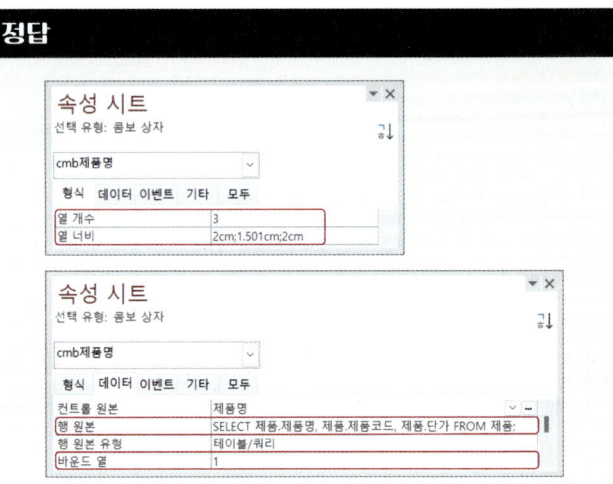

① 〈거래내역〉 폼을 [디자인 보기](🔳)로 연 후 'cmb제품명' 필드를 선택하고, 마우스 오른쪽 버튼을 눌러 [변경]-[콤보 상자]를 선택한다.
② 'cmb제품명' 필드를 더블클릭하여 나타난 'cmb제품명' 속성 창에서 '행 원본' 속성의 [작성기](…)를 클릭한다.
③ [거래내역 : 쿼리 작성기] 창에 [테이블 추가] 대화상자가 표시되면 '제품'을 더블클릭한 후 [닫기]를 클릭한다.
④ 디자인 눈금 필드를 그림과 같이 작성한다.

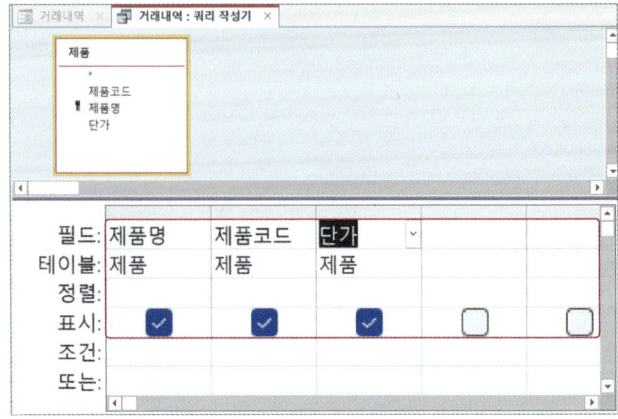

⑤ [거래내역 : 쿼리 작성기] 창의 [닫기]를 클릭한 후 업데이트를 묻는 대화상자에서 [예]를 클릭한다.
⑥ 쿼리 작성기로 디자인한 SQL 문이 행 원본으로 지정되었음을 알 수 있다. 계속해서 필드 속성의 '열 개수', '열 너비', '바운드 열' 속성을 지정한다.

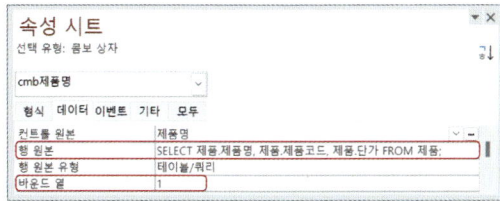

3 하위 폼

정답

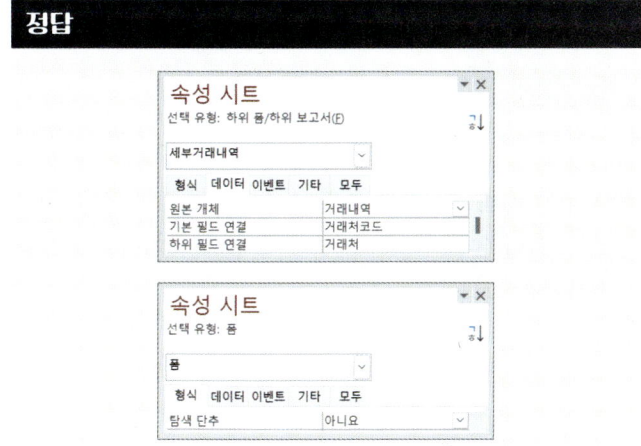

① 〈거래처별 제품관리〉 폼을 [디자인 보기](N)로 연 후 [양식 디자인]-[컨트롤] 그룹의 [컨트롤 마법사 사용](🪄)이 선택된 상태에서 [하위 폼/하위 보고서](🗂)를 클릭하고 적당한 위치까지 드래그한 후 놓으면 [하위 폼 마법사]가 나타난다.
② [하위 폼 마법사] 대화상자의 '기존 폼 사용'에서 〈거래내역〉 폼을 하위 폼으로 설정하고 [다음]을 클릭한다.

③ '목록에서 선택'에서 디폴트값(기본값)을 그대로 선택하고 [다음]을 클릭한다.

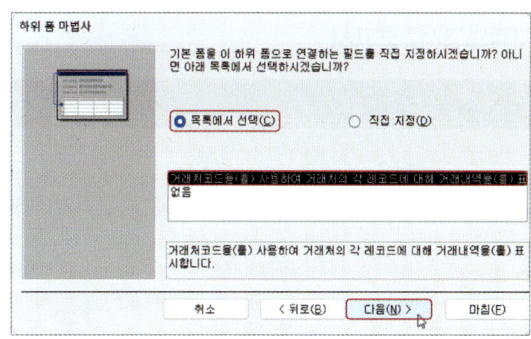

> **기적의 TIP**
>
> 기본 폼(거래처별 제품관리)의 레코드 원본은 〈거래처〉 테이블, 하위 폼(거래내역)의 레코드 원본은 〈거래내역〉 테이블이며, 두 테이블은 '거래처코드'와 '거래처' 필드가 일대다의 관계로 연결되어 있습니다.

④ 하위 폼의 이름을 **세부거래내역**으로 입력하고 [마침]을 클릭한다.
⑤ 세부거래내역 하위 폼의 [폼 선택기](■)를 더블클릭한 후, '탐색 단추' 속성을 '아니요'로 설정한다.

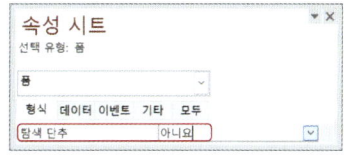

문제3 조회 및 출력 기능 구현

1 〈거래내역보고서〉 보고서

정답

번호	개체	속성	설정 값
①	레이블 생성	이름	LBL제목
		글꼴 이름	궁서체
		글꼴 크기	20
		텍스트 맞춤	가운데
②	거래처, 거래일 정렬		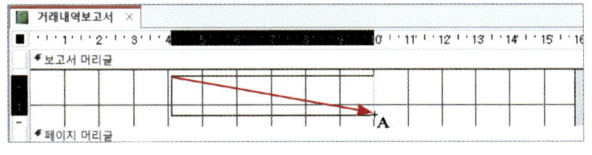
③	txt거래처	중복 내용 숨기기	예
④	txt거래건수	컨트롤 원본	=Count(*)
⑤	txt페이지	컨트롤 원본	=Format([Page],"000") & " 페이지" 또는 =Format([Page], "000 페이지")

① 〈거래내역보고서〉 보고서에서 마우스 오른쪽 버튼을 눌러 [디자인 보기](📐)를 클릭한다.

② [보고서 디자인]-[컨트롤] 그룹의 [레이블](가가)을 선택하고 적당한 위치에 드래그한 후 **거래내역 보고서**라고 입력한 다음, 더블클릭하여 '이름', '글꼴 이름', '글꼴 크기', '텍스트 맞춤', '글꼴 기울임꼴' 속성을 설정한다.

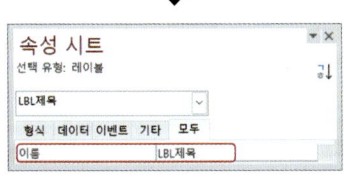

↓

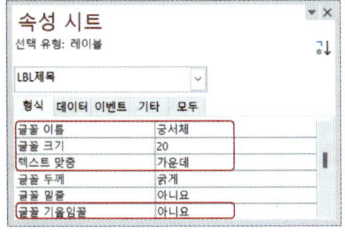

③ [보고서 선택기](■)의 바로 가기 메뉴에서 [정렬 및 그룹화]를 클릭하여 '거래처'와 [정렬 추가]하여 '거래일' 필드를 오름차순으로 설정한다.

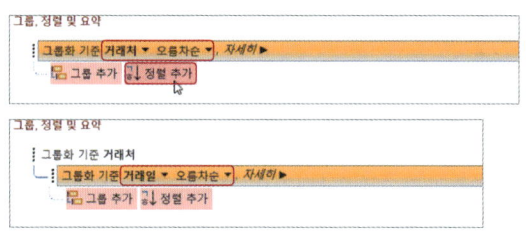

④ 'txt거래처' 컨트롤의 '중복 내용 숨기기' 속성을 설정한다.

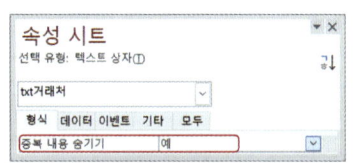

⑤ 'txt거래건수' 컨트롤의 '컨트롤 원본' 속성을 설정한다.

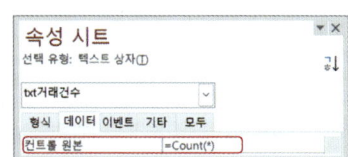

⑥ 'txt페이지' 컨트롤의 '컨트롤 원본' 속성을 설정한다.

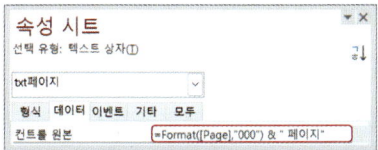

```
=Format([Page],"000") & " 페이지"
또는
=Format([Page], "000 페이지")
```

2 〈거래처별 제품관리〉 폼의 '미리보기(cmd미리보기)' 버튼 클릭 이벤트

① 〈거래처별 제품관리〉 폼에서 마우스 오른쪽 버튼을 눌러 [디자인 보기](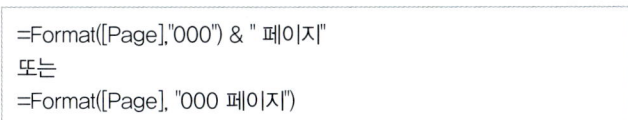)를 클릭한다.
② '미리보기(cmd미리보기)' 버튼을 클릭한 후 [이벤트] 탭에서 'On Click' 속성의 [작성기](...)를 클릭한다.
③ [작성기 선택] 대화상자에서 '코드 작성기'를 선택한다.
④ VBE의 '코드 창'에 다음과 같이 코딩하고 Alt + Q 를 눌러서 VBE를 닫고 액세스로 돌아온다.

```
Private Sub cmd미리보기_Click()
    DoCmd.OpenReport "거래내역보고서", acViewPreview
End Sub
```

문제4 처리 기능 구현

1 〈우량제품〉 쿼리

정답

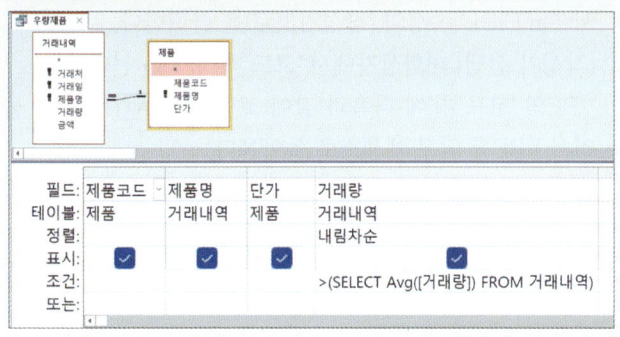

① [만들기]-[쿼리] 그룹의 [쿼리 디자인](🔲)을 클릭한다.
② [테이블 추가]에서 〈거래내역〉, 〈제품〉을 추가한다.
③ 디자인 눈금의 각 필드에 다음과 같이 드래그해서 놓은 다음, '거래량' 필드의 조건을 입력하고 정렬은 '내림차순'으로 지정한다.

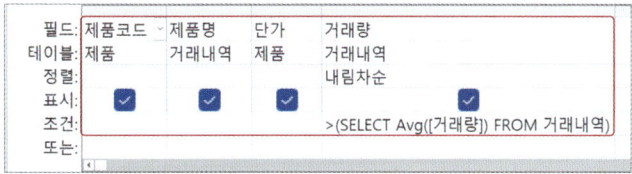

>(SELECT Avg([거래량]) FROM 거래내역)

④ [저장](💾)을 클릭한 후 쿼리의 이름을 **우량제품**으로 입력한다.

2 〈평균판매금액〉 크로스탭 쿼리

정답

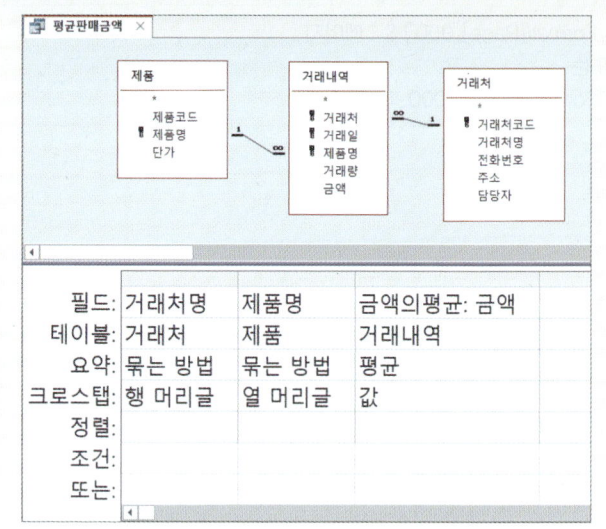

① [만들기]-[쿼리] 그룹의 [쿼리 디자인](🔲)을 클릭한다.
② [테이블 추가]에서 〈거래내역〉, 〈거래처〉, 〈제품〉을 추가한다.
③ 디자인 창의 빈 영역에서 마우스 오른쪽 버튼을 눌러 [쿼리 유형]-[크로스탭 쿼리]를 선택하고 다음과 같이 설정한다.

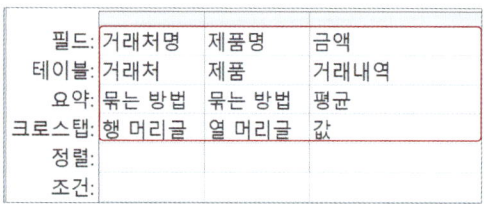

④ '금액의평균: 금액' 필드의 바로 가기 메뉴에서 [속성]을 선택한다. [필드 속성] 대화상자가 나타나면 '형식' 속성에 **#,###**을 입력한다.

> **기적의 TIP**
>
> #,###은 입력된 숫자가 천 단위 이상의 경우만 구분 기호의 쉼표(,)를 표기하라는 의미입니다.

⑤ [저장](💾)을 클릭한 후 쿼리의 이름을 **평균판매금액**으로 입력한다.

3 〈주말거래량〉 쿼리

정답

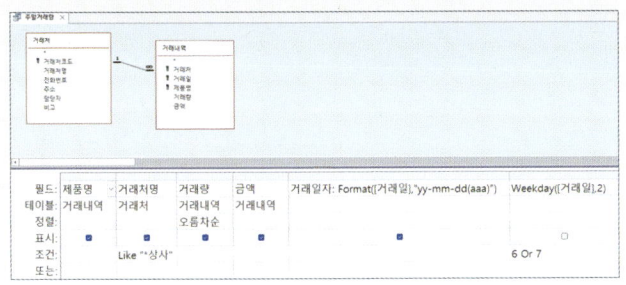

① [만들기]-[쿼리] 그룹에서 [쿼리 디자인](▦)을 클릭한다.
② 〈거래처〉, 〈거래내역〉 테이블을 더블클릭하여 추가한 후 [닫기]를 클릭한다.
③ 디자인 눈금의 각 필드에 다음과 같이 드래그해서 배치하고 조건을 입력한다.

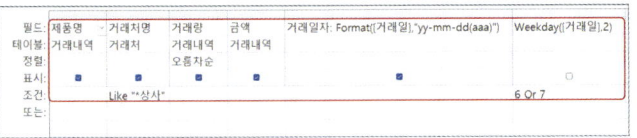

- 거래처명 : 조건(Like "*상사")
- 거래량 : 오름차순
- 거래일자 : Format([거래일],"yy-mm-dd(aaa)")
- Weekday([거래일],2)

> **기적의 TIP**
>
> **Weekday([거래일],2)**
> [거래일] 필드에서 요일을 숫자로 반환하는데, return type은 '2'가 입력된 것은 월요일은 '1', 화요일은 '2', 수요일은 '3', … 으로 값을 반환합니다.
> 주말이라면 토요일, 일요일에 해당한 값은 6 또는 7을 추출합니다.

④ [저장](💾)을 클릭한 후 **주말거래량**을 입력하고 [확인]을 클릭한다.

4 〈담당자조회〉 쿼리

정답

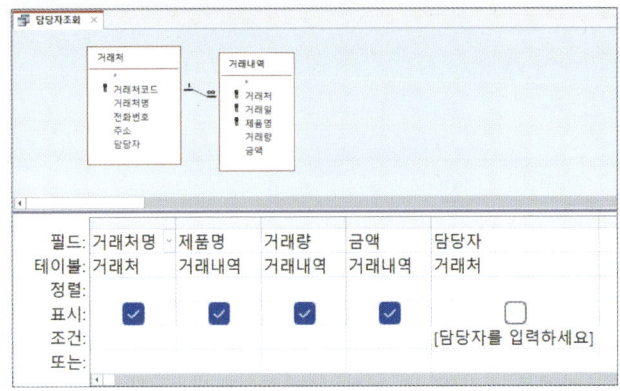

① [만들기]-[쿼리] 그룹의 [쿼리 디자인](▦)을 클릭한다.
② [테이블 추가]의 [테이블] 탭에서 〈거래처〉, 〈거래내역〉을 추가하고 [닫기]를 클릭한다.
③ 디자인 눈금의 각 필드에 다음과 같이 드래그해서 놓는다.

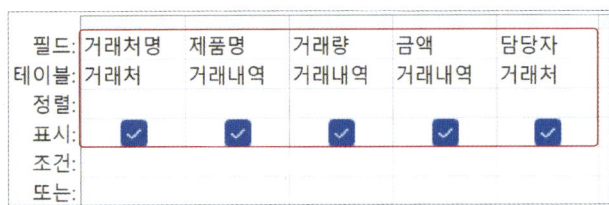

④ 담당자 필드의 조건에 [**담당자를 입력하세요**]를 입력하고 표시 체크를 해제한다.

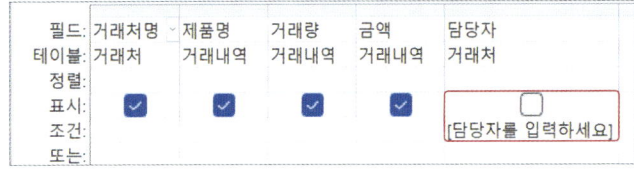

⑤ [쿼리 디자인]-[쿼리 유형] 그룹의 [테이블 만들기](▦)를 클릭한다.
⑥ 테이블 이름은 **거래처별거래량**을 입력하고 [확인]을 클릭한다.

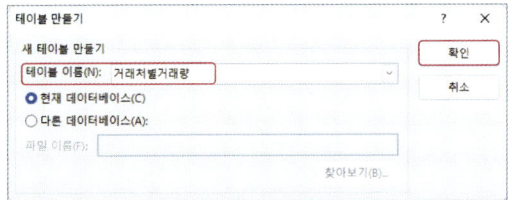

⑦ [쿼리 도구]-[디자인]-[결과] 그룹의 [실행](!)을 클릭한다.
⑧ Ctrl+S를 눌러 '다른 이름으로 저장' 대화상자에 **담당자조회**로 입력하고 [확인]을 클릭한다.

5 〈우수거래처〉 업데이트 쿼리

정답

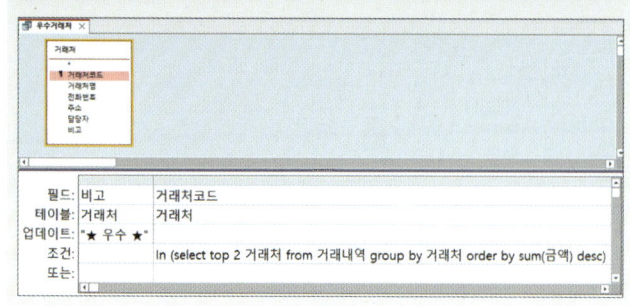

① [만들기]-[쿼리] 그룹의 [쿼리 디자인](􀀀)을 클릭한다.
② [테이블 추가]의 [테이블] 탭에서 〈거래처〉 테이블을 추가한 후 '비고'와 '거래처코드' 필드를 추가한다.
③ [쿼리 디자인]-[쿼리 유형] 그룹의 [업데이트](􀀀)를 클릭한 후 다음과 같이 입력한다.

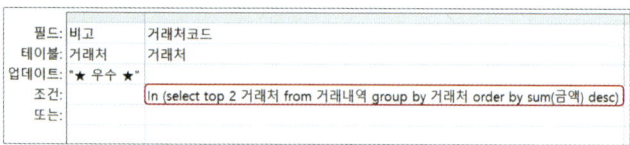

In (Select top 2 거래처 from 거래내역 group by 거래처 order by sum(금액) desc)

④ [저장](􀀀)을 클릭한 후 쿼리의 이름을 **우수거래처**로 입력하고 [확인]을 클릭한다.
⑤ [쿼리 디자인]-[결과] 그룹의 [실행](􀀀)을 클릭하여 2행을 새로 고친다는 메시지가 표시되면 [예]를 클릭한다.

데이터베이스 실전 모의고사 06회

작업파일 : '26컴활1급(기출)\데이터베이스\실전모의고사'에서 '실전모의고사6회' 파일을 열어 작업하세요.

문제1 DB 구축(25점)

1 우리 출판사에서 주문처 관리를 전산화하기 위해서 다음과 같이 데이터베이스를 구축하였다. 다음의 지시사항에 따라 테이블을 완성하시오. (각 3점)

※ 〈도서별판매내역〉 테이블
① '주문일자' 필드를 '날짜/시간' 데이터 형식으로 변경한 후, '2025년 08월 22일' 형태로 날짜가 표시되도록 필드 속성의 형식을 설정하시오.
② '전화번호' 필드는 '(010)1234-1234' 형식으로 입력되도록 입력 마스크 필드 속성을 설정하시오.
  ▶ 0 ~ 9까지 숫자나 공백을 입력할 수 있도록 할 것
  ▶ 덧셈 · 뺄셈 기호는 사용 할 수 없도록 할 것
  ▶ 기호도 저장되도록 설정할 것
③ '주문처' 필드에는 값이 반드시 입력되도록 설정하시오.

※ 〈도서코드〉 테이블
④ '거래구분' 필드에 데이터를 입력할 때 자동으로 영문 입력상태가 되도록 IME 모드를 '영숫자 반자'로 설정하시오.
⑤ '거래기간' 필드에는 255 이하의 숫자를 입력하기에 적당한 데이터 형식과 필드 크기를 설정하시오.

2 〈도서별판매내역〉 테이블의 '물품코드' 필드는 〈도서코드〉 테이블의 '물품코드' 필드를 참조하며, 테이블간의 관계는 M:1 이다. 두 테이블에 대해 다음과 같이 관계를 설정하시오. (5점)

▶ 테이블간에 항상 참조 무결성을 유지하도록 설정하시오.
▶ 〈도서코드〉 테이블의 '물품코드'가 변경되면 이를 참조하는 〈도서별판매내역〉 테이블의 '물품코드'도 따라 변경되도록 설정하시오.
▶ 〈도서별판매내역〉 테이블에서 참조하고 있는 〈도서코드〉 테이블의 레코드를 삭제할 수 없도록 하시오.

3 〈도서별판매내역〉 테이블의 '물품코드' 필드에 대해서 다음과 같이 조회 속성을 설정하시오. (5점)

▶ 〈도서코드〉 테이블의 '물품코드'와 '저자'를 콤보 상자로 표시할 것
▶ 필드에는 '물품코드'가 저장되도록 설정할 것
▶ '물품코드'와 '저자'의 열 너비를 각각 3cm, 1.5cm로 지정하고, 목록 너비를 6cm로 설정할 것
▶ 콤보 상자의 행수를 5로 설정할 것

문제2　입력 및 수정 기능 구현(20점)

1 다음 지시사항에 따라 〈판매내역입력〉 폼을 완성하시오. (각 3점)

① 미리보기 〈그림〉처럼 표시되도록 폼의 기본 보기, 탐색 단추, 레코드 선택기 속성을 지정하시오.
② 'txt주문처'와 'txt주문수량'을 각각 '주문처'와 '주문수량' 필드에 바운드 시키시오.
③ 'txt총계'에 판매된 총 금액을 표시하도록 계산 컨트롤로 작성하시오.
　▶ ([판매단가] × [주문수량])의 합을 이용할 것
　▶ ₩42,130,000처럼 표시되도록 사용자 지정 형식을 설정할 것

접수번호	주문일자	주문처	물품코드	판매단가	주문수량
1	25년 08월 10일	인하대	멀티미디어 웹디지	₩12,000	100
2	25년 09월 01일	한경대	철학개론	₩15,000	70
3	25년 08월 22일	계림대	오! C 아! C	₩20,000	120
4	25년 10월 13일	전주대	자연개론	₩10,000	150
5	25년 08월 10일	군산대	정보통신	₩22,000	120
6	25년 10월 19일	목포대	방송개론	₩23,000	40
7	25년 08월 20일	부산대	물성이론	₩19,000	100
8	25년 09월 11일	동아대	삼국사기	₩17,000	120
9	25년 08월 21일	서울대	PHP웹솔루션	₩19,000	20
10	25년 10월 14일	경상대	경제일반론	₩18,000	50

월별매출내역　　총 계　　₩42,130,000

2 〈판매내역입력〉 폼의 'cmb물품코드' 컨트롤에 대하여 다음의 지시사항에 따라 설정하시오. (6점)

▶ 〈도서코드〉 테이블의 '물품코드', '도서명'을 목록으로 표현하되 '물품코드'는 표시하지 않도록 하시오.
▶ 컨트롤과 바운드된 테이블에는 '물품코드'가 저장되도록 설정하시오.
▶ 'cmb물품코드' 컨트롤에는 목록에 있는 값만 입력되도록 설정하시오.

3 〈판매내역〉 폼의 본문 영역에 〈판매내역입력〉 폼을 하위 폼으로 추가하시오. (5점)

▶ 하위 폼/하위 보고서 컨트롤의 이름은 '판매상황'으로 하시오.
▶ 기본 폼과 하위 폼을 각각 '접수번호' 필드를 기준으로 연결하시오.

문제3 조회 및 출력 기능 구현(20점)

1 다음의 지시사항 및 화면을 참조하여 〈도서별판매이익〉 보고서를 완성하시오. (각 3점)

① 보고서 머리글의 'Label33' 레이블에 대해서 다음과 같이 설정하시오.
  ▶ 레이블 이름을 'Label제목'으로 바꿀 것
  ▶ 글꼴은 '궁서', 크기는 '25'로 바꿀 것
② 그룹화 기준은 '도서명', '주문일자', '주문처' 필드 순으로 오름차순 정렬하여 표시하시오.
③ 보고서 바닥글의 'txt세금'과 'txt판매이익' 컨트롤에 세금과 판매이익 필드의 총합계를 표시하시오.
  ▶ '₩2,317,150'과 같이 표시되도록 형식 속성을 설정할 것
④ 페이지 바닥글의 'txt날짜'에는 시스템의 현재 날짜가 표시되도록 형식을 설정하시오.
  ▶ 현재 날짜 정보만 표시하는 함수를 이용하여, '2025년 8월 28일 목요일'과 같이 표시
⑤ 페이지 바닥글의 'txt페이지'에는 페이지를 '현재페이지/전체페이지'의 형태로 표시하도록 설정하시오.
  ▶ 전체 페이지수가 5이고 현재 페이지가 2이면 '2/5'와 같이 표시

2 〈도서별조회〉 폼의 '자료보기(cmd자료보기)' 버튼을 클릭할 때 다음과 같은 기능을 수행하도록 구현하시오. (5점)

  ▶ 〈도서별판매이익〉 보고서를 '인쇄 미리 보기'의 형태로 열도록 이벤트 프로시저를 작성 할 것
  ▶ 주문일자 데이터 중 8월에 해당하는 것으로 보고서를 출력 할 것

문제4 처리 기능 구현(35점)

1 출판사별, 월별로 주문건수를 조회하는 쿼리를 미리보기 〈그림〉과 같이 작성하시오. (7점)

- Month 함수 이용
- [속성 시트]의 형식을 이용하여 양수에는 '건'을 붙여서 표시하고, 음수와 0은 생략하고, 값 영역의 Null 값에는 ◎을 표시
- 〈도서별판매내역〉, 〈도서코드〉 테이블을 이용할 것
- 쿼리 이름은 '출판사별월별주문건수'로 설정할 것
- 쿼리 실행 결과 표시되는 필드와 필드명은 〈그림〉과 같이 표시되도록 설정하시오.

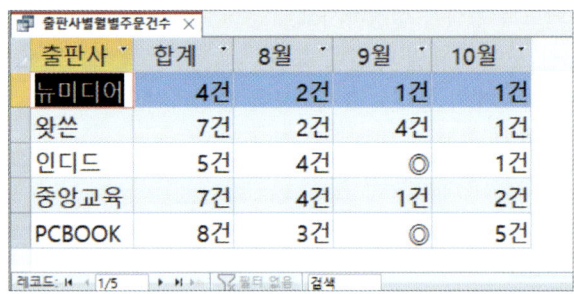

2 미리보기 〈그림〉과 같은 질의에 응답하는 매개변수 쿼리를 작성하시오. (7점)

- 〈도서코드〉 테이블을 이용할 것
- 쿼리 이름은 '도서정보'로 할 것
- '물품코드'의 첫 두 글자에 해당하는 정보만 표시할 것
- Left 함수 이용

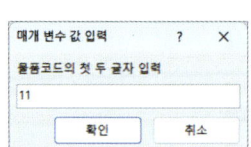 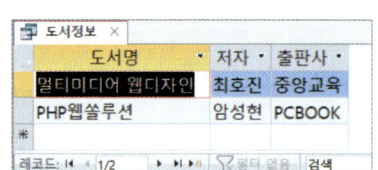

3 〈판매장부〉 테이블을 이용하여 상위 10개 항목의 판매금액을 계산하여 표시하는 〈상위10판매금액〉 쿼리를 작성하시오. (7점)

- 판매금액은 [판매단가]에 [주문수량]을 곱한 값의 90%로 계산하시오.
- 판매금액을 기준으로 내림차순 정렬하여 표시하시오.
- 쿼리 실행 결과 표시되는 필드와 필드명은 〈그림〉과 같이 표시되도록 설정하시오.

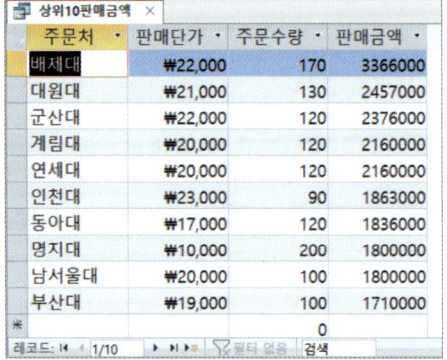

4. 〈판매내역총괄〉 쿼리를 이용하여 주문수량이 100 이상 200 이하의 판매이익을 구하는 〈판매이익분석〉 쿼리를 작성하시오. (7점)

▶ 판매이익을 기준으로 내림차순 정렬하여 표시하시오.
▶ 쿼리 실행 결과 표시되는 필드와 필드명은 〈그림〉과 같이 표시되도록 설정하시오.

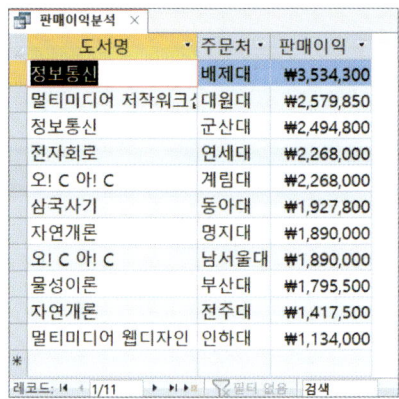

5. 〈도서별판매내역〉 테이블, 〈도서코드〉 테이블을 이용하여 '주문일자'의 월을 매개변수 입력받고, 다음 그림과 같이 새테이블을 생성하는 〈월별주문내역조회〉 쿼리를 작성하고 실행하시오. (7점)

▶ 금액 : 판매단가 × 주문수량
▶ 쿼리 실행 후 생성되는 테이블의 이름은 [월별도서주문내역]으로 설정하시오.
▶ 쿼리 실행 결과 생성되는 테이블의 필드는 그림을 참고하여 설정하시오.

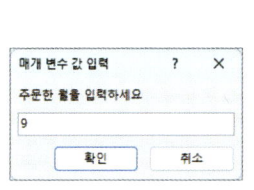
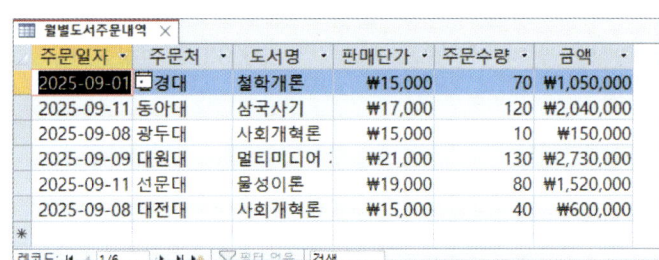

정답 & 해설 — 데이터베이스 실전 모의고사 06회

문제1 DB 구축

1 〈도서별판매내역〉, 〈도서코드〉 테이블

정답

번호	테이블	필드 이름	속성 및 형식	설정 값
①	도서별판매내역	주문일자	데이터 형식	날짜/시간
			형식	yyyy년 mm월 dd일
②	도서별판매내역	전화번호	입력 마스크	(999)9999-9999;0
③	도서별판매내역	주문처	필수	예
④	도서코드	거래구분	IME 모드	영숫자 반자
⑤	도서코드	거래기간	데이터 형식	숫자
			필드 크기	바이트

① 〈도서별판매내역〉 테이블을 [디자인 보기](■) 모드로 열어, '주문일자' 필드의 데이터 형식을 '날짜/시간'으로 형식에 **yyyy년 mm월 dd일**을 입력한다.

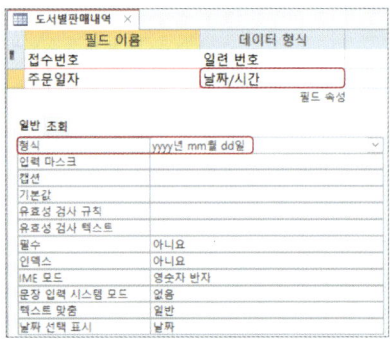

> **기적의 TIP**
>
> yyyy년 mm월 dd일
> 을 입력하면
> yyyy"년 "mm"월 "dd₩일
> 로 표시 됩니다.

② '전화번호' 필드의 입력 마스크 속성에 **(999)9999-9999;0**로 설정한다.

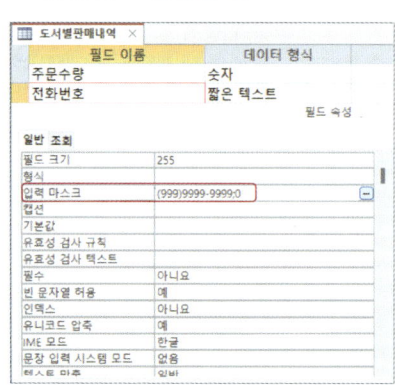

> **기적의 TIP**
>
> **입력 마스크 사용 문자**
>
> | 문자 | 필수 여부 | +- 기호 | 공백 입력 |
> |---|---|---|---|
> | 0 | 필수 | 불가능 | 불가능 |
> | 9 | 선택 | 불가능 | 가능 |
> | # | 선택 | 가능 | 가능 |
>
> 공백이란 편집 모드에 나타나는 빈 칸을 말합니다. 실제 저장되는 데이터에는 나타나지 않습니다.

③ '주문처' 필드의 필수 속성에 '예'를 설정한다.

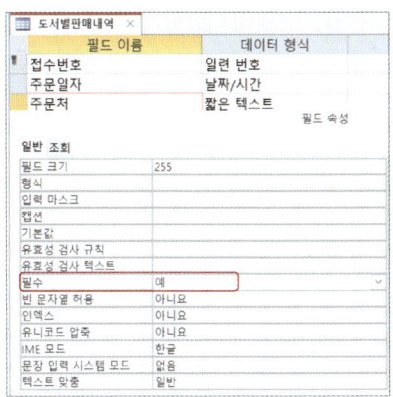

④ [디자인 보기] 창을 닫고, 변경한 내용 및 데이터 통합 규칙에서 [예]를 클릭하여 저장한다.

⑤ 〈도서코드〉 테이블을 [디자인 보기](📐) 모드로 열고, '거래구분' 필드의 IME 모드 속성에 '영숫자 반자'로 설정한다.

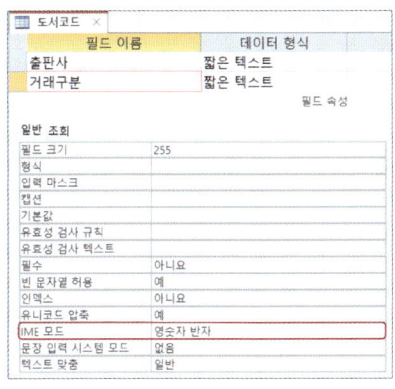

⑥ '거래기간' 필드의 데이터 형식을 '숫자'로 바꾸고, 필드 크기는 '바이트'로 설정한다.

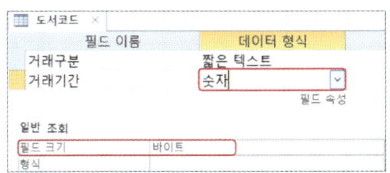

> **기적의 TIP**
>
> 바이트(Byte) 숫자 데이터 형식은 0~255 사이의 정수를 표현하는 데이터 형식입니다.

⑦ [디자인 보기] 창을 닫고 변경한 내용을 저장한다. 이 때 데이터 손실 경고창도 [예]를 클릭하여 저장한다.

2 〈도서별판매내역〉 ↔ 〈도서코드〉 테이블 관계 설정

정답

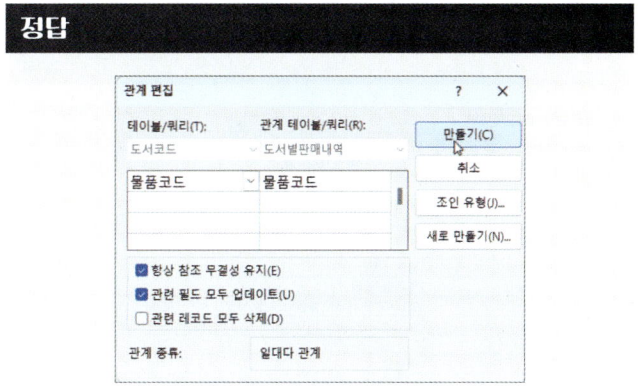

① [데이터베이스 도구]-[관계] 그룹의 [관계](🗂)를 클릭한 후, [관계] 창의 빈 화면에서 마우스 오른쪽 버튼을 눌러 [테이블 표시](📋)를 클릭한다.

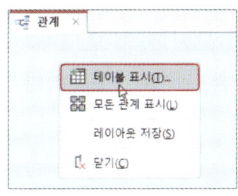

② 〈도서별판매내역〉, 〈도서코드〉 테이블을 [추가]하고 [닫기]를 클릭한다.

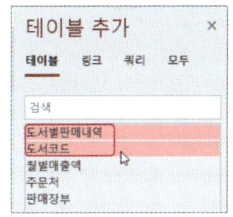

> **기적의 TIP**
>
> 여러 테이블을 한꺼번에 선택하려면, Ctrl 이나 Shift, 혹은 마우스로 드래그 하여 영역 선택하면 됩니다.

③ 관계를 맺을 필드(물품코드)를 드래그 앤 드롭 하여 [관계 편집] 대화상자에서 '항상 참조 무결성 유지', '관련 필드 모두 업데이트'에 체크하고 [만들기]를 클릭한다.

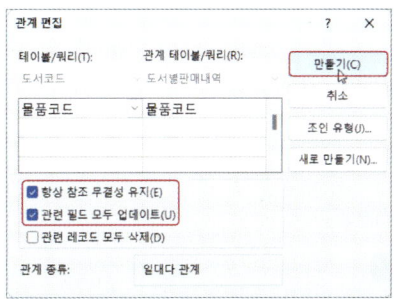

④ [관계] 창은 닫고 변경한 내용은 저장한다.

③ 〈도서별판매내역〉 테이블의 '물품코드' 필드에 조회 속성

정답

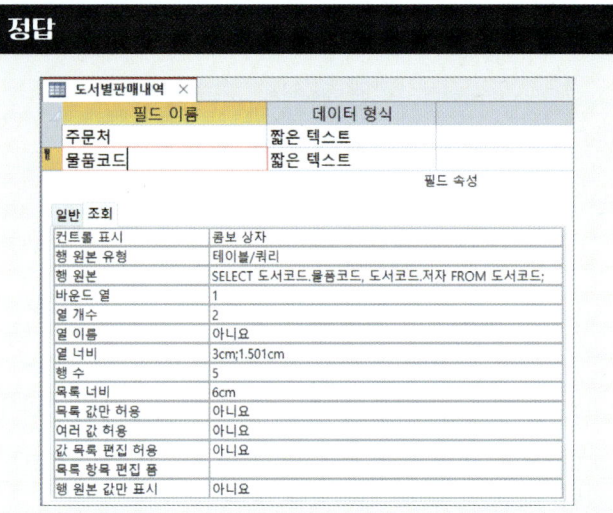

① 〈도서별판매내역〉 테이블의 [디자인 보기](▥) 모드에서 '물품코드' 필드를 선택하고 [조회] 속성 탭을 클릭한다. 컨트롤 표시를 '콤보 상자'로 설정하고, 행 원본의 [작성기](…) 단추를 클릭한다.

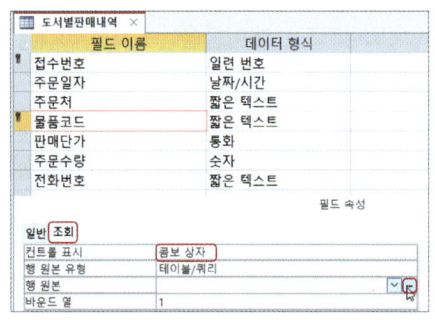

② 테이블 표시 창에서 〈도서코드〉 테이블을 [추가]하고 [닫기]를 클릭한다. '물품코드'와 '저자' 필드를 더블 클릭하여 쿼리의 디자인 눈금에 각각 추가한다.

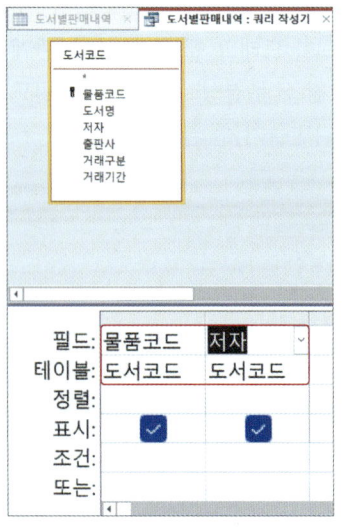

③ 쿼리 작성기 창을 닫고 변경한 내용이 행 원본에 적용되도록 [예]를 클릭하여 속성을 업데이트한다.

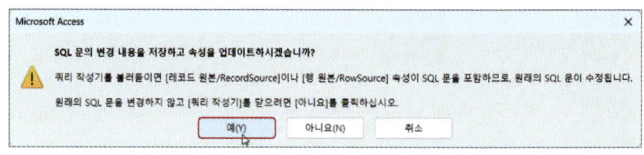

④ 바운드 열, 열 개수, 열 너비, 목록 너비, 행 수 속성을 지시사항대로 설정한다.

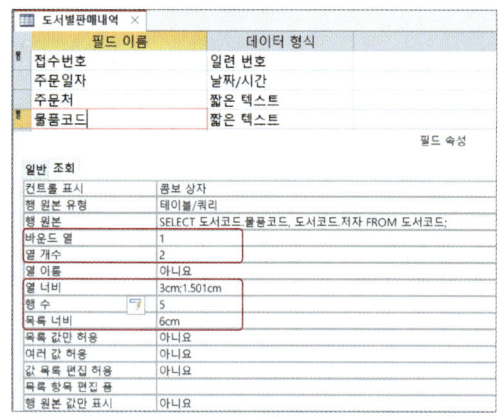

> **기적의 TIP**
>
> SELECT 도서코드.물품코드, 도서코드.저자 FROM 과목;
>   1번 열   2번 열

⑤ [디자인 보기] 창은 닫고 변경한 내용은 저장한다.

문제2 입력 및 수정 기능 구현

1 〈판매내역입력〉 폼

정답

번호	개체	속성	설정 값
①	폼	기본 보기	연속 폼
		레코드 선택기	예
		탐색 단추	아니요
②	txt주문처	컨트롤 원본	주문처
	txt주문수량		주문수량
③	txt총계	컨트롤 원본	=Sum([판매단가]*[주문수량])
		형식	₩₩#,##0 또는 통화

① 〈판매내역입력〉 폼을 더블클릭하여 폼 보기 모드로 열면 기본 보기 '단일 폼', 레코드 선택기 '아니요', 탐색 단추 '예'로 설정되어 있다.

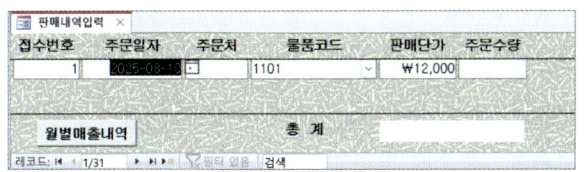

② [디자인 보기](N) 모드로 열어 미리보기 〈그림〉처럼 '연속 폼', '예', '아니요'로 변경한다.

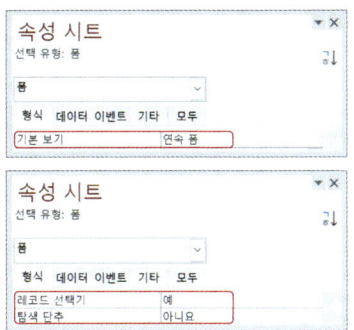

③ 'txt주문처', 'txt주문수량' 컨트롤의 원본으로 각각 '주문처', '주문수량' 필드를 바운드 시킨다.

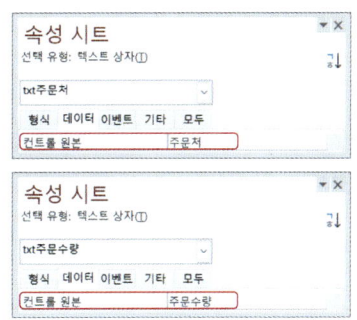

④ 'txt총계' 컨트롤의 원본으로 =Sum([판매단가]*[주문수량])을, 형식 속성에 ₩₩#,##0을 설정한다.

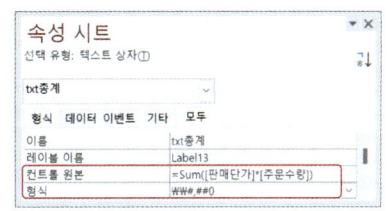

기적의 TIP

₩₩#,##0에서 첫 ₩는 바로 뒤의 ₩를 표시하기 위해서 사용되는 정의 문자입니다.

2 〈판매내역입력〉 폼의 'cmb물품코드' 콤보 상자

정답

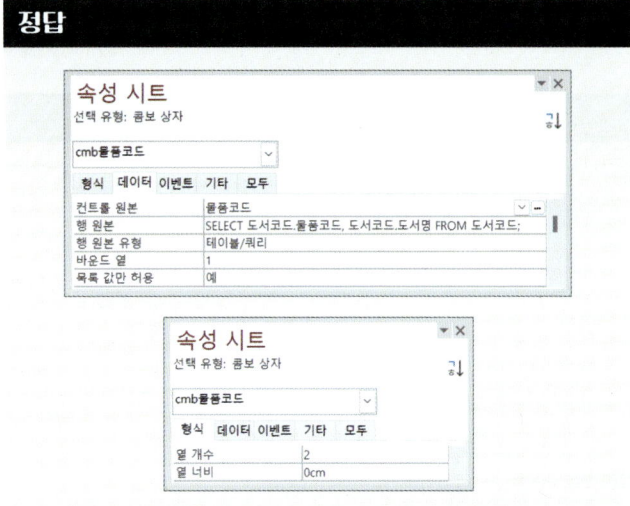

① 〈판매내역입력〉 폼을 [디자인 보기](N)로 열어 'cmb물품코드' 콤보 상자의 행 원본 속성에서 [작성기](...)를 클릭한다.

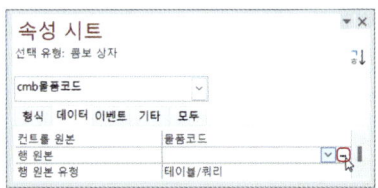

② [테이블 추가]에서 〈도서코드〉 테이블을 [추가] 후 [닫기]를 클릭한다.

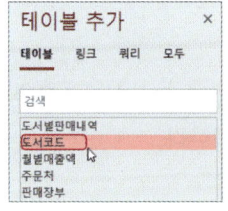

③ 콤보 상자의 행 원본 될 물품코드, 도서명 필드를 더블 클릭하여 디자인 눈금에 위치시키고, 쿼리 작성기 창을 닫는다.

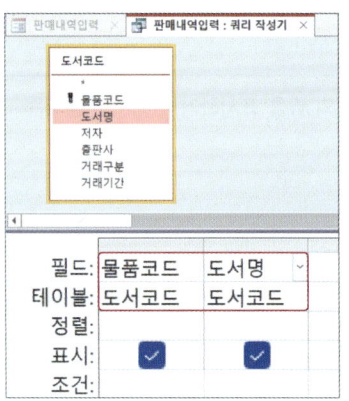

④ 행 원본 속성을 업데이트 한다는 경고창이 나타나면 [예]를 클릭하여 업데이트 한다.

⑤ 바운드 열(물품코드)에 '1', 목록 값만 허용 '예'로 설정한다.

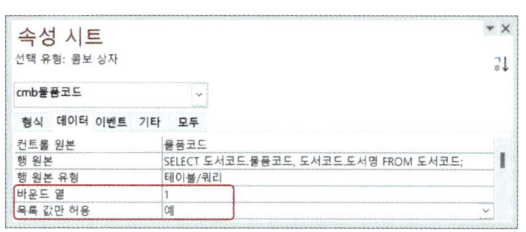

⑥ 물품코드, 도서명 2개의 열을 표현하기 위해서 열 개수 속성에 '2'를, 그 중 물품코드 열은 표시되지 않도록 열 너비 속성을 0으로 설정한다. [디자인 보기] 창은 닫고 변경한 내용은 저장한다.

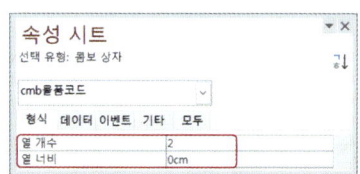

> **기적의 TIP**
>
> 열 너비 속성은 '첫 번째 열의 너비;두번째 열의 너비' 형식으로 사용되며, ;(세미콜론)이 열을 구분합니다. 0;과 같이 정형화 된 형태로 표현하면 액세스가 0cm로 자동으로 바꿉니다.

3 〈판매내역〉 폼에 〈판매내역입력〉 폼을 하위 폼으로 추가

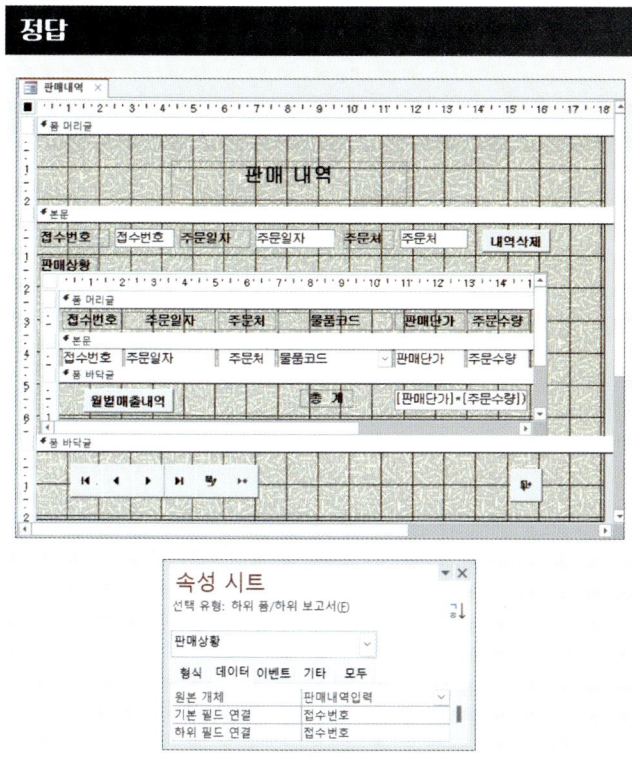

① 〈판매내역〉 폼을 [디자인 보기](📐) 모드로 열고, [양식 디자인]-[컨트롤] 그룹에서 [하위 폼/하위 보고서](🗔)를 클릭한다. 이 때 [컨트롤 마법사 사용](🪄)가 활성화 되어 있으면 편리하다.

② 드래그 앤 드롭 하여 하위 폼이 들어갈 영역을 지정한다.

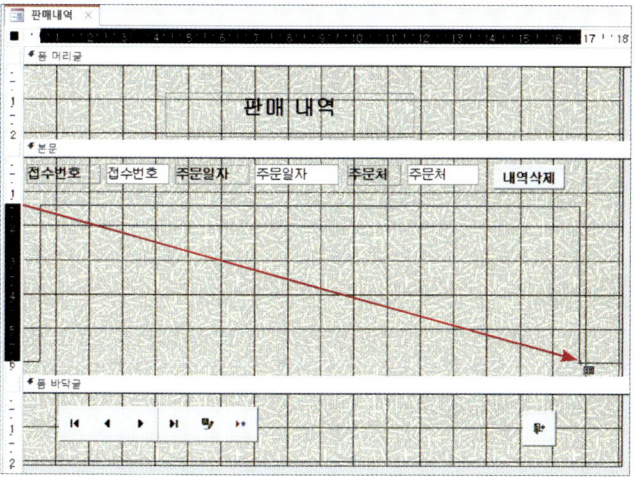

③ 하위 폼 마법사에서 '기존 폼 사용'을 선택하고 〈판매내역입력〉 폼을 클릭하고 [다음]을 클릭한다.

④ '접수번호' 필드를 기준으로 기본 폼과 하위 폼을 연결하고 [다음]을 클릭한다.

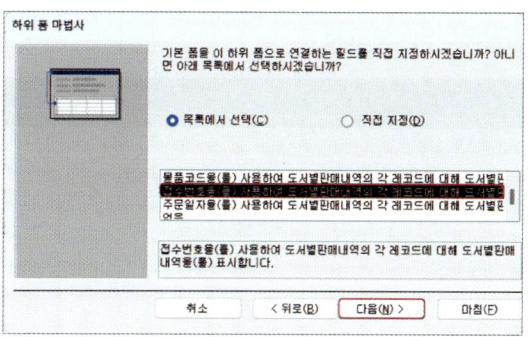

⑤ 하위 폼의 이름을 **판매상황**으로 설정한 후 [마침]을 클릭한다.

⑥ 하위 폼이 추가되면 디자인 창을 닫고 변경한 내용은 저장한다.

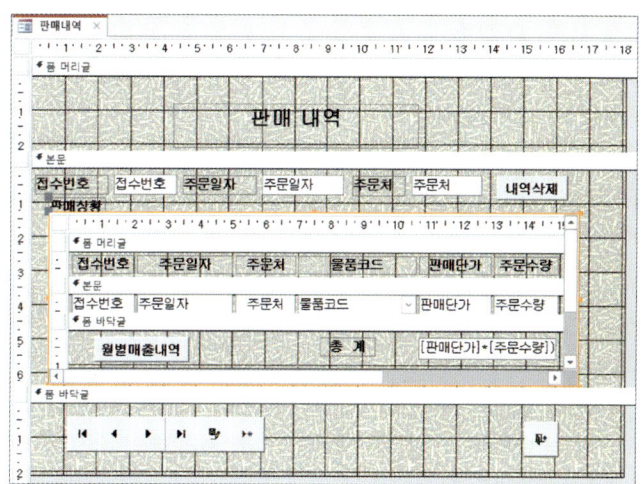

문제3 조회 및 출력 기능 구현

1 〈도서별판매이익〉 보고서

정답

번호	필드 이름	필드 속성	설정 값
①	Label33	이름	Label제목
		글꼴 이름	궁서
		글꼴 크기	25
②	도서명, 주문일자, 주문처 정렬		그룹화 기준 도서명 ▼ 오름차순, 자세히 ▶ 정렬 기준 주문일자 정렬 기준 주문처
③	txt세금	컨트롤 원본	=Sum([세금])
		형식	₩#,##0 또는 통화
	txt판매이익	컨트롤 원본	=Sum([판매이익])
		형식	₩#,##0 또는 통화
④	txt날짜	컨트롤 원본	=Date()
		형식	자세한 날짜
⑤	txt페이지	컨트롤 원본	=[Page] & "/" & [Pages]

① 〈도서별판매이익〉 보고서에서 마우스 오른쪽 버튼을 눌러 [디자인 보기](🖹)를 클릭한 후, 'Label33'의 속성 시트 중 이름에 'Label제목', 글꼴 이름에 '궁서', 글꼴 크기를 '25'로 설정한다.

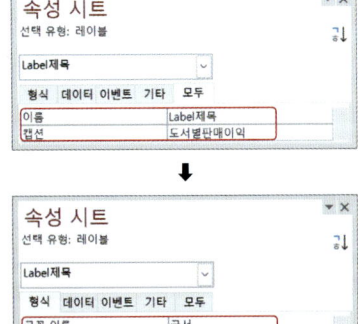

② [그룹, 정렬 및 요약] 창에서 도서명에 대한 정렬을 '오름차순'으로 설정한다.

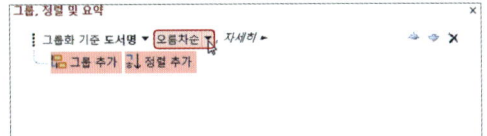

③ '도서명' 하위의 [정렬 추가]를 클릭하고 '주문일자' 필드를 클릭한다.

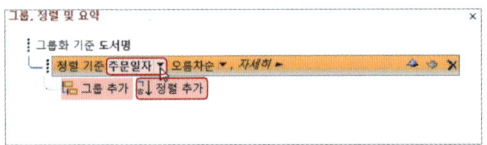

④ '주문일자' 하위의 [정렬 추가]를 클릭하고 '주문처' 필드를 클릭한다.

기적의 TIP

일련의 작업들은 특별한 지시사항이 없더라도, 미리보기 그림을 참조하여 보고서를 완성하는 과정입니다. 정렬 추가를 하면 기본 값으로 오름차순 정렬됩니다.

⑤ 'txt세금', 'txt판매이익'의 속성 시트 중 컨트롤 원본에 각각 =Sum([세금]), =Sum([판매이익])을, 형식에 ₩₩#,##0을 설정한다.

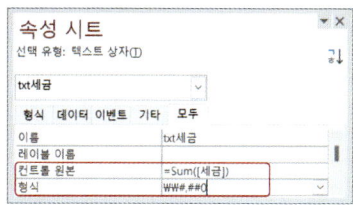

↓

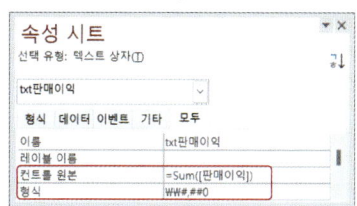

⑥ 'txt날짜'의 컨트롤 원본 속성에 =Date(), 형식에 '자세한 날짜'를 설정한다.

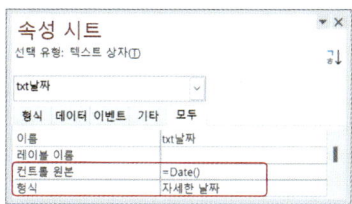

⑦ 'txt페이지'의 컨트롤 원본 속성에 =[Page] & "/" & [Pages]를 설정한다.

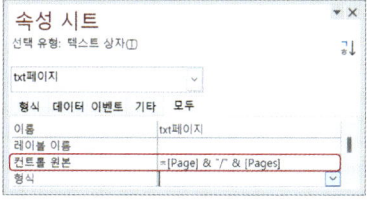

2 이벤트 프로시저

① 〈도서별조회〉 폼의 [디자인 보기](🔲)에서 'cmd자료보기'의 On Click 속성 중 [이벤트 프로시저]의 [작성기](…)를 클릭한다.

② 다음과 같이 코딩 후 변경한 내용은 저장한다.

```
Private Sub cmd자료보기_Click()
    DoCmd.OpenReport "도서별판매이익",
    acViewPreview, , "Month([주문일자]) = 8"
End Sub
```

문제4 처리 기능 구현

1 〈출판사별월별주문건수〉 크로스탭 쿼리

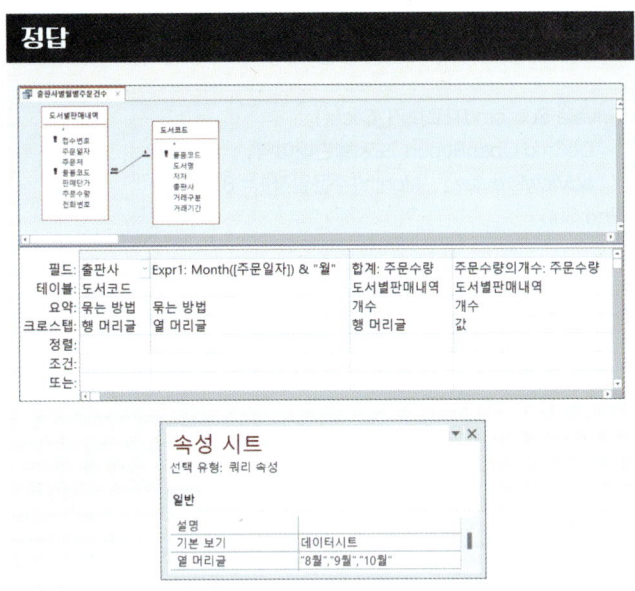

⑤ '값' 필드를 선택한 후 [속성 시트]의 형식에 0건;;;◎을 입력한다.

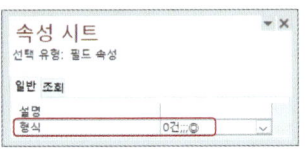

⑥ 행 머리글('합계:주문수량') 필드를 선택한 후 [속성 시트]의 형식에 0건을 입력한다.

① [만들기]-[쿼리] 그룹의 [쿼리 디자인](▦)을 클릭한다.
② 〈도서별판매내역〉, 〈도서코드〉를 추가하고 쿼리 유형을 크로스탭 쿼리로 선택한다.

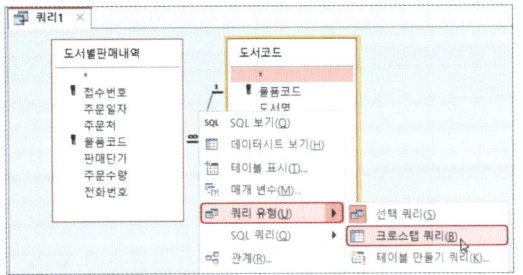

③ 크로스탭 쿼리의 행 머리글, 열 머리글, 값 요소를 디자인 눈금에 표현한 후 디자인 창은 닫고 변경한 내용은 **출판사별월별주문건수**의 이름으로 저장한다.

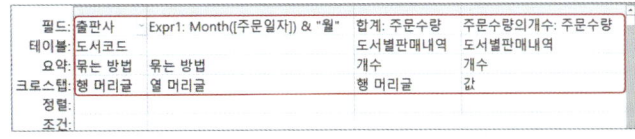

④ 쿼리 창에서 마우스 오른쪽 버튼을 눌러 [속성]을 클릭하여 '열 머리글'에 "8월","9월","10월"을 입력한다.

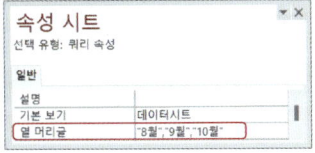

2 〈도서정보〉 매개변수 쿼리

정답

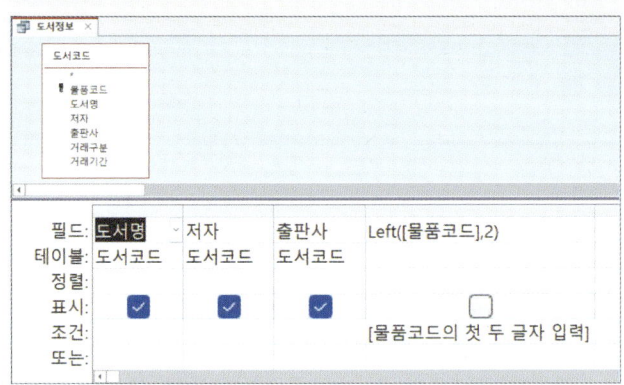

① [만들기]-[쿼리] 그룹의 [쿼리 디자인](🖼)을 클릭하고 〈도서코드〉 테이블을 추가한다.
② 필요한 필드들을 추가하고 '조건'에 대괄호로 묶어서 **물품코드의 첫 두 글자 입력**을 입력한다. [디자인 보기] 창은 닫고 변경한 내용은 **도서정보**로 저장한다.

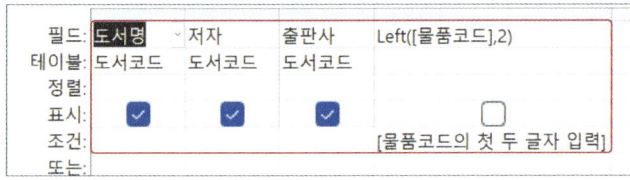

> **기적의 TIP**
>
> '표시' 부분에 체크할지말지 여부를 잘 살펴보아야 합니다. 기준은 미리보기 〈그림〉입니다.

3 〈상위10판매금액〉 쿼리

정답

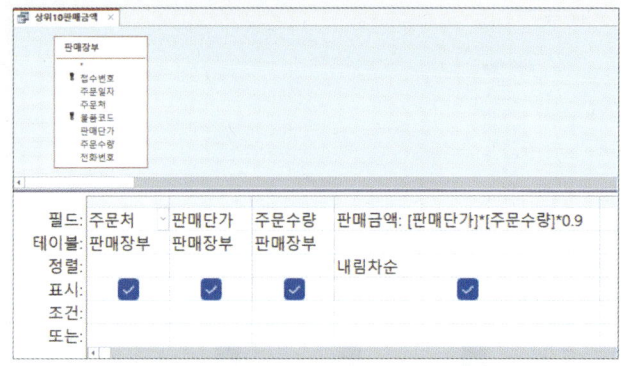

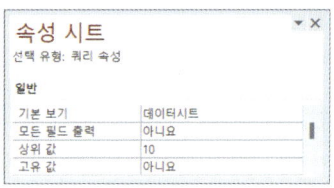

① [만들기]-[쿼리] 그룹에서 [쿼리 디자인](🖼)을 클릭한다.
② 〈판매장부〉 테이블을 더블클릭하여 추가한 후 [닫기]를 클릭한다.
③ 디자인 눈금의 각 필드에 다음과 같이 드래그해서 배치하고 정렬을 지정한다.

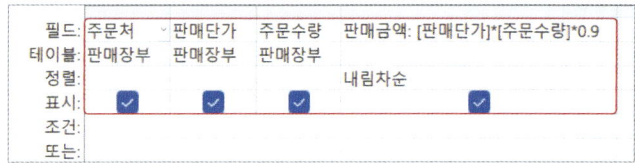

판매금액: [판매단가]*[주문수량]*0.9

④ 쿼리 창에서 마우스 오른쪽 버튼을 눌러 [속성]을 클릭하여 '상위 값'에 10을 입력한다.

⑤ [저장](🖼)을 클릭한 후 **상위10판매금액**을 입력한다.

4 〈판매이익분석〉 쿼리

정답

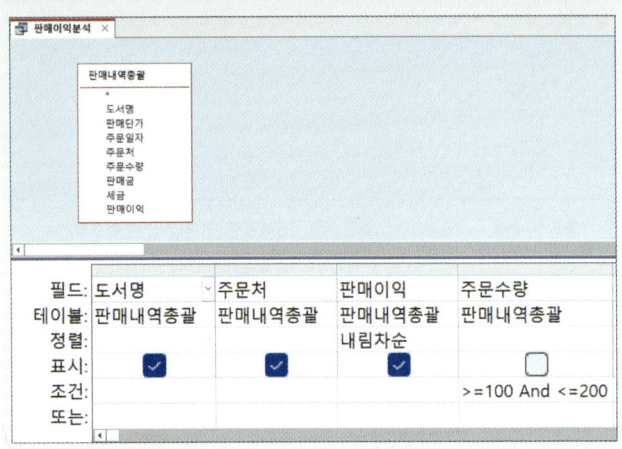

① [만들기]-[쿼리] 그룹의 [쿼리 디자인](🔲)을 클릭한다.
② [테이블 추가]의 [쿼리] 탭에서 〈판매내역총괄〉을 추가하고 [닫기]를 클릭한다.
③ 디자인 눈금의 각 필드에 다음과 같이 드래그해서 놓는다.

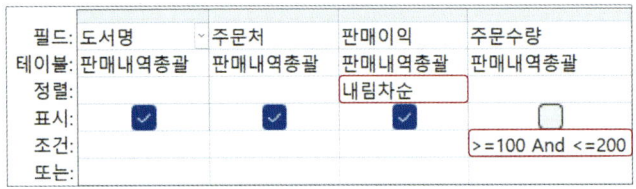

④ 판매이익 필드를 '내림차순'으로 선택하고, 주문수량 필드는 표시를 해제하고, 조건에 >=100 AND <=200을 입력한다.

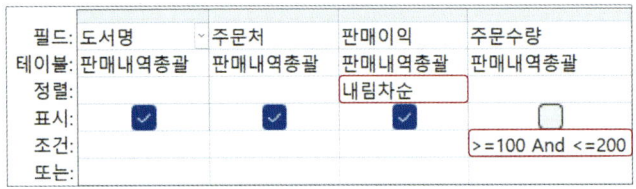

⑤ Ctrl+S를 눌러 '다른 이름으로 저장' 대화상자에 **판매이익분석**으로 입력하고 [확인]을 클릭한다.

5 〈월별주문내역조회〉 쿼리

정답

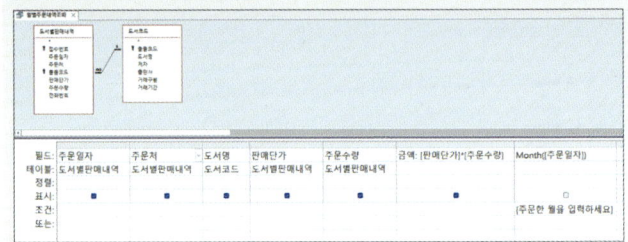

① [만들기]-[쿼리] 그룹의 [쿼리 디자인](🔲)을 클릭한다.
② [테이블 추가]의 [테이블] 탭에서 〈도서별판매내역〉, 〈도서코드〉 테이블을 추가한 후 '주문일자', '주문처', '도서명', '판매단가', '주문수량' 필드를 추가한다.
③ [쿼리 디자인]-[쿼리 유형] 그룹의 [테이블 만들기](🔲)를 클릭한 후 **월별도서주문내역**을 입력한다.

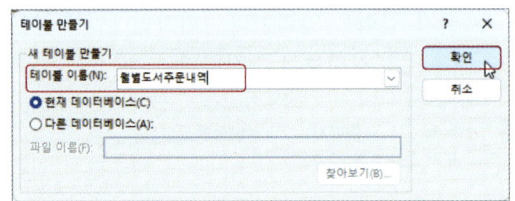

④ '금액' 필드와 조건을 작성한다.

금액 : [판매단가] * [주문수량]
필드명 : Month([주문일자]), 조건 : [주문한 월을 입력하세요]

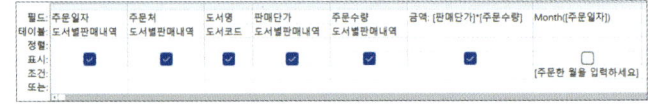

⑤ [저장](🔲)을 클릭하여 쿼리의 이름을 **월별주문내역조회**로 입력하고 [확인]을 클릭한다.
⑥ [쿼리 디자인]-[결과] 그룹의 [실행](❗)을 클릭하여 다음의 메시지가 표시되면 [예]를 클릭한다.

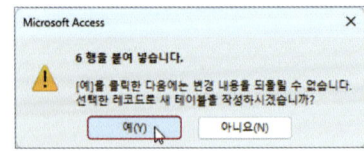

데이터베이스 실전 모의고사 07회

작업파일 : '26컴활1급(기출)₩데이터베이스₩실전모의고사'에서 '실전모의고사7회' 파일을 열어 작업하세요.

문제1 DB 구축(25점)

1 학생 신상 정보를 관리할 수 있도록 데이터베이스를 구축하였다. 다음의 지시사항에 따라 각 테이블을 완성하시오. (각 3점)

※〈학생〉 테이블
① '학번' 필드를 기본 키(PK)로 설정하시오.
② '성명' 필드에는 값이 반드시 입력되도록 설정하시오(필드 크기는 10으로 설정할 것).
③ '성별' 필드에는 'M', 'F'만 입력되도록 유효성 검사 규칙을 설정하시오.
④ '전화번호' 필드에 입력 시 '(###)-###-####'와 같은 형태로 표시되도록 입력 마스크를 설정하시오.
  ▶ 기호는 저장되지 않도록 할 것
  ▶ 입력 마스크 정의 문자 중 '#'을 사용할 것

※〈과목〉 테이블
⑤ '입력일' 필드에 새 레코드가 추가되면 기본적으로 현재의 날짜와 시간이 표시되도록 설정하시오.

2 〈성적〉 테이블의 '학번' 필드는 〈학생〉 테이블의 '학번' 필드를, 〈학생〉 테이블의 '학과코드' 필드는 〈학과〉 테이블의 '학과코드' 필드를 참조하며, 각각 테이블간의 관계는 M:1이다. 세 테이블에 대해 다음과 같이 관계를 설정하시오. (5점)

▶ 테이블 간에 항상 참조 무결성을 유지하도록 설정하시오.
▶ 〈학생〉 테이블의 '학번'이 변경되면 이를 참조하는 〈성적〉 테이블의 '학번'이 따라 변경되도록 설정하시오.
▶ 〈학생〉 테이블에서 참조하고 있는 〈성적〉 테이블의 레코드를 삭제할 수 없도록 하시오.

3 〈성적〉 테이블의 '과목코드' 필드에 대해서 다음과 같이 조회 속성을 설정하시오. (5점)

▶ 〈과목〉 테이블의 '과목코드', '과목명'이 콤보 상자 형태로 나타나도록 설정할 것
▶ 필드에는 '과목코드'가 저장되도록 설정할 것
▶ 열 너비는 각각 1.5cm로 설정할 것

문제2 입력 및 수정 기능 구현(20점)

1 다음 지시사항에 따라 〈성적정보입력〉 폼을 완성하시오. (각 3점)

① 폼 머리글의 'picture' 컨트롤에 아래 지시대로 그림을 삽입하시오.
   ▶ 불러올 이미지 이름 : 작업.gif
   ▶ 크기 조절 모드 : 전체 확대 / 축소

② 폼 머리글의 'Label제목' 컨트롤에 아래 지시대로 서식을 설정하시오.
   ▶ 글꼴은 '궁서', 크기는 '20', 글꼴 스타일은 '굵게'
   ▶ 텍스트 맞춤 : 가운데 정렬

③ 폼 바닥글 영역의 'txt응시횟수' 컨트롤에는 총 응시횟수가 표시되도록 〈그림〉을 참조하여 컨트롤 원본 속성을 설정하시오.
   ▶ Format, Count 함수 사용

2 〈성적정보입력〉 폼의 본문 영역에 다음과 같이 조건부 서식을 설정하시오. (6점)

▶ 과목코드의 왼쪽의 첫 글자가 "T"이면서 '성적'이 70 이상인 경우 본문 영역의 모든 컨트롤에 배경색을 노랑으로 서식을 설정하시오
▶ LEFT, AND 함수 이용
▶ 단, 하나의 규칙으로 작성하시오.

3 〈학생정보〉 폼을 열면(Open) 다음과 같이 되도록 기능을 구현하시오. (5점)

▶ 새로운 레코드를 입력할 수 있도록 화면을 표시할 것.
▶ 매크로로 구현하고, 'New정보입력'으로 이름을 지정할 것.

문제3 조회 및 출력 기능 구현(20점)

1 다음의 지시사항 및 화면을 참조하여 〈일자별시험성적〉 보고서를 완성하시오. (각 3점)

① '시험날짜' 필드를 기준으로 '분기'로 오름차순 정렬하고, 같을 경우 '과목명' 필드를 기준으로 오름차순으로 정렬하여 표시하되 '과목명' 필드에 대해서는 그룹 바닥글 영역을 만드시오.
② 보고서 바닥글의 전체 컨트롤을 과목명 그룹 바닥글 영역으로 옮기시오.
③ 과목명 바닥글의 'txt응시인원'은 해당 그룹에서 시험에 응시한 인원수를 표시하시오.
④ '시험날짜'와 '과목명' 필드의 값이 이전 레코드와 동일한 경우에는 표시되지 않도록 설정하시오.
⑤ 'txt기준날짜' 컨트롤에는 '과목명'과 '날짜'를 표시 예(1) 같이 설정하고, 페이지 바닥글의 'txt날짜' 컨트롤에는 현재 날짜와 시간을 표시 예(2) 같이 설정하시오.
▶ 표시 예(1) : 대학(9일날 기준), '과목명'의 첫 두 글자, '시험날짜'의 일을 이용할 것
▶ 표시 예(2) : 2025-09-26 (금요일) 13:30:25

2 〈과목별성적조회〉 폼의 '인쇄하기(cmd인쇄)' 버튼을 클릭할 때 다음과 같은 기능을 수행하도록 구현하시오. (5점)

▶ 〈일자별시험성적〉 보고서를 '인쇄 미리 보기'의 형태로 여시오.
▶ 'txt과목명' 필드의 값이 '과목명'에 해당하는 정보만 표시하시오.

문제4 처리 기능 구현(35점)

1 〈과목〉 테이블의 '과목코드' 오른쪽 끝 글자가 '3'인 경우 '과목명' 끝에 '(휴강)'을 붙이는 업데이트 쿼리를 작성하시오. (7점)

- ▶ 쿼리의 이름은 〈과목명수정〉으로 하시오.
- ▶ 변경 전 : OA실무 → 변경 후 : OA실무(휴강)
- ▶ Right 함수 사용

2 〈과목〉 테이블의 레코드 중 〈성적〉 테이블에 없는 레코드를 검색하는 쿼리를 작성하시오. (7점)

- ▶ 〈성적〉 테이블에 '과목코드'가 존재하지 않는 과목 레코드
- ▶ 쿼리의 이름은 〈삭제목록〉으로 할 것

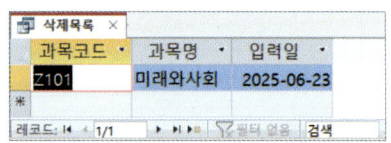

3 〈과별정보〉 쿼리를 이용하여 학과이름, 성별별 인원수를 조회하는 〈학과별성별〉 크로스탭 쿼리를 작성하시오. (7점)

- ▶ 개수는 '학번' 필드를 이용하시오.
- ▶ 성별 필드는 'M'이면 '남', 'F'이면 '여'로 표시하시오.
- ▶ iif 함수 사용
- ▶ 쿼리 실행 결과 표시되는 필드와 필드명은 〈그림〉과 같이 표시되도록 설정하시오.

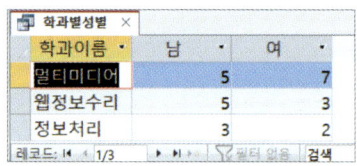

4. 〈성적〉, 〈학생〉, 〈학과〉 테이블을 이용하여 학과이름을 매개변수로 입력받고, 해당 학과의 성적을 조회하여 새 테이블로 생성하는 〈성적조회〉 쿼리를 작성하고 실행하시오. (7점)

▶ 쿼리 실행 후 생성되는 테이블의 이름은 [학과별성적]으로 설정하시오.
▶ 쿼리 실행 결과 생성되는 테이블의 필드는 그림을 참고하여 수험자가 판단하여 설정하시오.

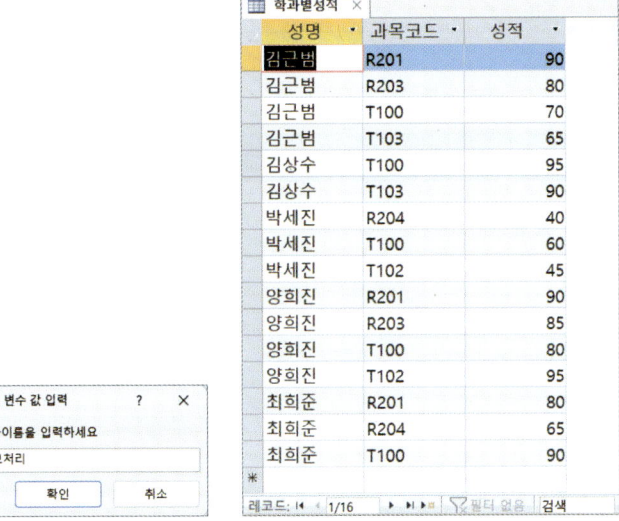

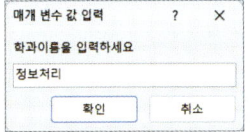

※ 〈성적조회〉 쿼리의 매개변수 값으로 '정보처리'를 입력하여 실행한 후의 〈학과별성적〉 테이블

5. 〈학생〉, 〈성적〉 테이블을 이용하여 성적이 평균 90 이상인 학번의 〈학생〉 테이블의 '비고' 필드의 값을 '★ 성적 우수생 ★'으로 변경하는 〈성적우수생처리〉 업데이트 쿼리를 작성한 후 실행하시오. (7점)

▶ In 연산자와 하위 쿼리 사용

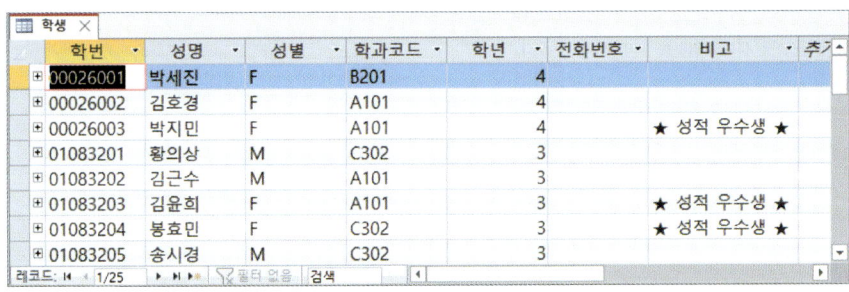

정답 & 해설 데이터베이스 실전 모의고사 07회

문제1 DB 구축

1 〈학생〉, 〈과목〉 테이블

정답

번호	테이블	필드 이름	속성 및 형식	설정 값
①	학생	학번	기본 키	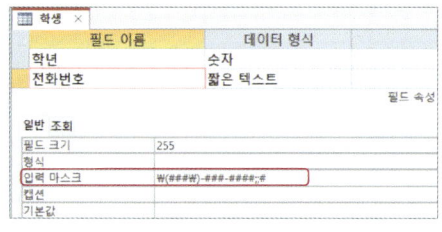
②	학생	성명	필수	예
			필드 크기	10
③	학생	성별	유효성 검사 규칙	In ("M", "F") 또는 "M" Or "F"
④	학생	전화번호	입력 마스크	(###)-###-####;;#
⑤	과목	입력일	기본값	Now()

① 〈학생〉 테이블에서 마우스 오른쪽 버튼을 누르고 [디자인 보기](📐)를 클릭하여 '학번' 필드를 선택한 후 [테이블 디자인]-[도구] 그룹의 [기본 키](🔑)를 클릭한다.

② '성명' 필드를 선택하고 필수에 '예', 필드 크기에 10을 설정한다.

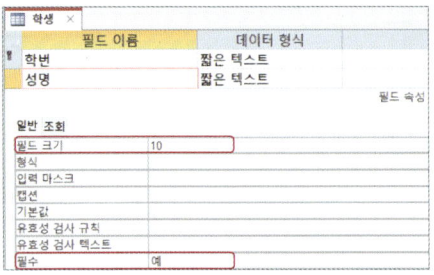

③ '성별' 필드를 선택하고 유효성 검사 규칙에 In ("M","F")를 입력한다.

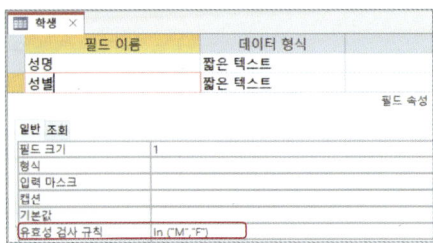

④ '전화번호' 필드를 선택하고 입력 마스크에 (###)-###-####;;#을 입력한다.

⑤ 변경한 내용은 저장하고, 데이터 규칙도 [예]를 클릭하여 변경한다.

⑥ 〈과목〉 테이블을 디자인 보기로 열어 '입력일' 필드의 기본값에 Now()를 입력한다.

⑦ [디자인 보기] 창을 닫고 변경한 내용은 저장한다.

2 〈성적〉, 〈학생〉, 〈학과〉 테이블 관계 설정

정답

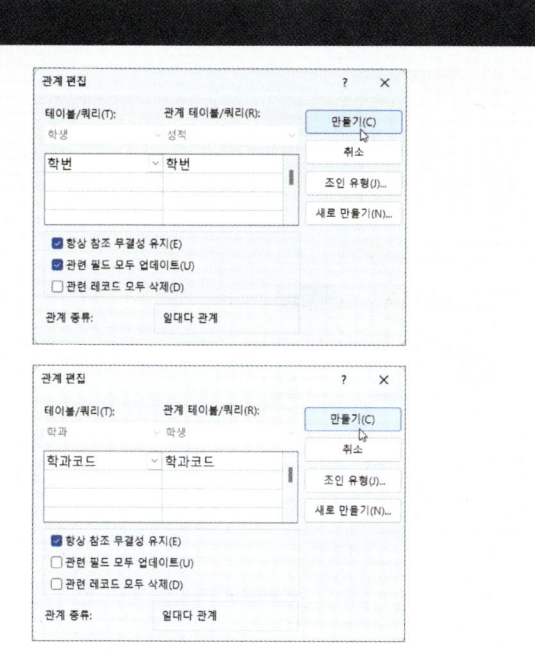

① [데이터베이스 도구]-[관계] 그룹의 [관계](🗃)를 클릭한다.

② 관계 창에서 관계를 맺을 필드(학번)를 드래그 앤 드롭한다.

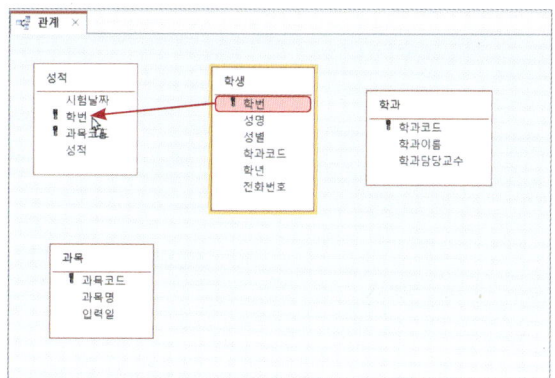

③ 관계 편집 대화상자의 '항상 참조 무결성 유지', '관련 필드 모두 업데이트'에 체크하고 [만들기]를 클릭한다.

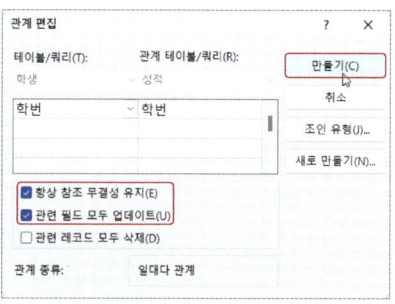

④ 관계를 맺을 필드(학과코드)를 드래그 앤 드롭 한 후 관계 편집 대화상자의 '항상 참조 무결성 유지'에 체크하고 [만들기]를 클릭한다.

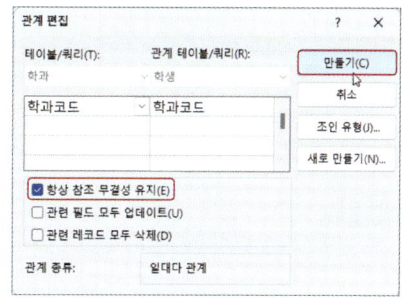

⑤ [관계] 창은 닫고, 변경한 내용은 저장한다.

3 〈성적〉 테이블의 '과목코드' 필드에 조회 속성

정답

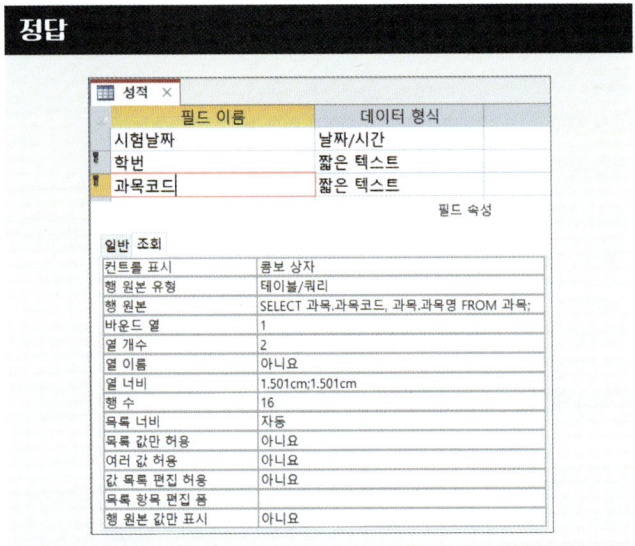

① 〈성적〉 테이블을 [디자인 보기](⊞) 모드로 열고, '과목코드' 필드의 [조회] 속성 탭에서 컨트롤 표시에 '콤보 상자'로 설정하고 행 원본의 [작성기](⋯)를 클릭한다.

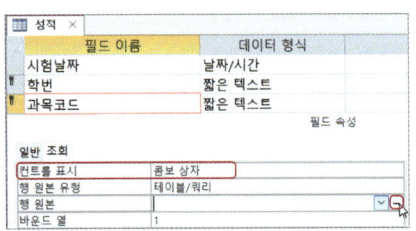

② [테이블 추가]에서 〈과목〉 테이블을 [추가]하고 [닫기] 단추를 클릭한다.

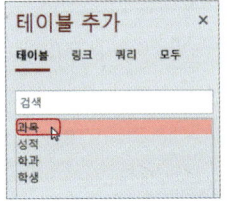

③ '과목코드'와 '과목명'을 더블클릭하여 필드에 추가한다. 쿼리 작성기 창은 닫고 [예]를 클릭하여 행 원본 속성을 업데이트 한다.

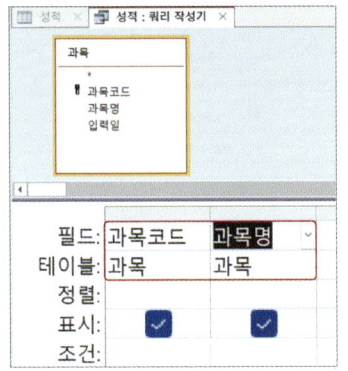

④ 바운드 열, 열 개수, 열 너비 속성을 각각 설정한다.

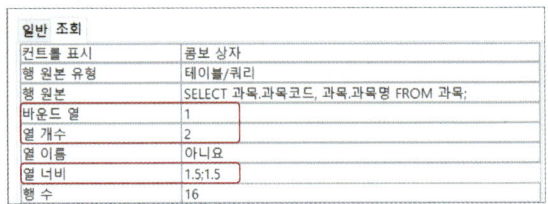

⑤ [디자인 보기] 창을 닫고 변경한 내용은 저장한다.

문제2 입력 및 수정 기능 구현

1 〈성적정보입력〉 폼

정답

번호	필드 이름	필드 속성	설정 값
①	picture	그림	작업.gif
		크기 조절 모드	전체 확대/축소
②	Label제목	글꼴 이름	궁서
		글꼴 크기	20
		텍스트 맞춤	가운데
		글꼴 두께	굵게
③	txt응시횟수	컨트롤 원본	=Format(Count(*),"총 응시횟수는 #번")

① 〈성적정보입력〉 폼을 [디자인 보기](📐)로 열고 'picture' 이미지 컨트롤의 '그림' 속성에서 파일 선택 단추를 클릭한 후 '작업.gif' 파일을 선택한 후 [확인]을 클릭한다.

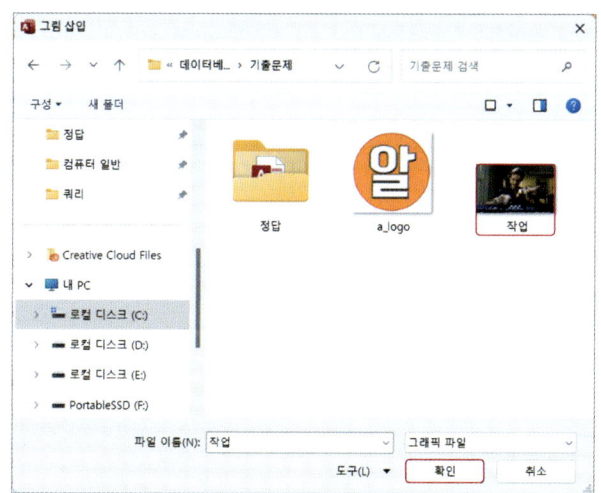

② 크기 조절 모드 속성은 '전체 확대/축소'로 설정한다.

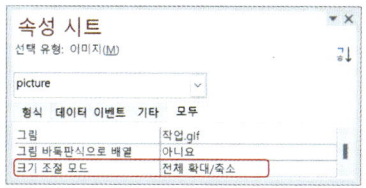

③ 'Label제목' 컨트롤의 글꼴 이름(궁서), 글꼴 크기(20), 글꼴 두께(굵게), 텍스트 맞춤(가운데) 속성을 설정한다.

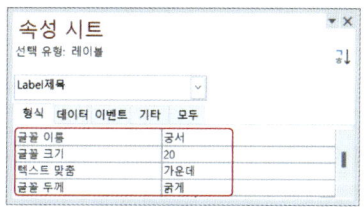

④ 'txt응시횟수' 컨트롤의 속성 시트에 = Format(Count(*), "총 응시횟수는 #번")를 입력하고 변경한 내용은 저장한다.

2 조건부 서식

정답

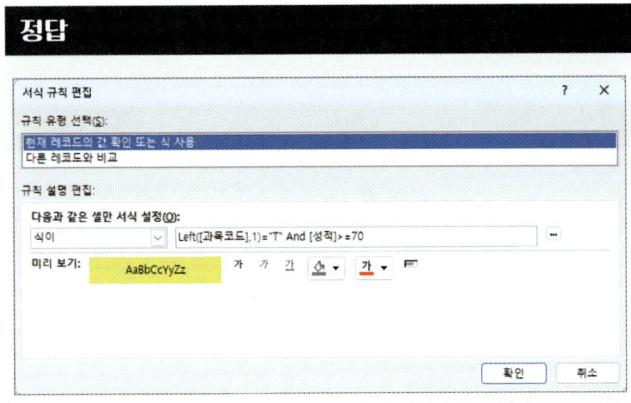

① 〈성적정보입력〉 폼에서 마우스 오른쪽 버튼을 눌러 [디자인 보기]를 클릭한다.
② 본문 구역의 모든 컨트롤을 선택하고 [서식] 탭의 '컨트롤 서식' 중 [조건부 서식]을 클릭한다.

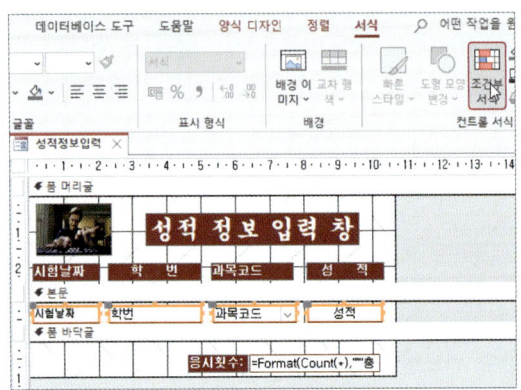

③ [새 규칙]을 클릭하고 '식이'를 선택하고 LEFT([과목코드],1)="T" AND [성적]>=70을 입력하고 배경색은 '노랑'을 선택하고 [확인]을 누르고, 다시 [확인]을 누른 후 변경한 내용은 저장한다.

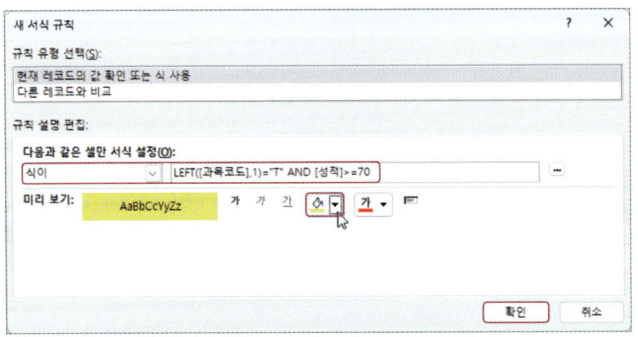

3 〈New정보입력〉 매크로

정답

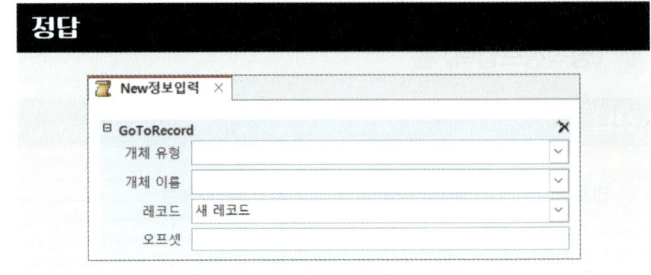

① [만들기]-[매크로 및 코드] 그룹의 [매크로](□)를 클릭한다.
② GoToRecord 매크로 함수를 지정하고, 레코드 인수에 '새 레코드'를 설정한다. 매크로 창은 닫고 **New정보입력**으로 저장한다.

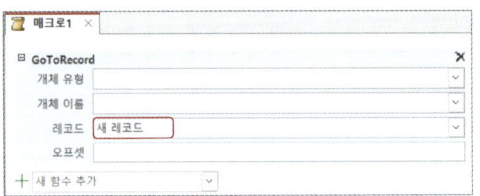

③ 〈학생정보〉 폼을 [디자인 보기](□)로 열고 폼의 On Open 이벤트 [속성]에 만들어 둔 'New정보입력' 매크로를 지정하고 변경한 내용은 저장한다.

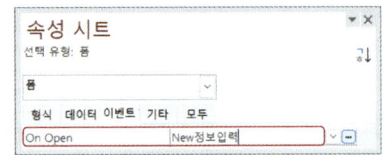

문제3 조회 및 출력 기능 구현

1 〈일자별시험성적〉 보고서

정답

번호	개체	속성	설정 값
①	시험날짜, 과목명 정렬	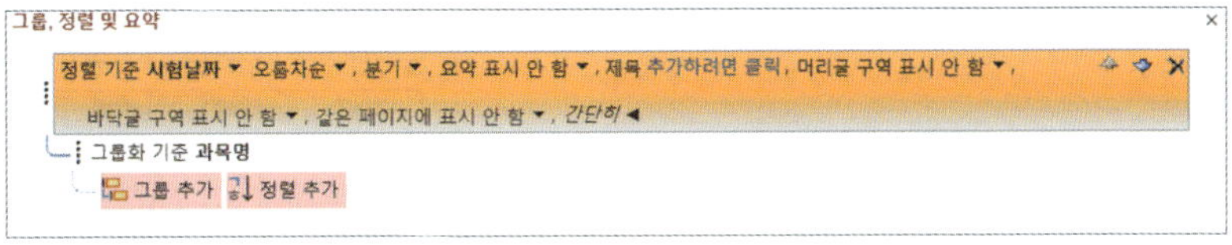 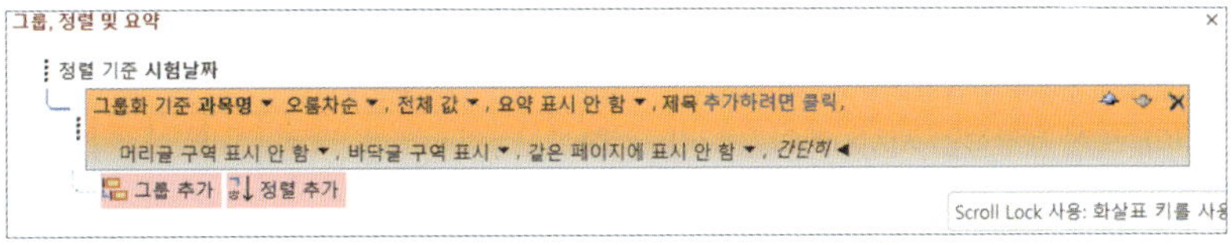	
②	보고서 바닥글 전체 컨트롤을 과목명 그룹 바닥글 영역으로 이동 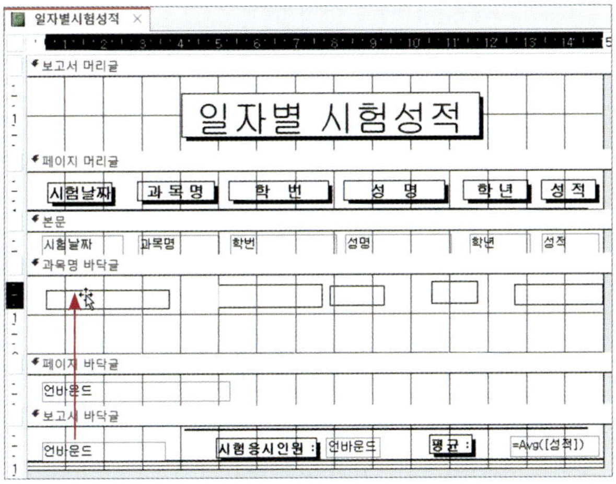		
③	txt응시인원	컨트롤 원본	=Count(*)
④	시험날짜	중복 내용 숨기기	예
	과목명		
⑤	txt기준날짜	컨트롤 원본	=Left([과목명],2) & "(" & Day([시험날짜]) & "일날 기준)"
	txt날짜	컨트롤 원본	=Now()
		형식	yyyy-mm-dd (aaaa) hh:nn:ss

① 탐색 창의 보고서 개체에서 〈일자별시험성적〉 보고서를 [디자인 보기](📐) 모드로 열고, '그룹, 정렬 및 요약' 창의 [정렬 추가] 단추를 클릭하여 '시험날짜' 필드를 클릭한다.

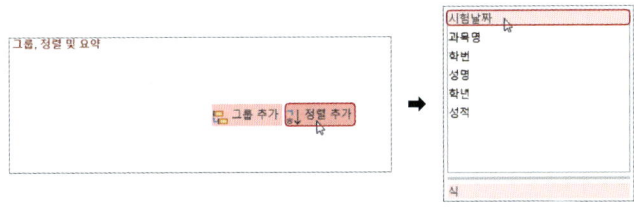

② 자세히▶를 클릭해 '전체 값'을 '분기'로 바꾼 후 하위의 [정렬 추가] 버튼을 클릭하고, '과목명'을 클릭한다.

③ 추가된 과목명 정렬 기준의 자세히▶를 클릭한다.

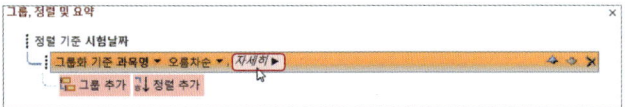

④ '머리글 구역 표시 안 함', '바닥글 구역 표시'가 되도록 클릭하여 선택한다.

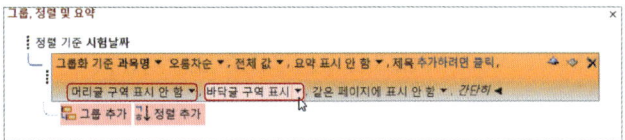

> 📌 **기적의 TIP**
>
> 보고서나 폼의 구역이 폼 보기, 인쇄 미리 보기에서 어떻게 나타나는지 파악하고 있어야 합니다. 또한 세부적인 지시사항이 없더라도, '화면을 참조'라는 언급이 있었다면 이 부분도 작업을 해야 합니다.

⑤ 보고서 바닥글 구역에 있는 컨트롤을 모두 선택하기 위해서, 구역의 눈금자 화살표 선택기 ➡를 위에서 아래로 모든 컨트롤이 포함되도록 드래그 해 준다.

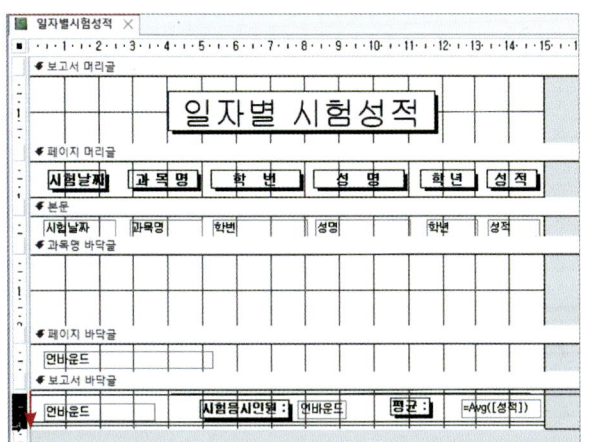

⑥ 모든 컨트롤이 선택된 상태에서 클릭한 채로 드래그 하여 과목명 바닥글 구역으로 올리면 된다.

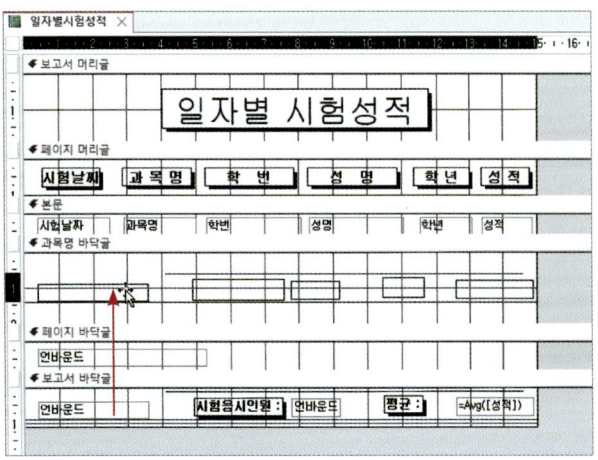

⑦ 페이지 바닥글 구역의 위쪽 부분 경계선에서 아래 위를 향하는 포인터 모양이 될 때 끌어올려 결과적으로 과목명 바닥글의 높이를 줄이도록 한다.

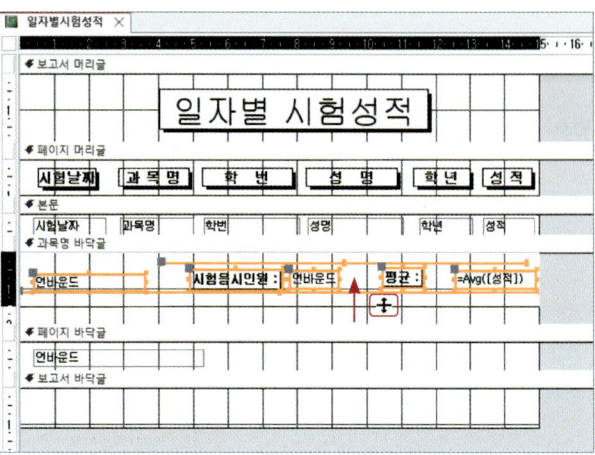

⑧ 'txt응시인원' 컨트롤의 속성 시트에서 컨트롤 원본에 =Count(*)을 설정한다.

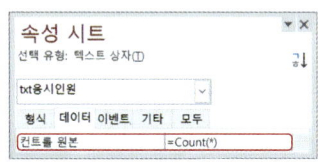

> 📌 **기적의 TIP**
>
> Count 함수는 레코드의 개수를 반환하는 함수입니다. 인수로 *이 사용되면 전체 레코드의 개수를 반환하며, 'txt응시인원' 컨트롤이 과목명에 대해서 그룹화 되어 나타나므로, 결과적으로 해당 그룹의 인원 수를 표현합니다.

⑨ '시험날짜', '과목명' 컨트롤의 속성 시트에서 중복 내용 숨기기 속성에 '예'를 지정한다.

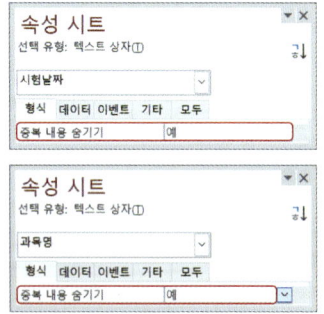

⑩ 'txt기준날짜' 컨트롤의 [속성] 시트에서 컨트롤 원본에 =Left([과목명],2) & "(" & Day([시험날짜]) & "일날 기준)"을 입력한다.

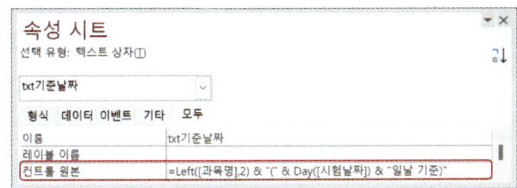

⑪ 'txt날짜' 컨트롤의 [속성] 시트에서 컨트롤 원본에 =Now(), 형식 속성에 yyyy-mm-dd (aaaa) hh:nn:ss를 입력한다.

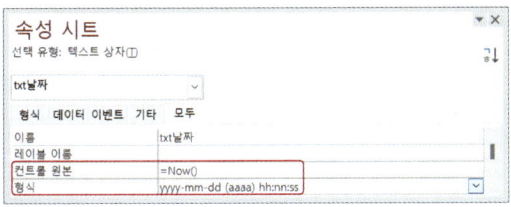

> **기적의 TIP**
>
> Now함수는 시스템의 현재 날짜와 시간을 반환하는 함수입니다. 날짜/시간에 대한 사용자 정의 형식에서 ddd는 요일을 약어(Mon~Sun)로 표현합니다. dddd는 요일을 원래대로(Monday~Sunday)로 표현합니다. aaa는 ddd의 국가별 설정이라 할 수 있습니다. 즉 aaa는 월~일 형태로 표현하며 aaaa는 월요일~일요일 형태로 표현합니다.

⑫ 보고서 [디자인 보기] 창은 닫고 변경한 내용은 저장한다.

2 〈과목별성적조회〉 폼의 'cmd인쇄' 버튼

정답

```
Private Sub cmd인쇄_Click()
    DoCmd.OpenReport "일자별시험성적", acViewPreview, , "과목명 = '" & txt과목명 & "'"
End Sub
```

① 〈과목별성적조회〉 폼을 [디자인 보기](📐)로 열고 'cmd인쇄'의 [속성] 시트 중 On Click의 [이벤트 프로시저]에서 [작성기](...)를 클릭한다.

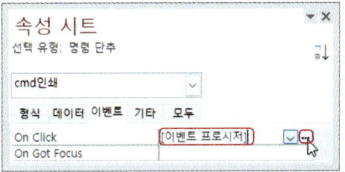

② 다음과 같이 코딩하고 [디자인 보기] 창을 닫고 변경한 내용은 저장한다.

```
Private Sub cmd인쇄_Click()
    DoCmd.OpenReport "일자별시험성적", acViewPreview, , "과목명 = '" & txt과목명 & "'"
End Sub
```

문제4 처리 기능 구현

1 〈과목명수정〉 업데이트 쿼리

정답

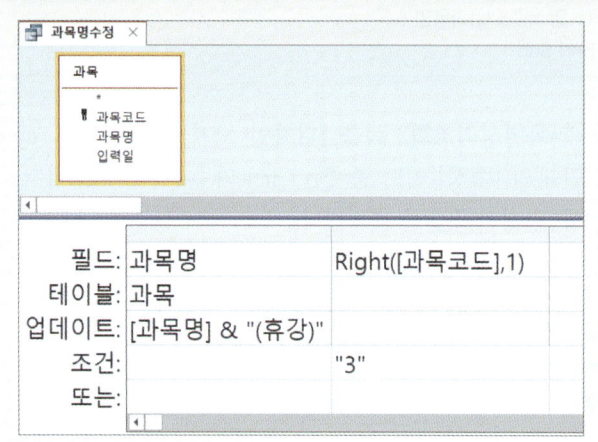

① [만들기]-[쿼리] 그룹의 [쿼리 디자인](▣)을 클릭한다.
② 〈과목〉 테이블을 추가하고 쿼리 유형을 업데이트 쿼리로 선택한다.

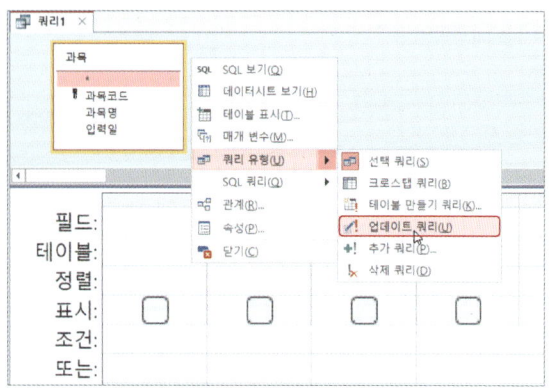

③ '과목코드'의 오른쪽 첫 번째 글자가 '3'일 때 과목명 뒤에 '(휴강)'이 붙도록 업데이트, 조건 요소를 설정한 후 [디자인 보기] 창을 닫고 변경한 내용은 〈과목명수정〉 이름으로 저장한다.

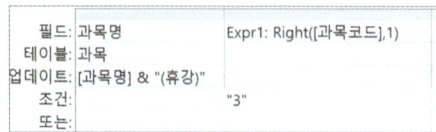

2 〈삭제목록〉 쿼리

정답

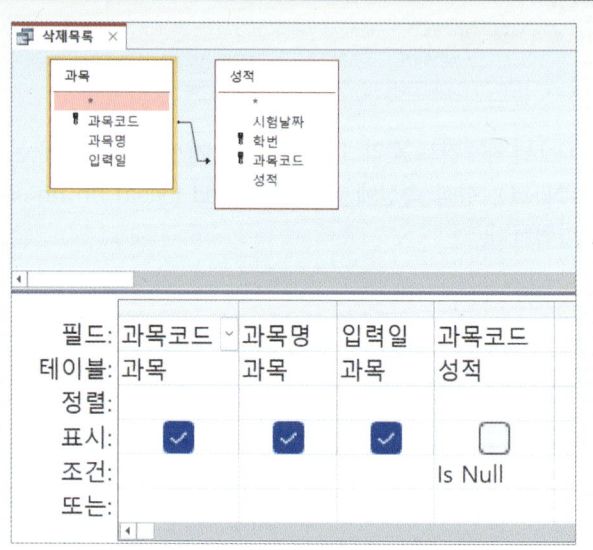

① [만들기]-[쿼리] 그룹의 [쿼리 마법사](▣)를 클릭한다.
② 한 쪽에 없는 레코드, 즉 일치하지 않는 레코드를 찾기 위해서 '불일치 검색 쿼리 마법사'를 이용한다.

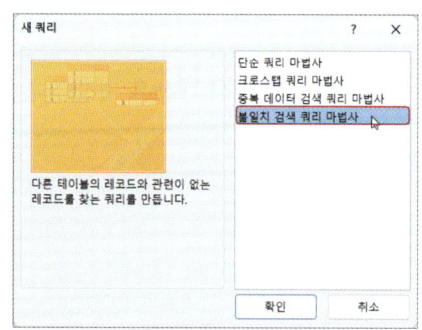

③ 〈과목〉 테이블에서 쿼리 결과를 볼 수 있도록 선택하고 [다음]을 클릭한다.

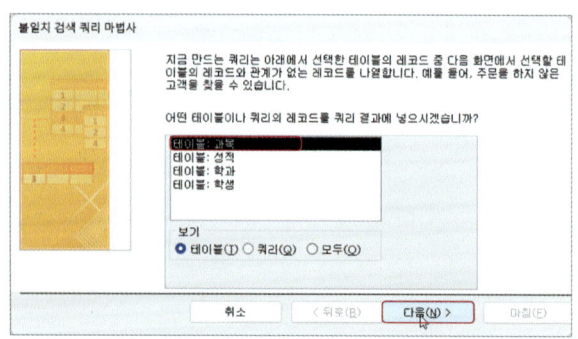

④ 〈성적〉 테이블과 비교하기 위해서 선택한 후 [다음]을 클릭한다.

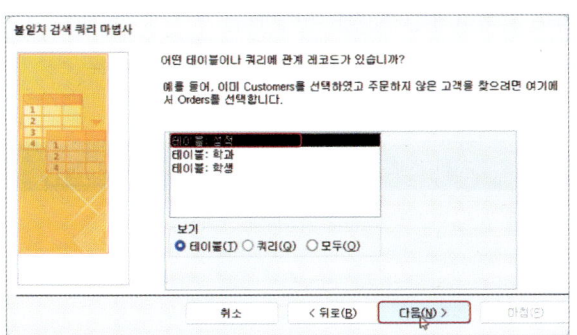

⑤ 두 테이블 사이에 비교 대상이 될 '과목코드' 필드를 선택하고 〈=〉를 클릭한 후 [다음]을 클릭한다.

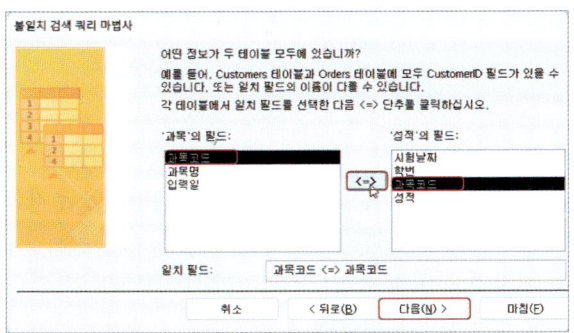

⑥ 결과로 보여줄 필드를 선택한 후 [다음]을 클릭한다.

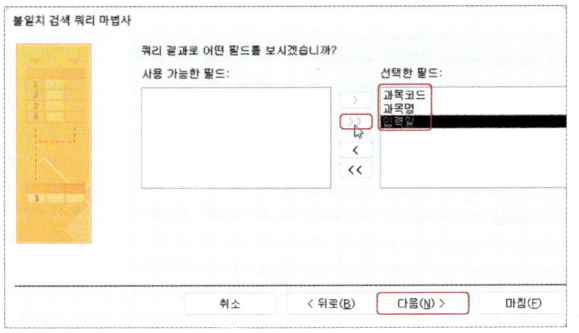

기적의 TIP

이번 경우에는 모든 필드가 대상이 되므로 》》 단추를 클릭하면 됩니다.

⑦ 쿼리 이름을 정하고 [마침]을 클릭하면 작업이 완료된다.

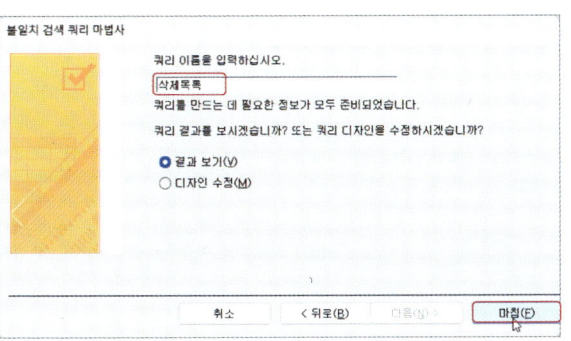

3 〈학과별성별〉 쿼리

정답

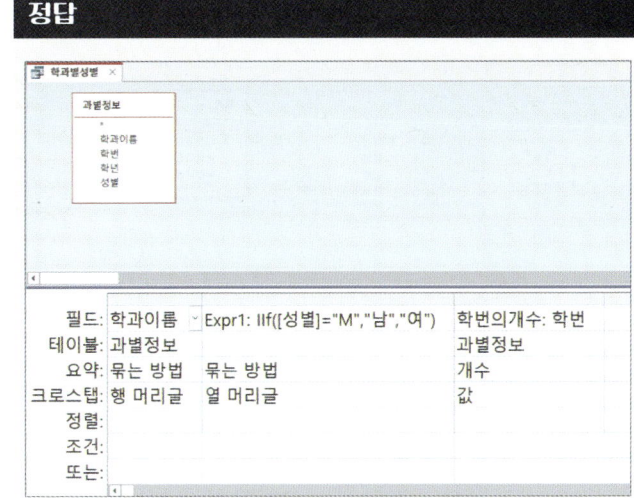

① [만들기]-[쿼리] 그룹의 [쿼리 디자인](▦)을 클릭한다.
② [테이블 추가]의 [쿼리] 탭에서 〈과별정보〉를 추가하고 [닫기]를 클릭한다.
③ 디자인 눈금의 각 필드에 다음과 같이 드래그해서 놓는다.

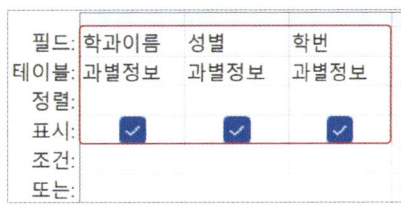

④ [쿼리 디자인]-[쿼리 유형] 그룹의 [크로스탭](▦)을 클릭한다.
⑤ 학과이름은 '행 머리글', 성별은 '열 머리글', 학번은 '개수'와 '값'으로 설정한다.

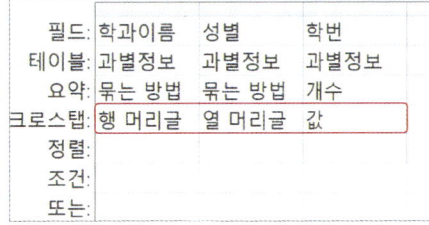

⑥ 열 머리글을 IIf([성별]="M","남","여")로 수정한다.

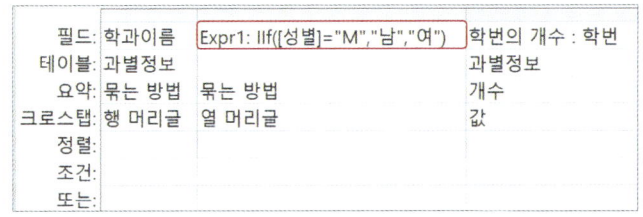

⑦ Ctrl+S를 눌러 [다른 이름으로 저장] 대화상자에 **학과별성별**로 입력하고 [확인]을 클릭하여 저장한다.

4 〈성적조회〉 쿼리

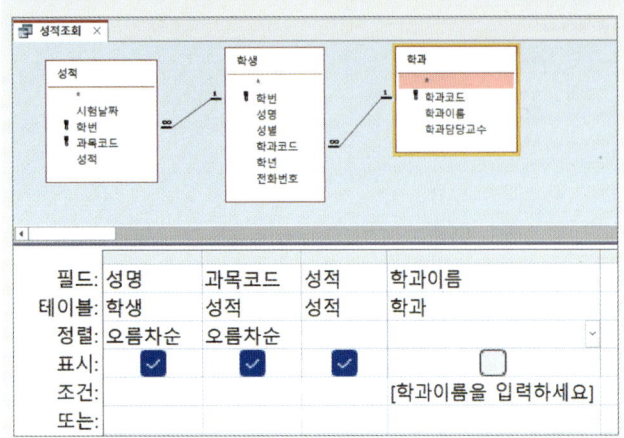

① [만들기]-[쿼리] 그룹의 [쿼리 디자인](🖽)을 클릭한다.
② [테이블 추가]의 [테이블] 탭에서 〈성적〉, 〈학생〉, 〈학과〉를 추가하고 [닫기]를 클릭한다.
③ 디자인 눈금의 각 필드에 다음과 같이 드래그해서 놓는다.

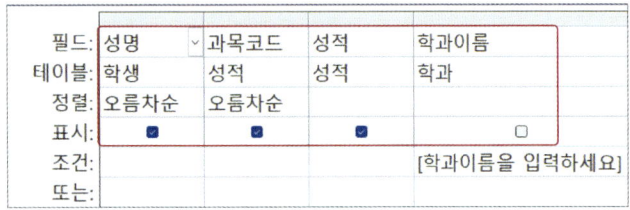

④ 학과이름 필드의 체크를 해제하고, 조건에 **[학과이름을 입력하세요]**를 입력하고 정렬을 지정한다.

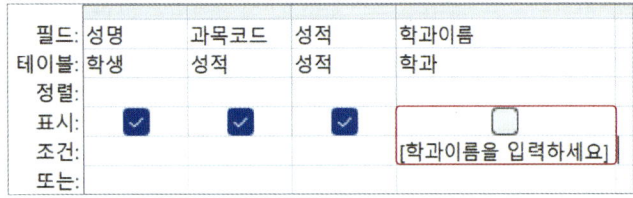

⑤ [쿼리 디자인]-[쿼리 유형] 그룹의 [테이블 만들기](🖽)를 클릭한다.

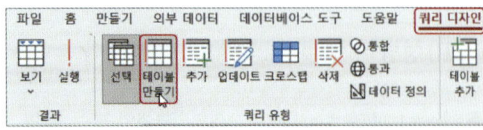

⑥ 테이블 이름은 **학과별성적**을 입력하고 [확인]을 클릭한다.

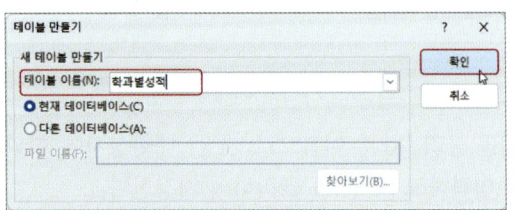

⑦ [쿼리 디자인]-[결과] 그룹의 [실행](❗)을 클릭한다.
⑧ Ctrl+S를 눌러 [다른 이름으로 저장] 대화상자에 **성적조회**로 입력하고 [확인]을 클릭한다.

5 〈성적우수생처리〉 업데이트 쿼리

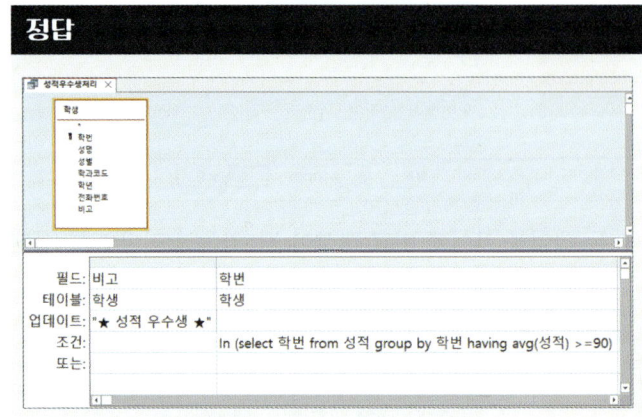

① [만들기]-[쿼리] 그룹의 [쿼리 디자인](🖽)을 클릭한다.
② [테이블 추가]의 [테이블] 탭에서 〈학생〉 테이블을 추가한 후 '비고'와 '학번' 필드를 추가한다.
③ [쿼리 디자인]-[쿼리 유형] 그룹의 [업데이트](🖽)를 클릭한 후 다음과 같이 입력한다.

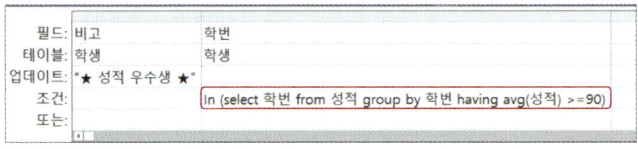

In (select 학번 from 성적 group by 학번 having avg(성적) >=90)

④ [저장](💾)을 클릭한 후 쿼리의 이름을 **성적우수생처리**로 입력하고 [확인]을 클릭한다.
⑤ [쿼리 디자인]-[결과] 그룹의 [실행](❗)을 클릭하여 다음의 메시지가 표시되면 [예]를 클릭한다.

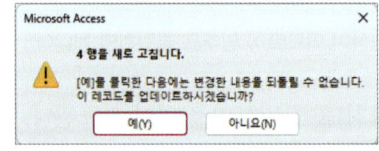

데이터베이스 실전 모의고사 08회

작업파일 : '26컴활1급(기출)₩데이터베이스₩실전모의고사'에서 '실전모의고사8회' 파일을 열어 작업하세요.

문제1 DB 구축(25점)

1 회사별 사원 관리를 위해 다음과 같이 데이터베이스를 구축하였다. 다음 지시사항에 따라 〈사원〉 테이블을 완성하시오. (각 3점)

① '구분' 필드 삭제 후, '데이터시트 보기'에서 제일 왼쪽에 '순번' 필드가 위치하도록 추가하고 '일련 번호' 형식을 지정한 후 기본 키로 설정하시오.
② '이름' 필드의 IME 모드는 한글로, 빈 문자열은 허용하지 않도록 설정하시오.
③ '주번' 필드는 다음 형태로 반드시 입력되도록 입력 마스크 속성을 설정하시오.
   ▶ 720505-0000000
   ▶ 하이픈(-)이 저장되도록 설정할 것
④ '생년월일' 필드의 데이터 형식을 '날짜/시간'으로 바꾸고, 1979년 12월 31일 이전 날짜만 입력될 수 있게 유효성 검사 규칙으로 설정하시오.
⑤ 마지막에 '멀티' 필드를 추가하고 사진, 이력서 문서 등이 지원되는 모든 파일 형식의 데이터 형식을 첨부할 수 있게 설정하시오.

2 〈사원〉 테이블의 '코드' 필드에 대해서 다음과 같이 조회 속성을 설정하시오. (5점)

▶ 〈회사〉 테이블의 '코드'와 '사명'이 콤보 상자 형태로 나타나도록 설정하시오.
▶ 필드에는 '코드'가 저장되도록 설정할 것

3 〈사원〉 테이블의 '코드' 필드는 〈회사〉 테이블의 '코드' 필드를 참조하고 테이블 간의 관계는 M:1이다. 두 테이블에 대해 다음과 같이 관계를 설정하시오. (5점)

▶ 두 테이블 간에 항상 참조 무결성을 유지하도록 설정하시오.
▶ 〈회사〉 테이블의 '코드' 필드가 변경되면 이를 참조하는 〈사원〉 테이블의 '코드' 필드가 따라서 변경되도록 설정하시오.
▶ 〈사원〉 테이블에서 참조하고 있는 〈회사〉 테이블의 레코드를 삭제할 수 없도록 설정하시오.

문제2 | 입력 및 수정 기능 구현(20점)

1 〈회사검색〉 폼을 다음의 화면과 지시사항에 따라 완성하시오. (각 3점)

① 그림과 같은 형태로 표시되도록 기본 보기 속성을 설정하시오.
② 본문의 컨트롤에 대해서 다음과 같이 탭 순서를 설정하시오.
▶ txt코드, txt사명, txt광역, txt기초, txtTEL, txtFAX
③ 본문의 모든 컨트롤에 대해 '새김(밑줄)' 특수 효과를 설정하시오.

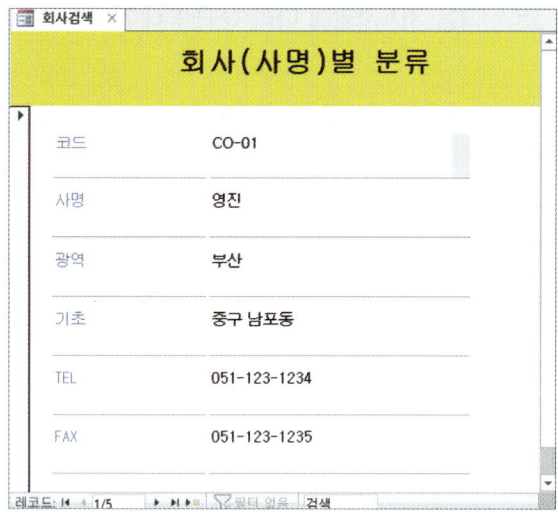

2 〈사원검색〉 폼의 'txt사번' 컨트롤에는 'txt이름'에 표시된 이름명을 〈사원〉 테이블에서 찾아 '사번'을 표시하시오. (6점)

▶ Dlookup 함수를 이용할 것

3 〈사원검색〉 폼의 '폼 열기(cmd폼보기)' 단추를 클릭하면 다음과 같은 기능이 수행되도록 구현하시오. (5점)

▶ 〈회사검색〉 폼을 열고, 'cmb코드'에서 지정한 데이터에 해당하는 정보를 찾아 표시하시오.
▶ 매크로로 작성하고 이름은 '사원검색'으로 지정하시오.

문제3 조회 및 출력 기능 구현(20점)

1 다음의 지시사항 및 화면을 참조하여 〈회사별사원〉 보고서를 완성하시오. (각 3점)

① 다음과 같이 레이블을 이용하여 보고서 제목을 설정하시오.
 ▶ 컨트롤 이름은 'L제목', 글꼴은 '궁서', 크기는 20, 텍스트는 가운데 맞춤 할 것

② 'txt순번' 컨트롤에는 그룹별로 일련번호가 표시되도록 설정하시오.

③ '기초'를 기준으로 그룹 설정 후 그림과 같이 표시되도록 설정하시오.
 ▶ 추가되는 컨트롤이 있다면 'txt기초'로 할 것(기초에 바운드)

④ 전화번호가 입력될 텍스트 상자를 생성하고, 컨트롤 이름을 'txtTEL'로 지정한 후 전화번호(TEL)를 바운드 시키시오.

⑤ 'txt주소' 컨트롤에는 '광역'과 '기초' 필드를 합쳐 다음과 같이 표시되도록 설정하시오.
 ▶ 표시 예 : 부산시 중구 남포동

회사별사원

회사별 사원

순번	이름	주번	주소	TEL	사명
구로구 가리봉동					
1	정준하	720507-0000000	서울시 구로구 가리봉동	02-123-1234	민중
2	유재석	720505-0000000	서울시 구로구 가리봉동	02-123-1234	민중
3	김종민	720518-0000000	서울시 구로구 가리봉동	02-123-1234	민중
북구 창평동					
1	강호동	720513-0000000	울산시 북구 창평동	052-123-1234	친구
2	차태현	720515-0000000	울산시 북구 창평동	052-123-1234	친구
수성구 지산동					
1	엄태웅	720516-0000000	대구시 수성구 지산동	053-123-1234	산들
2	노홍철	720508-0000000	대구시 수성구 지산동	053-123-1234	산들
3	이수근	720512-0000000	대구시 수성구 지산동	053-123-1234	산들
4	김태호	720511-0000000	대구시 수성구 지산동	053-123-1234	산들
5	주원	720519-0000000	대구시 수성구 지산동	053-123-1234	산들
중구 남포동					
1	유혜진	720514-0000000	부산시 중구 남포동	051-123-1234	영진
2	길상준	720510-0000000	부산시 중구 남포동	051-123-1234	영진
3	박명수	720506-0000000	부산시 중구 남포동	051-123-1234	영진
4	성시경	720517-0000000	부산시 중구 남포동	051-123-1234	영진
창원시 자은동					
1	하동훈	720509-0000000	경남시 창원시 자은동	055-123-1234	바람

2023년 7월 19일 수요일 1/1페이지

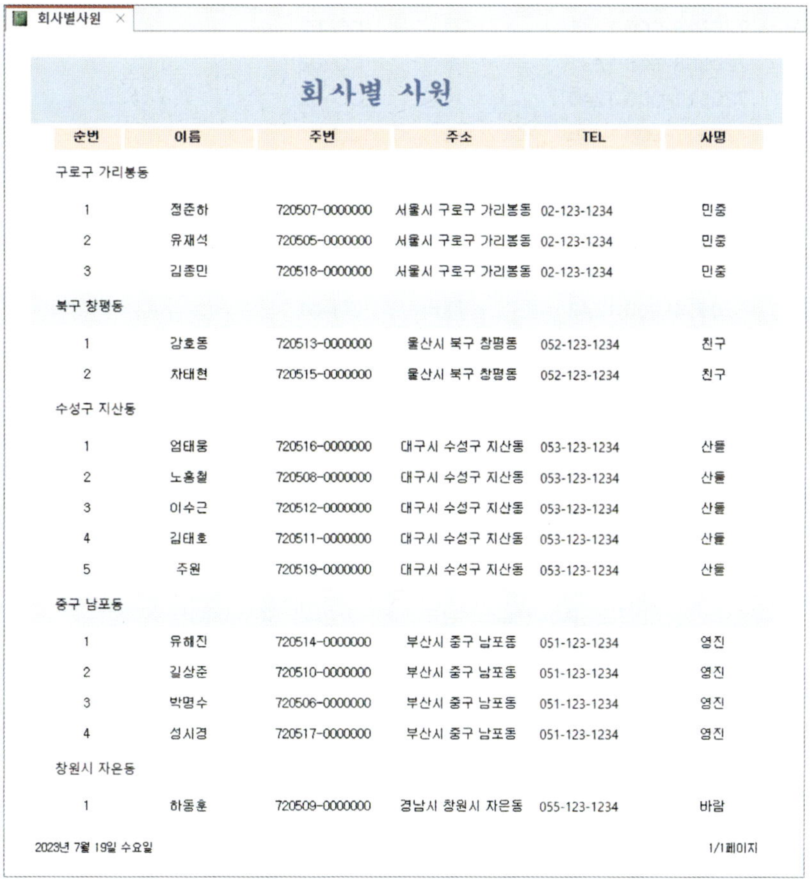

2 〈사원검색〉 폼의 'cmb코드' 컨트롤이 업데이트(Afterupdate)되면 다음과 같은 기능이 수행되도록 구현하시오. (5점)

▶ 'cmb코드'에서 지정한 사원에 해당하는 정보를 찾아 표시하도록 하시오.
▶ 현재 폼의 'RecordSource' 속성을 이용하여 이벤트 프로시저를 작성하시오.

문제4 처리 기능 구현(35점)

1 태어난 년도를 매개변수로 입력 받아 정보를 표시하는 〈출생년도별사원〉 쿼리를 그림과 같이 작성하시오. (7점)

▶ 〈사원〉 테이블을 이용할 것
▶ 태어난 년도를 입력받아 표시할 것
▶ SWITCH, LEFT 함수를 이용
▶ 직급순으로 정렬하여 표시할 것(직급 : 주임, 계장, 대리, 전무, 사장)
▶ 쿼리 결과 표시되는 필드와 필드명, 필드의 형식은 〈그림〉과 같이 표시되도록 설정하시오.

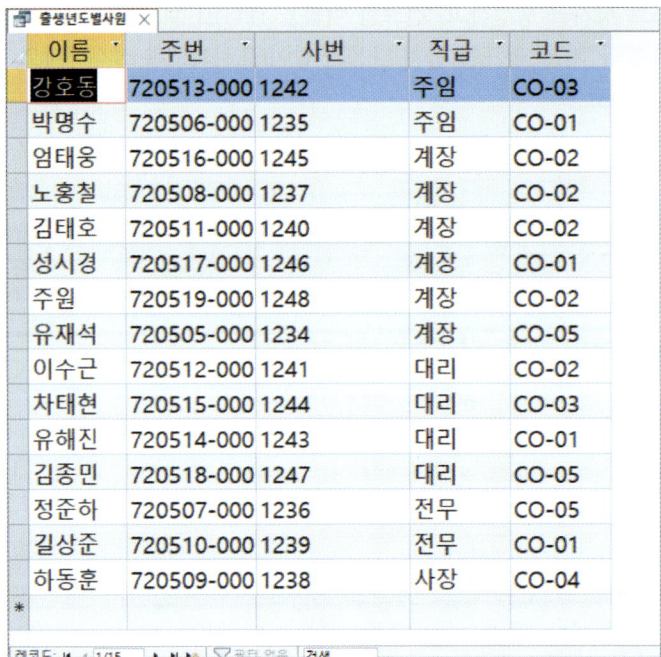

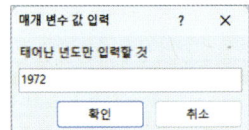

2 다음과 같이 회사별, 직급별 인원수를 구하는 '회사별직급별인원수' 크로스탭 쿼리를 작성하시오. (7점)

▶ 〈회사〉, 〈사원〉 테이블을 이용할 것

3. 〈사원〉 테이블을 이용하여 사번의 세 번째 글자가 4이면 '재택', 그 외는 '출근'으로 표시하는 〈근무구분〉 쿼리를 작성하시오. (7점)

- ▶ 순번은 1~7 까지의 데이터만 나타내시오.
- ▶ 쿼리 실행 결과 표시되는 필드와 필드명은 〈그림〉과 같이 표시되도록 설정하시오.
- ▶ Like 연산자와 IIF와 MID 함수 사용

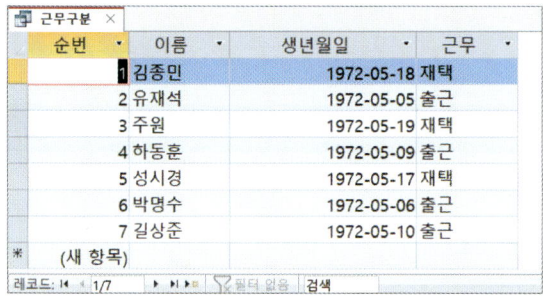

04. 〈회사별사원〉 쿼리를 이용하여 광역, 구(시)별 인원수를 구하는 〈광역별인원수〉 쿼리를 작성하시오. (7점)

- ▶ 개수는 '생년월일' 필드를 이용하시오.
- ▶ 인원수를 기준으로 내림차순 정렬하여 표시하시오.
- ▶ Left, Instr 함수 사용을 이용하여 구(시) 필드는 '기초' 필드에서 공백 앞에 있는 텍스트를 표시
- ▶ 쿼리 실행 결과 표시되는 필드와 필드명은 〈그림〉과 같이 표시되도록 설정하시오.

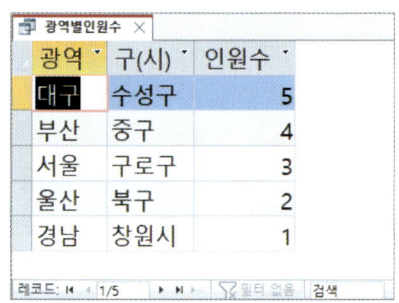

05. 〈사원〉 테이블의 직급이 '계장'이고, 사번의 세 번째 글자가 '4'이고, 〈회사〉 테이블의 광역이 '대구'인 사원의 비고에 '서울 발령'으로 작성하는 〈서울발령〉 업데이트 쿼리를 작성하시오. (7점)

- ▶ In 연산자와 하위 쿼리 사용

정답 & 해설 : 데이터베이스 실전 모의고사 08회

문제1 DB 구축

1 〈사원〉 테이블

정답

번호	테이블	필드 이름	속성 및 형식	설정 값
①	사원	순번	데이터 형식	일련 번호
			기본 키	(사원 테이블 - 순번: 일련 번호, 이름: 짧은 텍스트)
②	사원	이름	IME 모드	한글
			빈 문자열 허용	아니요
③	사원	주번	입력 마스크	000000-0000000;0;
④	사원	생년월일	데이터 형식	날짜/시간
			유효성 검사 규칙	<=#1979-12-31#
⑤	사원	멀티	데이터 형식	첨부 파일

① 〈사원〉 테이블에서 마우스 오른쪽 버튼을 눌러 [디자인 보기](📝)를 클릭한다.
② '구분' 필드를 선택하고 마우스 오른쪽 버튼을 눌러 [행 삭제](📝)를 클릭하여 필드를 삭제한다.

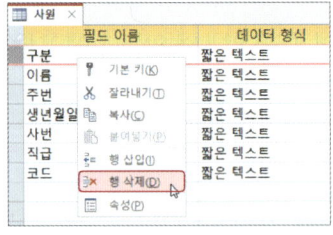

↓

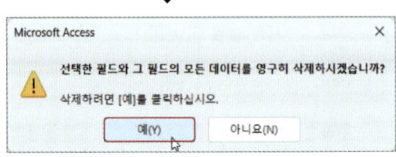

> **기적의 TIP**
>
> [테이블 디자인]-[도구] 그룹의 [행 삭제]를 클릭하여 '구분' 필드를 삭제할 수 있습니다.

③ '이름' 필드의 바로 가기 메뉴 중 [행 삽입](📝)을 클릭하고, 삽입 된 행의 필드 이름에 '순번'을 데이터 형식은 '일련 번호'로 지정한 후, '순번' 필드의 바로 가기 메뉴에서 '기본 키'를 클릭한다.

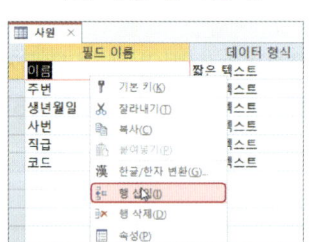 

> **기적의 TIP**
>
> [테이블 디자인]-[도구] 그룹의 [행 삽입]을 클릭하여 '순번' 필드를 삽입할 수 있습니다.

④ '이름' 필드를 선택하고 IME 모드는 '한글', 빈 문자열 허용은 '아니요'로 설정한다.

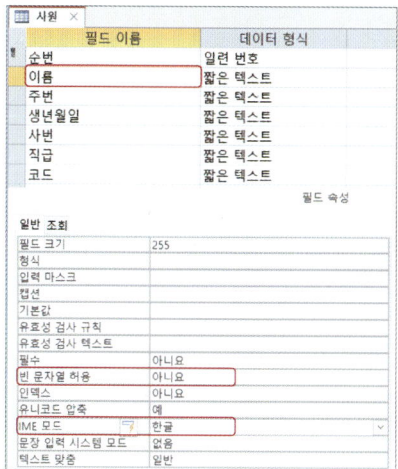

⑤ '주번' 필드의 입력 마스크 속성을 000000-0000000;0;로 설정한다. 반드시 0~9 사이의 숫자가 입력되도록 입력 마스크 정의 문자 '0'을 사용했고, 세미콜론(;)으로 구분된 두 번째 영역에 '0'을 지정하여 하이픈도 저장되도록 설정하였다.

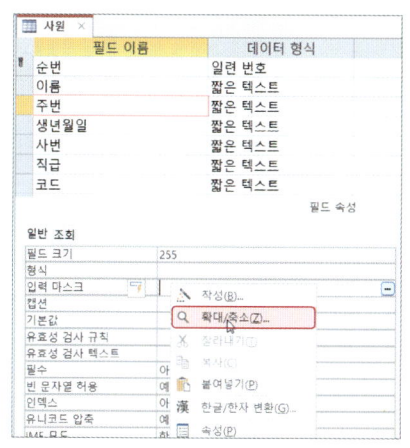

> **기적의 TIP**
>
> 입력 마스크 속성 입력란의 바로 가기 메뉴에서 [확대/축소]를 클릭하면 좀 더 편하게 입력할 수 있습니다. 물론 입력 마스크 입력란에 직접 입력해도 됩니다.

⑥ '생년월일' 필드의 데이터 형식을 '날짜/시간'으로 변경하고, 유효성 검사 규칙을 <=#1979-12-31#으로 설정한다.

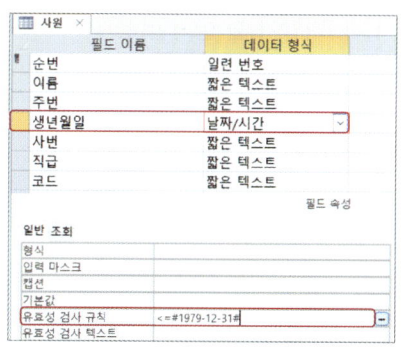

⑦ 마지막 행에 '멀티' 필드를 추가하고 데이터 형식을 '첨부 파일'로 설정한다.

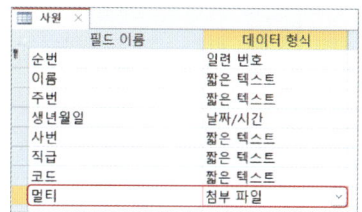

⑧ 작업이 완료되면 변경한 내용은 저장한다.

2 〈사원〉 테이블의 '코드' 필드에 조회 속성

정답

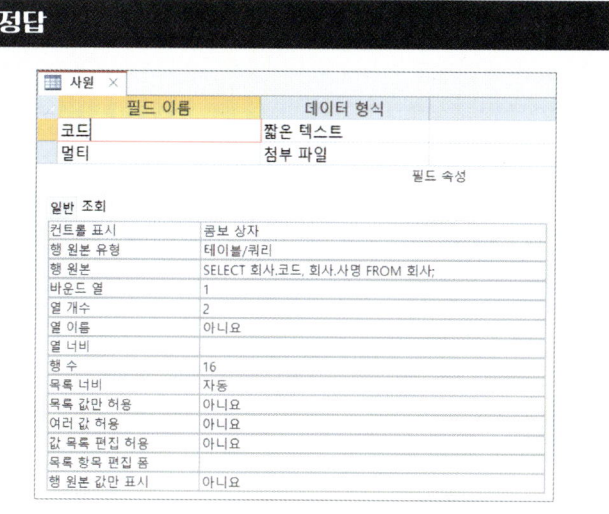

① '코드' 필드를 선택하고, 필드 속성의 [조회] 탭을 클릭한 후 컨트롤 표시는 콤보 상자, '행 원본'의 [작성기](□)를 클릭한다.

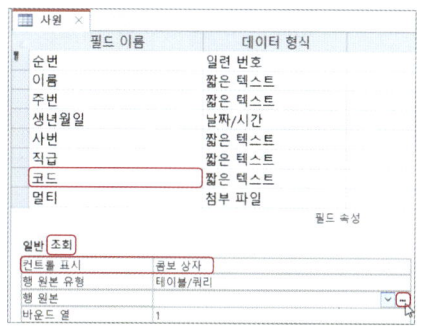

② 〈회사〉 테이블을 [추가]하고 [닫기]를 클릭한다.

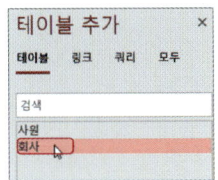

③ '코드'와 '사명' 필드를 더블클릭하여 각각 디자인 눈금에 위치시키고 쿼리 작성기 창을 닫는다.

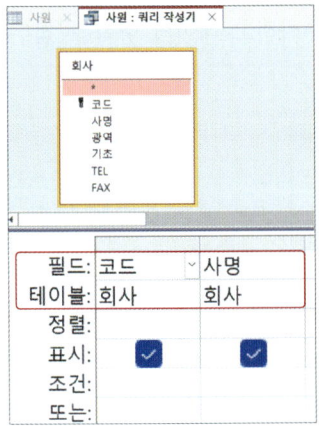

④ 행 원본 속성이 업데이트 된다는 경고창이 나타나면 [예] 를 클릭하여 속성을 업데이트 한다.

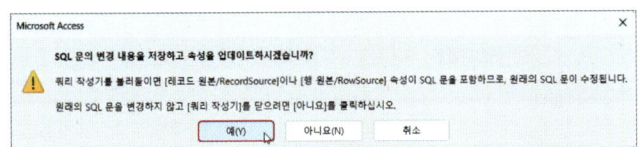

⑤ 바운드 열은 '1'로('코드'가 저장되도록), 열 개수는 '2'로 수정하여 '코드'와 '사명'이 모두 나타나도록 설정한다.

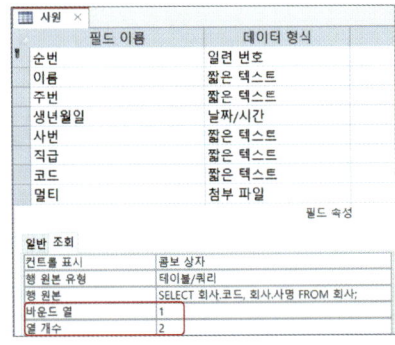

⑥ [디자인 보기] 창은 닫고 변경한 내용은 저장한다.

3 〈사원〉, 〈회사〉 테이블 관계 설정

정답

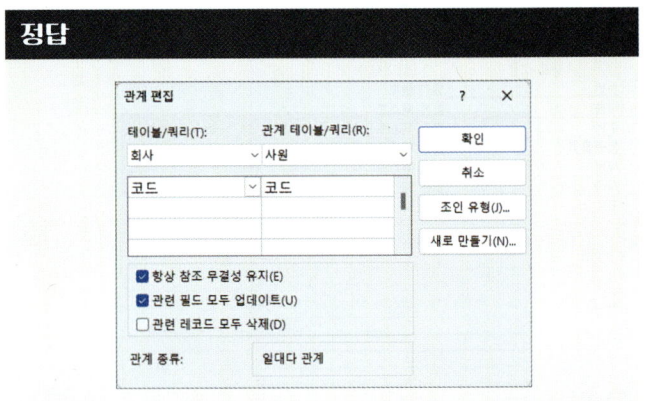

① [데이터베이스 도구]-[관계] 그룹에서 [관계](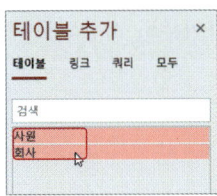)를 클릭한다.
② [관계] 창의 빈 화면에서 마우스 오른쪽 버튼을 눌러 [테이블 표시]()를 클릭한다.
③ 〈사원〉, 〈회사〉 테이블을 [추가]하고 [닫기]를 클릭한다.

④ 〈회사〉 테이블의 '코드' 필드를 선택하고, 〈사원〉 테이블의 '코드' 필드로 드래그 앤 드롭한다.

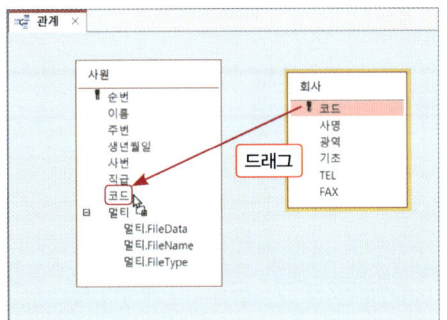

⑤ [관계 편집] 대화상자가 나타나면 '항상 참조 무결성 유지' 와 '관련 필드 모두 업데이트'에 체크한 후 [만들기]를 클릭한다.

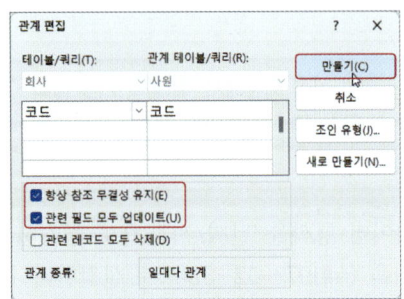

⑥ [관계] 창은 닫고 변경한 내용은 저장한다.

문제2 입력 및 수정 기능 구현

1 〈회사검색〉 폼

정답

번호	개체	속성	설정 값
①	폼	기본 보기	단일 폼
②	폼	탭 순서	탭 순서 대화상자 - 구역: 본문, 사용자 지정 순서: txt코드, txt사명, txt광역, txt기초, txtTEL, txtFAX
③	본문 모든 컨트롤	특수 효과	새김(밑줄)

① 〈회사검색〉 폼에서 마우스 오른쪽 버튼을 눌러 [디자인 보기](N)를 클릭한다.
② 폼 선택기의 바로 가기 메뉴에서 [속성]을 클릭한다.
③ 폼의 기본 보기 속성을 '단일 폼'으로 설정한다.

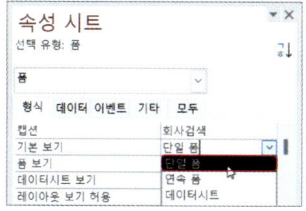

④ 폼 선택기의 바로 가기 메뉴에서 [탭 순서]()를 클릭한다.

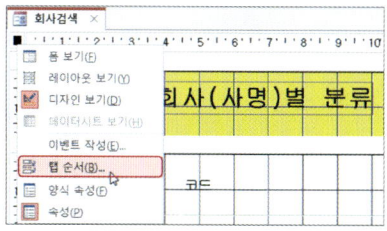

⑤ 본문 구역의 'txt코드'부터 ➡ 모양일 때 클릭하여 선택한 후 드래그 하여 제일 위로 끌어올려 지시한 순서대로 맞추고, 나머지 컨트롤도 순서를 맞춘 후 [확인]을 클릭한다.

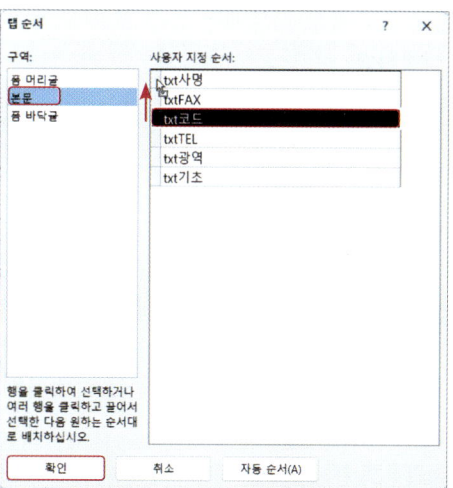

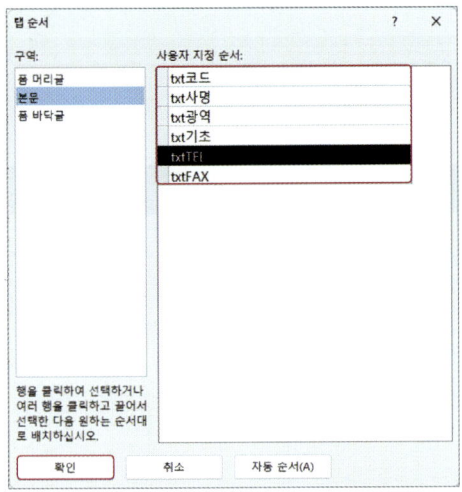

⑥ 본문 구역의 모든 컨트롤이 포함되도록, 본문 구역의 선택 눈금자 ➡를 위에서 아래로 드래그 한다.

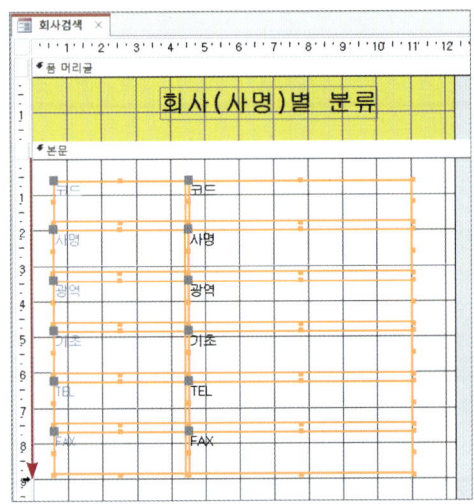

⑦ 선택된 여러 컨트롤의 속성 시트에서 특수 효과 속성을 '새김(밑줄)'로 설정한다.

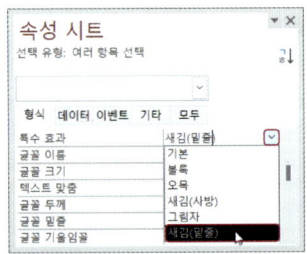

⑧ [디자인 보기] 창은 닫고 변경한 내용은 [예]를 클릭하여 저장한다.

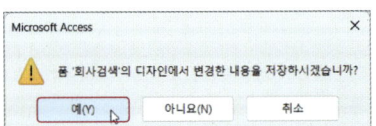

2 〈사원검색〉 폼의 'txt사번' 컨트롤

정답

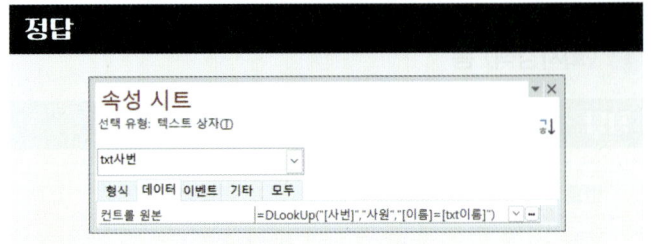

① 〈사원검색〉 폼을 [디자인 보기](📐)로 연다.
② 'txt사번' 컨트롤의 컨트롤 원본 속성에 =DLookUp("[사번]","사원","[이름]=[txt이름]")를 설정한다. [디자인 보기] 창은 닫고 변경한 내용은 저장한다.

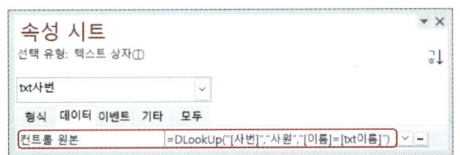

🏁 기적의 TIP

=DLookUp("[사번]","사원","[이름]=[txt이름]")
〈사원〉 테이블에서 '사번'을 반환합니다. 단 'txt이름'에 표시된 것과 '이름'이 같은 경우에 한해서입니다.

3 〈사원검색〉 폼의 'cmd폼보기' 단추

정답

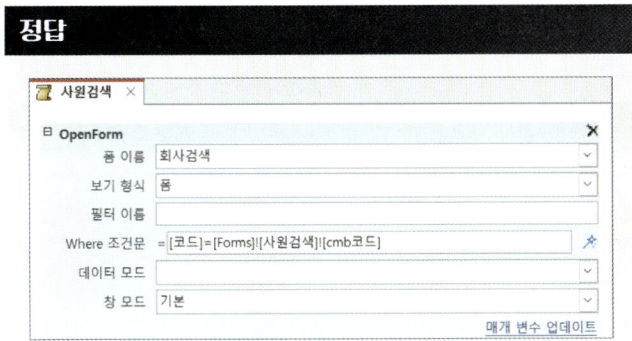

① [만들기]-[매크로 및 코드] 그룹의 [매크로](□)를 클릭한다.
② 매크로 함수(OpenForm)를 지정하고 폼 이름 인수에 '회사검색' 폼을 설정한 후, Where 조건문 인수의 [작성기](□)를 클릭한다.

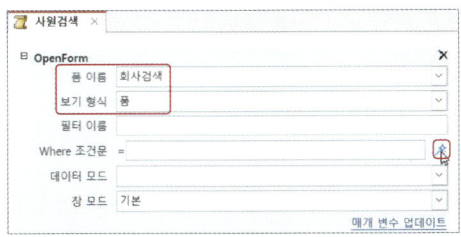

③ 식 작성기에 [코드]=를 먼저 입력하고 하위 폴더 구조를 그림처럼 차례로 펼친 후 'cmb코드'를 더블 클릭하고, [확인]을 클릭한다.

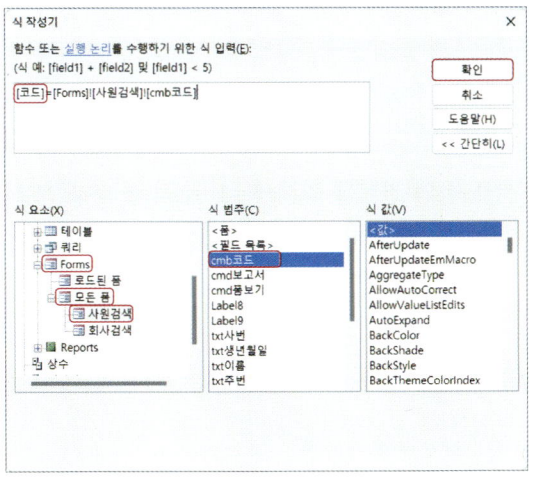

> **기적의 TIP**
>
> [코드]=[Forms]![사원검색]![cmb코드]
> 〈사원검색〉 폼의 'cmb코드'의 값과 '코드' 필드 값이 동일한 경우임을 의미합니다.

④ 매크로 디자인 창을 닫고, 변경한 내용을 〈사원검색〉의 이름으로 저장한다.

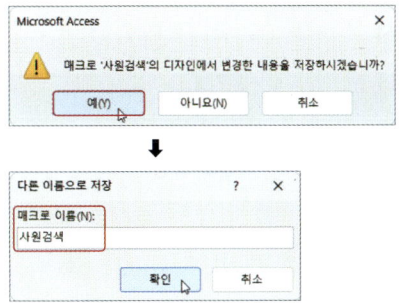

⑤ 〈사원검색〉 폼을 [디자인 보기](□)로 열고 'cmd폼보기' 명령 단추 컨트롤의 On Click 이벤트 속성에 '사원검색' 매크로를 지정한다.

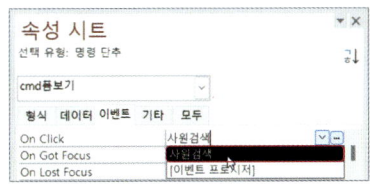

⑥ [디자인 보기] 창은 닫고, 변경한 내용은 저장한다.

문제3 조회 및 출력 기능 구현

1 〈회사별사원〉 보고서

정답

번호	필드 이름	필드 속성	설정 값
①	레이블 생성	이름	L제목
		글꼴 이름	궁서
		글꼴 크기	20
		텍스트 맞춤	가운데
②	txt순번	컨트롤 원본	=1
		누적 합계	그룹
③	기초 그룹설정		(그룹, 정렬 및 요약: 그룹화 기준 기초 ▼ 오름차순 ▼, 전체 값 ▼, 요약 표시 안 함 ▼, 제목 추가하려면 클릭, 머리글 구역 표시 ▼, 바닥글 구역 표시 안 함 ▼, 같은 페이지에 표시 안 함 ▼, 간단히 ▼)
	txt기초	컨트롤 원본	기초
④	텍스트 상자 생성	이름	txtTEL
		컨트롤 원본	TEL
⑤	txt주소	컨트롤 원본	=[광역] & " 시 " & [기초]

① 〈회사별사원〉 보고서를 [디자인 보기](📐)로 열고, [보고서 디자인]-[컨트롤] 그룹의 [레이블](가가)을 클릭한다.

② 레이블이 위치할 곳을 드래그 앤 드롭 하여 정한다.

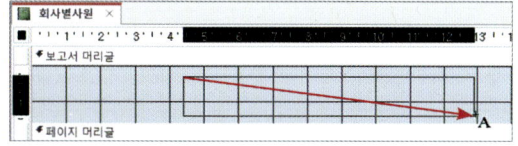

③ 레이블에 캡션을 입력한다.

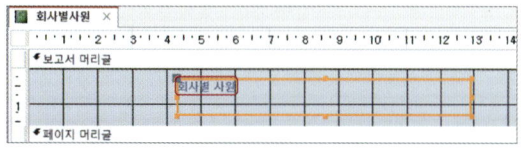

④ 속성 시트 창에서 이름(L제목), 글꼴 이름(궁서), 글꼴 크기(20), 텍스트 맞춤(가운데) 속성을 지시사항대로 지정한다.

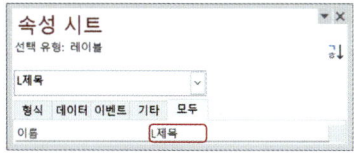

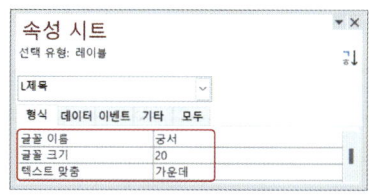

⑤ 'txt순번' 컨트롤의 컨트롤 원본에 =1, 누적 합계에 '그룹' 속성을 설정한다.

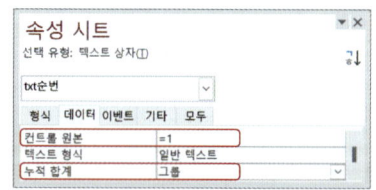

⑥ 그룹, 정렬 및 요약에서 [그룹 추가]를 클릭하여 '기초' 필드를 기준으로 그룹화 한다.

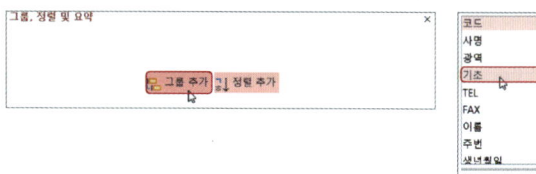

> **기적의 TIP**
>
> '그룹, 정렬 및 요약' 창이 활성화 되지 않을 경우, 보고서 선택기의 바로 가기 메뉴에서 [정렬 및 그룹화]를 클릭하면 됩니다.

⑦ 그룹 추가로 인하여 생성된 '기초 머리글' 구역에 'txt기초' 컨트롤을 추가하기 위해서 [보고서 디자인]-[컨트롤] 그룹의 [텍스트 상자](■)를 클릭하여 적당한 위치에 드래그 앤 드롭 하여 추가한다.

⑧ 텍스트 상자를 추가하면 자동으로 안내 레이블이 함께 생성되는데, 이 부분을 선택한 후 Delete 를 눌러서 삭제하도록 한다.

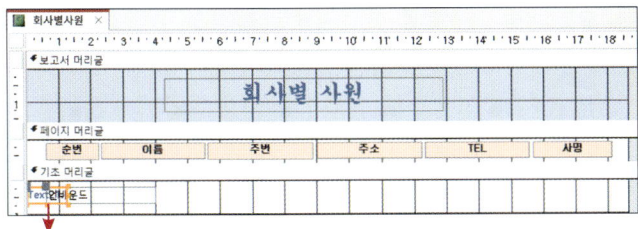

이 부분만 선택 후 Delete 로 삭제

⑨ 생성시킨 컨트롤의 속성 시트에서 이름(txt기초)과 컨트롤 원본(기초) 속성을 설정한다.

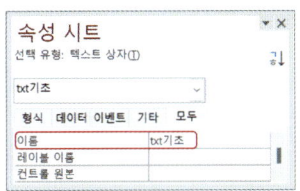

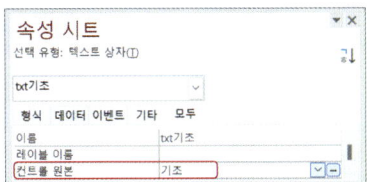

⑩ 'txt기초' 텍스트 상자 컨트롤을 생성한 것처럼 안내 레이블은 삭제하고 본문 구역에 텍스트 상자 컨트롤을 추가시킨다.

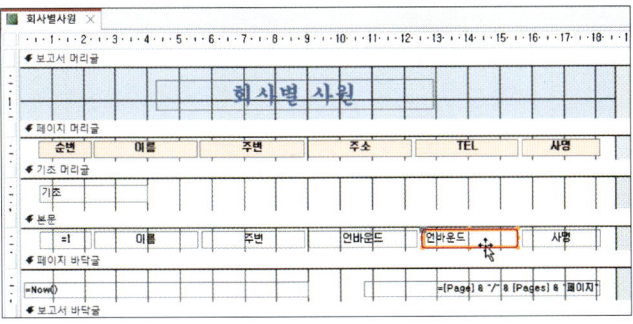

⑪ 추가된 컨트롤의 속성 시트에서 이름(txtTEL)과 컨트롤 원본(TEL)을 설정한다.

⑫ 'txt주소' 컨트롤의 원본 속성에 =[광역] & "시 " & [기초]를 입력한 후, [디자인 보기] 창은 닫고 변경한 내용은 저장한다.

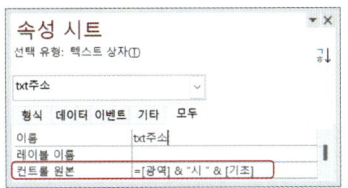

2 〈사원검색〉 폼의 'cmb코드' 콤보 상자

① 〈사원검색〉 폼을 [디자인 보기](N)로 열고, 'cmb코드' 컨트롤의 속성 시트 중 'After Update'에서 [이벤트 프로시저]를 선택한 후 [작성기](...)를 클릭한다.

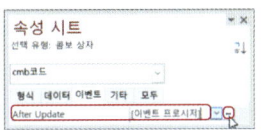

② 다음과 같이 코딩한 후 [디자인 보기] 창을 닫고 변경한 내용은 저장한다.

```
Private Sub cmb코드_AfterUpdate()
    Me.RecordSource = "select * from 사원 where 코드 = '" & cmb코드 & "'"
End Sub
```

> **기적의 TIP**
>
> RecordSource는 폼의 데이터 원본을 지정하는 속성입니다. Where 절 이하의 조건에 해당하는 정보를 검색하여 폼의 데이터 원본으로 사용합니다.

문제4 처리 기능 구현

1 〈출생년도별사원〉 매개변수 쿼리

정답

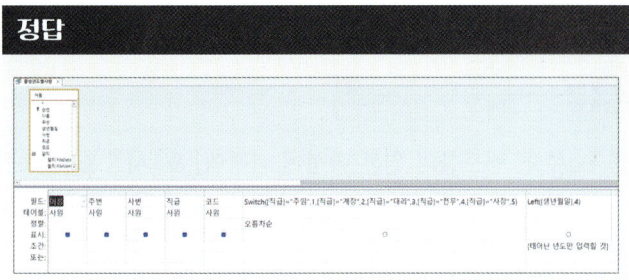

① [만들기]-[쿼리] 그룹의 [쿼리 디자인](📋)을 클릭한다.
② [테이블 추가]에서 〈사원〉 테이블을 추가하고 [닫기]를 클릭한다.

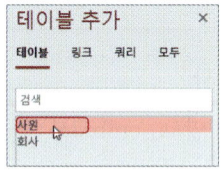

③ 미리보기 그림과 같이 필드를 더블클릭하여 디자인 눈금에 추가한다.

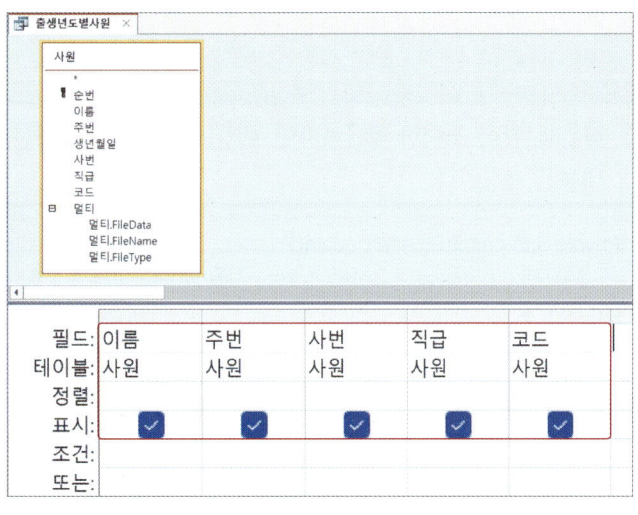

④ '직급'을 기준으로 정렬하여 표시하기 위해 Switch([직급]="주임",1,[직급]="계장",2,[직급]="대리",3,[직급]="전무",4,[직급]="사장",5)으로 직급별 숫자로 반환하고, '오름차순'을 선택하고, 표시 체크는 해제한다. '생년월일'에서 년도만 반환받기 위해 필드에 Left([생년월일],4)를 입력하고, 매개변수 입력창이 나타나게 하기 위해 조건에 대괄호로 묶어서 **[태어난 년도만 입력할 것]**이라고 입력한다. 표시 체크는 해제한다.

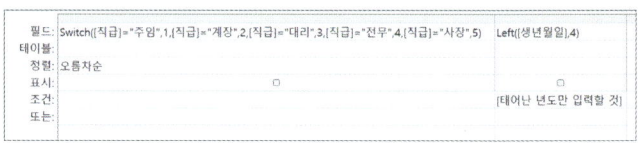

⑤ [쿼리 디자인 보기] 창을 닫고 변경한 내용을 **출생년도별사원**으로 저장한다.

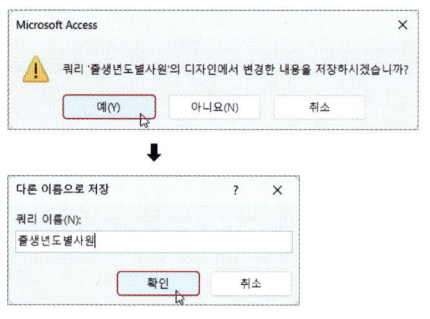

2 〈회사별직급별인원수〉 크로스탭 쿼리

정답

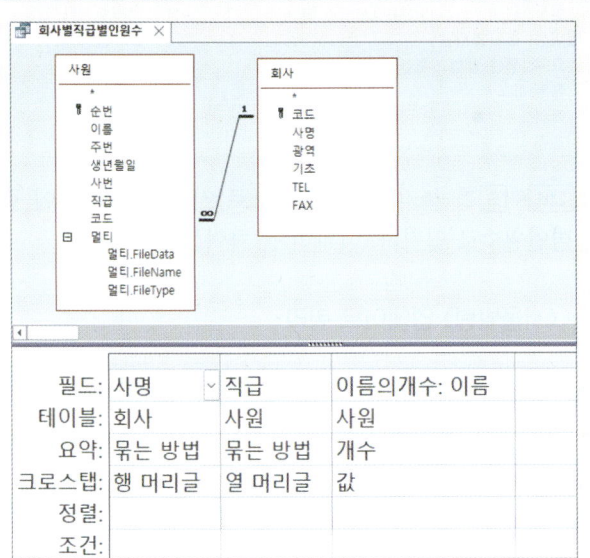

① [만들기]–[쿼리] 그룹의 [쿼리 디자인](	)을 클릭한다.
② [테이블 추가]에서 〈회사〉, 〈사원〉을 추가하고 [닫기]를 클릭한다.
③ 바로 가기 메뉴에서 [쿼리 유형]–[크로스탭 쿼리]를 클릭한다.

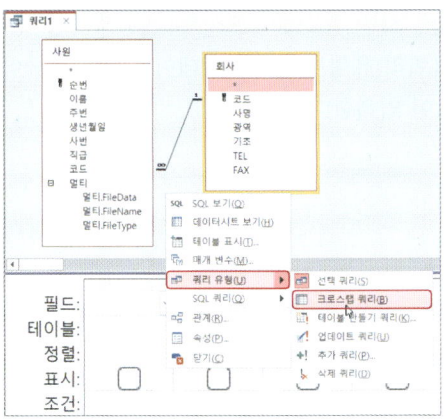

> **기적의 TIP**
>
> 리본 메뉴의 [쿼리 디자인]–[쿼리 유형] 탭의 [크로스탭 쿼리] 클릭도 같은 메뉴입니다.

④ 필요한 필드를 디자인 눈금에 추가하고 크로스탭 쿼리를 구성하는 요소인 행 머리글, 열 머리글, 값을 지정한다.

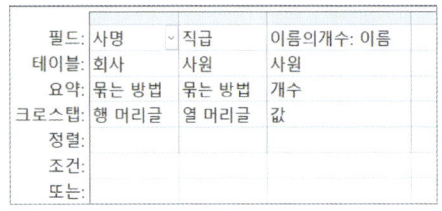

⑤ 쿼리 디자인 보기 창을 닫고 변경한 내용을 **회사별직급별인원수**로 저장한다.

3 〈근무구분〉 쿼리

정답

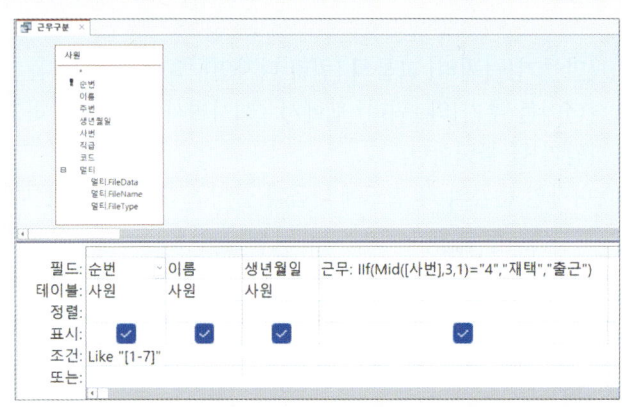

① [만들기]–[쿼리] 그룹에서 [쿼리 디자인](	)을 클릭한다.
② 〈사원〉 테이블을 추가를 누른 후 [닫기]를 클릭한다.
③ 디자인 눈금의 각 필드에 다음과 같이 드래그해서 배치하고 조건을 입력한다.

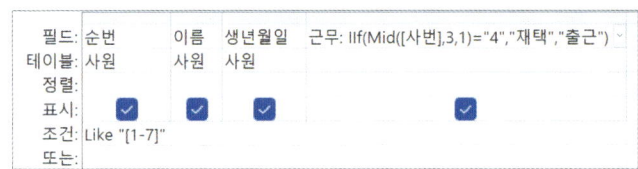

근무: IIf(Mid([사번],3,1)="4","재택","출근")
Mid([사번],3,1) : [사번] 필드의 세 번째 한 글자를 추출
IIf(①="4","재택","출근") : ①의 값이 '4'가 같다면 '재택', 그 외는 '출근'으로 표시

④ [저장](	)을 클릭한 후 **근무구분**을 입력하고 [확인]을 클릭한다.

4 〈광역별인원수〉 쿼리

정답

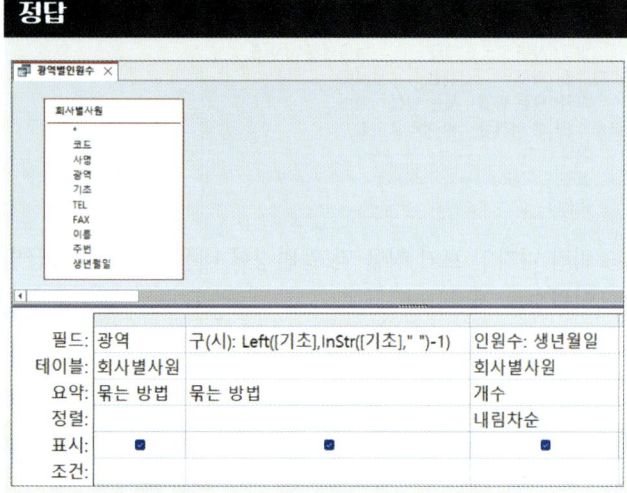

① [만들기]-[쿼리] 그룹의 [쿼리 디자인](圖)을 클릭한다.
② [테이블 추가]의 [쿼리] 탭에서 〈회사별사원〉을 추가하고 [닫기]를 클릭한다.
③ 디자인 눈금의 각 필드에 다음과 같이 드래그해서 놓는다.

필드:	광역	기초	생년월일
테이블:	회사별사원	회사별사원	회사별사원
정렬:			
표시:	☑	☑	☑
조건:			
또는:			

④ 생년월일 필드를 '내림차순'을 선택하고, [쿼리 도구]-[디자인]-[표시/숨기기] 그룹에서 [요약](∑)을 클릭한 후 '개수'를 선택한다.

필드:	광역	기초	생년월일
테이블:	회사별사원	회사별사원	회사별사원
요약:	묶는 방법	묶는 방법	개수
정렬:			내림차순
표시:	☑	☑	☑
조건:			

⑤ **인원수:**를 입력하여 별명(Alias)으로 수정한다.

필드:	광역	기초	인원수: 생년월일
테이블:	회사별사원	회사별사원	회사별사원
요약:	묶는 방법	묶는 방법	개수
정렬:			내림차순
표시:	☑	☑	☑
조건:			

⑥ [기초] 필드는 **구(시): Left([기초],InStr([기초]," ")-1)**로 수정한다.

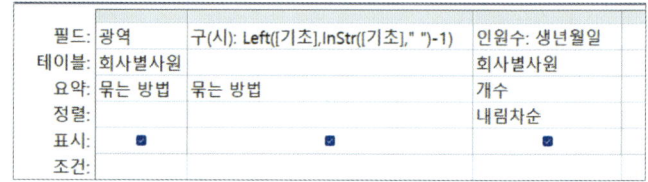

⑦ Ctrl + S 를 눌러 [다른 이름으로 저장] 대화상자에 **광역별인원수**로 입력하고 [확인]을 클릭한다.

5 〈서울발령〉 업데이트 쿼리

정답

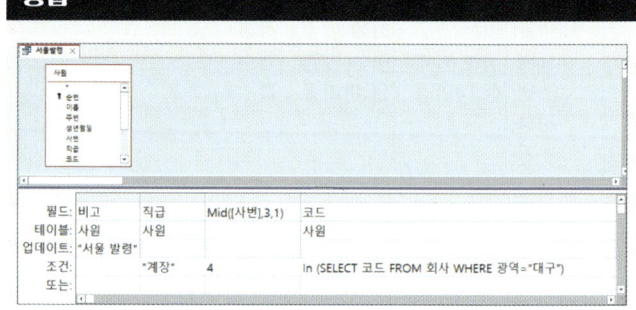

① [만들기]-[쿼리] 그룹의 [쿼리 디자인](圖)을 클릭한다.
② [테이블 추가]의 [테이블] 탭에서 〈사원〉 테이블을 추가한 후 '비고'와 '직급', '사번', '코드' 필드를 Under 추가한다.
③ [쿼리 디자인]-[쿼리 유형] 그룹의 [업데이트](圖)를 클릭한 후 다음과 같이 입력한다.

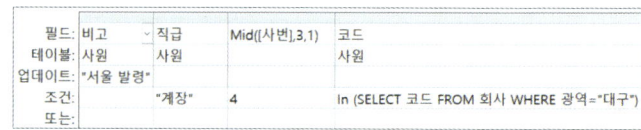

④ [저장](圖)을 클릭한 후 쿼리의 이름을 **서울발령**으로 입력하고 [확인]을 클릭한다.
⑤ [쿼리 디자인]-[결과] 그룹의 [실행](!)을 클릭하여 다음의 메시지가 표시되면 [예]를 클릭한다.

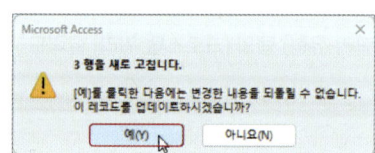

데이터베이스 실전 모의고사 09회

작업파일 : '26컴활1급(기출)₩데이터베이스₩실전모의고사'에서 '실전모의고사9회' 파일을 열어 작업하세요.

문제1 DB 구축(25점)

1 사원 관리를 위하여 데이터베이스를 구축하고자 한다. 다음의 지시사항에 따라 테이블을 완성하시오. (각 3점)

※ 〈사원〉 테이블을 사용하시오.
① 'ID' 필드를 기본 키로 설정하시오.
② '성명' 필드에는 값이 반드시 입력되도록 설정하시오.
③ '전화번호' 필드에는 빈 문자열을 허용하도록 설정하시오.
④ '결근' 필드는 새 레코드가 추가될 때 기본적으로 '0'이 입력되도록 설정하시오.
⑤ 사원들의 사진 관리를 위한 '사진' 필드를 추가하시오.
▶ 테이블에 사진을 저장할 수 있도록 데이터 형식을 설정하시오.

2 〈사원〉 테이블의 '소속' 필드에 대해서 다음과 같이 조회 속성을 설정하시오. (5점)

▶ 〈회사〉 테이블의 '회사명'이 콤보 상자 형태로 나타나도록 설정하시오.
▶ 목록 이외의 값은 입력할 수 없도록 설정하시오.

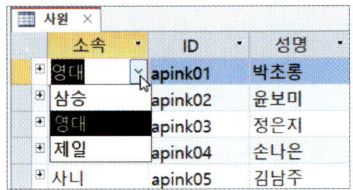

3 〈관리〉 테이블의 'ID'는 〈사원〉 테이블의 'ID'를 참조하며 두 테이블간의 관계는 1:1이다. 두 테이블에 대해 다음과 같이 관계를 설정하시오. (5점)

▶ 두 테이블 간에 항상 참조 무결성을 유지하도록 설정하시오.
▶ 〈사원〉 테이블의 'ID' 필드가 변경되면 이를 참조하는 〈관리〉 테이블의 'ID' 필드가 따라서 변경되도록 설정하시오.
▶ 〈사원〉 테이블의 'ID' 필드가 삭제되면 〈관리〉 테이블의 'ID' 필드도 삭제되도록 설정하시오.

문제2 입력 및 수정 기능 구현(20점)

1 〈관리〉 폼을 다음의 〈화면〉과 지시 사항에 따라 완성하시오. (각 3점)

① 〈화면〉과 같은 형태로 표시되도록 기본 보기 속성을 설정하시오.
② 〈화면〉과 같은 형태로 표시되도록 탐색 단추와 레코드 선택기를 설정하시오.
③ 폼 바닥글의 'txt_연봉평균' 컨트롤에 연봉의 평균값이 표시되도록 설정하시오.

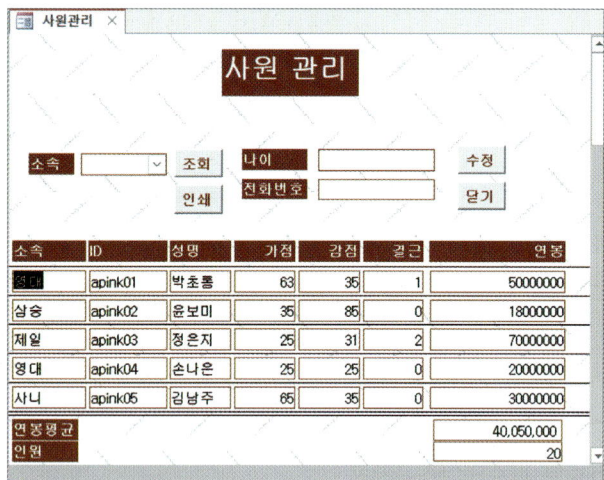

2 〈관리〉 폼의 수정(cmd_수정) 버튼을 클릭하면 다음과 같이 동작하도록 이벤트 프로시저를 작성하시오. (6점)

▶ 'txt_나이'와 'txt_전화번호' 컨트롤에 입력된 값이 〈사원〉 테이블의 '나이'와 '전화번호' 필드에 저장되도록 할 것
▶ Docmd 개체의 RunSQL 메서드를 사용하시오.

3 〈관리〉 폼의 닫기 버튼(cmd_닫기)을 클릭하면 다음과 같이 동작하도록 이벤트 프로시저를 작성하시오. (5점)

▶ 다음과 같은 메시지 박스를 표시하고 저장여부 안 묻고 자동으로 저장하는 이벤트 프로시저를 구현하시오.
▶ IF와 Docmd 사용

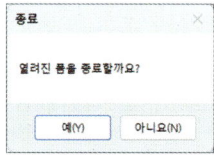

문제3 조회 및 출력 기능 구현(20점)

1 다음의 지시사항 및 화면을 참조하여 〈소속별사원〉 보고서를 완성하시오. (각 3점)

① '소속', 'ID', '성명', '결근' 필드 순으로 오름차순 정렬하시오.
② 본문 구역의 'txt_평가' 컨트롤에는 '가점'이 '감점'보다 높으면 "우수", 같으면 "보통", 적으면 "미달"을 표시하시오.
③ 소속 바닥글 구역의 'txt_가점평균', 'txt_감점평균', 'txt_연봉평균' 컨트롤에 가점, 감점, 연봉의 평균을 표시하시오.
④ 페이지 바닥글 구역의 'txt_날짜' 컨트롤에 현재 날짜와 요일을 표시하시오.
   ▶ 시스템의 현재 날짜가 2025년 8월 1일이면 '2025년 8월 1일 수요일'과 같이 표시할 것
⑤ 패이지 바닥글 구역의 'txt_페이지' 컨트롤에 다음과 같이 페이지를 표시하시오.
   ▶ 전체 5페이지 중 현재 페이지가 2페이지인 경우 : 2 / 5

2 〈관리〉 폼의 인쇄(cmd_인쇄) 버튼을 클릭하면 다음과 같이 동작하도록 이벤트 프로시저를 작성하시오. (5점)

▶ 〈소속별사원〉 보고서를 '인쇄 미리 보기'로 열 것
▶ 'cmd_소속' 컨트롤에서 선택한 것과 동일한 레코드를 표시할 것

문제4 처리 기능 구현(35점)

1 결근 횟수가 3번 이상인 소속사별 가점과 감점의 합계를 미리보기 그림처럼 표시하는 〈회사별실적〉 쿼리를 작성하시오. (7점)

▶ 〈관리〉, 〈사원〉 테이블을 이용할 것

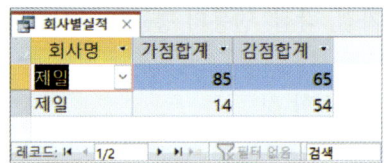

2 〈사원〉 테이블의 레코드 중 〈관리〉 테이블에 없는 레코드를 검색하는 쿼리를 작성하시오. (7점)

▶ 〈관리〉 테이블에 존재하지 않는 'ID' 레코드를 검색할 것
▶ Not In과 하위 쿼리 사용
▶ 쿼리의 이름은 〈먹튀명단〉으로 할 것

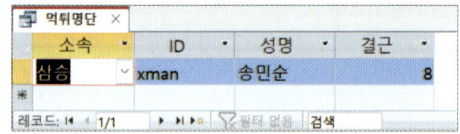

3 〈사원〉 테이블의 '성명', '나이' 필드를 이용하여 매개변수 쿼리를 작성하시오. (7점)

▶ '나이' 필드는 첫 번째 매개변수 값 이상이고, 두 번째 매개변수 값 이하에 해당한 값을 검색하여 오름차순 정렬하여 표시하시오.
▶ 쿼리의 이름은 〈연령대검색〉으로 할 것

 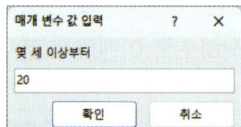 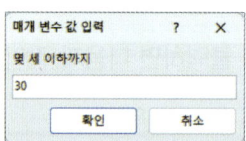

4. 〈사원〉 테이블을 이용하여 검색할 소속의 일부를 매개변수로 입력받아 해당 소속의 정보를 조회하는 〈소속조회〉 매개변수 쿼리를 작성하시오. (7점)

▶ '성명' 필드를 기준으로 내림차순 정렬하여 표시하시오.
▶ 쿼리 결과 표시되는 필드와 필드명, 필드의 형식은 〈그림〉과 같이 표시되도록 설정하시오.

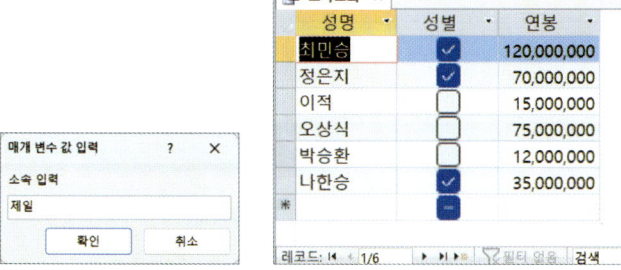

5. 다음과 같이 소속사별, 연령대별 인원수를 구하는 〈연령대별인원수〉 크로스탭 쿼리를 작성하시오. (7점)

▶ 〈사원〉 테이블을 이용할 것
▶ iif 함수 사용
▶ 쿼리 결과 표시되는 필드와 필드명, 필드의 형식은 〈그림〉과 같이 표시되도록 설정하시오.

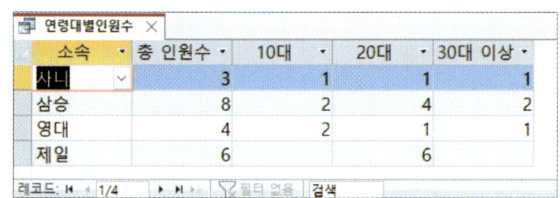

정답 & 해설 — 데이터베이스 실전 모의고사 09회

문제1 DB 구축

1 〈사원〉 테이블

정답

번호	테이블	필드 이름	속성 및 형식	설정 값
①	사원	ID	기본 키	(필드 이름: 소속-짧은 텍스트, ID-짧은 텍스트, 성명-짧은 텍스트)
②	사원	성명	필수	예
③	사원	전화번호	빈 문자열 허용	예
④	사원	결근	기본값	0
⑤	사원	사진	데이터 형식 – OLE 개체	※추가 필드

> **기적의 TIP**
> 원활한 작업을 위해서 [보안 경고] 메시지 표시줄의 [콘텐츠 사용] 버튼을 클릭합니다.

① 〈사원〉 테이블에서 마우스 오른쪽 버튼을 눌러 [디자인 보기](N)를 클릭한다.

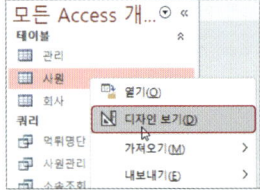

② 'ID' 필드에서 마우스 오른쪽 버튼을 눌러 [기본 키](🔑)를 클릭한다.

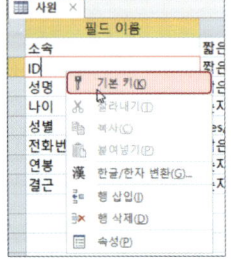

③ '성명' 필드를 선택하고 아래쪽 필드 속성 중 '필수' 속성을 '예'로 지정한다.

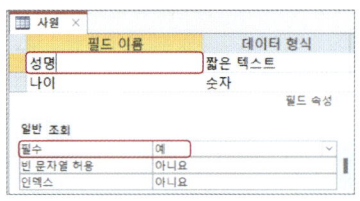

④ '전화번호' 필드를 선택하고 '빈 문자열 허용' 속성을 '예'로 지정한다.

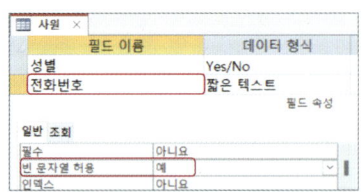

⑤ '결근' 필드를 선택하고 '기본값' 속성에 0을 입력한다.

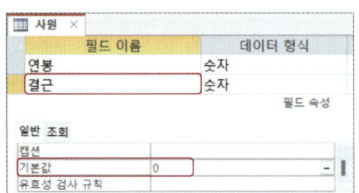

⑥ '결근' 필드 아래 행에 필드 이름으로 **사진**을 입력하고 데이터 형식에 'OLE 개체'를 설정한다.

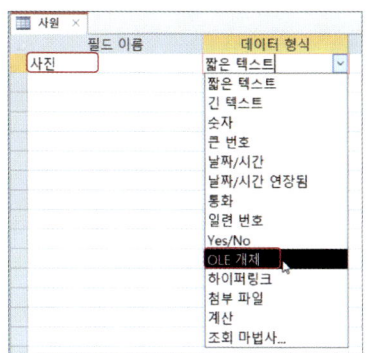

⑦ 빠른 실행 도구 모음의 [저장](🖫)을 클릭하거나, Ctrl + S, 혹은 디자인 창을 닫으면 경고 창이 뜨는데 [예]를 클릭하여 작업한 내용을 저장한다.

2 〈사원〉 테이블의 '소속' 필드에 조회 속성

정답

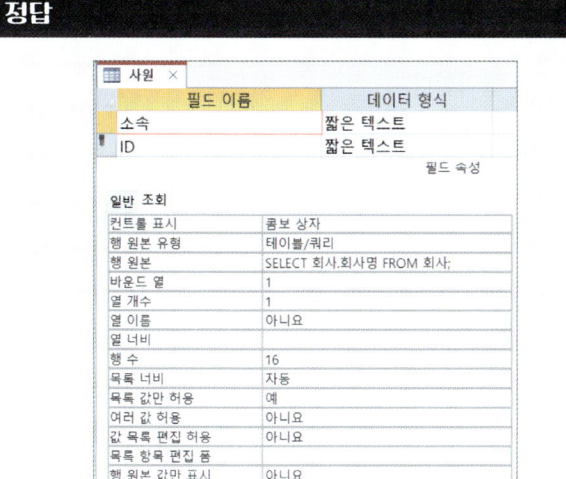

① 〈사원〉 테이블을 [디자인 보기](📐)로 열어 '소속' 필드를 선택하고 [조회] 탭을 클릭한 후 '컨트롤 표시' 속성을 '콤보 상자'로 변경한다.

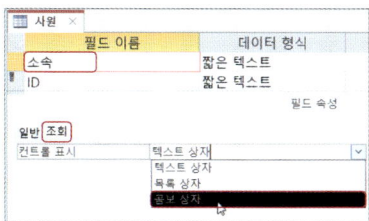

② [조회] 탭 '행 원본' 속성의 [작성기](…) 단추를 클릭한다.

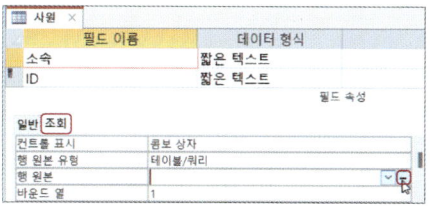

③ [테이블 추가]에서 〈회사〉 테이블을 선택하고 [추가] 단추를 클릭한 후 [닫기] 단추를 클릭한다.

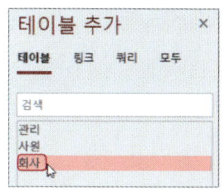

④ 쿼리 작성기창의 디자인 눈금에 '회사명' 필드가 추가되도록 '회사명'을 더블클릭한다.

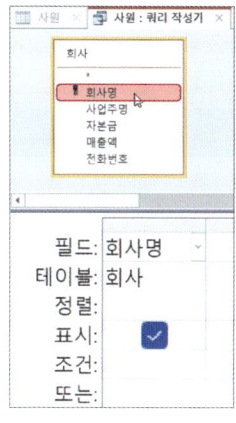

> 🎯 **기적의 TIP**
>
> '회사명'을 마우스로 드래그하여 디자인 눈금에 놓아도 됩니다.

⑤ [쿼리 디자인]-[닫기] 그룹에서 [닫기](❌)를 클릭한다.

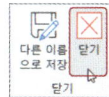

⑥ 쿼리 작성기창에서 작업한 내용을 저장한다. 이는 [조회] 탭의 '행 원본' 속성에 업데이트 할 것인지 묻는 경고창인데, [예]를 클릭하면 된다.

⑦ [조회] 탭 '목록 값만 허용' 속성을 '예'로 설정한다.

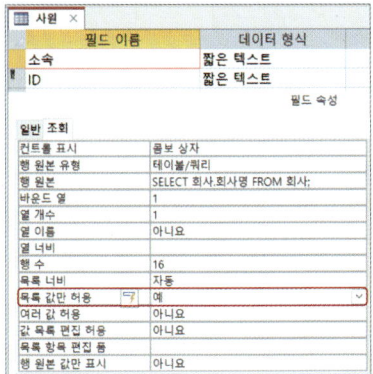

⑧ 디자인 창을 닫고 지금까지 작업한 내용을 [예]를 클릭하여 저장한다.

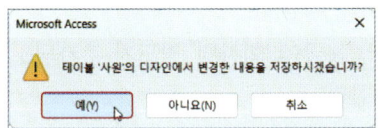

3 〈관리〉 ↔ 〈사원〉 테이블 관계

정답

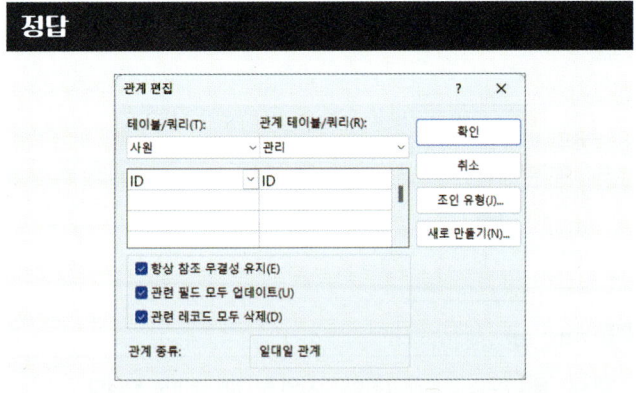

① [데이터베이스 도구]-[관계] 그룹의 [관계](🗔)를 클릭한다.

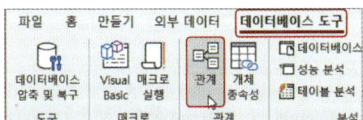

② [관계 디자인]-[관계] 그룹의 [테이블 추가](🗔)를 클릭한다.

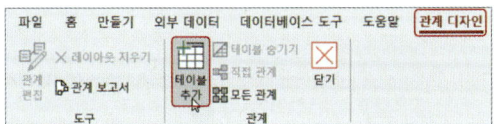

③ [테이블 표시] 대화상자에서 〈관리〉, 〈사원〉 테이블을 선택하고 [추가] 단추를 클릭한 후, [닫기] 단추를 클릭한다.

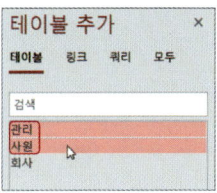

④ 〈사원〉 테이블의 'ID' 필드를 끌어서 〈관리〉 테이블의 'ID' 필드에 놓는다.

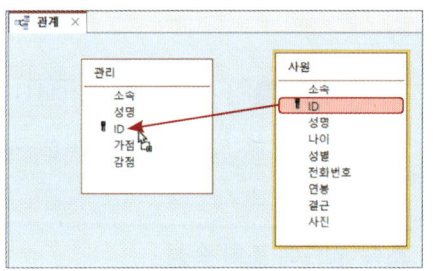

⑤ 문제 지시사항대로 '항상 참조 무결성 유지', '관련 필드 모두 업데이트', '관련 레코드 모두 삭제'에 체크하고 [만들기]를 클릭한다.

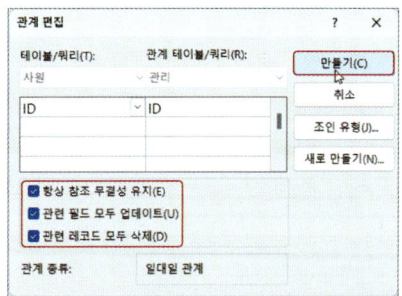

⑥ [관계 디자인]-[관계] 그룹의 [닫기](🗙)를 클릭한다.

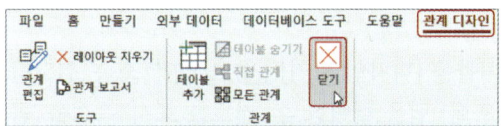

⑦ 작업한 내용은 [예]를 클릭하여 저장한다.

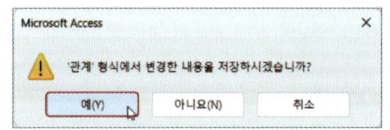

문제2 입력 및 수정 기능 구현

1 〈관리〉 폼

정답

번호	필드 이름	기본 키, 필드 속성	설정 값
①	폼	기본 보기	연속 폼
②	폼	탐색 단추	아니요
		레코드 선택기	
③	txt_연봉평균	컨트롤 원본	=Avg([연봉])

① 〈관리〉 폼에서 마우스 오른쪽 버튼을 눌러 [디자인 보기](🖊)를 클릭한다.

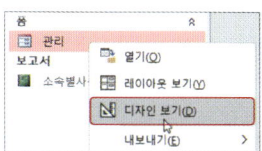

② 속성 시트의 [형식] 탭 '기본 보기' 속성을 '연속 폼'으로 지정한다.

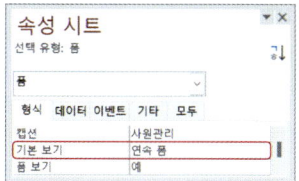

③ '레코드 선택기', '탐색 단추' 속성을 '아니요'로 지정한다.

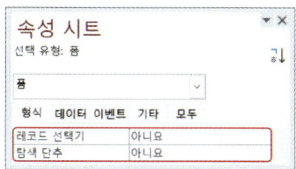

④ 'txt_연봉평균' 텍스트 상자 개체를 선택하고 '컨트롤 원본' 속성에 =Avg([연봉])을 입력한다.

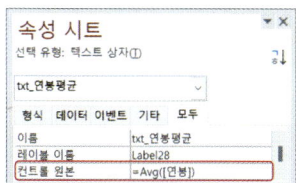

⑤ 디자인 창을 닫고 변경한 내용은 [예]를 클릭하여 저장한다.

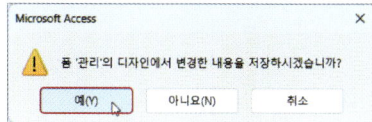

2 〈관리〉 폼의 수정(cmd_수정) 버튼에 클릭 이벤트 프로시저 작성

① 〈관리〉 폼을 [디자인 보기](🖊)로 열고 속성 시트에서 'cmd_수정' 명령 단추 개체를 선택한 후 [이벤트] 탭의 'On Click' 속성에서 [이벤트 프로시저]를 선택하고 [작성기](…)를 클릭한다.

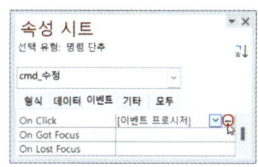

② Microsoft Visual Basic for Applications 창의 '코드 창'에 다음과 같이 코딩한다.

```
Private Sub cmd_수정_Click()
    DoCmd.RunSQL "update 사원 set 전화번호 = txt_전화번호, 나이 = txt_나이 where ID = txt_ID"
End Sub
```

🚩 기적의 TIP

- DoCmd개체의 RunSQL 메서드를 이용하면 실행 쿼리(추가, 삭제, 업데이트 등)를 직접 실행 시킬 수 있습니다. 형식은 DoCmd.RunSQL "실행 쿼리문"입니다.
- UPDATE 쿼리 문을 작성할 때는 Where 조건 절을 꼭 따져보도록 합니다.
- 'txt_ID' 컨트롤과 'ID' 필드의 내용이 동일한 조건일 때만 'txt_나이' 컨트롤의 내용을 '나이' 필드에, 'txt_전화번호' 컨트롤의 내용을 '전화번호' 필드에 저장하여 〈사원〉 테이블을 업데이트합니다.

③ Alt + Q 를 눌러 에디터 창은 닫고 액세스로 돌아온 후 디자인 창을 닫고 변경한 내용은 [예]를 클릭하여 저장한다.

3 〈관리〉 폼의 닫기(cmd_닫기) 버튼에 클릭 이벤트 프로시저

① 〈관리〉 폼을 [디자인 보기](🔲)로 열고 속성 시트에서 'cmd_닫기' 명령 단추 개체를 선택한 후 [이벤트] 탭의 'On Click' 속성에서 [이벤트 프로시저]를 선택하고 [작성기](…)를 클릭한다.

② Microsoft Visual Basic for Applications 창의 '코드 창'에 다음과 같이 코딩한다.

```
Private Sub cmd_닫기_Click()
a = MsgBox("열려진 폼을 종료할까요?", vbYesNo, "종료")
If a = vbYes Then
    DoCmd.Close , , acSaveYes
End If
End Sub
```

> 🏁 **기적의 TIP**
>
> DoCmd 개체의 Close 메서드를 이용하면 지정한 창을 닫거나, 아무 것도 지정하지 않았을 경우에는 현재 창을 닫을 수 있습니다. 개체의 형식이 Form이며, 개체의 이름이 '관리'인 창을 닫습니다. 개체의 형식이나 이름을 지정하지 않아도 상관없습니다.

③ Alt + Q 를 눌러 에디터 창은 닫고 액세스로 돌아온 후 디자인 창을 닫고 변경한 내용은 [예]를 클릭하여 저장한다.

문제3 조회 및 출력 기능 구현

1 〈소속별사원〉 보고서

정답

번호	개체	속성	설정 값
①	그룹화 및 정렬		그룹, 정렬 및 요약 그룹화 기준 소속 └ 정렬 기준 ID └ 정렬 기준 성명 └ 정렬 기준 결근 ▼ 오름차순 ▼ , 자세히 ▶
②	txt_평가	컨트롤 원본	=IIf([가점]>[감점],"우수",IIf([가점]=[감점],"보통","미달"))
③	txt_가점평균	컨트롤 원본	=Avg([가점])
	txt_감점평균		=Avg([감점])
	txt_연봉평균		=Avg([연봉])
④	txt_날짜	컨트롤 원본	=Date()
		형식	자세한 날짜
⑤	txt_페이지	컨트롤 원본	=[Page] & " / " & [Pages]

① 〈소속별사원〉 보고서에서 마우스 오른쪽 버튼을 눌러 [디자인 보기](📐)를 클릭한다.

② [그룹, 정렬 및 요약]에서 [정렬 추가]를 클릭한다. '소속' 필드는 이미 오름차순 정렬되어 있음을 알 수 있다.

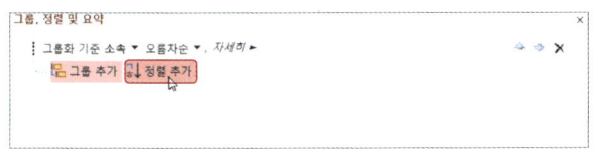

③ 'ID' 필드를 선택한다. '오름차순'이 기본 값이므로 따로 손 댈 필요는 없다.

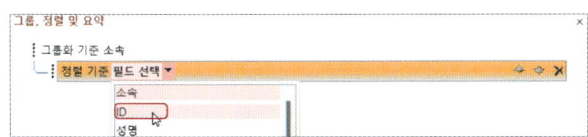

④ 계속해서 동일한 방법으로 [정렬 추가]를 클릭하여 '성명', '결근' 필드도 '오름차순'으로 정렬한다.

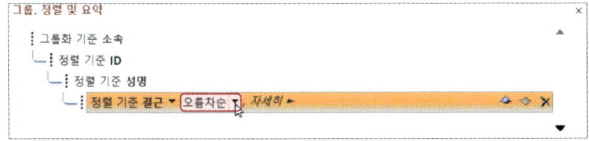

⑤ 속성 시트에서 'txt_평가' 텍스트 상자 컨트롤을 선택하고 '컨트롤 원본' 속성에 =IIf([가점]>[감점],"우수",IIf([가점]=[감점],"보통","미달"))을 입력한다.

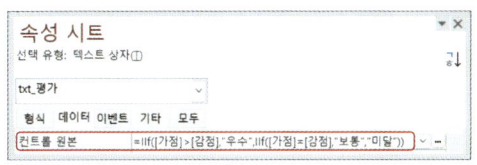

기적의 TIP

엑셀에서 사용했던 IF함수와 쓰임새가 동일합니다. 형식은 '=IIf(조건, 조건이 참일 때 반환할 값, 조건이 거짓일 때 반환할 값)'이며, 중첩하여 사용할 수 있습니다.

⑥ 속성 시트에서 'txt_가점평균', 'txt_감점평균', 'txt_연봉평균' 텍스트 상자 컨트롤을 선택하고 '컨트롤 원본' 속성에 각 각 =Avg([가점]), =Avg([감점]), =Avg([연봉])을 입력한다.

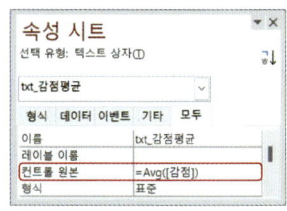

⑦ 속성 시트의 'txt_날짜' 텍스트 상자 컨트롤에 '컨트롤 원본' 속성으로 =Date()를 입력하고, 형식 속성은 '자세한 날짜'를 지정한다.

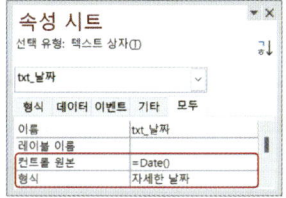

> **기적의 TIP**
>
> Now 함수는 현재 시스템의 날짜와 시간을, Date 함수는 현재 시스템의 날짜를 반환합니다.

⑧ 속성 시트에서 'txt_페이지' 텍스트 상자 컨트롤을 선택하고 '컨트롤 원본' 속성에 =[Page] & " / " & [Pages]를 입력한다.

⑨ 디자인 창을 닫고 변경한 내용은 [예]를 클릭하여 저장한다.

2 〈관리〉 폼의 인쇄(cmd_인쇄) 버튼에 클릭 이벤트 프로시저

① 〈관리〉 폼을 [디자인 보기](📄)로 열고 속성 시트에서 'cmd_인쇄' 명령 단추 개체를 선택한 후 [이벤트] 탭의 'On Click' 속성에서 [이벤트 프로시저]를 선택하고 [작성기](…)를 클릭한다.

② Microsoft Visual Basic for Applications 창의 '코드 창'에 다음과 같이 코딩한다.

```
Private Sub cmd_인쇄_Click()
    DoCmd.OpenReport "소속별사원", acViewPreview, , "소속 = '" & cmd_소속 & "'"
End Sub
```

> **기적의 TIP**
>
> DoCmd 개체의 OpenReport 메서드를 이용하면 지정한 보고서를 디자인 보기나 인쇄 미리 보기 모드로 열 수 있고, 조건에 해당하는 레코드만으로 보고서를 제한할 수 있습니다. 즉 '소속별사원' 보고서를 '인쇄 미리 보기(acViewPreview)' 모드로 열 되, 'cmd_소속' 컨트롤에서 선택한 것과 동일한 레코드만으로 보고서를 열도록 제한을 두었습니다.

③ Alt + Q 를 눌러 에디터 창은 닫고 액세스로 돌아온 후 디자인 창을 닫고 변경한 내용은 [예]를 클릭하여 저장한다.

문제4 처리 기능 구현

1 〈회사별실적〉 쿼리

정답

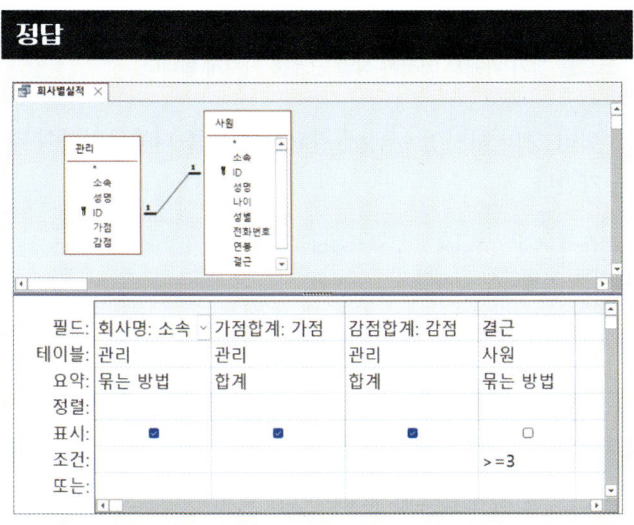

① [만들기]-[쿼리] 그룹의 [쿼리 디자인](🔲)을 클릭한다.
② [테이블 추가]에서 〈관리〉, 〈사원〉 테이블을 더블클릭하여 추가한 후 [닫기] 버튼을 클릭한다.

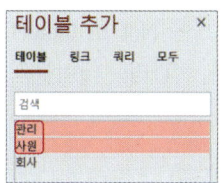

③ 문제에 주어진 미리보기 그림을 참조하여 필요한 필드를 더블 클릭하여 디자인 눈금에 추가한다.

필드:	소속	가점	감점	결근
테이블:	관리	관리	관리	사원
정렬:				
표시:	✓	✓	✓	✓
조건:				
또는:				

④ 문제에 주어진 미리보기 그림을 참조하여 별명(Alias)을 선언한다. 필드명 앞에 별명과 :(콜론)을 입력하면 된다.

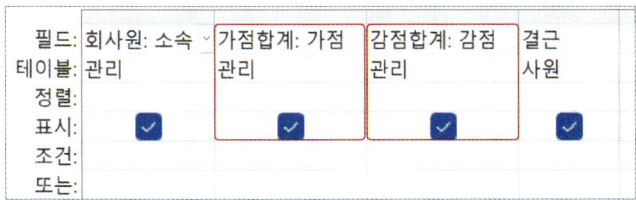

⑤ [쿼리 디자인]-[표시/숨기기] 그룹에서 [요약](Σ)을 클릭한다. 요약의 역할은 소속사별(그룹별)로 묶어서 합계를 보여주기 위함이다.

⑥ '가점'과 '감점'의 묶는 방법을 '합계'로 변경한다.

필드:	회사원: 소속	가점합계: 가점	감점합계: 감점	결근
테이블:	관리	관리	관리	사원
요약:	묶는 방법	합계	합계	묶는 방법
정렬:				
표시:	✓	✓	✓	✓
조건:				
또는:				

⑦ 문제에서 지시한 결근 횟수가 3번 이상인 조건을 만족시키기 위해 '결근' 필드의 '조건'에 >=3을 입력하고, '표시'의 체크를 해제한다.

필드:	회사원: 소속	가점합계: 가점	감점합계: 감점	결근
테이블:	관리	관리	관리	사원
요약:	묶는 방법	합계	합계	묶는 방법
정렬:				
표시:	✓	✓	✓	☐
조건:				>=3
또는:				

기적의 TIP

문제지에 주어진 미리 보기 그림을 참조하여 표시 할 필드와 표시하지 않을 필드를 선별하면 됩니다.

⑧ 디자인 창을 닫고 [예]를 클릭하여 변경한 내용을 저장한다.
⑨ 쿼리 이름에 **회사별실적**을 입력하고 [확인]을 클릭하여 다른 이름으로 저장한다.

2 〈먹튀명단〉 쿼리

정답

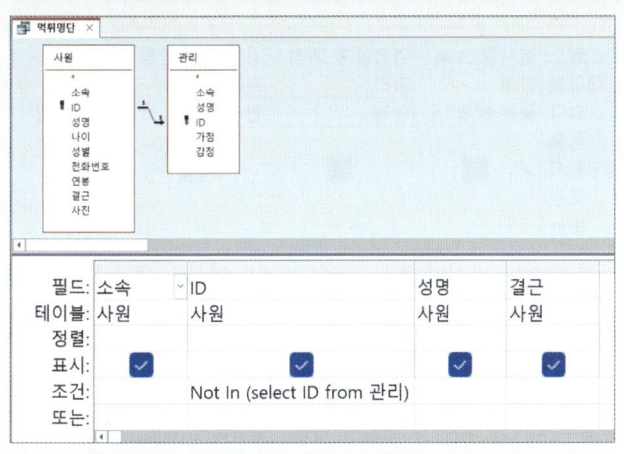

① [만들기]-[쿼리] 그룹에서 [쿼리 디자인](🔲)을 클릭한다.
② [테이블 추가]에서 〈사원〉, 〈관리〉 테이블을 더블클릭하여 추가한 후 [닫기]를 클릭한다.

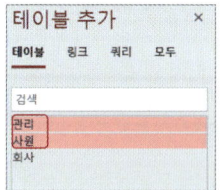

③ 'ID' 필드끼리 연결된 조인 선을 더블클릭하거나 바로 가기 메뉴에서 '조인 속성'을 클릭한다.

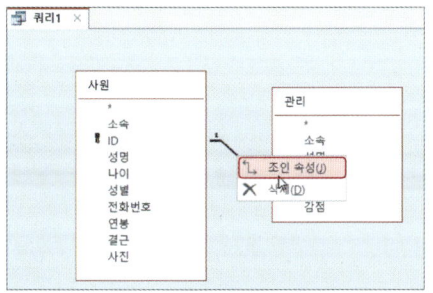

④ 2번 항목을 선택하고 [확인]을 클릭한다.

> **기적의 TIP**
> 2번 항목은 LEFT JOIN 연산을 수행하며 왼쪽 우선 외부 조인이라고 합니다. 문제에서 지시한 사항대로 정보를 한정하기 위해서 필요한 조치입니다. 즉 〈사원〉 테이블에만 있고 〈관리〉 테이블에는 없는 레코드를 찾기 위해서 이러한 작업 단계를 거치게 됩니다.

⑤ 쿼리 창의 디자인 눈금에 필요한 필드를 더블클릭하여 추가한다.

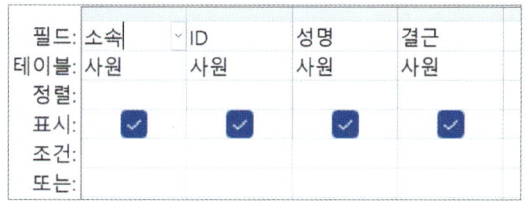

> **기적의 TIP**
> - 조건으로 하위 쿼리(Not In (select ID from 관리))를 이용하여 작성할 경우에는 조인 속성 수정 없이 〈사원〉 테이블만 가져와서 작성할 수 있습니다.
> - Is Null를 이용할 경우에는 〈사원〉, 〈관리〉 테이블과 조인 속성을 설정하여야 합니다.

⑥ 디자인 눈금의 〈사원〉 테이블 'ID' 필드에 Not In (select ID from 관리)를 조건으로 입력한다. 〈관리〉 테이블의 'ID' 필드는 제외시킨다는 의미이다.

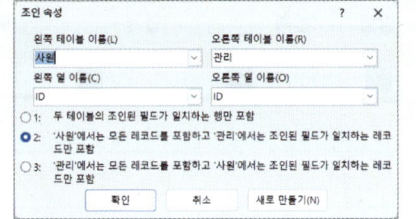

⑦ 디자인 창을 닫고 변경한 내용은 **먹튀명단**으로 저장한다.

> **기적의 TIP**
> Is Null를 이용하여 다음과 같이 작성하여도 결과는 동일합니다.

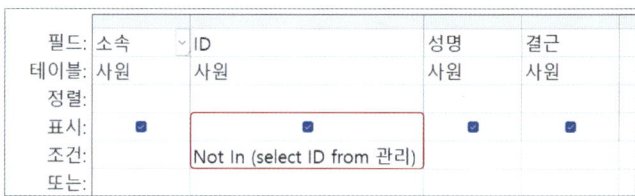

3 〈연령대검색〉 매개변수 쿼리

정답

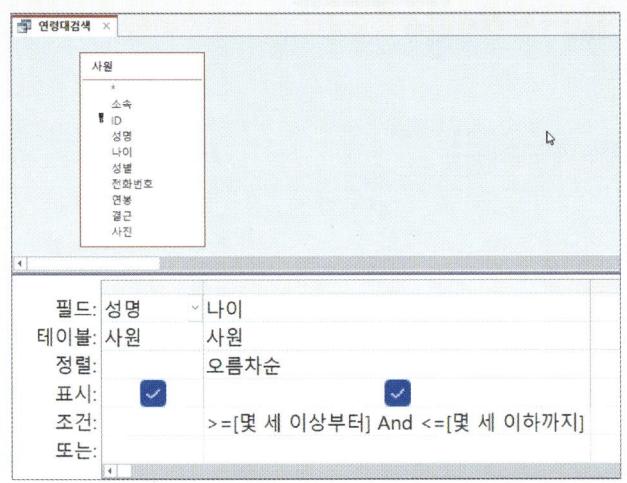

① [만들기]-[쿼리] 그룹에서 [쿼리 디자인](🔲)을 클릭한다.
② 〈사원〉 테이블을 더블클릭하여 추가한 후 [닫기]를 클릭한다.
③ 디자인 눈금의 각 필드에 다음과 같이 드래그해서 배치한 후 '나이' 필드에 조건을 입력하고 '오름차순' 정렬을 선택한다.

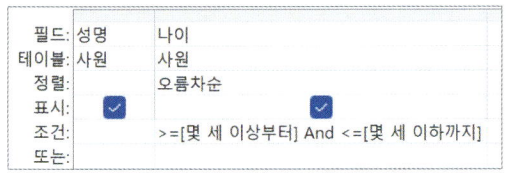

④ [저장](🔲)을 클릭한 후 **연령대검색**을 입력하고 [확인]을 클릭한다.

4 〈소속조회〉 쿼리

정답

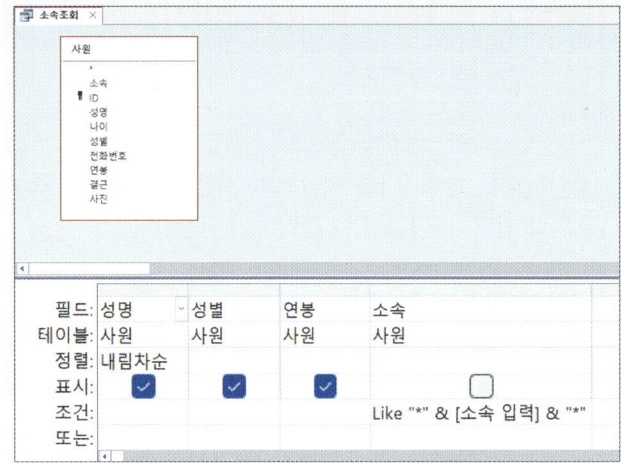

① [만들기]-[쿼리] 그룹의 [쿼리 디자인](🔲)을 클릭한다.
② [테이블 추가]의 [테이블] 탭에서 〈사원〉을 추가하고 [닫기]를 클릭한다.
③ 디자인 눈금의 각 필드에 다음과 같이 드래그해서 놓는다.

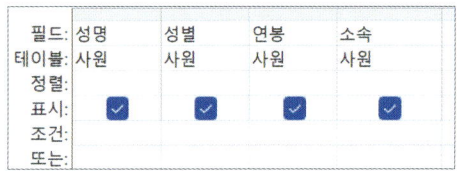

④ 성명은 '내림차순', '소속'은 표시의 체크를 해제하고 조건에 Like "*" & [소속 입력] & "*"을 입력한다.

⑤ 연봉 필드에 '1000 단위 구분 기호'를 표시하기 위해서 연봉 필드에서 마우스 오른쪽 버튼을 눌러 [속성] 메뉴를 클릭한다.

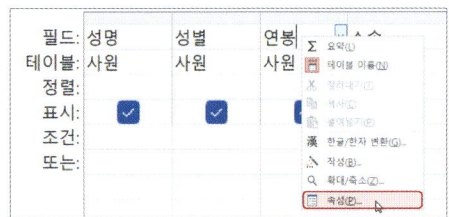

⑥ [속성 시트]에서 형식은 '표준', 소수 자릿수는 0을 입력한다.

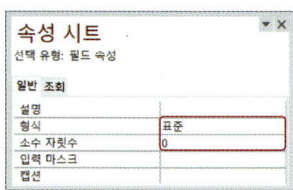

⑦ [Ctrl]+[S]를 눌러 [다른 이름으로 저장] 대화상자에 **소속조회**로 입력하고 [확인]을 클릭하여 저장한다.

5 〈연령대별인원수〉 쿼리

정답

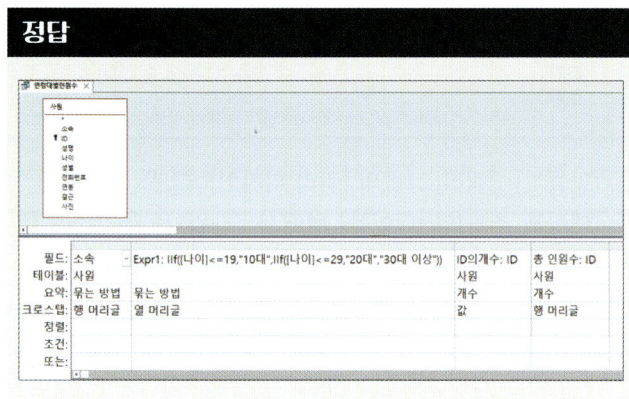

① [만들기]-[쿼리] 그룹의 [쿼리 마법사](📋)를 클릭한다.
② [새 쿼리]에서 '크로스탭 쿼리 마법사'를 선택하고 [확인]을 클릭한다.
③ [크로스탭 쿼리 마법사]에서 '테이블 : 사원'을 선택하고 [다음]을 클릭한다.

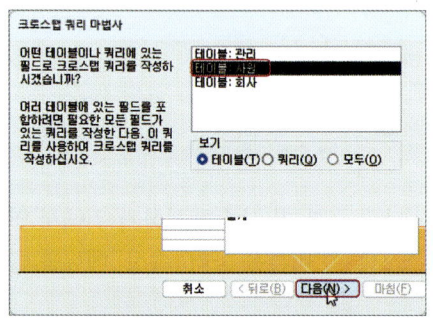

④ 행 머리글로 '소속'을 선택하고 [다음]을 클릭한다.

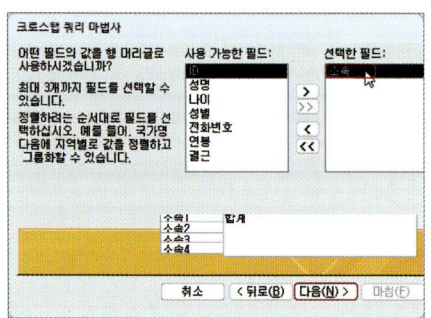

⑤ 열 머리글로 '나이'를 선택하고 [다음]을 클릭한다.

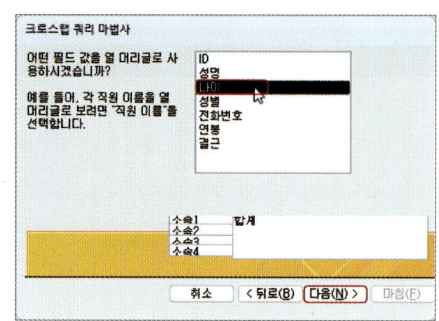

⑥ 값 필드에 'ID'를 선택하고 함수는 '개수'를 선택하고 [다음]을 클릭한다.
⑦ 쿼리 이름에 **연령대별인원수**를 입력하고 [마침]을 클릭한다.

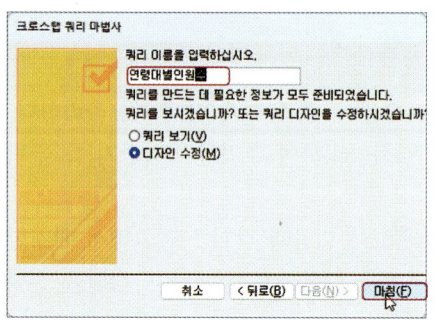

⑧ 열 머리글을 다음과 같이 수정하고, 행 머리글에 '총 인원수'를 입력한다.

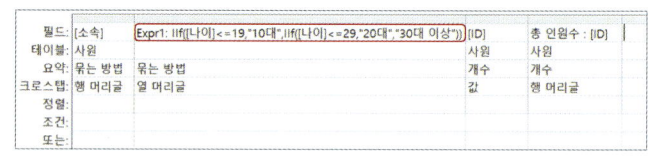

열 머리글 : IIf([나이]<=19,"10대",IIf([나이]<=29,"20대","30대 이상"))

데이터베이스 실전 모의고사 10회

작업파일: '26컴활1급(기출)₩데이터베이스₩실전모의고사'에서 '실전모의고사10회' 파일을 열어 작업하세요.

문제1 DB 구축(25점)

1 매출 관리를 위한 데이터베이스를 구축하였다. 다음 지시사항에 따라 테이블을 완성하시오. (각 3점)

※ 〈매출〉 테이블을 사용하시오.
① '일련번호', '제품번호', '거래처번호' 필드를 기본 키(Primary Key)로 설정하시오.
② '매출코드' 필드는 값이 반드시 입력되도록 설정하시오.
③ '매출코드' 필드는 4글자만 입력되도록 값을 제한하시오.
④ '제품번호', '거래처번호' 필드에는 새로운 레코드를 만들 때 자동으로 '0'이 입력되도록 설정하시오.
⑤ 필드 이름을 다음과 같은 필드 레이블로 나타나도록 설정하시오.
※ '제품번호' 필드는 '매출제품', '거래처번호' 필드는 '매출거래처'로 필드 레이블을 표시할 것

2 〈매출〉 테이블의 '제품번호', '거래처번호' 필드에 대하여 다음과 같이 조회 속성을 설정하시오. (5점)

▶ '제품번호' 필드 : 〈제품〉 테이블의 '제품번호', '제품명' 필드를 콤보 상자의 형태로 나타나도록 설정할 것. 단 '제품번호'는 표시되지 않도록 할 것.

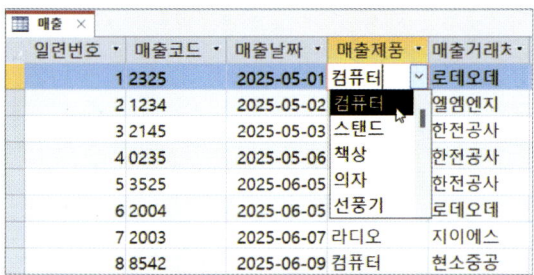

▶ '거래처번호' 필드 : 〈거래처〉 테이블의 '거래처번호', '거래처명' 필드를 콤보 상자의 형태로 나타나도록 설정할 것. 단 '거래처번호'는 표시되지 않도록 할 것.

▶ '제품번호' 필드에는 '제품번호'가, '거래처번호' 필드에는 '거래처번호'가 저장되도록 설정하시오.
▶ 목록 이외의 값은 입력할 수 없도록 설정하시오.

3. 〈매출〉 테이블의 '제품번호' 필드는 〈제품〉 테이블의 '제품번호' 필드를 참조하며, 〈매출〉 테이블의 '거래처번호' 필드는 〈거래처〉 테이블의 '거래처번호' 필드를 참조한다. 각 테이블 간에 M:1의 관계를 설정하시오. (5점)

   ▶ 관계되는 테이블 간에 항상 참조 무결성을 유지하도록 설정하시오.
   ▶ 〈제품〉 테이블의 '제품번호'가 변경되면 이를 참조하는 〈매출〉 테이블의 '제품번호'가 변경되도록 설정하시오.
   ▶ 〈거래처〉 테이블의 '거래처번호'가 변경되면 이를 참조하는 〈매출〉 테이블의 '거래처번호'가 변경되도록 설정하시오.

문제2 입력 및 수정 기능 구현(20점)

1. 〈매출〉 폼을 다음의 지시사항에 따라 완성하시오. (각 3점)

   ① 폼 바닥글 구역의 'txt_판매금액' 컨트롤에 '판매단가'의 합계가 표시되도록 설정하시오.
   ② 폼 바닥글 구역의 'txt_판매대수' 컨트롤에 전체 레코드의 개수가 표시되도록 설정하시오.
   ③ 폼 머리글 구역의 컨트롤에 대해서 다음과 같이 탭 순서를 설정하시오.
      ▶ cmd_제품명, cmd_조회, cmd_인쇄, cmd_수정, cmd_닫기, txt_구입단가, txt_순이익

2. 〈매출〉 폼의 '수정(cmd_수정)' 버튼을 클릭하면 다음과 같은 기능을 수행하도록 이벤트 프로시저를 구현하시오. (6점)

   ▶ 필요한 매개변수를 반드시 지정할 것
   ▶ 〈제품수정〉 폼을 폼 보기 상태로 열 것
   ▶ 기존 레코드를 편집하고 새로운 레코드를 추가할 수 있도록 열 것
   ▶ 액세스의 다른 창과 메뉴, 도구 모음을 사용할 수 없도록 열 것

3. 〈매출〉 폼의 '닫기(cmd_닫기)' 버튼을 클릭하면 다음과 같은 기능을 수행하도록 이벤트 프로시저를 구현하시오. (5점)

   ▶ 현재 열려있는 〈매출〉 폼을 닫고, 변경 사항에 대한 저장 여부를 사용자에게 묻도록 매개변수를 지정할 것

문제3 조회 및 출력 기능 구현(20점)

1 다음의 지시사항을 참조하여 〈제품별 매출 현황〉 보고서를 완성하시오. (각 3점)

① 다음과 같은 필드 순으로 정렬 및 그룹화 하시오.
  ▶ 제품구분, 매출날짜, 제품명, 거래처명 순으로 오름차순 정렬할 것
② 본문 구역의 'txt_순이익' 컨트롤에 '판매단가'에서 '구입단가'를 뺀 나머지 값이 표시되도록 설정하시오.
③ 제품구분 바닥글 구역의 'txt_판매단가총계' 컨트롤에 '판매단가'의 합계를, 'txt_구입단가총계' 컨트롤에 '구입단가'의 합계를 표시하시오.
④ 페이지 바닥글 구역의 'txt_날짜' 컨트롤에 현재 시스템의 날짜와 시간이 표시되도록 설정하시오.
  ▶ 표시 예 : '2025년 3월 5일'이면 '2025년 3월 5일 월요일 AM 6시 8분 5초'와 같이 표시

⑤ 페이지 바닥글 구역의 'txt_페이지' 컨트롤에 전체 페이지에 대한 현재 페이지 정보를 〈화면〉과 같은 형태로 설정하시오.
  ▶ 표시 예 : '현재 페이지 1 / 전체 페이지 2'

2 〈매출〉 폼의 '조회(cmd_조회)' 버튼을 클릭하면 다음과 같은 기능을 수행하도록 이벤트 프로시저를 구현하시오. (5점)

▶ 'cmd_제품명' 컨트롤에서 선택한 값으로 조회되도록 할 것
▶ Docmd 개체의 ApplyFilter 메서드를 이용하여 작성할 것

문제4 처리 기능 구현(35점)

1 〈매출〉, 〈제품〉 테이블을 이용하여 미리보기 그림처럼 결과를 표시하는 〈떨이목록〉 쿼리를 작성하시오. (7점)

▶ 매출건수가 없는 제품명에 대한 '제품구분'별 건수를 표시할 것

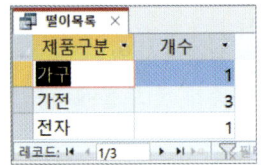

2 〈제품〉 테이블을 이용하여 제품번호가 6 미만에 해당하는 자료를 표시하는 〈제품검색〉 쿼리를 작성하시오. (7점)

▶ Like 연산자를 이용할 것

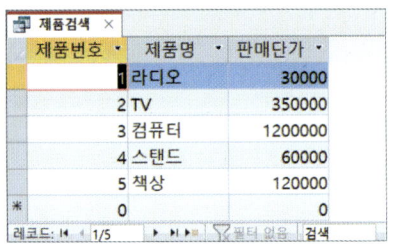

3 〈제품구매기준〉, 〈하반기실적(6월30일포함)〉 쿼리를 미리보기 그림처럼 표시하도록 작성하시오. (7점)

▶ 〈제품구매기준〉 쿼리는 〈제품〉 테이블을 이용하여 작성하고, '제품명'의 일부를 매개변수로 입력받아 결과를 표시하며 '구입단가'가 '650000'원 이상이면 '보류'를, 나머지 경우에 대해서는 '구매'로 표시할 것
▶ iif 함수와 Like 연산자 사용

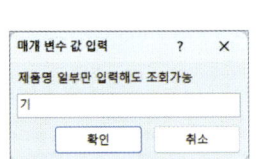 ➡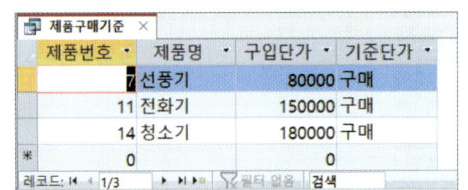

▶ 〈하반기실적(6월30일포함)〉 쿼리는 〈매출〉 테이블을 이용하여 2025년 하반기(단 2025년 6월 30일을 포함할 것)에 해당하는 매출 자료를 표시할 것 ※ DateAdd 함수를 사용하여 풀이할 것

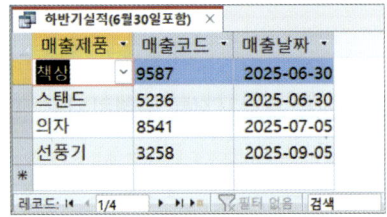

4 〈매출현황〉 쿼리를 이용하여 거래처명, 제품구분별 개수를 조회하는 〈매출분석〉 크로스탭 쿼리를 작성하시오. (7점)

▶ 개수는 '매출코드' 필드를 이용하시오.
▶ 쿼리 실행 결과 표시되는 필드와 필드명은 〈그림〉과 같이 표시되도록 설정하시오.

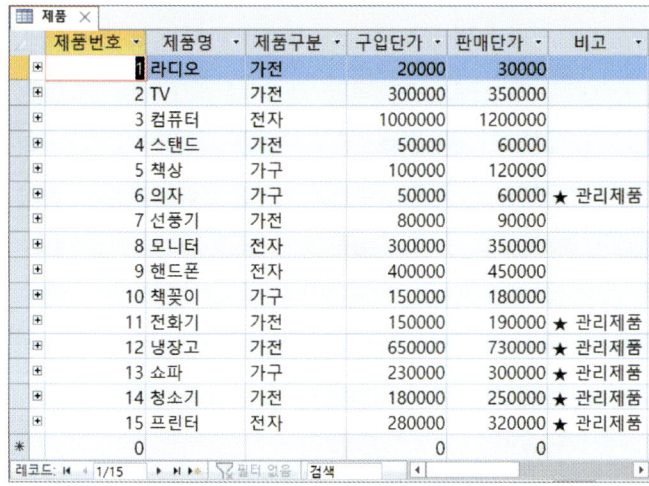

5 〈제품〉, 〈매출〉 테이블을 이용하여 최근 매출이 없는 제품에 대해 〈제품〉 테이블의 '비고' 필드의 값을 '★ 관리제품'으로 변경하는 〈관리제품처리〉 업데이트 쿼리를 작성한 후 실행하시오. (7점)

▶ 최근 매출이 없는 제품이란 매출일자가 2025년 5월 1일부터 2025년 6월 30일까지 중에서 〈제품〉 테이블에는 '제품번호'가 있으나 〈매출〉 테이블에는 '제품번호'가 없는 제품임
▶ Not In과 하위 쿼리 사용

정답 & 해설 　데이터베이스 실전 모의고사 10회

문제1　DB 구축

1 〈매출〉 테이블

정답

번호	테이블	필드 이름	속성 및 형식	설정 값
①	매출	일련번호, 제품번호, 거래처번호	기본 키	
②	매출	매출코드	필수	예
③	매출	매출코드	유효성 검사 규칙	Len([매출코드])=4
④	매출	제품번호	기본값	0
		거래처번호		
⑤	매출	제품번호	캡션	매출제품
		거래처번호		매출거래처

① 〈매출〉 테이블에서 마우스 오른쪽 버튼을 눌러 [디자인 보기](📐)를 클릭한다.

② [Ctrl]을 누른 채로 '일련번호', '제품번호', '거래처번호' 필드를 선택한다.

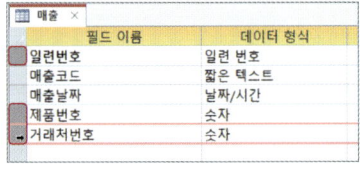

③ [테이블 디자인]-[도구] 그룹에서 [기본 키](🔑)를 클릭한다.

④ '매출코드' 필드를 선택한 후 필드 속성 중 '필수'를 '예'로 설정한다.

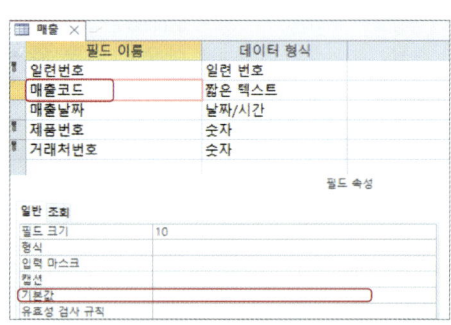

⑤ '매출코드' 필드를 선택한 후 필드 속성 중 '유효성 검사 규칙'에 Len([매출코드])=4를 입력한다.

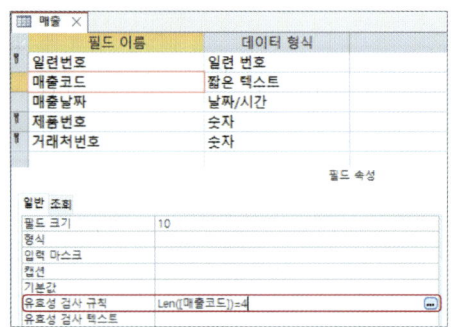

⑥ '제품번호', '거래처번호'의 필드 속성 중 '기본값'에 0을 설정한다.

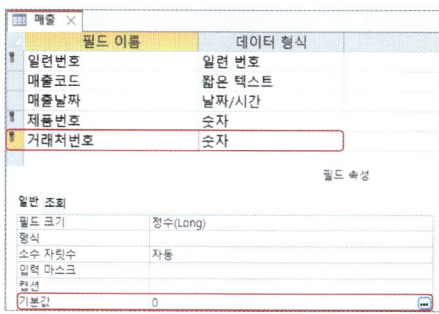

⑦ '제품번호', '거래처번호' 필드 속성 중 '캡션'에 각 각 **매출제품**, **매출거래처**를 입력한다.

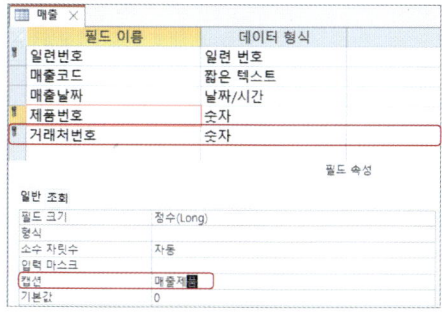

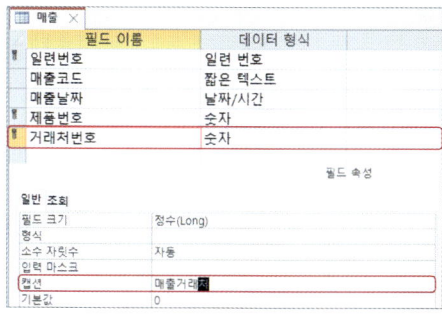

⑧ 빠른 실행 도구 모음 중 [저장](🖫)을 클릭한다.
⑨ 데이터 통합 규칙이 바뀌었다는 경고 창이 뜨면 [예]를 클릭하여 작업한 내용을 저장한다.

2 〈매출〉 테이블의 '제품번호', '거래처번호' 필드에 조회 속성

정답

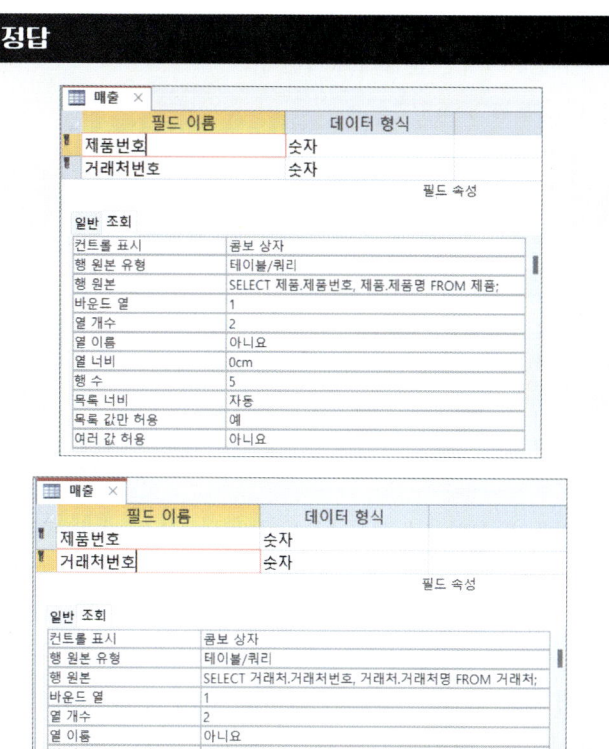

① 〈매출〉 테이블의 [디자인 보기](🖾) 모드에서 '제품번호' 필드를 선택하고, 필드 속성 [조회] 탭의 '컨트롤 표시' 속성 중 '콤보 상자'를 선택한다.

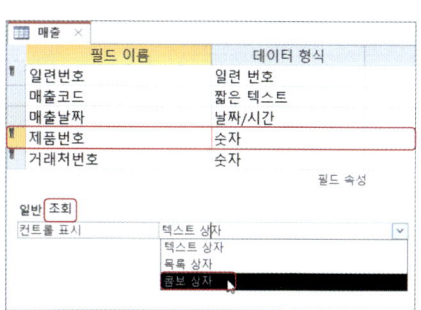

② '행 원본' 속성의 [작성기](…)를 클릭한다.

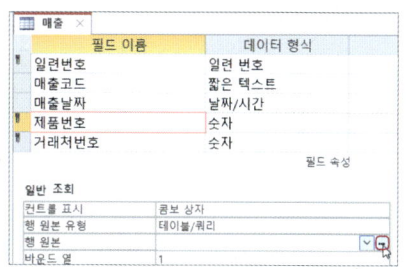

③ [테이블 추가]에서 〈제품〉 테이블을 선택하고 [추가] 버튼을 클릭한 후 [닫기] 버튼을 클릭한다.
④ '제품번호'와 '제품명'을 더블클릭하면 쿼리 작성기 창의 아래쪽 디자인 눈금에 추가된다.

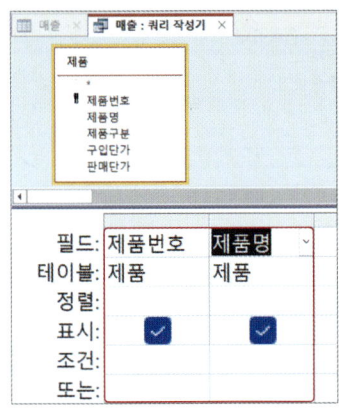

⑤ 이제 쿼리 작성기 창을 닫고 변경한 내용을 저장한다. 경고 메시지는 사용자가 작성한 쿼리 작성기의 내용대로 '행 원본' 속성이 업데이트됨을 알리는 것이므로 [예]를 클릭하면 된다.
⑥ '행 원본' 속성은 업데이트 되었고, 문제 지시사항대로 '바운드 열', '열 개수', '열 너비', '행 수', '목록 값만 허용' 속성 등을 설정한다.

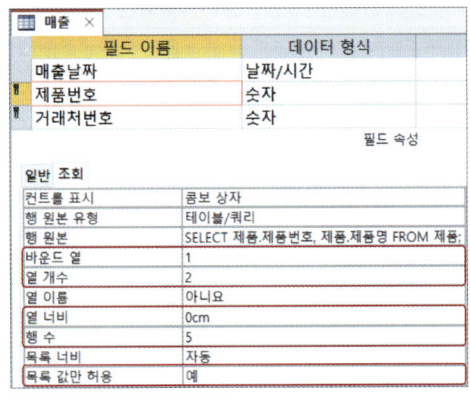

⑦ 같은 방법으로 '거래처번호' 필드에 대해서도 작업해준다. '컨트롤 표시' 속성을 '콤보 상자'로 선택한 후 '행 원본' 속성의 [작성기](…)를 클릭하고, 〈거래처〉 테이블을 추가한 후 '거래처번호', '거래처명' 필드를 더블클릭하여 디자인 눈금에 추가하고 변경 내용을 업데이트 한다.

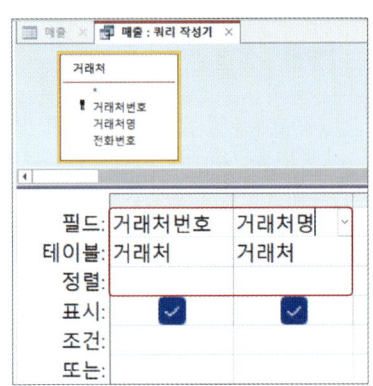

⑧ 지시사항대로 '바운드 열', '열 개수', '열 너비', '행 수', '목록 값만 허용' 등의 속성을 설정한 후 변경한 내용은 모두 저장한다.

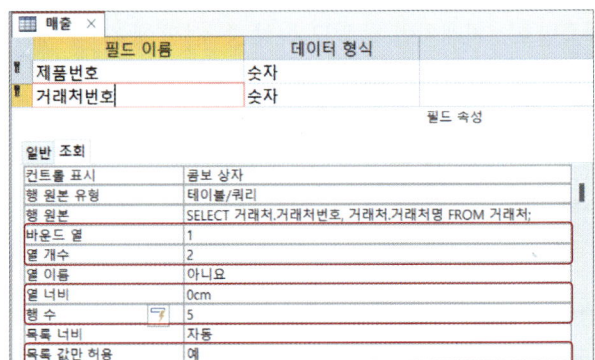

3 〈제품〉↔〈매출〉↔〈거래처〉 관계 설정

정답

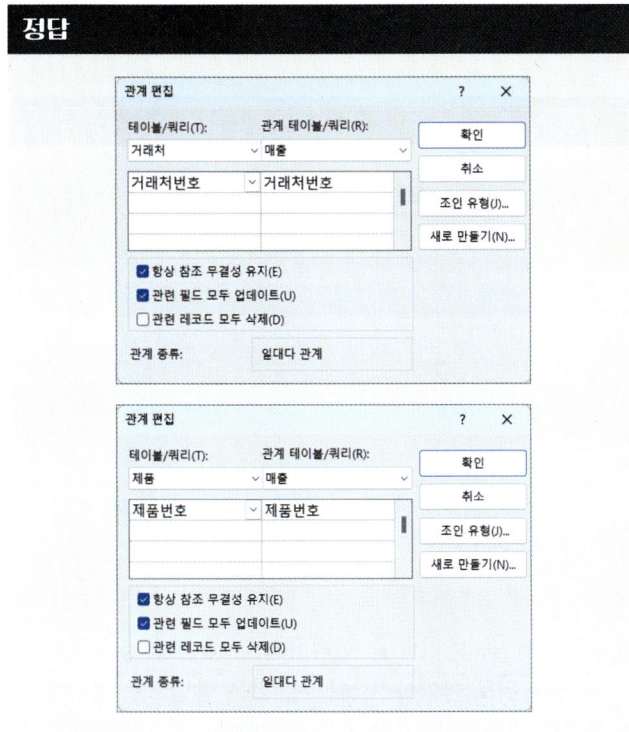

① [데이터베이스 도구]-[관계] 그룹에서 [관계]( )를 클릭한다.
② [테이블 추가]를 클릭한다. 관계 창 여백의 바로 가기 메뉴에서 '테이블 표시'를 클릭해도 된다.
③ 관계 작업이 필요한 테이블은 [추가] 버튼을 클릭하여 추가한 뒤, [닫기] 버튼을 클릭한다. 한꺼번에 선택할 때는 Ctrl 이나 Shift 를 이용한다.

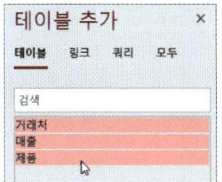

④ 우선 '제품번호' 필드끼리 끌어다 놓아 관계를 만든다.

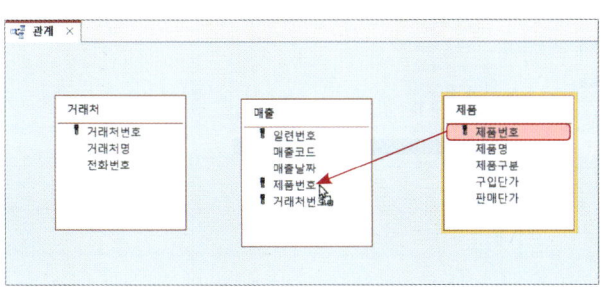

⑤ 지시사항대로 '항상 참조 무결성 유지', '관련 필드 모두 업데이트'에 체크하고 [만들기]를 클릭한다.

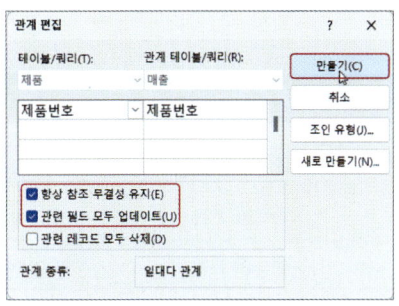

⑥ 이번에는 '거래처번호' 필드끼리 관계를 만든다.

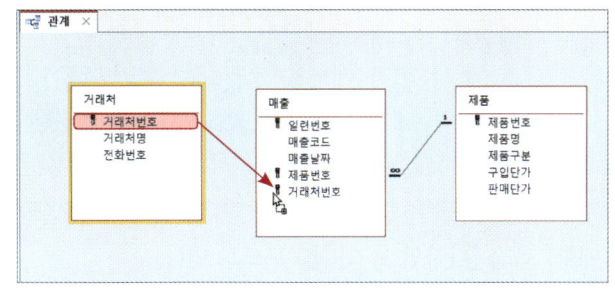

⑦ 역시 '항상 참조 무결성 유지'와 '관련 필드 모두 업데이트'에 체크하고 [만들기]를 클릭한다.

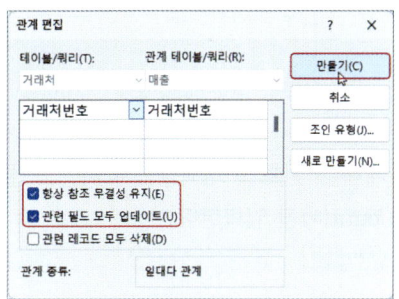

⑧ [관계 디자인]-[관계] 그룹에서 [닫기]( )를 클릭하고, 변경한 내용은 저장한다.

문제2 입력 및 수정 기능 구현

1 〈매출〉 폼

정답

번호	개체	속성	설정 값
①	txt_판매금액	컨트롤 원본	=Sum([판매단가])
②	txt_판매대수	컨트롤 원본	=Count(*)
③	탭 순서		탭 순서 구역: 폼 머리글 / 본문 / 폼 바닥글 사용자 지정 순서: cmd_제품명, cmd_조회, cmd_인쇄, cmd_수정, cmd_닫기, txt_구입단가, txt_순이익

① 〈매출〉 폼을 [디자인 보기](📐) 모드로 연다.
② 속성 시트 중 'txt_판매금액' 컨트롤 개체를 선택하고, '컨트롤 원본' 속성에 =Sum([판매단가])를 입력한다.

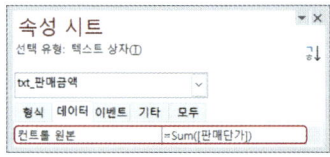

③ 속성 시트 중 'txt_판매대수' 컨트롤 개체를 선택하고, '컨트롤 원본' 속성에 =Count(*)를 입력한다.

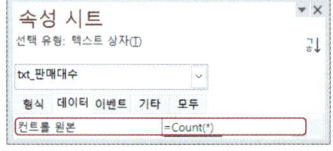

④ [폼 선택기](■)의 바로 가기 메뉴에서 [탭 순서](📋)를 클릭한다.

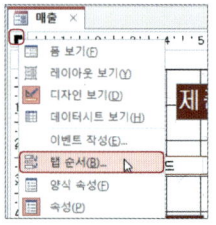

⑤ 구역에서 '폼 머리글'을 선택하고 'cmd_제품명'을 선택한 후 제일 위로 끌어올려 놓는다. 같은 방법으로 지시한 순서대로 위치시키고 [확인]을 클릭한다. 변경한 내용은 저장한다.

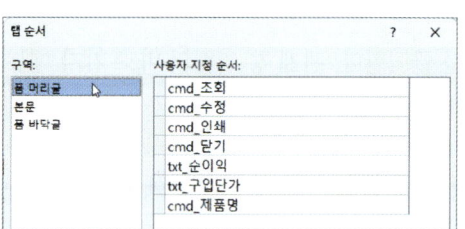

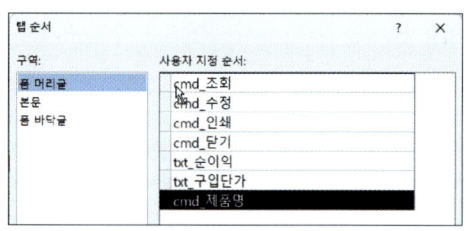

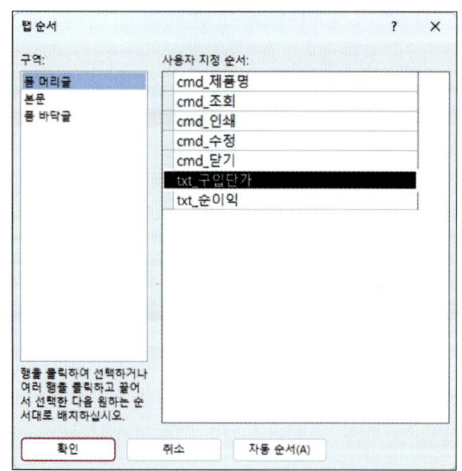

2 〈매출〉 폼의 'cmd_수정' 명령 단추 컨트롤에 클릭 이벤트 프로시저

① 〈매출〉 폼을 [디자인 보기]() 모드로 연다.
② 속성 시트 중 'cmd_수정' 명령 단추를 선택하고 [이벤트] 탭의 'On Click' 속성에서 [이벤트 프로시저]를 선택하고 [작성기]()를 클릭한다.

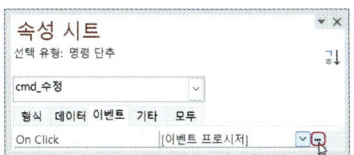

③ 코드 창에 다음과 같이 코딩한다.

```
Private Sub cmd_수정_Click()
    DoCmd.OpenForm "제품수정", acNormal, , , acFormEdit, ac-
    Dialog
End Sub
```

기적의 TIP

〈제품수정〉 폼을 폼 보기(acNormal), 기존 레코드를 편집하고 새로운 레코드를 추가할 수 있게(acFormEdit), 모달 및 팝업 속성이 '예'로 설정되어(acDialog) 폼이 열리도록 DoCmd 개체의 OpenForm 메서드를 이용합니다. 참고로 모달 속성이 '예'로 설정되면 해당 창을 닫아야 다른 개체가 선택되고, 팝업 속성이 '예'로 설정되면 액세스의 메뉴나 도구 모음을 선택할 수 없습니다.

④ 에디터 창을 닫고 변경한 내용은 저장한다.

3 〈매출〉 폼의 'cmd_닫기' 명령 단추 컨트롤에 클릭 이벤트 프로시저

① 〈매출〉 폼을 [디자인 보기]() 모드로 연다.
② 속성 시트 중 'cmd_닫기' 명령 단추를 선택하고 [이벤트] 탭의 'On Click' 속성에서 [이벤트 프로시저]를 선택하고 [작성기]()를 클릭한다.
③ 코드 창에 다음과 같이 코딩하고 변경한 내용은 저장한다.

```
Private Sub cmd_닫기_Click()
    DoCmd.Close acForm, "매출", acSavePrompt
End Sub
```

기적의 TIP

〈매출〉 폼을 닫을 때(Close) 개체 저장 여부를 사용자에게 묻도록 (acSavePrompt) 합니다.

문제3 조회 및 출력 기능 구현

1 〈제품별 매출 현황〉 보고서

정답

번호	개체	속성	설정 값
①	제품구분, 매출날짜, 제품명, 거래처명 순으로 오름차순 정렬		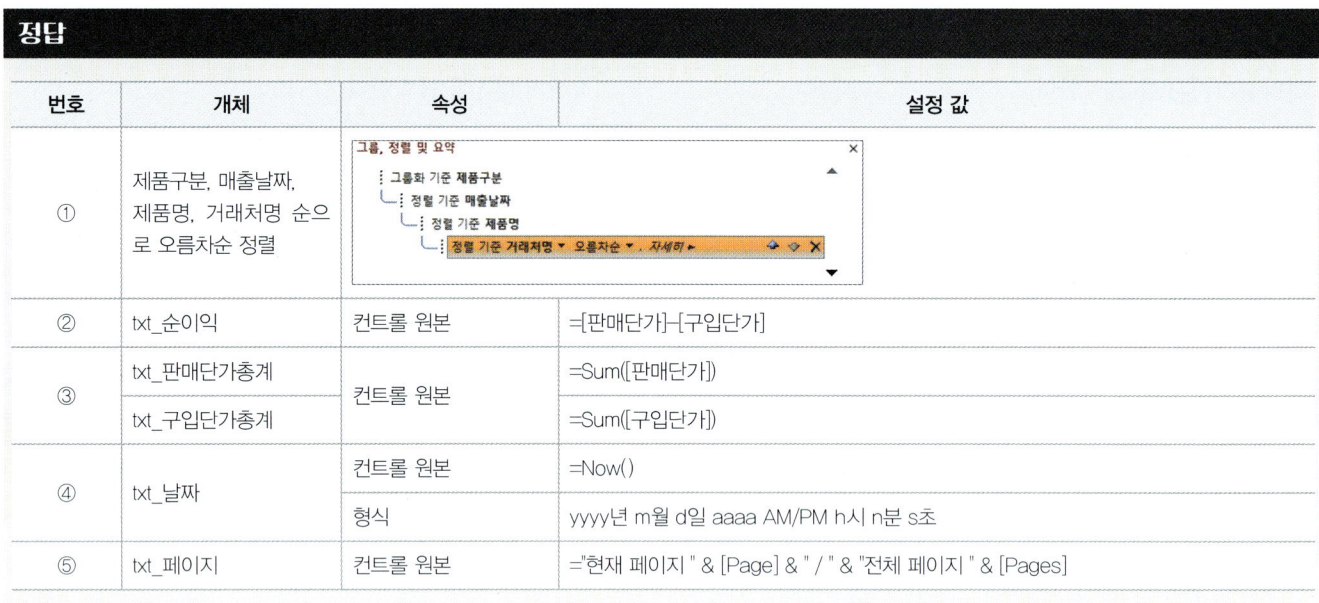
②	txt_순이익	컨트롤 원본	=[판매단가]-[구입단가]
③	txt_판매단가총계	컨트롤 원본	=Sum([판매단가])
	txt_구입단가총계		=Sum([구입단가])
④	txt_날짜	컨트롤 원본	=Now()
		형식	yyyy년 m월 d일 aaaa AM/PM h시 n분 s초
⑤	txt_페이지	컨트롤 원본	="현재 페이지 " & [Page] & " / " & "전체 페이지 " & [Pages]

① 〈제품별 매출 현황〉 보고서를 [디자인 보기](🔲) 모드로 연다.
② [그룹, 정렬 및 요약] 창에서 [정렬 추가] 버튼을 클릭한다.

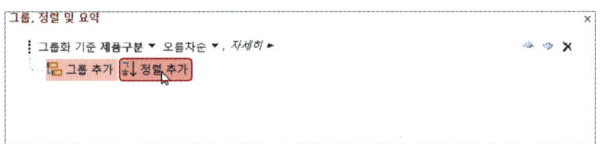

③ '제품구분' 필드는 이미 '오름차순'으로 정렬되어 있으므로, '매출날짜' 필드를 선택하고 '오름차순' 정렬을 선택한다. 같은 방법으로 [정렬 추가] 버튼을 클릭하여 지시사항대로 필드를 선택하고 정렬을 '오름차순'으로 선택한다.

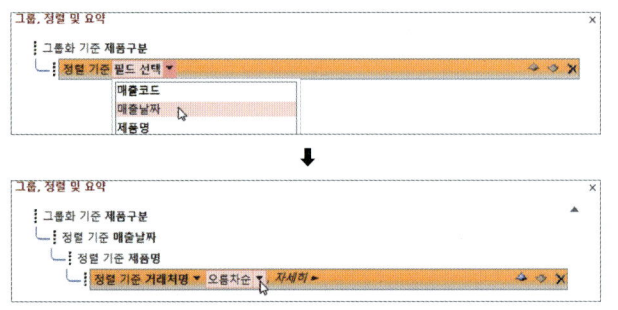

> **기적의 TIP**
>
> [그룹, 정렬 및 요약] 창이 하단에 나타나지 않을 때는 [보고서 디자인]-[그룹화 및 정렬]을 클릭하면 됩니다. 그리고 '오름차순' 정렬은 기본 값(default 값)이므로 굳이 선택하지 않아도 됩니다.

④ 속성 시트에서 'txt_순이익' 텍스트 상자 컨트롤을 선택한 후, '컨트롤 원본'에 =[판매단가]-[구입단가]를 입력한다.

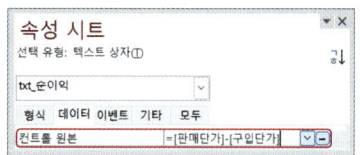

⑤ 'txt_판매단가총계', 'txt_구입단가총계' 텍스트 상자 컨트롤의 '컨트롤 원본' 속성에 각 각 =Sum([판매단가])와 =Sum([구입단가])를 입력한다.

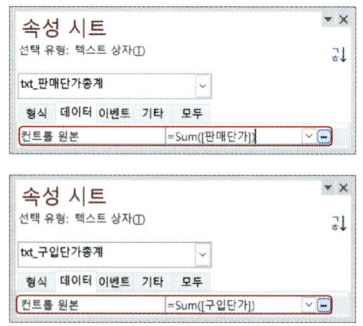

⑥ 'txt_날짜' 텍스트 상자 컨트롤의 '컨트롤 원본'에 =Now() 를, '형식' 속성에 사용자 정의 형식 yyyy년 m월 d일 aaaa AM/PM h시 n분 s초를 입력한다.

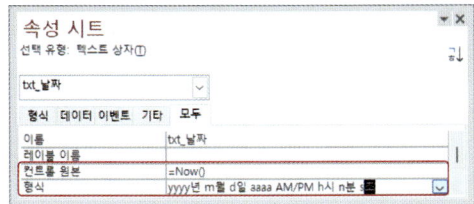

⑦ 'txt_페이지' 텍스트 상자 컨트롤의 '컨트롤 원본' 속성에 ="현재 페이지 " & [Page] & " / " & "전체 페이지 " & [Pages]를 입력한다. 변경한 내용은 모두 저장한다.

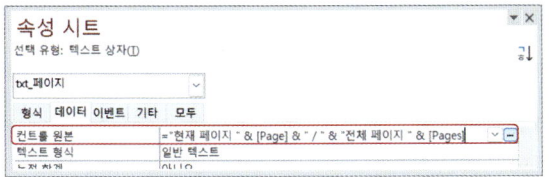

2 〈매출〉 폼의 'cmd_조회' 명령 단추 컨트롤에 클릭 이벤트 프로시저

① 〈매출〉 폼을 [디자인 보기](🗒) 모드로 연다.
② 속성 시트 중 'cmd_조회' 명령 단추를 선택하고 [이벤트] 탭의 'On Click' 속성에서 [이벤트 프로시저]를 선택하고 [작성기](…)를 클릭한다.
③ 코드 창에 다음과 같이 코딩하고 변경한 내용은 저장한다.

```
Private Sub cmd_조회_Click()
    DoCmd.ApplyFilter , "제품명 = '" & cmd_제품명 & "'"
End Sub
```

> **기적의 TIP**
>
> 'cmd_제품명'에서 선택한 '제품명' 값으로 폼의 레코드 원본을 제한하여 보여줍니다. DoCmd 개체의 ApplyFilter 메서드로 폼에 필터를 적용시킬 수 있습니다. 필터는 데이터를 걸러내는 기능을 의미합니다.

문제4 처리 기능 구현

1 〈떨이목록〉 쿼리

정답

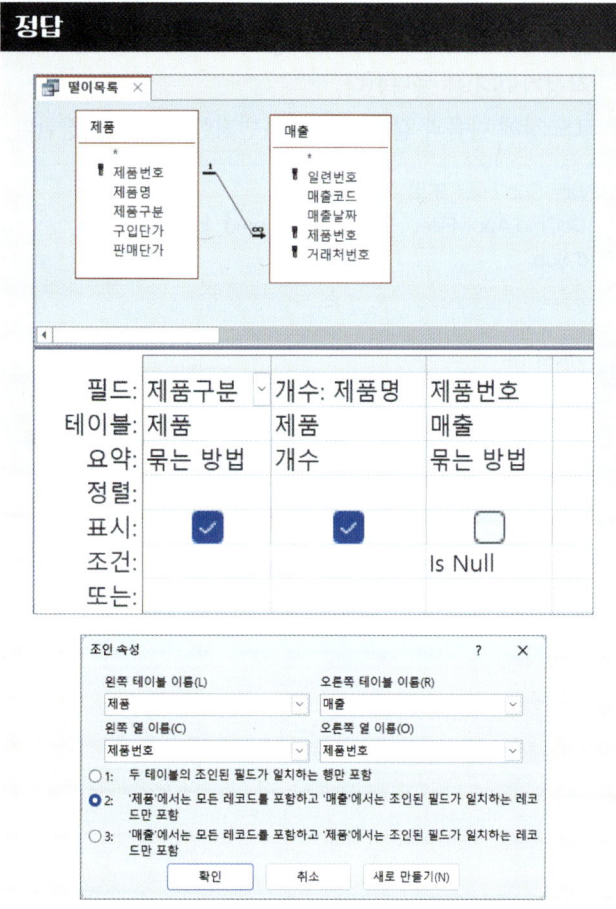

① [만들기]-[쿼리] 그룹에서 [쿼리 디자인](📋)을 클릭한다.
② [테이블 추가]에서 〈제품〉을 더블클릭하고, 〈매출〉을 더블클릭한 후 [닫기] 버튼을 클릭한다.
③ [쿼리1] 디자인 창에서 '제품번호'의 조인 선을 더블클릭한다.

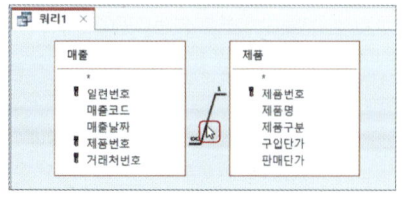

④ [조인 속성] 대화상자에서 왼쪽 우선 외부 조인을 위해 '2:'번 항목을 선택한다.

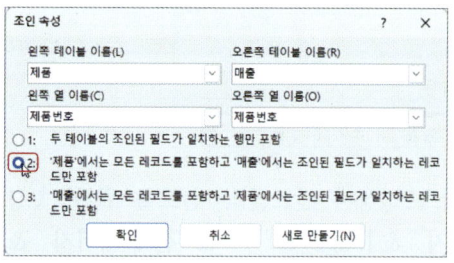

⑤ 미리보기 화면을 참조하여 필요한 필드를 더블클릭한다. 디자인 눈금에 필드가 추가된다.

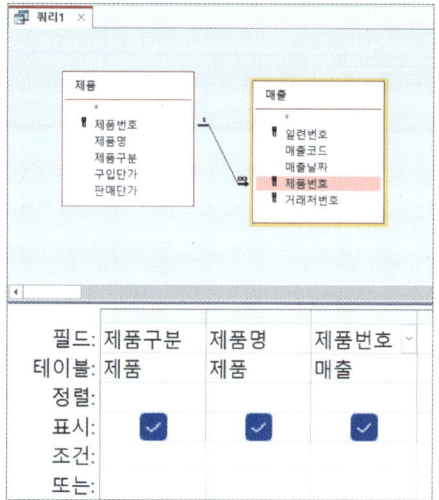

⑥ 제품구분별로 묶어서 개수를 보여주기 위해 [쿼리 디자인]-[표시/숨기기] 그룹의 [요약](∑)을 클릭한다.
⑦ 디자인 눈금 창을 다음과 같이 설정한다. 우선 '제품명' 필드에는 **개수:**를 입력하여 별명(Alias)을 만들고 묶는 방법을 '개수'로 지정한다. '제품번호' 필드의 조건에는 Is Null을 입력하고 표시 체크는 해제한다.

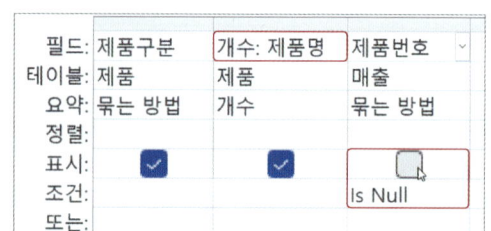

⑧ 변경한 내용은 쿼리 이름을 **떨이목록**으로 입력하고 [확인]을 클릭하여 저장한다.

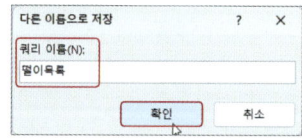

2 〈제품검색〉 쿼리

정답

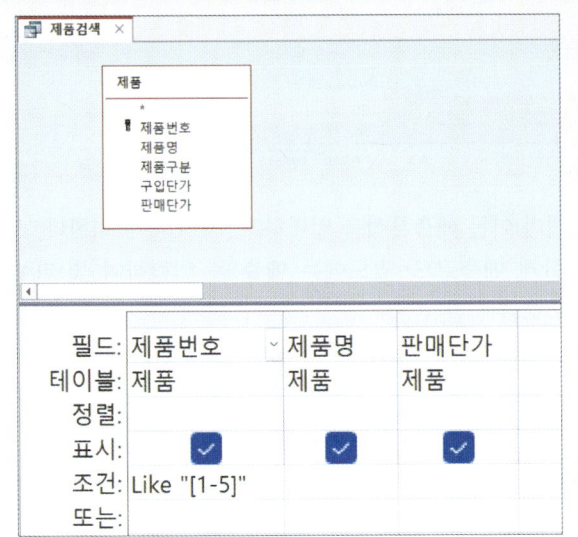

① [만들기]-[쿼리] 그룹에서 [쿼리 디자인](圖)을 클릭한다.
② 〈제품〉 테이블을 더블클릭하여 추가한 후 [닫기]를 클릭한다.
③ 디자인 눈금의 각 필드에 다음과 같이 드래그해서 배치한 후 '제품번호' 필드에 조건을 입력한다.

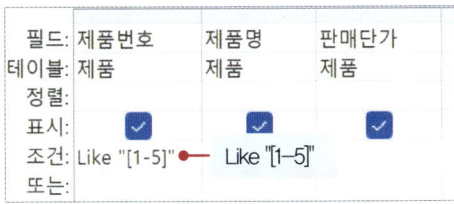

④ [저장](圖)을 클릭한 후 **제품검색**을 입력하고 [확인]을 클릭한다.

3 〈제품구매기준〉, 〈하반기실적(6월30일포함)〉 매개변수 쿼리 작성

정답

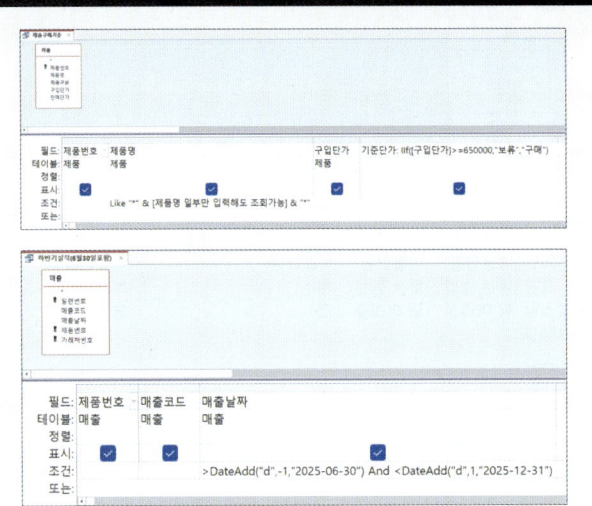

① [만들기]-[쿼리] 그룹에서 [쿼리 디자인](圖)을 클릭한다.
② [테이블 추가]에서 〈제품〉 테이블을 더블클릭하여 추가한 후 [닫기]를 클릭한다.
③ 디자인 창의 디자인 눈금에 필요한 필드와 별명, 조건을 문제의 지시사항대로 처리한다.

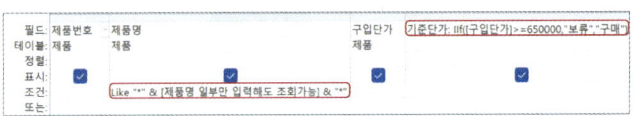

기준단가: IIf([구입단가]>=650000,"보류","구매")
Like "*" & [제품명 일부만 입력해도 조회가능] & "*"

④ 변경한 내용은 **제품구매기준**으로 저장한다.
⑤ 다시 한 번 [만들기]-[쿼리] 그룹에서 [쿼리 디자인](圖)을 클릭한다.
⑥ 〈매출〉 테이블을 선택하고 [추가] 버튼을 클릭하여 쿼리 디자인 창에 추가한 후 [닫기] 버튼을 클릭한다.
⑦ 문제의 지시사항과 미리보기 화면을 참고하여 필요한 필드를 추가하고, 2025년 6월 30일을 포함하여 2025년 하반기 자료만 제한하여 표시하기 위해 DateAdd 함수를 활용하여 조건을 작성한다.

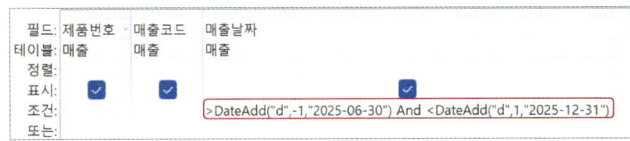

〉DateAdd("d",-1,"2025-06-30") And 〈DateAdd("d",1,"2025-12-31")

⑧ 작성한 쿼리는 **하반기실적(6월30일포함)** 이름으로 저장한다.

4 〈매출분석〉 쿼리

정답

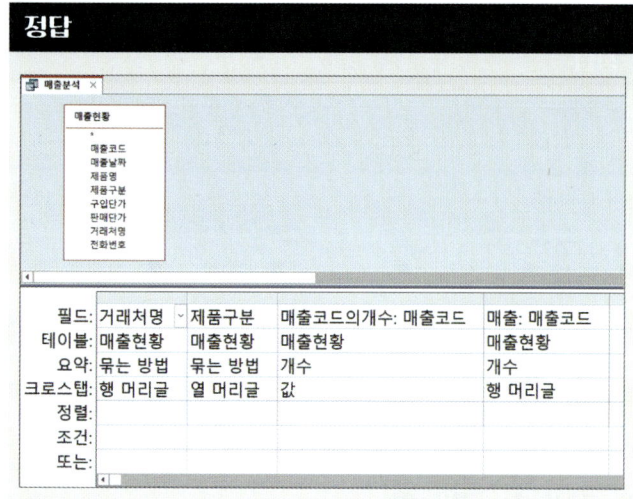

① [만들기]-[쿼리] 그룹의 [쿼리 마법사](📋)를 클릭한다.
② [새 쿼리] 대화상자에서 '크로스탭 쿼리 마법사'를 선택하고 [확인]을 클릭한다.
③ '쿼리:매출현황'을 선택하고 [다음] 버튼을 클릭한다.
④ '거래처명'을 선택하고 '선택한 필드'로 드래그하고 [다음] 버튼을 클릭한다.

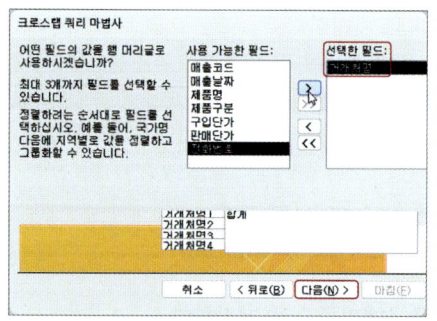

⑤ '제품구분'을 선택하고 [다음] 버튼을 클릭한다.

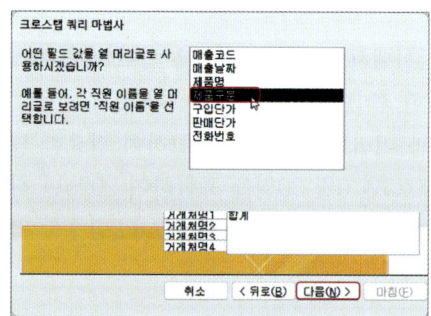

⑥ '매출코드' 필드를 선택하고, 함수는 '개수'를 선택하고 [다음] 버튼을 클릭한다.

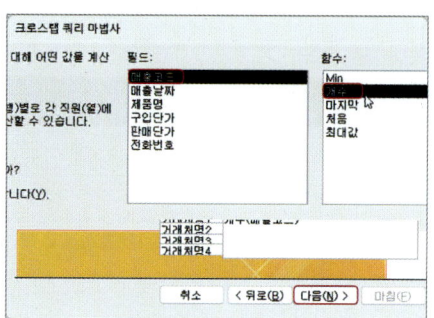

⑦ 쿼리 이름 **매출분석**을 입력하고 [마침]을 클릭한다.
⑧ '합계 매출코드' 필드에는 **매출:**을 입력하여 별명(Alias)으로 수정한다.

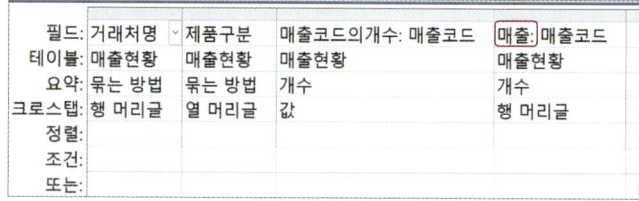

5 〈관리제품처리〉 업데이트 쿼리

정답

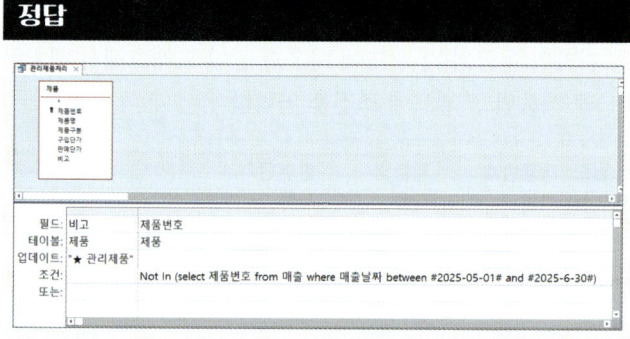

① [만들기]-[쿼리] 그룹의 [쿼리 디자인](📋)을 클릭한다.
② [테이블 추가]의 [테이블] 탭에서 〈제품〉 테이블을 추가한 후 '비고'와 '제품번호' 필드를 추가한다.
③ [쿼리 디자인]-[쿼리 유형] 그룹의 [업데이트](📋)를 클릭한 후 다음과 같이 입력한다.

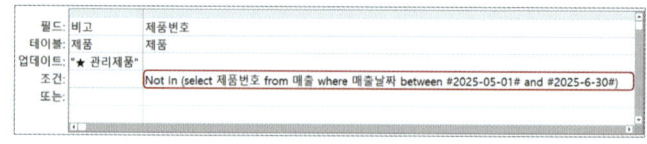

Not In (select 제품번호 from 매출 where 매출날짜 between #2025-05-01# and #2025-6-30#)

④ [저장](💾)을 클릭한 후 쿼리의 이름을 **관리제품처리**로 입력하고 [확인]을 클릭한다.
⑤ [쿼리 디자인]-[결과] 그룹의 [실행](❗)을 클릭하면 다음의 메시지가 표시되면 [예]를 클릭한다.

데이터베이스 실전 모의고사 11회

작업파일 : '26컴활1급(기출)₩데이터베이스₩실전모의고사'에서 '실전모의고사11회' 파일을 열어 작업하세요.

문제1 DB 구축(25점)

1 학원 관리를 위해 데이터베이스를 구축하고자 한다. 다음의 지시 사항에 따라 〈원생〉 테이블을 완성하시오. (각 3점)

① '번호' 필드에는 중복된 값이 입력될 수 없도록 인덱스를 설정하시오.
② '원생코드' 필드에는 다음 형식대로 입력 마스크를 설정하시오.
  ▶ 12-BBA(숫자2자리, -, 영문대문자3자리)의 형태로 필수 입력되도록 설정할 것
  ▶ '-'도 테이블에 저장되도록 설정할 것
③ '성별' 필드에는 2가지 값만 입력되도록 데이터 형식을 설정하시오.
④ '점수' 필드에 0~100까지의 숫자만 입력되도록 유효성 검사 규칙을 설정하시오.
⑤ '이름' 필드에 공백 문자가 입력되지 않게 유효성 검사 규칙을 설정하시오. (INSTR 함수 이용)

2 〈학원〉 테이블의 '원생코드' 필드는 〈원생〉 테이블의 '원생코드' 필드를, 〈학원〉 테이블의 'FM코드' 필드는 〈학부모〉 테이블의 'FM코드' 필드를 참조하며, 각 테이블 간은 M:1의 관계다. 다음 지시사항대로 설정하여 관계를 정의하시오. (5점)

  ▶ 두 테이블 간에 항상 참조 무결성 원칙이 유지되도록 설정하시오.
  ▶ 〈원생〉 테이블의 '원생코드' 필드, 〈학부모〉 테이블의 'FM코드'가 변경되면 이를 참조하고 있는 〈학원〉 테이블의 '원생코드', 'FM코드' 필드도 변경되도록 설정하시오.
  ▶ 〈학원〉 테이블에서 참조하고 있는 〈원생〉, 〈학부모〉 테이블의 레코드를 삭제할 수 없도록 설정하시오.

3 '발표회.xlsx' 파일의 '발표회' 시트에 있는 데이터를 테이블 형태로 가져오시오. (5점)

  ▶ 첫 번째 행은 열 이름으로 사용할 것
  ▶ '가져오기 마법사'의 단계 중 Access에서 제공하는 기본 키를 추가하여 작업할 것
  ▶ 테이블의 이름은 〈발표회〉로 명명할 것

문제2 입력 및 수정 기능 구현(20점)

1 〈학원관리〉 폼을 다음 지시사항과 미리보기 그림에 따라 완성하시오. (각 3점)

① 본문 구역의 '알맹이로고' 컨트롤에 다음과 같이 이미지를 넣어 완성하시오.
  ▶ 불러올 그림 : a_logo.png
  ▶ 크기 조절 모드 : 전체 확대/축소
② 기본 폼과 하위 폼의 연결 필드는 '원생코드'로 지정하시오.
③ 하위 폼에는 탭이 머물지 않도록 설정하시오.

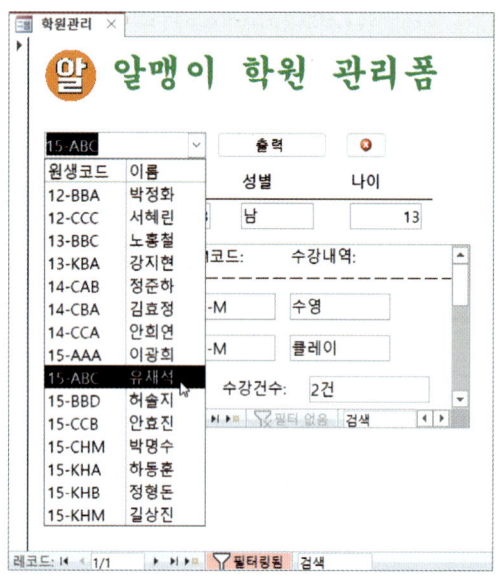

2 〈학원관리〉 폼의 'cmb조회' 컨트롤을 콤보 상자로 변환한 후 다음 지시사항대로 설정하시오(문제2-1번 미리보기 그림 참조). (6점)

▶ 〈원생〉 테이블의 '원생코드'와 '이름' 필드를 행 원본으로 설정할 것
▶ 해당 필드에 '원생코드'가 저장되도록 설정할 것
▶ '열 이름'이 표시되도록 하고, 열 너비는 각 2cm(총 너비 4cm)로 설정할 것
▶ 목록 이외의 값은 입력될 수 없도록 설정할 것

3 〈학원관리〉 폼의 본문 영역에 다음 지시사항대로 'cmd닫기' 명령 단추 컨트롤을 생성하시오(문제2-1번 미리보기 그림 참조). (5점)

▶ 'cmd닫기' 단추를 클릭하면 폼이 닫히도록 설정할 것
▶ 컨트롤 마법사의 '정지' 그림을 사용하고, 캡션은 '폼닫기'로 할 것

문제3 조회 및 출력 기능 구현(20점)

1 다음의 지시사항 및 미리보기 그림을 참조하여 〈학원현황〉 보고서를 완성하시오. (각 3점)

① '원생코드 머리글' 구역의 'txt코드' 컨트롤에는 '원생코드'와 '이름'을 다음 지시사항대로 표시하시오.
  ▶ '12-BBA(이름 : 박정화)'와 같이 표시되도록 할 것
  ▶ 미리보기 그림을 참조하여 작업할 것
② 학원 '점수'를 기준으로 내림차순 정렬되도록 정렬을 추가하시오.
③ '원생코드 바닥글' 구역은 원생코드별로 서로 다른 페이지에 출력되도록 설정하시오.
④ '원생코드 바닥글' 구역에 있는 'txt평균' 컨트롤에 원생별 점수 평균이 표시되도록 설정하시오.
⑤ 페이지 바닥글 구역의 'txt페이지'에 미리보기 그림처럼 페이지가 표시되도록 설정하시오.
  ▶ 현재 페이지가 7, 전체 페이지가 14라면 : '현재 7 / 전체 14'와 같이 표시되도록 할 것

2 〈학원관리〉 폼의 '출력(cmd출력)' 버튼을 클릭하면 다음과 같이 동작하도록 매크로를 작성하시오. (5점)
  ▶ 〈학원현황〉 보고서를 '인쇄 미리 보기' 상태로 열 것
  ▶ 'cmb조회' 컨트롤에서 선택한 '원생코드'의 데이터로 열리도록 할 것

문제4 처리 기능 구현(35점)

1 이름의 일부를 매개 변수로 입력받아 정보를 검색하는 'Teacher검색' 쿼리를 작성하시오. (7점)

- ▶ 〈학원〉 테이블을 이용할 것
- ▶ 1차 '수강내역' 오름차순, 2차 '점수' 기준 내림차순 정렬할 것

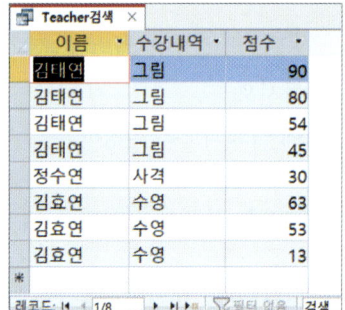

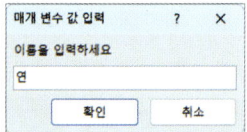

2 다음 지시사항대로 〈나이변경〉 쿼리를 작성하시오. (7점)

- ▶ 〈원생〉 테이블에 있는 '생일' 필드와 시스템의 오늘 날짜를 이용하여 '현재나이' 필드 값을 현재 나이로 업데이트 할 것 (Date, DateDiff 함수 사용)
- ▶ 〈원생〉 테이블의 '나이' 필드 다음에 '현재나이' 필드를 숫자 데이터 형식으로 추가한 후 업데이트를 실행할 것

3 〈학원〉, 〈원생〉 테이블을 이용하여 상위 5위까지의 점수를 조회하여 〈상위점수학생〉 테이블을 생성하는 〈학생조회〉 쿼리를 작성하고 실행하시오. (7점)

- ▶ 점수를 기준으로 내림차순 정렬하시오.
- ▶ 쿼리 실행 결과 표시되는 필드와 필드명은 〈그림〉과 같이 표시되도록 설정하시오.

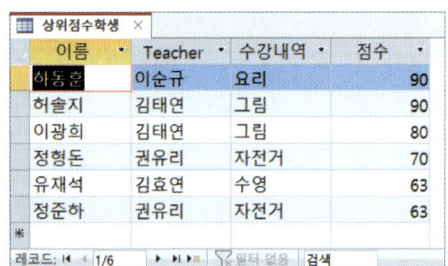

4. 〈학부모〉, 〈학원〉 테이블을 이용하여 직업, 수강내역별 점수의 평균을 조회하는 〈직업별수강과목〉 크로스탭 쿼리를 작성하시오. (7점)

▶ 평균은 '점수' 필드를 이용하시오.
▶ 쿼리 실행 결과 표시되는 필드와 필드명은 〈그림〉과 같이 표시되도록 설정하시오.

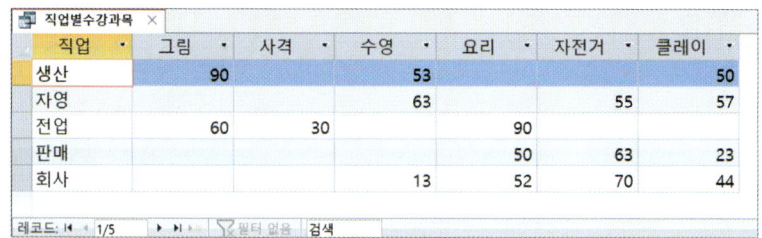

5. 〈원생〉, 〈학원〉 테이블을 이용하여 〈원생중이번달생일자〉 쿼리를 작성하시오. (7점)

▶ 〈학원〉 테이블에 있는 '원생코드' 중에서 '생일' 필드의 월이 이번 달 생일인 학생을 표시(Month, Date 함수 이용)
▶ in과 하위 쿼리와 Month, Date 함수 사용
▶ '생일(월)' 값에 월 표시
▶ 쿼리 실행 결과 표시되는 필드와 필드명은 〈그림〉과 같이 표시되도록 설정하시오.

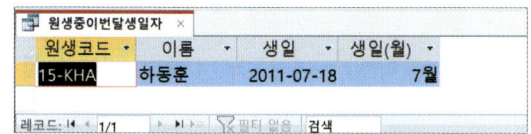

※ 실습하는 월에 따라 결과가 다를 수 있음

정답 & 해설 : 데이터베이스 실전 모의고사 11회

문제1 DB 구축

1 〈원생〉 테이블

정답

번호	테이블	필드 이름	속성 및 형식	설정 값
①	원생	번호	인덱스	예(중복 불가능)
②	원생	원생코드	입력 마스크	00 ->LLL;0
③	원생	성별	데이터 형식	Yes/No
④	원생	점수	유효성 검사 규칙	Between 0 And 100
⑤	원생	이름	유효성 검사 규칙	InStr([이름]," ")=0

① 〈원생〉 테이블에서 마우스 오른쪽 버튼을 눌러 [디자인 보기](📝)를 클릭한 후 '번호' 필드를 선택하고 필드 속성 '인덱스'에 '예(중복 불가능)'을 설정한다.

② '원생코드' 필드의 입력 마스크에 00->LLL;0을 설정한다.

> **🏆 기적의 TIP**
>
> 입력 마스크 문자 중 숫자 필수 입력은 '0', 문자 필수 입력은 'L', 대문자로 입력은 '>', 보이는 대로 '-'도 테이블에 저장하려면 입력 마스크 형식 구역 중 두 번째 구역에 '0'을 입력합니다.

③ '성별' 필드의 데이터 형식을 'Yes/No'로 바꾼다.
④ '점수' 필드의 '유효성 검사 규칙'에 Between 0 And 100을 설정한다. 0 이상 100 이하를 의미한다.
⑤ '이름' 필드의 '유효성 검사 규칙'에 InStr([이름]," ")=0을 설정하고 저장한다.

> **🏆 기적의 TIP**
>
> =InStr("abcd","b")의 결과 값은 '2'가 나옵니다. 즉 'b'가 'abcd' 문자열에서 첫 번째로 나타나는 위치인 '2'를 반환하는 함수입니다. 이번에는 =InStr("abcd","x")를 해보면 '0'이 반환됩니다. 즉 'x'가 'abcd' 문자열에 없으면 '0'을 반환합니다. 같은 원리로 'InStr([이름]," ")=0'은 [이름] 필드의 문자열에 " "(공백문자)가 없음을 의미합니다.

⑥ '데이터의 일부가 손실될 수 있습니다' 메시지 상자에 [예], '데이터 통합 규칙이 바뀌었습니다…' 메시지에 [예]를 클릭한다.

2 〈원생〉 ↔ 〈학원〉 ↔ 〈학부모〉 테이블 관계 설정

정답

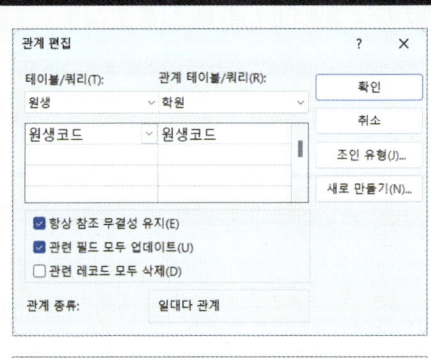

① [데이터베이스 도구]-[관계] 그룹에서 [관계](📊)를 클릭한다.
② [테이블 추가] 창의 〈학원〉, 〈원생〉, 〈학부모〉 테이블을 [추가]하고 [닫기]를 클릭한다.

③ 〈학원〉과 〈원생〉 테이블은 '원생코드' 필드끼리(④의 작업을 병행하면서), 〈학원〉과 〈학부모〉 테이블은 'FM코드' 필드끼리 끌어다 놓아 관계를 맺는다.
④ [관계 편집] 창을 알맞게 설정하고 [만들기]를 클릭한다. [관계] 창을 닫고 변경된 내용은 저장한다.

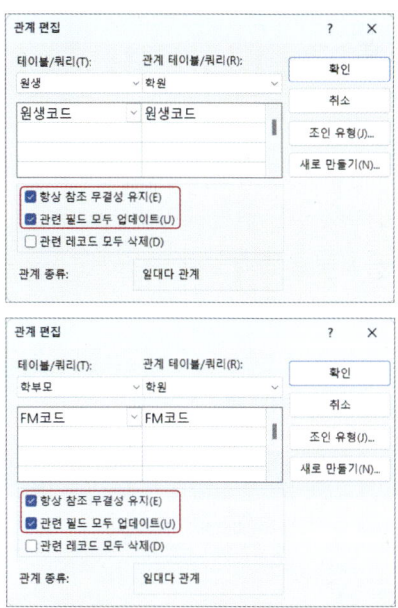

3 '발표회.xlsx' 엑셀 파일 가져오기

정답

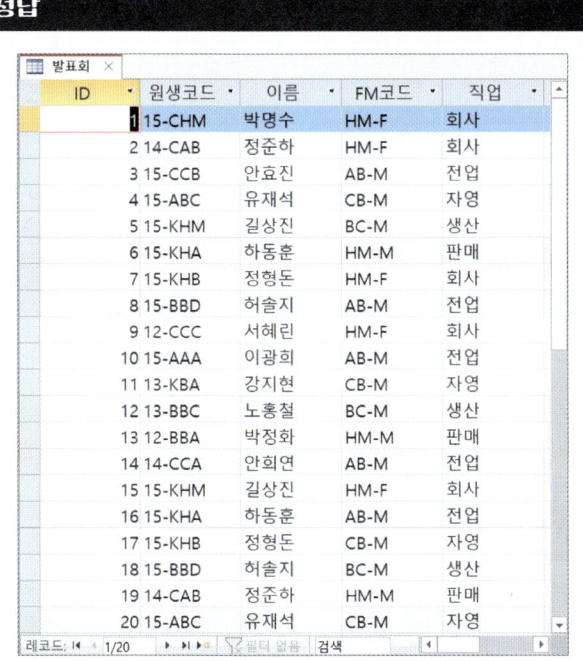

① [외부 데이터]-[가져오기 및 연결] 그룹에서 [새 데이터 원본]-[파일에서]-[Excel]을 클릭한다.

② '데이터의 원본 및 대상 선택' 대화상자에서 '현재 데이터베이스의 새 테이블로 원본 데이터 가져오기'를 선택한다.

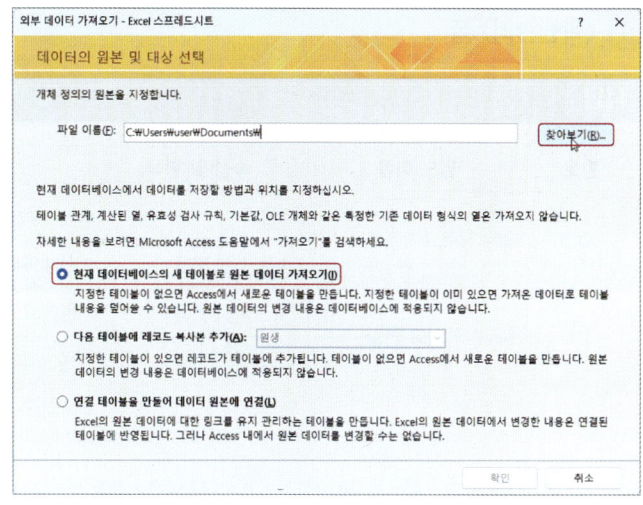

③ [찾아보기]를 클릭하여 '발표회.xlsx' 파일을 찾아 [열기]를 클릭한다.
④ '데이터의 원본 및 대상 선택' 대화상자로 돌아오면 [확인]을 클릭한다.
⑤ '스프레드시트 가져오기 마법사' 대화상자에서 '첫 행에 열 머리글이 있음'을 선택하고 [다음]을 클릭한다.
⑥ 두 번째 단계는 필드 옵션(필드 이름, 데이터 형식, 인덱스, 필드 포함 여부)을 설정하는 단계인데 특별한 지시사항이 없으므로 [다음]을 클릭한다.
⑦ 세 번째 단계에서 'Access에서 기본 키 추가'를 선택하고 [다음]을 클릭한다.

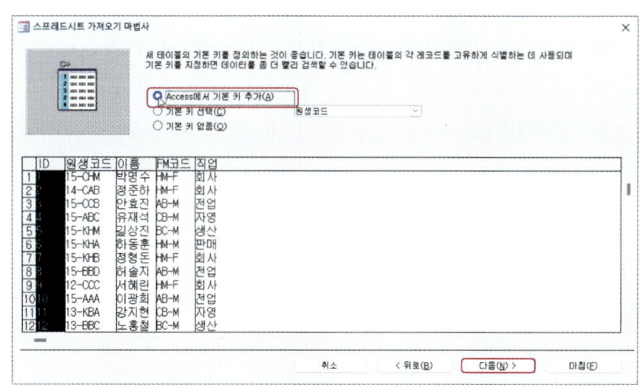

⑧ 네 번째 단계에서 '테이블로 가져오기' 입력란에 **발표회**를 입력하고 [마침]을 클릭한다.
⑨ '가져오기 단계 저장'에 체크하지 말고 [닫기]를 클릭한다.

문제2 입력 및 수정 기능 구현

1 〈학원관리〉 폼

정답

번호	필드 이름	속성 및 형식	설정 값
①	알맹이로고	그림	a_logo.png
		크기 조절 모드	전체 확대/축소
②	하위 폼 필드 연결	기본 필드 연결	원생코드
		하위 필드 연결	원생코드
③	하위 폼	탭 정지	아니요

① 〈학원관리〉 폼에서 마우스 오른쪽 버튼을 눌러 [디자인 보기](🖼)를 클릭한다.
② '알맹이로고' 컨트롤을 선택하고 [속성] 시트의 '그림'에 [작성기](...)를 클릭하여 불러올 그림 'a_logo.png'를 열기하고 '크기 조절 모드'에 '전체 확대/축소'를 설정한다.

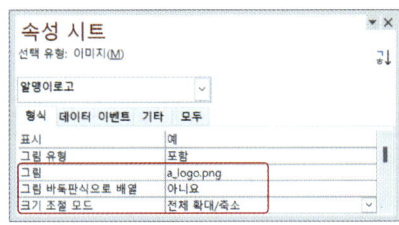

③ 〈학원관리하위〉 하위 폼 개체를 선택하고 '기본 필드 연결'의 [작성기](...)를 클릭한다. [하위 폼 필드 연결기] 창의 기본 필드, 하위 필드에 '원생코드'를 지정하고 [확인]을 클릭한다.

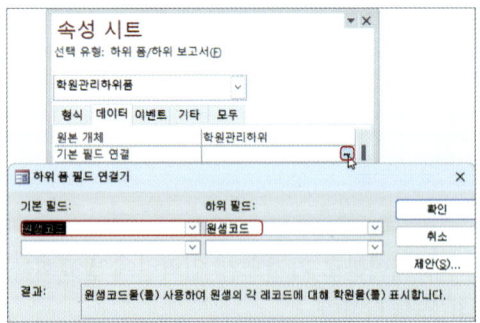

④ 〈학원관리하위〉 하위 폼 개체를 선택하고 '탭 정지'에 '아니요'를 설정한다.

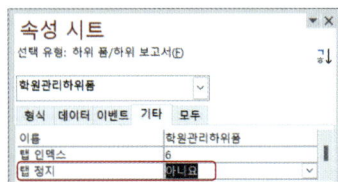

2 〈학원관리〉 폼의 'cmb조회' 컨트롤

정답

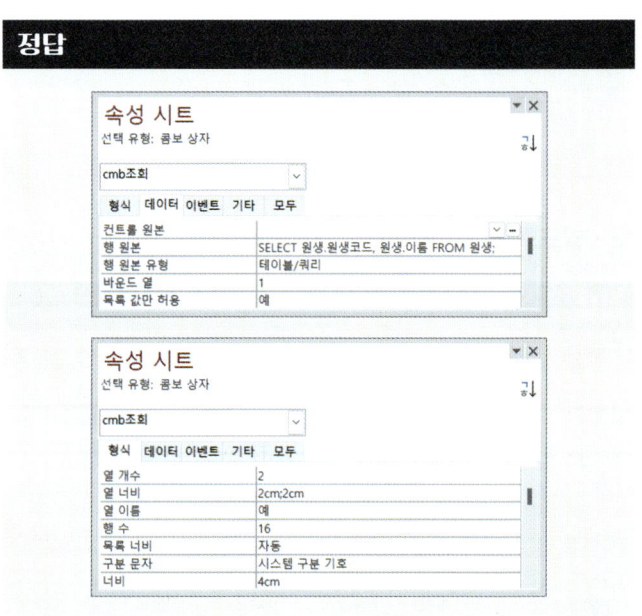

① 〈학원관리〉 폼에서 마우스 오른쪽 버튼을 눌러 [디자인 보기](🖼)에서 'cmb조회'를 선택하고, 바로 가기 메뉴 중 [변경]-[콤보 상자](🔽)를 클릭한다.

② '행 원본'의 [작성기](...)를 클릭하고 [테이블 추가] 창에서 〈원생〉 테이블을 [추가]하고 [닫기]를 클릭한다.

③ '원생코드'와 '이름'을 더블클릭하여 디자인 눈금 필드에 추가한다.
④ [학원관리 : 쿼리 작성기] 창을 닫고 [예]를 클릭하여 변경 내용과 '행 원본' 속성을 업데이트 한다.
⑤ '바운드 열', '목록 값만 허용', '열 개수', '열 너비', '열 이름', '너비'를 지정한다.

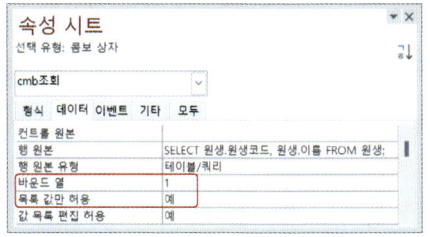

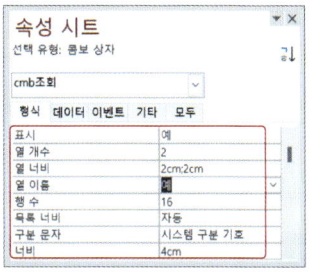

3 〈학원관리〉 폼에 'cmd닫기' 컨트롤 생성

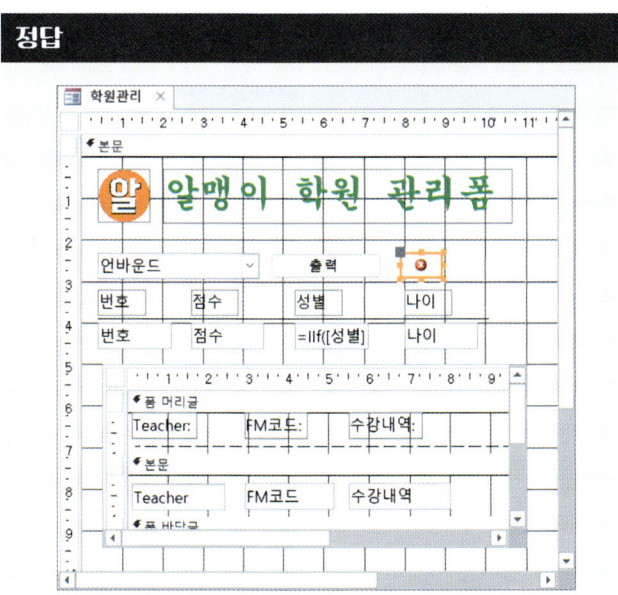

① 〈학원관리〉 폼에서 마우스 오른쪽 버튼을 눌러 [디자인 보기](📐)를 클릭한 후 [양식디자인]-[컨트롤] 그룹에서 [단추](▭)와 [컨트롤 마법사 사용]을 클릭한다.

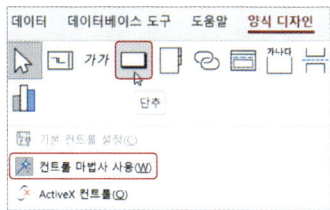

② 미리보기 그림을 참조하여 단추가 들어갈 위치에 드래그 앤 드롭 한다.

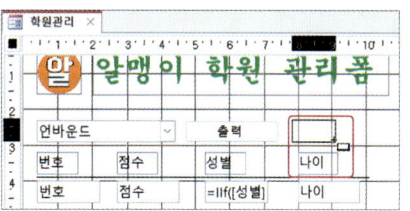

③ [명령 단추 마법사] 창의 단계대로 [다음]을 눌러 작업을 진행하며 [마침]을 클릭하여 종료한다.

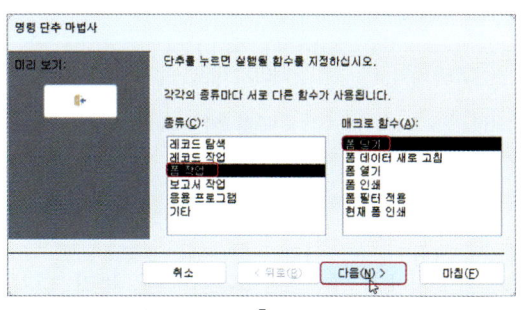

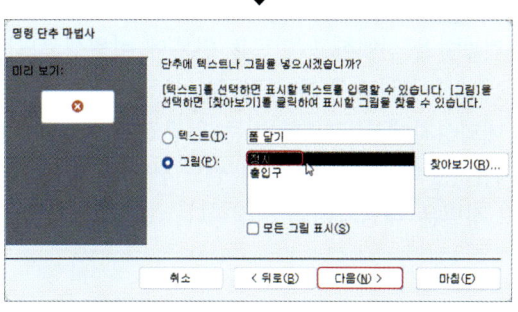

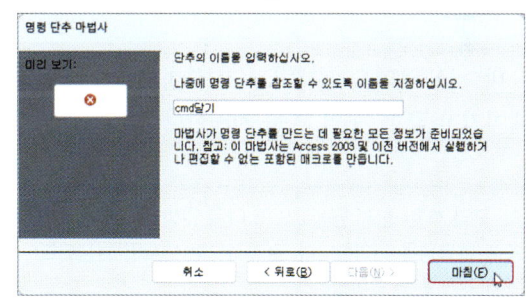

> 🚩 **기적의 TIP**
>
> 높이가 맞지 않을 때는 Shift 를 누른 채로 'cmd출력'과 다중 선택한 후 [정렬]-[크기 및 순서 조정] 그룹의 [크기/공간]을 눌러 [가장 짧은 길이에](⬓) 등을 클릭하여 맞출 수 있습니다.

④ 'cmd닫기'의 속성 시트 '캡션'에 '폼닫기'를 설정하고 변경한 내용은 저장한다.

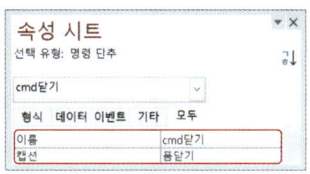

문제3 조회 및 출력 기능 구현

1 〈학원현황〉 보고서

정답

번호	필드 이름	속성 및 형식	설정 값
①	txt코드	컨트롤 원본	=[원생코드] & "(이름 : " & [이름] & ")"
②	점수 필드	그룹화 및 정렬	
③	원생코드 바닥글	페이지 바꿈	구역 후
④	txt평균	컨트롤 원본	=Avg([학원].[점수])
⑤	txt페이지	컨트롤 원본	="현재 " & [Page] & " / 전체 " & [Pages]

① 〈학원현황〉 보고서에서 마우스 오른쪽 버튼을 눌러 [디자인 보기](N)를 클릭한다.
② 'txt코드' 컨트롤을 선택하고 '컨트롤 원본'에 =[원생코드] & "(이름 : " & [이름] & ")"를 설정한다.
③ [그룹화] 대화상자에서 '그룹화 기준 원생코드' 아래쪽의 [정렬 추가]를 클릭하여, 정렬 기준 '필드 선택'을 '학원.점수'로 하고 정렬은 '내림차순'을 지정한다.

④ '원생코드 바닥글' 구역을 선택하고(그룹 바닥글1) [속성] 시트의 '페이지 바꿈'에 '구역 후'를 지정한다.

> **기적의 TIP**
> 페이지 바꿈의 '구역 후'란 현재 원생코드의 다음 원생코드는 새로운 페이지의 위쪽에 출력됨을 의미합니다. 결과적으로 보자면 원생코드별로 페이지가 바뀌게 됨을 의미합니다.

⑤ 'txt평균' 컨트롤의 '컨트롤 원본'에 =Avg([학원]![점수])를 설정한다.

> **기적의 TIP**
> 〈학원〉테이블의 '점수' 필드를 그룹화 기준으로 했기 때문에 평균을 구할 때 경로를 명시해야 합니다. 이 보고서의 컨트롤 원본 〈학원종합〉 쿼리에는 〈원생〉, 〈학원〉 테이블이 모두 들어있고, 두 테이블에는 공통적으로 '점수' 필드가 존재하기 때문입니다.

⑥ 'txt페이지' 컨트롤의 '컨트롤 원본'에 ="**현재 **" & [Page] & " / **전체 **" & [Pages]를 설정하고 저장한다.

2 〈학원관리〉 폼의 'cmd출력'

정답

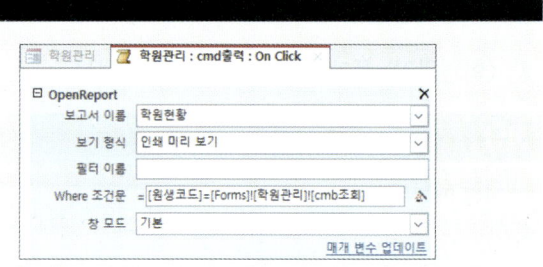

① 〈학원관리〉 폼에서 마우스 오른쪽 버튼을 눌러 [디자인 보기](N)로 열고 'cmd출력' 컨트롤을 선택한다.
② [속성] 시트의 'On Click'에서 [작성기](…) 단추를 클릭한다.
③ [작성기 선택]에서 '매크로 작성기'를 선택하고 [확인]을 클릭한다.
④ 매크로 함수 및 매크로 함수 인수를 지시사항대로 설정한다.

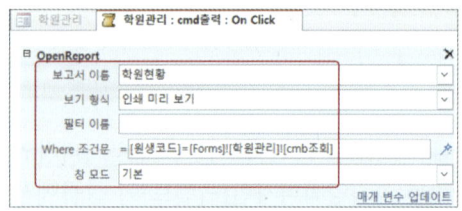

⑤ [매크로 디자인] 탭에서 [닫기]를 클릭하고 [예]를 클릭하여 'On Click'에 [포함된 매크로]로 속성을 업데이트 한다. 변경한 내용은 저장한다.

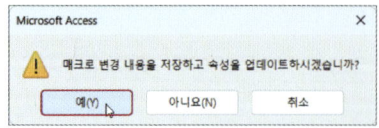

문제4 처리 기능 구현

1 〈Teacher검색〉 쿼리

정답

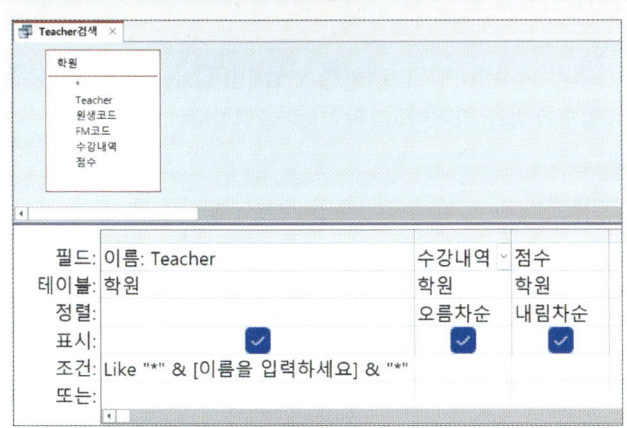

① [만들기]-[쿼리] 그룹에서 [쿼리 디자인](▦)을 클릭한다.
② 〈학원〉 테이블을 더블클릭하여 추가하고 [닫기]를 클릭한다.
③ 필드에 대한 별명, 조건, 정렬을 지시사항대로 이행하고 Teacher검색으로 저장한다.

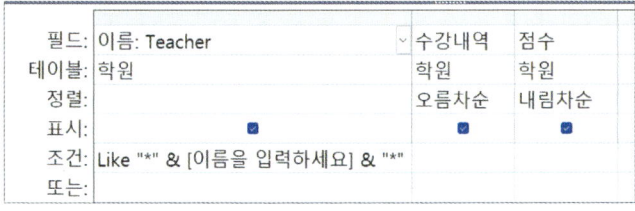

2 〈나이변경〉 업데이트 쿼리

정답

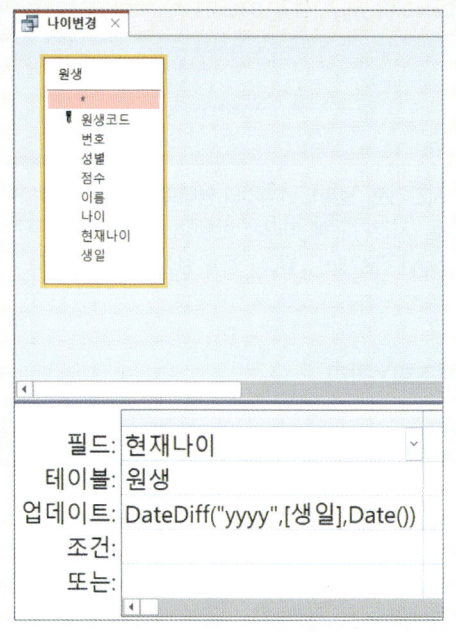

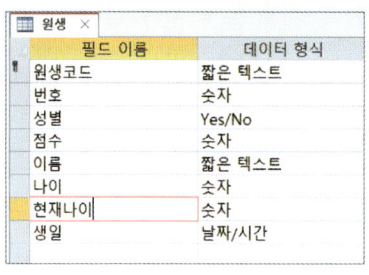

① 〈원생〉 테이블에서 마우스 오른쪽 버튼을 눌러 [디자인 보기](📐)를 클릭한다.
② '생일' 필드를 선택하고, [쿼리 디자인]-[쿼리 설정] 그룹에서 [행 삽입](📝)을 클릭한 후, 다음 필드에 '현재나이', 데이터 형식을 '숫자'로 설정하고 탭을 닫아 변경한 내용을 저장한다.
③ [만들기]-[쿼리] 그룹에서 [쿼리 디자인](▦)을 클릭한다.
④ 〈원생〉 테이블을 [추가]하고 [닫기]를 클릭한다.

⑤ 쿼리 유형을 '업데이트 쿼리'로 하고 지시사항대로 설정한 후 '현재나이' 필드 값을 업데이트 한다. 변경한 내용은 **나이변경**으로 저장한다.

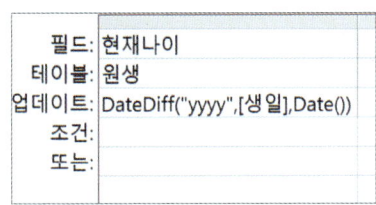

> 📌 **기적의 TIP**
>
> DateDiff(시간기준, 날짜1, 날짜2)의 형태로 사용되며, '날짜1'과 '날짜2'의 간격을 '시간기준'에 따라서 반환하는 함수입니다. '시간기준'에는 '연도(yyyy)', '분기(q)', '월(m)' 등을 설정할 수 있습니다.

③ 〈학생조회〉 쿼리

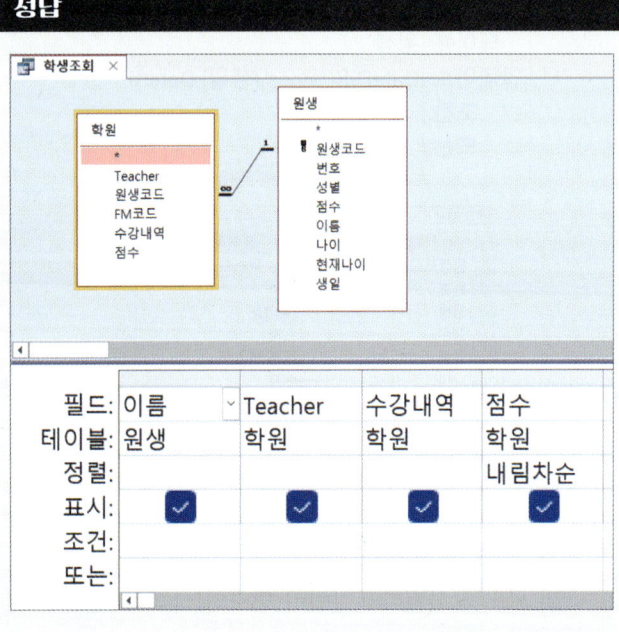

① [만들기]-[쿼리] 그룹에서 [쿼리 디자인](🔲)을 클릭한다.
② 〈학원〉, 〈원생〉 테이블을 더블클릭하여 추가한 후 [닫기]를 클릭한다.
③ 디자인 눈금의 각 필드에 다음과 같이 드래그해서 배치하고 정렬을 지정한다.

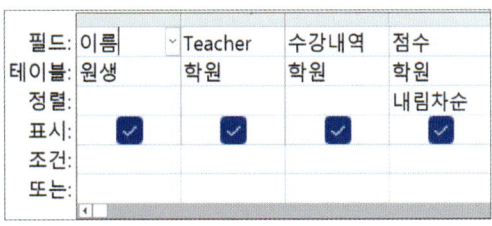

④ 마우스 오른쪽 버튼을 눌러 [속성]을 클릭한 후 '상위 값'에 5를 입력한다.

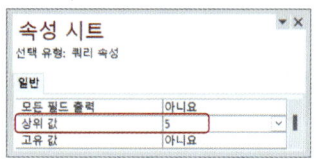

⑤ [쿼리 디자인] 탭의 [테이블 만들기](🔲)를 클릭하여 **상위점수학생**을 입력하고 [확인]을 클릭한다.

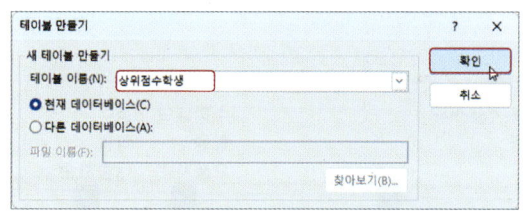

⑥ [쿼리 디자인] 탭의 [실행](❗)을 클릭한 후 메시지 상자에서 [예]를 클릭한다.

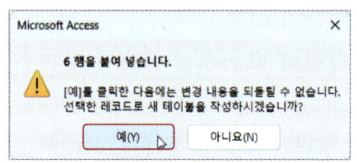

⑦ [저장](💾)을 클릭한 후 **학생조회**를 입력하고 [확인]을 클릭한다.

④ 〈직업별수강과목〉 쿼리

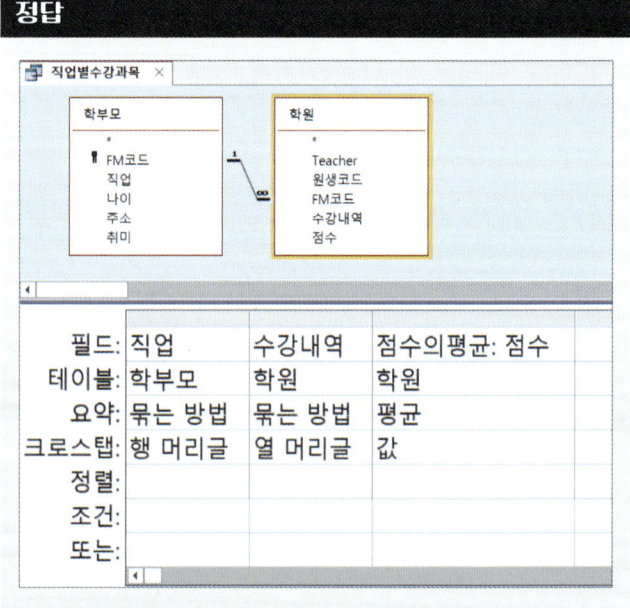

① [만들기]-[쿼리] 그룹의 [쿼리 디자인](🔲)을 클릭한다.
② [테이블 추가]의 [테이블] 탭에서 〈학부모〉, 〈학원〉을 추가하고 [닫기]를 클릭한다.

③ 디자인 눈금의 각 필드에 다음과 같이 드래그해서 놓는다.

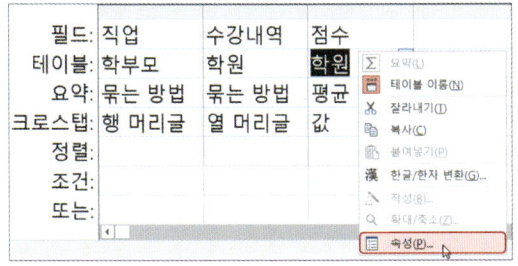

④ [쿼리 디자인]-[쿼리 유형] 그룹의 [크로스탭](▦)을 클릭한다.
⑤ 직업은 '행 머리글', 수강내역 '열 머리글', 점수는 '평균'과 '값'을 선택하고, 점수 필드에서 마우스 오른쪽 버튼을 눌러 [속성]을 클릭한다.

⑥ [속성 시트]에서 형식은 '표준', 소수 자릿수에 0을 입력한다.

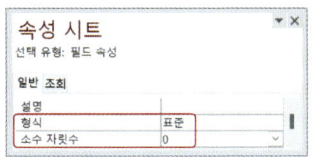

⑦ Ctrl + S 를 눌러 '다른 이름으로 저장' 대화상자에 **직업별수강과목**으로 입력하고 [확인]을 클릭하여 저장한다.

5 〈원생중이번달생일자〉 쿼리

정답

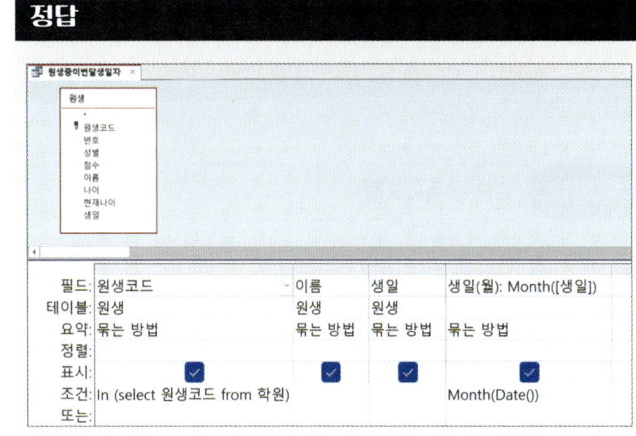

① [만들기]-[쿼리] 그룹의 [쿼리 디자인](▦)을 클릭한다.
② [테이블 추가]의 [테이블] 탭에서 〈원생〉 테이블을 추가하고 '원생코드', '이름', '생일', '생일' 필드를 드래그한다.
③ [쿼리 디자인]-[표시/숨기기] 그룹에서 [요약](∑)을 클릭하고 조건을 입력한다.

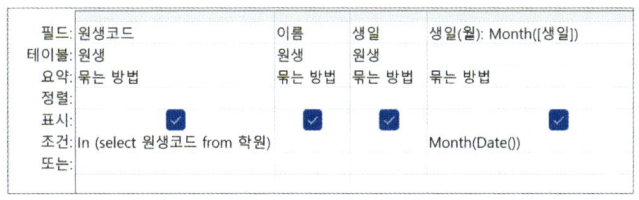

In (Select 원생코드 from 학원)
생일(월): Month([생일]) ⇒ Month(Date())

④ '생일(월)' 필드를 선택한 후 [속성 시트]를 표시한 후 '형식'에 0"월"을 입력한다.

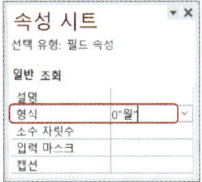

⑤ 쿼리의 이름을 **원생중이번달생일자**로 입력하고 [확인]을 클릭한다.

데이터베이스 실전 모의고사 12회

작업파일 : '26컴활1급(기출)₩데이터베이스₩실전모의고사'에서 '실전모의고사12회' 파일을 열어 작업하세요.

문제1 DB 구축(25점)

1 도서별 자료를 관리하기 위해 데이터베이스를 구축하려 한다. 다음의 지시 사항에 따라 〈자료정보〉 테이블을 완성하시오. (각 3점)

① 일련번호가 입력되도록 '자료번호'를 첫 번째 필드로 추가하고 기본 키로 설정하시오.
② '도서코드' 필드에 'N34가783' 형식처럼 데이터가 입력되도록 입력 마스크를 설정하시오.
  ▶ '문자1자리+숫자2자리+문자1자리+숫자3자리' 형식으로 입력
  ▶ 숫자 0~9까지와 문자(한글, 영문)는 반드시 입력되도록 할 것
③ '출판여부' 필드에는 'Y' 또는 'N' 이외의 값은 입력되지 않도록 데이터 형식을 설정하시오.
④ 새 레코드 추가 시 '출간일시' 필드에는 다음 예와 같이 현재 날짜와 시간이 입력되도록 설정하시오.
  ▶ 예 : 2025-06-12 오후 5:12:23
⑤ '제작사' 필드에 '영진', '원샷', '이기적' 데이터만 입력할 수 있게 유효성 검사 규칙을 설정하시오.

2 〈자료대여〉 테이블의 'ISBN' 필드는 〈자료정보〉 테이블의 '도서코드' 필드를 참조하며 두 테이블간의 관계는 M:1이다. 다음과 같이 관계를 설정하시오. (5점)

  ▶ 항상 참조 무결성이 유지되도록 설정할 것(오류 발생 시 수험생이 적절하게 조치할 것)
  ▶ 〈자료정보〉 테이블의 '도서코드' 필드가 변경되면 이를 참조하는 〈자료대여〉 테이블의 'ISBN' 필드도 따라서 변경되도록 설정할 것
  ▶ 〈자료대여〉 테이블에서 참조하고 있는 〈자료정보〉 테이블의 레코드를 삭제할 수 없도록 설정할 것

3 〈자료대여〉 테이블의 'ISBN' 필드에 대해 다음과 같이 조회 속성을 설정하시오. (5점)

  ▶ 〈자료정보〉 테이블의 '도서코드'와 '자료제목' 필드가 콤보 상자의 형태로 나타나도록 할 것
  ▶ 필드에는 '도서코드'가 저장되도록 하고 각각의 너비를 2cm로 설정할 것
  ▶ 목록 너비는 4cm로 설정할 것

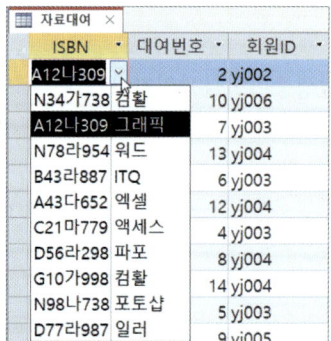

문제2 입력 및 수정 기능 구현(20점)

1 〈자료검색〉 폼을 다음 지시사항에 따라 완성하시오. (각 3점)

① 폼의 본문 구역에 미리보기 그림처럼 'Label제목' 레이블을 생성하시오.
   ▶ 글꼴의 크기 : 30, 문자색 : 표준 색 중 '녹색(#22B14C)', 글꼴 : 궁서체
② 기본 폼과 하위 폼을 적절한 필드로 연결하시오.
③ 하위 폼 쪽의 'txt건수' 컨트롤에 다음과 같이 레코드 개수를 표시하시오.
   ▶ '반납일자'가 Null(비어있는)인 경우에는 개수에 포함하지 말 것

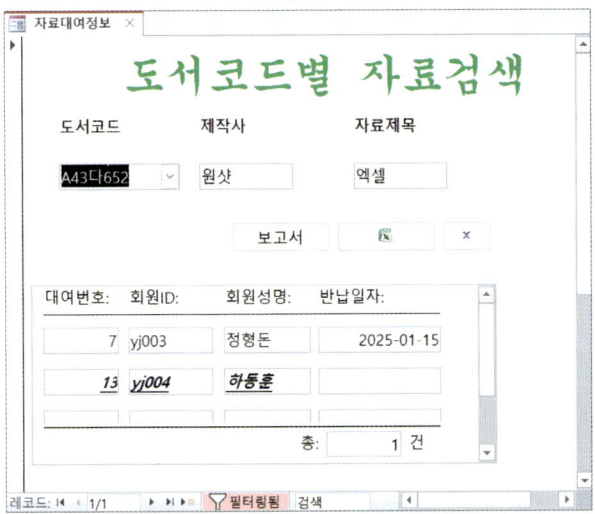

2 〈자료대여정보〉 폼의 본문 구역 컨트롤에 대해 조건부 서식을 설정하시오. (6점)

▶ '반납일자'가 Null인 레코드를 글꼴 스타일은 '굵게', '기울임꼴', '밑줄'로 할 것

3 〈자료검색〉 폼의 '도서코드(cmb도서코드)' 값이 변경되면 다음과 같이 동작하도록 이벤트 프로시저를 작성하시오. (5점)

▶ '도서코드(cmb도서코드)'에서 선택한 도서 정보만 표시할 것
▶ 컨트롤의 Change이벤트 및 Filter, FilterOn 속성을 이용할 것

문제3 조회 및 출력 기능 구현(20점)

1 다음의 지시사항 및 화면을 참조하여 〈도서자료R〉 보고서를 완성하시오. (각 3점)

① 본문 구역의 'txt대여회원' 컨트롤에 'ISBN/회원ID'로 표시되도록 설정하시오.
② 본문 구역의 'txt순번' 컨트롤에 그룹별 일련번호가 나타나도록 설정하시오.
③ 본문 구역의 'txt제작사' 컨트롤에는 이전 레코드와 같은 데이터는 나타나지 않도록 설정하시오.
④ ISBN 바닥글 영역의 'txt할증건수' 컨트롤에 다음과 같이 건수를 표시하시오.
  ▶ '대여일자'가 2025년 3월 1일 이전 자료의 건수를 표시할 것
  ▶ DCount, Count, Sum, IIf 중 적절한 함수를 이용할 것
  ▶ 해당 자료가 없을 경우 '0'으로 표시할 것

⑤ 페이지 바닥글 구역의 'txt페이지' 컨트롤에 다음과 같이 페이지를 표시하시오.
  ▶ 전체 5페이지 중 현재 페이지가 1페이지 인 경우 : 1 / 5

2 〈자료검색〉 폼의 '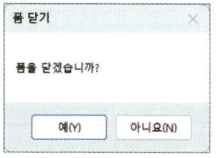(cmd닫기)' 버튼을 클릭하면 미리보기 그림처럼 메시지 상자를 표시하도록 이벤트 프로시저를 작성하시오. (5점)

  ▶ 〈예〉 버튼 클릭 시 해당 폼이 종료 됨

문제4 처리 기능 구현(35점)

1 '회원성명'의 일부를 매개 변수로 입력받아 미리보기 그림처럼 결과를 표시하는 〈회원별대여〉 쿼리를 작성하시오. (7점)

- ▶ 〈자료대여〉, 〈회원정보〉 테이블을 이용할 것
- ▶ 〈자료대여〉의 '대여번호'와 〈회원정보〉의 '대여번호'가 일치하는 행만 포함하도록 조인 속성을 설정할 것
- ▶ '회원ID'를 기준으로 오름차순 정렬하고, '대여번호'로 내림차순 정렬할 것

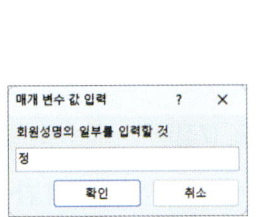
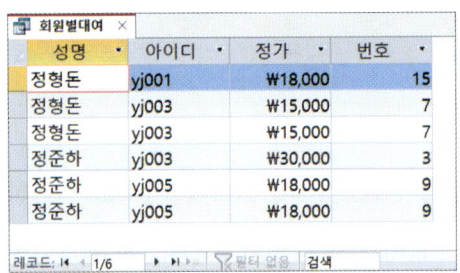

2 도서코드별 도서정가의 합계를 〈도서별합계〉 쿼리로 작성하시오. (7점)

- ▶ 〈자료정보〉, 〈자료대여〉 테이블을 이용할 것
- ▶ '출간일시' 필드를 기준으로 내림차순 정렬하여 표시할 것

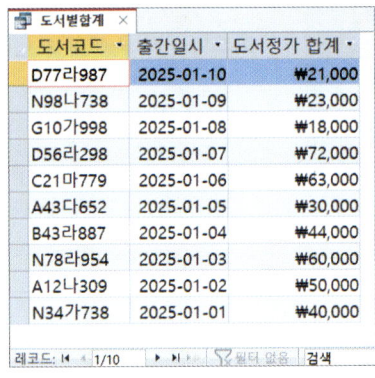

3 〈자료대여〉, 〈자료정보〉 테이블을 이용하여 매개변수를 통해 입력받은 대여일자 이후 반납일자 이전의 데이터를 조회하는 〈도서대여날짜조회〉 쿼리를 작성하시오. (7점)

- ▶ 회원성명을 기준으로 오름차순 정렬하고, 자료 제목을 기준으로 내림차순 정렬하시오.
- ▶ 쿼리 실행 결과 표시되는 필드와 필드명은 〈그림〉과 같이 표시되도록 설정하시오.

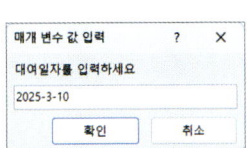
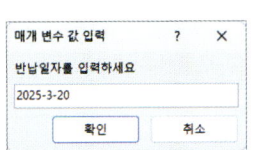
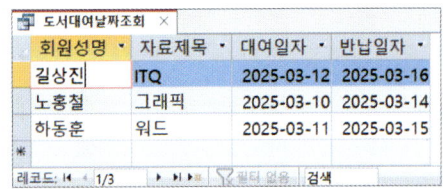

④ 〈자료종합〉 쿼리를 이용하여 제작사, 대여일자 월별 대여권수를 조회하는 〈월별대여〉 크로스탭 쿼리를 작성하시오. (7점)

▶ 개수는 '회원ID' 필드를 이용하시오.
▶ Month 함수와 & 연산자 이용
▶ 쿼리 실행 결과 표시되는 필드와 필드명은 〈그림〉과 같이 표시되도록 설정하시오.

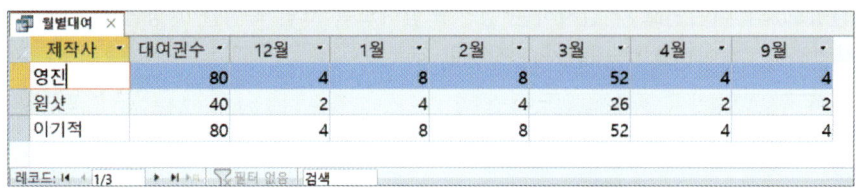

⑤ 〈자료대여〉, 〈자료정보〉 테이블을 이용하여 〈컴활가격인상처리〉 업데이트 쿼리를 작성하시오. (7점)

▶ 〈자료정보〉 테이블에 있는 '자료제목' 필드의 값이 '컴활'인 '도서코드'와 〈자료대여〉 테이블에 있는 'ISBN'의 값이 같으면 '비고' 필드에 "★가격인상★" 표시
▶ in 과 하위 쿼리 사용

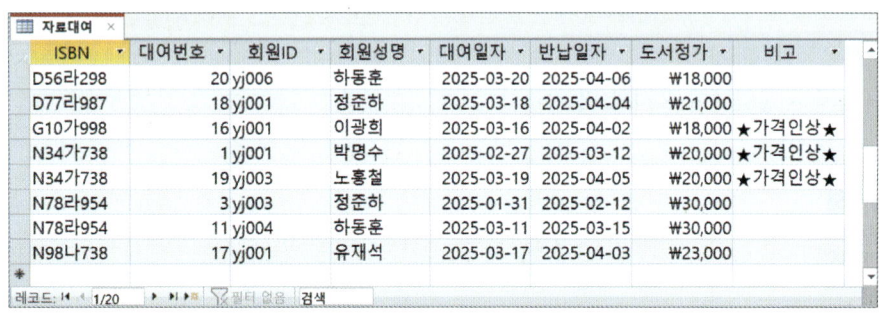

정답 & 해설 — 데이터베이스 실전 모의고사 12회

문제1 DB 구축

1 〈자료정보〉 테이블

정답

번호	테이블	필드 이름	속성 및 형식	설정 값
①	자료정보	자료번호 필드 추가	데이터 형식	일련 번호
			기본 키	(자료정보 - 자료번호: 일련 번호 / 도서코드: 짧은 텍스트)
②	자료정보	도서코드	입력 마스크	L0OL000
③	자료정보	출판여부	데이터 형식	Yes/No
④	자료정보	출간일시	형식	기본 날짜
			기본값	Now( )
⑤	자료정보	제작사	유효성 검사 규칙	In ("영진","원샷","이기적")

① 〈자료정보〉 테이블에서 마우스 오른쪽 버튼을 눌러 [디자인 보기](N)를 클릭한 후 '도서코드' 필드를 선택하고, [테이블 디자인]-[도구] 그룹의 [행 삽입](≣+)을 클릭한다.

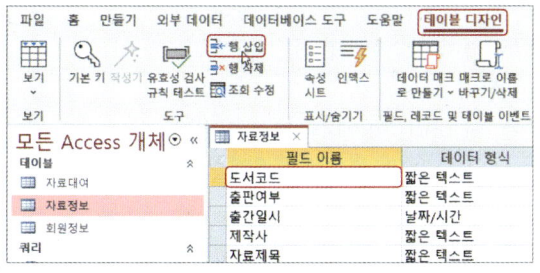

> **기적의 TIP**
> [행 삽입]을 클릭하면 선택한 필드의 위쪽에 행이 삽입됩니다. 이는 테이블의 데이터시트 보기 모드에서 선택한 필드의 왼쪽에 열이 삽입되는 것입니다.

② '도서코드' 위에 행이 삽입되면 필드 이름에 **자료번호**를 입력하고, 데이터 형식은 '일련 번호'를 선택한다.
③ '자료번호' 필드를 선택하고 [테이블 디자인] 그룹의 [기본 키](🔑)를 클릭한다.
④ '도서코드' 필드의 입력 마스크에 L0OL000을 설정한다.
⑤ '출판여부' 필드의 데이터 형식을 'Yes/No'로 설정한다.
⑥ '출간일시' 필드의 기본값에 Now()를, 형식은 '기본 날짜'로 설정한다.
⑦ '제작사' 필드의 유효성 검사 규칙에 In ("영진", "원샷"," 이기적")을 설정하고 저장한다.

2 〈자료대여〉, 〈자료정보〉 테이블 관계 설정

정답

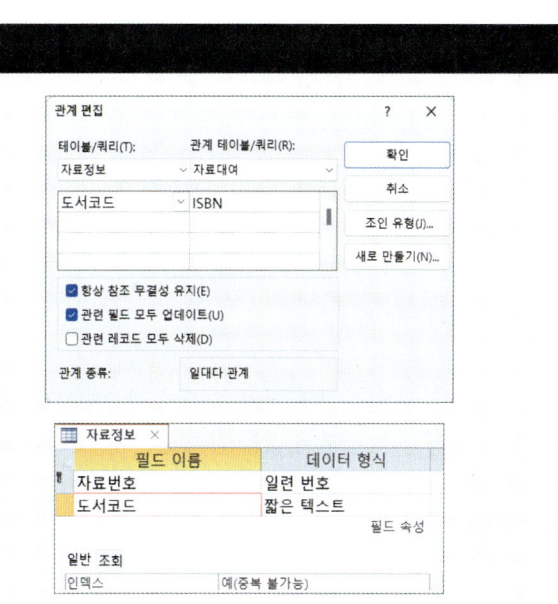

① [데이터베이스 도구]-[관계] 그룹에서 [관계](📊)를 클릭한다.
② [테이블 추가] 창의 〈자료대여〉, 〈자료정보〉 테이블을 [추가]한 후 [닫기]를 클릭한다.
③ 관계를 설정할 필드끼리 드래그 앤 드롭하면('도서코드'를 끌어서 'ISBN'에 놓으면) [관계 편집] 대화상자가 나타난다.
④ 지시사항대로 체크하고 [만들기]를 클릭한다.

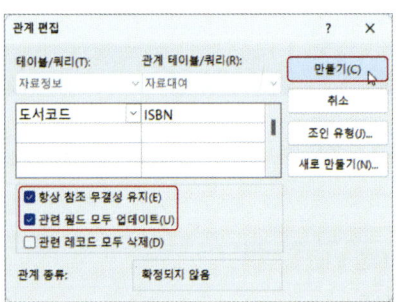

⑤ 참조 무결성의 원칙에 어긋나 기본 테이블 쪽에 고유 인덱스가 없다는 오류를 만나게 된다. [확인]을 클릭한다.

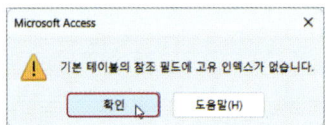

> 🏁 기적의 TIP
>
> 참조 무결성이란 기본 테이블(자료정보)의 기본 키 필드에 없는 값은 관련된 테이블(자료대여)의 외래 키 필드에 입력할 수 없는 원칙을 말합니다. 이러한 참조 무결성을 보장받으려면, 일(1) 대 다(M)의 관계에서 일(1) 쪽이 기본 테이블이고 기본 테이블 쪽의 관계 필드는 기본 키이거나 고유 인덱스를 가지고 있어야 합니다. 즉 〈자료정보〉 테이블의 '도서코드' 필드가 기본 키이거나 고유 인덱스를 가지고 있어야 한다는 말입니다.

⑥ [관계] 창의 〈자료정보〉 테이블에서 마우스 오른쪽 버튼을 눌러 [테이블 디자인]을 클릭한다.

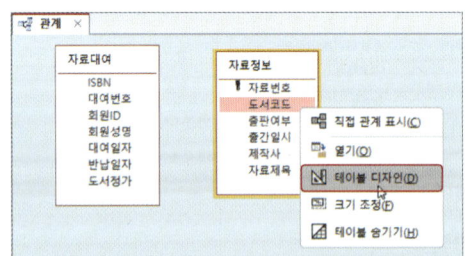

⑦ '도서코드' 필드를 선택하고 '인덱스'를 '예(중복 불가능)'으로 설정한다. 중복된 값을 입력할 수 없게 되어 고유 인덱스가 된다. 변경한 내용은 저장한다.

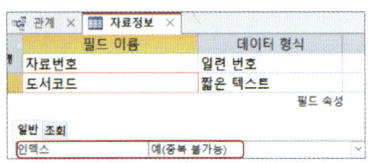

⑧ 다시 한 번 지시사항대로 관계를 설정하고 변경한 내용은 저장한다.

3 〈자료대여〉 테이블의 'ISBN' 필드에 조회 속성

정답

필드 이름	데이터 형식
ISBN	짧은 텍스트
대여번호	숫자

필드 속성

일반 조회

컨트롤 표시	콤보 상자
행 원본 유형	테이블/쿼리
행 원본	SELECT 자료정보.도서코드, 자료정보.자료제목 FROM 자료정보;
바운드 열	1
열 개수	2
열 이름	아니요
열 너비	2cm;2cm
행 수	16
목록 너비	4cm
목록 값만 허용	아니요
여러 값 허용	아니요
값 목록 편집 허용	아니요
목록 항목 편집 폼	
행 원본 값만 표시	아니요

① 〈자료대여〉 테이블에서 마우스 오른쪽 버튼을 눌러 [디자인 보기](📐)를 클릭한 후 'ISBN' 필드를 선택한다.
② 필드 속성의 [조회] 탭을 클릭한다.
③ '컨트롤 표시'를 '콤보 상자'로 설정한다.
④ '행 원본'의 [작성기](⋯)를 클릭한다.
⑤ [테이블 추가] 창에서 〈자료정보〉 테이블을 [추가]하고 [닫기]를 클릭한다.
⑥ '도서코드'와 '자료제목' 필드를 더블 클릭하여 필드에 추가하고 [자료대여 : 쿼리 작성기] 창을 닫는다.
⑦ [예]를 클릭하여 작업한 쿼리를 저장하고 '행 원본' 속성을 업데이트 한다.
⑧ 바운드 열, 열 너비, 열 개수, 목록 너비 속성을 각각 설정하여 마무리한다.

필드 이름	데이터 형식
ISBN	짧은 텍스트
대여번호	숫자

필드 속성

일반 조회

컨트롤 표시	콤보 상자
행 원본 유형	테이블/쿼리
행 원본	SELECT 자료정보.도서코드, 자료정보.자료제목 FROM 자료정보;
바운드 열	1
열 개수	2
열 이름	아니요
열 너비	2cm;2cm
행 수	16
목록 너비	4cm
목록 값만 허용	아니요
여러 값 허용	아니요
값 목록 편집 허용	아니요

문제2 입력 및 수정 기능 구현

1 〈자료검색〉 폼

정답

번호	개체	속성	설정 값
①	Label제목 생성	글꼴 크기	30
		글꼴 이름	궁서체
		문자색	녹색(#22B14C)
②	하위 폼 필드 연결	기본 필드 연결	도서코드
		하위 필드 연결	ISBN
③	txt건수	컨트롤 원본	=Count([반납일자])

① 〈자료검색〉 폼에서 마우스 오른쪽 버튼을 눌러 [디자인 보기](N)를 클릭한다.

② [양식 디자인]-[컨트롤] 그룹의 컨트롤 중 [레이블](가가)을 클릭한다.

③ 미리보기 그림을 참조하여 레이블 컨트롤을 배치하고 **도서코드별 자료검색**을 입력한다.

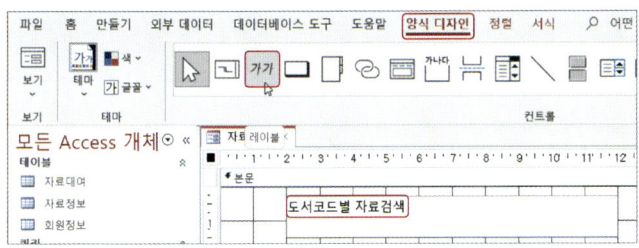

> **기적의 TIP**
>
> 레이블 컨트롤을 생성한 후 '캡션'을 안쪽에 미리 입력해야 합니다. 그렇지 않으면 컨트롤이 사라지니 유의하세요.

④ 글꼴 크기, 문자색, 글꼴 이름을 지시사항대로 설정한다. 문자색은 [작성기](...)를 클릭하여 정하면 되고, 선택 후 #22B14C로 바꿀 수 있다.

⑤ 하위 폼을 선택하고 속성 시트에서 '기본 필드 연결'에 '도서코드'를, '하위 필드 연결'에 'ISBN'을 설정한다.

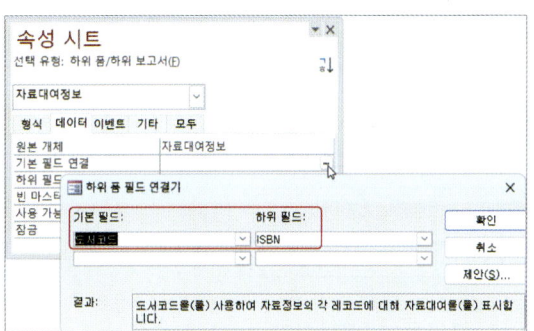

⑥ 하위 폼 선택기 단추를 클릭한 후 'txt건수' 컨트롤을 선택하고 [속성] 시트의 '컨트롤 원본'에 =Count([반납일자])를 설정한다.

> **기적의 TIP**
>
> Count(*) : Null 필드 레코드까지 포함하여 총 레코드 수를 계산
> Count([필드]) : Null 필드 레코드 포함하지 않고 레코드 수를 계산

2 〈자료대여정보〉 폼의 본문 구역(조건부 서식)

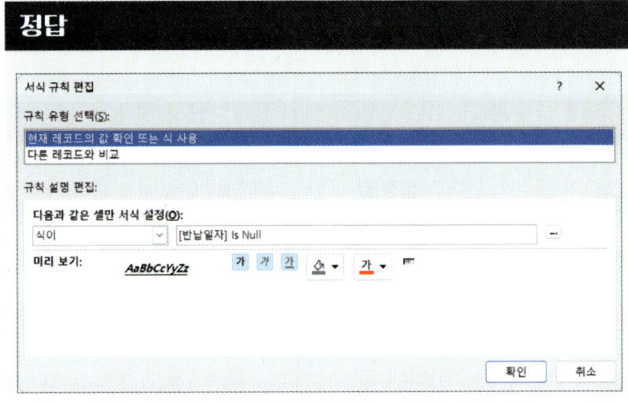

① 〈자료대여정보〉 폼에서 마우스 오른쪽 버튼을 눌러 [디자인 보기](📄)를 클릭한다.
② 본문 구역의 모든 컨트롤을 선택하고 [서식] 탭의 '컨트롤 서식' 중 [조건부 서식](▦)을 클릭한다.

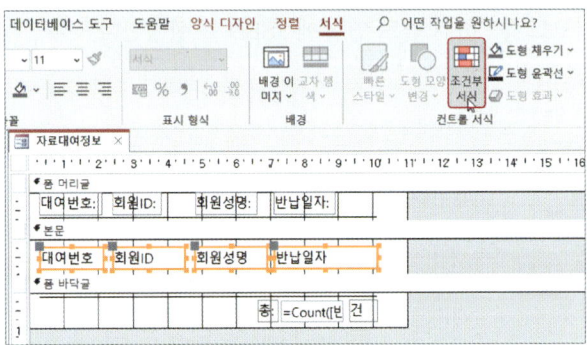

③ [새 규칙]을 클릭하고 [**반납일자**] is Null로 설정 후 [확인]을 누르고, 다시 [확인]을 누른 후 변경한 내용은 저장한다.

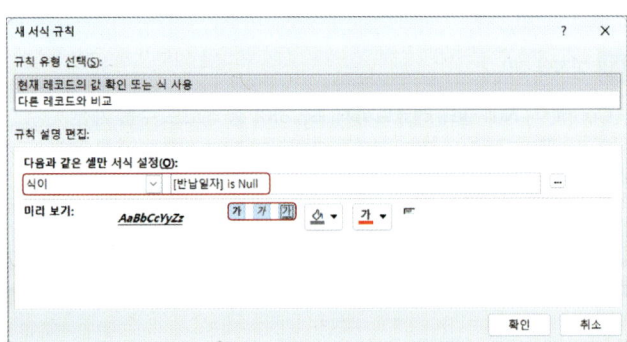

🚩 기적의 TIP

Is와 Null 예약어(Access에서 특별한 의미를 부여한 단어나 기호)로 식을 꾸밀 수 있습니다. Is Null은 필드에 값이 없는 레코드를, Is Not Null 필드에 값이 있는 레코드를 반환합니다.

3 〈자료검색〉 폼의 'cmb도서코드' 컨트롤

① 〈자료검색〉 폼의 [디자인 보기](📄)에서 'cmb도서코드'를 선택한다.
② 속성 시트의 'On Change'에서 [이벤트 프로시저]를 선택하고 [작성기](…)를 클릭한다.
③ VBE 창에 다음과 같이 코딩하고 저장한다.

```
Private Sub cmb도서코드_Change()
  Me.Filter = "도서코드 = '" & cmb도서코드 & "'"
  Me.FilterOn = True
End Sub
```

문제3 조회 및 출력 기능 구현

1 〈도서자료R〉 보고서

정답

번호	필드 이름	속성 및 형식	설정 값
①	txt대여회원	컨트롤 원본	=[ISBN] & "/" & [회원ID]
②	txt순번	컨트롤 원본	=1
		누적 합계	그룹
③	txt제작사	중복 내용 숨기기	예
④	txt할증건수	컨트롤 원본	=Sum(IIf([대여일자]<=#2025-03-01#,1,0))
⑤	txt페이지	컨트롤 원본	=[Page] & " / " & [Pages]

① 〈도서자료R〉 보고서에서 마우스 오른쪽 버튼을 눌러 [디자인 보기](N)를 클릭한 후 'txt대여회원' 컨트롤을 선택하고, 속성 시트의 '컨트롤 원본'에 =[ISBN] & "/" & [회원ID]를 입력한다.

> **기적의 TIP**
> Access에서 폼이나 보고서의 컨트롤에 식을 사용하려면 '=' 연산자로 시작합니다. 식에서 필드는 식별자이므로 [](대괄호)연산자로 묶어서 표현하면 됩니다. 식에 텍스트를 사용하려면 '"'(큰따옴표)로 묶어서 나타내며 문자열로 연결하기 위해서 연결 연산자 '&'를 사용하게 됩니다. 원론적인 이야기이므로 참고만 하세요.

② 'txt순번' 컨트롤을 선택하고 '컨트롤 원본'에 =1, '누적 합계'에 '그룹'을 설정한다.

③ 'txt제작사' 컨트롤을 선택하고 '중복 내용 숨기기'를 '예'로 설정한다.

④ 'txt할증건수' 컨트롤을 선택하고 '컨트롤 원본'에 =Sum(IIf([대여일자]<=#2025-03-01#,1, 0)) 또는 =Count(IIf([대여일자]<=#2025-03-01#,"*"))로 설정한다.

> **기적의 TIP**
> DCount 함수는 조건에 맞는 전체 테이블의 레코드 수를 계산하여 전체 건수를 반환하므로 적절하지 않습니다. 식에서 날짜 데이터 형식은 #으로 둘러싸 표현합니다.

⑤ 'txt페이지' 컨트롤의 '컨트롤 원본'에 =[Page] & " / " & [Pages]를 설정하고 저장한다.

2 〈자료검색〉 폼의 'cmd닫기' 컨트롤

① 〈자료검색〉 폼에서 마우스 오른쪽 버튼을 눌러 [디자인 보기](N)로 열어 'cmd닫기' 컨트롤을 선택한다.
② [속성] 시트 'On Click'에서 [이벤트 프로시저]의 [작성기](...) 단추를 클릭한다.
③ VBE 창에 다음과 같이 코딩하고 저장한다.

```
Private Sub cmd닫기_Click()
    jin = MsgBox("폼을 닫겠습니까?", vbYesNo, "폼 닫기")
    If jin = vbYes Then
        DoCmd.Close
    End If
End Sub
```

> **기적의 TIP**
> 메시지 상자에서 사용자의 선택(예 or 아니요)에 따른 결과 값이 반환될 경우, 이를 담아둘 변수(jin)가 필요합니다.

문제4 처리 기능 구현

1 〈회원별대여〉 쿼리

정답

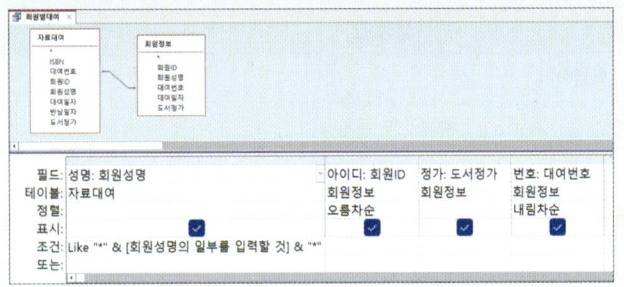

① [만들기]-[쿼리] 그룹에서 [쿼리 디자인](圖)을 클릭한다.
② [테이블 추가] 창에서 〈자료대여〉, 〈회원정보〉 테이블을 더블클릭하여 추가하고 [닫기]를 클릭한다.
③ '대여번호' 필드끼리 끌어다 놓기 하여 관계를 맺고 조인 선을 더블클릭하여, 테이블의 조인 속성을 내부조인(첫 번째 조인)으로 설정한다.

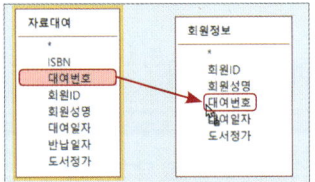 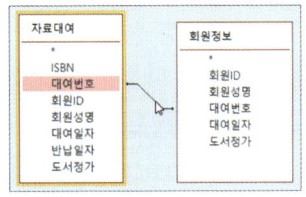

④ 디자인 눈금에 필드를 추가하고 정렬 설정을 한다. 별명을 붙이고 조건에 Like "*" & [회원성명의 일부를 입력할 것] & "*"를 입력한다.

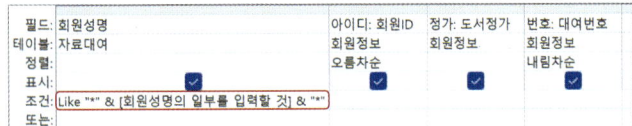

> **기적의 TIP**
>
> Like 연산자는 Like 연산자 다음에 오는 값을 포함하여 검색하는 역할을 합니다. Like *강(강으로 끝나는 값 검색), Like 강*(강으로 시작하는 값 검색), Like *강*(강으로 끝나든 시작하든 가운데에 강이 들어가든 포함하는 값 검색)

⑤ [실행]을 클릭하여 미리보기 그림과 비교 확인 후 **회원별대여**로 저장한다.

2 〈도서별합계〉 쿼리

정답

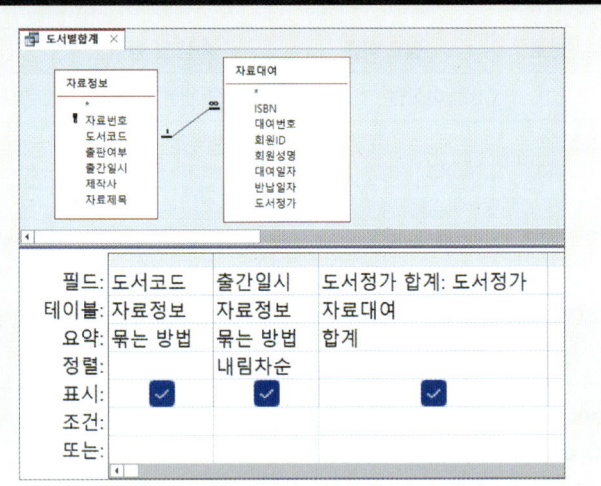

① [만들기]-[쿼리] 그룹에서 [쿼리 디자인](圖)을 클릭하고 〈자료정보〉, 〈자료대여〉 테이블을 추가한다.
② 디자인 눈금에 필드를 추가하고 [요약](Σ)을 클릭하여 묶어준 후(GROUP BY) '출간일시'를 '내림차순'으로 정렬한다.

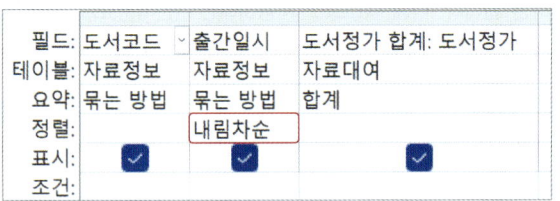

③ 변경한 내용은 **도서별합계**로 저장한다.

3 〈도서대여날짜조회〉 쿼리

정답

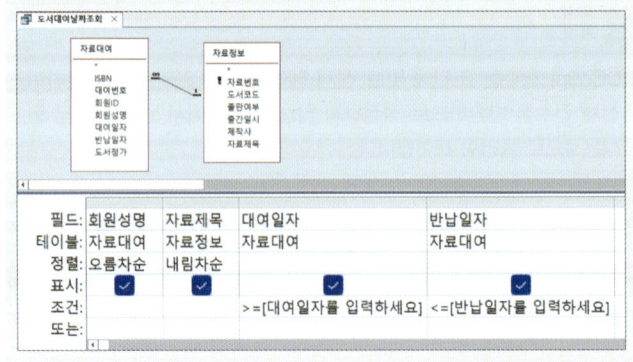

① [만들기]-[쿼리] 그룹에서 [쿼리 디자인](圖)을 클릭한다.

② 〈자료대여〉, 〈자료정보〉 테이블을 더블클릭하여 추가한 후 [닫기]를 클릭한다.
③ 디자인 눈금의 각 필드에 다음과 같이 드래그해서 배치하고 정렬과 조건을 입력한다.

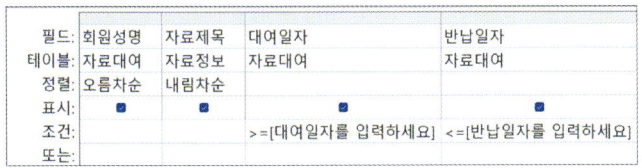

④ [저장](📁)을 클릭한 후 **도서대여날짜조회**를 입력하고 [확인]을 클릭한다.

4 〈월별대여〉 쿼리

정답

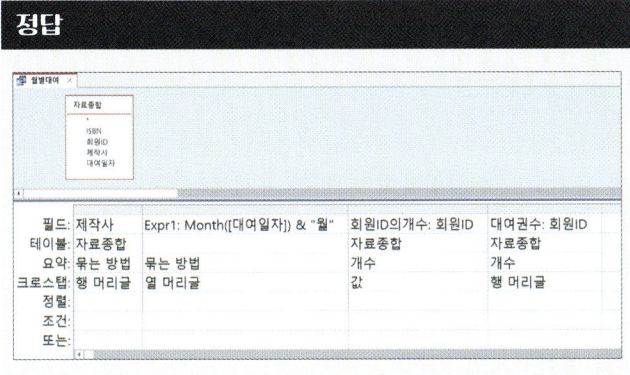

① [만들기]-[쿼리] 그룹의 [쿼리 디자인](📋)을 클릭한다.
② [테이블 추가]의 [쿼리] 탭에서 〈자료종합〉을 추가하고 [닫기]를 클릭한다.
③ 디자인 눈금의 각 필드에 다음과 같이 드래그해서 놓는다.

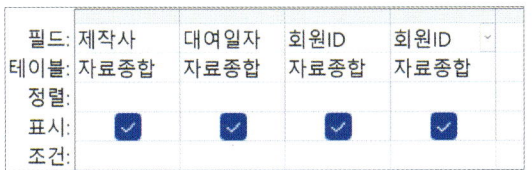

④ [쿼리 디자인]-[쿼리 유형] 그룹의 [크로스탭](📋)을 클릭한다.
⑤ 제작사는 '행 머리글', 대여일자는 '열 머리글', 회원ID는 '개수'와 '값'을 선택하고, 또 다른 회원ID는 '개수', '행 머리글'로 지정한다.

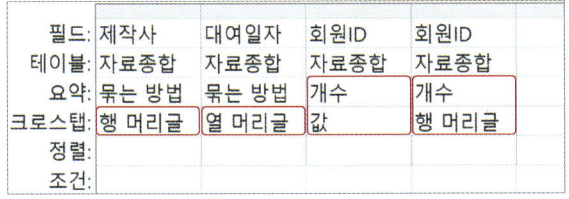

⑥ 열 머리글을 Month([대여일자]) & "월"로 수정하고, 행 머리글 '회원ID'는 **대여권수:**를 입력하여 별명(Alias)으로 수정한다.

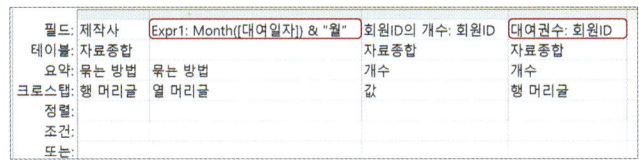

⑦ Ctrl + S 를 눌러 '다른 이름으로 저장' 대화상자에 **월별대여**로 입력하고 [확인]을 클릭하여 저장한다.

5 〈컴활가격인상처리〉 쿼리

정답

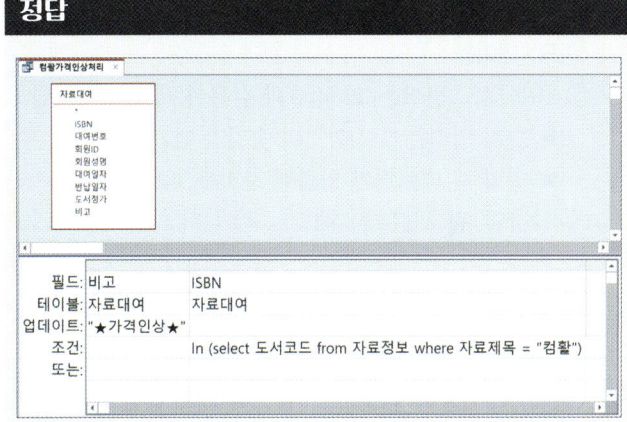

① [만들기]-[쿼리] 그룹의 [쿼리 디자인](📋)을 클릭한다.
② [테이블 표시] 대화상자의 [테이블] 탭에서 〈자료대여〉 테이블을 추가하고 '비고', 'ISBN' 필드를 드래그한다.
③ [쿼리 디자인]-[쿼리 유형] 그룹의 [업데이트](📋)를 클릭한 후 다음과 같이 입력한다.

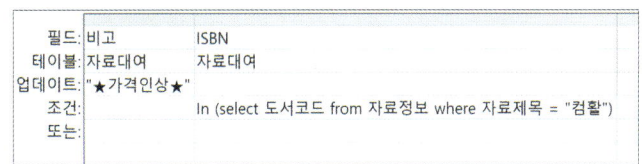

④ 쿼리의 이름을 **컴활가격인상처리**로 입력하고 [확인]을 클릭한다.
⑤ [쿼리 디자인]-[결과] 그룹의 [실행](❗)을 클릭하여 메시지가 표시되면 [예]를 클릭한다.

데이터베이스 실전 모의고사 13회

작업파일 : '26컴활1급(기출)\데이터베이스\실전모의고사'에서 '실전모의고사13회' 파일을 열어 작업하세요.

문제1 DB 구축(25점)

1 주식 거래 관리 업무를 수행하기 위한 데이터베이스를 구축하고자 한다. 다음의 지시사항에 따라 각 테이블을 완성하시오. (각 3점)

〈배당〉 테이블
① '배당ID' 필드를 맨 앞에 추가한 후 숫자가 1씩 증가하는 데이터 형식으로 지정하고 기본키(PK)로 지정하시오.
② '사업년도' 필드는 반드시 입력하되 중복된 데이터 입력이 가능하도록 인덱스를 설정하시오.

〈종목〉 테이블
③ '종목코드' 필드는 '123456'과 같은 형식으로 입력받도록 다음과 같이 입력 마스크를 설정하시오.
　▶ 숫자 입력은 0~9까지의 숫자가 반드시 입력될 수 있도록 설정할 것
　▶ 입력 시 데이터가 입력될 자리를 '#'으로 표시
④ '상장일' 필드에는 새 레코드 추가 시 기본적으로 오늘 날짜가 표시되도록 설정하되, 날짜만 표시하는 함수를 사용하시오.
⑤ '결산월' 필드에는 1~12까지의 값만 입력되도록 유효성 검사 규칙을 설정하시오.

2 〈종목〉 테이블의 '업종코드' 필드에 대해 다음과 같이 조회 속성을 설정하시오. (5점)
　▶ 〈업종〉 테이블의 '업종코드'와 '업종명'이 콤보 상자의 형태로 표시되도록 설정할 것
　▶ 필드에는 '업종코드'가 저장되도록 할 것
　▶ 목록 너비를 5cm로 설정할 것
　▶ 목록 값만 입력할 수 있도록 설정할 것

3. 〈배당〉 테이블의 '종목코드' 필드는 〈종목〉 테이블의 '종목코드' 필드를 참조하며, 테이블 간의 관계는 M:1이다. 다음과 같이 테이블 간의 관계를 설정하시오. (5점)

※ 액세스 파일에 이미 설정되어 있는 관계는 수정하지 마시오.
▶ 테이블 간에 항상 참조 무결성이 유지되도록 설정하시오.
▶ 참조 필드의 값이 변경되면 관련 필드의 값도 변경되도록 설정하시오.
▶ 다른 테이블에서 참조하고 있는 레코드는 삭제할 수 없도록 설정하시오.

문제2   입력 및 수정 기능 구현(20점)

1. 〈배당조회〉 폼을 다음의 화면과 지시사항에 따라 완성하시오. (각 3점)

① 폼이 열려 있을 경우 다른 작업을 수행할 수 없도록 관련 속성을 설정하시오.
② 폼 머리글의 배경색을 'Access 테마 2'로 변경하시오.
③ 하위 폼 바닥글의 'txt배당수익률평균'과 'txt주당배당금평균' 컨트롤에 각각 '배당수익률' 필드와 '주당배당금' 필드의 평균이 표시되고, 배당수익률 평균은 백분율로 소수 이하 2자리로 표시하시오.

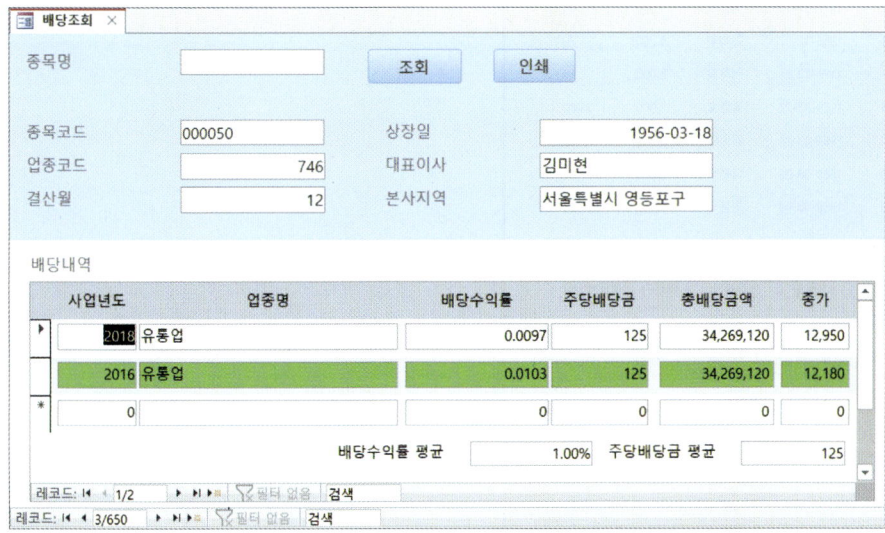

2. 〈배당내역〉 폼의 본문 영역에 다음과 같이 조건부 서식을 설정하시오. (6점)

▶ '배당수익률'이 0.01 이상인 경우 본문 영역의 모든 컨트롤의 배경색을 표준색 '연한 녹색'으로 설정하시오.
▶ 단, 하나의 규칙으로 작성하시오.
▶ 1번 그림 참조

3. 〈배당조회〉 폼의 머리글 영역에 다음의 지시사항을 참조하여 '단추' 컨트롤을 생성하시오. (5점)

▶ 명령 단추를 클릭하면 〈업종별현황〉 보고서를 '인쇄 미리 보기'의 형태로 여는 〈인쇄〉 매크로를 생성한 후 지정하시오.
▶ 컨트롤의 이름은 'cmd인쇄'로 지정하시오.
▶ 1번 그림 참조

문제3 조회 및 출력 기능 구현(20점)

1 다음의 지시사항 및 화면을 참조하여 〈업종별현황〉 보고서를 완성하시오. (각 3점)

① 동일한 '업종코드' 안에서 '종목명'이 같은 경우 '사업년도'를 기준으로 오름차순으로 정렬되어 표시되도록 설정하시오.
② 보고서 머리글의 'txt날짜' 컨트롤에 현재 날짜와 시간을 표시되도록 컨트롤 원본을 설정하고, 시스템의 시간이 다음과 같이 표시되도록 '형식' 속성을 설정하시오.
  ▶ 현재 시간이 17시 34분 23초이면 '오후 5:34:23'과 같이 표시
③ 본문의 '종목코드'와 '종목명' 컨트롤은 그룹 내에서 첫 번째 값만 표시되도록 설정하시오.
④ 업종코드 머리글 영역이 매 페이지마다 반복적으로 인쇄되도록 설정하시오.
⑤ 페이지 바닥글의 'txt페이지' 컨트롤에는 페이지 번호가 다음과 같이 표시되도록 '컨트롤 원본' 속성을 설정하시오.
  ▶ 표시 예 : 1/20페이지

2 〈배당조회〉 폼의 '조회(cmd조회)' 단추를 클릭할 때 다음과 같은 기능을 수행하도록 이벤트 프로시저를 구현하시오. (5점)

▶ 'txt종목명' 컨트롤에 입력된 종목명을 포함하는 자료의 정보만 표시
▶ 폼의 Filter 및 FilterOn 속성 이용

문제4 처리 기능 구현(35점)

1 〈종목〉, 〈배당〉 테이블을 이용하여 '자본금'이 많은 5개 종목을 조회하는 〈자본금상위5종목〉 쿼리를 작성하시오. (7점)

▶ '자본금'을 기준으로 내림차순 정렬하여 표시하시오.
▶ 종목은 고유 값만 표시하시오.
▶ 쿼리 실행 결과 표시되는 필드와 필드명은 〈그림〉과 같이 표시되도록 설정하시오.

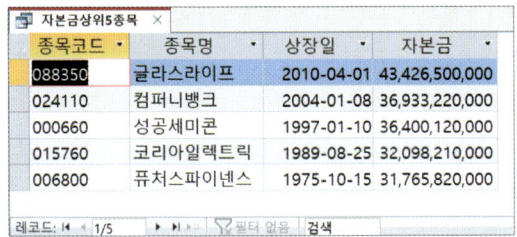

2 지역별 결산월별로 종목개수를 조회하는 〈지역별종목개수〉 크로스탭 쿼리를 작성하시오. (7점)

▶ 〈종목〉 테이블을 이용하시오.
▶ '종목개수'는 '종목코드' 필드를 이용하시오.
▶ 지역은 '본사지역' 필드를 이용하여 첫 번째 공백 앞의 지역명을 이용하시오. (Left, InStr 함수 이용)
▶ 쿼리 실행 결과 표시되는 필드와 필드명은 〈그림〉과 같이 표시되도록 설정하시오.

지역	종목개수	3	6	9	11	12
강원도	4					4
경기도	119	1		1		117
경상남도	34					34
경상북도	15	1	1			13
광주광역시	7					7
대구광역시	19		1			18
대전광역시	8					8
부산광역시	30		1			29
서울특별시	324	2	1	1		320
세종특별자치시	2					2
울산광역시	13					13
인천광역시	23	1	1			21
전라남도	7					7
전라북도	7					7
제주특별자치도	4					4
충청남도	20				1	19
충청북도	14					14

③ 〈배당〉 테이블을 이용하여 검색할 사업년도를 매개 변수로 입력받아 해당 년도의 주당배당금의 평균을 조회하는 〈사업년도별배당금평균〉 매개변수 쿼리를 작성하시오. (7점)

▶ '주당배당금평균' 필드를 기준으로 내림차순 정렬하여 표시하시오.
▶ 쿼리 결과 표시되는 필드와 필드명, 필드의 형식은 〈그림〉과 같이 표시되도록 설정하시오.

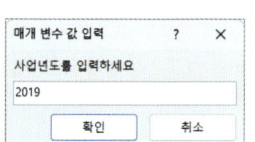

④ 〈업종〉, 〈종목〉, 〈배당〉 테이블을 이용하여 업종명별 총액면가와 총배당금액합계를 조회하는 〈업종별배당금합계〉 쿼리를 작성하시오. (7점)

▶ '총액면가'는 '액면가'의 합계, '총배당금액합계'는 '총배당금액'의 합계로 표시하시오.
▶ 쿼리 결과 표시되는 필드와 필드명, 필드의 형식은 〈그림〉과 같이 표시되도록 설정하시오.

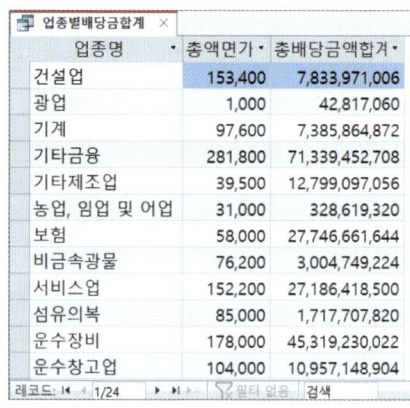

⑤ 〈종목〉, 〈배당〉 테이블을 이용하여 '배당수익률'이 10% 이상인 경우에 〈종목〉 테이블의 '비고' 필드의 값을 '★고배당주★'로 변경하는 〈고배당주표시〉 업데이트 쿼리를 작성한 후 실행하시오. (7점)

▶ 〈배당〉 테이블에 '배당수익률'이 10% 이상인 '종목코드'
▶ In 과 하위 쿼리 사용

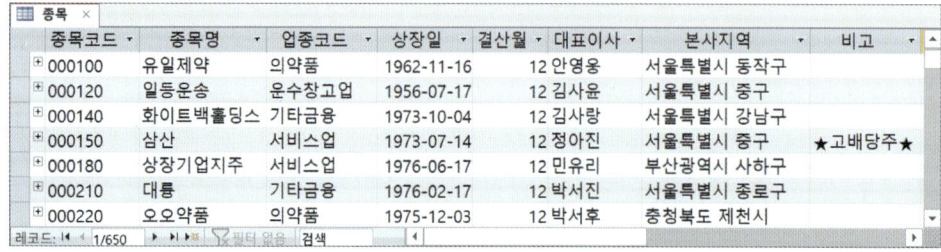

※ 〈고배당주표시〉 쿼리를 실행한 후의 〈종목〉 테이블

정답 & 해설 — 데이터베이스 실전 모의고사 13회

문제1 DB 구축

1 〈배당〉, 〈종목〉 테이블

정답

번호	테이블	필드 이름	속성 및 형식	설정 값
①	배당	배당ID	기본 키	(배당 테이블: 배당ID - 일련 번호, 종목코드 - 짧은 텍스트)
②	배당	사업년도	필수	예
			인덱스	예(중복 가능)
③	종목	종목코드	입력 마스크	000000;;#
④	종목	상장일	기본값	Date( )
⑤	종목	결산월	유효성 검사 규칙	Between 1 And 12 (또는 >=1 and <=12)

① 〈배당〉 테이블에서 마우스 오른쪽 버튼을 눌러 [디자인 보기](N)를 클릭한다.

② '종목코드' 행 선택기에서 마우스 오른쪽 버튼을 눌러 [행 삽입](≩+)을 클릭한다.

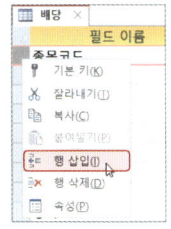

③ **배당ID**를 입력하고 '데이터 형식'에서 '일련 번호'를 선택하고 [테이블 디자인] 탭에서 [기본 키](🗝)를 클릭한다.

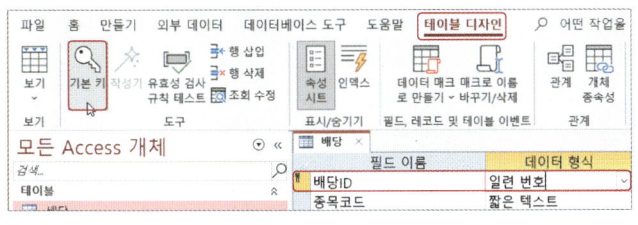

④ '사업년도' 필드의 '필수'는 '예'를 선택하고, '인덱스'는 '예(중복 가능)'을 선택한 후 Ctrl+S를 누른 후 [예]를 클릭한다.

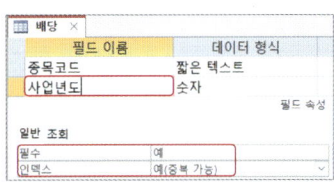

⑤ 〈종목〉 테이블에서 마우스 오른쪽 버튼을 눌러 [디자인 보기](N)를 클릭한다.

⑥ '종목코드' 필드의 '입력 마스크'는 000000;;#을 입력한다. (0은 숫자 필수, #은 입력될 자리에 표시)

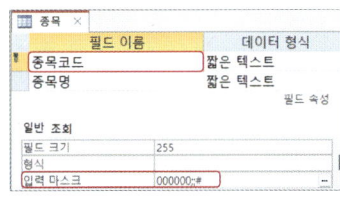

⑦ '상장일' 필드의 '기본값'은 DATE()을 입력한다.

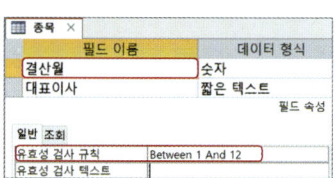

⑧ '결산월' 필드의 '유효성 검사 규칙'은 Between 1 And 12 를 입력하고 Ctrl+S를 누른 후 [예]를 클릭한다.

2 〈종목〉 테이블의 '업종코드' 필드의 조회 속성 설정

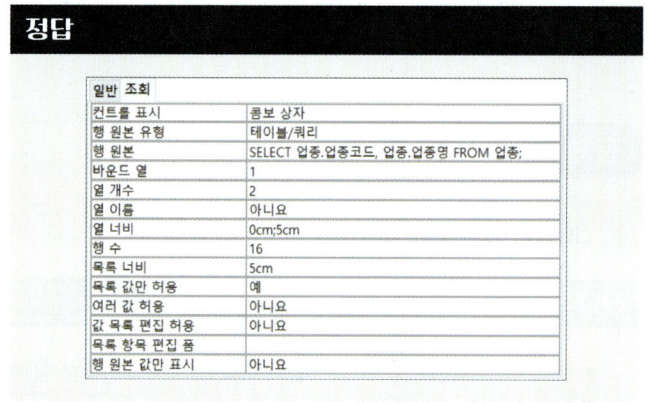

① 〈종목〉 테이블의 [디자인 보기](📄) 모드에서 '업종코드' 필드를 선택하고, 필드 속성 [조회] 탭의 '컨트롤 표시' 속성 중 '콤보 상자'를 선택한다.

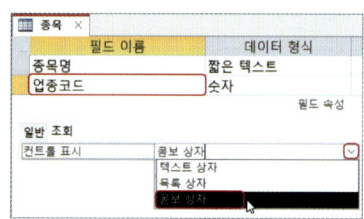

② '행 원본' 속성의 [작성기](…)를 클릭한다.

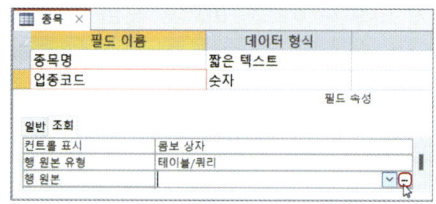

③ [테이블 추가]에서 〈업종〉 테이블을 선택하고 [추가]를 클릭한 후 [닫기]를 클릭한다.

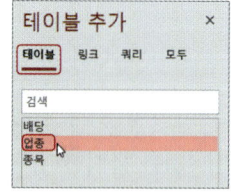

④ 〈업종〉 테이블의 '업종코드', '업종명' 필드를 더블클릭하여 눈금에 추가한다. (또는 *를 더블클릭하여 업종 테이블의 모든 필드를 추가할 수 있다.)

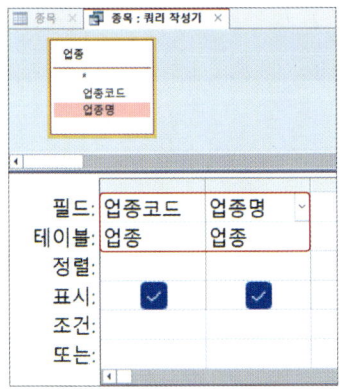

⑤ [닫기]를 클릭하면 'SQL 문의 변경 내용을 저장하고 속성을 업데이트하시겠습니까?' 메시지에서 [예]를 클릭한다.
⑥ '바운드 열', '열 개수', '열 너비', '목록 너비', '목록 값만 허용' 속성 등을 설정한다.

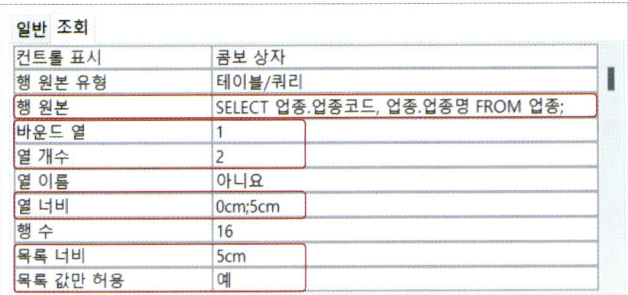

3 〈배당〉 ↔ 〈종목〉 테이블간의 관계 설정

정답

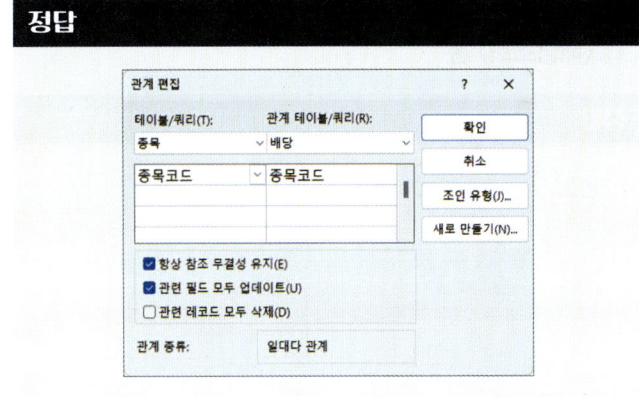

① [데이터베이스 도구]-[관계] 그룹에서 [관계](📊)를 클릭한다.
② [관계 디자인]-[관계] 그룹에서 [테이블 추가]를 클릭한다.
③ 〈배당〉 테이블을 선택하고 [추가]를 클릭한 후 [닫기]를 클릭한다.
④ 〈종목〉, 〈배당〉 테이블의 '종목코드' 필드끼리 관계를 맺고 지시사항대로 체크한 후 [만들기]를 클릭한다.

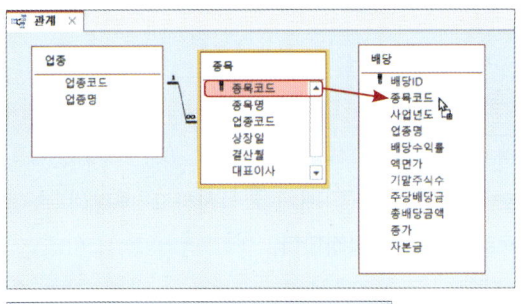

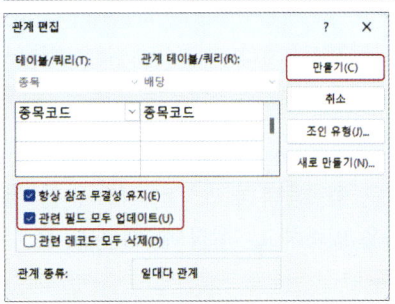

⑤ [디자인] 탭의 [닫기]를 클릭하고 변경한 내용은 [예]를 눌러 저장한다.

문제2 입력 및 수정 기능 구현

1 〈배당조회〉 폼

정답

번호	필드 이름	필드 속성	설정 값
①	폼	모달	예
②	폼 머리글	배경색	Access 테마 2
③	txt배당수익률평균	컨트롤 원본	=Avg([배당수익률])
		형식	백분율
		소수 자릿수	2
	txt주당배당금평균	컨트롤 원본	=Avg([주당배당금])

① 〈배당조회〉 폼에서 마우스 오른쪽 버튼을 눌러 [디자인 보기](🖹)를 클릭한다.

② 속성 시트에서 '폼' 개체를 선택하고 '모달' 속성을 '예'로 설정한다.

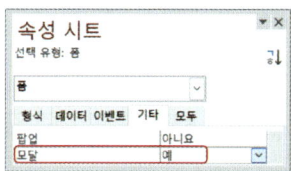

③ 속성 시트에서 '폼 머리글' 개체를 선택하고 '배경색' 속성을 'Access 테마 2'로 설정한다.

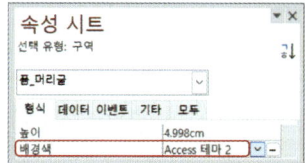

④ 'txt배당수익률평균'을 선택하고 '컨트롤 원본'에 =Avg([배당수익률])을 입력하고, '형식'에 '백분율', 소수 자릿수 '2'로 지정한다.

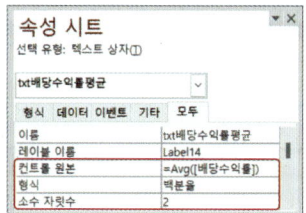

⑤ 'txt주당배당금평균'을 선택하고 '컨트롤 원본'에 =Avg([주당배당금])을 입력한다.

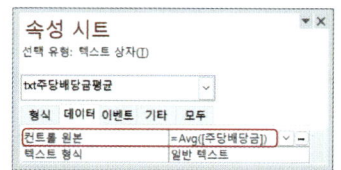

2 조건부 서식

정답

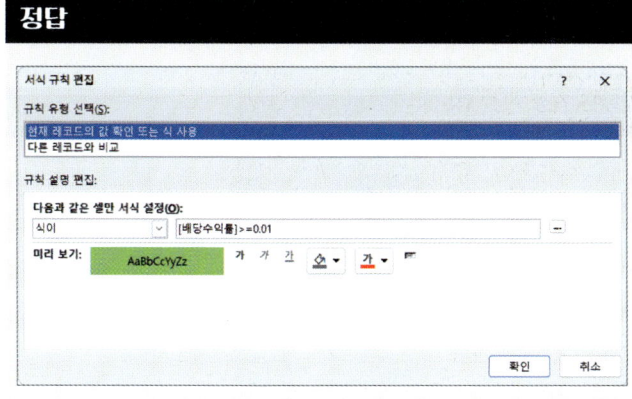

① 〈배당내역〉 폼의 [디자인 보기](📐) 모드에서 '본문' 구역의 왼쪽 눈금자를 클릭하여 본문 영역의 모든 컨트롤을 선택한다.

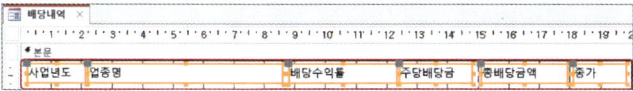

② [서식]-[컨트롤 서식] 그룹에서 [조건부 서식](🔲)을 클릭한다.

③ [새 규칙]을 클릭하여 '식이'를 선택하여 **[배당수익률]>=0.01**을 입력하고, [배경색]에서 '연한 녹색'을 선택하고 [확인]을 클릭한다.

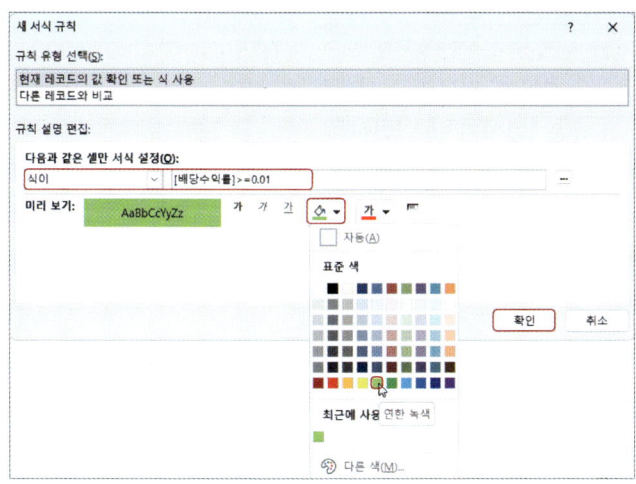

④ [조건부 서식 규칙 관리자]에서 [확인]을 클릭한다.

3 〈배당조회〉 폼의 'cmd인쇄' 컨트롤

정답

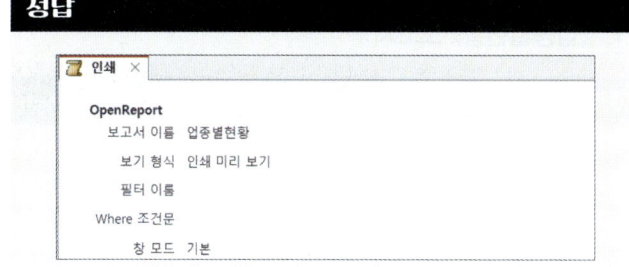

① [만들기]-[매크로 및 코드] 그룹에서 [매크로](🗔)를 클릭한다.

② 매크로 함수 중 'OpenReport'를 선택한 후 필요한 인수를 설정한다.

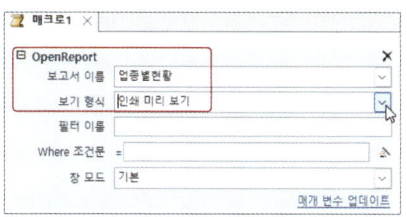

③ [저장](💾)을 클릭하여 **인쇄** 매크로로 저장한다.

④ 〈배당조회〉 폼의 [디자인 보기](📐) 모드에서 [양식 디자인]-[컨트롤] 그룹에서 [단추](🔲)를 클릭한다.

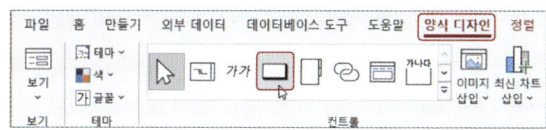

⑤ 드래그 앤 드롭하여 단추를 배치한 후 마법사 창이 나온다면 [취소]를 클릭한다.

⑥ 배치된 단추를 선택한 후 속성 시트에서 '이름'에 **cmd인쇄**, '캡션'에 **인쇄**를 입력한다.

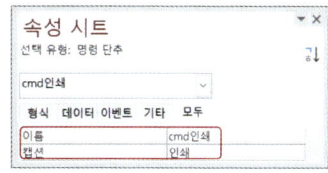

⑦ [이벤트] 탭의 'On Click'에서 '인쇄'를 선택한다.

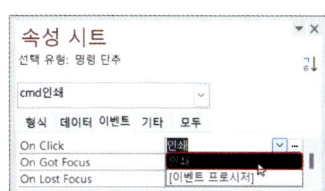

문제3 조회 및 출력 기능 구현

1 〈업종별현황〉 보고서

정답

번호	필드 이름	필드 속성	설정 값
①	사업년도 정렬 설정		(그룹, 정렬 및 요약: 그룹화 기준 업종코드 / 정렬 기준 종목명 / 정렬 기준 사업년도 ▼ 오름차순 ▼, 자세히 ▶)
②	txt날짜	컨트롤 원본	=Now( )
		형식	자세한 시간
③	종목코드, 종목명	중복 내용 숨기기	예
④	업종코드 머리글	반복 실행 구역	예
⑤	txt페이지	컨트롤 원본	=[Page] & "/" & [Pages] & "페이지"

① 〈업종별현황〉 보고서에서 마우스 오른쪽 버튼을 눌러 [디자인 보기](圖)를 클릭한 후 [보고서 디자인]-[그룹화 및 요약] 그룹에서 [그룹화 및 정렬]을 클릭한다.
② [그룹, 정렬 및 요약]에서 [정렬 추가]를 클릭한다.
③ '사업년도' 필드를 선택하고 '오름차순'으로 지정한다.

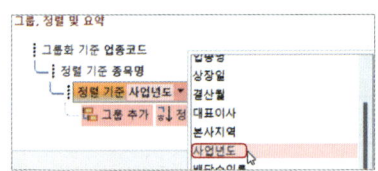

④ 'txt날짜' 컨트롤을 선택한 후 '컨트롤 원본'에 =now()를 입력하고, '형식'에서 '자세한 시간'을 선택한다.

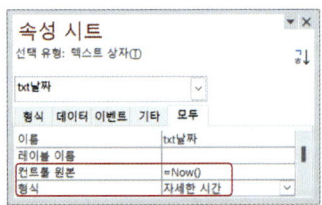

⑤ '종목코드', '종목명'을 동시에 선택한 후 속성 시트의 '중복 내용 숨기기'에서 '예'를 선택한다.

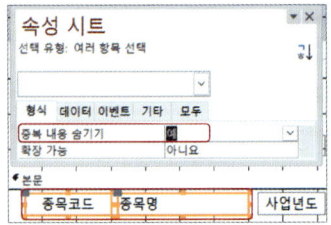

⑥ '업종코드 머리글' 영역을 클릭한 후 '반복 실행 구역'을 '예'로 설정한다.

⑦ 'txt페이지' 컨트롤을 선택한 후 =[Page] & "/" & [Pages] & "페이지"를 입력한다.

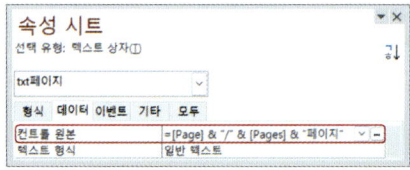

2 〈배당조회〉 폼의 조회(cmd조회)에 클릭 이벤트 프로시저 작성

① 〈배당조회〉 폼을 [디자인 보기](圖)로 열고 속성 시트에서 'cmd조회' 명령 단추 개체를 선택한 후 [이벤트] 탭의 'On Click' 속성에서 [이벤트 프로시저]를 선택하고 [작성기](…)를 클릭한다.
② 'cmd조회_Click() 프로시저'에 다음과 같이 코딩한다.

```
Private Sub cmd조회_Click()
    Me.Filter = "종목명 like '*" & txt종목명 & "*'"
    Me.FilterOn = True
End Sub
```

문제4 처리 기능 구현

1 〈자본금상위5종목〉 쿼리

정답

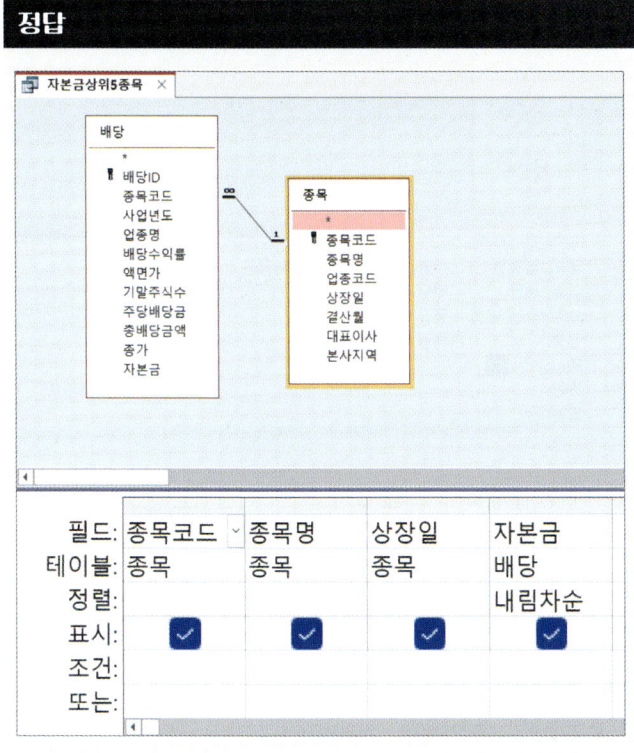

① [만들기]-[쿼리] 그룹에서 [쿼리 디자인](📋)을 클릭한다.
② 〈종목〉, 〈배당〉 테이블을 더블클릭하여 추가한 후 [닫기]를 클릭한다.
③ 디자인 눈금의 각 필드에 다음과 같이 드래그해서 배치한 후 '자본금'은 '내림차순'으로 지정한다.

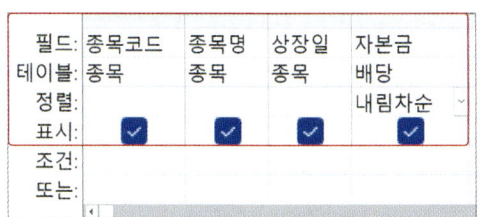

④ 쿼리 창에서 마우스 오른쪽 버튼을 눌러 [속성]을 클릭한다.

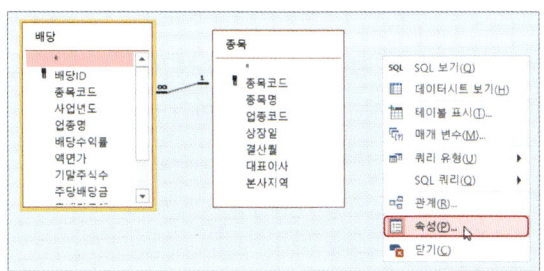

⑤ 쿼리 속성에서 '상위 값'에 5를 입력하고, '고유 값'은 '예'를 선택한다.

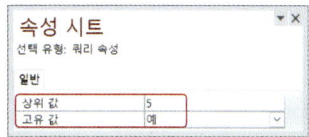

⑥ [저장](💾)을 클릭한 후 **자본금상위5종목**을 입력하고 [확인]을 클릭한다.

2 〈지역별종목개수〉 크로스탭 쿼리

정답

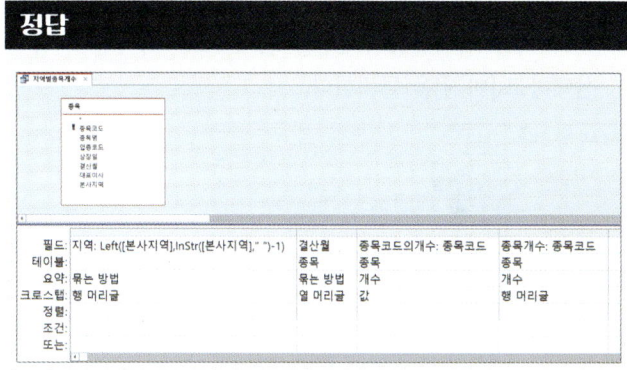

① [만들기]-[쿼리] 그룹에서 [쿼리 마법사](📋)를 클릭한다.
② [새 쿼리]에서 '크로스탭 쿼리 마법사'를 선택하고 [확인]을 클릭한다.

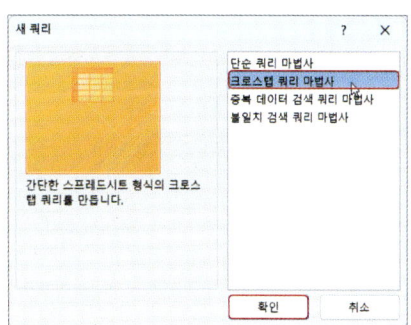

③ '테이블'에서 '종목'을 선택하고 [다음]을 클릭한다.

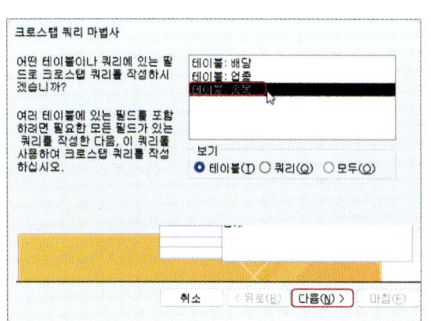

④ 행 머리글로 선택한 필드의 '본사지역'을 더블클릭한 후 [다음]을 클릭한다.
⑤ 열 머리글로 '결산월'을 선택하고 [다음]을 클릭한다.
⑥ 값에 표시할 '종목코드' 필드를 선택하고 함수는 '개수'를 선택하고 [다음]을 클릭한다.

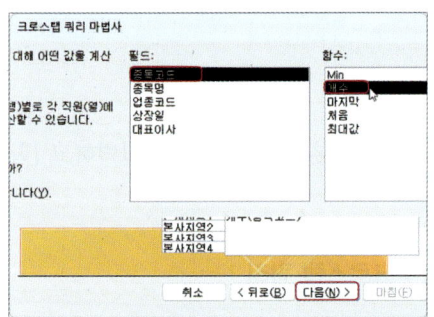

⑦ 쿼리 이름 **지역별종목개수**를 입력하고, '디자인 수정'을 선택하고 [마침]을 클릭한다.

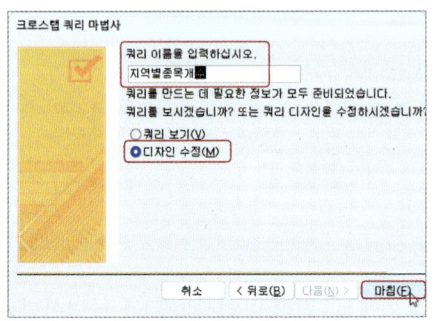

⑧ 행 머리글 '본사지역'의 필드를 **지역 : left([본사지역],instr([본사지역]," ")-1)**를 입력하고, 행 머리글 '종목코드'의 필드명은 **종목개수:**를 입력하여 수정한다.

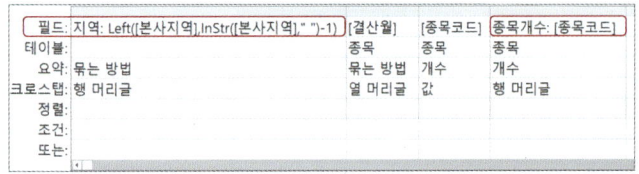

3 〈사업년도별배당금평균〉 쿼리

정답

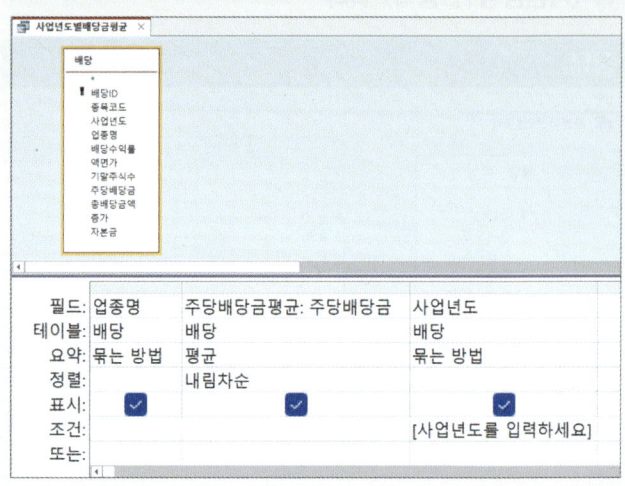

① [만들기]-[쿼리] 그룹에서 [쿼리 디자인](📐)을 클릭한다.
② 〈배당〉 테이블을 더블클릭하여 추가한 후 [닫기]를 클릭한다.
③ 디자인 눈금의 각 필드에 다음과 같이 드래그해서 배치한다.

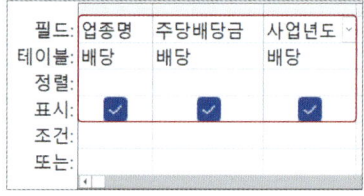

④ [쿼리 디자인]-[표시/숨기기] 그룹에서 [요약](∑)을 클릭한 후 '주당배당금'은 '평균'으로 수정한다.
⑤ '주당배당금'은 필드명 앞에 **주당배당금평균:**을 입력하고, 정렬은 '내림차순'으로 지정하고, '사업년도' 필드의 조건에 **사업년도를 입력하세요**를 입력한다.

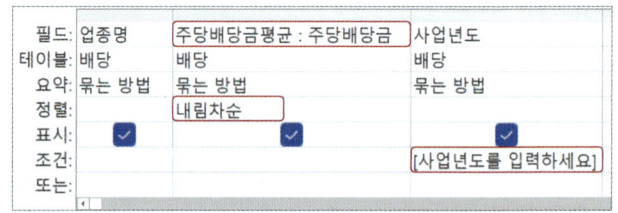

⑥ '주당배당금평균' 필드를 선택한 후 속성 시트에서 '형식'은 '표준', 소수 자릿수는 '0'으로 지정한다.

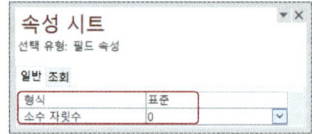

⑦ [저장](💾)을 클릭한 후 **사업년도별배당금평균**을 입력하고 [확인]을 클릭한다.

4 〈업종별배당금합계〉 쿼리

정답

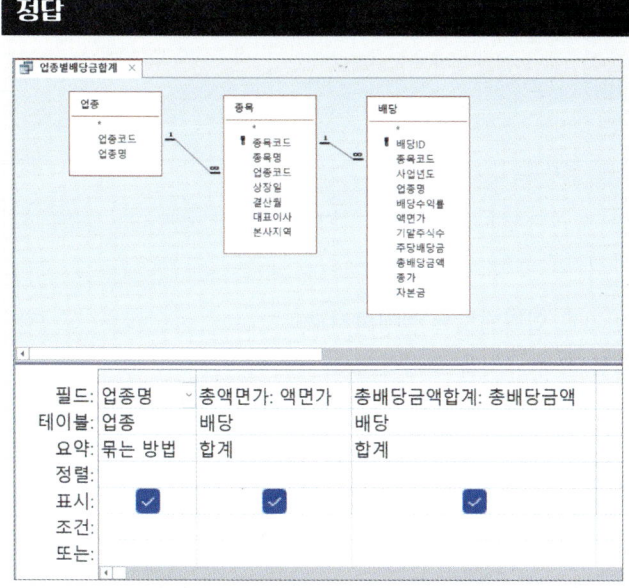

① [만들기]-[쿼리] 그룹에서 [쿼리 디자인](🗎)을 클릭한다.
② 〈업종〉, 〈종목〉, 〈배당〉 테이블을 더블클릭하여 추가한 후 [닫기]를 클릭한다. (더블클릭하여 테이블을 추가할 수 있다.)
③ 디자인 눈금의 각 필드에 다음과 같이 드래그해서 배치한다.

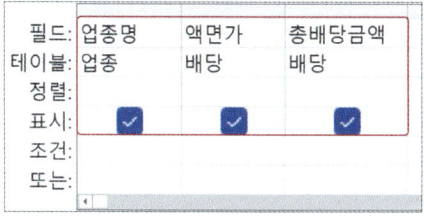

④ [쿼리 디자인]-[표시/숨기기] 그룹에서 [요약](Σ)을 클릭한다.
⑤ 액면가는 **총액면가:**, 총배당금액은 **총배당금액합계:** 필드명을 입력하고, '총액면가', '총배당금액합계'는 요약을 '합계'로 수정한다.

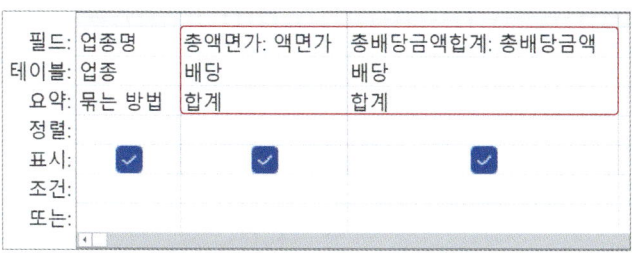

⑥ '총액면가' 필드를 선택한 후 속성 시트에서 '형식'은 '표준', 소수 자릿수는 '0'으로 지정한다.

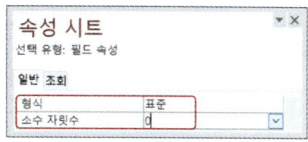

⑦ 같은 방법으로 '총배당금액합계'도 '표준', 소수 자릿수를 '0'으로 지정한 후 열 너비를 조절한다.
⑧ [저장](💾)을 클릭한 후 **업종별배당금합계**를 입력하고 [확인]을 클릭한다.

5 〈고배당주표시〉 쿼리

정답

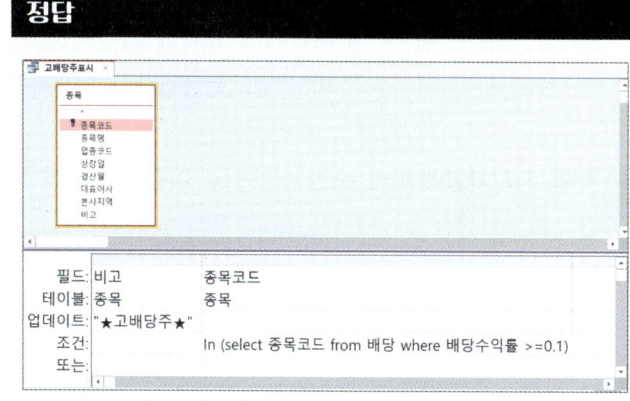

① [만들기]-[쿼리] 그룹의 [쿼리 디자인](🗎)을 클릭한다.
② [테이블 표시]의 [테이블] 탭에서 〈종목〉 테이블을 추가하고 '비고'와 '종목코드' 필드를 드래그한다.
③ [쿼리 디자인]-[쿼리 유형] 그룹의 [업데이트](🗎)를 클릭한 후 다음과 같이 입력한다.

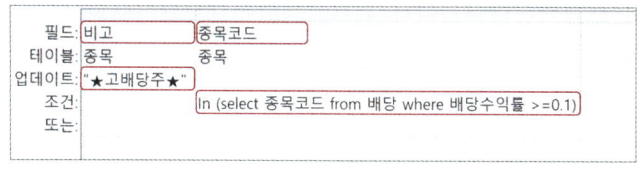

In (select 종목코드 from 배당 where 배당수익률 >=0.1)

④ 쿼리의 이름을 **고배당주표시**로 입력하고 [확인]을 클릭한다.
⑤ [쿼리 디자인]-[결과] 그룹의 [실행](❗)을 클릭하면 다음의 메시지가 표시되면 [예]를 클릭한다.

데이터베이스 실전 모의고사 14회

작업파일 : '26컴활1급(기출)₩데이터베이스₩실전모의고사'에서 '실전모의고사14회' 파일을 열어 작업하세요.

문제1 DB 구축(25점)

1 다음의 지시사항에 따라 테이블을 완성하시오. (각 3점)

① 〈수강생〉 테이블의 '수강생코드' 필드는 기본적으로 영숫자 반자로 입력되도록 설정하시오.
② 〈강좌〉 테이블의 '강좌코드'는 반드시 4자로 입력되도록 유효성 검사 규칙을 설정하시오.
③ 〈수강내역〉 테이블의 맨 끝에 '등록일' 필드를 추가한 후 날짜 데이터가 '05월 05일'과 같이 표시되도록 데이터 형식과 형식 속성을 설정하시오.
④ 〈수강내역〉 테이블의 '납부액'과 '미납액' 필드에 새 레코드 추가 시 기본적으로 0이 입력되도록 설정하시오.
⑤ 〈수강내역〉 테이블의 '비고' 필드는 255자 이하의 데이터가 입력되도록 데이터 형식을 설정하시오.

2 다음 지시사항에 따라 '수강생정보.txt' 파일을 테이블 형태로 가져오시오. (5점)

▶ 첫 번째 행은 필드의 이름이다.
▶ 코드 페이지는 유니코드(UTF-8), 필드 구분자는 쉼표(,)
▶ 테이블의 이름은 '추가수강생정보'로 하시오.
▶ Access의 기본 키를 추가하시오.

3 〈수강내역〉 테이블의 '강좌코드' 필드는 〈강좌〉 테이블의 '강좌코드' 필드를 참조하며, 테이블 간의 관계는 M:1이다. 다음과 같이 테이블 간의 관계를 설정하시오. (5점)

※ 액세스 파일에 이미 설정되어 있는 관계는 수정하지 마시오.
▶ 각 테이블 간에 항상 참조 무결성이 유지되도록 설정하시오.
▶ 참조 필드의 값이 변경되면 관련 필드의 값도 변경되도록 설정하시오.
▶ 다른 테이블에서 참조하고 있는 레코드는 삭제할 수 없도록 설정하시오.

문제2 입력 및 수정 기능 구현(20점)

1 〈수강관리〉 폼을 다음의 화면과 지시사항에 따라 완성하시오. (각 3점)

① 폼 머리글의 '조회(cmd조회)' 단추에는 포커스를 이동시킬 수 없도록 설정하시오.
② 폼 머리글의 'cmb강좌코드' 콤보 상자에는 〈강좌〉 테이블의 '강좌코드'를 연결하여 표시하시오.
③ 하위 폼 바닥글의 'txt개수' 컨트롤에는 전체 레코드의 개수가 다음과 같이 표시되도록 설정하시오.
▶ 표시 예 : 100명

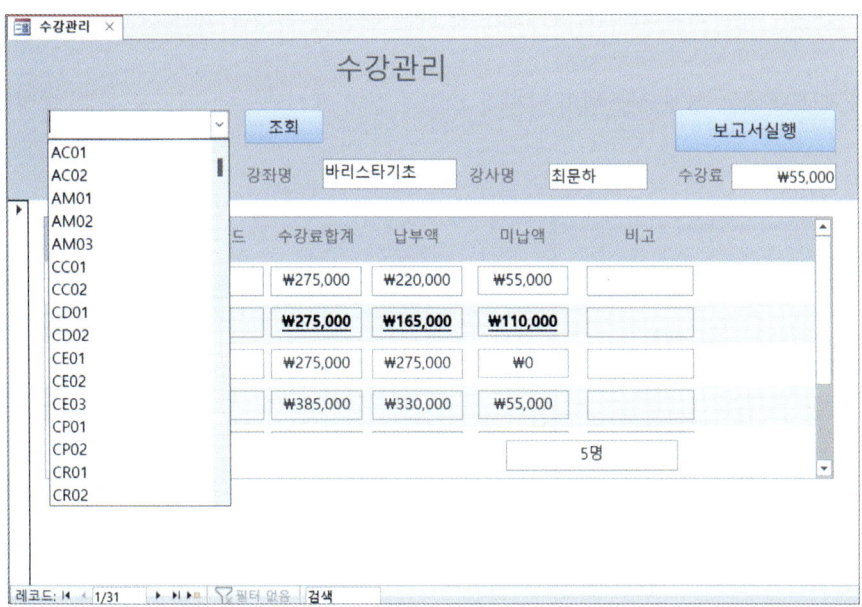

2 〈수강내역〉 폼의 본문 컨트롤에 대하여 다음과 같이 조건부 서식을 설정하시오. (6점)

▶ '미납액' 필드의 값이 100,000 이상이면, 글꼴 스타일은 '굵게'와 '밑줄'이 표시되도록 설정하시오.
▶ 문제1 〈그림〉 참조

3 〈수강관리〉 폼의 머리글 영역에 다음의 지시사항과 1번 문제 〈그림〉을 참조하여 '단추' 컨트롤을 생성하시오. (5점)

▶ 생성된 단추를 클릭하면 〈강좌별수강현황〉 보고서를 인쇄 미리 보기 형식으로 출력하는 〈보고서실행〉 매크로를 생성한 후 지정하시오.
▶ 컨트롤의 이름은 "cmd보고서보기"로 하고, 캡션은 "보고서실행", 글꼴 크기는 12로 설정하시오.

문제3 조회 및 출력 기능 구현(20점)

1 다음의 지시사항 및 화면을 참조하여 〈강좌별수강현황〉 보고서를 완성하시오. (각 3점)

① '보고서 머리글'의 컨트롤이 모든 페이지에 표시되도록 컨트롤을 이동한 후 보고서 머리글의 높이를 0으로 설정하시오.
② 같은 '강좌코드' 안에서는 '수강생명' 필드를 기준으로 오름차순 정렬하여 표시되도록 설정하시오.
③ '강좌코드 바닥글'의 'txt납부액합계'와 'txt미납액합계' 컨트롤에는 '납부액'과 '미납액'의 합계가 각각 표시되도록 설정하시오.
④ '본문'의 데이터는 홀수 행과 짝수 행이 서로 다른 색으로 표시되도록 '다른 배경색' 속성을 'Access 테마 1'로 설정하시오.
⑤ '페이지 바닥글' 영역의 'txt날짜' 컨트롤에는 현재 시스템의 날짜가 그림과 같이 표시되도록 '컨트롤 원본' 속성을 설정하시오.

▶ 표시 예 : 2025-10-19

강좌별 수강 현황

강좌코드 CC02

수강생명	강좌명	강사명	납부액	미납액
김미현	중식요리	하민수	₩375,000	₩75,000
김사랑	중식요리	하민수	₩375,000	₩75,000
민지후	중식요리	하민수	₩300,000	₩75,000
윤하진	중식요리	하민수	₩300,000	₩75,000
임영진	중식요리	하민수	₩150,000	₩0
한동수	중식요리	하민수	₩300,000	₩75,000
			1800000	375000

강좌코드 CD02

수강생명	강좌명	강사명	납부액	미납액
도미라	방송댄스(자격증)	이미나	₩360,000	₩60,000
지민서	방송댄스(자격증)	이미나	₩240,000	₩60,000
지수아	방송댄스(자격증)	이미나	₩300,000	₩0
최진이	방송댄스(자격증)	이미나	₩300,000	₩60,000
			1200000	180000

강좌코드 CE02

수강생명	강좌명	강사명	납부액	미납액
강미현	영어회화중급	김윤하	₩210,000	₩70,000
나민우	영어회화중급	김윤하	₩420,000	₩70,000
박서진	영어회화중급	김윤하	₩280,000	₩70,000

2023-05-09 3 / 9 페이지

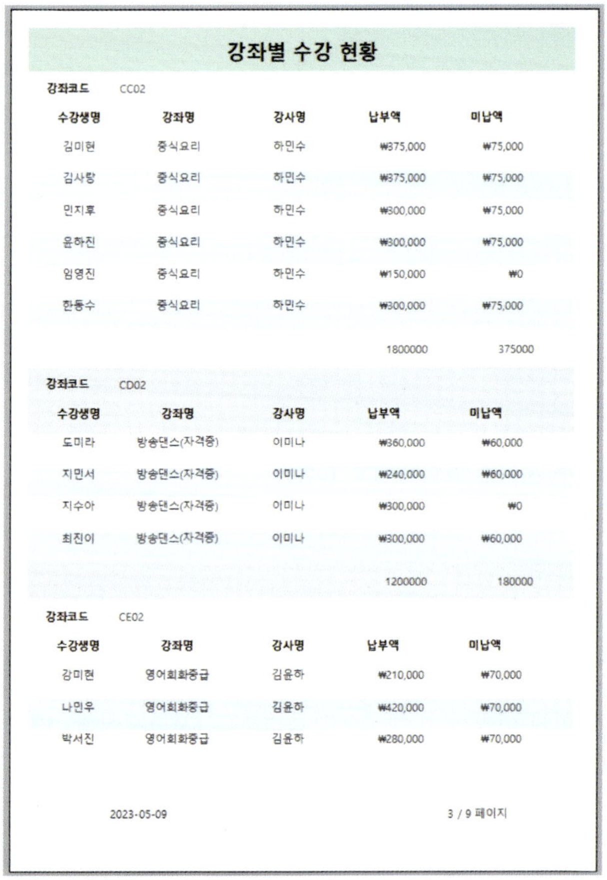

2 〈수강관리〉 폼의 'cmb강좌코드' 컨트롤에서 조회할 '강좌코드'를 선택하고 '조회(cmd조회)' 단추를 클릭하면 선택된 '강좌코드'와 동일한 수강 정보만 표시되는 이벤트 프로시저를 구현하시오. (5점)

▶ 현재 폼의 RecordSetClone 속성과 Bookmark 속성, FindFirst 메서드 등을 이용하시오.

문제4 처리 기능 구현(35점)

1 '강좌명'의 일부를 매개 변수로 입력받아 해당 강좌가 포함된 강좌의 수강료를 10% 인상된 레코드를 포함하는 테이블을 생성하는 〈수강료조정〉 쿼리를 작성하시오. (7점)

▶ 〈강좌〉 테이블을 이용하시오.
▶ 〈수강료인상〉 테이블로 생성하시오.
▶ 쿼리 실행 결과 표시되는 필드와 필드명은 〈그림〉과 같이 표시되도록 설정하시오.

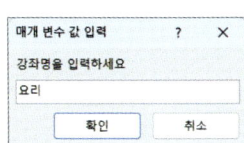 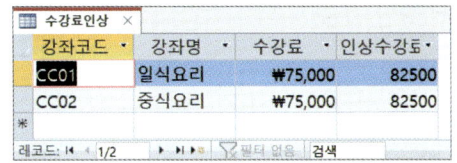

2 '수강생코드'의 끝 자리가 '3'인 수강생의 미납액의 합계를 구하는 〈수강생선별〉 쿼리를 작성하시오. (7점)

▶ 〈수강내역〉 테이블을 이용하시오.
▶ Right 함수를 사용하시오.
▶ 쿼리 실행 결과 표시되는 필드와 필드명은 〈그림〉과 같이 표시되도록 설정하시오.

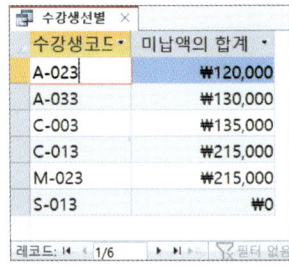

3 '수강인원수' 필드는 '수강생코드' 필드를 이용하여 수강생코드의 개수에 따라 '■'를 표시하는 〈강사별수강인원〉 쿼리를 작성하시오. (7점)

▶ 〈수강현황〉 쿼리를 이용하시오.
▶ 수강인원수 필드는 String, Count 함수 사용
▶ 강좌 필드는 강좌명 필드를 이용하여 왼쪽에 4글자만 표시(Left 함수 사용)
  (예 : 영어회화초급 → 영어회화)
▶ 쿼리 실행 결과 표시되는 필드와 필드명은 〈그림〉과 같이 표시되도록 설정하시오.

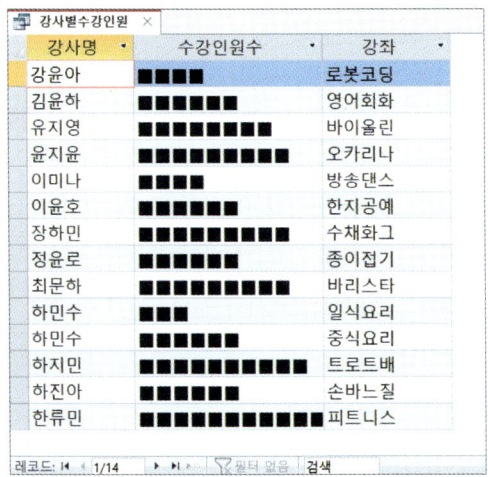

4 다음 〈화면〉을 참조하여 지역과 강사별 미납액의 합계를 구하는 크로스탭 질의를 작성하시오. (7점)

▶ 〈수강현황〉 쿼리를 이용하시오.
▶ 쿼리 이름은 '지역별미납액합계'로 하시오.
▶ 지역은 '주소' 필드에서 '구'를 제외하여 표시하시오. (Replace 함수 이용)
  (예 : 강남구 → 강남)

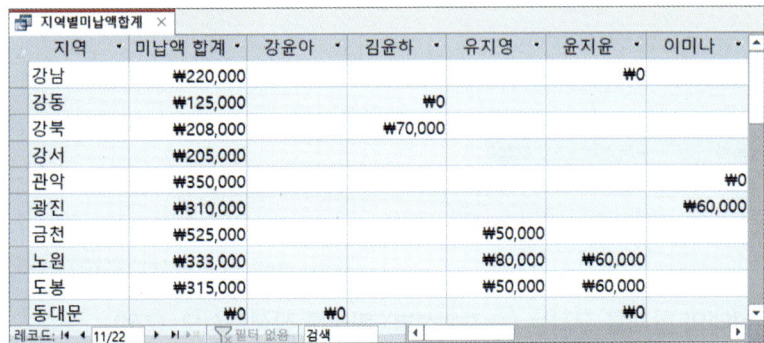

5 〈강좌〉 테이블을 이용하여 '바이올린' 강좌에 대해 수강료를 인상하는 〈가격인상처리〉 업데이트 쿼리를 작성한 후 실행하시오. (7점)

▶ '강좌명'이 바이올린인 것에 대해서만 10% 인상 하시오
▶ Left 함수 사용

※ 〈가격인상처리〉 쿼리를 실행한 후의 〈강좌〉 테이블

정답 & 해설 데이터베이스 실전 모의고사 14회

문제1 DB 구축

1 〈수강생〉, 〈강좌〉, 〈수강내역〉 테이블

정답

〈수강생〉 테이블

번호	테이블	필드 이름	속성 및 형식	설정 값
①	수강생	수강생코드	IME 모드	영숫자 반자
②	강좌	강좌코드	유효성 검사 규칙	Len([강좌코드])=4
③	수강내역	등록일	데이터 형식	날짜/시간
			형식	mm월 dd일
④	수강내역	납부액, 미납액	기본값	0
⑤	수강내역	비고	데이터 형식	짧은 텍스트
			필드 크기	255

① 〈수강생〉 테이블에서 마우스 오른쪽 버튼을 눌러 [디자인 보기](▦)를 클릭한다.
② '수강생코드' 필드의 'IME 모드' 속성을 '영숫자 반자'로 설정하고 Ctrl+S를 누른 후 [예]를 클릭한다.

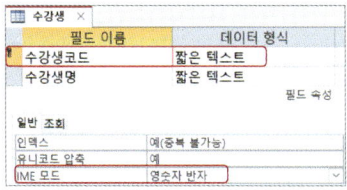

③ 〈강좌〉 테이블에서 마우스 오른쪽 버튼을 눌러 [디자인 보기](▦)를 클릭한다.
④ '강좌코드' 필드의 '유효성 검사 규칙' 속성에 Len([강좌코드])=4를 입력하고 Ctrl+S를 누른 후 [예]를 클릭한다.

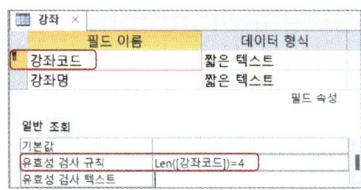

⑤ 〈수강내역〉 테이블에서 마우스 오른쪽 버튼을 눌러 [디자인 보기](▦)를 클릭한다.
⑥ **등록일** 필드 이름을 입력한 후 '데이터 형식'은 '날짜/시간'을 선택하고, '형식'에 **mm월 dd일**을 입력한다.

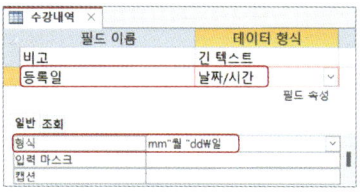

⑦ '납부액' 필드와 '미납액' 필드의 '기본값'에 0을 입력한다.

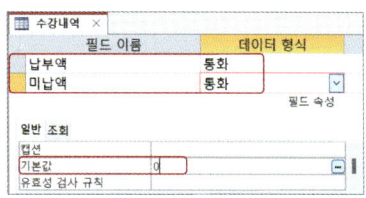

⑧ '비고' 필드의 '데이터 형식'은 '짧은 텍스트'로 설정하고, '필드 크기'는 255를 입력하고 Ctrl+S를 누른 후 [예]를 클릭한다.

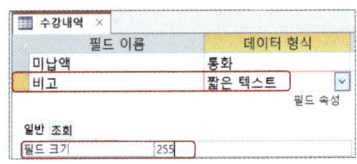

> 📌 **기적의 TIP**
> - 짧은 텍스트 : 255자까지 입력 가능
> - 긴 텍스트 : 64,000자 정도까지 입력 가능

2 외부 데이터 가져오기

정답

① [외부 데이터]-[가져오기 및 연결] 그룹에서 [새 데이터 원본]-[파일에서]-[텍스트 파일]을 클릭한다.
② [찾아보기]를 클릭하여 '수강생정보.txt' 파일을 찾은 후 [열기]를 클릭한다.
③ '현재 데이터베이스의 새 테이블로 원본 데이터 가져오기'를 지정하고 [확인]을 클릭한다.
④ [고급]을 클릭하여 '코드 페이지'에서 '유니코드(UTF-8)'을 선택하고 [확인]을 클릭한 후 [다음]을 클릭한다.

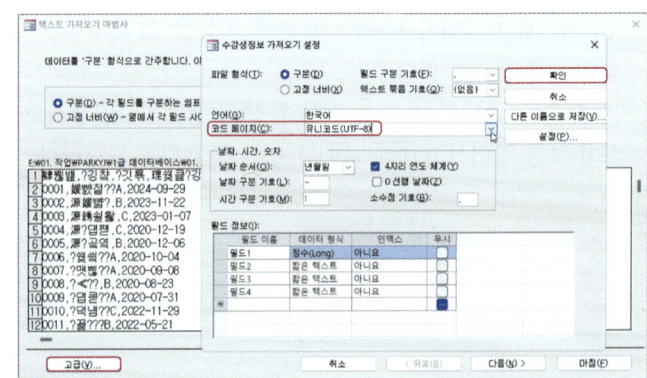

⑤ '첫 행에 필드 이름 포함'을 체크하고, '쉼표'를 선택하고 [다음]을 클릭하고 다시 [다음]을 클릭한다.

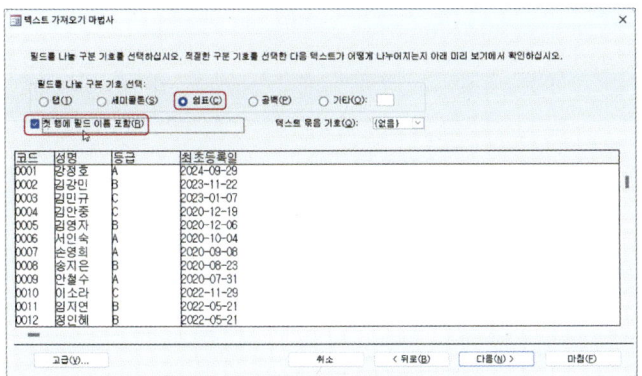

⑥ 'Access에서 기본 키 추가'를 선택하고 [다음]을 클릭한다.

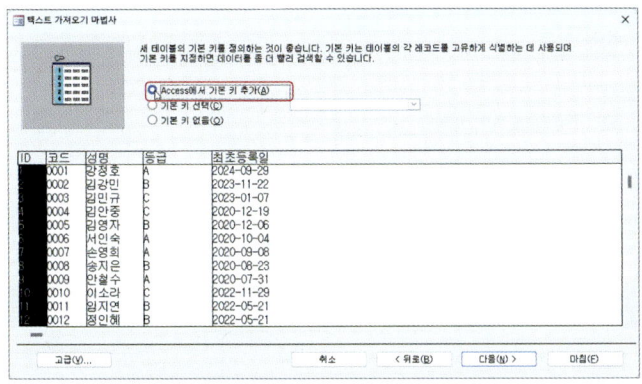

⑦ **추가수강생정보** 테이블 이름을 입력하고 [마침]을 클릭한 후 [닫기]를 클릭한다.

3 〈수강내역〉 ↔ 〈강좌〉 테이블간의 관계 설정

정답

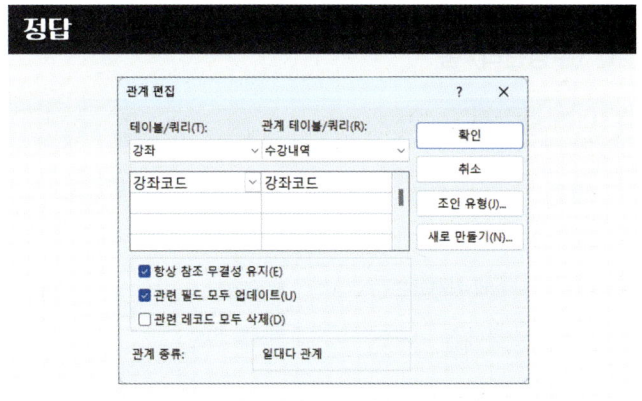

① [데이터베이스 도구]-[관계] 그룹에서 [관계](🔲)를 클릭한다.
② [관계 디자인]-[관계] 그룹에서 [테이블 추가]를 클릭한다.
③ 〈강좌〉 테이블을 선택하고 [추가]를 클릭한 후 [닫기]를 클릭한다.
④ 〈강좌〉, 〈수강내역〉 테이블의 '강좌코드' 필드끼리 관계를 맺고 지시사항대로 체크한 후 [만들기]를 클릭한다.

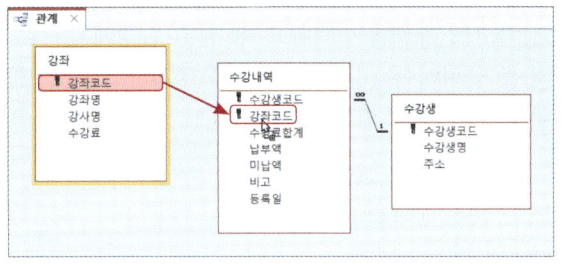

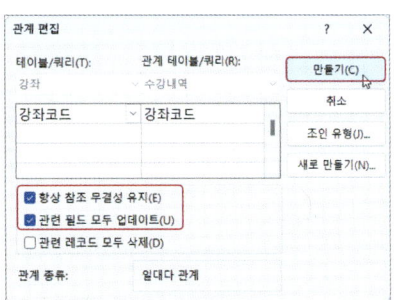

⑤ [디자인] 탭의 [닫기]를 클릭하고 변경한 내용은 [예]를 눌러 저장한다.

문제2 입력 및 수정 기능 구현

1 〈수강관리〉 폼

정답

번호	필드 이름	필드 속성	설정 값
①	cmd조회	탭 정지	아니오
②	cmb강좌코드	행 원본	SELECT 강좌.강좌코드 FROM 강좌;
③	하위 폼 'txt개수'	컨트롤 원본	=Count(*) & "명"

① 〈수강관리〉 폼에서 마우스 오른쪽 버튼을 눌러 [디자인 보기](🔲)를 클릭한다.

② 'cmd조회' 개체를 선택하고 '탭 정지' 속성을 '아니요'로 설정한다.

③ 'cmb강좌코드' 개체를 선택하고 '행 원본' 속성에서 [작성기](...)를 클릭하여 〈강좌〉 테이블을 추가하고 [닫기]를 클릭한 후 '강좌코드' 필드를 추가한다.

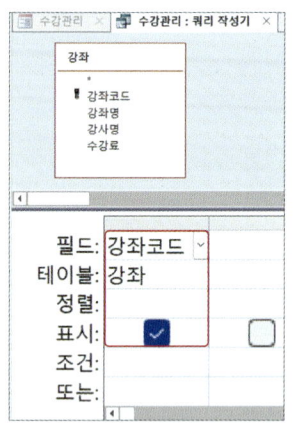

④ [쿼리 디자인] 탭의 [닫기]를 클릭한 후 업데이트 메시지에서 [예]를 클릭하면 'SELECT 강좌.강좌코드 FROM 강좌;'로 '행 원본'에 표시된다.

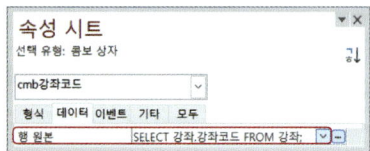

⑤ 'txt개수' 개체를 선택하고 '컨트롤 원본' 속성에 =count (*)&"명"을 입력한다.

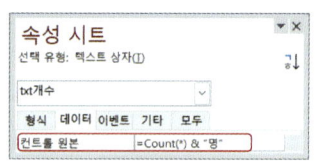

2 조건부 서식

정답

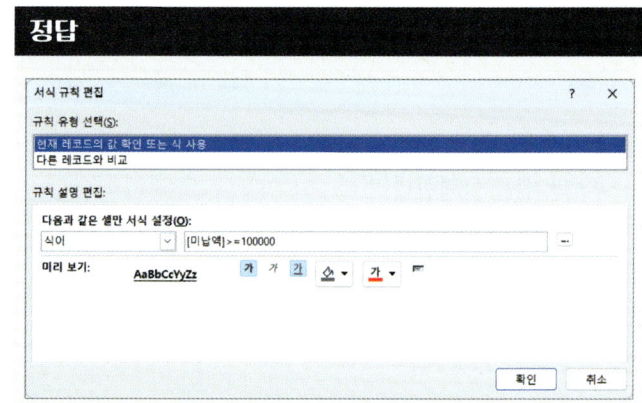

① 〈수강내역〉 폼에서 마우스 오른쪽 버튼을 눌러 [디자인 보기](🔲)를 클릭하여 '본문' 구역의 왼쪽 눈금자를 클릭하여 본문 영역의 모든 컨트롤을 선택한다.

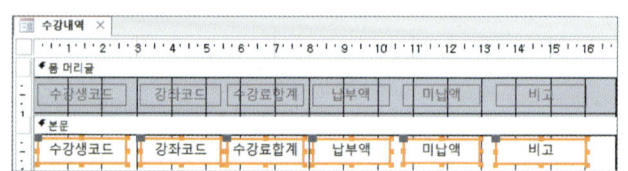

② [서식]-[컨트롤 서식] 그룹에서 [조건부 서식](🔲)을 클릭한다.

③ [새 규칙]을 클릭하여 '식이'를 선택하여 **[미납액])=100000**을 입력하고, '굵게', '밑줄' 서식을 지정한 후 [확인]을 클릭한다.

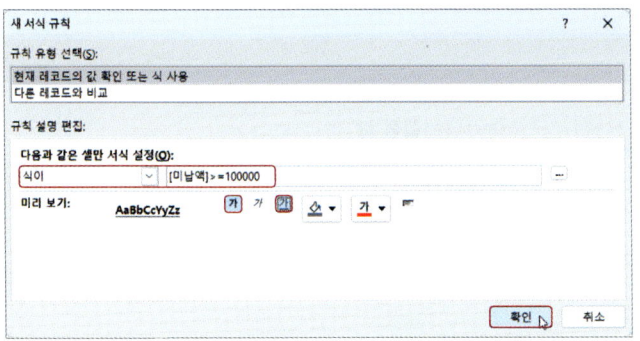

④ [조건부 서식 규칙 관리자]에서 [확인]을 클릭한다.

3 'cmd보고서보기' 생성 〈보고서실행〉 매크로 생성 후 지정

정답

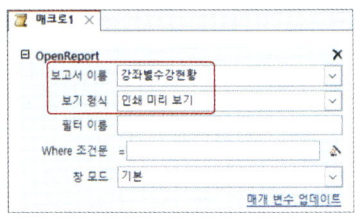

① [만들기]-[매크로 및 코드] 그룹에서 [매크로](□)를 클릭한다.
② 매크로 함수 중 'OpenReport'를 선택한 후 필요한 인수를 설정한다.

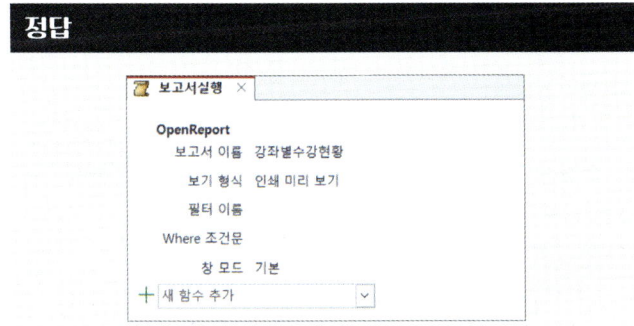

③ [저장](□)을 클릭하여 **보고서실행** 매크로로 저장한다.

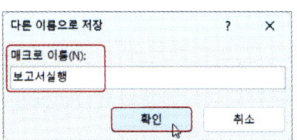

④ 〈수강관리〉 폼의 [디자인 보기](N) 모드에서 [양식 디자인]-[컨트롤] 그룹에서 [단추]를 클릭한다.
⑤ 드래그 앤 드롭하여 단추를 배치한 후 마법사 창이 나온다면 [취소]를 클릭한다.

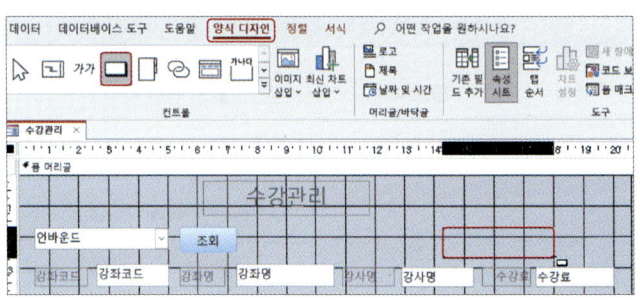

⑥ 배치된 단추를 선택한 후 속성 시트에서 '이름'에 cmd보고서보기, '캡션'에 보고서실행을 입력한다.

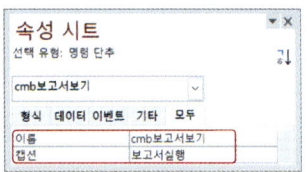

⑦ '글꼴 크기'에 **12**를 입력한다.

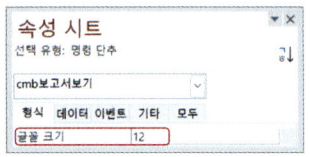

⑧ [이벤트] 탭의 'On Click'에서 '보고서실행'을 선택한다.

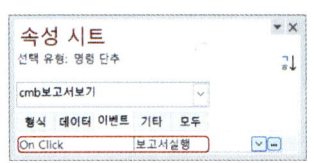

문제3 조회 및 출력 기능 구현

1 〈강좌별수강현황〉 보고서

정답

번호	필드 이름	필드 속성	설정 값
①	보고서 머리글	높이	0
②	수강생 정렬 설정		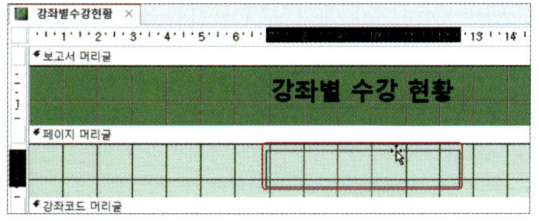
③	txt납부액합계	컨트롤 원본	=SUM([납부액])
	txt미납액합계	컨트롤 원본	=SUM([미납액])
④	본문	다른 배경색	Access 테마 1
⑤	txt날짜	컨트롤 원본	=DATE( )
		형식	간단한 날짜

① 〈강좌별수강현황〉 보고서에서 마우스 오른쪽 버튼을 눌러 [디자인 보기](N)를 클릭한다.

② '보고서 머리글'에 있는 제목 레이블을 드래그하여 '페이지 머리글'로 이동한다.

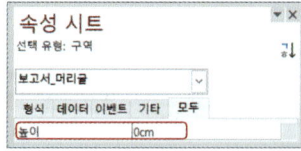

③ 보고서 머리글을 선택한 후 속성 시트에서 '높이'를 0을 입력한다.

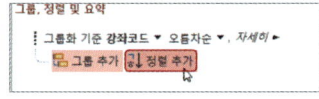

④ [보고서 디자인]-[그룹화 및 요약] 그룹에서 [그룹화 및 정렬]을 클릭하여 [그룹, 정렬 및 요약]에서 [정렬 추가]를 클릭한다.

⑤ '수강생명' 필드를 선택하고 '오름차순'으로 지정한다.

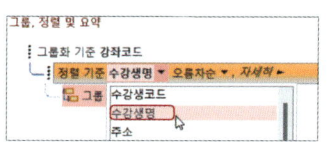

⑥ 속성 시트에서 'txt납부액합계'를 선택하고, '컨트롤 원본' 속성에 =Sum([납부액])을 입력한다.

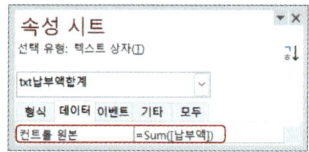

⑦ 속성 시트에서 'txt미납액합계'를 선택하고, '컨트롤 원본' 속성에 =Sum([미납액])을 입력한다.

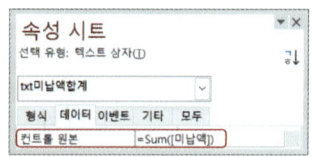

⑧ 본문을 선택한 후 속성 시트에서 '다른 배경색'을 Access 테마 1을 선택한다.

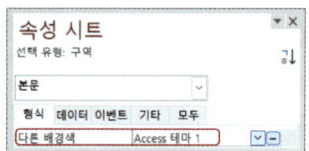

⑨ 속성 시트에서 'txt날짜'를 선택하고, '컨트롤 원본' 속성에 =DATE()을 입력하고, '형식' 속성에 '간단한 날짜'를 선택한다.

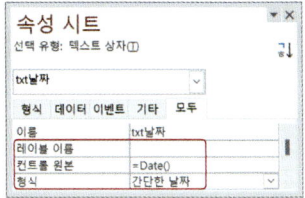

2 〈수강관리〉 폼의 'cmd조회'에 클릭 이벤트 프로시저 작성

① 〈수강관리〉 폼을 [디자인 보기](📐)로 열고 속성 시트에서 'cmd조회' 명령 단추 개체를 선택한 후 [이벤트] 탭의 'On Click' 속성에서 [이벤트 프로시저]를 선택하고 [작성기](…)를 클릭한다.

② Microsoft Visual Basic for Applications 창의 '코드 창'에 다음과 같이 코딩한다.

```
Private Sub cmd조회_Click()
    Me.RecordsetClone.FindFirst "강좌코드 = '" & cmb강좌코드 & "'"
    Me.Bookmark = Me.RecordsetClone.Bookmark
End Sub
```

문제4 처리 기능 구현

1 〈수강료조정〉 쿼리

정답

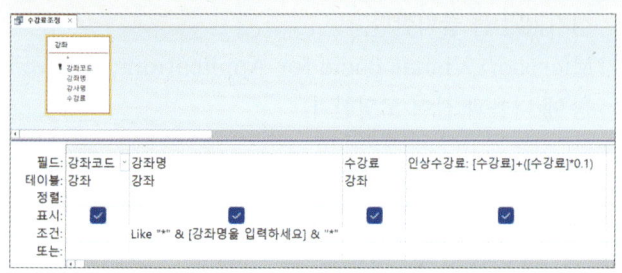

① [만들기]-[쿼리] 그룹에서 [쿼리 디자인](▦)을 클릭한다.
② 〈강좌〉 테이블을 더블클릭하여 추가한 후 [닫기]를 클릭한다.
③ 디자인 눈금의 각 필드에 다음과 같이 드래그해서 배치한다.

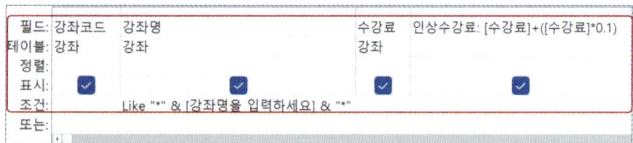

> **기적의 TIP**
>
> 강좌명은 매개변수를 통해 입력받는 값이 일부만 입력해도 검색되도록 Like "*" & [강좌명을 입력하세요] & "*" 으로 입력한다.

④ [쿼리 디자인]-[쿼리 유형] 그룹의 [테이블 만들기](▦)를 클릭한다.
⑤ [테이블 만들기]에서 **수강료인상**을 입력하고 [확인]을 클릭한다.
⑥ [저장](▤)을 클릭한 후 **수강료조정**을 입력하고 [확인]을 클릭한다.

2 〈수강생선별〉 쿼리

정답

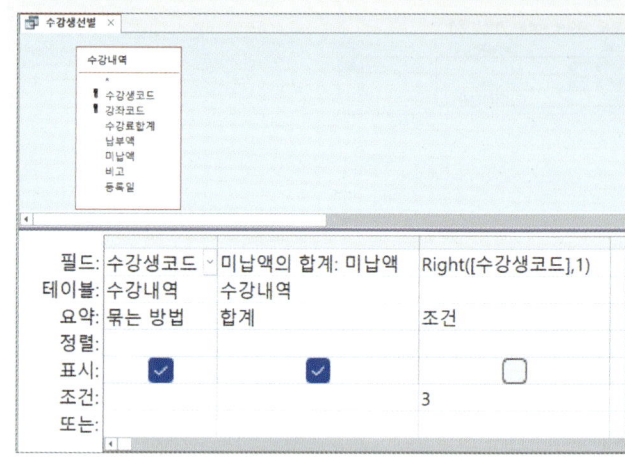

① [만들기]-[쿼리] 그룹에서 [쿼리 디자인](▦)을 클릭한다.
② 〈수강내역〉 테이블을 더블클릭하여 추가한 후 [닫기]를 클릭한다.
③ 디자인 눈금의 각 필드에 다음과 같이 드래그해서 배치한 후 [요약]을 클릭하고, '합계'를 선택한 후 조건을 입력한다.

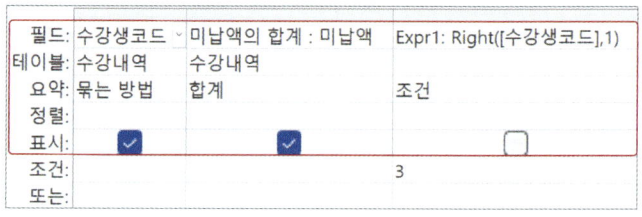

> **기적의 TIP**
>
> **Right([수강생코드],1)**
> [수강생코드] 필드에서 오른쪽에서부터 1글자를 추출한다.

④ [저장](▤)을 클릭한 후 **수강생선별**을 입력하고 [확인]을 클릭한다.

3 〈강사별수강인원〉 쿼리

정답

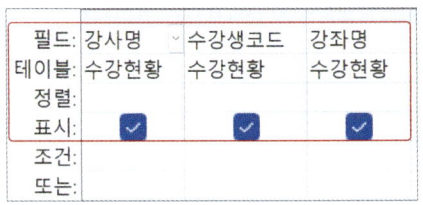

① [만들기]-[쿼리] 그룹에서 [쿼리 디자인](🗔)을 클릭한다.
② 〈수강현황〉 쿼리를 선택하고 [추가]를 누른 후 [닫기]를 클릭한다.
③ 디자인 눈금의 각 필드에 다음과 같이 드래그해서 배치한다.

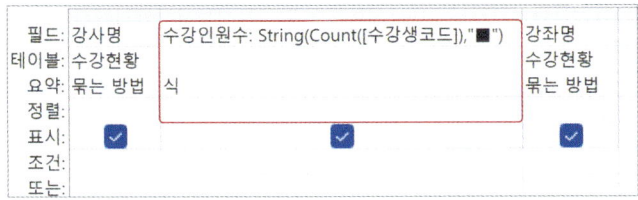

④ '수강생코드' 필드는 **수강인원수: String (Count([수강생코드]),"■")**로 수정하고, [요약]을 클릭하여 '식'을 선택한다.

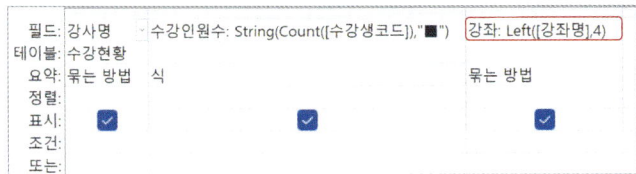

⑤ '강좌명' 필드는 **강좌: Left([강좌명],4)**로 수정한다.

⑥ [저장](🖫)을 클릭한 후 **강사별수강인원**을 입력하고 [확인]을 클릭한다.

4 〈지역별미납액합계〉 쿼리

정답

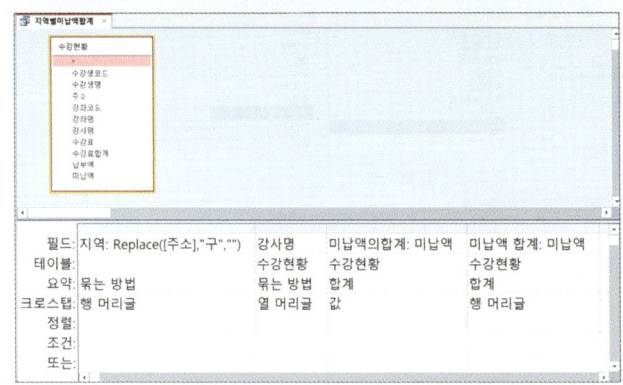

① [만들기]-[쿼리] 그룹에서 [쿼리 마법사](🗔)를 클릭한다.
② [새 쿼리]에서 '크로스탭 쿼리 마법사'를 선택하고 [확인]을 클릭한다.
③ 쿼리에서 '수강현황'을 선택하고 [다음]을 클릭한다.

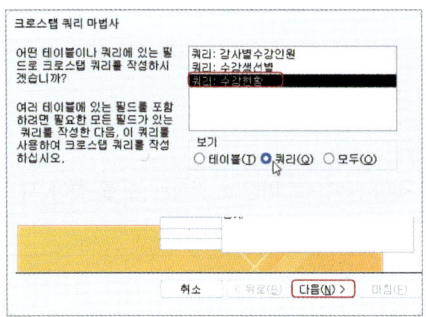

④ 행 머리글로 '주소'를 더블클릭한 후 [다음]을 클릭한다.

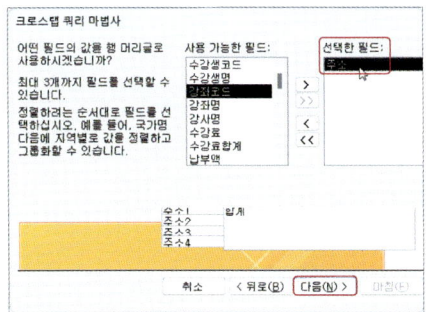

⑤ 열 머리글로 '강사명'을 선택하고 [다음]을 클릭한다.

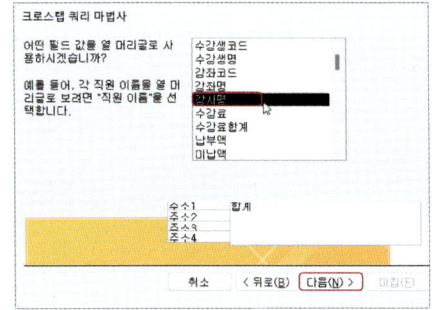

⑥ 값에 표시할 '미납액' 필드를 선택하고 함수는 '총계'를 선택하고 [다음]을 클릭한다.

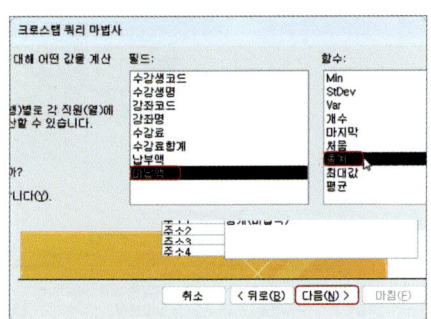

⑦ 쿼리 이름 **지역별미납액합계**를 입력하고, '디자인 수정'을 선택하고 [마침]을 클릭한다.
⑧ '지역' 필드는 **지역: Replace([주소],"구","")**로 수정하고, 미납액의 행 머리글도 **미납액 합계**로 수정한다.

필드:	지역: Replace([주소],"구","")	[강사명]	[미납액]	미납액 합계: [미납액]
테이블:		수강현황	수강현황	수강현황
요약:	묶는 방법	묶는 방법	합계	합계
크로스탭:	행 머리글	열 머리글	값	행 머리글
정렬:				
조건:				
또는:				

🏁 **기적의** TIP

Replace([주소],"구","")
[주소] 필드에서 '구'를 찾아 공백으로 바꾼다. 결과는 '구'를 찾아 지우는 효과가 있다.

5 〈가격인상처리〉 쿼리

정답

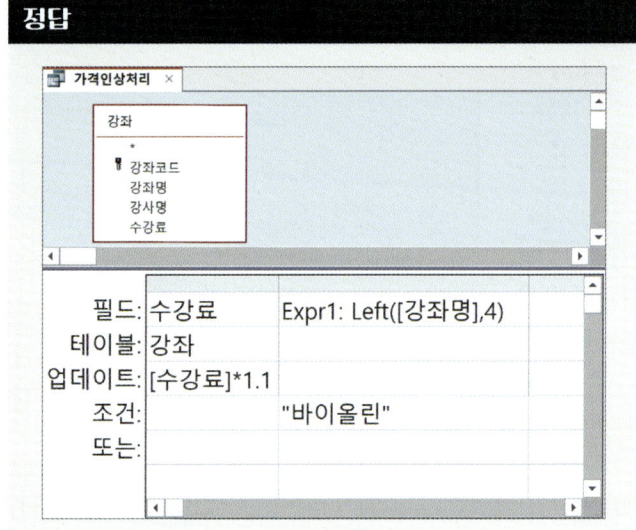

① [만들기]-[쿼리] 그룹의 [쿼리 디자인](▦)을 클릭한다.
② [테이블 추가]의 [테이블] 탭에서 〈강좌〉 테이블을 추가하고 '수강료'와 '강좌명' 필드를 드래그한다.
③ [쿼리 디자인]-[쿼리 유형] 그룹의 [업데이트](▦)를 클릭한 후 다음과 같이 입력한다.

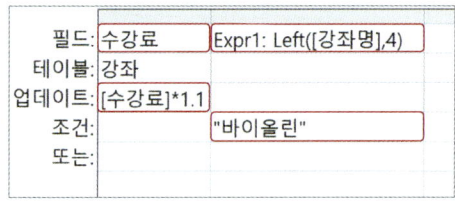

④ 쿼리의 이름을 **가격인상처리**로 입력하고 [확인]을 클릭한다.
⑤ [쿼리 디자인]-[결과] 그룹의 [실행](❗)을 클릭하여 메시지가 표시되면 [예]를 클릭한다.

데이터베이스 실전 모의고사 15회

작업파일 : '26컴활1급(기출)\데이터베이스\실전모의고사'에서 '실전모의고사15회' 파일을 열어 작업하세요.

문제1 DB 구축(25점)

1 다음의 지시사항에 따라 테이블을 완성하시오. (각 3점)

① 〈고객〉 테이블의 '회원명' 필드에는 값이 반드시 입력되도록 설정하고 빈 문자열은 허용하지 않도록 설정하시오.
② 〈고객〉 테이블의 '휴대폰' 필드에는 '010-****-****'과 같은 형식으로 표시하되, "010" 문자열, 8자리 숫자, '-' 2자리가 반드시 입력되도록 입력 마스크를 설정하시오.
  ▶ 숫자 입력 자리에는 0~9까지의 숫자만 입력할 수 있도록 설정할 것
  ▶ 자료 입력 시 화면에는 '*'를 표시하고 '-' 기호도 함께 테이블에 저장되도록 설정할 것
③ 〈상품〉 테이블의 '단가' 필드의 데이터 형식을 '통화'로 지정하고, 소수점 1자리까지 표시되도록 설정하시오.
④ 〈상품〉 테이블의 '용량(개월)' 필드에는 1, 2, 3 만 입력되도록 설정하시오.
⑤ 〈주문〉 테이블의 '주문일' 필드에는 오늘 날짜만 입력되는 함수를 사용하여 기본적으로 오늘 날짜가 입력되도록 설정하시오.

2 〈주문〉 테이블의 '회원번호' 필드에 대해서 다음과 같이 조회 속성을 설정하시오. (5점)

  ▶ 〈고객〉 테이블의 모든 필드를 콤보 상자 형태로 표시할 것
  ▶ 필드에는 '회원번호'가 저장되도록 설정할 것
  ▶ 열 개수는 5개, 행 수는 1개로 설정할 것
  ▶ 열 너비를 모두 3cm로 설정하고 목록 너비를 15cm로 설정할 것
  ▶ 목록 값만 입력할 수 있도록 설정할 것

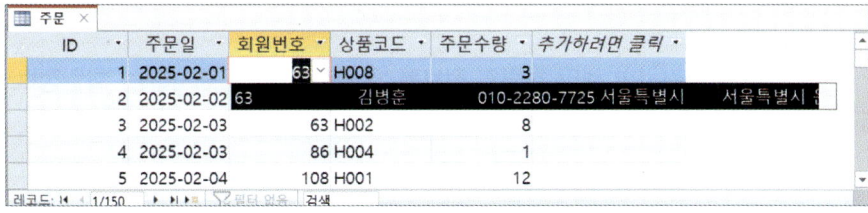

3 〈주문〉 테이블의 '상품코드' 필드는 〈상품〉 테이블의 '상품코드' 필드를 참조하며, 테이블 간의 관계는 M:1이다. 다음과 같이 테이블 간의 관계를 설정하시오. (5점)

※ 액세스 파일에 이미 설정되어 있는 관계는 수정하지 마시오.
  ▶ 각 테이블 간에 항상 참조 무결성이 유지되도록 설정하시오.
  ▶ 참조 필드의 값이 변경되면 관련 필드의 값도 변경되도록 설정하시오.
  ▶ 다른 테이블에서 참조하고 있는 레코드는 삭제할 수 없도록 설정하시오.

문제2 입력 및 수정 기능 구현(20점)

1 〈주문정보〉 폼을 다음의 화면과 지시사항에 따라 완성하시오. (각 3점)

① 폼 머리글에 "주문정보"란 제목이 표시되도록 레이블 컨트롤을 추가하시오.
▶ 이름 : LBL제목
▶ 글꼴 이름 : 굴림체, 글꼴 크기 : 20, 문자색 : Access 테마 10
② 폼 머리글의 배경 색을 '배경 폼'으로 변경하시오.
③ 폼 바닥글의 'txt총금액' 컨트롤에는 금액의 합계가 표시되도록 컨트롤 원본과 통화 형식을 설정하시오.

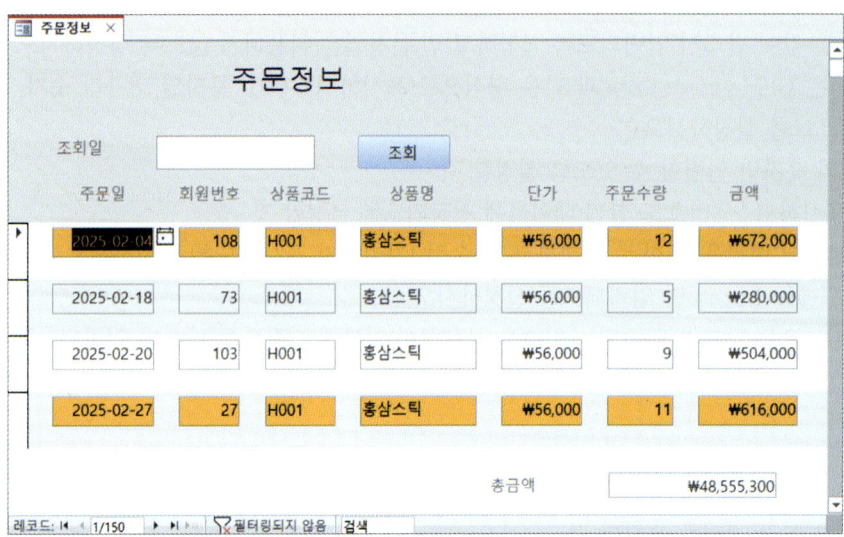

2 〈주문정보〉 폼의 본문 컨트롤에 대하여 다음과 같이 조건부 서식을 설정하시오. (6점)

▶ '금액' 필드의 값이 600000을 초과하는 경우 배경색을 '주황'으로 지정하시오.
▶ 문제1 〈그림〉 참조

3 〈주문정보〉 폼에서 'txt회원번호' 컨트롤을 더블클릭하면 해당 회원의 정보를 '회원정보' 폼에 표시하는 '회원정보조회' 매크로를 작성한 후 지정하시오. (5점)

문제3 조회 및 출력 기능 구현(20점)

1 다음의 지시사항 및 화면을 참조하여 〈주문현황〉 보고서를 완성하시오. (각 3점)

① '회원번호'를 기준으로 그룹화 된 상태에서 'ID' 필드를 기준으로 오름차순으로 정렬하여 표시되도록 설정하시오.
② '회원번호' 머리글 영역이 시작되기 전에 페이지가 바뀌도록 설정하시오.
③ 'txt주문일' 컨트롤의 값이 이전 레코드와 동일한 경우에는 표시되지 않도록 설정하시오.
④ 페이지 머리글 영역의 'txt페이지' 컨트롤에는 페이지 번호가 다음과 같이 표시되도록 컨트롤 원본 속성을 설정하시오.
  ▶ 표시 예 : 70쪽 중 5쪽
⑤ '회원번호' 바닥글 영역의 'txt주문횟수' 컨트롤에는 그룹별 총 주문횟수가 표시되도록 설정하시오.
  ▶ 표시 예 : 3건

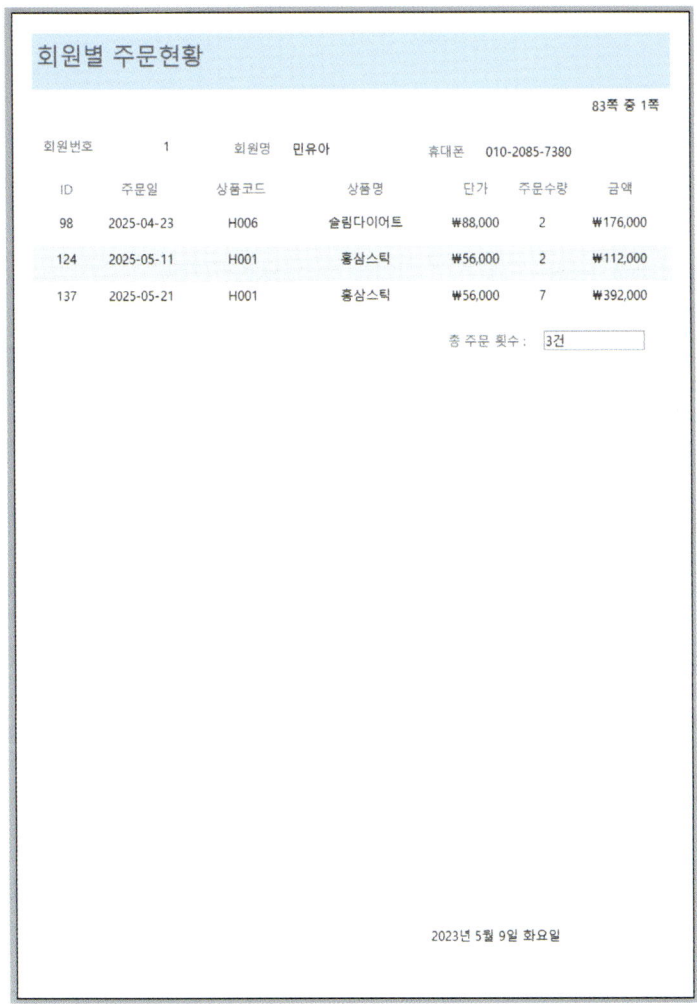

2 〈주문정보〉 폼의 'txt조회일' 컨트롤에 조회할 주문일을 입력하고 '조회(cmd조회)' 버튼을 클릭하면 다음과 같은 기능이 수행되도록 이벤트 프로시저로 구현하시오. (5점)

▶ 'txt조회일' 컨트롤에 입력한 주문일에 대한 자료만 표시할 것
▶ Filter와 FilterOn 속성을 이용할 것

문제4 처리 기능 구현(35점)

1 다음과 같은 기능을 수행하는 '인기상품할인' 쿼리를 작성하시오. (7점)

- ▶ 〈상품〉과 〈주문〉 테이블을 이용하여 주문횟수가 5회 이상인 레코드를 조회하여 〈할인제품〉 테이블로 생성하시오.
- ▶ 주문횟수는 '상품코드' 필드를 이용하여 개수를 구하시오.
- ▶ 할인금액합계는 '단가×주문수량×0.08'의 합계를 계산하고 내림차순 정렬하시오.
- ▶ 결과의 필드명은 〈그림〉을 참조하여 지정하시오.

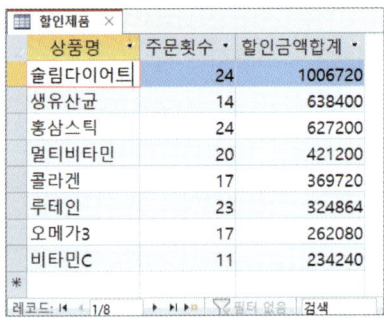

2 다음 〈화면〉을 참조하여 상품별 지역별 금액의 합계를 구하는 크로스탭 질의를 작성하시오. (7점)

- ▶ 〈주문정보〉 쿼리를 이용하시오.
- ▶ 쿼리 이름은 '상품별광역시주문내역'으로 하시오.
- ▶ 총금액은 '금액' 필드를 이용하시오.
- ▶ 지역이 '광역시'로 끝나는 제품만을 대상으로 하시오.

3 〈주문정보〉 쿼리를 이용하여 '주문일'이 3월이면서 '주문일'이 25일 이후의 값만 조회하는 〈3월25일~31일주문〉 쿼리를 작성하시오. (7점)

- ▶ month, day 함수 사용
- ▶ 쿼리 실행 결과 표시되는 필드와 필드명은 〈그림〉과 같이 표시되도록 설정하시오.

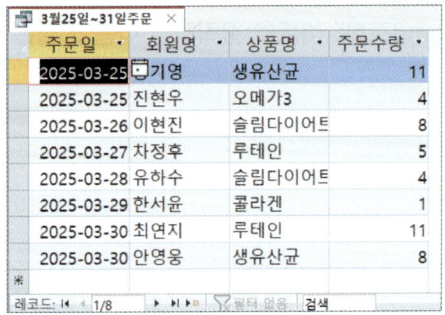

4 〈주문정보〉 쿼리를 이용하여 〈유산균또는비타민C주문〉 쿼리를 작성하시오. (7점)

▶ 상품코드가 2 또는 4로 끝나는 데이터만 나오도록 하시오. (Like 연산자 이용)
▶ 회원명으로 오름차순 정렬하여 표시하시오.
▶ 쿼리 실행 결과 표시되는 필드와 필드명은 〈그림〉과 같이 표시되도록 설정하시오.

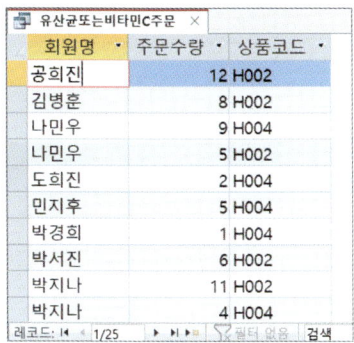

5 〈고객〉, 〈주문〉 테이블을 이용하여 최근 주문이 없는 회원에 대해 〈고객〉 테이블의 '비고' 필드의 값을 '★특별관리★'로 변경하는 〈특별관리회원처리〉 업데이트 쿼리를 작성한 후 실행하시오. (7점)

▶ 〈고객〉 테이블에는 '회원번호'가 있는데 〈주문〉 테이블에는 '회원번호'가 없는 회원
▶ '지역'이 경기도, 서울특별시가 아닌 회원
▶ Not In 과 하위 쿼리 사용

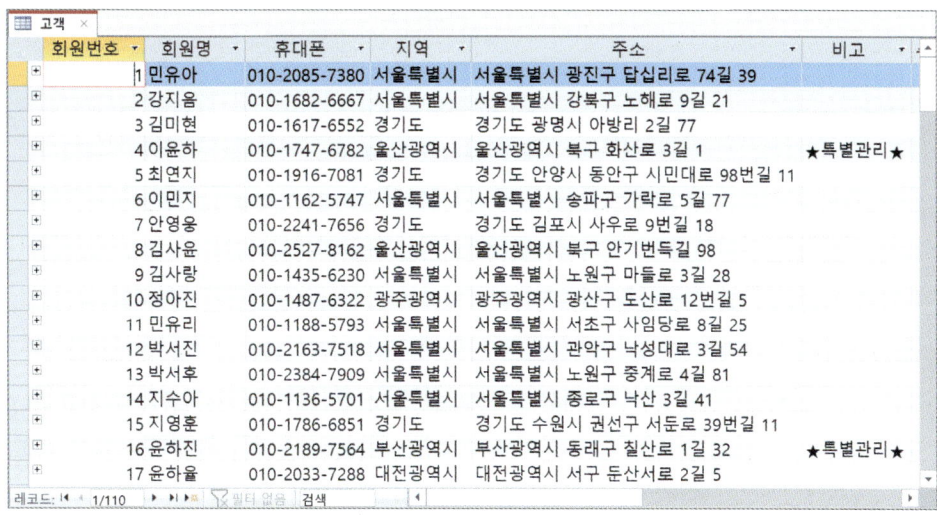

※ 〈특별관리회원처리〉 쿼리를 실행한 후의 〈고객〉 테이블

정답 & 해설 데이터베이스 실전 모의고사 15회

문제1 DB 구축

1 ⟨고객⟩, ⟨상품⟩, ⟨주문⟩ 테이블

정답

번호	테이블	필드 이름	속성 및 형식	설정 값
①	고객	회원명	필수	예
			빈 문자열 허용	아니오
②	고객	휴대폰	입력 마스크	"010"-0000-0000;0;*
③	상품	단가	데이터 형식	통화
			소수 자릿수	1
④	상품	용량(개월)	유효성 검사 규칙	In (1,2,3) 또는 1 Or 2 Or 3
⑤	주문	주문일	기본값	Date( )

① ⟨고객⟩ 테이블에서 마우스 오른쪽 버튼을 눌러 [디자인 보기](📐)를 클릭한다.

② '회원명' 필드의 '필수' 속성을 '예', '빈 문자열 허용' 속성을 '아니오'를 설정한다.

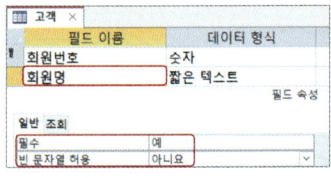

③ '휴대폰' 필드의 '입력 마스크' 속성에 "010"-0000-0000;0;*을 입력하고 Ctrl+S를 누른 후 [예]를 클릭한다.

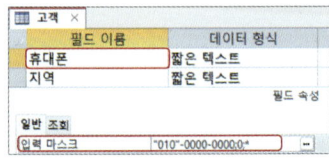

④ ⟨상품⟩ 테이블에서 마우스 오른쪽 버튼을 눌러 [디자인 보기](📐)를 클릭한다.

⑤ '단가' 필드의 '데이터 형식'은 '통화'를 선택하고, '소수 자릿수'에 1을 입력한다.

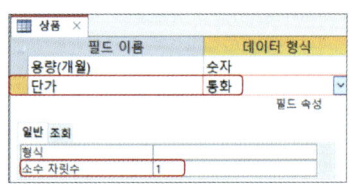

⑥ '용량(개월)' 필드의 '유효성 검사 규칙'은 IN(1,2,3)을 입력하고 Ctrl+S를 누른 후 [예]를 클릭한다. (또는 1 or 2 or 3도 가능하다.)

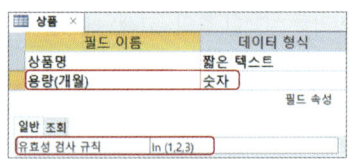

⑦ ⟨주문⟩ 테이블에서 마우스 오른쪽 버튼을 눌러 [디자인 보기](📐)를 클릭한다.

⑧ '주문일' 필드의 '기본값'은 DATE()을 입력하고 Ctrl+S를 누른 후 [예]를 클릭한다.

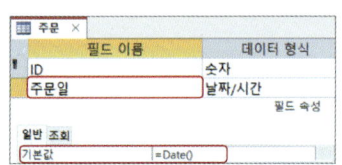

2 〈주문〉 테이블의 '회원번호' 필드의 조회 속성

정답

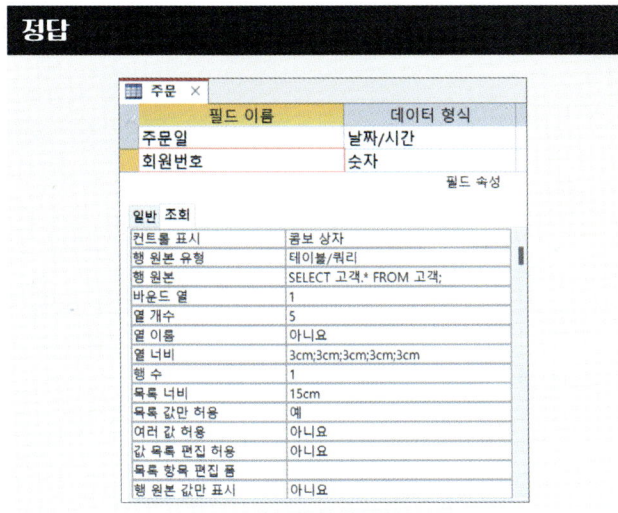

① 〈주문〉 테이블의 [디자인 보기](N) 모드에서 '회원번호' 필드를 선택하고, 필드 속성 [조회] 탭의 '컨트롤 표시' 속성 중 '콤보 상자'를 선택한다.

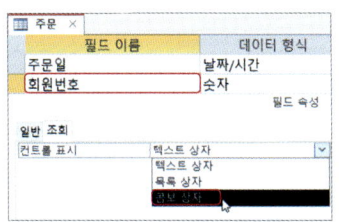

② '행 원본' 속성의 [작성기](…)를 클릭한다.

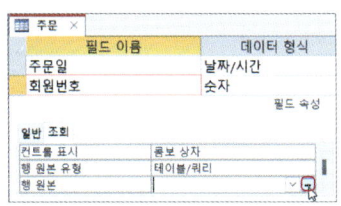

③ [테이블 추가]에서 〈고객〉 테이블을 선택하고 [추가]를 클릭한 [닫기]를 클릭한다.

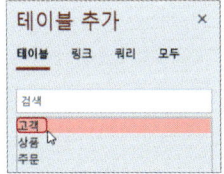

④ 〈고객〉 테이블의 모든 필드를 가져오기 위해서 *를 더블클릭하여 눈금에 추가한다. (또는 '회원번호', '회원명', '휴대폰', '지역', '주소'를 각각 더블클릭하여 추가해도 된다.)

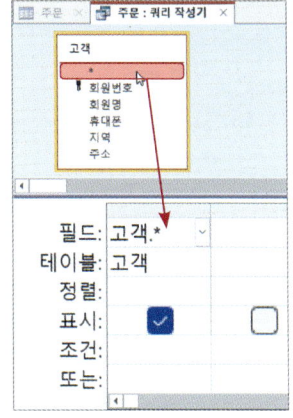

⑤ [닫기]를 클릭하면 'SQL 문의 변경 내용을 저장하고 속성을 업데이트하시겠습니까?' 메시지에서 [예]를 클릭한다.

⑥ '회원번호' 필드의 [조회] 탭에서 다음과 같이 설정한다.

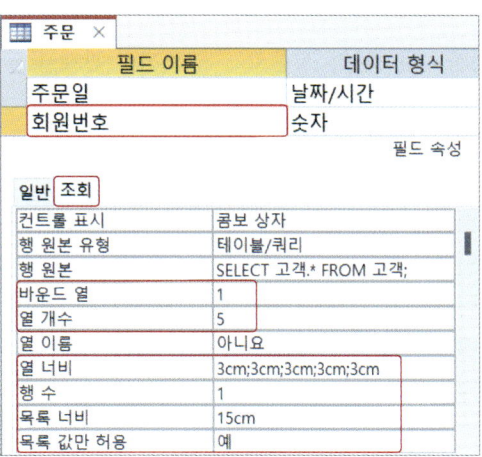

3 〈주문〉 ↔ 〈상품〉 테이블간의 관계 설정

정답

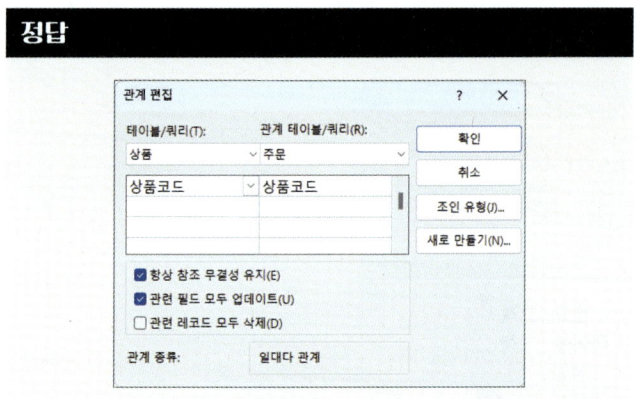

① [데이터베이스 도구]-[관계] 그룹에서 [관계](📋)를 클릭한다.
② [관계 디자인]-[관계] 그룹에서 [테이블 추가]를 클릭한다.
③ 〈상품〉 테이블을 선택하고 [추가]를 클릭한 후 [닫기]를 클릭한다.
④ 〈주문〉, 〈상품〉 테이블의 '상품코드' 필드끼리 관계를 맺고 지시사항대로 체크한 후 [만들기]를 클릭한다.

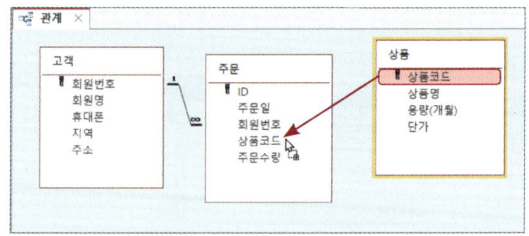

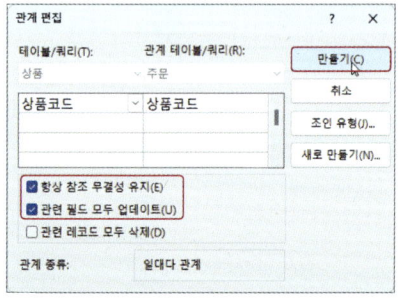

⑤ [디자인] 탭의 [닫기]를 클릭하고 변경한 내용은 [예]를 눌러 저장한다.

문제2 입력 및 수정 기능 구현

1 〈주문정보〉 폼

정답

번호	필드 이름	필드 속성	설정 값
①	LBL제목	캡션	주문정보
		글꼴 이름	굴림체
		글꼴 크기	20
		문자색	Access 테마 10
②	폼 머리글	배경 색	배경 폼
③	txt총금액	컨트롤 원본	=Sum([금액])
		형식	통화

① 〈주문정보〉 폼에서 마우스 오른쪽 버튼을 눌러 [디자인 보기](🔲)를 클릭한다.
② [양식 디자인]-[컨트롤] 그룹의 컨트롤 중 [레이블]을 클릭한다.
③ 드래그하여 레이블 컨트롤 그린 후, **주문정보**를 입력한다.
④ 레이블의 이름을 **LBL제목**으로 수정하고, '글꼴 이름(굴림체)', '글꼴 크기(20)', '문자색(Access 테마 10)' 속성을 설정한다.

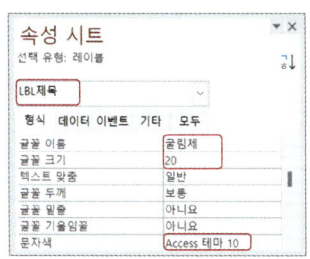

⑤ 폼 머리글을 선택한 후 '배경색' 속성에 '배경 폼'을 선택한다.

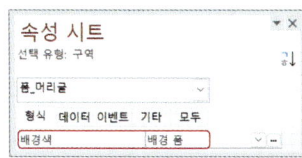

⑥ 'txt총금액'을 선택하고 '컨트롤 원본' 속성에 =Sum([금액])을 입력하고, '형식' 속성에서 '통화'를 선택한다.

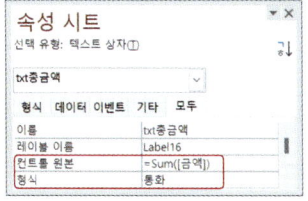

2 조건부 서식

정답

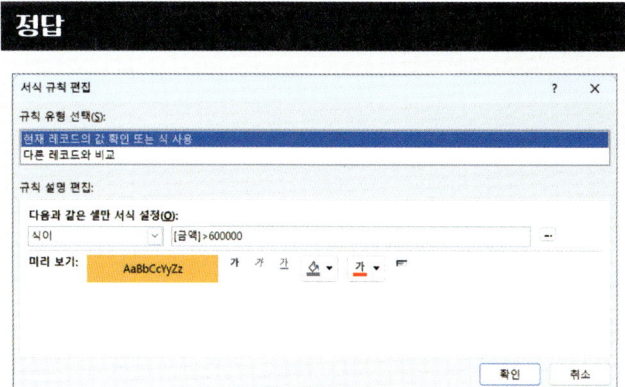

① 〈주문정보〉 폼의 [디자인 보기](🔲) 모드에서 '본문' 구역의 왼쪽 눈금자를 클릭하여 본문 영역의 모든 컨트롤을 선택한다.

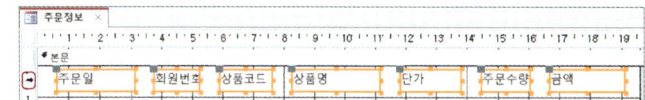

② [서식]-[컨트롤 서식] 그룹에서 [조건부 서식](🔲)을 클릭한다.

③ [새 규칙]을 클릭하여 '식이'를 선택하여 [금액]>600000
을 입력하고, [배경색]에서 '주황'을 선택하고 [확인]을 클
릭한다.

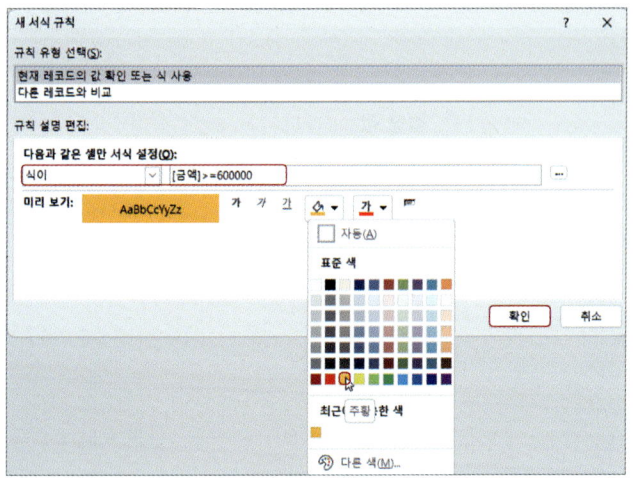

④ [조건부 서식 규칙 관리자]에서 [확인]을 클릭한다.

3 〈주문정보〉 폼의 'txt회원번호' 컨트롤

정답

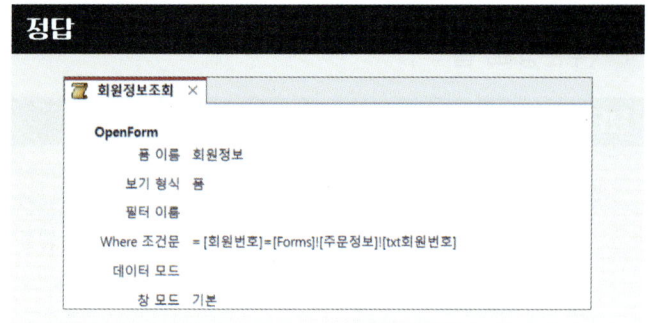

① [만들기]-[매크로 및 코드] 그룹에서 [매크로](圖)를 클릭한다.
② 매크로 함수 중 'OpenForm'을 선택한 후 필요한 인수를 설정한다.

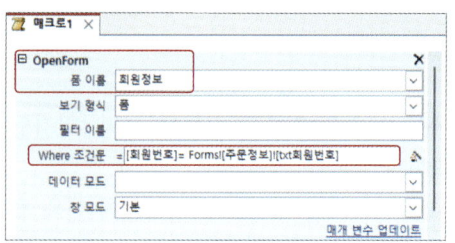

[회원번호]= Forms![주문정보]![txt회원번호]

③ [저장](圖)을 클릭하여 **회원정보조회** 매크로로 저장한다.
④ 〈주문정보〉 폼의 [디자인 보기](圖) 모드에서 'txt회원번호' 컨트롤을 선택한 후 'On Dbl Click'에서 '회원정보조회'를 선택한다.

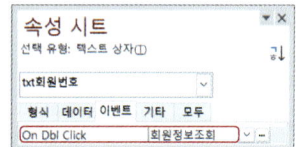

문제3 조회 및 출력 기능 구현

1 〈주문현황〉 보고서

정답

번호	필드 이름	필드 속성	설정 값
①	ID 정렬 설정		
②	회원번호 머리글	페이지 바꿈	구역 전
③	txt주문일	중복 내용 숨기기	예
④	txt페이지	컨트롤 원본	=[Pages] & "쪽 중 " & [Page] & "쪽"
⑤	txt주문횟수	컨트롤 원본	=Count(*) & "건"

① 〈주문현황〉 보고서에서 마우스 오른쪽 버튼을 눌러 [디자인 보기](📐)를 클릭한 후 [보고서 디자인]-[그룹화 및 요약] 그룹에서 [그룹화 및 정렬]을 클릭한다.
② [그룹, 정렬 및 요약]에서 [정렬 추가]를 클릭한다.
③ 'ID' 필드를 선택하고 '오름차순'으로 지정한다.

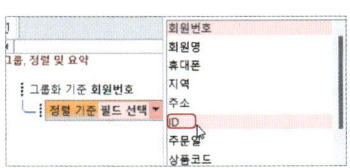

④ '회원번호' 머리글을 클릭한 후 '페이지 바꿈'을 '구역 전'을 선택한다.

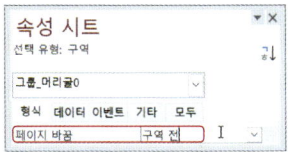

⑤ 'txt주문일' 컨트롤을 선택한 후 '중복 내용 숨기기'를 '예'로 설정한다.

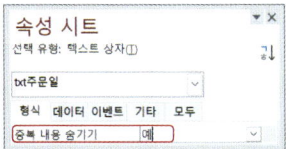

⑥ 'txt페이지' 컨트롤을 선택한 후 =[Pages] & "쪽 중 " & [Page] & "쪽"을 입력한다.

⑦ 'txt주문횟수' 컨트롤을 선택한 후 =Count(*) & "건"을 입력한다.

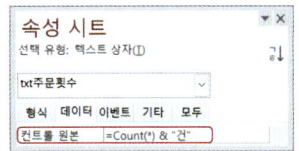

② 〈주문정보〉 폼의 조회(cmd조회)에 클릭 이벤트 프로시저 작성

① 〈주문정보〉 폼을 [디자인 보기](N)로 열고 속성 시트에서 'cmd조회' 명령 단추 개체를 선택한 후 [이벤트] 탭의 'On Click' 속성에서 [이벤트 프로시저]를 선택하고 [작성기](...)를 클릭한다.

② Microsoft Visual Basic for Applications 창의 '코드 창'에 다음과 같이 코딩한다.

```
Private Sub cmd조회_Click()
    Me.Filter = "주문일 = #" & txt조회일 & "#"
    Me.FilterOn = True
End Sub
```

문제4 처리 기능 구현

1 〈인기상품할인〉 쿼리

정답

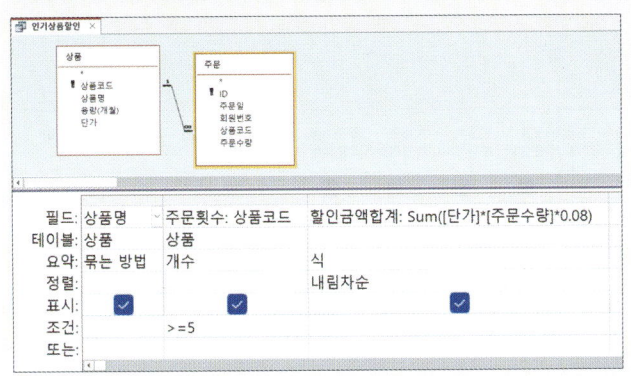

① [만들기]-[쿼리] 그룹에서 [쿼리 디자인](▦)을 클릭한다.
② 〈상품〉, 〈주문〉 테이블을 더블클릭하여 추가한 후 [닫기]를 클릭한다.
③ 디자인 눈금의 각 필드에 다음과 같이 드래그해서 배치한 후 [요약]을 클릭하여 '개수'를 선택하고 조건과 정렬을 지정한다.

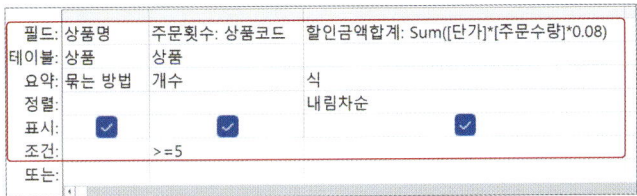

④ [쿼리 디자인]-[쿼리 유형] 그룹의 [테이블 만들기](▦)를 클릭한다.
⑤ [테이블 만들기]에서 테이블 이름에 **할인제품**을 입력하고 [확인]을 클릭한다.
⑥ [저장](▤)을 클릭한 후 테이블 이름에 **인기상품할인**을 입력하고 [확인]을 클릭한다.

2 〈상품별광역시주문내역〉 쿼리

정답

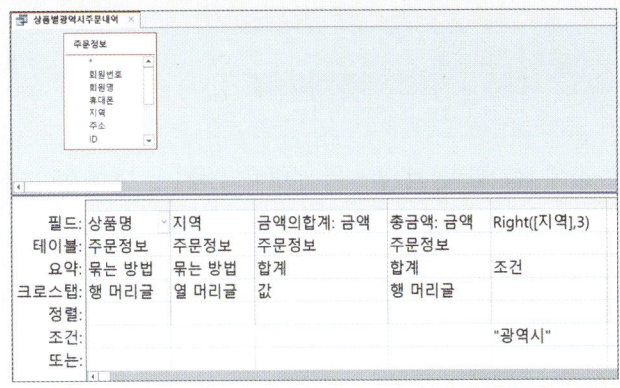

① [만들기]-[쿼리] 그룹에서 [쿼리 마법사](▦)를 클릭한다.
② [새 쿼리]에서 '크로스탭 쿼리 마법사'를 선택하고 [확인]을 클릭한다.
③ 쿼리에서 '주문정보'를 선택하고 [다음]을 클릭한다.

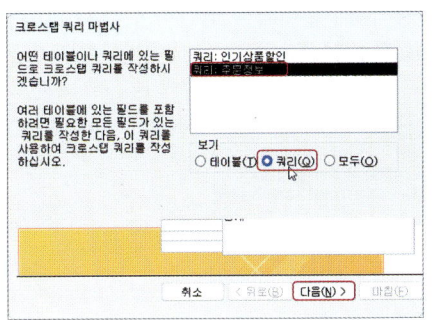

④ 행 머리글로 '상품명'을 더블클릭한 후 [다음]을 클릭한다.

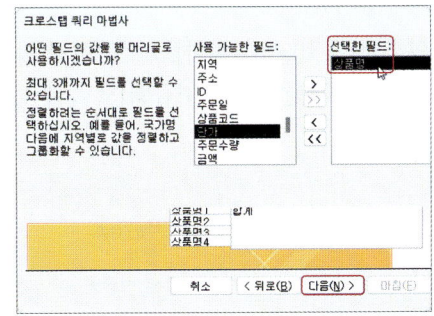

⑤ 열 머리글로 '지역'을 선택하고 [다음]을 클릭한다.

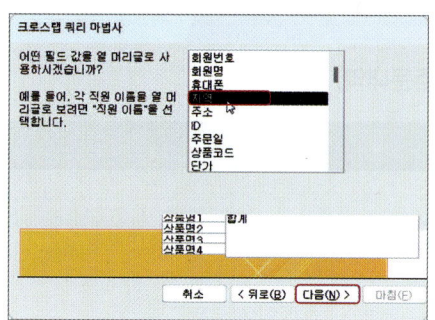

⑥ 값에 표시할 '금액' 필드를 선택하고 함수는 '총계'를 선택하고 [다음]을 클릭한다.

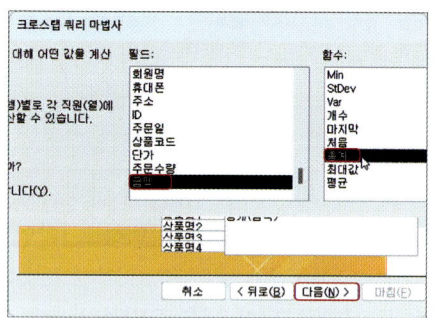

⑦ 쿼리 이름 **상품별광역시주문내역**을 입력하고, '디자인 수정'을 선택하고 [마침]을 클릭한다.

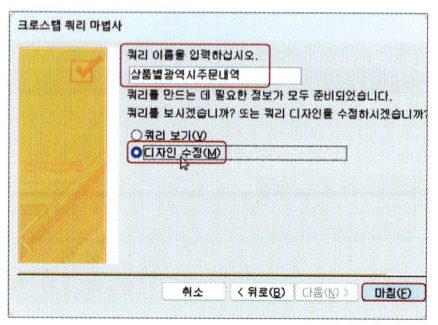

⑧ 열 머리글 '지역'의 조건에 Right([지역],3)="광역시"를 입력하고, '합계 금액' 필드명을 **총금액:[금액]**으로 수정한다.

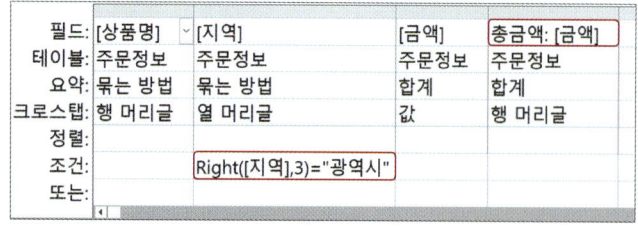

3 〈3월25일~31일주문〉 쿼리

정답

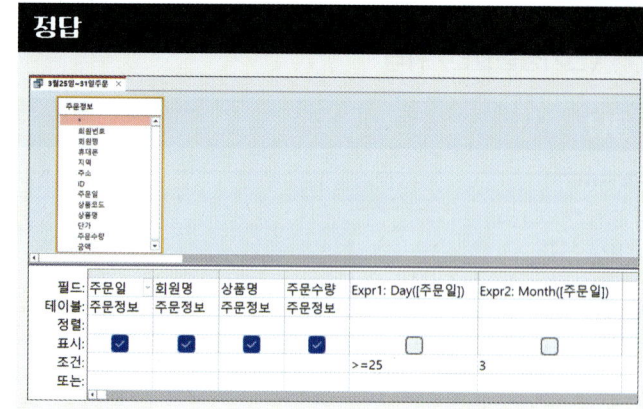

① [만들기]-[쿼리] 그룹에서 [쿼리 디자인](▦)을 클릭한다.
② 〈주문정보〉 쿼리를 더블클릭하여 추가한 후 [닫기]를 클릭한다.
③ 디자인 눈금의 각 필드에 다음과 같이 드래그해서 배치한다.

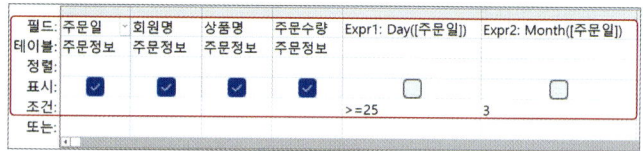

④ [저장](▦)을 클릭한 후 **3월25일~31일주문**을 입력하고 [확인]을 클릭한다.

4 〈유산균또는비타민C주문〉 쿼리

정답

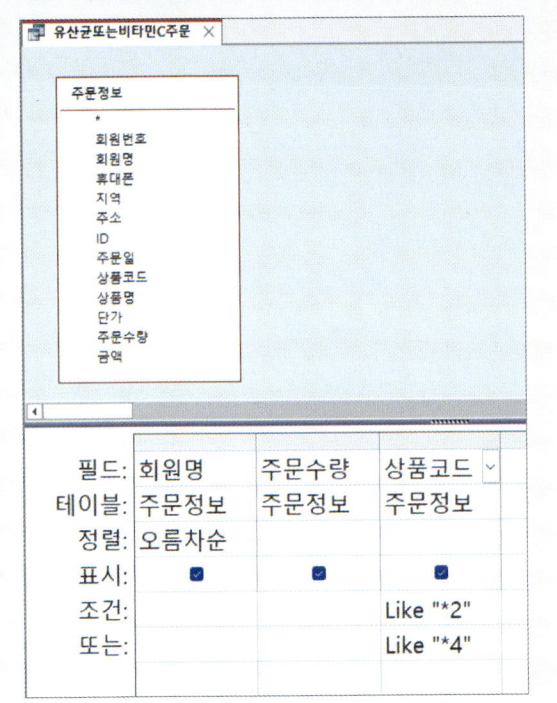

① [만들기]-[쿼리] 그룹에서 [쿼리 디자인](圖)을 클릭한다.
② 〈주문정보〉 쿼리를 더블클릭하여 추가한 후 [닫기]를 클릭한다.
③ 디자인 눈금의 각 필드에 드래그하고 회원명(오름차순), 상품코드(조건 : Like "*2" Or Like "*4")을 입력한다.

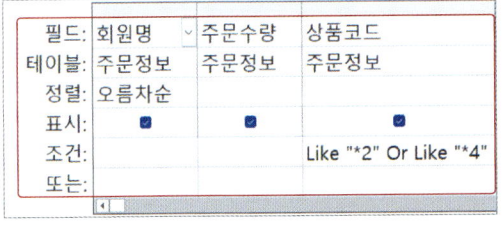

④ [저장](圖)을 클릭한 후 **유산균또는비타민C주문**을 입력하고 [확인]을 클릭한다.

5 〈특별관리회원처리〉 쿼리

정답

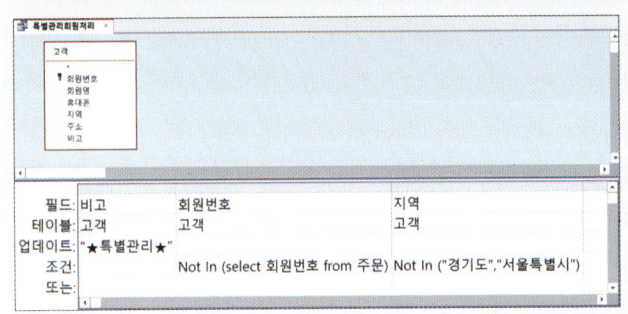

① [만들기]-[쿼리] 그룹의 [쿼리 디자인](圖)을 클릭한다.
② [테이블 추가]의 [테이블] 탭에서 〈고객〉 테이블을 추가하고 '비고', '회원번호', '지역' 필드를 드래그한다.
③ [쿼리 디자인]-[쿼리 유형] 그룹의 [업데이트](圖)를 클릭한 후 다음과 같이 입력한다.

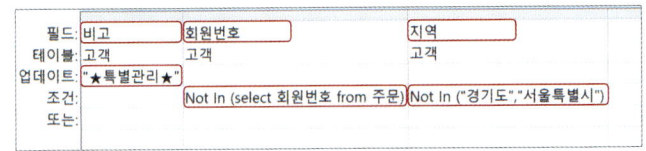

④ 쿼리의 이름을 **특별관리회원처리**로 입력하고 [확인]을 클릭한다.
⑤ [쿼리 디자인]-[결과] 그룹의 [실행](!)을 클릭하여 메시지가 표시되면 [예]를 클릭한다.

이기적과 함께 또, 기적
또, 합격

**이기적 강의는
무조건 0원!**

이기적 영진닷컴 🔍

**공부하다가
궁금한 사항은?**

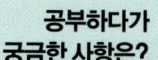

이기적 스터디 카페 🔍